Titre courant

1

MARC FUMAROLI

de l'Académie française

HÉROS

ET

ORATEURS

*Rhétorique
et dramaturgie cornéliennes*

LIBRAIRIE DROZ S.A.
11, rue Massot
GENÈVE
1996

Ce volume a d'abord paru en 1990
dans la collection

Histoire des idées et critique littéraire

2ᵉ édition revue et corrigée

10029417988

ISBN: 2-600-00501-3 — ISSN: 1420-5254

Introduction

Ce recueil d'études, pour la plupart publiées entre 1968 et 1984, forme plutôt un «atelier» qu'un livre. Un atelier où, dans un désordre un peu réparé pour la commodité d'un visiteur illustre, le lecteur, se côtoient des dessins, des esquisses de tableaux, et quelques toiles achevées, mais encore promises aux retouches. La seule véritable cohérence, dans cette suite disparate que près de vingt années ont fait surgir, c'est le peintre lui-même, son modèle et les affinités profondes qui les relient l'un à l'autre. Pourtant, si j'en crois les amis qui m'ont incité à publier ce recueil, cette relation subjective — et qui ne se cache pas de se placer, de part et d'autre, sous le signe de l'autobiographie —, parce qu'elle a soutenu un travail continu et érudit sur elle-même, aurait donné lieu à des clartés «objectives», utiles pour les interprètes de l'œuvre de Corneille. J'en ai cru ces premiers lecteurs, savants et expérimentés. Mais maintenant, me voici tenu de me mettre à la place du nouveau lecteur, et de faire apparaître, de son point de vue, ce que ces études rassemblées pourraient lui apprendre sur Pierre Corneille et sur son théâtre.

Je m'adresserai non pas à un lecteur, mais à deux, car je les attends, je les souhaite, dans cet atelier, l'un et l'autre. Le premier, c'est le lecteur savant, qui s'intéresse à l'interprétation historique d'une grande œuvre littéraire, selon ce que l'on peut savoir des convictions et des intentions de son auteur. Le second, et il ne m'importe pas moins, c'est le metteur en scène, ou le comédien, qui s'intéresse à cette interprétation historique dans la mesure où elle peut aujourd'hui l'aider à interpréter correctement, mais d'abord à faire revivre intensément un texte dramatique qui, par-delà son public initial, s'adressait en effet à un public universel, et donc au public de nos propres jours.

Au lecteur savant, je ferai d'abord l'aveu de mes lacunes. Il ne trouvera dans ces essais que des indications indirectes sur Corneille politique; cet aspect du théâtre cornélien, qui est capital, a été étudié par ailleurs, et quoique ce «bréviaire des rois» soit loin d'avoir révélé tous ses secrets, je ne m'y suis pas attaché de préférence. Ce même lecteur sera sans doute tout aussi déçu de constater que des pans entiers de cette œuvre si vaste et si variée n'y sont traités qu'allusivement : les premières comédies, avec *Le Menteur* (mais à l'exception de *L'Illusion comique*), un grand nombre de tragédies, avec les tragédies à machines et *Psyché*, ne sont évoquées qu'au passage. Je n'ai prétendu lui offrir ni une thèse ni une synthèse. En revanche, parmi les amorces que je propose à des recherches plus systématiques ou plus détaillées, j'attire son attention sur une série de «clefs de lecture» qui me semblent sûres et fertiles.

La plus évidente, c'est l'enracinement de Corneille dramaturge dans une tradition à la fois morale, religieuse et littéraire d'obédience jésuite, ce qui le rend familier à la fois du théâtre néo-latin des Collèges de la Société de Jésus, et du théâtre vernaculaire des deux «nations» où les Jésuites ont le plus d'emprise: l'Espagne, on le savait, mais aussi l'Italie. Grâce au collège que les jésuites y ont rouvert en 1606, forts de la *Ratio studiorum* publiée sept ans plus tôt à Rome, Rouen, ville natale de Corneille, est devenue — en dépit de son parlement — un des foyers de l'humanisme catholique romain. Sur la scène parisienne, où il fait son entrée en 1630, Corneille devient sous Louis XIII et Louis XIV le grand médiateur du sud de l'Europe. Inséparable d'une éthique de la magnanimité et d'une théologie de la volonté libre, la dramaturgie cornélienne est modelée selon une rhétorique latine où jouent savamment l'architecture, repos pour l'esprit, et les passions qui l'arc-boutent, exaltation pour l'âme. Avant d'être français, Corneille appartient à cette Europe romaine et tridentine où la parole l'emporte encore sur l'écrit, où les langues vulgaires sont encore à l'école du latin de Cicéron, de Sénèque, d'Ambroise, où la prédication et les exercices spirituels gouvernent la piété personnelle plus que la lecture méditée de la Bible.

Pour autant, et il est difficile de tenir bien les deux bouts de la chaîne, le théâtre de Corneille ne relève pas du collège ni des dévots. Théâtre destiné à la «scène mercenaire», devant laquelle se presse un public laïc, il s'enracine aussi dans une tradition littéraire d'autant plus laïque que la tentation de sacerdoce pour tous, propre à la Réforme protestante, ne l'effleure pas. L'amour et le mariage, l'honneur et le bonheur, la gloire et la vengeance, l'amitié et la haine, toutes ces formes de l'expérience laïque que la morale et la spiritualité des clercs, mêmes jésuites, s'efforcent d'exténuer, trouvent dans la littérature catholique laïque une expression vigoureuse qui les purifie sans les humilier: Calderon et le Tasse, Guarini et Bonarelli, font de la littérature ce complément à la théologie morale sans laquelle celle-ci, qui ne connaît pas les laïcs en tant que tels, les contraindrait au dilemme de l'entrée en religion ou d'un paganisme de fait. Ce complément de la théologie morale, qui a recours au langage de la fable et de l'histoire, et non pas à l'assertion dogmatique et normative, n'en a pas moins un fondement théologique orthodoxe: c'est l'idée de *nature humaine*, blessée par le péché, sans doute, mais qui préserve au fond d'elle-même le principe divin dont elle est la fille, et qui la rend susceptible, à travers ses aventures et ses crimes, de beauté, de grandeur, voire de sacrifice. Les clercs, même parfois jésuites, ont beau regarder avec une suspicion jalouse cette efflorescence de l'humanité laïque, et la remettre en cause en jetant le doute sur la nature humaine pécheresse, sur sa capacité autonome de s'élever à la vérité morale et chrétienne: l'humanisme de la Renaissance italienne a donné droit de cité catholique à la «théologie des poètes», dont Boccace, dans sa *Généalogie des dieux*, a formulé la première apologie. Ces réserves et cette inquiétude cléricales — toujours prêtes à se rejeter sur les thèses de l'augustinisme sévère pour mieux exténuer l'expérience laïque et sa représentation littéraire — ne se manifestent nulle part plus violemment que dans la mise au ban de la cité catholique d'un bouc émissaire du laïcat: le comédien, le «mime» flatteur de la vie laïque, l'histrion. Mais les poètes dramatiques, les poètes épiques, tous les poètes (Giambattista Marino sera pourtant mis à l'index en 1627) ont acquis droit de cité: le soupçon dévot dont furent l'objet l'Arioste et le Tasse, Guarini et Bonarelli gêne peu leur prestige, et en Espagne, Lope, Calderon et Tirso exercent une sorte de magistère moral inavoué, mais toléré par l'Eglise. Corneille est le grand poète français de l'âme catholique laïque, avec le même statut implicite que ses confrères italiens et espagnols. Mais entendons-nous bien: ce n'est pas un «écrivain catholique» au sens moderne, tel qu'il s'applique à un Mauriac ou à un Bernanos, dont le point de vue sur l'expérience laïque est servilement clérical. Seul Claudel, qui a bien compris les Espagnols, renoue avec Corneille et avec le Tasse. Chez Corneille, il est vrai, la théologie poétique est portée à un haut degré de tranquille audace, inconcevable pour les bourgeois modernes, surtout les dévots: elle embrasse toute la lyre de l'expérience laïque, et elle la fait vibrer au diapason d'une grandeur d'âme (image de la majesté divine) dont seule est capable la version *noble*, seigneuriale, de l'«expérience laïque». Seule chez Corneille, la bassesse, qui exclut toute ressemblance et toute appétence de Dieu, qui nourrit l'amorce du ressentiment moderne, exclut de la grande famille des âmes en

quête de la lumière. Empruntant à la pastorale dramatique, à la tragédie, à la comédie, à l'épopée, faisant fonds sur la mythologie allégorique et sur l'histoire mythologisée, le théâtre de Corneille se veut le
miroir de la vérité propre à l'expérience laïque. Ce dramaturge,
«jésuite du dehors», ne biaise pas avec sa mission sur les confins.

Il donne en effet de l'expérience laïque une représentation aussi
hardie, dans son ordre, que les *Relations* des missionnaires jésuites
donnaient de l'humanité chinoise ou iroquoise. Mais il la donne, en
théologien poétique, dans la langue voilée et allégorique de la littérature, et en référence constante avec l'idée d'une «dignité» naturelle de
l'homme qui, jusque dans ses égarements et sa diversité, reste hanté
au fond de lui-même par son rang d'image de Dieu. Aussi peut-il
dédaigner les faux-fuyants que lui suggère la pente de ses contemporains pour l'art divertissement, et qui le conduiraient à sacrifier la
vérité historique — en d'autres termes la vérité humaine — à l'illusion
théâtrale: Horace, chez lui, tue sa sœur, et ce crime choquant n'en est
pas moins un acte de héros; Massinisse, dans *Sophonisbe*, ne se suicide pas en «parfait amant», et reste ainsi fidèle à son véritable caractère partagé entre la passion amoureuse et l'amitié des Romains.
Aussi bien Corneille se croit-il autorisé à mettre en scène le «vraisemblable extraordinaire», en d'autres termes le «miracle» moral, et à le
faire entrer dans la vérité humaine: ces coups de générosité surprenante, au rebours de la logique des passions et des intérêts communs,
relèvent en effet de l'étincelle divine qui brille au fond des grandes
âmes, et qui les soustrait à la triste mécanique de la vie ordinaire. La
«conversion» de Pauline la prive d'un bonheur à portée de la main:
son mariage avec Sévère. L'intransigeante fidélité de Sophonisbe à la
cause perdue de Carthage la réduit à la servitude et au suicide, quand
un mot d'elle eût suffi à la soustraire au destin de sa ville, et à la faire
régner tranquillement dans l'alliance romaine. Suréna et Eurydice,
eux aussi, n'ont qu'un mot à dire pour trouver chacun de leur côté
une sécurité au moins provisoire. Ils préfèrent, en apparence absurde-
ment, se vouer ensemble à une vocation sacrificielle. Dans ces deux
derniers cas, la grâce divine n'illumine pas les héros. C'est de leur
mouvement naturel qu'ils choisissent la conduite à leurs yeux la plus
noble, et qu'ils révèlent à la fois leur supériorité devant la mort et leur
indifférence pour le succès. Dans ces âmes laïques, païennes, aussi
peu «saintes» que possible, capables de ruse, de mépris, de vengeance, obsédées d'amour, et prises au piège de l'ambiguïté des situations humaines, un principe divin est à l'œuvre, autour duquel la

convergence des admirations peut se faire, et à partir duquel toute réussite humaine a toujours surgi. Cette étincelle divine est commune aux grandes âmes et au poète qui les célèbre. Il faut supposer chez Corneille, outre une poétique du sublime, une adhésion à la *prisca theologia* du premier humanisme, dont les Jésuites ont été parmi les derniers défenseurs catholiques : cette vocation divinisante de la volonté humaine dont il s'est fait le poète ne va pas sans une connaissance intuitive des grandes vérités, une sorte de révélation dont la nature humaine est dépositaire, et qui fonde en elle la vérité chrétienne, passage de sa puissance latente à l'acte révélateur.

La scène cornélienne, où l'«éloquence des grandes âmes» résonne en alexandrins malherbiens, fit de Paris, avec Rome et Madrid, une des capitales du théâtre catholique. Pourtant, dès la querelle du *Cid*, puis lors de l'échec de *Théodore*, puis encore, après la Fronde, quand Corneille commence une seconde carrière, l'unanimité de ferveur que son théâtre visait semble rompue. L'appel au sublime, qui, tout accordé qu'il soit à l'esprit et à l'ironie, se veut dès les premières comédies le point de convergence des âmes sur la scène comme dans la salle où se joue ce théâtre, n'est pas toujours entendu. Pour l'expliquer, on a fait valoir à juste titre le «déclin de l'héroïsme», et l'évolution de la mode et du goût auxquels, malgré son génie des métamorphoses, Corneille, fidèle à lui-même, n'aurait pu, au cours d'une longue carrière, accorder sa dramaturgie. Mais dans cette résistance aux beautés cornéliennes, des raisons plus puissantes sont à l'œuvre. La première, c'est évidemment la raison d'Etat. Le Corneille du *Cid* lui fait ombrage. Mais sur ce point, il saura faire du revers un ressort, et de la querelle est né le «bréviaire des rois», l'approfondissement politique de ses tragédies. La seconde raison était pour lui inacceptable, elle mettait en cause les fondations même de son art, sa propre raison d'être. Je veux dire : Port-Royal. Réforme catholique contre Réforme catholique. Celle à laquelle Corneille a lié son art croit en la liberté de la volonté humaine, et elle accorde à l'expérience laïque (justifiée par la grandeur d'âme, donc par l'homme noble) une marge de légitimité. Port-Royal partage avec les Réformes protestantes une théologie prédestinationniste, et n'accorde comme elle aucun crédit à l'expérience laïque, entièrement asservie par le péché : la grandeur d'âme n'est à ses yeux qu'une illusoire survivance de l'orgueil païen ; l'homme noble, une fausse «grandeur d'établissement». On pourrait parler d'une Réforme catholique «bourgeoise», sourdement protestante, et dont la sévérité néo-augustinienne à exercé sa contagion sur le «grand monde» frondeur et déçu, mais aussi, bien au-delà du Royaume et de ses vicissitudes propres, sur le clergé et les lettrés italiens et flamands. Privé de l'éthique de la magnanimité et de l'esthétique du sublime, le laïc janséniste n'est qu'un clerc en deuil de monastère, un «intellectuel» en quelque sorte et avant la lettre, graine de «philosophe» dès qu'il se lassera d'humilier et de gratter, chez lui et d'abord chez les autres, les plaies de sa concupiscence. Il n'y a pas de place à Port-Royal pour le salut poétique par la grandeur. Il n'y a guère de place non plus pour les arts, sauf au sens monastique d'adjuvants modestes à une dévotion sans chaleur. A plus forte raison y tient-on le théâtre pour une survivance des erreurs païennes et le théâtre de Corneille pour le plus retors des miroirs que l'âme pécheresse, mais avide de s'enivrer d'elle-même, ait inventés pour s'aveugler. Et il est vrai que dans le miroir des analyses jansénistes du théâtre de Corneille (le *Traité de la comédie* de Nicole, le *Traité de l'éducation des enfants* de Varet) l'essence du «cornélianisme», et plus généralement l'essence de tout art, de toute poésie, de toute littérature laïcs qui seraient à l'aise dans le catholicisme, est mise en évidence avec hostilité: l'idée d'une capacité de grandeur inhérente à la nature humaine, et qui, lorsqu'elle se manifeste jusque dans les passions les plus condamnables, témoigne pour la morale, pour la beauté, pour la vérité. Il n'y a là rien de «nietzschéen» sauf à admettre chez Nietzsche un refus du néo-augustinisme moderne, ou l'attrait pour ce christianisme aristocratique. La grandeur cornélienne n'est pas «surhumaine», même dans le mal, et sa représentation n'est pas une incitation à se prendre pour Dieu: elle allume l'étincelle divine qui est au fond de l'homme, elle donne à Dieu l'occasion de se réjouir en reconnaissant son image jusque dans les erreurs de sa créature. Aucun malentendu n'est plus total que celui qui a opposé Corneille à Port-Royal. Et cependant, parce que Corneille n'a connu que le premier Port-Royal, peuplé de «grandes âmes» Louis XIII, et dont la volonté de «se connaître» sans faux-fuyant a quelque chose encore qui sent le cavalier et non l'ergoteur dévot, cette confrontation même a pu faire croire à Sainte-Beuve qu'une parenté unissait les deux univers spirituels. Reste que, dans un vieux pays catholique comme la France, et qui a eu la noblesse la plus brillante et la plus fière d'Europe, la poétique cornélienne de la grandeur, avec sa théologie implicite, est demeurée l'une des plus poignantes, à la fois par la haute mesure où elle a porté notre langue, et par le défi qu'elle n'a cessé de lancer à toutes les formes, laïcistes ou cléricales, de la cagoterie bourgeoise.

Comprendre Corneille en son temps, c'est mieux entendre une éloquence toujours mordante après trois siècles.

Et j'en viens à mon second lecteur, metteur en scène, comédien, homme ou femme de théâtre, qui se soucie de faire écouter cette éloquence aujourd'hui. Sa tâche est d'éveiller chez le spectateur une réminiscence, qui gît endormie au fond de la langue, au fond de la mémoire collective française, au fond même de la nature humaine qui, si trouble qu'elle soit, aime qu'on lui fasse confiance et qu'on lui révèle, au fond de son trouble, une lumière inconnue la portant à flamber. Ce que ces recherches peuvent l'aider à trouver, c'est le sens oublié de cette éloquence, toute tissée de dialogue, sa prodigieuse vitalité théâtrale portée par les figures animées de la passion autant que par la clarté tranchante de l'esprit. Avant de s'intéresser aux «idées» politiques ou morales de Corneille, il importe en effet de percevoir, si l'on veut lui restituer la présence, cette énergie de la parole en puissance dans le texte imprimé, toute prête à être revêtue par la voix et par les gestes, et à venir encore enchanter l'oreille et remplir l'imagination. Une fois que l'on a saisi cette dimension proprement oratoire (le contraire de la grandiloquence) le reste vient de surcroît: le cliquetis des oxymores et des sentences, le jaillissement de l'invention à la fois analytique et plastique, la variété étonnante des tons qui vont de l'éclat sublime à l'éclat de rire, et qui n'interrompent jamais l'extrême tension du combat entre grandes âmes, ou du débat qu'elles poursuivent avec elles-mêmes. Il y a un bonheur cornélien à habiter la langue, qui invite l'acteur et le spectateur à le partager, et c'est ce bonheur aussi qui sauve, au sens le plus strictement théologique, la violence, la cruauté, la mauvaise foi même des grandes âmes (au sens où l'on parle d'âme pour les armes à feu) qui semblent ne se livrer à ces passions que pour les dire superbement. Et ce bonheur, parce qu'il est naturel, investit et transfigure les corps; il fait des corps l'âme (au sens cette fois où l'on parle d'âme des instruments de musique) de leur propre voix. Il n'était donc pas, je crois, inutile de remettre sous les yeux des interprètes modernes le solfège et l'harmonie de l'action oratoire tels que Corneille les connaissait, et qui ont gouverné, avant la réforme du jeu dramatique «classique», la réforme de la chaire chrétienne. Une comédie de grand style, une tragi-comédie ou une tragédie ne sont pas des sermons, pas même des sermons de Bossuet: ce ne sont pas non plus, même lorsqu'elles sont l'œuvre de Corneille, des drames de collège destinés à éduquer et à régler l'action oratoire de futurs prédicateurs, diplomates, ou magistrats. Ce sont des imitations de ce que j'ai appelé plus haut l'expérience noble, avec tout ce qu'elle suppose de liberté par rapport à la norme morale, et donc toutes les ressources d'expression que ne peut prévoir une action oratoire normale, propre aux représentants de la loi civile, et religieuse, dans leurs fonctions. Le jeu du comédien, même classique, se déploie sur d'autres registres que celui du prédicateur ou de l'«orateur» (c'est encore le nom de l'ambassadeur au XVIIᵉ siècle) classiques. Mais il est clair que le comédien, pour se laver de l'épithète injurieuse d'histrion, a dû au XVIIᵉ siècle accorder sa propre fonction de «mime» de l'humanité laïque «à l'état naturel» à la norme idéale des représentants de Dieu et des rois. Le théâtre de Corneille, tout entier plaidoyer «en acte» en faveur de la légitimité de la scène, a été conçu pour faciliter au comédien cette concordance entre *mimesis* de l'homme naturel et norme oratoire de l'homme qui incarne la loi divine et morale. Cela était d'autant plus naturel à Corneille qu'il croit à cette concordance *théologiquement*: à ses yeux l'homme naturel détient en germe les ressources «à l'état sauvage» qui peuvent faire de lui un héros exemplaire et même un saint: c'est le Clitandre de *L'Illusion comique* et c'est Polyeucte. C'est même là à ses yeux tout l'intérêt de l'«expérience noble», ce qui fait d'elle l'arène dramatique d'une gestation toujours à recommencer, toujours nouvelle, de la grandeur. Cette grandeur trouve en elle-même le principe divin d'ordre, à la différence des représentants de l'ordre politique, qui souvent n'est qu'un désordre, où la loi sert de manteau à l'appétit de dominer et de nuire. Mais pour pouvoir tenir tête, la grandeur de la liberté doit pouvoir répartir par des paroles et des actes dignes d'elles, et dont la dignité est inattaquable par ses adversaires. Emilie face à Octave, Polyeucte face à Félix, Rodogune face à Cléopâtre, Suréna face à Orode: le duel de la liberté noble et du despotisme se livre à armes rhétoriquement égales. Aussi la basse continue de l'action dramatique chez Corneille est-elle la norme oratoire, qui régit également la voix et le geste des rois, des princes, des nobles, ou de leur représentants. Le comédien du XVIIᵉ siècle y trouvait l'occasion de jouer de pair à compagnon, en dépit des contempteurs dévots de son métier, avec les Grands que nul (sauf Port-Royal et Pascal) ne traitait alors de comédiens. Le comédien moderne peut donc trouver, à étudier cette norme idéale de la voix et du geste, les moyens d'entrer dans les rôles cornéliens. Mais c'est seulement une introduction: car cette basse continue ne résume pas, bien loin de là, toute la partition. La vitalité dramatique de celle-ci, comme celle des caractères cornéliens, repose justement sur le contrepoint entre cette norme de fond et les saillies de la nature qui la rejettent et qui la cherchent à la fois. L'action sur la scène cornélienne est faite autant de *decorum* que de brisures du *decorum*, comme les caractères cornéliens sont d'abord faits de ce qu'ils *se doivent*, ce qui les autorise à rompre leur devoir ou à en devenir les sophistes. La norme oratoire est une fiction qui suppose officiellement la nature entièrement domptée pour bien représenter la loi morale *et* divine. L'action corné-lienne, comme les caractères cornéliens, est une fiction qui suppose à la fois des natures indomptables, superbes et intactes, des natures de grande race, et le drame qui consiste pour elles à découvrir que la loi politique peut être la pire violence faite à la loi morale et à la loi divine dont ils sentent en eux, dans leur générosité, dans leur amour, l'injonction spontanée et irréfutable. Il arrive donc que le decorum officiel doive être rompu pour que soit affirmée une plus haute conve-nance, et ces dissonances sont alors les plus sublimes rappels de l'har-monie. Ces grands représentants de l'expérience laïque exigent, pour être représentés, des postulations contradictoires et extrêmement dif-ficiles à réunir dans le même animal de scène, qui serait aussi un pro-fessionnel consommé. En définitive, si ce recueil invite à concevoir que l'approfondissement du sens des drames cornéliens est insépara-ble de la question : «Comment jouer du Corneille?», il n'aura pas été tout à fait coupable de pédantisme.

CHAPITRE PREMIER

Pierre Corneille, fils de son œuvre[1]

«Le personnage de l'auteur est l'œuvre de ses œuvres».
Paul Valéry (*Carnets*, Pléiade, t. I, p. 261)

ASPECTS D'UNE BIOGRAPHIE D'ÉCRIVAIN

Avec Pierre Corneille se pose de façon exemplaire la question des rapports entre l'«homme» et l'œuvre. Si l'on entend par «homme» un personnage social nommé Pierre Corneille, fils de Pierre et de Marthe Le Pesant, né le 6 juin 1606 à Rouen, paroisse Saint-Sauveur, nous avons de quoi constituer sur lui une prosopographie assez satisfaisante de petit magistrat d'Ancien Régime. Si nous voulons passer de cet «homme» à l'œuvre dramatique qui porte son nom, tous les ponts nous manquent; nuls mémoires, nulle correspondance, ou peu s'en faut, nul témoignage d'intime, nul manuscrit portant trace d'un esprit au travail, ne permettent de reconstituer l'«intérieur» de ce personnage social. Dès la première biographie du dramaturge[2], son petit-neveu Fontenelle insistait sur le contraste entre l'«homme», fort terne et banal, et l'œuvre, riche de tant de chefs-d'œuvre. Il empruntait ce contraste à Corneille lui-même, qui, à plusieurs reprises, s'en est expliqué sans fausse honte:

---

[1]   Etude publiée dans l'*Histoire littéraire de la France*, Paris, Editions sociales, 1975, t. III, pp. 367-423. Les textes de Corneille sont généralement pris dans Ch. Marty-Laveaux, *Œuvres de Pierre Corneille*, coll. «Les grands écrivains de la France», Hachette, Paris, 1862-1868, 12 vol. (abrégée M.-L., suivi du tome). *Polyeucte* est au t. III; *Rodogune*, au t. IV; *Othon*, au t. VI; *Pulchérie et Suréna*, au t. VII.

[2]   Reproduite en tête de l'édition Stegmann, Seuil, Paris, 1963, pp. 21-25. En particulier, voir p. 25: «Corneille était assez grand, et assez plein, l'air fort simple et fort commun, toujours négligé et peu curieux de son extérieur... Sa prononciation n'était pas tout à fait nette... Il parlait peu... pour trouver le grand Corneille, il fallait le lire.» Voir les témoignages concordants de Baillet, Niceron, Vigneul-Marville.

> ... Mon génie au théâtre a voulu m'attacher;
> Il en a fait mon fort, il sait m'y retrancher;
> Partout ailleurs je rampe, et ne suis plus moi-même...
> (M.-L., t. X, *Remerciement présenté au roi en l'année 1663*, p. 177).

On ne saurait être plus clair; il faut admettre que pour Corneille, comme plus tard pour Gide, «ce que d'autres appellent carrière littéraire... (il) veut (l')appeler (sa) vie». Il ne s'agit donc pas en son cas d'une biographie habituelle, mais d'une biographie d'écrivain, né avec ce trait particulier que son «Je», incapable de trouver son expansion dans la «vie» et dans l'«homme» que ses contemporains percevaient, s'est «retranché» dans une œuvre littéraire et a trouvé dans la création son site.

Création dramatique: soumises aux conventions de la scène, les œuvres de théâtre, closes semble-t-il sur elles-mêmes, font apparaître des personnages ajustés au genre, au style, au sujet de chacune, masques de mots fabriqués avec art à l'usage du comédien qui leur prêtera une vie toute scénique et imaginaire. Ces masques ont d'autant plus de relief que, sous leurs traits calculés en vue de l'optique scénique, le *vide* est profond, et propice au comédien qui doit l'habiter. L'objectivité des personnages de théâtre suppose donc l'effacement de leur auteur, dont le personnage social est sans commune mesure avec les masques qu'il a sculptés pour la scène. En ce sens, si la prosopographie de Corneille, telle que l'érudition historique l'a établie, est «pauvre», en comparaison de la richesse de son œuvre, si l'«homme» Corneille apparaissait terne et «bas» aux contemporains qui le comparaient à ses héros, c'est d'abord parce que Corneille fut un dramaturge exemplaire. L'ascèse du dramaturge suppose une disparition de l'«homme» au profit de l'œuvre qui le représente.

Cette disparition de l'«homme», c'est-à-dire du personnage social, n'implique pourtant pas que l'œuvre soit le produit impersonnel de «son temps» et elle ne va pas jusqu'à faire de celle-ci «l'enfant d'une nuit d'Idumée», comme les «vers donnés» chers à Valéry. Si Corneille accepte volontiers comme étranger à son œuvre son personnage social, il n'en est que plus ardent à revendiquer pour un «moi-même» la responsabilité de son théâtre. Ce qui en lui est le plus invisible, le plus profond et le plus subjectif est pour ainsi dire représenté et attesté par ce qui, à première vue, nous semble le plus extérieur, le plus impersonnel, et le plus objectif, son œuvre théâtrale et son peuple de héros. Les personnages de théâtre témoignent sur ce «moi-même» mieux que ne le fait le personnage social, cet «il» que les contemporains trouvaient si quelconque. Et c'est en se fondant sur ce témoignage que, dans l'*Excuse à Ariste* comme dans les préfaces des pièces et les *Discours*, le *Je* cornélien s'affirme avec une autorité littéraire héroïque. Dans les poèmes de vieillesse adressés à Louis XIV, ce *Je* de poète n'a rien perdu de sa superbe, et n'hésite pas à s'adresser au Roi-Soleil d'égal à égal, sur le mode du tutoiement tragique. L'impersonnalité apparente de l'œuvre dramatique, loin de se vouloir étrangère à la subjectivité de son auteur, s'affirme au contraire comme sa manifestation la plus complète ; elle déploie sur le mode du multiple ce que le *Je* de l'*Excuse à Ariste* et des *Poèmes au Roi* affirme sur le mode de l'Un : une intériorité d'exception, qui ne se saisit, et qui n'accepte de se laisser saisir qu'à travers les masques d'une création dramatique, masques parmi lesquels celui du *Grand Corneille* n'est pas le moins réussi ni le moins fidèle.

Né dans une époque pénétrée de stoïcisme, l'auteur de *La Place Royale* et de *Polyeucte* n'avait nulle peine à penser que les masques forgés à sa vraie mesure par une grande âme la révèlent mieux et plus justement que le visage reçu en partage de la nature et de la fortune. Né dans une époque dominée par l'influence des *Essais*, Corneille lecteur de Montaigne pouvait prendre à son compte l'idée mère de l'œuvre du magistrat bordelais : écrire, c'est non seulement se connaître, mais aussi se forger ; la conscience de soi, chez l'écrivain tel que Montaigne en pose l'archétype, est inséparable de la création d'une image de soi plus vraie que celle, toute conventionnelle, que le monde se fait de l'«homme» que l'on est. Et l'image que Montaigne, identifiant son œuvre et la découverte de soi, obtient de lui-même dans les *Essais* est assez multiple, sous la ferme permanence du *Je*, pour justifier le foisonnement de personnages dont l'œuvre de Corneille est le lieu. La distance entre la «vie» et l'œuvre, entre l'«homme» et l'œuvre n'est peut-être chez Corneille que celle qui sépare une existence reçue, et pour une bonne part subie, d'une essence assumée aux yeux du monde surpris sous les masques du théâtre, reflets multiples et psychomachiques d'un *Je* solaire et central. La ferme permanence de celui-ci est affirmée par ailleurs dans les poèmes à la première personne. Cet enracinement de l'œuvre dans une subjectivité consciente d'elle-même et de ses pouvoirs littéraires ne serait-elle pas un des principaux titres de l'originalité de Corneille, qui tirerait ainsi pour la création dramatique les conséquences des *Essais*, fort analogues à celles que Descartes en tire pour fonder le sujet philosophique ?

Dans cette optique, ce serait l'œuvre qui *expliquerait* ce que l'«homme» Corneille et la «vie» de Corneille ne pouvaient tirer d'eux-mêmes autrement que par elle. Non que l'œuvre soit une «compensation» de la vie, ni que les héros soient une «revanche» de l'homme: comme si Corneille, Quichotte ou Bovary du XVIIe siècle, avait pu se vouloir autre que ce qu'il était, un écrivain de génie, et se sachant tel. Il ne cesse d'affirmer qu'il *se résume* et *se manifeste* dans son œuvre et dans son œuvre seule: il faut le prendre au mot, mais non pas pour l'expulser de son œuvre, sous prétexte que celle-ci ne ressemble pas au personnage replié sur son secret que son siècle a cru connaître.

Laissons de côté la difficile question de l'œuvre dramatique comme autobiographie littéraire masquée. A s'en tenir à la biographie tout extérieure du fils de Pierre Corneille et de Marthe Le Pesant on constate que celle-ci, au lieu de se résumer en une prosopographie de petit magistrat rouennais, *dévie* de sa trajectoire probable, et accueille un considérable imprévu: l'anoblissement de 1637, la «vie noble», délivrée de tout office, à partir de 1651... Quel est ce *clinamen* qui bouleverse ainsi l'ordre sociologique des choses, sinon la poussée de l'œuvre, qui, de pièce en pièce, de succès en succès, crée à partir de l'honnête magistrat dont la carrière était toute tracée par son père, la gloire du *Grand Corneille*, fils de ses œuvres, et qui dit *Je* si triomphalement dans l'*Excuse à Ariste* et autres pièces à la première personne? A l'intérieur de la biographie du fils de Pierre et de Marthe, et non sans la perturber, surgit l'histoire d'un *Je* créateur, né non pas en 1606, mais en 1629, avec cette seconde naissance que fut la composition et le succès de *Mélite*, et dont l'activité substitue, de chef-d'œuvre en chef-d'œuvre, une situation méritée à une situation héritée, un nom glorieux et recréé au nom obscur qu'il avait reçu.

Génératrice d'une célébrité elle-même sans commune mesure avec l'«homme» Corneille ni avec sa «vie», l'œuvre retentit pourtant sur l'un et sur l'autre, source de revenus, source d'ascension sociale, métamorphosant avec une rapidité déconcertante, dans une société de la lenteur, le roturier Pierre Corneille en M. Corneille, écuyer. Le *clinamen* introduit par le développement irrésistible de l'œuvre fait de la biographie de Corneille une biographie gigogne: d'un destin chrysalide, déterminé d'avance comme celui de tant d'autres petits magistrats, jaillit un destin ailé, celui que gouverne avec tant de *maestria* et de sens du coup de théâtre l'auteur du *Cid* et de *Rodogune*. Mais la chrysalide et le papillon, pour filer la métaphore, coexistent jusqu'au bout, comme pour souligner le caractère de conquête héroïque de la première grande carrière de dramaturge et de pur écrivain français moderne. Il y a beaucoup de Don Sanche dans Corneille, un Don Sanche qui conserverait jusque sur le trône, conquis à coup d'exploits littéraires, les traits plébéiens et timides que sa première destination, et sa naissance *apparente*, lui avaient imprimés au départ. A s'en tenir à cet aspect tout extérieur des choses, son théâtre est donc déjà, et au sens propre, *autobiographique*, découverte et création de soi-même et de sa propre vie par une œuvre littéraire, conquête d'une liberté sur un destin.

UNE CARRIÈRE HÉROÏQUE

Roland Mousnier, pour caractériser la société française du XVIIᵉ siècle, a parlé d'une «société d'ordres», plus proche à beaucoup d'égards d'une «société de castes» telle qu'il en existe encore en Orient, que d'une «société de classes», au sens de l'Europe industrielle moderne. Dans une telle société, la *naissance* détermine l'individu. Celui-ci, arrimé à la place que sa naissance lui destine, dans le réseau serré des solidarités gentilices et professionnelles, a de très faibles chances d'y échapper. Sans doute, la «société d'ordres» française du XVIIᵉ siècle n'est pas aussi immobile qu'une «société de castes» orientale: l'accumulation de l'argent, d'origine commerçante ou fiscale, commence à y perturber les vieilles sacralités terriennes et guerrières; le service du roi — ou des grands — introduit un certain *jeu* dans le système. Mais dans l'ensemble, le mouvement y est ralenti et appesanti par de très puissantes résistances, l'ascension sociale exige un si considérable déploiement d'énergie et de sens stratégique, que l'un et l'autre sont le plus souvent répartis sur plusieurs générations.

Encore cette ascension rencontre-t-elle sur son chemin un obstacle plus redoutable que tous les autres, la frontière qui sépare la roture, si riche soit-elle, de la noblesse de robe, et cette autre frontière, plus subtile, mais non moins nette, qui sépare la noblesse de robe, fille des offices judiciaires ou administratifs, de la noblesse d'épée, fille de la valeur militaire. La clef de voûte du système hiérarchique n'est pas l'argent, ni la capacité de l'accumuler, mais le prestige, l'honneur, qui sont pour ainsi dire hors de portée de l'individu: celui-ci peut, s'il est un porphyrogénète de la robe ou de l'épée, ajouter son apport personnel au capital de prestige déjà reçu par sa naissance; il ne peut, s'il n'a rien reçu, créer à lui seul un capital de prestige que le temps seul, ses ancêtres et ses alliés auraient pu créer et préparer pour lui. Car l'*honneur* nobiliaire est taillé dans ce qui par excellence est hors de portée d'une vie individuelle, la *longue durée*, privilège de la famille. Tandis que la *gloire*, cette forme de prestige qui fascine le XVIIe siècle, est d'essence individuelle et personnelle, elle ne doit rien au passé ni aux parents: c'est le pur prestige qui ne s'hérite pas, ne se transmet pas, et qui s'attache à la singularité héroïque.

Né dans la roture d'une famille de petits robins, Pierre Corneille, en toute logique sociologique, aurait dû se contenter des offices que son père, misant sur le fils aîné, avait achetés pour lui en 1628, après lui avoir fait faire d'excellentes études au collège des jésuites de Rouen, et lui avoir fait prendre ses grades de droit. Ces études, ces offices, représentent un pas en avant pour la famille tout entière. Mais il en faudrait beaucoup d'autres, répartis sur deux ou trois générations, pour parvenir aux grands offices anoblissants. Dans ce destin préparé par un père, un autre destin prend naissance en 1630-1631, à la faveur du succès «surprenant», selon le mot de Corneille lui-même, de *Mélite* interprété par Montdory et sa troupe dans un jeu de paume parisien. Avec le succès de *Clitandre, La Veuve, La Galerie du Palais, La Suivante, La Place Royale, Médée*, qui assoient la réputation du théâtre du Marais et celle de son dramaturge, le jeune Corneille dispose d'un levier nouveau pour soulever les déterminations de la société d'Ancien Régime: son génie de dramaturge. Il va s'en servir avec une prudence et une audace remarquables, non seulement pour substituer au nom hérité de son père le titre personnel et exceptionnel de Grand Corneille, mais pour faire franchir à lui-même d'abord, et, devenu époux, père, chef de famille, à son jeune frère et à ses enfants les longues étapes qui les séparaient sans lui de la noblesse et des sphères supérieures de la société monarchique.

Ce que Balzac eût appelé une «épopée sociale» est d'autant plus surprenant que l'arme dont se sert Corneille pour forcer les étapes et les obstacles, le théâtre, est loin de jouir en France du prestige dont elle bénéficie depuis plus longtemps en Italie, en Espagne et en Angleterre. Corneille pouvait, sans trop forcer la vérité historique pour forger son propre masque héroïque, considérer cette arme comme neuve en France entre ses mains. Neuve, et comme telle — dans une société de la lenteur, où l'épreuve du temps donnait seule un prix *solide* aux choses — très contestable et contestée. L'exemple d'Alexandre Hardy, grand dramaturge de la génération précédente, et pourtant misérable errant, en offrait une preuve trop évidente. L'exemple de Théophile, qui s'était brillamment essayé au théâtre, n'était guère plus rassurant. Quant à Mairet, premier bénéficiaire de l'engouement de nobles mécènes pour le théâtre, sa carrière, exactement contemporaine de celle de Corneille, montre quelle était alors encore la fragilité d'une réputation de dramaturge. Parti d'une sphère sociale fort médiocre, beaucoup plus médiocre que celle d'un Ronsard et d'un Montaigne, Corneille réussit à égaler leur prestige par la seule voie d'un art privé de lettres de noblesse en France. Il est vrai qu'il disposait de deux atouts de premier ordre: un « second métier » qui ne le livrait pas, comme Hardy, aux caprices des troupes de comédiens ou, comme Mairet, aux aléas du mécénat nobiliaire; un ressort exceptionnel pour s'adapter aux vicissitudes de la mode et de la politique sans pour autant cesser d'être fidèle à la singularité de son génie.

Mais ces deux atouts n'auraient pu être mis en œuvre avec tant de fruit si le jeune Corneille, et sa *Mélite*, n'avaient « rencontré » la mode de cour, et par conséquent la mode parisienne s'engouant avec fureur pour le théâtre. Cette mode, au tournant des années 1630, a pour « entraîneurs » une pléiade de jeunes seigneurs dont le rôle s'explique parce que le roi et la reine sont alors très jeunes: la cour a toujours l'âge du roi. Par le succès de *Mélite* et de *Clitandre*, le jeune dramaturge, sans pour autant dépendre trop directement d'eux, est en vogue parmi les jeunes « lions » les plus titrés de la cour de Louis XIII. En 1632, il écrit pour le comte de Soissons, puissant prince du sang Bourbon, des vers destinés au *Ballet du Chasteau de Bissestre* représenté au Louvre devant le roi et la reine, et dansé par le prince et sa coterie: Liancourt (à qui Corneille dédiera *Mélite* l'année suivante), Hallwyn (frère de Jeanne de Schomberg, épouse de Liancourt, et dédicataire de *La Galerie du Palais* en 1637), Longueville (à qui Corneille, dans cette même année 1632, dédie *Clitandre*), Fiesque (pour qui Corneille écrit une épigramme elle aussi publiée en 1632 avec *Clitandre*), Candale, Du Vigean, Saint-Germain-Beaupré. Corneille, dans le même temps, ménage le véritable détenteur du pouvoir politique, le cardinal de Richelieu, à qui il dédie en 1632 un sonnet parmi les *Mélanges poétiques*, publiés avec *Clitandre*, et qu'il célèbre avec esprit dans l'*Excusatio*, pièce latine publiée en 1634, dans un recueil à la gloire du ministre qu'a composé Boisrobert, compatriote de Corneille et favori de Richelieu.

Ces actes de déférence, rédigés tous deux avec assez d'équivoque pour pouvoir, le cas échéant, être interprétés ironiquement, valent pourtant à Corneille le redoutable honneur d'être enrôlé dans la «compagnie des Cinq Auteurs» à qui Richelieu fait rédiger, sur ses propres canevas, des pièces de théâtre. Il se tirera assez vite de ce mauvais pas, sans rompre avec le sourcilleux ministre et son officieux Boisrobert. En 1635-1636, c'est en son nom personnel, sous le masque du magicien Alcandre, qu'il célèbre dans *L'Illusion comique* le «Théâtre françois» comme le divertissement par excellence du roi et de son ministre.

Prudence, donc, mais aussi, lorsque l'occasion s'en présente, audace et coup d'éclat opportun. En 1637, *Le Cid*, composé et représenté pendant une des crises majeures de la guerre de Trente ans, quand toute la cour et toute la ville vivent à l'unisson des émotions comparables à celles que Paris connut trois siècles plus tard, pendant la bataille de la Marne, rencontre un triomphe qui revêt un sens national. D'une manière éclatante, le théâtre, art neuf en France, se montre capable en cette circonstance de symboliser la nouvelle vitalité d'un peuple, l'ambition héroïque de ses lettres et de ses armes. Louis XIII accorde au dramaturge, par un geste qui lui-même revêt une haute portée symbolique, car il est *sans précédent*, des lettres de noblesse. Et Corneille, comme pour porter à ses dernières conséquences la gloire que lui vaut l'exploit du *Cid*, publie l'*Excuse à Ariste*, transposition *à la première personne* du «Paraissez, Navarrais, Maures et Castillans...» qu'il avait prêté à Rodrigue.

Les rivaux jaloux du poète, croyant rabattre tant d'orgueil, déchaînèrent alors contre lui et contre *Le Cid* une querelle encore plus violente que celle dont Balzac et ses *Lettres* avaient été les victimes dix ans plus tôt. En dédiant son *Excuse* à un Ariste qui semble bien être le même Dom André de Saint-Denis qui avait le premier attaqué Balzac, Corneille avait attiré la foudre sur lui. Pour lui faire payer sa noblesse récente, ses adversaires s'acharnèrent sur ses origines roturières et sur ses allures plébéiennes. Pour lui faire payer le succès du *Cid*, ils soumettent la pièce à la critique des «sçavans» et lui reprochent son irrégularité (voir A. Gasté, *La Querelle du «Cid»*, Welter, Paris, 1898).

En fait la querelle du *Cid*, point culminant de la longue querelle des «règles», rend évidente la nécessité de *légitimer* le théâtre de langue française, longtemps abandonné aux caprices du peuple et de la cour, et de lui trouver, moyennant quelques sacrifices de sa part, une place digne de celle qu'il occupe dans la poétique des humanistes. Nécessité d'autant plus forte que les «sçavans» occupent alors une place de plus en plus grande, rivalisant avec celle de la noblesse de cour, «ignorante», dans la détermination des jugements de goût. Des danseurs du *Ballet du Chasteau de Bissestre*, qui avait fait fête à l'œuvre de jeunesse de Corneille, la plupart, en 1638, sont en exil, ou rangés à l'obéissance du cardinal de Richelieu. Le comte de Soissons, héros des événements de 1636, et auquel le public songeait sans doute en idolâtrant Rodrigue, a quitté l'armée et la cour, se retranchant à Sedan dans la rébellion. Autour du Cardinal, ce sont des robins, formés aux disciplines de l'humanisme, qui occupent les postes clefs de l'Etat. Et la seule opposition qui ose se manifester en présence du Cardinal, à Paris, en dépit de l'exil des présidents Barillon et de Mesmes, est aussi le fait de robins, les Molé, les Bignon, «sçavans» s'il en fut.

Lorsque Corneille revient au théâtre, après trois ans de querelle et de réflexion, sa manière a changé: c'est *Horace, Cinna, Polyeucte*, dont l'esthétique est plus régulière et dont les sources plongent dans la culture latine et patristique dont les hauts fonctionnaires et magistrats du régime Richelieu sont imbus. Le public, quant à lui, un instant déconcerté, réserve un froid accueil à *Horace*. Mais le triomphe de *Cinna* et de *Polyeucte* réconcilie avec Corneille ce que Fontenelle appelle le «tribunal tumultueux» (celui des salles de théâtre plus capricieux que raisonnable) et le «tribunal tranquille» (celui des cabinets où les humanistes aux commandes de l'Etat, de l'Académie, du Parlement, forment à la lecture un jugement moins éphémère). Cette fois, le Grand Corneille s'est définitivement imposé.

Aussi, sous la régence d'Anne d'Autriche, qui montre pour son théâtre une faveur exceptionnelle, Corneille fait-il figure de dramaturge quasi officiel. Il s'est assez peu compromis avec le régime précédent pour pouvoir s'allier avec celui du cardinal Mazarin, qui passe d'abord pour celui de la réconciliation et de la réparation. En 1644, il dédie *Pompée* au nouveau ministre, après avoir en 1643 dédié *Polyeucte* à la reine. En 1645, il reçoit commande de poèmes destinés à illustrer un volume officiel d'hommage à Louis XIII, *Les Triomphes de Louis le Juste*. En 1647, de Mazarin, il reçoit commande d'*Andromède*. En 1648, grâce à une faveur du chancelier Séguier, à qui il dédie *Héraclius* en 1647, il entre à l'Académie. Et en 1650, *Don Sanche d'Aragon* qui, à certains égards, est une allégorie de sa propre carrière de dramaturge, l'est plus encore, aux yeux du public, de la carrière de Mazarin lui-même, en butte alors à une Fronde d'une tout autre portée que la querelle du *Cid*. Par ses œuvres, sinon par sa situation sociale qui reste celle d'un petit magistrat provincial, Corneille se déploie dans la même sphère spirituelle et intellectuelle que les maîtres de l'Etat; par la bouche de ses personnages, mieux que les hauts magistrats orateurs du Parlement, il harangue la cour et le peuple, traitant sous le voile de la fiction les plus hautes questions de morale politique. En 1651, sa carrière de magistrat perçoit elle-même le contrecoup de sa carrière de grand dramaturge. La reine et Mazarin, séjournant à Rouen pour apaiser les mouvements de Fronde normande, lui offrent d'acheter l'office de procureur général des Etats de Normandie, enlevé à un frondeur. Un soudain revirement politique le prive de cette faveur. L'échec de *Pertharite*, pendant l'hiver 1651-1652, symbolise le destin du théâtre en période de désordre politique et de désarroi économique: délivré de ses offices, Corneille se retire dans son cabinet de travail, se consacrant à la traduction versifiée de l'*Imitation de Jésus-Christ.*

Mais au premier signe que la paix et la prospérité publiques sont restaurées, Corneille revient au théâtre, et en 1662, comme pour profiter du nouveau régime vigoureusement mis en place par le jeune Louis XIV, il vient s'installer à Paris avec son frère Thomas qui, empruntant la voie frayée par son aîné, et sans même faire le détour par les offices, s'est lancé depuis 1647 dans une carrière fructueuse de dramaturge à succès et d'homme de lettres. A eux deux, soutenus par une véritable coterie littéraire, ils disposeront d'un réel pouvoir dans le monde des lettres, du théâtre, et du journalisme naissant. Respectable, respecté, le Grand Corneille vieillissant touche les intérêts de sa gloire, fréquentant le grand monde, la duchesse de Nemours[3], l'hôtel de La Rochefoucauld, le cardinal de Retz; il continue de créer des œuvres capables de lui valoir encore les applaudissements du public et l'estime des «sçavans», et semble enfin jouir d'une situation sociale à la mesure de son génie.

En fait, cette gloire doublement héroïque, conquise sur la roture d'un homme et sur celle de son art, est condamnée au succès sous peine de s'éteindre. Gloire de théâtre qui n'est jamais apparue aussi fragile, même au temps de la querelle du *Cid.* Si des cercles choisis de la haute aristocratie cultivée se sont ouverts à Corneille, ce sont tous, plus ou moins, des «Cabinets des Antiques» dont la qualité

---

[3]   En mars 1661, elle accepte pour second page le fils de Corneille, et c'est en compagnie de celui-ci qu'elle rend visite au Cavalier Bernin (*Journal* de Chantelou).

spirituelle est à la mesure de leur éloignement de la cour, où le jeune roi et ses jeunes courtisans cherchent de nouveaux plaisirs. Molière, Quinault, bientôt Racine et Lully ont la faveur «en ce pays-là», dont les goûts règlent plus que jamais ceux du reste du pays. Corneille, jusqu'à la mort d'Anne d'Autriche en 1666, peut bien faire illusion et se faire illusion: la retraite de la «Vieille Cour», après la mort de la reine mère, lève les derniers scrupules de la «Jeune Cour», désormais la seule. A partir d'*Agésilas* (1666), Corneille ne trouve plus dans le public les soutiens accoutumés: le déclin de son prestige est irrémédiable.

Il aura beau faire, de mauvaise grâce, des concessions aux goûts du jour, il est trop mauvais courtisan, et trop attaché à sa propre tradition, pour y réussir comme son frère, plus jeune, et surtout moins lié par une œuvre antérieure. Corneille n'est plus à la mode. L'année où est publiée sa dernière œuvre dramatique, *Suréna* (1674), la pension royale cesse de lui parvenir. Elle ne sera rétablie, par convenance, que deux ans avant sa mort, qui vient enfin en 1684.

Dix années pendant lesquelles Corneille est le témoin vivant et impuissant de ce «purgatoire des grandes œuvres» qui suit en général la mort de leur auteur. Et c'était une forme de mort, pour un homme comme lui, que de ne plus savoir plaire au roi, alors même, comme il le dit dans les étranges poèmes qu'il lui adresse, qu'il se sent encore, en dépit de l'âge, capable de chefs-d'œuvre. Mortellement humilié par le roi, Corneille n'est pas moins frappé par le sort qui semble s'acharner à ruiner tous les espoirs que, chef de famille, il avait fondés sur sa gloire de théâtre: s'il est vrai que deux de ses fils ont embrassé la noble carrière des armes, et que l'aîné, Pierre, a acheté en 1664 une charge de gentilhomme de la Chambre du roi, ni l'un ni l'autre ne porteront à maturité la noblesse que leur père avait attirée sur le nom gentilice, et qu'il espérait voir tremper par leurs exploits militaires:

> ... Mais j'ai d'autres moi-même à servir en ma place:
> Deux fils dans ton armée, et dont l'unique emploi
> Est d'y porter du sang à répandre pour toi.
> Tous deux ils tâcheront, dans l'ardeur de te plaire,
> D'aller plus loin pour toi que le nom de leur père...
>
> (*Au roi sur son retour de Flandre*, M.-L., t. X, pp. 188-189)

Le cadet, ne laissant pas d'enfants, est tué en Hollande en 1674, l'année fatidique où est publié *Suréna*, et où la pension royale est retirée au vieux poète. L'aîné, après avoir fait une mésalliance en 1679, mourra lui aussi sans enfants en 1698. Et dès 1665, l'espoir que son génie se transmît à l'un de ses fils avait été brisé par la mort du jeune Charles, élève doué des jésuites de Clermont.

Nés de lui seul, le génie et la noblesse de Corneille s'éteindront avec lui. La conscience héroïque de l'écrivain, qui s'exaltait dans l'*Excuse à Ariste* de n'avoir pas d'ancêtres, avait découvert dans *Suréna* qu'elle n'aurait pas non plus de postérité: «Que tout meure avec moi, Madame que m'importe...»

STRATÉGIES ET TACTIQUES DE L'HÉROÏSME LITTÉRAIRE

La conscience héroïque qui, de la «surprise» de *Mélite* à la déception de *Suréna*, soutient Corneille tout au long de sa carrière dramatique n'est pas liée seulement à une aventure personnelle d'écrivain rédimant la tare de sa naissance et celle de son art. Elle est liée aussi à l'aventure collective d'une génération, celle de 1630-1650, qui réussit à guérir la culture française de son sentiment d'infériorité impatiente vis-à-vis de l'Italie humaniste et de l'Espagne impériale, et à donner chair et vie au mythe de la France, nouvelle Rome.

Sources «mondaines», sources «savantes». — Une des tares de la culture française en 1630, c'est encore son compartimentage entre culture savante et latine, culture mondaine et vulgaire, reflet du compartimentage de ses élites entre clercs de robe ou d'Eglise et gentilshommes d'épée. La culture savante est le lieu de querelles érudites ou théologiques vidées en latin, à l'écart du «monde» et des femmes; la culture mondaine française, dominée par ses rivales italienne et espagnole, est dédaignée par les «sçavans», et s'adresse à un public de cour peu cultivé, au sens humaniste de ce terme. Entre 1630 et 1650, ce compartimentage tend à prendre fin: une langue «royale» s'élabore, fondée à la fois sur l'«usage» de la cour, et sur le choix, dicté par la «raison», des doctes; et une suite de querelles, littéraires comme la querelle Balzac-Goulu, dramaturgiques comme la querelle du *Cid*, théologico-morales comme la querelle entre les jésuites et Port-Royal, crée un «forum» commun au «monde» et aux «doctes», et donc une culture commune, en langue française, qui rend possible le dialogue entre humanistes et gens du «monde». Dans la création d'un tel «forum» parisien, le théâtre joue un rôle de premier plan, instrument de culture humaniste, mais en français, à l'usage du monde; chambre d'écho des querelles et débats contemporains à l'usage d'un public dans les rangs duquel se rencontrent des «doctes» du Parlement, de la haute administration royale, et gentilshommes ou grandes dames de la cour. Dans cette fonction de médiation remplie alors par le théâtre, Corneille a eu conscience de jouer un rôle de coryphée, sinon d'initiateur.

Il est vrai qu'il avait d'abord reçu, au collège des jésuites de Rouen[4], une solide formation latine d'humaniste. Plaute, Térence, Sénèque, les seuls auteurs de théâtre qu'admirent les doctes, mais aussi le riche répertoire néo-latin du théâtre de collège lui sont familiers, et avec eux la rhétorique et la poétique antiques dont les «sçavans» se réclament pour dédaigner la dramaturgie des Modernes, conçue à l'usage des «ignorants» du public mondain ou, pire encore, du public populaire. La formation reçue chez les jésuites, et que Corneille ne cessera d'enrichir par de vastes lectures, lui permettra, le moment venu, de se poser lui-même en érudit, dialoguant d'égal à égal avec les doctes, et en hériter légitime, en langue française, des grands dramaturges de l'Antiquité.

Mais avant de puiser pour sa création dramatique dans le riche fonds latin et néo-latin, Corneille avait dû rompre avec son éducation de collège pour aller vers le public «mondain» et «moderne», vers les «ignorants» de la cour. En 1668, au seuil d'un ouvrage publié par son ancien régent d'humanités au collège de Rouen, le P. Delidel, il reconnaîtra sa dette envers ses maîtres en humanisme, les jésuites. Mais en 1637, au moment de la querelle du *Cid*, il écrivait:

> Je ne dois qu'à moi seul toute ma renommée.
>
> (*Excuse à Ariste*, M.-L., t. X, p. 76, v. 50)

Cette fière déclaration d'autonomie artistique est beaucoup mieux accordée au style de la jeunesse de cour, qui vient de faire un triomphe au *Cid*, qu'aux bienséances oratoires apprises au collège:

> Nous nous aimons un peu, c'est notre faible à tous.
> Et puis la mode en est, et la Cour l'autorise.
> La fausse humilité ne met plus en crédit.
>
> (*Ibid.*, vv. 31-35)

---

[4]   Voir Fontenelle, citation tirée de l'édition des *Œuvres complètes* de Corneille p.p. A. Stegmann, cité p. 17: «Il fit ses études aux jésuites de Rouen, et il en a toujours conservé une extrême reconnaissance pour toute la Société.» Un tel jugement peut être aisément tiré d'un examen tout extérieur des œuvres de Corneille, qui, outre la dédicace au P. Delidel, contiennent des traductions de poèmes latins du P. de La Rue, régent de son fils Charles à Clermont. Mais tous ces témoignages datent de la dernière phase de la vie de Corneille, devenu «dévot», et qui trouve chez les jésuites une dévotion compatible avec sa carrière de dramaturge.

L'orgueil de Corneille créateur trouve donc un répondant et un garant dans l'orgueil de la noblesse de cour, dédaigneuse des «pédants», de leur juridisme moral et esthétique. Le récit que fait Corneille, dans l'*Excuse à Ariste*, de sa vocation de dramaturge, a lui aussi tout pour plaire aux oreilles de la jeune noblesse d'épée :

> Charmé de deux beaux yeux, mon vers charma la Cour
> Et ce que j'ai de nom, je le dois à l'amour.
>
> (Ibid., vv. 63-64)

Qu'est-ce à dire ? Si le poète du *Cid* est né du regard de Mélite, maîtresse et Muse, c'est qu'en effet pour plaire alors à une femme, exclue de la culture latine des collèges mais nourrie de culture romane et courtoise dans les poèmes et romans français, espagnols et italiens, il fallait «charmer» en français, sur des thèmes et en un style que l'on n'enseigne pas au collège. Le premier amour a été pour Corneille, comme pour tant d'autres écrivains «robins» du XVIIe siècle, le pont qu'il faut franchir pour passer d'un ordre de langage à un autre, de l'Antiquité à la modernité, de la culture savante à la culture mondaine, la seule «reçue» par les «ignorants» de la cour. Cette culture a un domaine italien et espagnol où Corneille va puiser généreusement ; elle a, en langue française, les maîtres d'un *dolce stil nuovo* fort goûté des courtisans, mais ignoré ou redouté des «latineurs» : d'Urfé, Théophile, Malherbe, Balzac. Dans l'*Excuse à Ariste*, Corneille note avec une parfaite exactitude que cette culture mondaine ne fait qu'une avec la culture féminine et la culture de cour.

A ce jeune avocat frais émoulu de sa rhétorique, il ne suffisait pas pour plaire à «Mélite» de s'initier aux formes, aux thèmes, aux querelles propres au domaine vivant et fuyant des Lettres modernes, il fallait aussi saisir l'insaisissable, le *ton* à la mode sans lequel il n'est pas de succès ; l'air romanesque, caché sous l'ironie et la *sprezzatura*, qui donnent à un jeune homme l'«air de cour», sans lequel il est, lui ou ses écrits, ridicule. Pour toutes ces choses qui s'apprennent par contagion plutôt que par étude, l'amour est un grand maître. Et avant de rencontrer à Paris, sous les masques de sa *Mélite*, la jeunesse de la cour de France, Corneille a dû saisir le reflet de ses goûts et de la mode du Louvre parmi la jeunesse dorée du parlement de Rouen, où Mélite fut sa Diotime.

Mais il est évident que pour écrire *Mélite* ou *La Veuve*, il n'était pas seulement nécessaire d'avoir aimé, et d'avoir lu avec l'émoi des premières révélations l'*Aminta* du Tasse, le *Pastor Fido* de Guarini, la

Filli di Sciro de Bonarelli, les comédies de Cervantès et de Lope de Vega, le *Pyrame et Thisbé* de Théophile et les pièces d'Alexandre Hardy. L'art dramatique du jeune Corneille suppose, en sous-main, une solide connaissance de Plaute et de Térence, sur lesquels le programme de la *Ratio Studiorum* s'étendait longuement. Dès le départ, même si par défi il met l'accent sur la modernité de son œuvre, Corneille est maître des deux registres de la culture française de son temps, et il n'est pas plus prisonnier de son public mondain et courtisan qu'il ne l'a été de ses régents. Avec *La Suivante* et *La Place Royale* déjà, mais surtout avec *Médée*, il prend ses distances avec le conformisme pastoral où s'attarde volontiers la culture mondaine. La crise du *Cid* va le pousser à redécouvrir la culture savante dont sont nourries les tragédies des années 1640-1642. Mais cet humanisme vers lequel le dramaturge se tourne alors n'est plus celui, *ad usum Delphini*, dont les jésuites assurent la diffusion dans leurs collèges : c'est la culture vivante de la République des Lettres dont les citoyens sont aussi des magistrats, des ambassadeurs, de hauts fonctionnaires pour lesquels les Anciens et les Pères de l'Eglise sont des sources de réflexion en vue de l'action politique et administrative.

Mais là encore, Corneille se prête et ne se donne pas. Au moment même où il se révèle le grand maître de la tragédie historique, il ne renonce nullement à ce fonds pastoral qu'il connaît mieux que personne, et qui exprime une part essentielle du psychisme des gens de cour. En lui adjoignant la problématique morale et politique des lettrés humanistes, Corneille ne sacrifie rien des découvertes antérieures de son œuvre, il l'enrichit, il fait de cette richesse contradictoire un principe de sa vitalité symbolique.

Il en ira de même lorsqu'il s'appropriera, avec *La Mort de Pompée, Théodore, Rodogune* et *Héraclius*, l'esthétique du drame jésuite, qui ressort méconnaissable de son atelier ; lorsqu'il s'essaiera avec *Andromède* et *La Conquête de la Toison d'Or*, à rivaliser selon ses moyens et sa dramaturgie propres, avec le mélodrame italien ; lorsqu'il fera des concessions, si peu heureuses qu'elles nous apparaissent, au théâtre précieux et au théâtre galant, dans *Œdipe* et dans *Agésilas*.

De 1629 à 1674, il est peu de couleurs du spectre spirituel et esthétique du XVIIᵉ siècle français qui ne trouvent leur place dans l'œuvre cornélienne, voire dans l'arc-en-ciel de ses pièces les plus réussies. Un peu comme dans les *Essais* se retrouve «toute la lyre» de l'humanisme français de la fin du XVIᵉ siècle. Et comme dans les *Essais*, quelle qu'ait été la force d'absorption de Corneille, tout ce qu'il a trouvé dans son époque, il le lui a rendu puissamment marqué par sa propre vision, au point de devenir à son tour une des forces qui ont moulé la littérature du «siècle de Louis XIV». De pièce en pièce, ce n'est pas seulement la modification des circonstances et du public que postule son invention constamment renouvelée, c'est, à l'occasion de ces glissement d'atmosphère et de mode, une méditation qui obéit à ses propres lois, et qui trouve de nouveaux masques pour imposer publiquement son dialogue intérieur.

Critique «mondaine», critique «savante». — Intensément conscient de ce que son œuvre représente à la fois une «grande âme», une royauté spirituelle du *Je* créateur, mais aussi une «grande époque», celle qui voit la royauté française s'imposer à l'Europe comme héritière à la fois de la suprématie intellectuelle italienne et de la suprématie militaire espagnole, Corneille a monté autour de sa création dramatique une garde vigilante. Non seulement il l'a garantie contre la «tyrannie» juridique de la critique savante, mais il lui a assuré les protections mondaines nécessaires à sa poursuite et à son succès. Pour veiller sur une œuvre d'essence médiatrice, Corneille a prudemment conduit une double tactique, l'une tournée vers les puissants de ce monde, «ignorants» peut-être, mais soucieux du prestige que leur vaut l'art moderne, l'autre tournée vers cette autre puissance qu'est alors le savoir humaniste, soucieux de ne pas laisser l'art moderne échapper à sa juridiction. La politique cornélienne des *Epîtres dédicatoires* illustre parfaitement cette prudence vis-à-vis des «Grands». Corneille n'a jamais galvaudé ses dédicaces. Jusqu'au *Cid*, il s'en sert pour remercier grandes dames et grands seigneurs dont le «suffrage» donne alors le signal des applaudissements de la cour, et crée un courant de mode en faveur de la pièce imprimée. A partir du *Cid*, la haute noblesse cède le pas aux maîtres de l'Etat monarchique, Richelieu, dédicataire d'*Horace*, et à travers Mme de Combalet, du *Cid*; Anne d'Autriche, dédicataire de *Polyeucte*, Mazarin, de *La Mort de Pompée*; Condé, dédicataire de *Rodogune*; Séguier, dédicataire d'*Héraclius*. Avec Mazarin, avec Montauron (riche financier dédicataire de *Cinna*), avec Fouquet (dédicataire d'*Œdipe*), Corneille n'aura nulle fausse honte à se concilier la puissance de l'argent, qui, avec la puissance politique, commence à rivaliser victorieusement avec le prestige de l'épée. Ce souci des bases économiques de l'activité d'écrivain est également sensible dans les rapports de Corneille avec les libraires et les troupes théâtrales. Son *Pro-*

jet de lettres patentes, destiné à garantir sa propriété littéraire, dont la notion même était quasi inconnue au XVIIᵉ siècle, a été reproduit par Marty-Laveaux (t. I, pp. LXXV-LXXXIV) et commenté par S. Deïerkauf-Holsboer (*Le Théâtre du Marais*, t. I, Nizet, Paris, 1954, ch. IV).

Avare de dédicaces, et les réservant aux plus riches et aux plus puissants, Corneille a cessé d'en distribuer sitôt que sa «gloire» de dramaturge fut assez assise pour n'avoir plus à faire l'éloge de quiconque. Le peu de goût de Corneille pour le genre de l'éloge, si répandu dans la société hiérarchisée de son temps, est attesté par de nombreux textes: l'*Excusatio* (M.-L., t. X, p. 71, vers 75 et suiv.), la dédicace de *La Veuve, Le Remerciement au Roi* (éd. cit. t. X, p. 175, vers 20 et suiv.) et l'aveu, dans une lettre au P. Boulart (éd. cit. t. X., p. 473), de «son aversion naturelle contre les panégyriques». Fontenelle écrit d'autre part: «Il avoit l'âme fière et indépendante, nulle souplesse, nul manège.» Dès sa jeunesse, il joint souvent aux épîtres dédicatoires des préfaces-manifestes. Et de plus en plus, il se borne à des épîtres adressées à des anonymes, ou à des *Au Lecteur* assez hautains. Jusqu'en 1637, sa politique des préfaces et des épîtres critiques est celle du défi: assuré du soutien du public, et surtout du public de cour, Corneille traite avec désinvolture la régularité toute théorique et normative qu'exigent les doctes. Il prend la liberté de «choquer les Anciens» (préface de *Clitandre*), il suit les «règles» qui «légitiment» le théâtre, mais sans s'y asservir (au lecteur de *La Veuve*), il se permet d'invoquer la relativisme du goût et la liberté du créateur, dont «le premier but doit être de plaire» (épître de *La Suivante*). Après la querelle du *Cid*, et le succès de *Cinna* et de *Polyeucte*, Corneille a fait assez de concessions à la critique et à la culture des «sçavans» humanistes pour pouvoir présenter son œuvre comme un modèle à imiter, au même titre que celle des Anciens. Il accompagne l'édition de ses tragédies de citations d'historiens antiques, propres à mettre en évidence à la fois son érudition, et la liberté créatrice avec laquelle il sait traiter ses sources savantes. *Le Menteur* est même, en 1645, accompagné d'un poème latin de Constantin Huyghens, homme d'Etat et érudit hollandais respecté de toute la République des Lettres: un tel garant hisse Corneille dans la sphère des Plaute et des Térence.

Cette double tactique — appel au public mondain, contre les doctes, puis légitimation savante des succès mondains — devient méthode dans la grande synthèse des *Discours* et des *Examens* de l'édition de 1660. Là Corneille ne se borne plus à se réclamer de ses succès contre les «règles», ou à rester au-dessus des «règles» à force d'autorités savantes: il affirme la valeur normative de sa propre œuvre et, se posant à son tour en critique souverain, il tire de ses pièces les règles nouvelles et la jurisprudence d'un art dramatique français et moderne. Il veut être, vis-à-vis de son propre théâtre, ce que l'Aristote de la *Poétique*, patron de la critique docte, avait été vis-à-vis du théâtre de Sophocle.

Il tire donc de sa propre expérience dramaturgique la théorie de la «tragédie à fin heureuse», dont les héros peuvent être exemplaires dans le Bien et dans le Mal, dont l'action conduit au triomphe du Bien et du Mal, après une «suspension» agréablement ménagée, et dont la régularité est susceptible d'une jurisprudence laissée au libre choix de l'artiste créateur. Il élargit le concept de vraisemblance en introduisant la notion de «vraisemblable extraordinaire», propre à ménager des effets de théâtre puissants et surprenants, fût-ce aux dépens de l'histoire. Il désigne pour ressort de cette dramaturgie moderne, non la terreur et la pitié aristotéliciennes, mais l'admiration propre à concilier les deux finalités de l'art, plaire et édifier. Cette théorie dramatique s'appuie sur une analyse des particularités du public moderne et français, très différents du public des tragédies grecques sur lesquelles Arioste avait construit sa théorie du drame. Ce public moderne croit en la Providence divine, et non au *fatum* païen; il adhère au régime monarchique, et non à des républiques où l'on redoutait les rois et les héros. La «tragédie à fin heureuse», qui offre le spectacle de héros exemplaires vainqueurs du mal et du malheur, trouve donc sa justification ultime dans la *doxa* propre au public chrétien et monarchique, qui lui dicte sa structure, et qu'elle a pour fonction de célébrer.

Les *Examens* appliquent à chaque pièce la doctrine des discours. Ils se présentent comme un jugement équitable mettant fin à la «querelle» dont chaque pièce a plus ou moins été l'occasion, jugement définitif qui place désormais ces pièces dans l'ordre des modèles «classiques». Corneille adopte tour à tour le point de vue normatif des «règles» et des doctes, et le point de vue pragmatique de la «réussite» en dépit des règles, qui est celui du public. La volonté de conférer à son œuvre une portée médiatrice, et fondatrice du «Théâtre français», héritier du théâtre antique, mais adapté aux temps modernes, est partout sensible, comme dans les *Discours*.

Ces deux tactiques, l'une tournée vers le «monde», l'autre vers les «*sçavans*», se conjurent tout au long de la carrière de Corneille avec une véritable stratégie éditoriale. Conscient de la fragilité des succès de théâtre, l'écrivain Corneille fait confiance à l'imprimé pour arracher ses œuvres à l'éphémère de la représentation, consolider les victoires, venger les échecs. Dès 1632, après les coups d'éclat de *Mélite* et *Clitandre*, il fait de l'édition de sa seconde pièce un véritable manifeste, avec une préface provocante et des *Mélanges poétiques* qui attestent, outre la dédicace à Longueville, les hauts patronages dont il dispose. En 1633, il étaye chez les libraires le succès à la scène de *La Veuve* et de *La Galerie du Palais* par la publication de *Mélite*, accompagnée elle aussi d'une préface-manifeste. Et, en 1637, le triomphe du *Cid* n'est pas seulement soutenu par l'insolente *Excuse à Ariste* : il est protégé et amplifié par la publication coup sur coup de *La Galerie du Palais*, de *La Place Royale*, de *La Suivante* et du *Cid* lui-même, offensive de librairie qui soutient puissamment les pamphlets de Corneille et de ses amis contre les ennemis du poète.

En 1639, comme pour rappeler au public qu'il ne s'éloigne nullement de la scène, il fait paraître *Médée* et *L'Illusion comique*, accompagnées de vigoureuses préfaces. En 1643, au seuil d'une régence qui, à tant d'égards, s'annonce pour lui comme le temps de la revanche, il fait représenter *Le Menteur* et *La Mort de Pompée*, et fait publier *Cinna* et *Polyeucte*, affirmant ainsi sa volonté d'occuper tout le terrain que lui valent et sa gloire et la faveur des nouveaux maîtres de l'Etat, Anne d'Autriche et Mazarin.

Le soin avec lequel il veille à ses épreuves, établit son texte, le corrige d'édition en édition, le préface, est à la fois d'un grand lettré et d'un écrivain attentif à son œuvre écrite comme à un monument de la langue française. Sous la régence, sa position quasi officielle, son entrée à l'Académie donnent à sa politique éditoriale une ambition nouvelle, qui aboutira à la grande édition de 1660 (in-octavo) et de 1663 (in-folio), où le style et l'orthographe sont unifiés, et où un imposant appareil théorique et critique fait de Corneille son propre Donat, en même temps que son propre Aristote. Seuls un Ronsard, un Montaigne, un du Vair et, en 1665, un Balzac, avaient alors droit à un tel traitement : encore ne l'avaient-ils pas eu de leur vivant, ni de leur propre main. D'autres pièces et des rééditions sans cesse corrigées et enrichies prolongeront cet édifice jusqu'en 1682, huit ans après *Suréna*, comme pour affirmer que l'imprimé garantissait désormais la gloire du Grand Corneille contre tout échec et toute atteinte.

ASPECTS D'UNE ŒUVRE DRAMATIQUE

De *Mélite* au *Cid*:
Les bergers naissent à l'héroïsme

Avec *Mélite*, qui inaugure l'œuvre cornélienne, le noyau essentiel de sa dramaturgie est déjà là, parfaitement indifférent à la classification conventionnelle des genres. C'est une comédie, avec son décor urbain, ses héros jeunes et ses serviteurs animant l'intrigue, comme chez Térence; mais c'est du Térence mis sans scrupule au présent: le décor urbain est moderne (il le sera plus encore dans *La Galerie du Palais* et dans *La Place Royale*), les jeunes gens le sont aussi. Pourtant *Mélite* est aussi une pastorale, qui résume avec une perfection d'épure l'essentiel du jeu dramatique propre à ce genre moderne: chaîne amoureuse (Eraste aime Mélite qui aime Tircis et en est aimée), machinations inventées par l'amant dédaigné et dont les conséquences vont jusqu'au tragique (on croit morts Tircis et Mélite), retournement soudain qui fait place à une fin heureuse: un double mariage. Se souvenant de la comédie antique, Corneille la transfigure par la modernité du décor, du langage, et d'un ressort inconnu des dramaturges anciens, l'amour pastoral. Se souvenant de la tragi-comédie pastorale moderne, Corneille lui fait quitter son décor champêtre pour l'installer en ville, ouvrant ainsi à sa dramaturgie les futures ressources d'une confrontation entre la loyauté de ses bergers envers l'amour, et le réseau des lois, des intérêts et des devoirs qui va se resserrer de plus en plus autour d'eux. Cette confrontation est esquivée dans *Mélite*, où la disproportion de fortune entre l'héroïne et Tircis n'est qu'un motif secondaire de l'intrigue; elle commence à devenir primordiale dans *La Suivante* et dans *La Place Royale*, étapes vers la tragédie politico-pastorale. Mais le principe d'un genre proprement cornélien et inédit, la *pastorale urbaine*, n'en est pas moins posé dans *Mélite*, propice à toutes les métamorphoses, et même à se laisser couler, sans en souffrir, dans le moule de genres apparemment réguliers. Racine profitera de cette invention autant que Corneille lui-même.

Pour comprendre les développements ultérieurs de la complexe dramaturgie cornélienne, il est donc capital d'isoler, à son origine, le noyau pastoral autour duquel elle ne cessera plus de se développer et de se diversifier, jusqu'à l'heure ultime où, dans un acte de dépouillement et de retour aux sources, Corneille le fera reparaître, intact, dans *Suréna*. Commencée par une comédie pastorale, l'œuvre s'achèvera par une tragédie pastorale. Comme l'a admirablement perçu et dessiné Octave Nadal (*Le Sentiment de l'amour dans l'œuvre de P. Corneille*, Gallimard, Paris, 1948), la cité cornélienne est peuplée de bergers en exil qui, tout en acceptant de mettre au service sacrificiel de la famille et de l'Etat la grâce amoureuse qui les habite, n'en savent pas moins que leur vraie patrie, *avant* et *après* leurs épreuves, est le royaume de l'amour, celui de l'*Astrée* ou celui de Diotime.

Qu'observons-nous donc, dans *Mélite*? Au départ, la petite communauté pastorale, transportée dans une ville qui, pour l'instant, ne gêne pas leurs amours, jouit d'une sorte de bonheur. Eraste est amoureux de la «divine» Mélite, qui l'écoute avec indifférence, sans daigner toutefois le décourager; Philandre est amoureux de Cloris, qui lui rend son amour. Entre en scène, aussi irrésistible que le duc de Nemours dans *La Princesse de Clèves*, le beau Tircis, frère de Cloris et ami d'Eraste. Dans un éblouissement que J. Starobinski (*L'Œil vivant*, Gallimard, 1961) a fort bien analysé, Tircis et Mélite, au premier regard, *se reconnaissent* comme des élus de l'amour. Ce miracle ne va pas sans conséquences: Tircis, pour suivre cet appel irrésistible de la grâce amoureuse qu'il lit dans les yeux de Mélite, trahit son amitié pour Eraste; et Eraste, qui s'estime un droit de possession légitime sur Mélite, n'accepte pas son *exclusion* du paradis pastoral; il recourt à une machination pour éloigner Tircis de Mélite, et retrouver sa place auprès de celle-ci. Il forge de fausses lettres de Mélite à Philandre, désespérant ainsi Tircis et Mélite, détournant Philandre de Cloris, et Cloris de Philandre. Trahisons, artifices, mensonges, le bonheur pastoral semble avoir volé en éclats sous les effets victorieux de la vengeance et de la jalousie. Et son couple d'élus, cible de cette petite apocalypse, semble avoir trouvé la mort. Eraste, devant les tragiques conséquences de son artifice, se voit alors tel qu'il est devenu: un apprenti sorcier dont se sont servi les Furies et les Enfers, un criminel exclu sans recours de la communion pastorale qu'il a rompue. Mais la Grâce amoureuse est plus forte que les efforts de l'Enfer: Tircis et Mélite ne sont pas morts, l'épreuve qu'Eraste leur a imposée a grandi encore leur amour. Couple élu, ils font usage de leur grâce pour pardonner à Eraste et le réintégrer dans la communion pastorale: il épousera Cloris, Philandre reste seul exclu, puisque seul, en définitive, il a offensé l'amour, qu'Eraste, à sa manière, n'a cessé de servir.

A travers une *épreuve* qui a pris un instant les sombres couleurs de la tragédie, l'amour a donc jaugé tous les siens, maintenant ou réintégrant dans sa grâce tous ses fidèles, excluant l'infidèle. A la fois juge et enjeu de l'épreuve, les dames, Mélite et Cloris, l'une d'un rang et d'un «mérite» plus élevés que l'autre, ont interprété les desseins du Dieu invisible: leur élection ou leur condamnation a sauvé ou exclu, par un choix souverain, les fidèles et les infidèles. L'élection de Tircis par Mélite lave le jeune homme d'avoir trahi son ami pour sa dame. Elle a même le pouvoir de supprimer la différence de fortune entre les deux jeunes gens. La condamnation de Cloris prononcée contre Philandre est à ce point irrévocable que le jeune homme, pourtant moins coupable, en apparence, qu'Eraste, est exclu à jamais du cercle des élus.

La morale ordinaire est donc suspendue par la grâce amoureuse qui n'obéit qu'à ses propres lois, différentes, à la fois plus clémentes et plus rigoureuses: Tircis, traître à l'amitié, n'en porte nulle peine; Eraste, fidèle jusqu'au crime, est absous; Philandre, moins coupable, est condamné. Pour n'être pas morale, la dramaturgie de *Mélite* n'en est pas davantage une dramaturgie de la liberté: ni Mélite ni Tircis n'ont à *vouloir* le bonheur ni le salut, il leur suffit de consentir à ceux qui leur sont donnés par grâce de naissance; Eraste, en dépit de tous ses efforts pour rompre l'amour du couple élu, n'aboutit qu'à un résultat inverse de ses intentions, leur mariage et son propre mariage avec Cloris. En fait, nous avons affaire ici à une dramaturgie de la grâce toute-puissante ou, si l'on préfère, du *bonheur*, pour peu que l'on entende ce mot au sens augural et magique qu'il revêt chez les Anciens et encore au XVIIᵉ siècle. Les élus de l'amour tournent tous les obstacles ou plutôt y trouvent de nouvelles occasions de triompher. Eraste, tel les violents de l'Evangile, finit par forcer sa disgrâce et mériter paradoxalement le bonheur. Philandre, objet d'un ostracisme sans appel, est rejeté aux Enfers de la solitude.

Cette étrange grâce pastorale, réservée aux «grandes âmes», injuste ou cruelle pour les «petites âmes», se manifeste avec une majesté plus souveraine encore dans *Clitandre*. Là, dès les premières scènes, le couple d'élus que forment Rosidor et Caliste est placé hors d'atteinte, après avoir déjoué tous les pièges que lui tendait Doris, sœur de Caliste et amoureuse de Rosidor. Comme pour rendre plus éclatante la grâce amoureuse qui les enveloppe, l'invincibilité de Rosidor et la faveur que lui accorde le roi achèvent de mettre le couple qu'il forme avec Caliste hors pair. Clitandre, qui ose aimer Caliste, est jeté en prison et frôle la mort de près. Doris, qui ose aimer Rosidor, en est réduite à des manœuvres impuissantes et à une errance désespérée. Pour porter ses tortures à leur comble elle est aimée de Pymante, qu'elle hait et méprise. Clitandre, favori du fils du roi, et Doris, sœur de Caliste, se rattachent du moins, dans la souffrance, au couple solaire et central que forment la femme et l'homme qu'ils osent aimer : Pymante est plus profondément enfoui dans l'ombre, et dans le ressentiment. Banni de liesse, il est condamné à se tourner plus violemment encore que Doris vers les Furies d'Enfer, instruments de vengeance, pour troubler non pas la gloire inaccessible des élus, mais l'amour désespéré de Doris pour Rosidor. Ses efforts se retournent tous contre lui, et, d'échec en échec, d'humiliation en humiliation, il n'aboutit qu'à libérer Clitandre d'un vain amour pour Caliste, et Doris d'un vain amour pour Rosidor. Moins heureux qu'Eraste dans *Mélite*, sa violence ne lui vaut aucune indulgence : il est condamné avec le dernier mépris par le roi. Son exclusion de la communauté pastorale est plus humiliante encore que celle de Philandre dans *Mélite*, et n'a d'égale que celle de Perpenna dans *Sertorius*.

Dans l'univers pastoral du jeune Corneille, la grâce amoureuse vaut à ses élus toutes les faveurs, «mérite», «courage», et succès. L'amour qui se déclare entre deux élus de la grâce est le signe même de leur élection, et le couple que forment ces deux élus fonde parmi les hommes une sorte d'ordre aristocratique. Cet ordre suppose l'exclusion de ses rangs des «roturiers de l'amour», à la fois dédaignés des femmes, des rois et des dieux. Le sort d'Alcidon, dans *La Veuve*, est sans doute moins terrible que celui de Pymante : il n'en témoigne pas moins de la rigueur avec laquelle le dieu Amour de la pastorale, comme le Dieu de l'Evangile, ôte tout à ceux qui n'ont rien, et donne en surabondance à ceux qui ont déjà tout. Au royaume des amants, l'innocence, comme le bonheur, est due à ceux qui aiment et sont aimés, la culpabilité comme le malheur, à ceux qui ne sont point payés de retour. La violence même au service de l'amour déçu, qui avait valu sa grâce à Eraste, n'attire aucune pitié sur Pymante ni sur Alcidon.

Avec *La Suivante*, l'argent lui-même se met du côté du cœur pour rendre plus parfait le bonheur des élus, et plus accablant le malheur des exclus. Quelque chose de grinçant se fait entendre dans l'harmonie trop parfaite et trop prévisible de l'ordre pastoral. Il suffit que Théante introduise son ami Florame dans la maison de la belle et riche Daphnis, pour que celle-ci reconnaisse en ce jeune gentilhomme un élu. Théante, qui espérait que Florame le remplacerait auprès d'Amarante, la suivante belle, noble mais pauvre, de Daphnis, doit renoncer à tout espoir de séduire celle-ci, et il est trop lâche pour affronter Florame en duel. Et toutes les machinations d'Amarante, version cornélienne, en plus jeune, de la cousine Bette, loin de rompre l'accord entre les deux élus, ne font qu'ajouter à leur désir réciproque l'intensité délicieuse de l'attente et du retard. Plus grave serait l'obstacle que pourrait dresser entre eux la différence de fortune. Le père de Daphnis contraindrait volontiers sa fille à épouser Clarimond, dont la «richesse» est plus «sortable» à la sienne. Mais la providence amoureuse veille: Géraste est amoureux, tout vieux qu'il est, de la jeune Florise, sœur de Florame, et il suffit à celui-ci d'imposer à sa sœur le mariage avec ce vieillard pour obtenir de lui la main de sa fille Daphnis. Il a trahi l'amitié de Théante, il a «vendu» sa sœur, comme l'en accuse Amarante. Mais tout est grâce pour les élus du bonheur. Beau, valeureux, heureux en amour, il sera par surcroît riche en épousant Daphnis. Théante n'a plus qu'à s'enfuir, et la pauvre Amarante à maudire, invoquant les Enfers, l'insolent triomphe des vainqueurs.

Peu à peu, la dramaturgie pastorale de Corneille est parvenue à un seuil. Les deux figures essentielles de son jeu dramatique, l'élu et l'exclu, l'un bénéficiaire heureux, *mais passif*, de la grâce amoureuse, l'autre victime, *malgré ses efforts*, d'un insurmontable guignon, vont trouver dans *La Place Royale* et dans *Médée* une métamorphose totale: jusqu'alors objets passifs, chacun à sa manière, de l'irrésistible grâce amoureuse, l'élu et l'exclu deviennent des héros de la révolte et de la liberté: l'un, Alidor, contre cette toute-puissance qui le *vouait* au bonheur, l'autre, Médée, contre cette même toute-puissance qui la vouait à l'humiliation et au malheur. Mais en prenant le parti des exclus, Médée et Alidor ont des chances bien supérieures à celles d'Eraste, de Pymante, d'Alcidon, ou d'Amarante: car l'un et l'autre sont taillés dans l'étoffe des élus au moment même où ils se révoltent en exclus, transportant dans le camp des ennemis du bonheur le bonheur pour lequel ils sont faits. Ces premiers Lucifers cornéliens trouveront dans l'œuvre ultérieure, chez Camille, chez Emile, chez Cléopâtre (dans *Rodogune*), de dignes héritiers.

Comme pour souligner ce renversement de l'ordre accoutumé, *La Place Royale* commence par où finissaient les comédies antérieures: le bonheur pastoral. Un couple d'élus, Angélique et Alidor, un couple heureux, Phylis et Lysis, et deux exclus, Cléante, ami d'Alidor, et Doraste, frère de Phylis, tous deux vainement amoureux d'Angélique. Mais ces deux exclus n'auraient aucun espoir si, du sein même du bonheur des élus, ne leur venaient d'inattendus secours: Phylis, irritée par le trop parfait amour d'Angélique pour Alidor, pousse son frère en avant; et surtout Alidor, l'élu comblé, pousse son ami Cléante à la conquête de sa propre dame. Sous le masque de Cléante, qui sert docilement ses machinations, l'élu ici se dédouble et entre en conflit avec lui-même en assumant la révolte des exclus. Comme Eraste dans *Mélite*, il se sert de fausses lettres pour tromper Angélique, mais ici à son propre détriment. Il joue, pour son ami Cléante, la providence amoureuse, afin de se délivrer du déterminisme que celle-ci fait peser sur lui; il ressent ses faveurs comme une intolérable violence faite à sa liberté. Divisée contre elle-même, déconcertée par le «monstre» qu'elle a choyé, la grâce amoureuse, prise au piège que lui tend l'*extravagant* Alidor, semble en déroute dans *La Place Royale*.

Sans doute, en dépit des machinations d'Alidor, Angélique persiste à l'aimer: mais dans un mouvement symétrique de celui d'Alidor, elle se décide enfin à s'exclure du bonheur dont Alidor ne veut plus, et va se jeter dans un couvent. Les vœux d'Alidor sont ainsi satisfaits: un obstacle infranchissable la sépare de lui, sans qu'il ait à regretter le bonheur d'un rival, fût-il ami. Et sur *La Place Royale*, il ne reste rien du bonheur pastoral qui s'est anéanti lui-même.

Avec *Médée*, cette autodestruction du Paradis pastoral par ses propres élus se poursuit avec une âpreté redoublée.

Deux couples d'élus s'affrontent: celui que formèrent longtemps Jason et Médée, celui que veulent former maintenant, à Corinthe, Jason et Créuse. La situation telle que la voit Corneille, interprétant à sa guise le mythe de Médée, n'est pas si différente de celle que son compatriote Barbey d'Aurevilly a dépeinte dans *Une vieille maîtresse*. La grâce amoureuse qui veille sur le beau et invincible Jason a longtemps pris le visage de Médée, dont les charmes magiques ont partout levé les obstacles devant le héros. Mais alors que les couples d'élus de *Clitandre* ou des comédies bénéficiaient non seulement de la grâce amoureuse, mais de la légitimité conférée par un père ou par un roi, celui de Jason et de Médée n'a connu de bonheur que dans l'illégalité et dans le crime. Jason est las de cette errance de hors-la-loi, et il saisit avec joie l'occasion qui lui est offerte à Corinthe d'épouser la belle Créuse, qui l'aime et qu'il aime, avec l'approbation de son père, le roi Créon.

Désertant un couple heureux, mais maudit, Jason veut enfin former un couple à la fois heureux et innocent. Il y a de l'Alidor en lui, las de la sujétion que son bonheur avec Médée, œuvre de la seule Médée et de ses maléfices, lui a trop longtemps imposée. Il y a du Rodrigue en lui, offrant à Créuse une brillante victoire sur les Athéniens du roi Aeson qui sauve Corinthe et le trône de Créon. L'amour et la politique, l'amour et le goût de la liberté, tout pousse Jason, Créuse et Créon à vouloir cet heureux mariage. Mais ce bonheur ne peut s'acheter que dans l'exclusion — et l'exil — de Médée. Or la révolte de celle-ci est plus redoutable que celle des Eraste, des Pymante et des Amarante qui, invoquant les Enfers, n'en recevaient que de vains secours. Médée est une élue des Enfers. Et comme dans *La Place Royale*, la providence amoureuse semble dans *Médée* divisée contre elle-même; elle dispense ses dons habituels, avec la légitimité morale et politique, à ses nouveaux élus, Jason et Créuse, mais ne peut empêcher le triomphe d'une providence «noire», alliée des Enfers, et qui détruit l'un après l'autre tous les bienfaits que l'autre avait dispensés.

Le royaume de l'amour avait depuis longtemps ses damnés: mais leur fureur impuissante n'engendrait que des illusions vite dissipées. Dans *Médée*, l'enfer des exclus acquiert dignité et puissance effective, il rivalise victorieusement avec le paradis des élus. Une violente apocalypse venue d'en bas et convoquée par Médée secoue et détruit le paradis corinthien dont Jason s'apprêtait à jouir. Et comme dans *La Place Royale*, quoique amplifiée par le décor mythologique, la puissance capable de rompre ce que l'amour a noué est la «liberté»: liberté que Jason ne reprend que pour l'aliéner à un nouveau bonheur, mais que Médée assume dans sa plénitude solitaire et féroce. Liberté qui se confond donc, chez Médée, avec la prise de conscience du *Je* délivré de tout autre lien, de tout autre devoir, de toute autre loi, que ceux qu'il se donne à lui-même tâche de faire respecter ou de venger. Scène de ménage grandiose, la *Médée* de Corneille révèle dans sa terrible plénitude l'autre pôle de sa dramaturgie, le *Moi* retournant contre l'amour trahi les énergies exceptionnelles dont l'amour l'avait doté, la révolte luciférienne. Toute son œuvre sera désormais consacrée à décrire les luttes de cet Eros luciférien et de l'Eros céleste, et à trouver les médiations capables de réconcilier la liberté et l'amour, la fierté offensée et l'harmonie de la cité et du monde.

L'irruption d'Alidor et de Médée n'a pas dû manquer de déconcerter le public de Corneille. Le poète l'a si bien senti que les dédicaces de *La Place Royale* et de *Médée*, au lieu de s'adresser à ses protecteurs habituels, n'ont que d'anonymes destinataires, ennemis exilés par Richelieu selon A. Stegmann (*L'Héroïsme cornélien*, Colin, Paris, 1969, t. I), pures fictions selon W. Leiner. Les bergers cornéliens naissent à l'héroïsme; le bonheur pastoral n'est plus pour eux un acquit, révélé dans un éblouissement définitif, garanti par une providence amoureuse qui conduit à une fin heureuse ses élus passifs : il est l'objet d'une reconquête, il est mérité ou vengé par la libre collaboration des élus aux effets de la grâce qui les protège; et son essence pastorale est elle-même remise en cause, le bonheur de la cité terrestre ou la félicité surnaturelle de la cité de Dieu pouvant se révéler comme la finalité sacrificielle de la vocation amoureuse des héros.

Le Cid suppose donc *La Place Royale* et *Médée* : ici aussi, un paradis pastoral est comme frappé par la foudre, et un couple d'élus en est chassé. La fille du comte Don Gormas et le fils de Don Diègue de Bivar s'aiment d'un amour réciproque légitimé par leurs pères et par le roi. Leur bonheur est payé de l'exclusion de l'infante, qui aime Rodrigue sans espoir. Mais ce n'est pas d'elle que naîtra la catastrophe, pas plus qu'elle ne naissait des exclus de *La Place Royale*, Cléante et Doraste. C'est Rodrigue lui-même, versant le sang du père de Chimène, qui dresse entre elle et lui un obstacle infranchissable. Mais contrairement à Alidor, Rodrigue n'est pas coupable de cette rupture, quoiqu'il en soit responsable : il a agi en *représentant* de son père, plus qu'en son nom propre, pour défendre l'honneur du nom gentilice. Il s'est dédoublé, comme Alidor, non pour frapper à mort son amour, mais au contraire pour le préserver intact contre les conséquences de son devoir de fils. Il n'a pas trahi celle qu'il aime, alors même que son acte de fils loyal détruisait leur bonheur partagé. Et Chimène, non moins attachée que Rodrigue à l'honneur gentilice, sait très bien que la liberté prise par Rodrigue n'est pas une négation de leur amour, mais une obéissance à la même loi familiale qui l'oblige à réclamer vengeance, bien qu'elle continue d'aimer le meurtrier de son père. Etrange Médée, comme Rodrigue est un étrange Alidor, elle joue officiellement et vigoureusement le rôle de la vengeresse, alors que son cœur continue d'appartenir à Rodrigue, dans un royaume pastoral invisible et intérieur. En apparence, les deux élus sont donc en guerre, comme Alidor et Angélique, comme Jason et Médée; mais si l'obéissance à la loi familiale et à celle de l'Etat a fait d'eux des ennemis *juridiques*, leur loyauté envers l'élection amoureuse persiste à faire d'eux des amants. Exilés du paradis pastoral par devoir, ils aspirent à y rentrer par désir. Et la grâce amoureuse ne les abandonne pas. *Le Cid* ne prend pas fin comme *La Place Royale* et *Médée* avec l'apocalypse «pastorale» qui suit la mort du comte. Cette tragi-comédie épique nous montre une *nouvelle Genèse* du couple élu, par l'heureuse collaboration de la Grâce amoureuse qui veille sur le couple et de la liberté héroïque de l'élu: tour à tour, grâce aux *occasions* qui lui sont providentiellement offertes, Rodrigue va renverser tous les obstacles d'honneur et de droit accumulés entre Chimène et lui par la mort du comte. Mais cette fois, il n'agit plus en *représentant* de son père, et en fils, mais pour lui-même: il se crée, il crée sa propre gloire et son propre nom pour reconquérir Chimène et son bonheur. Sa victoire sur les Maures lève l'obstacle légal qui l'écartait de Chimène, et lui rend la faveur royale. Sa généreuse victoire sur Don Sanche, champion de Chimène, lève l'obstacle d'honneur, compense la mort du comte, et ne laisse plus, entre Rodrigue, devenu Le Cid, et sa dame, qu'un léger voile de bienséance.

Dans les trois exploits qui jalonnent l'épopée de Rodrigue dans *Le Cid*, les deux derniers rachètent le premier, les actes du héros rachètent le berger, exilé du bonheur et de sa dame par ses devoirs de fils. La reconquête de Chimène n'a donc fait qu'un pour Rodrigue avec la conquête de soi, de son autonomie héroïque, de son nom propre de héros. Si, dans *La Place Royale*, la conquête de l'autonomie passait par le reniement de l'amour et du bonheur, dans *Le Cid* l'amour devient le moteur, et la perte du bonheur le principe actif de la genèse du héros, et du couple héroïque. Si, dans *Clitandre*, il suffisait aux élus de s'abandonner à la grâce amoureuse pour trouver la félicité, dans *Le Cid* celle-ci est à la fois donnée au futur héros, et méritée par lui comme une récompense des épreuves surmontées. A la fin de la tragi-comédie, toutes les conditions initiales du paradis pastoral sont à nouveau réunies, mais, mûri par l'épreuve, sacralisé par elle, le couple élu est devenu un couple exemplaire, pierre angulaire de l'ordre moral, politique et militaire du royaume. Né avec *Mélite* sous le signe de l'amour pastoral, le théâtre de Corneille semble naître une seconde fois, avec *Le Cid*, sous le signe de la conciliation entre l'ordre de l'amour et celui de la cité. Conciliation qui conjure à la fois la double tentation de la révolte contre l'amour et de la révolte contre la loi.

En ce sens, *L'Illusion comique* avait été, l'année précédente, la répétition générale, sur le mode plaisant, du *Cid*. L'aventure picaresque de Clindor, fuyant son père pour se trouver, et se trouvant, à travers l'épreuve de la prison et de la condamnation à mort, dans l'amour d'Isabelle, s'achevait aussi par l'héroïsation «comique» du couple, victorieux de tous les obstacles.

Leur vocation n'était pourtant pas la révolte, mais le théâtre, qui permet l'héroïsation de leur couple, en conciliant leur condition d'exclus volontaire de la loi, et le service de celle-ci par le jeu dramatique. Corneille encadrait leur aventure dans une machinerie de «théâtre dans le théâtre», gouvernée par le magicien Alcandre : la magie du théâtre s'y montrait l'alliée de la jeunesse en quête du bonheur et de sa propre identité pour mieux la réconcilier, en définitive, avec la loi du père dont elle avait voulu s'exclure. Dans ce feu d'artifice scénique, pastorale, comédie, tragi-comédie réunissent leurs blandices pour faire triompher l'amour sur la révolte, la clémence sur la colère, le bonheur sur le malheur, et contribuer à un ordre de la cité qui retrouve et qui sauve, en le moralisant, le paradis pastoral perdu.

La jeunesse de Corneille prend fin en fanfare avec cette triple effusion de joie créatrice — *L'Illusion comique, Le Cid,* et l'*Excuse à Ariste* — où toute la noirceur de l'exil, un instant aperçue et explorée dans *La Suivante, La Place Royale* et *Médée*, est conjurée par les prestiges de la scène et la ferveur, à la fois héroïque et comique, du grand amour.

D'*Horace* à *Pertharite* :
Les bergers agissent et souffrent en héros

Après l'épreuve de la querelle du *Cid*, la création cornélienne, un instant décontenancée, reprend de plus belle avec trois tragédies plus conformes à la doctrine officialisée par les *Sentiments de l'Académie*. En fait, ce respect pour les «règles» n'empêche pas Corneille de rester fidèle à sa propre invention dramaturgique et, en cas de conflit insoluble, de donner à celle-ci le pas sur celles-là.

Dans *Horace*, tragédie, le noyau dramaturgique n'est pas si différent de celui qui était à l'œuvre dans une tragi-comédie comme *Le Cid* : au départ, un paradis pastoral, qu'une apocalypse vient détruire ; à l'arrivée, sur les ruines, une nouvelle Genèse s'esquisse, mais cette fois *à l'intérieur de la cité*. Le choix de Rome ne fournit pas seulement au dramaturge un décor de plus grand style que le Paris moderne ou la Séville médiévale : il confère une gravité incomparable à l'exil qui chasse du paradis des bergers les couples élus, et donne un sens plus solennel à la nouvelle Genèse dont l'impérieuse ville est le lieu. La pastorale urbaine, transportée à Rome, voit s'aggraver le conflit de l'amour et de la loi, la politique y fait son inquiétante entrée. Elle s'identifie à l'ordre «romain» et «inhumain» qui pousse Rome à assaillir et asservir la cité mère, Albe, et, sur son passage, à mettre en déroute tous les sentiments naturels, la parenté, l'amitié, l'amour. Le conflit entre Albe, cité de pasteurs, et Rome, cité de politiques et de guerriers, est *représenté* dans l'affrontement Horace-Camille, l'un s'identifiant à son épée justicière et à la raison romaine, l'autre à l'amour rejeté et pourchassé par Rome en guerre. Le meurtre de Camille — voulu et provoqué par elle — semble prolonger en temps de paix les horreurs de la guerre, et faire de l'ordre romain une logique de la séparation et de la mort. Pourtant, à travers le procès fait à Horace dans l'acte V, et qu'arbitre le roi Tulle, l'espoir renaît de voir Rome capable de cicatriser elle-même les plaies que son destin conquérant a ouvertes. Si Horace incarnait le génie romain de la guerre, le roi (et dans *Horace* comme dans *Clitandre* ou *Le Cid*, la royauté apparaît sous un jour paternel et pastoral) réintroduit dans la cité le génie de la paix, et la grâce amoureuse. En laissant s'ouvrir le procès d'Horace, le roi reconnaît les limites qui séparent le droit de la guerre et celui de la paix, et admet que le champion de Rome a dangereusement confondu l'un et l'autre; mais en graciant Horace, il lui rouvre une chance de renouer avec Sabine le couple heureux qu'ils formaient avant la tragédie, et de montrer la voie à une fusion, à l'intérieur de l'ordre politique romain, d'Albe et de Rome. Son intention est la même lorsqu'il canonise, pour ainsi dire, le couple des amants réunis par la mort, Curiace et Camille. Les honneurs funèbres qui leur seront rendus par le peuple romain font de ces deux martyrs d'amour un second symbole de la *réunion* d'Albe et de Rome, à l'intérieur de la cité victorieuse. Si la cité appelée par le destin à unifier le monde a besoin pendant la guerre de héros tels qu'Horace, pendant la paix, rangée sous les lois justes, sous un prince clément, elle a besoin de l'amitié et de l'amour pour donner des assises naturelles et durables à son ordre politique. Le génie d'Albe, qui à travers Sabine et Curiace nous est apparu comme un génie pastoral, épris de paix, ayant vocation d'amitié et d'amour, est pour ainsi dire recueilli par Tulle comme un élément essentiel de la santé romaine, et de l'humanité de sa société politique.

Comme les machinations d'Eraste et d'Alcidon dans *Mélite* et *La Veuve*, la guerre dans *Horace* n'est qu'un détour nécessaire et éprouvant pour passer d'un état de paix «naturel» à un état de paix «politique». Albe reçoit de Rome la loi, Rome reçoit d'Albe l'amour: l'amour sans la loi est inachevé, la loi sans amour est funeste, il n'y a de royaume que dans l'harmonie retrouvée entre l'une et l'autre. C'est ce que découvre, après Tulle, l'empereur Auguste dans *Cinna*.

Horace se déroulait pendant une guerre civile. *Cinna* a pour horizon la guerre civile. Le temps, cependant, semble avoir fait son œuvre : à la cour du vainqueur, Auguste, un couple d'élus semble promis au bonheur pastoral à nouveau possible, celui que forment Emilie et Cinna, celui d'où est exclu Maxime, secrètement amoureux d'Emilie. Comme Rosidor et Caliste dans *Clitandre*, comme Rodrigue et Chimène à la fin du *Cid*, ils ont la faveur et la bénédiction du prince, qui voit dans le mariage entre la fille de Toranius et le neveu de Pompée (deux victimes et deux vaincus de la guerre civile qui l'a porté au pouvoir) sa propre absolution et l'heureuse conclusion d'un sanglant passé. Mais la logique du sang versé fêle secrètement la société romaine.

Ici encore, c'est du couple d'élus lui-même que naît l'obstacle à la réconciliation souhaitée par l'empereur, et l'étincelle qui peut ranimer les passions mal éteintes de la haine et de la vengeance. Emilie s'exclut volontairement du paradis pastoral, parce que c'est Auguste, responsable de la mort et de la défaite de son père, qui le lui ouvre. Elle impose à Cinna, pour prix de sa conquête, l'assassinat du prince. Il est vrai que cette violence n'est à ses yeux qu'un détour : Auguste, une fois mort, la république pour laquelle Pompée et Toranius ont combattu renaîtra, et le bonheur du couple qu'elle formera avec Cinna, conquis par leur héroïsme, pourra s'y épanouir en paix avec les mânes de leurs parents. Rêve utopique, à la fois généreux et dangereux.

En contraste avec cette jeune fille secrètement hantée de visions infernales de vengeance et de mort, l'empereur veillissant, recru du sang des guerres civiles et de l'exercice du pouvoir, est hanté par la nostalgie de l'âge d'or : il entoure de sa faveur le couple Cinna-Emilie sur lequel il projette son désir d'une innocence retrouvée, et il caresse le projet de quitter un trône payé de trop de crimes pour restaurer la république et regagner lui-même l'innocence de la vie privée.

La découverte par Maxime du complot conduit par Cinna et stimulé par Emilie réveille l'empereur de ce rêve politico-pastoral : les doutes, les remords, les vieux instincts de vengeance se raniment en lui, et combattent ses aspirations iréniques. Dans la scène II de l'acte IV de *Cinna*, c'est Horace et Tulle qui dialoguent dans le cœur de l'empereur, autour du destin d'une nouvelle Camille, Emilie, et autour du destin de Rome. La balance oscillera en faveur de la clémence sous l'inspiration de Livie, épouse d'Auguste, comme si seule une femme pouvait guérir le mal qu'une femme a fait, comme si les vieux démons réveillés par un jeune couple ne pouvaient être conjurés que par la capacité d'amour préservée par un vieux couple. Ce qu'Auguste pressentait intuitivement au début de la tragédie, Livie lui en fait prendre conscience en toute clarté: la loi est plus puissante alliée à l'amour qu'à la haine et à la vengeance. Et le complot d'Emilie et de Cinna lui offre l'occasion inespérée de mettre en œuvre, avec une solennité exemplaire, cette loi non écrite: en faisant grâce aux coupables et à leurs complices, il leur rend la vie, et, par ce miracle de générosité, substitue à la paternité charnelle, qui les a poussés à se révolter, une paternité politique et morale qui les attache à lui par les liens de la reconnaissance. Cinna et Emilie, qui s'apprêtaient déjà à mourir en martyrs, reconnaissent dans la grâce que leur accorde Auguste le charisme d'un père et d'un roi pasteur, qui les remet au monde, au bonheur, à l'honneur. Les dettes du passé sont effacées d'un seul coup: un nouvel échange fonde l'Etat non plus sur la violence et le sang, mais sur l'amour du prince qui l'incarne, et rend la Loi «sensible» au cœur. Cette genèse politique rouvre donc le paradis pastoral, où Cinna et Emilie célébreront leurs noces, et la grâce du prince s'étend jusqu'à Maxime, plus heureux que le Pymante de *Clitandre*, en dépit de sa traîtrise, ou à cause d'elle, puisqu'elle a, sans le vouloir, rendu possible cette fin heureuse.

La fusion du royaume politique et du royaume pastoral, plus réussie encore par Auguste que par Tulle pouvait sembler la plus haute victoire de la grâce amoureuse. Pourtant, dans *Polyeucte*, l'épopée du couple que Corneille, de pièce en pièce, développe depuis *Mélite* atteint un nouveau seuil, et franchit un suprême obstacle. Ni dans *Le Cid*, ni dans *Horace*, ni dans *Cinna* la critique du bonheur pastoral à laquelle se livrait Alidor dans *La Place Royale* n'avait été portée à son terme: les couples d'élus étaient trop absorbés par les obstacles s'opposant à leur bonheur pour voir en celui-ci autre chose que le but différé, mais absolu, de leur quête commune. Ni l'honneur, ni le civisme romain, ni la ferveur républicaine n'avaient réussi, sauf peut-être chez Horace, le temps d'un combat, à leur faire renoncer à espérer, parmi les détours et les épreuves, la récompense du bonheur. Et celui-ci, que leur stature héroïque finale rendait exemplaire, devenait le modèle de la paix et du bonheur publics.

Beaucoup plus que dans Horace, Alidor revit en Polyeucte, que rien n'oblige à s'exclure du bonheur qu'il goûte dans l'amour de Pauline, sinon ce bonheur même, dont la plénitude lui fait découvrir les limites de la condition terrestre, et désirer un absolu plus vaste et plus durable encore. Alidor cherchait cet absolu dans la liberté solipsiste,

Polyeucte ne reprend sa liberté que pour porter sa capacité d'amour à son expansion et à son incandescence suprêmes, dans la gloire du Dieu d'amour. Le sacrifice du bonheur n'est plus le prix d'une liberté vertigineuse, mais vide, il devient le prix de sa propre assomption et de sa propre éternisation en Dieu.

Epoux épris et martyr chrétien, Polyeucte ne cesse d'être un parfait berger, un élu de l'amour terrestre fidèle à son élection jusque dans la quête de l'amour céleste: auprès de Néarque, «intellectuel» chrétien, il n'hésite pas à revendiquer comme un trait de grâce sa noblesse de berger:

> Sur mes pareils, Néarque, un bel œil est bien fort: (I, I, v. 87)

Aussi son itinéraire, comme celui des autres héros cornéliens, à l'exception d'Alidor et d'Attila, n'est pas solitaire, mais *solidaire du destin d'un couple*. C'est un contresens absolu, à la fois sur la dramaturgie et sur le monde spirituel de Corneille, que de voir dans tous ses héros un «projet de maîtrise» luciférien, qui ne rend tout au plus compte que de ses exclus volontaires, dont l'«extravagance» a choisi l'enfer. Encore ne l'ont-ils choisi que pour lui emprunter les moyens d'atteindre, en leur faisant mal, les élus du bonheur et de l'amour qui se refusent à eux.

Polyeucte commence, comme *La Place Royale*, par où finissait *Cinna*: le bonheur de deux élus, Polyeucte et Pauline, semble sans nuage au sein de la *Pax romana*, qu'incarne en Arménie le gouverneur de la province, Félix, père de Pauline. Ce bonheur repose sur une exclusion tacite, celle de Sévère, que Pauline aima autrefois, à Rome, et qui, trop pauvre, a été refusé par Félix. Et si pleine que soit la félicité des deux époux, celle de Pauline est dans une large mesure un exil, loin de Rome et du paradis pastoral qu'elle avait cru y connaître. Celle de Polyeucte, général plein d'avenir, gendre du gouverneur romain, mais aussi descendant des anciens rois d'Arménie, n'est pas moins un exil de roi dépossédé et asservi à Rome. Est-ce ce sentiment d'exil et de dépossession, aggravé encore par l'excès de bonheur qu'il goûte avec la fille du gouverneur romain, qui fut l'amorce par laquelle son ami Néarque l'a converti au christianisme? De ce bonheur secrètement fêlé, le baptême fait surgir un homme nouveau, comme réveillé d'une longue léthargie, et saisi d'un enthousiasme comparable à celui du Cid, après que l'entrevue avec Chimène l'a adoubé pour le combat contre les Maures. Enthousiasme qui lui donne le désir irrésistible de

briser tous les liens terrestres, les idoles de la religion impériale et son
bonheur avec Pauline, qui le rattachaient à une terre toute romaine.

Libération: Polyeucte ne serait-il qu'un Alidor chrétien? En fait
l'histoire du couple qu'il forme avec Pauline ne fait que commencer.
La question du mariage chrétien est au cœur de la dramaturgie de
Polyeucte comme d'ailleurs de toute la littérature pastorale revue et
corrigée par le catholicisme de la Contre-Réforme. Le retour de
Sévère, que Pauline croyait mort de désespoir, donne corps à un cher
souvenir, et du même coup l'efface: Sévère présent a finalement
moins de pouvoir que Sévère idéalisé par l'absence. Et la fuite de
Polyeucte vers le martyre, brisant d'angoisse leur bonheur, la mobilise
tout entière pour arracher son époux à ce qu'elle prend d'abord, nouvelle Angélique, pour une «extravagance» alidorienne. Et Polyeucte,
bouleversé par ce désespoir d'amour, retrouve au fond de lui-même
cet amour pour Pauline qu'avait un instant absorbé dans son feu la
grâce du baptême. Faute de pouvoir la convaincre que leur bonheur
n'était qu'une ombre fuyante au regard de Dieu, il tente d'abord de
lui rendre le bonheur qu'il lui a ôté en la confiant à Sévère: mais sa
plus haute ambition est de l'associer à son assomption hors du
monde, et il l'invite à fonder leur amour, déjà purifié et renouvelé par
la séparation, dans la gloire éternelle du Dieu d'amour. Jamais il ne
cesse de dire *nous, notre amour*, et s'il condamne durement le paganisme de Pauline, c'est pour trop désirer qu'elle le rejoigne dans un
nouveau bonheur:

> C'est peu d'aller au ciel, je vous y veux conduire.   (IV, III, v. 1284)

Le martyre de Polyeucte, en consommant leur séparation, sera
pour Pauline un baptême, une libération qui ouvre à son élan vers
Polyeucte les portes de l'infini. Le couple séparé sur la terre se recons-
tituera en Dieu, et y sera la pierre angulaire d'une nouvelle cité, à
laquelle Félix, après Néarque, se joint, avec laquelle déjà sympathise
Sévère. Dans cette cité, nul exclu: la communauté pastorale, autour
du couple d'élus, s'y accomplit en communion des saints.

L'épopée du couple trouve ainsi dans *Polyeucte* son Graal: c'est
dans l'ordre surnaturel, à travers le sacrifice, que les «sympathies»
nées dans l'ordre naturel trouvent leur vraie demeure. Mieux que les
rois et les empereurs de la terre, le Dieu d'amour est en mesure de tenir
ce que promet aux élus la grâce amoureuse qui les habite.

Il est difficile d'échapper à l'impression, après *Polyeucte*, que
l'œuvre de Corneille, conçue jusque-là dans une sorte d'enthou-

siasme créateur (qui n'exclut nullement d'ailleurs l'intelligence technique et critique) entre dans une phase nouvelle: de *Mélite* à *Polyeucte*,
une coulée créatrice ininterrompue, même par la querelle du *Cid*, a
déployé pour ainsi dire sa propre révélation; désormais, maître
conscient d'un monde et d'un art complets, Corneille va en jouer avec
une virtuosité et une science nouvelles. La qualité que les observateurs
contemporains, d'accord sur ce point avec ses préfaces, lui reconnais-
saient au souverain degré, la *naïveté*, fait place de plus en plus à une
certaine *rouerie*, qui tire de l'œuvre déjà «donnée» des variations inédites, plus habiles et plus calculées. L'accord instinctif entre Corneille
et son public, voire entre Corneille et son époque, n'est plus aussi
assuré: des *ratés* apparaissent, tels ceux de *Théodore* et de *Pertharite*.

Premier et parfait chef-d'œuvre de cette dramaturgie savante:
Rodogune. Il n'est rien d'essentiel dans cette tragédie que Corneille
n'ait déjà découvert dans un mouvement d'inspiration plus fraîche et
plus heureuse. Mais jamais sa technique dramatique n'a atteint une
telle perfection, alliant avec aisance le respect des règles académiques
et la mise en œuvre virtuose d'une dramaturgie personnelle. Une véritable chorégraphie scénique, jouant avec souplesse de scènes symétri-
ques ou antithétiques, de l'apparition savamment dosée des personnages principaux, commente et explicite, pour les yeux, les progrès de
l'action et le sens des situations. L'habile exhaussement d'une anecdote historique en fable mythique, renouant avec la veine de *Médée*,
ajoute aux pouvoirs proprement spectaculaires de l'œuvre, étape
importante vers les tragédies à machines et à musique, *Andromède* et
La Toison d'Or. Cette maîtrise de la forme scénique permet à Corneille d'offrir avec *Rodogune* une véritable somme de son théâtre, où
se résument et se réaffirment quinze ans de révélations sur le mystère
de l'élection amoureuse, sur les obstacles qui l'obscurcissent, sur les
pouvoirs victorieux qu'elle dispense à ses élus.

A l'horizon de *Rodogune*, une fois de plus, le paradis pastoral:
l'Egypte où ont été élevés dans l'innocence et l'amitié la plus tendre
les deux princes jumeaux Antiochus et Séleucus. Lorsqu'ils arrivent
à la cour de Syrie, appelés par leur mère, la reine régente Cléopâtre,
ils restent aveugles aux périls de la cour et, prolongeant leur vocation
de bergers, tombent amoureux de la princesse parthe Rodogune,
otage de leur mère. Celle-ci, comme Rodogune, a connu elle aussi à
l'origine le paradis pastoral: elle a aimé Nicanor, son premier époux,
dont elle a eu Antiochus et Séleucus. Mais il y a bien longtemps que
cet amour a fait place dans son cœur à deux passions moins inno-

centes: la passion du trône et la passion de vengeance. Toutes deux sont peut-être l'envers de l'amour qu'elle porta à Nicanor: celui-ci l'a en effet trahie pour aimer et vouloir épouser Rodogune, et elle s'est déjà vengée de lui en l'assassinant. Mais cette nouvelle Médée, portant la haine et la vengeance à une sorte d'absolu, poursuit en Rodogune la cause de son humiliation, comme Médée poursuivait Créuse. Et sa passion pour un trône laissé vide par la mort de Nicanor, mais que, femme, elle ne peut définitivement occuper (Corneille étend à la Syrie la loi salique), semble le noir envers de cet ancien amour pour un époux qui l'a trahie.

De son côté Rodogune a connu l'amour et peut-être le bonheur avec Nicanor: elle aussi est en exil du paradis pastoral, mais elle s'est beaucoup moins éloignée que Cléopâtre (beaucoup plus âgée qu'elle) des rivages de l'innocence originelle. Tandis que la reine régente de Syrie, que son furieux dépit exile de tout sentiment naturel, ne voit dans ses propres fils, comme Médée, qu'un nouvel instrument de sa vengeance (bien décidée à ne laisser aux enfants de Nicanor aucune part du trône), Rodogune voit dans Antiochus et Séleucus les fils de l'homme qu'elle a aimé, et lie tout naturellement leur sort au sien.

L'ombre du roi assassiné pèse sur toute la tragédie, à la fois dans la haine de Cléopâtre, dans le souvenir fidèle de Rodogune, et dans la ressemblance de ses deux fils. C'est aussi l'héritage de Nicanor, le trône de Syrie, qui est l'enjeu du conflit entre Cléopâtre et Rodogune. Par un traité signé entre la reine régente et le roi parthe Phraate, frère de Rodogune, le trône doit revenir à celle-ci, après qu'elle aura épousé un des deux fils de Cléopâtre et de Nicanor. A la reine régente revient le droit de désigner, parmi les deux jumeaux, l'aîné, destiné par là même à épouser Rodogune et monter sur le trône de son père. Admirable suspens: quel oracle rendra Cléopâtre? Qui des deux frères jusque-là si unis épousera Rodogune et montera sur le trône? Et surtout: comment se videra la querelle entre la veuve criminelle et la «fiancée» de Nicanor? Le destin du royaume de Syrie et celui des deux frères sont suspendus à ces deux femmes, qui peu à peu révèlent toute leur stature et l'antithèse quasi allégorique dont elles sont chargées: les deux princes adolescents sont entre elles comme Hercule entre le vice et la vertu, ou plutôt, chez Corneille, entre la haine et l'amour.

Cléopâtre, jouant sur les sentiments de reconnaissance et de piété filiale que ses fils lui portent, essaie d'abord de les compromettre dans la logique du crime qui est la sienne depuis l'assassinat de Nicanor:

comme Emilie mettant pour prix à sa possession un meurtre, elle met la possession du trône au prix du meurtre de Rodogune. Les deux princes se tournent alors vers celle-ci, dont ils sont tous deux également épris : et Rodogune, pour les mettre à l'épreuve, leur annonce que leur père mourant lui a confié la tâche de le venger ; elle sera donc à celui d'entre eux qui osera être son champion, et tuera la meurtrière Cléopâtre. Les deux princes, réveillés brutalement de leur innocence pastorale, sont donc mis en présence de deux logiques du crime, celle de leur mère et celle de leur père.

Désillusionné, Séleucus (comme l'Angélique de *La Place Royale*) choisit de se retirer du monde, où il croit découvrir la toute-puissance du Mal. Provoquant sa mère comme Camille avait provoqué Horace, il se condamne lui-même volontairement à une mort innocente et sacrificielle. Antiochus ne renonce pas : et, de fait, c'est lui que le cœur de Rodogune a élu, le sacrant ainsi successeur de Nicanor. Electrisé par ce choix de l'amour, il affronte une seconde fois sa mère, qui confirme à sa manière le choix de Rodogune en le déclarant l'aîné et héritier du trône. Elle est décidée, après avoir supprimé Séleucus, à supprimer en même temps Antiochus et Rodogune, moins pour conserver le trône, car elle sait bien qu'après ses forfaits la colère du peuple l'en chassera, que pour offrir à sa haine de Nicanor un sacrifice digne d'elle. La double cérémonie du sacre et du mariage d'Antiochus et de Rodogune prêtera à cet ultime holocauste une solennité appropriée.

Mais la grâce amoureuse a élu Rodogune et Antiochus, elle les enveloppe de son palladium. Séleucus avant de mourir réussit à faire parvenir un message à son frère, message tronqué et ambigu, mais que Rodogune sait interpréter : Cléopâtre, démasquée, choisit orgueilleusement le suicide, et le jeune couple, indemne de la double fatalité de haine et de crime léguée par la régente et par Nicanor, monte sur le trône dont les marches sont souillées de sang.

Sans dissimuler la puissance des ténèbres sur la terre, Corneille, à travers cette étonnante somme dramaturgique, a réaffirmé sa conviction la plus profonde : rien de durable, rien d'heureux ne se fait parmi les hommes, ni dans l'ordre privé, ni dans l'ordre politique, sans amitié ni surtout sans amour, ciments cosmiques de l'ordre divin. La logique de la haine, de la vengeance et du crime ne prévaut pas sur le réseau mystérieux de la grâce amoureuse, que Rodogune elle-même définit en des vers laborieux, déjà marqués par le pédantisme précieux :

> Il est des nœuds secrets, il est des sympathies
> Dont par le doux rapport les âmes assorties
> S'attachent l'une à l'autre et se laissent piquer
> Par ces je ne sais quoi qu'on ne peut expliquer.　　(I, V, vv. 359-362)

C'est là, devenu peut-être un peu trop conscient de lui-même, le cœur de l'univers cornélien, ou plutôt, désormais, le ressort le plus profond de son économie dramatique. C'est par là que s'éprouve et se reconnaît l'aristocratie cornélienne, c'est de là que jaillissent, en dernière analyse, les énergies rédemptrices qui fécondent et rajeunissent sans cesse la société humaine, toujours menacée d'endurcissement machiavélique dans la tyrannie et la haine.

On peut se demander pourquoi Corneille, après *Polyeucte*, n'a pas réussi à christianiser plus ouvertement sa dramaturgie, ni à identifier la grâce amoureuse plus complètement avec la grâce chrétienne. La réponse se trouve d'abord dans *Polyeucte* même: la grâce chrétienne y apparaît comme manière de porter à l'absolu la grâce amoureuse; et le salut chrétien y apparaît autant comme un salut personnel que comme une *assomption du couple* des élus de l'amour à un bonheur éternel et libéré du temps terrestre. C'est toute la différence entre le christianisme doctrinaire de Néarque et le christianisme enthousiaste de Polyeucte, dans le cœur duquel l'amour pour Pauline et l'amour pour Dieu sont un seul et même feu, l'un vivifiant, l'autre purifiant. Le ciel, dans *Polyeucte*, n'est au fond qu'une reconstitution, dans l'au-delà, de la communauté pastorale, que les vicissitudes terrestres défont et corrompent, et du couple d'élus qui est, depuis l'origine, la figure centrale de cette communauté d'amis et d'amants.

Cette fusion de l'amour pastoral et de l'amour chrétien était trop audacieuse pour les puritains doctrinaires. Corneille avait pu s'accommoder avec les théoriciens académiques. Il souffre et souffrira beaucoup plus profondément d'un puritanisme qui, dès *Polyeucte*, reproche à son théâtre de faire la part trop belle à l'amour profane. Il essaie, en 1645, avec *Théodore*, de concevoir une dramaturgie qui oppose à la loi chrétienne désincarnée (par sainte Théodore et saint Didyme) des amours profanes vouées aux tourments de l'enfer (Placide et Flavie): non seulement il n'y parvient pas, puisqu'il maintient un lien pastoral, si ténu soit-il, entre Théodore et Didyme, mais il réussit à réconcilier contre sa pièce les mondains, impatientés par une sainteté ennuyeuse, et les puritains, indignés par une sainteté à arrière-fond pastoral. Plutôt que de renouveler cette pénible expérience, il maintiendra désormais sa dramaturgie dans un registre purement profane, ce qui n'ira pas sans conséquences pour celle-ci: privé de ciel, le théâtre cornélien oscillera de plus en plus entre la tentation du desséchement intellectuel, et la nostalgie, de plus en plus ardente et désespérée, du paradis perdu des bergers.

D'*Œdipe* à *Suréna*:
Les héros meurent en bergers

La vieillesse de Corneille a toutes les apparences d'une longue méditation sur l'œuvre de jeunesse: méditation critique qui conceptualise, pour ainsi dire, les institutions premières, non sans les durcir en système (c'est ainsi que, dans *Œdipe*, Corneille tente de faire coïncider l'intuition de la grâce amoureuse, qui investissait toute sa dramaturgie pastorale, avec le concept moliniste de la grâce): méditation technique de l'artisan du théâtre qui essaie, à partir des trouvailles initiales, de nouvelles formules, plus compliquées, ou plus rigoureuses (c'est ainsi qu'avec *Agésilas*, Corneille tente de faire fusionner la comédie héroïque du type *Don Sanche* — elle-même fille trop attifée du *Cid* — avec la tragi-comédie du type *Andromède* et *La Toison d'Or* — elles-mêmes déguisements sous des atours plus nobles des comédies pastorales du type de *Mélite* ou de *La Veuve*). Méditation à la fois morale, religieuse et politique qui remet en cause bien des illusions: dans *Sertorius*, Corneille augure encore assez bien de la cité terrestre et de son avenir; avec *Attila*, la crainte d'une involution vers la tyrannie semble l'emporter, avec une admirable transfiguration d'Alidor en roi des Huns, se torturant lui-même et torturant les autres par un luciférien désir de chasser toute liberté et tout amour de la surface de la terre. Et en contrepartie, Corneille réhabilite de plus en plus ardemment l'amour pastoral, interdit de bonheur dans la cité terrestre, et dont cette interdiction même devient le signe d'une libération de l'âme exilée, en route, à travers la mort, vers le paradis perdu.

Le sujet de la méditation cornélienne change, ce n'est plus le jeune couple travaillant à concilier l'amour et la loi dans la cité terrrestre, c'est un couple (au moins pour l'un des deux élus) marqué par une longue et amère expérience, et qu'un amour impossible achève de détacher de la terre pour lui faire accepter, voire désirer, la mort.

Le jeu dramatique reste en substance fidèle à lui-même, mais toute la partie se déplace et se reconstitue autour de ce nouveau roi et de cette nouvelle reine de cœur, frappés à mort, et qui le savent.

Avec *Sertorius*, Corneille passe pour avoir écrit un des chefs-
d'œuvre de sa tragédie politique: et pourtant, plus que dans *Cinna*,
tout prend un sens dans *Sertorius* à partir de la pastorale qui, pour
s'y trouver prisonnière des intérêts politiques, et pour y cacher ses
bergers sous le vêtement des héros, n'en exerce que plus d'empire. Sertorius, secrètement las, en dépit de la rhétorique, de son rôle de héros
républicain, et intimement persuadé que sa mort, à plus ou moins
longue échéance, va réduire à néant l'œuvre de sa vie, voit se ranimer
en lui le désir du bonheur, et ce berger à cheveux blancs, qu'une vie
de camp a rendu maladroit et timide, découvre le grand amour. La
jeune reine Viriate, objet de sa passion, souhaite l'épouser, à la fois
par politique et par admiration pour le vieux héros, le seul grand
cœur et la seule grande âme qu'elle estime dignes d'elle. Ce n'est pas,
entre ces deux êtres d'exception, l'éblouissante élection amoureuse
qui saisissait naïvement les Mélite et les Tircis: c'est pour l'un et
l'autre un choix douloureux et lucide, une rencontre crépusculaire
entre le dernier des héros républicains dans un monde promis aux ser-
vitudes de l'Empire, et la dernière héritière des rois dans un monde
où Rome veut régner seule. Ce couple d'élus, d'autant plus sublimes
qu'ils n'auront ni pairs ni descendance, et qu'ils savent (en dépit des
rêves dont s'étourdit Viriate) n'avoir pas d'avenir, a aussi son exclu:
Perpenna, jaloux à la fois de la supériorité de Sertorius et de l'admiration passionnée que lui porte Viriate. Ses machinations sont aussi tor-
tueuses que celles de Pymante dans *Clitandre*: elles réussissent mieux
puisque Sertorius meurt assassiné. Celui-ci avait pourtant, pathétique
Alidor, fait tout son possible pour que Viriate épouse Perpenna, plus
jeune, et dont il savait la passion pour la jeune reine.

Pour la première fois, dans une tragédie de Corneille (mis à part
La Mort de Pompée où Pompée n'apparaissait pas sur scène) le principal héros d'une tragédie trouve la mort au cours de l'action, alors que
le spectateur avait eu le temps de s'attacher à lui. Il est mort sous les
coups d'un rival, le cœur entièrement rempli par son amour pour
Viriate. Par un violent contraste, qui rappelle la fin d'*Hamlet*, tandis
qu'une nuit funèbre et sanglante descend sur Sertorius, Pompée, le
jeune Pompée, entre en triomphe sur la scène, tel un soleil levant, ralliant à lui les soldats du héros républicain, et retrouvant avec joie son
épouse Aristie, dont, en dépit de leur amour réciproque, il avait dû
se séparer par politique. La vie sur la terre continue de plus belle, en
dépit de la fin de la république romaine et des royaumes indépendants; il ne restera de Sertorius qu'une gloire de héros, alors que les

derniers battements de son cœur ont été ceux d'un berger timidement épris de Viriate, vivante allégorie de la liberté, de la royauté et du bonheur impossibles.

A y regarder d'un peu près, c'est aussi une descente vers la mort, sous la conduite d'un ultime et parfait amour, que le destin d'Othon, dans la tragédie qui porte son nom. Sans doute est-ce par politique que l'ancien époux complaisant de Poppée est revenu à la cour, après que Galba eut succédé à Néron. Mais rédimé par son exil en Lusitanie, où il s'est montré un admirable gouverneur, Othon se fiance à la belle et jeune Plautine, fille de Vinius, influent favori de Galba; cette alliance devait servir de gage de solidarité politique entre Othon et Vinius, mais «cette politique est devenue amour».

Désormais en proie à une sorte de dévotion illimitée pour la jeune fille, en qui il voit une dernière promesse d'innocence et de bonheur, ce vieux courtisan devenu berger se laisse conduire par elle, et, à travers elle, par son père, dans le dédale des intrigues politiques qui préparent la succession de Galba. Plautine l'aime-t-elle? Toute dévouée à son père, et fascinée par le titre impérial, sa manière d'aimer Othon est d'être ambitieuse pour lui jusqu'au sacrifice; elle veut en faire un empereur. Un malentendu radical fausse donc les rapports de ce couple, car l'amour d'Othon pour Plautine est justement l'envers de son dégoût pour la cour, pour la politique, et pour tout ce qui n'est pas le bonheur avec la jeune fille. La seule certitude qui lui demeure dans son universel scepticisme, c'est son désir éperdu de Plautine. Celle-ci, refusant de le voir tel qu'il est, n'hésite pas à le torturer en l'obligeant à feindre par politique d'aimer Camille, sa rivale, et en le poussant à prendre la tête d'une révolte où Galba trouve la mort. Par une noire ironie du sort, Othon se retrouve empereur en dépit de lui-même, comme le souhaitait Plautine: mais ce titre n'annonce rien pour lui qu'un règne bref qui se terminera par un assassinat. Plautine a conduit sans le savoir son amant, soumis à toutes ses volontés, vers une grandeur qu'il sait vaine et funeste. Il n'aura même pas la joie de mourir *avec* elle, dans un grand élan de fuite hors d'un monde où le bonheur est impossible, comme il l'y avait invitée par deux fois:

> ... Ah! Courons à la mort; ...   (IV, I, v. 1199)

> Périssons, périssons, Madame, l'un pour l'autre, ...   (IV, I, v. 1237)

Il savait depuis le début de la tragédie, cet homme de cour corrompu, que cet amour absurde, et contraire à toute politique, était le dernier mouvement généreux d'une âme émoussée par les calculs, une sorte de suicide rédempteur[5]. Dans *Sertorius*, l'amour illuminait la mort d'un vieux héros, dans *Othon* il rachète la corruption d'un vieux courtisan. Les effets dégradants de l'âge, de la politique, sont comme suspendus, dans les deux cas, au seuil de la mort, par un amour qui la provoque et qui, secrètement, la désire.

Dans *Pulchérie* (1672) réapparaît le personnage du vieil héros amoureux comme Sertorius, mais qui n'a pas même le réconfort d'être payé de retour: la princesse, et bientôt impératrice, Pulchérie aime le jeune Léon et est aimée de lui. Avec le vieux Martian, l'exclu de la dramaturgie cornélienne connaît un ultime avatar: loin de se révolter contre le couple d'élus, il confond le supplice de son amour impossible avec la conscience de la mort qui s'approche; son tourment de vieux berger exilé du bonheur est une manière de mourir en beauté. Eros psychopompe: dans une scène d'un intimisme surprenant, où il échange avec sa fille Justine, elle-même amoureuse et malheureuse, des confidences de cœur meurtri à cœur meurtri, Martian analyse le poison enivrant et cruel dont il est en train de mourir:

> Quel supplice d'aimer un objet adorable,
> Et de tant de rivaux se voir le moins aimable;
> D'aimer plus qu'eux ensemble, et n'oser de ses feux,
> Quelques ardents qu'ils soient, se promettre autant qu'eux!
>   (II, 1, vv. 469-472)

> J'en mourrai du moment qu'il recevra sa foi,
> Mais dans cette douceur qu'ils tiendront tout de moi.
>   (*ibid.*, vv. 487-488)

Dans cette tragédie, d'ailleurs, pris au piège de l'âge ou de la politique, héros et héroïnes, plus que jamais brûlants de l'amour des bergers, vivent l'impossibilité du bonheur comme la plainte même de la créature en exil sur la terre, et les obstacles qui s'opposent à leur désir semblent les derniers bienfaits que leur dispense, comme à autant d'élus, une grâce amoureuse devenue douloureuse: ce sont tous des Tantale, dont l'inassouvissement exalte le désir au-delà des limites de

---

[5] Le dolorisme dont Corneille fait l'anatomie dans ses dernières tragédies semble résumé par un vers admirable du poème *Les Victoires du Roi en l'année 1667*: «La peine a ses plaisirs, la mort a ses délices» (M.-L., t. X, p. 210, vers 234). Le poème est une traduction, «belle infidèle», du latin du P. de La Rue, mais inutile de préciser que ce vers n'a pas son répondant dans l'original!

la beauté et du bonheur terrestres, au point de s'impatienter de ne pas mourir. *Mourir de ne pas mourir*, ils ont en commun cette devise avec sainte Thérèse d'Avila.

Mais c'est dans *Suréna*, ultime et parfait chef-d'œuvre, que le retour de Corneille aux sources pastorales de son œuvre, sous le signe de la mort libératrice, s'accomplit définitivement. Ce que *Mélite* avait inauguré dans l'éblouissement, *Suréna* le conclut dans une sorte de sublime crépuscule. Jamais comme dans cette pièce l'alexandrin cornélien n'a été tout ensemble plus naturel et plus vibrant, jamais sa technique dramatique, si souvent voyante, n'a été plus dépouillée et plus sobrement efficace, retrouvant, dans l'illumination du couchant, la simplicité de l'*Aminta* du Tasse, à l'origine du théâtre pastoral, simplicité si bien comprise et reprise, trois ans plus tôt, par Racine, dans *Bérénice*.

Comme pour donner raison, en dernière analyse, à Curiace et à Camille, premières victimes étonnées de sa tragédie politique, Corneille choisit pour héros de sa dernière œuvre dramatique un général parthe qui infligea à Rome un des plus cuisants échecs de son histoire militaire, Suréna vainqueur de Crassus. Comme pour symboliser plus clairement l'alliance, nouée peu à peu dans ses œuvres récentes entre le bonheur pastoral impossible et la nostalgie de la mort libératrice, il nomme son héroïne Eurydice, fondant ainsi dans sa trame historique le mythe d'Orphée. Eurydice et Suréna forment son dernier couple d'élus de l'Amour, parés de tous les prestiges qui mettaient déjà hors pair Mélite et Tircis, mais doués en outre d'une conscience héroïque où Corneille semble résumer un demi-siècle de méditation sur le destin de l'amour et de la liberté dans la cité terrestre.

Dès ses premiers mots, Eurydice se montre initiée à sa condition de bergère irrémédiablement exilée du bonheur: «Mon cœur est esclave... j'aime ailleurs.» Le cœur plein de cet «ailleurs» qu'elle ne pourra rejoindre sur terre, elle est à la cour de Séleucie comme en prison ou en enfer, enchaînée dans les rets du machiavélisme politique, libre seulement dans l'intimité inviolable de son amour pour Suréna. Plus heureux qu'Othon, celui-ci communie avec celle qu'il aime dans le même sentiment d'exil, dans le même détachement de toutes choses terrestres autres que leur amour impossible. Enfant gâté, Alidor pouvait voir dans l'amour réciproque qui l'unissait à Angélique l'obstacle à sa liberté: le couple formé par Suréna et Eurydice voit dans son amour interdit la dernière chance de sa libération, la seule porte de fuite, avec la mort, hors de la tyrannie qui règne sur la terre.

Princes de cet enfer, gardiens de cette prison politique, le roi
Orode et son fils: celui-ci, destiné à épouser Eurydice, est amoureux
d'elle tout en sachant qu'il n'en est pas aimé. Tous deux s'ingénient
à tourmenter le couple héroïque, dont ils devinent l'amour, où ils
voient une injure et une menace pour l'ordre auquel ils président.
Injure et menace tout imaginaires, car aussi bien Eurydice que Suréna
sont incapables de révolte politique ou militaire: ils se soumettent
d'autant plus étroitement à l'ordre extérieur injuste qu'il n'est rien à
leurs yeux, au prix de la seule réalité dont leur amour est promesse.
Mais cet amour, et le royaume tout intérieur qu'il ouvre à ses élus,
sont encore trop pour les tyrans. Par un artifice aussi histrionique que
machiavélique, Pacorus réussit à extorquer d'Eurydice son secret, violant ainsi le dernier sanctuaire. Dès lors, princesse inflexible, Eurydice
refuse de renier l'amour qu'elle a avoué porter à Suréna, fût-ce en
consentant que celui-ci épouse la princesse Mandane, comme le veulent Orode et Pacorus. Par là, elle condamne indirectement le «général des Parthes» à périr sous les coups des sbires du roi, et elle se
condamne elle-même à mourir de douleur pour suivre Suréna «ailleurs», dans une autre lumière:

> Généreux Suréna, reçois toute mon âme.   (V, V, v. 1734)

En agissant de sorte que Suréna la précède dans la liberté, elle
savait accomplir son vœu le plus profond. Plus pénétré encore que
Martian ou Pulchérie du «Mourir de ne pas mourir» de sainte
Thérèse, le général des Parthes répétait comme un leitmotiv de son
aspiration à fuir hors de cet enfer:

> Toujours aimer, toujours souffrir, toujours mourir...
> (I, III, v. 268 et aussi vv. 347-348)

Eurydice et lui meurent donc en bergers fidèles, ayant rempli
jusqu'à l'extrême limite de l'obéissance et du sacrifice leurs devoirs de
héros, mais ayant refusé d'aliéner leur liberté intérieure, sanctuaire de
cette sorte de Graal qu'est à leurs yeux leur amour. Corneille ne dissimule nullement ce qu'il y a de délectation douloureuse, mais irrésistible, dans cet impossible Graal. Suréna dit à Eurydice:

> Et le moindre moment d'un bonheur souhaité
> Vaut mieux qu'une si froide et vaine éternité.   (*Ibid.*, vv. 311-312)

Tout se passe comme si Suréna était vraiment (Corneille s'aban-
donnant enfin tout à fait à sa pente) une sorte de *Triomphe de la
mélancolie*:

Je veux qu'un noir chagrin à pas lents me consume, ...(*Ibid.*, v. 265)

Loin de voir dans l'obéissance sacrificielle à sa dame une limite à sa liberté, Suréna y a trouvé au contraire la voie du salut, le refus et le dégoût de toute servitude mondaine.

Au rebours de l'utopie politico-pastorale d'*Horace* et de *Cinna*, la dernière tragédie de Corneille pose l'ordre de l'amour comme dernier refuge contre l'ordre de la loi pervertie et inique. L'œuvre de Corneille ne se termine pas seulement par une apothéose funèbre du couple d'élus qui n'a jamais cessé d'être le véritable *sujet* de son œuvre, et de l'amour pastoral, signe de reconnaissance et d'élection d'une aristocratie humaine; elle réaffirme une dernière fois, sur le mode de l'avertissement angoissé, ce qui n'a jamais cessé d'être son *credo* politique libéral: l'ordre politique, sous peine de tourner en enfer tyrannique, a pour limite infranchissable la liberté intérieure d'une aristocratie de grandes âmes.

Suréna, chef-d'œuvre d'un romantisme dompté (nous entendons «romantisme» ici au sens que lui donne Norbert Elias dans son ouvrage *La Société de cour*), *Axël* du XVIIe siècle, conclut une dramaturgie obstinément réconciliatrice par l'aveu d'une aporie tragique jusqu'alors voilée sous la «tragédie à fin heureuse». Elle est une étape capitale sur le chemin de la critique libérale-aristocratique de la monarchie absolue, celle de Fénelon, de Saint-Simon, de Montesquieu.

Corneille et la Société de Jésus

1.

CORNEILLE ET LE COLLÈGE DES JÉSUITES DE ROUEN[1]

Mon titre peut sembler tout naturel en ces jours du tricentenaire de la mort de Pierre Corneille et en ces lieux d'une ordonnance simple et grande, qui font l'orgueil du lycée Corneille: nous savons tous que ce lycée est installé dans les murs de l'ancien collège des jésuites de Rouen, où Corneille reçut sa formation première d'humaniste et de chrétien; nous savons aussi que cette chapelle, édifiée au temps où le frère de Corneille, Thomas, était à son tour l'élève des jésuites, vit souvent le dramaturge, qui suivait de près les études de son cadet, assister aux offices divins et prendre part aux cérémonies solennelles qui s'y déroulèrent en présence des maîtres et des élèves du collège. Et pourtant nous ne sommes pas toujours prêts à admettre qu'il y ait quelque rapport entre l'œuvre de l'auteur du *Cid*, devenue à son tour monument national, et l'esprit de la Société de Jésus, société «mondiale» au service de Rome et de la Restauration catholique. Depuis Pascal et ses *Provinciales*, le nom même de «jésuite», depuis longtemps stigmatisé par une violente polémique gallicane, est devenu en français une épithète péjorative. Il est associé dans la mémoire collective française, et dans notre langue elle-même, à une sophistique retorse et à une morale laxiste contre lesquelles semblent protester l'enthousiasme généreux et la haute exigence éthique qui se résument pour nous dans l'adjectif «cornélien».

---

[1] Cette conférence prononcée au lycée Corneille de Rouen sous le patronage de l'Académie de cette ville a été publiée dans le *Précis analytique des travaux de l'Académie des Sciences, Belles-Lettres et Arts de Rouen*, 1984 (Ed. Fécamp, L. Durand et fils, 1986), pp. 32-46.

Ces idées reçues, quoique fort sommaires, ne sont pas à rejeter sans examen. Le travail de la légende, si indifférent qu'il puisse être aux réalités des textes et à celles de l'histoire, n'est jamais entièrement arbitraire. Il est bien vrai que ni Corneille ni son œuvre ne sauraient être réduits, et moins encore expliqués, par la seule «empreinte» de ses premiers maîtres jésuites, au collège de Rouen. Les cas ne sont pas rares, depuis le cardinal de Retz jusqu'à Voltaire, depuis Molière jusqu'à Diderot, d'anciens élèves des Pères jésuites ayant fortement dévié du chemin que leurs maîtres avaient cru tracer pour eux. La pédagogie des jésuites d'Ancien Régime, bien que tendant à former des dévots, tenait trop compte de la diversité individuelle des «tempéraments» et des vocations pour ne pas accepter le risque de la dispersion de ses élèves les plus doués dans la diversité des «voies du monde». Et le «monde», dans la France du XVIIe siècle, est plus «divers» qu'en aucun autre pays de l'Europe catholique. Si puissante qu'y ait pu être la Société de Jésus, à la fois par son réseau de collèges et par son influence à la cour, elle est loin d'avoir en terre gallicane l'empire souvent despotique qu'elle est à même d'exercer sur l'ensemble de la culture et des mœurs, dans les terres d'obédience Habsbourg ou d'obédience pontificale. En France, d'autres instructions puissantes et plus anciennes, d'autres familles religieuses et intellectuelles contiennent, modifient ou repoussent l'influence des jésuites sur l'opinion publique en général, et même sur les individus formés initialement par eux. Corneille n'a pas été, et ne pouvait pas être, un dramaturge jésuite, même s'il doit à ses premiers maîtres un peu de sa vocation pour le théâtre.

Ecrivant en langue «vulgaire», pour le public des théâtres profanes et non pour celui des scènes de collèges, il fut un auteur laïc, recherchant le succès auprès du public laïc, protégé par des mécènes laïcs; il disposait donc d'une marge d'indépendance considérable vis-à-vis de ses anciens maîtres de collège et, à plus forte raison, de la Société de Jésus en général. Fêté par la cour, attentif à tous les courants du goût et des idées qui traversent la société civile française, au surplus très soucieux de son autonomie d'«homme de lettres», il a conçu son théâtre dans une optique très différente de celle qui présidait à l'invention, par les régents de la Société, de comédies et de tragédies latines à finalité pédagogique et édifiante.

Ceci posé, il n'en demeure pas moins que, de tous les dramaturges français du XVIIe siècle, c'est Corneille qui a donné à la Société de Jésus les témoignages d'allégeance les plus explicites, et c'est encore lui que, dès le dernier quart du XVIIe siècle, les pédagogues français de la Société ont introduit dans leur *Ratio studiorum*, considérant son théâtre comme le plus fidèle à leur propre conception de l'humanisme chrétien. La place que les extraits des tragédies de Corneille tenaient au XVIIe siècle dans la pédagogie littéraire des jésuites explique l'intérêt que Voltaire, ancien élève du P. Porée, a porté, non sans agacement ni malice, à l'œuvre dramatique du «vieux» Corneille. Celui-ci a-t-il été victime d'un «annexionnisme» de la part de ses anciens maîtres? Il est plus difficile de récuser le témoignage des textes émanant du poète lui-même, et qui affirment sa communion profonde, intellectuelle et spirituelle, avec les jésuites. Dans son ouvrage fondamental, *La Vieillesse de Corneille*, Georges Couton a insisté à juste titre sur le poids de ces textes: la dédicace de la grande édition de 1660 aux «RR. PP. de la Compagnie de Jésus», la préface en 1667 de sa propre traduction du poème néo-latin du P. de La Rue *Sur les victoires du roi*, où il écrit:

«J'ai été bien aise de pouvoir donner par là quelque marque de reconnaissance aux soins que les Pères jésuites ont pris d'instruire ma jeunesse et celle de mes enfants.» (M.-L., X, pp. 193-194)

L'année suivante, en 1668, le nom de Corneille apparaît en tête de *La Théologie des saints où sont représentés les mystères et les merveilles de la grâce*, du P. Claude Delidel, avec une *Ode* à la louange de l'auteur, un jésuite qui, dans ce gros ouvrage, combat pour la spiritualité moliniste contre l'augustinisme de Port-Royal. Corneille y écrit entre autres:

> ... Savant et pieux écrivain,
> Qui jadis de ta propre main
> M'as élevé sur le Parnasse.
> C'était trop peu pour ta bonté
> Que ma jeunesse eût profité
> Des leçons que tu m'a données:
> Tu portes plus loin ton amour,
> Et tu veux qu'aujourd'hui mes dernières années
> De tes instructions profitent à leur tour.
> Je fus ton disciple, et peut-être
> Que l'heureux éclat de mes vers
> Eblouit assez l'univers
> Pour faire peu de honte au maître.
> Par une plus sainte leçon
> Tu m'apprends de quelle façon
> Au vice on doit faire la guerre.
> Puissé-je en user encore mieux!
> Et comme je te dois ma gloire sur la terre,
> Puissé-je te devoir un jour celle des cieux!
>
> (*Ibid.*, p. 222, vv. 42-60)

On ne peut récuser l'ardente sincérité de ces vers, voilée par la pudeur et le sombre martellement de l'expression. Ne dissociant pas sa gloire d'écrivain et son salut de chrétien, Corneille se donne à percevoir ici comme un autre Polyeucte, dont le P. Delidel aurait été doublement le Néarque : initiateur de la gloire terrestre avant d'introduire au salut éternel.

Claude Delidel avait été le régent de Corneille en 1618-1619, en classe de poétique du collège de Rouen. En 1668, lorsque paraît *La Théologie des saints*, il est de nouveau à Rouen, où il dirige la congrégation des Messieurs, fonction qu'il avait déjà exercée en 1647-1648. En 1668, Corneille est installé à Paris : en 1647-1648, il résidait encore à Rouen et il est plus que probable qu'il faisait partie de cette congrégation sous la direction spirituelle du P. Delidel. De 1627 à 1634, c'est-à-dire pendant les années où le jeune Corneille fait, avec l'aide de Mondory et de sa troupe, la brillante percée que nous savons sur la scène parisienne, le P. Delidel occupe une des deux chaires de rhétorique du collège de Clermont, au quartier Latin. Il fait représenter en 1630, sur la scène du collège, une tragédie latine intitulée *Arsaces*. L'agonothète (le mécène, dans le jargon jésuite) de cette représentation fastueuse est le comte de Soissons, fils d'un gouverneur de la Normandie et largement possessionné dans la province. C'est ce même comte de Soissons qui va commander en 1632 les vers du *Ballet du Château de Bicêtre*, dansé devant le roi et la cour par ce prince et ses amis. Parmi les gentilshommes attachés au comte de Soissons, figure Alexandre de Campion, un Normand formé au collège de La Flèche, et très lié à Corneille. Soissons deviendra, à l'époque du *Cid* et peu après Corbie, le chef prestigieux de l'opposition féodale à Richelieu et il périra assez mystérieusement, en pleine victoire de ses troupes sur celles du cardinal, à la bataille de La Marfée, en 1640.

Un autre Normand, Boisrobert, providence des nombreux hommes de lettres de cette province auprès de Richelieu, a fait paraître dans les recueils en latin réunis par ses soins, à la gloire de Louis XIII et de son ministre, des poèmes du P. Delidel et de Pierre Corneille. Ainsi, aussi bien du côté de la haute noblesse «frondeuse» que du côté du pouvoir royal, toutes sortes de liens se laissent entrevoir à cette époque entre Corneille et son ancien régent. On aurait pu croire, en effet, que Corneille était revenu à ses anciens maîtres dans la dernière phase de sa carrière, celle qu'a étudiée Georges Couton, après une longue «période mondaine» au cours de laquelle les premières attaches se seraient distendues. En fait, au moins à travers le P. Delidel, qui fut très probablement aussi et à plusieurs reprises le directeur de conscience du dramaturge dans les années 1647-1661, celui-ci est toujours demeuré dans la mouvance de la Société de Jésus.

Il est temps maintenant de revenir au collège de Rouen. Il n'existe malheureusement pas sur celui-ci de monographie érudite comparable à celle que le P. Rochemonteix a consacrée au collège de La Flèche. Nous devrons nous contenter d'esquisser la physionomie générale du collège au temps de Corneille, avant de suggérer ce que le dramaturge lui doit.

Le premier point sur lequel il convient d'insister est le nom même du collège à son origine: collège de Bourbon. Son fondateur avait été en effet, sous Henri III, ce cardinal de Bourbon qui fut l'éphémère roi de France opposé par la Ligue à Henri de Navarre. Né sous des auspices aussi marquées de religion et de politique partisanes, le collège des jésuites fut d'abord un des symboles du ralliement de Rouen à la Ligue au cours de l'interrègne qui suivit l'assassinat de Henri III. La Ligue vaincue, Rouen rallié à Henri IV, le collège ne survécut pas longtemps sous le nouveau régime: en 1596, il fut fermé, et les jésuites chassés, en conséquence de l'attentat de Jean Châtel qui fut attribué à leurs machinations. Il ne rouvrit qu'en 1604, après que l'Edit de Rouen eut établi à quelles conditions la réconciliation pouvait se faire entre le roi et la Société de Jésus. De 1604 à 1618, date à laquelle le collège de Clermont fut enfin autorisé à rouvrir ses portes à Paris, le collège de Rouen compta, avec La Flèche, parmi les deux collèges les plus peuplés et les plus prestigieux de l'Assistance de France. C'est justement l'époque où Corneille y poursuit ses études. Les temps ne sont plus à la sédition. Multipliant les manifestations de loyalisme enthousiaste vis-à-vis de Henri IV, puis de Louis XIII, le collège a pris place dans le vaste mouvement de réforme et de reconquête catholique qui trouve justement à Rouen, sur les cendres de la Ligue, une de ses capitales françaises les plus ferventes. Le collège n'est d'ailleurs que la pièce maîtresse d'un dispositif jésuite qui se met peu à peu en place après 1604, et qui joue son rôle, maintenant que les armes ont été déposées, dans la reconstitution et l'expansion d'un ordre social imprégné de foi et de discipline tridentines. Le collège est complété dès 1604 par un noviciat par où passent, avant l'ouverture vingt ans plus tard de celui de Paris, l'élite des jeunes jésuites de la France du Nord. A Rouen encore, les jésuites dirigent le séminaire de Joyeuse, qui est en fait une sorte d'école primaire, et, à partir de 1621, ils disposent au nord-ouest de Rouen d'une maison de campagne au Mont-aux-Malades. De Rouen dépendent encore le petit collège d'Eu, fondé par les Guise, et la résidence de Dieppe qui se consacre à combattre, comme d'ailleurs à Rouen, une forte minorité protestante. Rapidement se forment, sous la direction des régents du collège, des congrégations qui regroupent une élite de laïcs militants et dévots, celle des Messieurs, celle des Artisans. La congrégation des Messieurs, à Rouen comme ailleurs, devint une pépinière pour la Compagnie du Saint-Sacrement.

Le rayonnement du Collège de Rouen est encore soutenu par la qualité de ses recteurs. De 1615 à 1621, pendant la scolarité de Pierre Corneille, le recteur est le P. Etienne Binet qui deviendra provincial de l'Assistance de France, et que l'abbé Brémond a justement tiré de l'oubli en faisant de lui une des figures majeures de l'«humanisme dévot». C'est à Rouen, centre fort important de la librairie française, comme les travaux d'Henri-Jean Martin l'ont montré, que le P. Binet, même après avoir quitté la ville, publie ses nombreux ouvrages. Les uns sont destinés à soutenir la spiritualité des congrégations de laïcs, les autres, comme l'*Essay des merveilles*, à alimenter l'éloquence des prédicateurs. C'est en effet le ministère de la parole, mis solennellement en honneur par les décrets du concile de Trente, qui fait encore le prestige du collège de Rouen, où séjournent, au cours de cette période, des sermonnaires et des controversistes de renom «national». Le P. Coton, très estimé à la Cour pour la suavité de sa parole, est invité à Rouen et prêche à la cathédrale, pour le plus grand honneur du collège; et celui-ci a ses *concionatores* attirés (*concio*: sermon): Jean Philippeau (1577-1645), Jacques Dinet (1577-1646), François Véron (1575-1638). Spécialisé dans la controverse anticalviniste, le P. Véron (qui exerça à Rouen en 1620-1622) s'était attiré une réputation populaire dans toute la France pour sa véhémence et n'hésitait pas à soutenir ses philippiques de petits spectacles édifiants ou terrifiants, sur des tréteaux dressés au pied de la chaire. Et comme dans tout l'univers catholique, la qualité de la pédagogie jésuite, son caractère à la fois méthodique et souriant, attirèrent très vite au collège les fils de la bonne société rouennaise, noble ou bourgeoise, riche ou moins riche, puisque les études y étaient gratuites.

Reconquête par la pédagogie, reconquête par l'éloquence sacrée, reconquête par l'organisation de la sociabilité dévote, autant de voies par lesquelles le collège s'enracine dans la cité et lui infuse la sève de la réforme catholique. Et pourtant, en dépit du loyalisme affiché depuis 1604 envers la couronne de France, le collège, émanation d'une société «internationale» que des «vœux spéciaux» rattachent au Saint-Siège, et d'une société fondée par un Espagnol, dirigée par des Espagnols et des Italiens, suscite de violentes oppositions dans le milieu rouennais, même catholique fervent. Les *Litterae annuae*, bulletin de liaison annuel et international de la Société, font parvenir jusqu'à nous l'écho de ces méfiances et de ces résistances, qui entraînent, dans les moments de plus vives tensions, des mouvements de foule menaçants. C'est ainsi qu'en 1610, la rumeur se propageant que les jésuites, une fois de plus, ont fomenté la mort d'un roi, les efforts conjugués du gouverneur de Normandie, de l'archevêque, et de magistrats de Rouen ne sont pas de trop pour apaiser les esprits et donner aux jésuites du collège une place honorable dans les cérémonies de deuil public. En 1625, un prêtre du nom de François Martel dénonce sous la torture, en présence du président Maignart de Bernières, deux jésuites de la résistance de Dieppe qu'il accuse de complot. Le Premier président Faucon de Ris les fait jeter en prison. Ils ne seront libérés que sur l'injonction réitérée de Louis XIII.

Si en effet la «légende noire» des jésuites — qui remonte à leur arrivée à Paris et à la polémique acharnée déployée contre eux par le Parlement et l'Université — favorise la rumeur populaire, les milieux les plus cultivés et les plus dévots de la capitale normande, les robins du Parlement, même si leurs fils font leurs études au collège, partagent souvent le préjugé gallican contre la Société de Jésus. En 1630, Tanquerel publie ses *Tablettes chronologiques*, dirigées contre l'abbé de Saint-Cyran, avocat des thèses gallicanes de l'Assemblée du clergé de France, et il les publie sous le nom du P. Jacques Bertier, alors recteur du collège de Rouen. Pendant trois heures, l'avocat général Le Guerchois prononce devant le parlement de Rouen, contre l'ouvrage, contre le P. Bertier, contre les jésuites en général, un réquisitoire passionné. Le P. Bertier est l'objet d'une condamnation sévère. Le terrain est mûr à Rouen pour la diffusion des thèses jansénistes, et l'on sait que la famille Pascal trouvera dans la capitale normande son «chemin de Damas» port-royaliste.

A partir de 1634, les relations des Jésuites avec l'archevêque François Harlay de Chanvallon — issu d'une famille de grande robe — se gâtent dans le contexte de la *Querelle des réguliers* avec l'épiscopat. Querelle où Jean-Pierre Camus, qui supplée l'archevêque, prend une part active. L'archevêque ira jusqu'à faire ouvrir un collège archiépiscopal destiné à faire pièce à celui des jésuites. Ce collège ne fermera ses portes qu'en 1648, au prix de nombreuses humiliations publiques infligées par l'archevêque au recteur du collège des jésuites.

La plus élémentaire prudence normande devait inciter Corneille à se tenir à l'écart de ces querelles. Néanmoins, il est remarquable que l'*Excusatio* dédiée à l'archevêque Harlay, et publiée par Boisrobert dans le recueil *Epinicia Musarum* à la gloire de Richelieu, date de 1633, un an avant que n'éclate le conflit entre Harlay et les jésuites. Est-ce un hasard si, pendant la querelle du *Cid*, Corneille aura à compter parmi ses adversaires le frère de l'archevêque, le marquis de Bréval, et le fils du Premier président Faucon de Ris, ennemis déclarés des jésuites? Lorsque le jansénisme se répand en Normandie, tout nous laisse à penser, en dépit de Sainte-Beuve, que Corneille reste indemne: la conversion de Polyeucte, dans la tragédie en 1643, son martyre, sont dans la plus pure tradition de l'hagiographie jésuite, et les stances de l'acte IV, par leur inspiration et leur méthode, relèvent directement des *Exercices spirituels* de saint Ignace. Dans l'échec de sa seconde tragédie chrétienne, *Théodore vierge et martyre* (1645), comme dans les attaques cette fois directes de Nicole et de Varet contre l'«impur mélange de la dévotion et du théâtre», à l'époque d'*Attila* (1668), le dramaturge a eu toutes les raisons de tenir le rigorisme augustinien pour l'ennemi de son art, et l'humanisme chrétien de ses anciens maîtres jésuites pour la meilleure garantie de légitimité pour son œuvre littéraire.

Arrivés en ce point, nous quittons la scène proprement rouennaise pour envisager ce qui fonde la solidarité entre Corneille et les jésuites de Rouen: cet humanisme auquel les jésuites avaient lié leur sort et leur stratégie de reconquête des âmes à la foi tridentine. Le premier trait de cet humanisme qui doit nous retenir, c'est la confiance qu'il accorde à l'éloquence humaine (et à cette mise en dialogue et en scène de l'éloquence qu'est le théâtre) pour véhiculer la sagesse divine. Il est extrêmement probable que la vocation dramatique est née chez Corneille — comme chez ses contemporains Lope de Vega et Calderon, en Espagne — dans les fêtes du collège, où les tournois d'éloquence et les représentations théâtrales mobilisaient le talent, la ferveur et le savoir des élèves comme des maîtres. Sur la scène du collège de Rouen, on joua les œuvres dramatiques néo-latines du jésuite romain Stefonio (le *Crispus*), du P. Nicolas Caussin (un temps régent à Rouen), du P. Denis Petau; de l'avis général à l'époque, et non sans raison, elles passaient pour des chefs-d'œuvre modernes et chrétiens comparables à leurs modèles païens, les tragiques grecs et surtout Sénèque. Corneille avait depuis peu de temps terminé ses études au Collège lorsqu'y eurent lieu, comme dans tous les collèges jésuites du monde entier, en 1622, les fêtes pour la canonisation de saint Ignace et de saint François-Xavier, et il ne put manquer d'assister aux représentations théâtrales de la vie des deux saints jésuites.

La place que tiennent la parole éloquente et le théâtre dans la pédagogie des jésuites commande leur attitude dans la querelle de la moralité du théâtre, qui pèse d'un poids si lourd sur la création dramatique, dans l'Europe catholique en général, et particulièrement en France. La position des jésuites sur ce problème est clairement résumée en 1631 par le P. Louis Cellot, qui lui consacre plusieurs discours de ses *Orationes*. Notons que le P. Cellot deviendra, de 1636 à 1640, le recteur du collège de Rouen, et qu'il fit jouer sur la scène du collège les tragédies latines qu'il avait publiées en 1630 sous le titre d'*Opera poetica*, entre autres un *Sanctus Adrianus*, une des sources reconnues et de *Polyeucte* et du *Saint Genest* de Rotrou. Dans ses discours de 1631 consacrés à la moralité du théâtre, le P. Cellot soutient une thèse nuancée et propre à rassurer la conscience chrétienne d'un dramaturge: il prévient sévèrement ses lecteurs contre les comédies «mercenaires» et contre ce que peuvent avoir de dangereux, pour les mœurs chrétiennes, les comédies profanes; mais il admet que, dans son principe, le langage dramatique lui-même, pas plus que l'éloquence humaine, n'est allié du démon ni esclave du péché. Purifié des indécences païennes, mis au service des vertus cardinales et théologales, il peut même devenir un puissant adjuvant du salut. Corneille, qui devait ses premières expériences du théâtre aux fêtes du collège de Rouen, ne cessera de puiser dans cette doctrine — conforme d'ailleurs à celle de saint Thomas d'Aquin — la certitude que son œuvre de *réformateur* de la comédie et de la tragédie françaises était en parfaite concordance, dans l'ordre laïc et profane, avec l'esprit du concile de Trente tel que l'interprétaient les jésuites. Il ne voudra voir dans le rigorisme augustinien qu'un esprit de secte qui menaçait, par-delà même la légitimité de sa propre œuvre dramatique, tout l'acquis de la réforme catholique.

Il est un second trait de l'humanisme chrétien de mouvance jésuite qui a beaucoup compté aussi dans la fidélité marquée par Corneille à ses anciens maîtres: c'est leur attitude vis-à-vis de la *Poétique* d'Aristote. On sait que dans la *Préface* de *Clitandre*, en 1632, Corneille a écrit: «Je me donne ici quelques libertés de choquer les

Anciens.» Dans l'*Examen* de *Mélite*, en 1660, il a affirmé que si sa
première comédie n'était pas dans les règles, c'est qu'«il ne savait pas
alors qu'il y en eût». On a souvent mis en doute la sincérité de Corneille dans ce dernier texte. En fait, si l'on admet que par *règles*, Corneille entend cette interprétation rigoriste de la *Poétique* d'Aristote
que la critique savante commence à imposer au théâtre français dans
les années 1630, il est parfaitement normal qu'il n'en ait jamais
entendu parler dans ses années de collège. La tragédie que son cher
régent de poétique, le P. Delidel, fait représenter en 1630 sur la scène
du collège de Clermont, *Arsaces*, est encore plus indifférente aux trois
unités et à une conception chicanière de la vraisemblance que *Clitandre* même. Il en va de même chez le plus grand dramaturge néo-latin
des jésuites, celui qui est tenu à cette époque pour le Sénèque et le
Sophocle de la Société, le P. Bernardino Stefonio. Ses deux tragédies,
Crispus (1596) et *Flavia* (1600), sont plus «claudéliennes» que «raci-
niennes». Et c'est d'après ces modèles que le plus autorisé des théoriciens jésuites du théâtre, le P. Tarquinio Galluzzi, interprétera la *Poétique* d'Aristote dans deux traités publiés à Rome en 1621, et dont l'un
s'intitule *Rinovazione dell'antica tragedia*. Il faut entendre *rinovazione* à la fois comme *riviviscence* du théâtre des Anciens, et comme
réforme chrétienne et moderne d'une dramaturgie conçue par des
païens pour des spectateurs païens. Le respect envers les modèles et
les théories antiques se conjugue donc avec l'audace et la liberté que
le bénéfice de la Révélation confère aux chrétiens modernes. Le P.
Galluzzi récuse, en conséquence, la notion antique de *fatum*: à la différence de la tragédie païenne, son héritière chrétienne illustre une
conception providentielle de l'aventure humaine, selon laquelle la
mort, la souffrance, le malheur, ne sont que des épreuves, et le salut
leur sens ultime, leur horizon heureux. De même, le P. Galluzzi récuse
la notion antique de *vraisemblance*: l'action de la providence et de la
grâce divines dans l'aventure humaine fait place à un merveilleux
psychologique, lié à l'exercice de la liberté et à la victoire des vertus
sur l'erreur et le vice: ce merveilleux moral déconcerte le bon sens
ordinaire, suscite l'admiration, l'enthousiasme. Enfin il récuse la
notion aristotélicienne de héros, «ni tout à fait bon, ni tout à fait
méchant»: l'héroïsme chrétien est une libre et complète adhésion à la
volonté divine, que la Rédemption et la Révélation ont rendue possible, et que les païens ignoraient. Ce degré exemplaire d'humanité peut
en revanche être opposé en vive antithèse à l'acharnement dans le mal
des ennemis de Dieu et d'eux-mêmes. Il va de soi que le juridisme des

trois unités ne retient pas le P. Galluzzi, qui a de l'aventure humaine une vision où le Ciel et la Terre, le Temps et l'Eternité se rencontrent et se combattent, et pour qui la scène est le carrefour de ces instances dramatiques du salut des âmes. A l'arrière-plan de la *rinovazione* jésuite, on reconnaît aisément le dessein de faire entrer dans la forme tragique les sujets de l'Histoire sainte, mais aussi la dramaturgie des *Exercices spirituels*. La scène de théâtre est une projection des épreuves et des progrès de l'âme chrétienne s'exerçant à se libérer des attachements du monde et à s'offrir librement à Dieu comme son instrument volontaire. Il est aisé de reconnaître, dans ces conceptions dramatiques — qui furent adoptées telles quelles par les dramaturges espagnols du Siècle d'Or — les sources de la casuistique opiniâtre que Corneille opposera au rigorisme aristotélicien de la poétique des doctes français. Il interprète les unités dans un sens ironique ou très large. Il adopte la notion de la tragédie à fin heureuse, celle de héros exemplaires, et enfin le concept de « vraisemblable extraordinaire », lié à une poétique de l'admiration. Toutes ces idées qui ont soutenu sa création dramatique, et que Corneille formulera explicitement dans ses *Discours* de 1660, ont leur racine dans la poétique, que l'on pourrait qualifier d'ignatienne, des jésuites des années 1600-1630.

Jusqu'ici, nous sommes restés en quelque sorte dans les prémisses morales et théoriques de l'œuvre cornélienne. Il est bien évident que celle-ci doit en partie sa substance littéraire aux « humanités » que le jeune Corneille a faites à Rouen, et qui lui ont donné la maîtrise de la latinité antique aussi bien que des Lettres de la Renaissance. La discipline littéraire reçue alors en latin lui a ouvert les portes de la haute culture de son temps, dont il va se faire l'interprète en français dans son théâtre. Faut-il aller plus loin, et reconnaître au plus intime de ce théâtre, si divers, si fécond, une dette envers la spiritualité jésuite ellemême ? On a l'habitude de voir celle-ci comme un tout, comme un système. Et en parlant tout à l'heure des *Exercices spirituels*, j'ai pu sembler adhérer à cette vue réductrice. En fait, comme tout grand texte, celui des *Exercices* est susceptible d'interprétations très diverses, et c'était le cas à l'intérieur de la Compagnie de Jésus au XVIe comme au XVIIe siècle. Bien mieux, dans les années mêmes où Corneille achève ses études, le collège de Rouen et son noviciat, invisiblement pour les profanes, sont au cœur d'un grand débat qui partage la Société et dont l'enjeu est justement l'interprétation des *Exercices* laissés par son fondateur. Tandis que le personnel du collège, fécond en œuvres pies, en ouvrages édifiants, en louanges prudentes envers les puissances séculières, va son train avec un zèle de bon aloi, dans ses murs prend son essor une des plus étonnantes «carrières» mystiques du XVIIe siècle français, celle du P. Louis Lallemant. Celui-ci, à trente-trois ans, sans être passé par le stade habituel de la régence, est nommé en 1621 préfet spirituel du collège. De 1624 à 1627, il devient recteur du noviciat de Rouen, puis, de 1627 à 1631, il y demeure comme instructeur du troisième an, chargé de parachever la formation spirituelle d'une bonne partie des jeunes générations de jésuites français. Des plaintes contre l'orientation de Louis Lallemant partirent du collège de Rouen vers le provincial Joseph Filleau, et allèrent jusqu'au Général Vitelleschi à Rome. En 1631, le P. Lallemant est nommé recteur du collège de Bourges, où il avait fait ses premières études. Il y mourut en 1635.

Brève carrière, mais dont le rayonnement en Normandie et en général dans le XVIIe siècle religieux français fut considérable. Henri Brémond n'a pas cru devoir consacrer moins d'un volume entier de son *Histoire littéraire du sentiment religieux en France* pour faire place au maître et à ses disciples, Surin, Rigoleuc, ses élèves du troisième an à Rouen, Guilloré, qu'il connut à Bourges, tous trois devenus des apôtres de sa doctrine spirituelle; Jean de Brébeuf et Isaac Jogues, tous deux morts martyrs au Canada; Julien Hayneufve, recteur du noviciat de Rouen en 1629-1631, et qui voulut se confondre avec les novices pour recevoir l'enseignement de son instructeur. Les œuvres abondantes de Julien Hayneufve en portent profondément la marque. A ces quelques noms, il faut ajouter ceux qui ont été formés à l'esprit de Lallemant par ses disciples directs, Vincent Huby, élève de Rigoleuc, Pierre Champion, ami de Surin et qui édita en 1694 des notes de cours de Rigoleuc sous le titre *La Doctrine spirituelle du P. Lallemant*. Il faut ajouter que le régent de poétique de Corneille, Claude Delidel, avait fait son troisième an à Rouen sous Lallemant, et que son traité *La Théologie des saints*, publié en 1668 avec le poème de Corneille que j'ai cité tout à l'heure, porte les traces de ce courant mystique interne à la Compagnie de Jésus.

Ce qui semble, d'après le témoignage évidemment trop tardif de Champion, distinguer la «doctrine spirituelle» de Lallemant, c'est d'abord le rejet d'une interprétation naïvement activiste des *Exercices* de saint Ignace. Dans les textes publiés en 1694, le «discernement des esprits» s'approfondit en une analyse morale qui n'a rien à envier, pour la défiance envers les pièges de l'amour-propre, aux psychologues augustiniens de Port-Royal.

Citons quelques formules significatives :

> «Regardons-nous sans cesse comme une sentine et comme un égoût de tous les maux.»
> «Le cœur est une sentine d'ordures qu'il faut vider à tous moments.»
> «Les infirmités et les plaies de notre nature corrompue ne se guérissent jamais entièrement.»
> «Saint Augustin estime que Dieu donna aux Romains l'empire de l'univers pour récompense de leurs vertus. Cependant combien de corruption dans leurs vertus les plus pures et les plus solides!»
> «Nous avons dans notre cœur un vide que toutes les créatures ne sauraient remplir. Elles prennent le masque de Dieu, nous faisant accroire qu'elles nous contenteront en nous donnant de quoi les remplir. Mais tout ce qu'elles nous donnent ne sert qu'à augmenter notre vide.»
> «Après l'Incarnation, nous ne devons plus rien admirer. Il est dangereux de donner notre admiration aux créatures. Il n'y a qu'un Dieu incarné qui la mérite.»

Si, comme on est fondé à le supposer, Corneille a perçu à travers ses amitiés jésuites quelque chose du «filon Lallemant», il n'eut pas besoin, comme l'a pensé Sainte-Beuve, de subir l'influence de Port-Royal pour découvrir, surtout à partir de *La Mort de Pompée*, les failles de la vertu romaine, les masques de l'amour-propre, le sang et la cendre que cachent mal les grands mots de gloire. Mais cette acuité impitoyable dans le discernement des esprits conduisait aussi le P. Lallemant, selon les textes publiés par Pierre Champion, à une critique sévère même des objets sur lesquels la volonté croit se porter sur motion divine, et qui la dupent. La hâte à agir dans le monde, à tremper dans la politique *ad majorem Dei gloriam*, à se laisser prendre au piège de la réussite temporelle, toutes tentations dont l'activisme officiel de la Société n'était pas indemne, sont ainsi démasquées. Et là encore, pour un grand poète de l'action comme Corneille, quelle leçon que ce vaste corps jésuite admirablement conçu pour agir, offrant aux yeux du monde le spectacle d'une volonté toujours et partout à l'œuvre, et cependant travaillé intérieurement par une grande interrogation sur la part d'illusion et d'erreur que comporte toute réussite, même et surtout au nom de Dieu ! On a beaucoup et doctement écrit sur Corneille politique, et de fait il est beaucoup question de politique dans son théâtre. Mais la politique, dès qu'elle y apparaît, dans *Le Cid*, est placée sous le signe du deuil. Même lorsque les héros de Corneille, dans le meilleur des cas, réussissent à *réparer* ce deuil comme dans *Cinna*, c'est justement parce qu'ils y introduisent, dans un instant de grâce, ce qui par essence est étranger à la politique: les vertus privées — chrétiennes ou préchrétiennes — de douceur, d'amitié et d'amour. La lucidité politique de Corneille n'est si grande que pour adopter sur la politique un point de vue foncièrement étranger à celle-ci, le point de vue de l'horreur, celui de Sabine et de Camille dans *Horace*, de Séleucus dans *Rodogune*. Ne faisons pas de ce grand artiste contemplateur un mystique, mais admettons que sur le registre qui est le sien, celui de la *mimesis* littéraire, il fait voir le monde de l'action à partir d'un lieu où le doute et même l'aversion envers l'action l'emportent. Ce lieu est celui où l'amour est possible. C'est tout de même par là qu'il échappe complètement à Port-Royal et que, dans son ordre parallèle, il reste proche du P. Lallemant. Car chez celui-ci la tristesse — un état de l'âme dont on n'a pas assez remarqué la fréquence dans l'œuvre de Corneille —, cette tristesse qui vient de la connaissance de soi, et de la vanité, cependant tentatrice, du monde, connaît un rebond: l'abandon, l'incertitude, l'exil, acceptés comme autant de croix, la nuit obscure en compagnie du mal, laissent éclore ce que Lallemant appelle la connaissance expérimentale de Dieu, le témoignage intime de son amour qui, lorsqu'il fond sur l'âme, en bannit toute crainte et, lorsqu'il se représente au souvenir, la console. Selon une tradition qui remonte au P. Alvarez de Paz, le directeur jésuite de sainte Thérèse d'Avila, le P. Lallemant interprète les *Exercices spirituels* comme un chemin de désappropriation en vue de recevoir non pas une motion à agir, mais une motion à ne pas agir, à souffrir de ne pas agir, prélude long et terrible à l'action de Dieu en nous. L'horizon de cette spiritualité est la joie pure et confiante d'avoir été reconnu par Dieu digne d'expérimenter sa présence, même sous les espèces cruelles de l'absence.

Citons une dernière fois la *Doctrine spirituelle*:

> «Le Saint-Esprit nous console dans l'exil où nous vivons ici-bas, éloignés de Dieu, ce qui cause aux âmes saintes un tourment inconcevable: car ces pauvres âmes sentent en elles ce vide comme infini, que nous avons en nous et que toutes les créatures ne sauraient remplir, qui ne sauraient être remplies que par la jouissance de Dieu. Tandis qu'elles en sont séparées, elles languissent et souffrent un long martyre qui leur serait insupportable sans les consolations que le Saint-Esprit leur donne de temps en temps. Toutes celles qui viennent des créatures ne servent qu'à augmenter le poids de leur misère. J'ose bien assurer, dit Richard de Saint Victor, qu'une seule goutte de ces divines consolations peut faire ce que les plaisirs du monde ne sauraient faire. Ceux-ci ne peuvent rassasier le cœur et une seule goutte de la douceur intérieure que le Saint-Esprit verse dans l'âme, la ravit hors d'elle-même, et lui cause une sainte ivresse.»

Que le cœur puisse être néanmoins rassasié, qu'une «sainte ivresse» puisse le transporter hors de soi, ce sont là des «jouissances» qui n'ont pas la moindre place dans l'ascétisme janséniste, et qui étaient d'ailleurs inconnues, sinon odieuses, aux jésuites activistes et politiques qui formaient la bureaucratie de la Société. Mais les «saintes douceurs du ciel» sont par avance goûtées par Polyeucte, et la capacité de tristesse des héros et héroïnes de Corneille n'a d'égale que leur capacité de joie. Dans l'étrange chef-d'œuvre qui conclut le théâtre de Corneille, le héros, Suréna, peut bien emprunter à sainte Thérèse son leitmotiv, *Toujours aimer, souffrir, mourir*: le détachement des intérêts mondains, qui transfigure le couple de Suréna et d'Eurydice, l'humour noir avec lequel ils observent hors d'eux les jeux sinistres et sordides de la politique, ont pour corollaire l'amoureuse confiance, d'une transparence parfaite, qu'ils se font l'un à l'autre, figure profane de la confiance de l'âme en la loyauté de Dieu, préfiguration de l'union de l'âme à Dieu.

Je viens d'évoquer le couple de Suréna et d'Eurydice. Je voudrais conclure cette trop rapide esquisse en marquant ce qui me semble séparer le plus nettement le théâtre de Corneille de l'univers jésuite: ce théâtre est moins une dramaturgie du héros, comme on s'obstine à le voir avec une constance vraiment psittaciste, qu'une *dramaturgie du couple*. Il l'est dès le départ, dans le grave «marivaudage» avant la lettre des comédies. Il l'est plus encore dans les tragédies de la maturité et de la vieillesse. Du *Cid* à *Suréna*, la quête du lieu où cesse l'exil, le tourment inconcevable, le martyre dont s'accompagne inexorablement l'action politique, la quête de l'heureuse unité avec soi-même passe par la dualité du couple, et aboutit en elle. Le grand jeu mystique, qui se joue solitaire dans le sacrement de l'ordre, se joue à deux dans le sacrement plus profane du mariage. Ressort, récompense, rachat de l'«héroïsme» (au sens d'action volontaire dans le monde politique), la confiance vraiment sacramentelle du couple, amis, amants ou époux, est le centre rédempteur de l'univers cornélien. Cela est naturellement étranger à l'univers jésuite, bien qu'il s'agisse d'une traduction, dans la langue de la vie profane, de ses arcanes les plus profondes. Mais cela est parfaitement accordé à l'univers de l'*Astrée*, et à la spiritualité pour laïcs de saint François de Sales. Dans l'*Introduction à la vie dévote*, le chapitre sur «Les vraies amitiés» fait écho au chapitre «Avis pour les gens mariés». Dans les deux cas, le salut des laïcs lancés dans les épreuves et les leurres du monde des passions et de la politique implique la solidarité et le dialogue à cœur ouvert entre vrais amis, image modeste mais féconde de l'union de l'âme à Dieu, et le mariage porte à la dignité sacramentale cette *foi* réciproque, pierre angulaire de la foi de Dieu et en Dieu, victoire sur ce que le monde et le cœur de l'homme ont de trompeur et d'éphémère. Chez Corneille, les grandes âmes vont par deux à leur salut. L'amour humain, l'amour qui rend humain, est ainsi chez Corneille la figure profane de l'union mystique. Sans lui, sans la sphère *privée* où il est possible, toutes les plus grandes actions pour l'intérêt public, voire pour l'intérêt de Dieu, n'ont qu'un sens abstrait et féroce. Le premier grand poète français de l'action, le témoin de la naissance et de l'accroissement de l'Etat, est aussi le premier poète lyrique de l'amour comme conjuration de l'horreur abstraite, nourrie de passions vaines, qui avec l'*Etat* a fait renaître, en pleine ère chrétienne, le *fatum* antique.

2.

UNE PÉDAGOGIE DE LA PAROLE: LES *PROGYMNASMATA LATINITATIS* DU P. JACOBUS PONTANUS[2]

On peut voir sur les flancs de la Sapienza, à Rome, non loin de cette chapelle San Ivo de Borromini chère à Jean Rousset, une fontaine qui aurait sans doute enchanté Marc-Antoine Muret qui enseigna dans ces lieux, université pontificale jusqu'en 1871. La fontaine est manifestement contemporaine de celles du Bernin: elle est faite de deux piles d'in-folios de marbre, et de ces livres fermés, par la tranche de la reliure, dont le temps a effacé les titres, jaillissent de vigoureux filets d'eau: l'eau est ici le symbole de la parole, dont les livres ne sont que les réservoirs mémoriels. Cette fontaine résume, comme ailleurs dans Rome les fontaines du Bernin, l'essence de la culture catholique d'obédience jésuite à son apogée, au XVIIᵉ siècle: l'éloquence y jaillit du livre, comme dans les fontaines du Bernin l'eau sourd de la nature. La bibliothèque comme le monde sont ventriloques, et l'Eglise est l'interprète éloquente du Verbe de Dieu. Ville éloquente, Eglise faite ville, la Rome berninienne parle. Elle parle par ses inscriptions latines, par les hiéroglyphes de ses obélisques, par les

---

[2] Etude publiée dans les *Acta Conventus neo-latini Amstelodamensis*, Wilhelm Fink Verlag, München, 1979, pp. 410-425.

gestes de ses statues, par la disposition de ses monuments: *Roma narrat gloriam Ecclesiae.*

Ce que l'on peut dire de Rome, cité oratoire conçue pour l'édifice des foules venues en pèlerinage, on pourrait le dire à plus forte raison des établissements d'enseignement jésuites, conçus pour l'édification d'une élite d'enfants. La description que nous a laissée le P. Louis Richeome de l'intérieur du séminaire romain, dans ses *Tableaux sacrés des figures mystiques du très-auguste sacrifice et sacrement de l'Eucharistie*[3], nous donne une idée de cette «parole muette», mais non moins éloquente pour autant, dont les élèves étaient environnés dans les collèges: «Il n'y a rien, écrit-il, qui plus délecte et qui fasse plus suavement glisser une chose dans l'âme que la peinture, ni qui plus profondément la grave dans la mémoire, ni qui plus efficacement pousse la volonté pour lui donner le branle et l'émouvoir avec énergie.»[4] Le silence éloquent des murs eux-mêmes, couverts de fresques édifiantes par le Pomarancio, ne cesse de persuader, et d'inciter au «zèle» par le détour de la délectation. Dans l'univers oratoire des jésuites, l'écriture et la lecture ne sont que des détours et des adjuvants, au même titre que les arts plastiques. Grande fut la surprise des missionnaires jésuites en Chine de découvrir une civilisation de *lettrés* et non d'orateurs, où l'imprimerie était découverte depuis plus longtemps qu'en Europe, et où les examens, «qui consistent presque en la seule escriture», assurent aux calligraphes ce prestige et cette noblesse que seule confère, dans l'Europe humaniste, la maîtrise de l'art oratoire. Dans son *Histoire de l'expédition chrestienne aux pays de la Chine entreprise par les PP. de la Compagnie de Jésus,* le P. Nicolas Trigault ne cachait pas son étonnement: «Cette gent, écrivait-il, de tout temps a plus tasché de polir son escriture que son langage, pour ce que toute son éloquence jusqu'aujourd'hui consiste en la seule escriture.»[5] Pour les apôtres du Verbe incarné, qui ne conçoivent le langage qu'animé par le souffle humain, et relié au souffle divin, ce peuple de scribes avait quelque chose de fantômal.

Dans la nature, la cité, comme sur les murs du séminaire romain décrits par le P. Richeome, tout parle, conformément à la tradition latine et catholique. Et au centre de cette éloquence universelle,

---

[3]   Paris, 1605.

[4]   *Ibid.*, p. 321.

[5]   Trad. fr. de l'édition originale latine (Augsbourg, 1615), parue à Lyon, en 1616, p. 33.

comme sa référence suprême, la voix humaine, écho de la Voix divine.
Si les classes des collèges sont tapissées d'images parlantes, celles-ci
ne revêtent tout leur sens qu'avec la présence du Maître, c'est-à-dire
de l'Orateur. On aimerait pouvoir entendre à l'œuvre cette pédagogie
orientée tout entière vers la parole, et non pas, comme la nôtre et celle
des Chinois, vers la lecture et l'écriture.

Cette occasion nous est offerte par un ouvrage que les historiens
français de la pédagogie jésuite ont peu ou pas cité, les *Progymnasmata latinitatis* du P. Pontanus[6].

Le P. Jacobus Pontanus[7], il est vrai, «*natione Bohemus, patria
Bruggensis, sed in Germania educatus*», résume à lui seul l'Empire
Habsbourg. Né en 1542, mort en 1626, il est contemporain de la
grande réforme de la pédagogie jésuite, et ses ouvrages ont été conçus
pour répondre exactement aux exigences nouvelles de la *Ratio*. Correspondant de Marc-Antoine Muret, et en rapports étroits avec le collège romain, il est un témoin particulièrement autorisé de l'esprit
pédagogique jésuite entre 1580 et 1650. Or il est l'auteur, parmi tant
d'ouvrages scolaires, d'un recueil de dialogues qui nous permettent
d'entrer dans l'intérieur, et dans le plus infime détail, de la vie d'un
collège soumis à la règle de la *Ratio*. Publiés à Ingolstadt, et objet
d'innombrables éditions, entre autres en France et à Rouen, où ils
purent être mis en œuvre par les régents de Pierre Corneille, les
Progymnasmata latinitatis tiennent beaucoup plus que leur titre: ils
nous font assister aux cent actes divers de la comédie scolaire, et grâce
au talent dramatique du P. Pontanus, le spectacle, loin d'être
ennuyeux, est un régal pour le lecteur moderne.

A cet ouvrage, sur lequel nous ferons fonds de préférence, il faut
ajouter celui du P. Francesco Sacchini, *Protrepticon ad Magistros
scholarum inferiorum Societatis Jesu*, publié à Rome en 1625, qui
équivaut, en plus détaillé, à nos propres *instructions ministérielles* à
l'usage des professeurs du second degré, et en particulier des jeunes
maîtres. Si l'ouvrage du P. Pontanus est la meilleure introduction
dont nous puissions disposer pour l'ensemble de l'univers pédagogi-

---

[6] *Progymnasmata latinitatis, sive Dialogorum, volumen I*, Ingolstadii, exc.
David Sartorius, 1588; II, pars secunda, 1589; III, pars posterior, 1594. Les deux dernières parties «mettent en scène» les aspects moraux et religieux de la pédagogie
jésuite.

[7] Jacobus Pontanus (né à Bruck en Bohême, de son vrai nom Spanmuller),
1542-1626; voir sa bibliographie dans Sommervogel, t. VI, col. 1007 et suiv., et sa biographie dans Southwell, *sub voce* Jacobus P.

que jésuite fondé sur la *Ratio*, celui du P. Sacchini nous donne à comprendre comment cette *institutio puerilis* était en accord étroit avec les décrets disciplinaires du concile de Trente.

A nous en tenir aux *Progymnasmata* du P. Pontanus, ce qui retient d'emblée dans ce livre, ce qui y est manifestement présenté comme la marque distinctive de la pédagogie jésuite, c'est la note oratoire, l'accent placé sur la parole vivante, et l'échange oral et actif. Dans sa préface *Ad humaniorum artium studiosam juventutem*, le P. Pontanus lance une attaque en règle contre l'humanisme purement érudit, et la pédagogie qui lui correspond. Il l'accuse de ne pas croire en l'éloquence, de la tenir pour un «vain bruit». Allusion à des hommes tels que Joseph-Juste Scaliger, qui se considérait comme «né pour commenter les auteurs, et non pour caqueter en chaire et pédanter», et qui admettait volontiers n'avoir aucune facilité de parole. «Aussi, ajoute notre jésuite, ne faut-il pas s'étonner si, parmi ceux qui pourtant mettent tout leur idéal dans les études humanistes, et qui leur ont consacré l'essentiel de leur travail et de leur temps, on en voit fort peu d'éloquents, et même peu qui possèdent... les beautés de la langue latine, inséparables de l'éloquence...»[8] Ces hommes de cabinet, collés à la lettre écrite ou imprimée, engendrent des méthodes d'apprentissage du latin qui ne sont pas sans évoquer celles que critique Erasme dans son *Ciceronianus*:

«Il en est, écrit le P. Pontanus, qui dévorent des Nomenclatures où les mots, détachés de tout contexte, sont reclassés selon un ordre arbitraire. Il en est qui colligent, de préférence chez Térence, Plaute et Cicéron, des expressions, des éléments, des exemples de styles, des préceptes. D'autres remplissent de petits carnets, où, suivant l'ordre alphabétique, ils inscrivent le sens des mots, et leur bon usage, en y joignant des passages probants extraits des grands auteurs. D'autres édifient des Dictionnaires (c'est le mot dont ils se servent), des Cornes d'Abondance, des Trésors, des Calepins où ils confrontent mots

---

[8] *Progymnasmata...*, éd. cit., t. I, dédicace *Ad humaniorum artium studiosam juventutem*, non paginé. Voir également Dialogue 84 (*Actio latinitatis*, avec pour interlocuteurs Latinitas, Myxobarbarus, et Marcus Tullius Cicero) une véritable comédie à sujet rhétorique où Latinitas se plaint à Cicéron de la taciturnité revêche de son époux Myxobarbarus, héritier direct du Nosopon d'Erasme, dans le *Ciceronianus*, mais dans une situation pour ainsi dire retournée, puisque le Barbon, ici, est un érudit anticicéronien. Voir p. 312, dans la bouche du pédant Myxobarbarus, l'éloge de Manuce, Sigonio, et Budé qui, «cum omnis Latinitatis essent scientissimi, raro tamen, et perpaucis et coacti Latina lingua locuti perhibentur: malebat enim iste (Budaeus) Gallice, illi (Manutius et Sigonius) Italice cogitationes suas efferre».

latins, grecs et français, pour progresser d'un seul effort dans les trois langues...»[9]

Tous ces travaux de mnémotechnique ne sont pas vraiment condamnés, mais ils paraissent à notre auteur à la fois trop solitaires et trop uniquement cérébraux: imposés à des enfants, ils deviennent absurdes. De même, tout cicéronien qu'il est, le P. Pontanus n'hésite pas à mettre en cause l'usage qui veut, dans les collèges universitaires, que le latin soit appris directement dans les *Lettres* de Cicéron. «Ceux qui habillent les enfants d'un vêtement somptueux et traînant, et leur mettent aux pieds une paire de souliers dorés d'une taille trop grande, font preuve de sottise non pour la richesse de l'habillement dont ils les parent, mais pour la disproportion avec la petitesse de leur corps.»[10] Le sens de la *proprietas* et de l'*accommodatio* de l'orateur à son public n'est donc pas une mauvaise préparation à l'enseignement: pour le P. Pontanus, plonger d'emblée les enfants dans les chefs-d'œuvre, difficiles même pour des érudits, les effraie, les rebute, et les fait souffrir. Aussi parmi toutes les méthodes pédagogiques essayées par l'humanisme, le P. Pontanus (avec l'assentiment de ses supérieurs, *Moderatores nostri*) n'en a retenu qu'une: le dialogue. Celui-ci permettra aux maîtres, conformément à la notion de «jardinage» si souvent employée par les auteurs jésuites, de cultiver progressivement les esprits, sans leur imposer un effort au-dessus de leurs capacités: «Ce qu'ils apprennent dans ces dialogues, ils l'entendent, ils le voient, ils le remuent dans leur propre esprit, ils l'expérimentent chaque jour. C'est un savoir relié à ce qui leur est familier, à ce qui se trouve à leur portée, à la portée commune, et qu'ils peuvent exprimer dans une langue pure, pleine de propriété, et même déjà pourvue de quelques ornements, sans avoir jamais à se sentir étrangers, ni pris de court: résultat que le maître acharné sur la lettre de Cicéron n'obtiendra ni en douze mois, ni en douze années.»[11]

Tout nous laisse à penser que les dialogues du P. Pontanus étaient destinés non pas à la lecture silencieuse et solitaire, mais à la lecture dialoguée à voix haute, première esquisse de l'apprentissage dramatique. Destinés aux élèves des *inferiores classes*, de la sixième à la troisième, ils contiennent en effet plus d'un canevas en prose fort analo-

---

[9] *Ibid.*
[10] *Ibid.*
[11] *Ibid.*

gue aux dialogues versifiés, de caractère plaisant, qui accompagnaient le plus souvent les représentations tragiques, dont les élèves des classes d'humanités et de rhétorique étaient les acteurs lors de la distribution des prix.

A une pédagogie abstraite et passive, le P. Pontanus veut en effet substituer une pédagogie mettant en jeu l'expérience familière et l'activité motrice de l'enfant. La pureté de la langue et du style de Cicéron, refondus par l'habile dialoguiste dans des conversations agréables et familières, s'insinuera ainsi sans violence dans les jeunes mémoires. Mais pour vouloir s'adapter à la portée des enfants, le P. Pontanus ne veut pas pour autant tomber dans la vulgarité. Fort hostile à Erasme (dont la leçon est pourtant présente à son esprit)[12], il oppose complaisamment l'*urbanitas* de ses propres dialogues à la scurrilité des colloques érasmiens. Il faut faire aimer la perfection, et pour cela l'associer toujours à la *jucunditas*, c'est-à-dire à un agrément à la fois chrétien et de bonne compagnie. Pontanus oppose en ceci sa méthode à la rigueur «géométrique» de Platon, dans le *Ménon*, ou à l'âpreté et à la sévérité spartiates des maîtres stoïciens. L'art de plaire, qui préside à la rhétorique du P. Pontanus, préside également à sa pédagogie:

«Si l'on juge quelquefois que je ne suis pas assez sévère, ni assez grave, si mes plaisanteries déplaisent, j'affirme que mon intention n'a pas été de gaspiller le temps consacré aux Lettres. Il le gaspille, au jugement de Cicéron, celui qui confie aux Lettres ses pensées profondes, sans savoir les disposer ni les mettre en valeur, ni faire en sorte que le lecteur en tire quelque plaisir. Car enfin où le plaisir se réfugiera-t-il, s'il n'a sa place dans les dialogues? Ils touchent de près à la comédie, ils ne sont rien d'autre, en quelque manière, qu'une comédie en prose: y a-t-il un ennemi du sourire assez dur et noir,

---

[12] Le cicéronianisme du P. Pontanus est d'une orthodoxie indubitable: dès les premières lignes de la dédicace des *Progymnasmata*..., il affirme son dessein: former les enfants à une «bene latina, pura, nitida, incorrupta, elegans, et ornata oratio»; mais il n'exclut pas une imitation éclectique, laissant l'enfant choisir peu à peu sa propre nuance du bon style, et lui proposant en modèles, outre «antistitem M. Tullium», Salluste, César, Tite-Live, Plaute et Térence, et d'autres. Cinq dialogues sont consacrés au seul Cicéron (t. I, dial. 89 à 93). Erasme n'est mentionné que sous le nom de Roterodamus. Mais les travaux en vue de l'établissement de la *Ratio*, et l'influence de Marc-Antoine Muret sur les jésuites romains, ont permis une revigoration à la fois stylistique et pédagogique du cicéronianisme, fort sensible tout au long des *Progymnasmata*.

pour prétendre qu'il faut supprimer les jeux et les ris de la comédie? Et puis, moi qui offre plus de trois cents dialogues, si je ne les avais assaisonnés çà et là de rires, si j'avais voulu fuir comme la peste tout esprit de jeu et d'humour, qui saurait me lire jusqu'au bout sans dégoût? Comment un propos dépourvu de charme et de sel, toujours sombre et triste, ne créerait-il pas vite de la satiété?»[13] Et le P. Pontanus, fidèle au sourire de Cicéron, définit l'esthétique de sa pédagogie, aussi éloignée de l'*asperitas* maussade des pédants que du rire «obscène» d'Erasme, une sorte de «bon genre» dans le style plaisant: «Le bon genre, en cette manière, est libéral, élégant, plein d'urbanité, d'esprit, d'humour, tel que le recommande Cicéron en citant Plaute, la comédie attique, les philosophes socratiques, qui ont parsemé de sel tous leurs ouvrages, les apophtegmes rassemblés par Caton: je l'ai adapté au caractère des enfants, et je m'en suis inspiré dans la mesure de mes capacités.»[14]

Cet enjouement est donc dicté par le principe rhétorique de la *convenientia*, l'adaptation à l'auditoire. Mais il a des raisons plus profondes, à la fois médicales et religieuses. Un des grands ennemis de la Compagnie de Jésus est la mélancolie, cette humeur noire qui, selon l'anthropologie galénique et aristotélicienne, est tout aussi bien la source du génie que de la folie. En 1606, le préposé général Claudio Acquaviva diffusa à l'intérieur de l'ordre et publia un mandement intitulé *Industriae ad curandos animi morbos*[15], destiné à combattre les tendances au mysticisme excessif qui se manifestaient dans la Compagnie. Ordre actif, et tourné vers le monde, la Compagnie de Jésus ne pouvait se permettre de laisser se développer dans son sein l'*acedia* qui était le fléau des moines contemplatifs. Chez le P. Pontanus, l'humour cicéronien se combine avec le souci du général Acquaviva: l'enjouement corrigera la tendance à la mélancolie chez les

---

[13] Dédicace, citée *supra*.

[14] *Ibid.* La conformité de cette doctrine avec celle que défendra un demi-siècle plus tard le P. F. Vavasseur dans son *De ludicra dictione liber* (Paris, Cramoisy, 1658) montre la continuité de la tradition cicéronienne de l'humanisme jésuite.

[15] Ière éd., Rome, 1606. Nombreuses rééditions, dont une à Rouen en 1629, et l'autre à Paris en 1632. Sur le souci du P. Pontanus de combattre la mélancolie chez les «studieux», voir son ouvrage destiné aux anciens élèves de la Compagnie, intitulé: *Attica Bellaria seu literatorum secundae mensae ad animos ex contentione et lassitudine studiorum lectiunculis exquisitis, jucundis ac honestis relaxandos, syntagmatis decem explicatae*, 2e éd., Augsbourg, 1618, dédié au préposé général Muzio Vitelleschi. La dédicace est fort intéressante pour notre propos.

enfants, les arrachera à la taciturnité et au repliement sur soi, les invitera à participer activement aux rites sociaux de la vie scolaire et de la vie religieuse.

Ce souci d'arracher l'enfant à la morosité, et de l'insérer dans l'activité d'une vie de relations, commande également l'appel constant à la parole, à la voix vivante. Le P. Pontanus avait effleuré ce problème, lorsque, dans sa préface, il avait reproché à l'humanisme érudit son enfouissement maniaque dans la compilation écrite, et la pédagogie morose qui la prépare. La pédagogie ne doit pas être érudite, mais *oratoire*, la parole doit l'emporter sur le mot écrit ou imprimé comme milieu éducatif. Non que le P. Pontanus méprise l'érudition, nous allons le voir. Mais à chaque âge ses plaisirs. Et dans le Dialogue 66, notre jésuite prête aux élèves eux-mêmes le souci de faire respecter le climat oral et social de la république pédagogique. Les trois interlocuteurs, trois élèves, répondent aux noms d'Eleuthère, Modeste et Damien. Eleuthère reproche aux deux autres d'avoir manqué la classe plusieurs jours. Ils se défendent en prétendant, l'un qu'il a lu pendant ce temps les ouvrages au programme, l'autre qu'il s'est procuré les notes personnelles d'un camarade. Eleuthère les admoneste l'un et l'autre: «Il est beaucoup plus important, dit-il, d'écouter que de lire, même si on lit avec grand soin. — Quoi, réplique Damien, manquons-nous de livres bien faits, bien écrits, et savants, où nous instruire? Ce que nous lisons, nous le comprenons; nous ne sommes plus des enfants, pour qu'on nous tienne à crime impardonnable de n'avoir pas écouté pendant une si courte absence. *Eleuthère*: — On a toujours l'occasion de lire, mais non pas toujours d'écouter. *Modeste*: — Soit. Et alors? *Eleuthère*: — La lecture solitaire est une sorte de sommeil, l'acte d'écouter est pareil à une veille. La voix vivante d'un maître nous affecte davantage, et pour ainsi dire, nous repaît et nourrit plus complètement: ce que la prononciation, le visage, l'attitude, le geste du maître ont fixé en nous, descend plus profondément dans l'âme, et s'y imprime plus durablement. Quels effets n'obtient pas la modulation savamment variée de la voix qui soutient un commentaire, quel éclat revêt ce qui est prononcé! Combien sont plus substantielles les paroles du maître, que ce qu'en peuvent retenir les notes écrites, non seulement du fait de la difficulté à tout recueillir par écrit, mais du fait que le maître, pour concentrer l'attention, interdit qu'on se serve d'une plume.»

La pédagogie, dès les premiers pas de l'élève au collège, est donc en elle-même une apologie de l'art oratoire, à la fois dans la dignité dont s'entoure la parole magistrale, et dans les effets que les élèves éprouvent de ses pouvoirs. Modeste et Damien ont beau opposer (probablement en répétant ce qu'ils ont entendu dire chez eux) un éloge du livre et de la lecture, Eleuthère a le dernier mot, en désignant dans le maître un «livre vivant», bien mieux, une «bibliothèque vivante», où l'esprit épars dans la confuse multitude des livres se concentre et s'incarne en un verbe vivant et agissant.

L'autorité du maître, médiateur de la tradition, justifie la liberté prise par le P. Pontanus de ne pas offrir aux enfants la *lettre* de Cicéron, mais des dialogues qui mettent son *esprit* à leur portée. L'humanisme étroitement érudit est pour lui l'héritier moderne des scribes condamnés par l'Evangile; l'humanisme de la Compagnie n'est pas seulement cicéronien: il est catholique, c'est-à-dire convaincu que l'inspiration de l'Esprit Saint est contemporaine de toutes les époques de l'Eglise. Le Verbe oratoire n'est si admirable que comme première approche de la Parole inspirée des pontifes et des docteurs de l'Eglise.

Le dialogue entre Eleuthère et ses camarades illustre un des préceptes les plus importants de la *Ratio* de 1586: *Nusquam dictetur*, jamais de cours dictés. «Si l'usage de dicter n'existe pas, qu'on se garde de l'introduire; s'il existe, qu'on s'efforce de l'abolir.» Et les auteurs de la *Ratio* d'énumérer les avantages de la parole vivante, et incarnée, comme le seul instrument pédagogique complet.

Mais la *praelectio* du maître, que l'élève doit écouter sans prendre de notes (sinon plus tard, à titre d'exercice de mémoire: *recollectio*), n'épuise pas les vertus de la parole pédagogique. Celle-ci se manifeste sans doute dans toute sa puissance et sa gloire dans la bouche du maître: ce n'est là pourtant qu'un sommet. Le reste du temps, elle se répand et se diffuse dans toutes les activités scolaires, très souvent confiée aux élèves eux-mêmes pour qu'il en éprouvent les effets non seulement par l'oreille, comme auditeurs attentifs, mais par leur propre voix, comme apprentis orateurs. Parole germinale, dont l'exercice fait mûrir les énergies morales latentes de l'enfant. Enchâssés dans les dialogues du P. Pontanus, ce sont tous les rites pédagogiques de l'enseignement jésuite qui nous sont donnés tour à tour à voir et à entendre; avec le génie de la «composition de lieu» (si proche de l'esprit dramaturgique) qu'il tient de son ordre, le *magister ludi* jésuite nous permet d'assister, comme si nous y étions, aux divers moments de la pédagogie des collèges.

Les *praelectiones*, ou cours magistraux, ne manquent pas dans les *Progymnasmata*. L'une d'elles, dont le sujet est l'éloge de l'érudition[16], est ponctuée par les réflexions *a parte* d'un élève attentif à l'éloquence «démonstrative» du maître. Après avoir mis en évidence la fragilité de tous les biens humains, celui-ci en vient à montrer la dignité proprement religieuse de la culture: «Seule, de tous les biens, la culture est d'un ordre céleste et immortel, nul péril, nul hasard, aucun caprice du temps ou de la mode ne la menace.» Et l'élève, ému et conquis, murmure à part lui: «Paroles admirables, et qui font couler tant de douceur dans mon cœur et dans mes sens intérieurs!» Exemple parmi tant d'autres, qui suffit à nous permettre d'analyser le mécanisme psychologique de la *praelectio*: le maître s'y révèle dans toute sa dignité d'orateur-acteur, modèle d'art oratoire, et se servant de son art pour célébrer les modèles, les idées mères. *Vir bonus dicendi peritus*, selon l'idéal cicéronien, il l'est en acte, et il convoque les orateurs en puissance à passer grâce à son exemple de la puissance à l'acte. Pour que cette métamorphose s'opère, il compte sur l'*admiration* qu'il fait naître à la fois pour l'idée dont il est l'interprète, et pour l'interprétation éloquente qu'il en propose. Le style de cette interprétation se déduit aisément de la réaction de l'auditeur: c'est le grand style de la célébration, une sorte de sublime longinien accompagné d'assez d'agréments pour que le désir du beau qu'il fait naître soit souriant, et non douloureux.

Eveillé au désir de la beauté oratoire, l'élève ne manque pas d'occasions pour engendrer lui-même dans la beauté, selon une formule du *Phèdre* qui convient parfaitement ici. Ces essais, ces exercices, occupent une partie importante des *Progymnasmata*. Dans une certaine mesure, ils les occupent même tout entiers: car ceux-ci ne sont pas, comme le *Voyage du jeune Anacharsis* et ses modernes héritiers, des *livres de lecture*. Dramaturge de la vie scolaire, le P. Pontanus propose des dialogues à lire comme *parole*, et le plus souvent à interpréter. Et ces dialogues, dont le P. Pontanus souligne lui-même les affinités avec le genre comique, mettant en scène des exercices

---

[16] T. I, Dialogue 87, p. 336: *Laudatio eruditionis*. La *praelectio* est ici présentée comme un dialogue entre *Sophia* et un *adulescens*. Mais ce mode de présentation cache à peine (ampleur solennelle du discours de *Sophia*, caractère d'*a parte* des répliques de l'*adulescens*) qu'il s'agit d'une mise en scène de la *praelectio*. Celle-ci d'ailleurs est un genre qui entre surtout en vigueur dans les classes terminales: le jeu dramatique est ici une sorte de préparation au grand œuvre oratoire dont les deux dernières années sont le véritable creuset.

scolaires, ils se veulent répétition, au sens proprement théâtral de ce terme, du travail de la parole dans le temps scolaire.

L'exercice le plus banal, celui qui correspond à nos interrogations orales, et écrites, est la *recitatio*[17] toujours orale, qui ne met pas seulement en jeu le récitant, mais toute la classe, appelée à prendre son relais lorsque celui-ci est en défaut, ou à le corriger lorsqu'il fait erreur. La *recitatio* n'est pas dans le collège du P. Pontanus un simple «déballage» de connaissances: c'est une interprétation oratoire, au sens plein du terme, des notions apprises. C'est un vrai discours, et l'approbation ou les critiques des élèves auditeurs portent non seulement sur son exactitude, mais sur son esthétique: correction et élégance du style et de la *dispositio*, mais aussi correction et élégance de l'*actio*, maintien, geste, expression du visage, position et modulation de la voix. Ici la culture se veut vraiment seconde nature, et on n'insistera jamais assez sur le fait que le seul équivalent moderne d'un collège de jésuites de l'âge classique n'est pas le lycée, mais le conservatoire d'art dramatique où l'on fait à la nature une cruelle violence, celle de la transfigurer en art.

Autre exercice: la *repetitio*, c'est-à-dire ce que nous appelons révisions. Mais ici les révisions se font en groupe et oralement, du moins dans leur dernière phase. Exercice hautement ritualisé, puisque le P. Pontanus peut lui consacrer un dialogue modèle, le 62e du t. I[18]. Il intervient entre l'apprentissage mnémotechnique d'un texte, ou d'un contenu des dernières leçons, et leur *recitatio* en présence du maître. L'aspect esthétique de la *recitatio* rend nécessaire la présence d'un public de camarades pour que l'interprétation soit vraiment rodée: sous les critiques et les remarques des camarades, on peut corriger son style, soigner son jeu, modifier le ton de la voix, et par contrecoup achever de se pénétrer de ce qui est à savoir. Seules les répétitions de théâtre, ou de chorégraphie, ou de groupes se préparant à l'oral d'un concours difficile, restent dans la tradition de cet exercice.

---

[17] Voir t. I, Dialogue 61, p. 211. Interlocuteurs: *Ludimagister, Discipulus*. L'élève ne sait pas très bien la lettre de Cicéron qu'il soit «interpréter». Le maître, sans trop de sévérité, fait une analyse des fautes, aussi bien quant au style latin qu'à l'*actio*. Des «souffleurs», que le maître a remarqués, ont aidé le petit cancre.

[18] Voir t. I, Dialogue 62, p. 213. Interlocuteurs: Gaudentius, Publius. Les deux élèves s'encouragent et s'entraident mutuellement, et l'un des deux, invite l'autre à venir chez lui pour que cette collaboration s'y poursuive. Ce ne sont pas des internes.

C'est d'ailleurs dans l'ordre de la *repetitio* que se situent très exactement les dialogues du P. Pontanus. Ils ne sont pas destinés à entrer dans le temps proprement pédagogique, mais à le préparer en coulisse, pourrait-on dire. Gamme complète des exercices scolaires, ils permettent aux élèves qui les interprètent pour eux-mêmes et entre eux de se pénétrer des règles du jeu, de s'initier aux différents rôles que ce jeu suppose, et aux différents rituels qu'il met en œuvre. Ils précèdent donc le moment où le jeu sera devenu une seconde nature, un *habitus* au sens de Quintilien, et où les élèves, comme les acteurs *all'improvviso* de la Commedia dell'Arte, et les virtuoses des différents arts, pourront y exceller sans avoir recours aux *scenarii* tout préparés.

Il n'est pas sans intérêt de constater que les dialogues du P. Pontanus, «répétitions» avant la «représentation» pédagogique, contiennent souvent un rôle et un texte de maître. La *repetitio*, qui consistait souvent à réciter sous une autre forme la subsistance d'une *praelectio*, apparaît comme reposant en grande partie sur le principe de l'*imitatio*: reprendre avec ses propres mots la parole du maître, c'est l'imiter, c'est-à-dire prendre appui sur lui pour progresser en soi-même, c'est donner à un verbe pleinement assuré de ses sources et de ses moyens la fonction de tremplin pour un verbe qui se cherche encore. Il y a donc communication, ici encore, entre l'esthétique oratoire jésuite et la pédagogie oratoire des collèges: l'imitation «créatrice», évitant le simple psittacisme, sans tomber dans l'illusion du spontanéisme, résume l'effort de la rhétorique jésuite pour concilier l'héritage de la Renaissance, et les idées nouvelles, dont Montaigne est le plus typique représentant, sur la liberté d'invention du «Je».

On pourrait explorer plus longtemps[19] les deux volumes du P. Pontanus. Ce bref aperçu nous suffit pour entrevoir l'essence

---

[19]   Voir également t. I, Dialogue 63, p. 215, *disputatio*, entre Eucharius et Optatus. Eucharius lance un défi à ses condisciples. Optatus, d'abord furieux d'avoir été tiré d'un demi-sommeil, le relève, et choisit le thème: *De nominum et verborum inflexionibus*. Ils choisissent un arbitre. Cet exercice a lieu spontanément (la troublante spontanéité de la République des Guaranis, chère aux jésuites?) pendant les *recitationes*. Autre exercice, la *concertatio scriptionis* (Dialogue 64, p. 217) avec trois interlocuteurs, véritable travail collectif sur le thème d'une correspondance, l'un des trois élèves servant d'arbitre, et jugeant la meilleure des deux lettres. On voit que la part d'initiative (au moins apparente) laissée à l'élève est considérable; elle est destinée à développer les deux qualités essentielles du parfait élève des Pères: *Ingenium et Industria*. Il s'agit en somme de dresser à un conformisme social, sans pour

d'une pédagogie de la parole, hautement socialisée. Il nous permet aussi de comprendre le succès des collèges jésuites auprès de deux publics apparemment opposés, le public bourgeois et humaniste, le public de la noblesse de cour. Cette focalisation, dès l'enfance, sur la pratique de l'éloquence en public, préparait les fils de la bourgeoisie à des carrières d'avocats, de magistrats, et d'officiers royaux. Mais aussi et surtout peut-être cette insistance sur la sociabilité permettait-elle à la noblesse de cour, qui, en France du moins, n'avait jamais voulu envoyer ses enfants dans les «geôles de jeunesse captive» des collèges universitaires, de confier aux jésuites de Clermont et de La Flèche les futurs courtisans, appelés à jouer un jeu brillant et serré dans les palais royaux et les salons. Un des traits constants de la culture noble, fixé aussi bien par Castiglione que par Montaigne, ce n'est pas le goût de la retraite studieuse, mais le goût de la vie de société, de la conversation brillante. En cultivant chez leurs élèves le sens social, en les formant à l'art de la parole vivante et animée avec justesse, les jésuites ont en France, mais aussi dans les grandes capitales européennes, contribué à apprivoiser l'art oratoire humaniste dans la vie des cours. Les comédiens, leurs rivaux profanes, ont parachevé leur œuvre.

3.

UNE ÉPOPÉE RHÉTORIQUE JÉSUITE À LIMOGES, EN 1650*

En 1650, paraissait à Limoges, chez Antoine Barbou, éditeur attitré du collège des jésuites et de l'évêché, un petit volume in-12° portant le titre assonancé:

> RHETORICE
> Placida quam Pieris irrigat unda
> GRANDIA
> Facundae referens Praecepta Loquelae
> HAEC ETIAM
> Logicae praeludia docta sagacis

---

autant stériliser l'initiative personnelle et la participation créatrice à la vie de société. Conciliation analogue à celle qui permet aux jésuites de faire coïncider cicéronianisme et éclectisme, esprit d'imitation et découverte de sa propre vocation stylistique.

* Cette étude a d'abord été publiée dans *Le Limousin au XVIIᵉ siècle*, Trame, Limoges, 1979, pp. 13-32.

> STRICTAQUE
> Grammaticae compendia digerit artis
> Authore Petro Josset
> e Societate Jesu.

Sous le titre, le JHS flammé, à l'intérieur d'une ove, qui est le sigle de la Compagnie. Imprimé en italiques minuscules, caractère souvent choisi alors pour les œuvres poétiques, cet ouvrage contient une épopée en 22 chants de 13900 vers environ. Le sujet de cette épopée, c'est l'incarnation du Verbe divin dans l'éloquence humaine: autrement dit, il s'agit d'un traité de rhétorique en hexamètres dactyliques, qui résume à la fois l'expérience rhétorique des collèges jésuites en France depuis leur réouverture en 1604, et l'expérience personnelle de l'auteur, professeur de rhétorique à Limoges.

Nous n'en savons pas plus sur celui-ci que sur la plupart de ses collègues jésuites. Né à Bordeaux en 1589, il entra dans la Société de Jésus en 1607, après avoir fait ses études au collège de sa ville natale. Il enseigne l'Ecriture sainte et la rhétorique dans divers collèges du Sud-Ouest, et, selon Southwell, *missiones varias magno fructu obivit*. Il est probable qu'il faut entendre «missiones» non pas au sens de missions outre-mer, mais de missions en France même, dans les régions qu'il fallait regagner sur l'hérésie. La piété du P. Josset semble avoir été à la mesure de son dévouement à la Contre-Réforme catholique. Southwell écrit:

> *Geminis horis circiter aliorum meditationem matutinam antevertere solitus et praeter alia corporis macerandi genera, perpetuo fere jejunio, se attenuabat*[20].
> Il avait coutume de faire commencer sa méditation matinale deux heures avant les autres, et parmi les autres macérations qu'il s'imposait, il s'affaiblissait par un jeûne presque total.

On le retrouva inanimé dans son oratoire, le 10 mai 1663. Le témoignage de Balzac, qui semble avoir bien connu le P. Josset, confirme celui de Southwell. Dans une lettre du 5 décembre 1638, remerciant le P. Josset de l'envoi d'un généthliaque en l'honneur du dauphin, l'ermite de la Charente concluait ainsi:

---

[20] *Bibliotheca scriptorum Societatis Jesu, opus inchoatum a R.P. Ribadeneira..., continuatum a R.P. Philippo Alegambe..., recognitum et productum ad annum Jubilaei MDCLXXV a Nathanaele Sotvello*, Romae, 1676, in-f°, p. 678, s.v. *Petrus Josset*.

Puisque vous m'aimez toujours, souvenez-vous tousjours de moy dans
vos sacrifices d'amour et de charité. Faites-moy quelque petite part de
ces excez, et de ces desbordements de vertu dont on m'a parlé. Que ces
desbordements mouillent du moins ma secheresse. Je ne veux que vous
voir, pour estre meilleur[21].

La dévotion exaltée du P. Josset ne devait pas surprendre au collège de Limoges[22]. Le premier préfet spirituel du collège, le P. Ignazio
Balsamo, avait imprimé à celui-ci un style de spiritualité d'accent
mystique, dont on trouve la trace dans son *Instruction pour bien prier
et méditer*, publiée à Paris, chez Chappelet, en 1605, bientôt traduite
en latin, et souvent rééditée avec sa source espagnole, le *De vita reli-
giosa instituenda* du P. Alvarez de Paz. Cette tradition était bien
vivante au temps du P. Josset, puisque le recteur du collège était alors
le P. Nicolas Du Sault, auteur en 1638 d'un *Traité de la confiance en
Dieu*, et en 1643 d'une *Institution spirituelle pour former les âmes à
la perfection* qui tiennent leur rang dans l'histoire de la spiritualité
jésuite de tendance mystique. Par ailleurs, il n'est pas hors de propos
de rappeler ici que le célèbre abbé de Chancelade, et futur évêque de
Cahors, Alain de Solminihac, avait pour directeur de conscience le
P. Gaudier, préfet au collège de Limoges, et aimait à venir faire
retraite au collège, où il avait sa chambre réservée. Foyer de vie spirituelle, le collège puisait dans sa vie de prière les ressources nécessaires
à la reconquête du milieu limousin, non seulement par la pédagogie,
mais par les congrégations d'élèves, de Messieurs et d'artisans qu'il
soutenait, et où la congrégation du Saint-Sacrement recrutait.

Ce double visage du collège, celui d'un foyer monastique et spirituel, celui d'un centre de propagande et de persuasion, se retrouve à
la fois dans la biographie et dans la conception rhétorique du P. Josset. Prédicateur missionnaire, auteur d'ouvrages édifiants comme sa
Franciade latine, publiée à La Rochelle en 1640, sa traduction en vers
latins des *Annales ecclésiastiques* de Baronius, publiée à Poitiers en
1640, notre jésuite orateur et militant fut aussi un spirituel, prati-
quant les plus sévère macérations, et se livrant à des méditations

---

[21]   *Les Œuvres de M. de Balzac* (publiées par l'Abbé Cassagne), Paris, Billaine,
1665, t. I, L. XV, du 5 décembre 1638, p. 536.

[22]   Sur Limoges et son collège au XVIIe siècle, voir J. Anlagne, *La Réforme
catholique au XVIIe siècle dans le diocèse de Limoges*, Paris-Limoges, Champion
Decointreix, 1906, en part. pp. 285-288, et le dossier «Collège de Limoges» aux
Archives de la Compagnie de Jésus à Chantilly «Les Fontaines».

d'accent mystique. La rhétorique, dans sa culture, a une fonction centrale et médiatrice: elle réunit les deux aspects, «régulier» et «séculier», de son existence jésuite, elle articule aux *Exercices spirituels*, principe de vie intérieure pour lui-même et pour son ordre, les ressources de l'*Ars bene dicendi* antique et humaniste, instrument pédagogique, pastoral et missionnaire du rayonnement de cette vie intérieure sur le «monde».

L'épopée latine du P. Josset s'offre à nous en deux parties. La première, divisée en douze livres, suit en gros le plan du traité de rhétorique classique, l'*Institutio oratoria* de Quintilien. La seconde, divisée en dix livres, est une topique, un recueil de lieux de l'invention.

L'unité de l'ouvrage ne doit guère à son héros, le jeune Calliste, l'Emile du P. Josset[23]. Destinataire passif et silencieux du monologue pédagogique de son régent-orateur-poète, il n'est rien d'autre que l'étudiant idéal, cire d'excellente qualité, et vierge, prête à enregistrer tous les sceaux d'une éducation de grand style. Le P. Josset insiste sur la qualité de cette cire enfantine, qualité physique qui permettra au futur orateur de représenter noblement la dignité de l'homme, *homo loquens*, image de Dieu: qualité sociale et morale que lui assureront une noble naissance, et une première enfance «nourrie» avec soin[24]. Le P. Josset a des idées «pédiâtriques» fort précises et sages: il met en garde sur le choix d'une sage-femme, et sur celui d'une nourrice; il conseille aux mères d'être elles-mêmes les nourrices de leurs enfants; mais à défaut, que l'on évite une nourrice grossière et vulgaire qui mettrait sur l'enfant une empreinte dommageable[25]. Il

---

[23] Callistus n'est en fait introduit qu'au début du livre II (p. 25). Il n'est rien d'autre que l'étudiant idéal. Le P. Josset ne cherche pas à lui conférer une vie propre. Il n'apparaît avec son nom qu'après avoir terminé ses classes de grammaire, au seuil des humanités et de la rhétorique.

[24] Ses qualités physiques présupposent, de préférence, la noblesse, ou du moins un *decorus genitor*: *Nam splendida crebo / in prolem ingenuam virtus descendit Avorum / Numquam degeneres Aquilae peperere columbas*. Elle sont inséparables des qualités morales: *acumen ingenii, virtus*.

[25] Ce rôle essentiel de la mère dans la première enfance est analysé avec beaucoup de finesse et se sensibilité (p. 7, L. I). C'est la voix de la mère, et la qualité de son langage, qui déterminent les premiers germes de l'éloquence: *Stilla tuae vel sola fluat vurtutis in illam* (*linguam*) *et sat erit*. C'est la *forma mentis* d'une mère intelligente et supérieure qui mettra sa marque sur la matière encore informe de *l'infans*, résumant l'influence que pourront aussi avoir les peintures et les beaux sermons auxquels l'enfant est exposé, même s'il ne les comprend pas encore: *Quis enim ausit inanes / Pugnax phantasiae maternae dicere vires?* C'est enfin la mère qui, par le choix

donne également de judicieux conseils pour la première éducation, dans le sein de la famille: qu'elle ne soit pas sévère, ni impérieuse; qu'elle ne soit pas non plus anarchique ni trop libérale; qu'insensiblement, par une juste mesure de discipline et de douceur, l'enfant soit conduit à l'amour de la civilité et de la culture. Le choix du précepteur — qui enseignera à l'enfant les premiers rudiments de grammaire — doit être aussi circonspect que celui d'une nourrice: qu'il ne soit point trop sévère, de peur d'associer à jamais des idées désagréables aux choses de l'esprit[26]. Ensuite, une fois reçue cette première ébauche d'éducation, c'est au collège que l'enfant recevra *the finishing touch*. Commence alors pour lui une sorte de pèlerinage initiatique, au cours d'un itinéraire conçu selon les préceptes des *Artes memoriae*[27], de «galeries» ornées de «peintures», conduisant progressivement aux *penetralia* du Palais de la Rhétorique, où le jeune Calliste recevra sa consécration finale d'orateur catholique.

Les premières salles font découvrir à Calliste, sous une forme descriptive et visuelle d'intention mnémotechnique, les secrets de l'invention, de la disposition, des trois genres majeurs (judiciaire, délibératif, démonstratif), et de l'élocution, de la prononciation, de la mémoire. Un véritable montage «audio-visuel» pallie l'aridité de la matière, et facilite, avec l'aide de la métrique, sa rétention par l'imagination et la mémoire: allégories dramatiques, descriptions, récits, harangues animent l'exposé. Sous une forme concentrée et imagée,

---

judicieux de la nourriture, et par le soin de ne proposer à l'enfant que des êtres et des choses de la plus haute qualité, sèmera les germes d'un fécond développement. La musique, la fréquentation de la belle nature, colorée et odoriférante, aideront ces germes à prendre vigueur. Il est dommage que Ph. Ariès n'ait pas connu le premier livre de la *Rhetorica* du P. Josset (qui fait écho très certainement à une «topique» répandue chez les jésuites) pour nuancer les premiers chapitres de son beau livre sur *L'Enfant et la vie familiale sous l'Ancien Régime*, Seuil, 1973.

[26]   Cette définition d'un style pédagogique familial — qui doit faciliter la transition entre préceptorat et collège — est conforme à l'esprit de la pédagogie jésuite, tel qu'il est défini dans les ouvrages du P. J. Pontanus (*Progymnasmata...*, Ingolstadt, 1594) et du P. F. Sacchini (*Paraenesis ad Magistros...*, Rome, 1625), et tel qu'il avait fait le succès des collèges de la Compagnie. C'est en prenant leurs distances avec le style revêche, sévère, répressif des Universités, peu propre à une éducation libérale, que les jésuites attirèrent à l'école les fils de la noblesse. Voir l'étude de Mme Lacotte, «La notion de jeu dans la pédagogie des jésuites au XVIIᵉ siècle», dans la *Revue des sciences humaines*, n° 158, février 1975, pp. 251-265.

[27]   Voir l'ouvrage fondamental de Frances Yates, *L'Art de la Mémoire*, trad. D. Arasse, Paris, Gallimard, 1975.

c'est toute la culture jésuite de la première moitié du XVIIᵉ siècle qui est ainsi, en cours de route, évoquée et inculquée. Pour sa mise en scène pédagogique, le P. Josset tire parti de l'expérience accumulée par ses prédécesseurs, tel le P. de Cressolles à l'usage du même public scolaire, dans ses *Vacationes autumnales* (1620), tel le P. Caussin à l'usage du même public de cour Louis XIII, dans sa *Cour sainte* (1624), tel le P. Le Moyne à l'usage du public mondain, de la fin du règne et de la régence, dans ses *Peintures morales* (1641-1643) et sa *Galerie des femmes fortes* (1648). La rhétorique des peintures se met au service de la rhétorique de la parole. Et celle-ci met en œuvre la topique jésuite de la Contre-Réforme catholique. Le futur orateur apprend du même mouvement à devenir éloquent et militant, *disertus* et *miles Christi*. Au livre VII, consacré au genre démonstratif, le P. Josset organise pour l'édification de son élève un festin de harangues, dont l'une, illustrant l'art de l'éloge, est le panégyrique de saint François-Xavier, l'un des Dioscures de la Compagnie de Jésus, et l'autre, illustrant l'art de la vitupération, jette l'anathème sur Luther et Calvin, Gémeaux de l'Enfer[28]. En filigrane de ce diptyque oratoire, on voit se dessiner le schéma de la *Méditation des deux étendards*. Au livre VIII, la mise en scène mnémotechnique du genre délibératif culmine sur une prosopopée prêtée au pape Urbain II, exhortant les Français à la croisade contre les Infidèles, et sur celle, prêtée à un

---

[28] L'éloge de saint François-Xavier (L. VII, pp. 127 à 135) conjugue toutes les capacités démonstratives de l'éloquence jésuite: il commence par un éloge de la vertu, dont Xavier fut l'élève, énumère ses titres à notre admiration (sa noble naissance, sa vie digne d'une telle noblesse), invoque le «lieu de l'humilité» (*sto incertus et anceps solvere et e tuta portus statione recuso / Sed tamen audendum est*), puis le «lieu de l'infériorité des paroles par rapport à la grandeur des actes évoqués» (*Dona tui majora animi, quam quae omnia nostro / in cludi sermone queant, neque vanus habebor / Propterea Orator, si...*), adresse une prière au saint pour obtenir ses secours, narre sa vie exemplaire, et conclut par l'*apotheosis* du saint. La vitupération de Calvin (*ibid.*, pp. 136 à 143) retourne le même schéma: l'orateur s'excuse de traiter un tel sujet, éloigné de ses sentiments et de ses mœurs, et se justifie par la nécessité de combattre l'hérésie; il s'avoue incapable de retracer, tant ils dépassent la capacité des mots, tous les crimes de l'hérésiarque; il narre cependant cette vie criminelle: sa naissance picarde, à laquelle présidèrent les Euménides, qui infusèrent à l'enfant maudit la semence de tous les vices; les affreux présages qui troublèrent alors l'Europe et surtout la France; ils prennent place dans l'offensive lancée par les Enfers, dont Luther fut un autre instrument pour anéantir la vraie religion en Europe. Calvin, depuis Genève, s'est occupé spécialement de la France, la livrant au feu et au sang. Le discours s'achève par une *adhortatio* aux protestants français, les appelant à rejoindre la vraie foi, dont les titres authentiques (miracles, conciles, pontifes, antiquité, docteurs, martyrs, temples et autels) attestent la vérité.

Rochellois repenti, exhortant ses concitoyens coupables à la reddition et à la conversion[29]. Au livre IX consacré au genre judiciaire, un des joyaux exposés pour illustrer l'art des forums et des parlements, est un plaidoyer en faveur de la reine martyre, Marie Stuart[30].

La promenade pédagogique se fait plus riante, mais non moins animée, le long de la seconde partie, qui fait parcourir tous les «lieux» de la culture morale jésuite. Ici le P. Josset s'inspire surtout du P. Le Moyne et de ses *Peintures morales*. Calliste traverse successivement les chambres historiées d'un traité des mœurs et d'un traité des passions. Le dernier livre — et la dernière des salles mnémotechniques — fait enfin apparaître la rhétorique elle-même qui soumet son jeune myste à un stage ultime d'exercice et de pratique, avant de le sacrer orateur et de lui ouvrir le vaste monde offert à sa persuasion. Cette épiphanie finale de la rhétorique, la place privilégiée qu'elle occupe dans la topique du P. Josset, se justifient par le fait qu'elle est elle-même un des principaux «lieux» de l'éloge, dans la mesure où elle s'identifie à la Compagnie de Jésus, rhétorique institutionnalisée, machine à persuader au service de la foi tridentine.

Le rôle passif joué par Calliste[30] ne suffit pas à assurer l'unité d'une épopée traitant de sujets aussi divers. Le P. Josset pourrait faire valoir que l'épopée antique, comparée joliment par Goethe à un «collier de perles», a pour principe formel la juxtaposition. Par ailleurs, l'ambition encyclopédique n'est absente ni de *l'Enéide*, ni de *l'Odyssée*, aux dires mêmes des critiques antiques: surtout, héritier du XVIe siècle, le P. Josset pratique une composition «en oignon»; son ouvrage enroule dans ses replis une multitude de traités, il joue à la fois sur une multitude de registres. Comme les auteurs de *Polyanthées*, de *Hieroglyphica*, d'*Emblemata*, de *Bibliothecae*, comme les *Essais* de Montaigne et l'*Astrée* de d'Urfé, il vise à résumer et à condenser toute une culture sans sacrifier la richesse de celle-ci à la volonté de la ressaisir dans un geste global. Son esthétique d'encyclopédiste a pour maîtres mots *varietas*, *diversitas*, moins par goût du multiple que par désir de le rassembler, sans en rien laisser perdre, en une profé/ation qui rende hommage à l'unité du Créateur. C'est dans

---

[29]   L. VIII, pp. 147 à 152. Cet exemple de *suasio* est suivi d'une analyse de ce qui doit être une *dissuasio* avec pour exemple le discours du Rochellois, pp. 154 à 163.

[30]   L. IX, pp. 175 à 182.

cet hommage que l'épopée du P. Josset, sous son apparence profuse, trouve sa cohésion profonde.

*

Le poème pédagogique du P. Josset commence par un hymne au Verbe éternel, à son «Eloquence incréée» dont la rhétorique chrétienne n'est que la servante terrestre. En échange de cette allégeance, le rhéteur jésuite attend du Verbe divin qu'il l'affranchisse au fond du cœur des tentations de la sophistique terrestre et qu'il lui fasse la grâce d'une oraison silencieuse et unitive:

> *In illa,* écrit-il, *non examinantur verba, non excutiuntur syllabae, non expenduntur periodi, numeri non quaeruntur, vox non attenditur, lingua non instruitur: os tacet: cui pro ore desiderium est, cor pro lingua, pro voce lacryma, ... pro syllabis vota, pro verbis gemitus, pro Periodis exempla*[31].

Et le poème se conclut par une série d'oraisons qui abolissent en quelque sorte dans sa source divine l'*ars dicendi*, et en révèlent les limites: le cercle est clos, l'âme chrétienne, qui s'est arrachée aux effusions de l'amour divin pour le servir sur la terre par l'action et la parole, revient offrir ces œuvres à leur véritable auteur et destinataire. Dans le Palais de la Rhétorique, celle-ci, son œuvre accomplie, se jette aux pieds du Saint-Sacrement et s'abîme dans l'adoration[32]. Cet hymne à la louange du Verbe, *omnis sermonis origo, Rhetoricae parens, a quo facundia manat et aeterno derivat dictio fluxu,* fait pendant à l'hymne inaugural du poème. L'art du *genus demonstrativum,* de l'éloge, s'y épanouit en hymne d'adoration:

> *Jam Tibi O Aeternum penetras quod in omnia Verbum...*
> *Te sine nil Natura potest, Ars vana laborat,*
> *Te sine et aggreditur vanas imitatio curas*
> *Auxilis deserta tuis...*
> *O Verbum Immortale, fave: foelicia funde*
> *Flumina et aethereos in pectora conjice fluxus.*

---

[31] Dédicace non paginée, *Verbo aeterno, Sapientiae immortali, Eloquentiae increatae.* Le livre I de l'épopée, après la *propositio operis,* est inauguré par une *Invocatio divini Verbi* (pp. 1 et 2).

[32] L. XXII, pp. 410-411. Après l'invocation du chœur des sciences au Verbe immortel, c'est la reine Rhétorique elle-même *flexo genu, posita corona,* qui adresse une prière d'adoration au Verbe éternel, *divinae rationis apex, sublimis origo / Eloquii, sermonis honor, purissime linguae / Rector.*

La conclusion de tout l'ouvrage[33] est une prière de demande, appelant sur tous les orateurs de bonne volonté, sénateurs, juges, avocats, prédicateurs, médecins, généraux d'armée, la *felicitas* que méritent les discours, tant qu'ils demeurent fidèles à l'inspiration du Verbe.

D'un bout à l'autre de ce poème, l'éloquence est donc reliée si étroitement à la prière, «son origine et sa fin», qu'elle finit par apparaître comme une manifestation «extravertie» de celle-ci, sa projection dans le monde de l'action. Du moins, c'est ainsi que le P. Josset la voit et veut la faire voir. On peut se demander si la proposition ne pourrait être retournée, et si la prière, dans ce type de culture jésuite, n'est pas un des modes majeurs de l'éloquence, sinon son genre unique. Un genre relevant en dernière analyse du démonstratif, de la célébration-vitupération, qui est au cœur des *Exercices spirituels* de saint Ignace, et au principe d'un enthousiasme dévot entraîné à «dire» l'amour du Christ et l'horreur du Démon. Comme l'écrira un autre poète-rhéteur chrétien, Victor Hugo:

> L'amour devient haine en présence du mal,

révélant ainsi la parenté de son lyrisme avec la rhétorique démonstrative.

De l'enthousiasme religieux à l'enthousiasme poétique, de l'enthousiasme poétique au *daîmôn* dont se réclamaient les sophistes impériaux, spécialistes de la rhétorique démonstrative, il y a une sorte de logique à laquelle le P. Josset cède sans hésitation: la fusion entre sa culture de rhéteur humaniste et sa spiritualité formée à la discipline des *Exercices* l'y incite. Auteur d'une *Franciade* latine, admirateur de Ronsard, mais aussi lecteur de Platon et des Pères de l'Eglise, le P. Josset, au nom du Verbe divin et de son inspiration, ne sépare pas la rhétorique catholique de la poétique, ni l'*Ars* aristotélicien des «libertés» du *daîmôn* platonicien et sophistique. Le symbole de cette rencontre, c'est le choix d'un genre poétique et de l'*oratio stricta*, pour exposer (sur le mode de la célébration) la rhétorique catholique. Le P. Josset a parfaitement conscience du sens de son choix. Il s'en justifie dans le *proemium* en prose du livre XI, consacré aux nombres et aux figures de l'élocution oratoire:

---

[33] *Conclusio totius operis*, pp. 412-414. L'abondance de ces prières inaugurales et conclusives ne doit pas faire oublier nombre de prières parsemant l'intérieur du poème, comme par exemple celle adressée à saint François-Xavier, voir note 9.

> *Scio reclamaturos non paucos,* écrit-il, *si eamdem esse Eloquentiam cum poetica facultate, et eumdem esse Oratorem asseramus et Poetam. Scio non defuturos qui statim mihi proverbium illud objiciant: Nascuntur Poetae, fiunt Oratores, cujus veritatem persuadet entheus ille Poetarum impetus, afflatusque divinus quo naturaliter impulsi, in sacros Heliconis Parnassique secessus abripiuntur; unde ipse Plato lux Philosophorum eos ait non arte vel sapientia, sed applausu naturae aut amabili furore suffultos velut divinos et mantice consecratos in versus effundi... Nec tamen ideo diversam esse Poeticam et facundiam existimam*[34].

Platon et les prophètes, l'*entheus impetus* des poètes et le *divinus afflatus* des apôtres assignent à l'invention oratoire une origine divine. L'orateur chrétien puise à la même source. Cela ne va pas sans conséquence dans l'ordre de l'élocution, où prose et poésie échangent leurs pouvoirs: la poésie prête à la prose son sens du rythme, et la musique qui agit sur les sens et les passions. La prose prête à la poésie son art de la description et des mouvements pathétiques. Héritière de l'une et de l'autre, l'éloquence chrétienne jouera à la fois des figures de mots et des figures de pensée pour exprimer une vision intérieure imaginative, passionnée, inspirée. Par-delà l'expérience du maniérisme, le P. Josset retrouve la tradition de la stylistique expressionniste médiévale, et ses sources antiques, Sénèque, Lucain, la sophistique et la patristique latines.

Cette fusion de la poétique et de la rhétorique a aussi ses conséquences dans l'ordre des genres oratoires. Elle privilégie naturellement le genre démonstratif, celui de l'éloge et de l'invective, au point d'englober insensiblement dans celui-ci le genre judiciaire et le genre délibératif[35]. Lié au style moyen, le plus orné, le mieux propre à un rapprochement de la prose avec les recherches poétiques, le genre démonstratif (celui des seconds sophistes, qui eux aussi se voulaient «inspirés») est en quelque sorte la poésie de l'éloquence. En le privilégiant, le P. Josset est amené à redistribuer la gamme des styles oratoires à partir du style orné propre au démonstratif: sa version du style simple est en effet le *subtilis stylus* sénéquien, avec son dense tissu

---

[34] Pp. 200-201.

[35] Voir notes 10 et 11. Dans les exemples du P. Josset on voit clairement comment délibération et discours judiciaire peuvent être ramenés aux catégories englobantes de l'éloge et du blâme: l'appel à la croisade d'Urbain II énumère une série de raisons qui sont autant d'éloges (de la générosité et magnanimité des Francs) et de blâmes (de l'injustice des Infidèles détenteurs du tombeau du Christ). Le plaidoyer en faveur de Marie Stuart est à la fois un éloge de Marie, et de la clémence d'Elizabeth, ce dernier étant évidemment de pure tactique.

rythmique cousu d'*acumina*; sa version du grand style est le *sublimis stylus*, comparé à un cheval généreux et à la foudre, sommet de l'éloquence pompeuse et pathétique; sa version du style moyen est le *lenis stylus*, comparé à une rivière, tout en ampleur et en douceur. Ce sont en fait trois modalités du style moyen, la simplicité et le «naturel» du style attique n'ont pas de place dans un système qui fait fonds sur l'admiration et l'émotion[36].

Née de l'enthousiasme, et visant à le susciter, quelle place cette rhétorique expressionniste fait-elle à la logique?

Au livre III, qui traite de l'invention, le P. Josset traite le problème. Il commence par un exposé complet de la logique scolastique, avec tout son admirable appareil argumentatif. Pour animer son sujet, il a recours à la description allégorique: la logique est un chef d'armée, ses syllogismes des *agmina* rangés en ordre de bataille. Le vocabulaire technique de l'école devient un ornement par sa rugosité même, et contribue à l'évocation d'armée casquées, hérissées de lances et de flèches. Dans cet ordre de bataille apparaissent les armes propres à la rhétorique, l'enthymème, l'exemple, l'induction, plus brèves que le syllogisme, plus acérées, moins sanglantes[37], mais aussi

---

[36]   Fidèle à la tripartition aristotélicienne et cicéronienne, le P. Josset distingue en fait trois niveaux de style, qui sont trois modalités du style moyen tel que le conçoit un Cicéron. Il substitue au *stylus humilis* le *stylus subtilis*; au *stylus grandis* le *stylus sublimis*. Mais il tient à maintenir, sans trop y insister, le style moyen, sous le nom de *stylus intermedius*: *lenior, mollior, blandior*, il n'a ni les nombreux *acumina* du premier ni les échappées véhémentes du troisième. Sa qualité propre est la *venustas*, celle d'un jardin printanier. Ce style, illustré par Richeome et par Le Moyne, est sans doute apprécié par le P. Josset: son goût personnel va manifestement davantage au *subtilis* et au *sublimis*. Voir pour cet aspect de sa rhétorique la fin du L. X, pp. 196-200.

[37]   L. III, pp. 47 à 54. Sur l'enthymème, p. 50:

> ...potioraque robora praestant
> *Deinde tamen multae quas Enthymema gubernat*
> *Finitima in statione sedent, pugnantque cohortes*
> *His brevius jaculum, et vibrandis lenta sagittis*
> *Brachia, non hastas penetrabile crispat acumen,*
> *Nec de contorto multus cruor effluit ictu.*

Cette armée d'arguments, tant logiques que rhétoriques, rencontre l'adversaire à la page 53. C'est l'erreur soutenue du sophisme, du raisonnement captieux, du mensonge. Sur cette métaphorique militaire appliquée à l'argumentation logique, voir la lettre de Balzac à Bardin (*Œuvres*, éd. cit., VI, Lettre XLV, p. 243, du 15 déc. 1633: «Le Syllogisme, qui est au dire d'un Grec le Trident de la Philosophie, est tout peint et parfumé dans vos Ecrits. Après l'avoir purgé de la rouille des Barbares et du venin des Sophistes, vous en faites des blessures salutaires et voluptueuses.»

les causes (formelles instrumentales, naturelles), et les jeux de signification: ambiguïtés, équivoques, dérivations. Enfin surgissent les
«êtres de raison», forgés par l'imagination (*ratio fingendi*), comme
les images du songe[38], pour figurer les aspects des choses séparées de
celles-ci, et recomposées par l'esprit selon un ordre imprévu par la
nature: tel un lion couvert d'écailles. Insensiblement, de la logique et
de l'analyse aristotéliciennes, surgit une méthode d'invention où
l'imagination créative, autant que la raison déductive, a sa place largement marquée. Les questions relatives aux substances (quantité,
qualité, relation, action, passion, lieu, temps, etc.), les lieux relatifs
aux noms (*notatio, anagramma, definitio*) fournissent d'autres ponts
entre invention logique et invention rhétorique. Le P. Josset s'arrête
plus longuement sur le lieu de définition. En pure logique celui-ci ne
se prête guère à la *copia dicendi*. Mais la rhétorique (qui par sa licence
s'apparente donc ici à la poétique) est en droit de le concevoir autrement. Le P. Josset compare cette libération des chaînes de la logique
à celle d'un jeune cheval généreux et fougueux, échappant au joug du
mors et des rênes[39]: image classique de l'enthousiasme poétique.

---

[38] Une sorte de nuit de Walpurgis classique accompagne l'entrée en lice des
entes rationis, qui, soit dit en passant, mériteraient d'attirer l'attention des amateurs
du «Baroque» (p. 51):

> *Hos inter quoque monstra patent, et mille figurae,*
> *Innumerae larvae et species, incredibiles res;*
> *Obstupui primo aspectu, nam torva Chimaera*
> *Sulphureo vomit ore globos, junctumque Leonem*
> *Gyratus vestit squamoso tegmine Serpens.*

Cet *opus fingentis rationis* est ensuite comparé aux visions du songe que le jour
dissipe. Le P. Josset les explique ainsi (*Ibid.*):

> *...sic entibus illis*
> *Indivisa seco, dirimo conjuncta, dirempta*
> *Iungo simul, subjecta voco, sic fingo: relata*
> *quae re non referuntur et abstraho plurima, quamvis*
> *Stent concreta a parte rei; sic Entibus utor*
> *Fictitiis.*

[39] La définition, au sens rhétorique, fait jaillir du nom toutes ses possibilités
latentes (*clausae secreta rei*): le P. Josset la compare au déroulement d'une tapisserie
qui révèle, déployée, la splendeur de l'histoire que ses replis cachaient. Et pour faire
sentir la différence entre le sens rhétorique et le sens logique, il écrit (p. 56):

> *Nos* (les rhéteurs) *saepe vagari*
> *Possumus, et spatiis late majoribus uti.*
> *Ac veluti generosus equus, quem Thessala dudum*
> *Terra, vel Hispano valles aluere recessu,*
> *Quem clara est enixa parens, quem longus avorum*
> *Ordo, per et multos decorant insignia fastos.*
> *Non arctas amat ille vias, non inter habenas*

L'instrument de cette liberté, c'est la *translatio*, la métaphore, qui fait littéralement bourgeonner le lieu de définition en une fête de l'invention rhétorique, et engendre abondance, variété, agrément. Grâce aux techniques de la *translatio*, la définition devient un art de l'apposition qui, par la *negatio contrarii*, l'*enumeratio partium*, la *paritas rerum*, la *conglobatio*[40], nourrit à l'infini la *copia rerum*. L'efflorescence suprême de la définition, au libre royaume de la rhétorique, c'est évidemment la description, avec toute l'inépuisable richesse que cette figure, sous le nom de «peinture», avait prise chez les jésuites français depuis Richeome et Binet. Du portrait à la biographie, le P. Josset fait jaillir d'un seul nom propre une végétation tropicale du discours.

Au livre IV, qui étudie l'invention sous le rapport cette fois des causes et lieux internes, la place centrale, foisonnante, que la fin du livre III avait réservée à la figure de description se confirme. Les «causes et lieux internes» se métamorphosent en descriptions de paysages et de villes, en récits mythologiques ou historiques tels que «La Mort d'Atys», ou «La Mort de Pompée». Ces récits ne sont pas de purs ornements: ils ont une fonction argumentative. «La Mort d'Atys» met en évidence la responsabilité d'Adraste, précepteur d'Atys, dans la mort du jeune homme; «La Mort de Pompée» est un réquisitoire contre Ptolémée, hôte perfide du héros. La même figure narrative, à la fois *exemplum* et nouvelle à caractère romanesque, réussit donc à instruire en même temps qu'à plaire. Puis vient la description des âges de la vie, enfance, adolescence, âge viril, vieillesse.

Ces descriptions ont un caractère nettement idéalisant. Par là, l'invention aristotélicienne du P. Josset révèle ses sources platonicien-

---

Impatiens haerere solet, sed latius optat
Ambitiosus iter, campisque exultat apertis.

Cet éloge de la liberté, impatiente du joug et des chemins frayés, lié à l'éloge de la noblesse et de la jeunesse, est en consonance avec le Corneille «espagnol» de 1637. Il fait écho à un aspect de l'enseignement rhétorique jésuite qui apparaît rarement en France, avec ce degré de netteté, dans les ouvrages imprimés. Il est en rapport avec les traités de rhétorique espagnols émanés de la Compagnie. Voir A. Marti, *La Preceptiva retorica espanola en el siglo de Oro*, Madrid, 1972, à propos de l'*Ars poetica* du P. Rengifo, pp. 244-246. Il est également en rapport avec un aspect essentiel de l'enseignement rhétorique jésuite en Italie. Voir notre étude sur le *De Erroribus* de Leone Allacci, qui fut régent de rhétorique au collège des Grecs à Rome, dans l'article intitulé «Crépuscule de l'enthousiasme au XVIIe» publié dans les Actes du colloque de l'Association internationale des études néo-latines, Tours, 1976, ici pp. 349-377.

[40]   Voir pp. 56-57 du livre III la définition et les exemples de ces figures.

nes, et se relie au thème de l'enthousiasme poétique et religieux, qui autorise l'orateur-poète à remonter des apparences jusqu'aux idées divines. De fait, au ch. 3 du livre IV, traitant du genre et de l'espèce comme *semina dicendi*, le P. Josset indique que la seconde ne va pas sans la première, et que les *res individuae* doivent être toujours rapportées aux formes éternelles que le divin Platon a nommées idées. Les premières, *miserae praeda necis*, ne sont que l'ombre fugace des secondes,

> reparantes ruinas singularium,

et c'est toujours sous l'angle des idées immortelles que les choses mortelles doivent être évoquées par l'orateur-poète. Ses descriptions sont celles d'universaux. Elles font de l'éloquence le miroir, mais le miroir rédempteur, de la diversité fuyante et souffrante des apparences sensibles, qu'elles ramènent à la contemplation de leurs modèles éternels. A ce travail rédempteur, qui fait de l'orateur-poète une sorte d'ange ascendant sur l'échelle de Jacob, le P. Josset donne pour emblème le phénix, avec pour *motto* (p. 74):

> *Iterum post fata resurgo, invenioque novam supremo in funere vitam,*

ou encore le serpent changeant de peau, avec pour *motto*:

> *Idem quem lenta gravabant tempora, nunc gaudens iterata exulto iuventa.*

Cette rhétorique de la réminiscence est aussi une mnémotechnique: tous les sujets particuliers que l'orateur rencontre le renvoient aux idées qui organisent sa *memoria*, et y demeurent en autant de «lieux» tapissés de *semina dicendi* s'y rapportant. Idées mères, idées séminales, qui, dans le même temps qu'elles rédiment et chargent de sens divin le monde profane des apparences, font de l'orateur-poète qui les met en œuvre un initié, un voyant, apte à discerner et montrer dans la confusion du sensible l'ordre de l'intelligible, dans l'imperfection du péché la perfection du rachat.

Mais ces idées n'ont rien d'abstrait: formes perçues dans le réel par l'enthousiasme de l'imagination et de la mémoire, elle sont susceptibles de se rassembler, et ouvrent à l'orateur-poète le vaste champ des «correpondances», *similitudo* et *comparatio*[41], sources à leur tour d'une délectation dont Dieu lui-même a donné l'exemple:

---

[41] Le P. Josset a traité de la *translatio* au L. III, et il l'a définie comme la

Quo corda virorum illiceret... omnia imaginibus pinxit...
... Imaginibus splendentibus omnia vinxit.

Au livre V, qui traite des causes et lieux externes de l'Invention, le P. Josset place en tête de ceux-ci la *Prima Causa*, Dieu, puis analyse les *causae creatae*, les unes *communes*, comme les astres, les autres *privatae*, comme la lumière; il montre ensuite la royauté de la forme sur la matière sublunaire sujette à la corruption, et analyse les diverses modalités de son action, qu'imite de l'extérieur la création artistique[42]; il étudie encore les causes finales, dont il compare l'activité invisible à celle de l'aimant, et dont le modèle suprême est Dieu; c'est lui, en qui toutes les fins se résument, qui doit être l'aimant de l'activité de l'orateur-poète, arraché à lui-même et aux pesanteurs terrestres par l'appel de cette idée suprême, source de toute réussite et de toute fécondité[43].

Tout au long de ces livres consacrés à la logique de l'invention, nous n'avons pas quitté les cadres généraux, ni le vocabulaire technique de l'aristotélisme scolastique. Pourtant, à l'intérieur du système, le ferment de l'enthousiasme platonicien et de la ferveur mystique du praticien des *Exercices spirituels* ont métamorphosé la rigueur déductive et analytique de l'école en un dynamisme efficace de la métaphore et de la description: il ne s'agit plus seulement pour l'orateur-poète-théologien d'expliquer le monde à la lumière de Dieu, mais de faire confiance aux figures de rhétorique pour collaborer avec Dieu à la rédemption du monde. La fusion de l'*entheus impetus* du poète, de l'*afflatus divinus* du prophète, de l'analyse logique du théologien scolastique, et de l'*ars persuadendi* du rhéteur aboutit à une véritable

---

correspondance rhétorique de la définition logique. Entre autres techniques de la *translatio*, la *paritas rerum* (l'analogie) permet de définir une chose par son analogique: la paix, par exemple, qu'est-ce d'autre qu'un «fleuve tranquille» que ne troublent ni l'hiver, ni la tempête, ni les vents. La *similitudo* et la *comparatio* sont traitées au L. IV, au titre d'ornements plutôt que d'arguments. La *similitudo* est une technique d'amplification, qui ajoute à l'image centrale des images qui se lient vraisemblablement à celle-ci, la sertissent, et la rendent plus agréable (p. 75). La *comparatio* prend appui sur un exemple applicable au cas traité, pour l'éclairer: Cléanthe a exercé de vils métiers, sa sagesse n'a reçu nulle récompense, et toi, tu hésites?

[42]   Voir livre V, p. 88.
[43]   *Ibid.*, p. 89.

théurgie par le langage, ou, pour reprendre un mot forgé par le
P. Caussin, à une théorhétorique[44].

La persuasion éloquente devient ainsi un grand œuvre de conversion et de rédemption qui continue et parachève celui du Christ. Elle
croit y parvenir par un prodigieux travail de permutation des signes:
permutation ascendante, qui rapporte au Ciel les signes terrestres;
permutation descendante, qui ramène sur la terre et y enracine les
signes de l'éternité céleste. Le langage est en lui-même et à lui seul le
milieu et l'instrument de cette alchimie spirituelle. Le monde sensible,
celui des individus et des choses saisis dans leur singularité, n'est
qu'un réflecteur au service du langage rédempteur, et de son pouvoir
d'évoquer et de faire triompher le règne des idées. En ce sens le P. Josset pourrait reprendre à son compte la célèbre définition par Marcel
Proust de sa propre poétique: «Nous sommes les abeilles de l'Invisible, nous butinons éperdument le miel du visible pour l'accumuler
dans la grande ruche d'or de l'Invisible.»

Si l'on veut bien lire le P. Josset, avec ses propres yeux, avec sa
capacité de voir, sous les «ruines» du créé, la perfection invincible des
causes finales, on admettra qu'il a conféré à son étrange épopée une
unité véritable, qu'il a fait d'elle la théorie du Verbe créateur et
rédempteur telle qu'elle s'incarne dans l'éloquence jésuite. Celle-ci y
apparaît, selon le nom ambitieux que s'est donné la Compagnie,
comme l'héritière de Jésus dans l'histoire, l'instrument héroïque par
lequel se poursuit la rédemption du Verbe, que la chute avait éparpillé
et dégradé dans la multiplicité des langages. Cette rédemption éminemment catholique passe par la reprise de cette multiplicité, éparse
dans les langues, les sciences, les philosophies, pour la ramener inlas-
sablement à sa source et à sa fin, l'unité du Verbe créateur et rédempteur. Cela implique une esthétique de la variété, de la diversité, une
ambition encyclopédique. Cela implique aussi un art de la louange
compréhensif et généreux — sauf vis-à-vis de l'hérésie et du mal qui
divisent — pour toutes les étincelles tombées du feu divin. Car cette
louange, anticipant sur l'ordre des temps, rédimant dans le langage
pour rédimer dans l'être, invite indirectement chaque fragment déchu
à retrouver sa gloire perdue, à rejoindre son idée divine et sublime.

---

[44]   Voir Nicolas Caussin, *Eloquentiae sacrae et humanae parallela, libri XVI.*
Flexiae, Sumpt. S. Chappelet, 1619 (approb. de 1617); voir le L. XIV, intitulé *Theo-
rhetor sive de Sacrae eloquentiae majestate.*

Il ne fait aucun doute que pour le P. Josset, la langue latine, la langue de l'Eglise romaine et des collèges de la Compagnie, est le symbole par excellence de cette fertilité du Verbe. Pour autant, il ne méprise pas les fragments tombés de la latinité, les langues vulgaires, ni les orateurs ou les poètes qui les ont illustrés: la rhétorique est à ses yeux l'instrument de leur rédemption, et de leur participation à l'unité du Verbe. Il recommande leur apprentissage en même temps que la langue latine[45], et il propose leurs meilleurs auteurs, Ronsard comme Malherbe, Du Vair comme Balzac, Godeau comme Corneille (pour s'en tenir à la langue française) en modèles d'éloquence. Il n'établit ni hiérarchie ni exclusion parmi ces grands serviteurs du Verbe catholique dans leur langue maternelle. Autant de voix différentes par où l'imperfection humaine rend hommage à la perfection divine. Admirateur des écrivains récents, il ne songe pas à leur sacrifier les Anciens: l'Antiquité, leur référence et leur modèle communs, conserve chez lui sa fonction centrale et originelle. Le P. Josset ne fait pas non plus de nationalisme linguistique ou culturel: son goût pour le français ne le détourne pas de rendre justice aux langues et littératures du reste de l'Europe catholique: l'italien, l'espagnol, la néolatinité anglaise et allemande[46], autant de couleurs issues de la

---

[45] Voir L. I, p. 19. S'adressant à l'élève, le P. Josset lui dit:
    Nobilium varias regionum agnoscere linguas
    Cura sit, et multa linguam variare loquela;
Et il conseille à un jeune Français de posséder la *gravitas et pompa* de l'espagnol, les *lepores et philtra* de l'italien, ainsi que les meilleurs auteurs des deux langues. Comme on le voit, rien ici de cette hostilité aux langues vulgaires trop souvent prêtée à l'enseignement jésuite du XVIIe siècle. Comparer avec le passage du P. Caussin dans ses *Eloquentiae... Parallela* (p. 116); où celui-ci explique la supériorité des Anciens sur les Modernes par le fait que les premiers n'avaient pas à apprendre plusieurs langues: *Antiqui, fere omnes molesta peregrinarum linguarum disciplina exsoluti, toti in suam incubuerunt... At nos in linguis a puero triti, et quasi in necessitatis pristinum amandati, tarde admodum sapere incipimus; Illi..., in unam, quam ipsi, delegerunt facultatem, toto animi impetu se conjecerunt. Nos lenocinante curiositatis malo volitamus, per omnia et passim corvos insequimur, ut ait ille, testaque luto que, nihil dum mente concipientes, in quo defixa nostra conquiescat industria.* Ce malheur de la dispersion, ce «don juanisme» intellectuel et linguistique des modernes décadents, figurent également parmi les obsessions du P. Josset, qui cherche en Dieu le principe inébranlable de concentration et d'unité.
[46] C'est évidemment vis-à-vis de l'Angleterre et de l'Allemagne que le P. Josset montre les limites de son sens universaliste, par ailleurs réel. Voir au L. XV, pp. 269-271. Il admet le courage des Anglais, leur piété autrefois incontestable, forcée à l'hérésie par un prince luxurieux; il célèbre la fidélité du catholicisme des Stuarts

lumière latine, et qui lui rendent hommage en se nourrissant d'elle. Tout au plus peut-on lui reprocher un latinocentrisme aisément compréhensible chez un prêtre catholique romain, de culture humaniste.

Reste l'essence d'une attitude, la volonté mystique d'assomption du multiple terrestre dans l'unité centrale et rédemptrice du Verbe. Cette volonté est au travail tout au long de l'épopée du P. Josset. Elle est particulièrement lisible dans sa seconde partie, consacrée à la topique.

Au livre XIII, ce sont *les mœurs des différents âges*[47] *et deux sexes.* Les mœurs des jeunes gens, réduites à leur type idéal, sont illustrées par l'exemple de Damon et Pythias. Celui-ci ne prétend pas décrire la jeunesse telle qu'elle est, mais montrer ce qu'elle peut être: et l'admiration que suscite un tel exemple est propre à faire passer cette puissance à l'acte. Les emportements propres à la jeunesse, laissés à eux-mêmes, isolent celle-ci dans sa singularité: éclairés par l'exemple, ils peuvent développer leur capacité latente de sacrifice et de générosité qui les rend à l'universel. Il en va de même du mythe de la femme forte, créé par le P. Caussin dans sa *Cour sainte*, renouvelé par le P. Le Moyne dans sa *Galerie*, et que le P. Josset illustre par les exemples des Amazones, de Zénobie, de Sémiramis, de Thomyris: il ne prétend pas décrire la femme telle qu'elle est, mais susciter en celle-ci les germes d'héroïsme latents qu'elle contient, et qui lui offrent une chance de participer elle aussi de l'universel.

Le livre XIV est consacré aux *mœurs des diverses conditions et caractères*. C'est l'occasion pour le P. Josset de faire parcourir à son lecteur une abondante galerie de portraits, à la manière de Théophraste[48]; le riche, le pauvre, le berger, le marin, le marchand, le laboureur, le sénateur, mais aussi le flatteur, l'avare, le matamore, etc. Le sens de la diversité humaine refuse ici de descendre jusqu'aux

---

et des Ecossais. Des Allemands, il dit qu'ils sont belliqueux (*armis dediti*) amoureux de la liberté, intrépides, conformément au portrait qu'en fit Tacite. Leur piété a engendré Thomas à Kempis, Surius, et les adversaires de Luther et du luthéranisme, Eckius, Canisius, Drexel. Mais le P. Josset consacre des développements empreints de sympathie aux Polonais, aux Hongrois, et beaucoup plus réservés aux Scandinaves (*atrox illi natura, calensque pectus*).

[47] Voir, sur le *topos* des «âges de la vie», Philippe Ariès, ouvrage cité, pp. 1-22.

[48] Voir, sur la fortune de Théophraste au XVIIᵉ siècle, B. Boyce et G. Chester Noyes, *The Theophrastean Character in England to 1640*, Cambridge, Harvard Univ. Press, 1947.

singularités individuelles: il est compensé pour ainsi dire par l'intuition d'une idée de l'homme, de ses passions, de ses faiblesses, qui se réfractent sur les diverses facettes des conditions sociales et des caractères. La vaste gamme des masques récurrents renvoie à la complexité centrale de la forme humaine.

Au livre XV vient le tour des caractères des différents peuples, dont la description culmine sur celle du peuple italien, accompagnée du catalogue des héros nés sur ce fécond terroir. Il commence par les théologiens médiévaux, saint Thomas, saint Bonaventure, il se poursuit par les théologiens tridentins, Bellarmin, Baronius, puis par les humanistes, et s'achève par les Anciens latins, César, Salluste, Tite-Live, Pline, Tacite, Quintilien, Cicéron. La hiérarchie n'est pas soumise à l'ordre chronologique, mais à un *decorum* religieux. Reste que, pour le P. Josset, c'est le génie spécifique de l'Italie, miroir à sa manière du génie humain dans son universalité, qui s'est actualisé tour à tour dans les divers talents de ses grands hommes, apparus au fil des temps.

Au livre XVI, le P. Josset consacre ses analyses à deux peuples à la fois antithétiques et complémentaires, l'espagnol et le français[49]. Bel exemple de ces fractures créées par le péché originel, belle occasion ici de faire entrevoir, au-delà des singularités apparemment inconciliables, et grâce à elles, la plénitude originelle et finale de l'humanité. Après avoir décrit les traits essentiels des Espagnols, *generosi, ad bellum apti, ingeniosi,* qui font d'eux par vocation des *milites Christi,* le P. Josset fait le catalogue de leur héros, d'Isidore de Séville à Suarez et Vasquez, et l'éloge de leurs institutions, de leur rôle de champions de la cause catholique. Les Français sont en quelque sorte les jumeaux ennemis des Espagnols, avec des traits de caractère national analogues, *animosi, validi,* et une vocation non moins vive à la défense et illustration du catholicisme. Leur institutions ne sont pas moins admirables, avec une monarchie fondée sur l'idée de justice, dont le glorieux organe est le parlement. Leurs héros, plus nombreux, ne manifestent pas moins la générosité de leur vocation chrétienne. Le P. Josset procède, dans son catalogue des héros français, à trois séries d'éloges: celle des théologiens, Gerson, Du Perron,

---

[49]   Le *topos* des caractères respectifs du peuple français et du peuple espagnol a été très exploité aux XVI⁰ et XVII⁰ siècles. Voir entre autres F. La Mothe Le Vayer, *Discours de la contrariété d'humeurs entre certaines nations, et singulièrement entre la française et l'espagnole, trad. de l'it. de Fabricio Ciampolini,* Paris, Richer, 1636.

Sirmond, Petau, Annat, pour les modernes, saint Hilaire de Poitiers, Salvien, saint Bernard pour les médiévaux; celle des prosateurs (*oratores*): Amyot, Matthieu, Du Vair, Nesmond, Raimond, Dupleix, François de Sales, Coëffeteau, Coton, Bailleul, Abra de Raconis, et naturellement Balzac, auquel un sort particulier et éminent est réservé[50]; celui des poètes: Godeau, Corneille, Scudéry, Malherbe, Le Moyne, Ronsard, parmi les modernes, et Ausone, Sidoine Apollinaire, Alcuin, saint Paulin de Nole, Hughes de Saint-Victor parmi les médiévaux. Le livre s'achève sur l'histoire du pape Gélase, secouru et sauvé par le roi très chrétien. De façon très nette, le P. Josset s'est employé dans ses éloges à unir étroitement la tradition gallicane et la tradition ultramontaine du catholicisme français, comme pour mieux marquer à quel point la singularité française a sa place dans l'universalité de l'Eglise, au même titre que la singularité espagnole, qui lui est mystérieusement fraternelle.

Du livre XVII au livre XXII, nous entrons dans le domaine des *Peintures morales*. Cette topique des passions donne lieu elle aussi à une riche moisson de descriptions. Le P. Josset décrit longuement le palais allégorique de l'amour[51], et sa cour mélodieuse. Il énumère

---

[50] Balzac n'est pas cité dans la liste du L. XVI, mais il avait reçu un traitement d'honneur au L. II, au chapitre *De imitatione*. Conformément à son attitude très favorable à la défense et illustration des langues vulgaires, le P. Josset ne se contente pas d'énumérer les auteurs latins propres à former un beau style dans la langue de Cicéron (Cicéron, Salluste, César, Pline), mais les auteurs français recommandables pour le même rôle dans la langue de Ronsard. Il cite Du Vair, Amyot, Du Perron, François de Sales, Silhon, Caussin, Malherbe, Jacques Du Bosc (*L'Honneste Femme*), Nicolas Faret (*L'Honneste Homme*), et réserve un éloge enthousiaste à Balzac et à son style. On pourrait s'étonner de voir le P. Josset recommander à l'imitation des jeunes gens, en latin comme en français, des auteurs «classiques». C'est qu'il est fidèle à la doctrine de Juste Lipse selon laquelle l'imitation scolaire doit se limiter aux auteurs classiques, pour former les linéaments du style, tandis que l'imitation «adulte», celle qui tend à former un style personnel, doit s'étendre à Sénèque, Tacite et autres auteurs post- ou anticicéroniens. Balzac, pour l'éloquence française, couronne heureusement la liste du P. Josset, car il offre la transition entre le bon style «élémentaire» des Du Vair, Du Parron, Du Bosc et Faret, et le style adulte, le *stylus subtilis* sénéquien cher à Juste Lipse.

[51] A propos de l'amour, le P. Josset met en œuvre toute une métaphorique des liens: *ligamen, ligare* (ce dernier verbe revient cinq fois comme un leitmotiv), *nectere, texere, stringere, vincla*. Puissance divine, puissance cosmique (les «sympathies»), puissance religieuse et sociale, il tisse le réseau qui maintient le monde et les cités, réseau que le mal s'efforce de desserrer, mais qui triomphe toujours en dernier ressort. Même les vices ne sont rien d'autre qu'une sophistique pervertie du *logos* de l'amour. C'est une des articulations essentielles du monde cornélien.

ses symboles. Il célèbre l'amitié innocente[52], le don des larmes[53], la force prodigieuse qu'insufflent à l'âme l'amour humain, et plus encore, l'amour divin. La haine, quand elle n'est pas criminelle, n'est que le revers de l'amour[54].

Chaque passion, le désir, la douleur, la volupté, l'espérance, la colère, la mansuétude, l'indignation, la crainte, l'audace, l'envie, la pudeur, la reconnaissance, aura chacune son palais allégorique, ou du moins son *locus habitationis* avec son portrait allégorique. Chacune se verra dotée des symboles qui lui appartiennent, d'*Exempla* qui la montrent sous son jour idéal, et de portraits de héros qui l'ont illustrée.

Aucune n'est condamnable en elle-même. Toutes sont, aux yeux du P. Josset, dans leur essence, les couleurs qui diffractent la lumière de l'Amour divin dans l'âme de l'homme pécheur, et qui, représentées par l'orateur, se réveillent pour ainsi dire à leur vocation lumineuse oubliée ou déniée.

Remarquons en passant la disproportion, dans la rhétorique du P. Josset, entre la place relativement minime faite à la logique dans la première partie, et la place immense faite aux passions dans la seconde. Pour lui, comme pour le P. Caussin[55], le grand œuvre de persuasion repose avant tout sur une sorte de magie sympathique, qui confère à l'orateur le pouvoir d'attirer les fragments épars du monde et de l'âme humaine ruinés par le péché vers l'idée de leur unité

---

[52] L'éloge de l'amitié (qui tient une place si considérable dans les tragédies de Corneille) suscite de longs développements chez le P. Josset (p. 305):

Hinc aliena petens dulcis solatia vitae
In seipso non vivit Amor, sed vivit in ulnis
Alterius, vitamque trahit de pectore amici.

[53] Après avoir montré que l'amitié veut suivre dans la mort l'ami perdu, le P. Josset écrit:

Est et Amor lacrymarum author, nec saepius aer
Stillantes emittit aquas, quam lumen amantum;
Quin lacrymae teneri pastus creduntur Amoris.

Toute la sensibilité pastorale trouve dans ces pages un écho mieux qu'indulgent, une pénétrante sympathie.

[54] Comme Corneille, le P. Josset voit dans la haine l'envers de l'amour: *funus Amoris*. Mais il admet aussi de «justes haines», qui s'insurgent contre la puissance du mal. Ce n'est plus alors qu'un autre visage de l'amour.

[55] Voir N. Caussin, ouvr. cit., p. 332. Voir aussi l'ouvrage de P. Nieremberg, *Oculta filosofia. De la sympatia y antipatia de las cosas...*, Madrid, Imp. del Rey, 1633.

première. Par l'éloquence, passions et imagination, saisies d'admiration, sont emportées par la nostalgie de l'un.

L'épopée peut donc à juste titre s'achever par la description du *Palatium rhetoricae*, à la fois académie et église, comme le collège jésuite : la messe, *sacrificium verbo divino factum*, est le centre rayonnant vers lequel convergent toutes les modalités d'une éloquence qui trouve en elle son sens ultime ; la rhétorique allégorisée, présidant au sacrifice, voit venir à elle les diverses sciences, astrologie, géographie, géométrie, histoire, logique, musique, poésie, qui reconnaissent sa souveraineté : mais elle-même se jette aux pieds du Saint-Sacrement du Verbe, pour adorer en lui à la fois son principe, son modèle et sa fin.

*

Pour porter un jugement historique sur la *Rhetorica* du P. Josset on doit se placer à deux points de vue, l'un à court terme, l'autre à long terme.

Sur le court terme, et sur le fond de l'évolution française vers le triomphe de l'atticisme classique, il s'agit d'une œuvre provinciale et archaïsante. C'est la dernière en date d'une série de traités du même type dont les jésuites français avaient été prodigues sous Louis XIII. En 1619, le P. Caussin avait publié à La Flèche ses *Eloquentiae... parallela* ; en 1620 avaient paru à Paris les *Vacationes autumnales* du P. de Cressolles, en même temps que le t. I de la *Cour sainte* du P. Caussin ; en 1621, le P. Binet avait publié à Paris son *Essay des merveilles de nature* ; en 1641 paraissaient à peu près en même temps à Paris le *Palatium reginae eloquentiae* du P. Pelletier et le t. I des *Peintures morales* du P. Le Moyne. Avec des nuances d'un auteur à l'autre, cette production manifestait la cohérence d'une même culture rhétorique. Celle-ci, faisant la synthèse de la technique spirituelle des *Exercices* ignatiens, et de la technique oratoire des rhéteurs latins de l'époque impériale, accordait beaucoup à l'enthousiasme poétique, à l'imagination, et aux passions de l'orateur, elle comptait sur la pratique virtuose de la métaphore continuée, descriptive ou allégorique, pour susciter admiration et assentiment émotionnel chez l'auditeur. Le P. Josset conclut cette production caractéristique des Jésuites de l'époque Louis XIII. Comme ses collègues, il conçoit le traité de rhétorique comme un genre protéiforme, capable de toutes les métamorphoses et de toutes les *contaminationes* pour engranger les composantes disparates de la culture catholique et leur conférer une unité d'inspiration. Plus franchement que ses prédécesseurs, peut-être, il accepte les conséquences stylistiques de cette synthèse, et son incompatibilité aves l'atticisme cicéronien: le style simple pour le P. Josset, c'est ce que les Espagnols appelaient *conceptismo*, alliant l'abondance et la densité dans une tradition à mi-chemin de Sénèque et d'Ovide. L'éloge qu'il fait au livre X du *stylus subtilis* de Sénèque, dont il compare les étincelants *acumina* aux ocelles des plumes du paon, reflets de la lumière centrale du soleil, est assez significatif:

> *Sic Senecae miramur opes, scriptumque laborum*
> *Atque operum sublime decus, mens pluribus illi*
> *Fervet acuminibus, quam verba inscripta leguntur,*
> *Tot gemmas, numerosa serit quot verba, tot astra*
> *Quot voces, apicesque libros conjecit in amplos.*
> *Sic panus de veste micans, plumaque superbus*
> *Explicuit cum syrma suae mirabile caudae*
> *Collaque multicolor Phoeboeo praebuit astro*
> *Conspicienda, tot astra nitent, solesque patescunt*
> *totque oculi, quot plumae insunt, nec jam amplius ullae*
> *Apparent plumae, sed stellae aut solis imago*[56].

Et il suffit de comparer cette «critique des beautés» de Sénèque à celle que le P. Josset, dès le livre II, avait faite longuement du style de Balzac, pour constater que, dans les deux cas, c'est le *conceptismo* d'une prose d'art miroitante de «pointes» qui est son idéal du style simple:

> *Sunt, Balzace, flores*
> *Sunt gemmae, sunt astra, quibus tua pagina fulget,*
> *Inque characteres Tibi candida sidera cedunt*[57].

Quant au *stylus sublimis*, que le P. Josset compare à l'orage, il le conçoit comme réunissant l'abondante ampleur des *Philippiques* et le pathétisme expressionniste de la *Pharsale*.

Dès 1638, le jésuite Vavasseur, dans une *Oratio* qui sera publiée en 1644, avait jeté l'anathème, au nom de Cicéron, sur le *conceptismo* en vogue dans les collèges de sa Compagnie, et dont il attribuait la responsabilité à l'influence espagnole[58]. Dès 1640, Balzac, célébré par

---

[56]   L. X, p. 196.

[57]   L. II, p. 35.

[58]   F. Vavassoris S.J. *Orationes*, Lut. Paris, S. et G. Gramoisy, 1646, Oratio Quinta, oct. 1638, p. 110. Voir sur ces importantes *Orationes*, qui marquent un tournant dans l'histoire de la rhétorique des collèges jésuites de l'Assistance de France, notre *Age de l'éloquence*, Droz, 1980, pp. 407-417.

le P. Josset pour un style dont il s'affranchissait de plus en plus, écrivait au R.P. Du Creux, un régent de rhétorique jésuite, pour lui vanter la pureté cicéronienne du style du jésuite érudit Jacques Sirmond, et pour condamner

> ... quelques nouveaux Latins qui veulent faire des Schismes et des Hérésies dans l'Eloquence, qui sont plus grands ennemis de l'ancienne Rome, que ne furent jamais Annibal, Jugurtha, Mithridate[59].

En 1643, dans une lettre au R.P. Dalmé, régent de rhétorique au collège jésuite de Bordeaux, Balzac reprenait le même thème et vitupérait la *corruptio eloquentiae* dont les collègues du P. Dalmé se faisaient souvent les propagateurs:

> Leurs locutions sont ou estrangeres ou Poëtiques: leurs périodes sont toutes Rimes et Antitheses. S'il y a dans les mauvais livres un mot pourri de vieillesse, ou monstrueux par sa nouveauté, une métaphore plus effrontée que les autres, une expression insolente ou téméraire, ils recueillent ces ordures avec soin, et s'en parent avec curiosité[60].

Dans la même lettre, Balzac accuse encore les *corruptores* de

> mespriser la force, la vigueur et la lumière de Rome pour n'estre amoureux que de ses maladies et de sa carcasse, que de son sepulchre et de ses cendres.

Et il conclut, opposant le classicisme augustéen aux *novatores* qui imitent la sophistique impériale et son héritage médiéval:

> D'un costé nostre Tite-Live, nostre Salluste, nostre Ciceron, de l'autre leur Cassiodore, leur Symmaque, leur Apulée[60].

Le débat qui aboutira à la victoire du classicisme est engagé dans la décennie qui précède l'apparition de la *Rhetorica* du P. Josset. On voit ici que l'essentiel du débat porte sur l'imitation; pour Balzac et Vavasseur, revenus aux vues des «cicéroniens» de la Renaissance italienne, les bons modèles sont ceux de l'âge augustéen; pour le P. Jossetr, fidèle au legs de Juste Lipse, cette imitation «classique» n'est qu'un premier stade: l'imitation «adulte» doit se tourner vers Sénèque, père du sublime chrétien et de la tradition médiévale. Dans la mesure où cette *imitatio adulta*, diffusée par les collèges jésuites, entre autres, avait donné naissance à un art international, la singularité

---

[59] *Œuvres*, éd. cit. L. XII, lettre V, du 30 août 1640, p. 528.
[60] *Ibid.*, Lettre IV, du 3 avril 1643, p. 527.

française n'avait alors d'autre choix pour s'affirmer que de revenir à l'imitation des classiques, à la «simplicité» attique, qui avait fait le prestige de la Rome d'Auguste et de celle de Léon X.

Condamnés à brève échéance, en France, la *Rhetorica* du P. Josset et le type de culture littéraire à la fois syncrétique et international qu'elle soutient peuvent espérer, sur la longue durée, une réhabilitation en appel. Instruite par l'expérience, détachée de ses anciennes convictions nationales, l'histoire littéraire ne connaît plus ni vainqueurs ni vaincus, ni grandeur ni décadence. Les «classiques» avaient raison aux yeux de La Harpe, de Nisard, puis de Gide et de la N.R.F.; mais aux yeux du XIXe siècle romantique, du XXe expressionniste, primitiviste, surréaliste, ce sont les «grotesques» et les «baroques» qui avaient l'inspiration. Au regard de notre scepticisme critique et scientifique, l'aventure rhétorique des jésuites Louis XIII peut à nouveau être comprise «de l'intérieur», comme un pari héroïque sur les pouvoirs du langage. Et pour comprendre les arcanes de cette aventure du «logos» européen, l'épopée rhétorique d'un obscur régent de Limoges, indifférent à l'effort d'une élite parisienne pour créer un style classique proprement français, nous offre une introduction d'une exceptionnelle candeur et pertinence. Elle nous fait pénétrer dans l'atelier des écrivains de la Compagnie de Jésus, et dans l'école de déclamation où, avec Corneille, se formèrent tant d'écrivains du «siècle de Louis XIII». Elle nous donne à partager leur *Stimmung* créatrice, leur topique, leur méthode, leurs techniques. A l'étudier, le mot élusif de «baroque littéraire» prend un contenu concret et précis.

Cette anatomie complète de l'orateur-poète jésuite, en révélant les organes d'un «monstre» à la fois homme d'oraison, théologien, prédicateur, moraliste, poète, dramaturge, et en énonçant son ambition d'une efficacité métamorphique et magico-religieuse du discours, analyse indirectement les composantes de la personnalité créatrice des grands écrivains Louis XIII, un Corneille et un Balzac, un Le Moyne et un Desmarets.

Pour l'historien de la rhétorique, enfin, l'épopée du P. Josset est un document de premier ordre sur la rhétorique jésuite, saisie dans sa plus haute capacité d'absorption et de synthèse. Synthèse entre la *rhetorica divina* des *Exercices*, la poétique néo-platonicienne, la logique d'Aristote et la rhétorique de la Rome impériale et chrétienne. Synthèse aussi entre la tradition sénéquiste française et celle du *conceptismo* espagnol. Synthèse fragile sans doute (mais quelle autre ne le fut pas?), en dépit de sa fertilité dans la première moitié du

XVIIe siècle. Du moins doit-on lui reconnaître la vocation éminemment catholique de *coincidentia oppositorum*, une sorte de génie de l'alliage inhérent à la rhétorique elle-même, et à Rome, foyer de l'Europe.

4.

RHÉTORIQUE, DRAMATURGIE ET SPIRITUALITÉ: PIERRE CORNEILLE ET CLAUDE DELIDEL, S.J.[61]

Une des questions les plus irritantes que posent la biographie et l'œuvre de Pierre Corneille a son pendant dans le cas de Racine: les deux plus grands «auteurs tragiques» du XVIIe siècle français se sont trouvé affiliés aux deux familles religieuses qui polarisent en quelque sorte le catholicisme classique: la Société de Jésus et Port-Royal. La querelle de la grâce et la querelle du théâtre, où jésuites et augustiniens défendent des points de vue opposés, ont inquiété la conscience de l'ancien élève des jésuites et de l'ancien élève des Petites Ecoles, à la fois comme chrétiens et comme créateurs. Né plus tôt dans le siècle, et élevé dans le néo-latin des collèges jésuites, Corneille a dû par ailleur affronter de façon plus directe que Racine le problème de la langue, qui, étant aussi un problème du public, touchait aussi au domaine religieux: plaire au public ignorant le latin supposait que l'on s'écartât de la morale autant que de la langue de collège. L'auteur de *Clitandre* et de *La Place Royale* ne semble pas pourtant avoir dû rompre avec les maîtres de son adolescence pour réussir à la cour par le théâtre, même s'il prenait alors des libertés avec leurs leçons. Et lorsqu'il s'est ouvertement déclaré pour eux dans la querelle de la grâce, et contre Port-Royal dans la querelle du théâtre, ce fut apparemment dans la logique d'une attitude religieuse qui, de plus près ou de plus loin, l'avait toujours maintenu dans la mouvance de ses initiateurs à l'humanisme chrétien. Nous ne prétendons pas ici tout «expliquer» de Corneille dramaturge par une docile affiliation à ses maîtres jésuites, mais insister sur cette mouvance, qui se resserre et s'affirme

---

[61] Etude publiée dans les *Mélanges offerts à Georges Couton*, Lyon, P.U.L., 1981, pp. 272-287.

publiquement en 1667-1668. Georges Couton[62] a mis en évidence les deux témoignages que, ces années-là, Corneille rend à la Société de Jésus : l'un, en 1667, en tête d'une traduction par le dramaturge d'un poème latin du P. Charles de La Rue, s'adresse à l'ensemble de la Société ; l'autre, en 1668, en tête d'un traité théologique du P. Claude Delidel, a un caractère tout personnel. Je prendrai pour point de départ de mon enquête celui de 1668.

Commençons par relire, dans ses strophes les plus significatives, l'ode au P. Delidel par laquelle Corneille donnait sa caution à *La Théologie des saints où sont représentés les mystères et les merveilles de la grâce*, que son auteur dédiait par ailleurs au cardinal de Retz. Graves, martelées, ne s'embarrassant pas d'ornements, les affirmations solennelles s'y succèdent, frappant pour la postérité un médaillon liant le profil du «Sophocle françois» à celui de son maître à la fois littéraire et spirituel :

> [...]
> Savant et pieux écrivain,
> Qui jadis de ta propre main
> M'as élevé sur le Parnasse :
> C'était trop peu pour ta bonté
> Que ma jeunesse eût profité
> Des leçons que tu m'as données :
> Tu portes plus loin ton amour,
> Et tu veux qu'aujourd'hui mes dernières années
> De tes instructions profitent à leur tour.
>
> Je fus ton disciple, et peut-être
> Que l'heureux éclat de mes vers
> Eblouit assez l'univers
> Pour faire peu de honte au maître.
> Par une plus sainte leçon
> Tu m'apprends de quelle façon
> Au vice on doit faire la guerre.
> Puissé-je en user encore mieux !
> Et comme je te dois ma gloire sur la terre,
> Puissé-je te devoir un jour celle des cieux ![63]

(M.-L., X, p. 222, vv. 42-60)

---

[62]   G. Couton, *La Vieillesse de Corneille*, Paris, 1949, pp. 302-303.

[63]   *La Théologie des saints...*, ouvr. cit., pages liminaires non pag. Le titre complet de l'ode est : *Au R.P. Claude Delidel, de la Compagnie de Jésus sur son traité de la Théologie des saints.* Reproduit par M.-L., t. X, pp. 220-222.

Qu'on ait affaire ici à l'amplification d'un thème traité par saint Paulin de Nole, dans des épîtres célèbres adressées à son maître Ausone[64], n'ôte rien à la sincérité de ces accents. Ils s'ennoblissent au contraire de faire écho, à travers les siècles, à une voix de l'Eglise gallo-romaine. Mais en confrontant le texte du XVIIe à celui du IVe, on mesure ce que les adversaires de la Société appelaient ses «nouveautés», et dont Corneille embrasse toute l'étendue. Saint Paulin, tout en rendant un fervent hommage à son maître en humanités profanes, n'en repoussait pas moins vivement ses invites à revenir auprès de lui se livrer aux joies des Belles-Lettres. Le choix — et Sainte-Beuve n'a pas manqué de le relever à propos d'Antoine Le Maître[65] — est net et clair : entre le salut par la vie de piété et le bonheur par la vie littéraire, le chrétien n'hésite pas. Dans l'ode au P. Delidel, Corneille ne choisit pas : éntre sa «gloire» littéraire sur la terre et la «gloire» chrétienne espérée dans les Cieux, il ne voit pas de solution de continuité, mais deux manières de s'accomplir, nullement incompatibles, et simplement hiérarchisées. Loin d'envisager un sacrifice de sa carrière poétique et dramatique, il place celle-ci sous la sauvegarde de l'auteur de la *Théologie des saints*, à la faveur d'une citation d'Horace :

> *Quod scribo et placeo, si placeo, omne tuum est.*

Les deux dettes reconnues dans ce poème liminaire, loin de s'exclure, s'additionnent. Initiateur de Corneille aux «bonnes Let-

---

[64]   Voir *Divi Paulini Episcopii Nolani Opera... accedunt notae amoebaeae Frontonis Ducaei et Heriberti Rosweydi S.J.*, Antverpiae, ex off. Plantiniana, 1622, pp. 468-480. Epîtres en vers de saint Paulin à Ausone qui lui demande de rentrer en Gaule pour s'adonner aux Belles-Lettres. Saint Paulin refuse, tout en manifestant sa reconnaissance à son maître :

> Tibi disciplinas, dignitatem, literas
> Linguae, togae, famae, decus,
> Provectus, altus institutus debeo,
> Patrone, praeceptor, pater... (p. 371).

Le genre du poème — ou du témoignage de reconnaissance — de l'ancien élève au maître mériterait une étude. Lope de Vega ayant publié un *Isagoge por les reales estudios de la Compagnia de Gesu*, ce poème adoptant l'ordre des neuf Muses fut imité deux fois par Pierre de Marbeuf, poète normand et ancien élève des jésuites : 1) *Novem Musae Claromontani contendunt inter se, quae prior illustrissimum Praesulem Metensem salutabit* (dans *Epigrammatum liber*, Paris, Huby, 1620, ouvrage dédié au comte de Moret qui, comme son frère Henri, évêque de Metz, était un élève du collège de Clermont) ; 2) *La Recherche des neuf Muses dans le collège royal de La Flèche*, dans *Recueil des vers de Marbeuf*, Rouen, D. du Petit-Val, 1628.

[65]   Sainte-Beuve, *Port-Royal*, éd. Pléiade, t. I, p. 395, à propos de la rupture de Le Maître avec le «monde».

tres», le P. Delidel est devenu son initiateur à la bonne doctrine spirituelle. Après lui avoir ouvert les portes de la renommée, il lui ouvre
celles du salut.

*

Sur la première proposition, la dette contractée envers l'humanisme jésuite, Corneille n'avait pas été toujours aussi reconnaissant.
Trente ans plus tôt, dans l'*Excuse à Ariste* (1637), l'auteur du *Cid* avait
affirmé sans ambages :

> Je ne dois qu'à moi seul toute ma renommée.

Ne se contentant pas de nier toute dette envers quelque maître que
ce fût, il attribuait l'éveil de son génie à une «maîtresse», initiatrice
et inspiratrice :

> J'ai brûlé fort longtemps d'une amour assez grande,
> Et que jusqu'au tombeau je dois bien estimer,
> Puisque ce fut par là que j'appris à rimer.
> [...]
> Charmé de deux beaux yeux, mon vers charma la cour ;
> Et ce que j'ai de nom, je le dois à l'amour.
>
> (M.-L., X, pp. 77, 58-60, 63-64)

On ne saurait, à trente ans de distance, se contredire avec plus
d'aplomb. De «Mon Amour, le père de mes vers», au «Je te dois la
gloire sur la terre», Corneille est passé d'une version mondaine,
pétrarquiste, des origines à la fois de son génie et de sa gloire, à une
version savante et humaniste. Poésie et vérité ! En 1637, à l'intention
du public mondain qui a fait le triomphe du *Cid*, Corneille lance à
ses rivaux un défi à la Rodrigue : il n'est pas question alors d'avoir été
«élevé sur le Parnasse» par un régent de collège ; et le poète français
passe sous silence les rites pédagogiques latins qui l'avaient préparé
à rencontrer la mode et le monde avec des ressources propres à les surprendre et séduire. En 1668, il est devenu un «classique», dont le
monde commence à se lasser, et que les jansénistes accusent d'avoir
servi d'alibi aux désirs mondains de gloire et d'amour. En cette même
année 1668, dans la préface d'*Attila*, il a vertement répondu à Nicole
en soumettant son œuvre «à la censure des puissances tant ecclésiastiques que séculières», et en affirmant que cette œuvre «évite» «les
tendresses de l'amour content» dont il laisse, implicitement, le privilège à un ancien élève, peut-être dévoyé, de Port-Royal, Racine. Il est
donc temps cette fois d'oublier et de faire oublier le rite courtois qui

avait fait du jeune «latineur» formé par les jésuites un dramaturge français fêté par la jeunesse galante de la cour. Récrivant sa propre biographie poétique, Corneille censure le «bel œil» de Mélite qui avait eu le don de libérer sa verve du pédantisme. L'injustice de l'âge n'est pas moindre que celle de la jeunesse. S'il est vrai que le passage des Belles-Lettres de collège à la littérature de cour, du latin au français, ne s'explique plus dans la version de 1668, dans celle de 1637 le «miracle» de *Mélite* faisait trop bon marché de la culture et des instruments de la création littéraire reçus au collège de Rouen. Derrière les deux versions contradictoires de la «naissance du poète», se dissimule le drame des deux cultures, l'une latine et savante, l'autre française et courtoise, entre lesquelles l'œuvre de Corneille a joué un rôle médiateur. S'y dissimule aussi un autre drame, celui de la légitimité chrétienne du théâtre. En 1637, à l'ombre protectrice quoique encombrante de Richelieu, à la faveur de l'irrésistible engouement du public mondain pour le «théâtre françois», Corneille ne songe qu'à jouir de ses avantages: les acclamations des salles de théâtre repoussent dans un inaudible lointain les anathèmes véhéments des Pères de l'Eglise, de Charles Borromée et des sermonnaires de toute robe. En 1668, alors que la légitimité de son théâtre lui semblait bien acquise, les attaques jansénistes ont eu assez d'écho pour faire contrepoids à la faveur déclinante de la cour et du public. Quoique les jésuites — et le P. Delidel lui-même, dans sa *Théologie des saints*, comme l'a fait remarquer Georges Couton — soient, en droit et en paroles, des adversaires de la «comédie» autre que de collège, ils sont en fait plus accommodants, et ils ont besoin d'alliés dans leur combat contre Port-Royal. Réaffirmer publiquement sa dette envers l'humanisme jésuite, rallier solennellement la cause du molinisme, c'est donc aussi pour Corneille garantir son œuvre, elle-même garante de la légitimité chrétienne d'un théâtre «réformé» et purifié des «ordures du paganisme», contre «le noir vol du blasphème» s'échappant de Port-Royal et des salons «augustiniens».

L'antithèse entre le texte de 1637 et celui de 1668 s'explique donc fort bien. L'un marque l'*acmé* de la «période mondaine» de Corneille, l'autre un temps fort de la phase dévote de sa carrière. Mais l'ode au P. Delidel suppose une amitié *ininterrompue* entre le poète et ce jésuite de dilection, depuis les années de collège. Peut-on en conclure que, même pendant sa «période mondaine», et en dépit de la liberté de ton très «cavalière» adoptée par le jeune bourgeois de

Rouen, des liens s'étaient maintenus alors entre Corneille et son ancien régent jésuite? Les faits semblent plaider en ce sens.

*

Lorsque Corneille écrit du P. Delidel qu'il l'a «de sa propre main» «élevé sur le Parnasse», cela peut être entendu au sens étroit ou au sens large: soit que le P. Delidel ait présidé aux études du poète, et lui ait donné les moyens littéraires de devenir le grand dramaturge qu'il est devenu; soit que le régent ait assisté aussi les débuts du poète au-delà du collège, dans les premières années de sa carrière parisienne.

Pour que la première interprétation soit retenue, il faudrait que le P. Delidel ait été le régent de Corneille pendant plusieurs années. Or ce n'est pas le cas. Grâce aux deux livres de prix, dûment datés, qui survivent à la scolarité de Corneille, on a pu établir qu'il était en classe de troisième en 1618, et qu'il a achevé sa rhétorique en 1620[66]. Par ailleurs, les catalogues des archives romaines de la Société de Jésus permettent d'associer à chaque année scolaire du futur dramaturge le nom du régent en exercice:

1614-1615	Classe de sixième	Vincent Igobaud
1615-1616	Classe de cinquième	Jean Notaire
1616-1617	Classe de quatrième	Jean Notaire
1617-1618	Classe de troisième	Jean Notaire
1618-1619	Classe d'humanités	Claude Delidel
1619-1620	Classe de rhétorique	Guy Falaiseau
1620-1621	Classe de logique	Noël Couart
1621-1622	Classe de physique	Pierre Dagonel

Jean Notaire, qui a suivi Corneille pendant trois ans, n'est pas autrement connu. En revanche, l'auteur de *Polyeucte* s'est qualifié de «disciple» d'un régent dont il n'a suivi les cours qu'une année durant, en 1618-1619. Ce n'est donc pas seulement à partir de souvenir scolaires, dont nous allons voir ailleurs qu'ils pouvaient être vifs, que Corneille a pu faire de Claude Delidel son Ausone.

---

[66] Voir F. Bouquet, *Points obscurs et nouveaux de la vie de Corneille, étude historique et critique avec pièces justificatives*, Paris, 1888, pp. 343-344.

Né le 6 juin 1593[67], le P. Delidel avait vingt-cinq ans, et très exactement treize ans de plus que Corneille (né le 6 juin 1606) lorsqu'il
l'accueillit en classe de seconde. Et dès lors sa carrière de jésuite, origi-
naire de Moulins, semble ne se détacher qu'avec peine de Rouen.
Entré dans la Société en 1611, c'est à la maison professe de Rouen qu'il
accomplit ses deux premières années de noviciat. C'est au collège de
Rouen qu'il achève ensuite ses études profanes comme auditeur de la
classe de physique en 1613-1614. Et c'est encore au collège de Rouen
qu'il accomplit son «stage pédagogique» de régent, de la classe de
quatrième à celle de seconde, où il demeure deux années, 1617-1618
et 1618-1619. Il achève ce stage comme régent de rhétorique au collège
d'Eu, en 1619-1620. Pendant les trois années suivantes, il fait ses études de théologie au collège de Clermont, avant de prononcer ses trois
premiers vœux définitifs. Après une année de régence au collège
d'Amiens, en 1624-1625, il revient à Rouen faire son «troisième an»,
avec pour instructeur le P. Gabriel Feydeau, dans une maison professe
dont le recteur n'est autre que le célèbre P. Louis Lallemant, initiateur
d'un durable courant mystique dans l'Assistance de France[68]. De 1627
à 1634, le P. Delidel est jugé digne d'une des deux chaires de rhétorique du collège de Clermont, puis de la charge dans ce même collège
de préfet des études. C'est à Paris, en 1634, qu'il prononce son quatrième vœu. Après d'importantes fonctions dans divers autres collèges, Tours, Bourges, Alençon, il revient à Rouen en 1647-1648, où il
dirige la congrégation des Messieurs. Un dernier séjour à Alençon,
marqué par des querelles avec les jansénistes du diocèse, et en 1655,
le P. Delidel revient pour toujours à Rouen, où il s'éteindra le 19 mars
1671.

---

[67] Nous devons ces précisions, ainsi que les précédentes concernant le personnel du collège de Rouen, à l'obligeance et à la science du R.P. Lamalle, directeur des
Archives historiques de la Compagnie de Jésus à Rome. Je remercie également le
R.P. Bottereau, qui a complété sur certains points la fiche biographique établie par
le P. Lamalle sur le P. Delidel.

[68] Il est fort possible que le P. Delidel ait été influencé, au moins indirectement,
par le P. Lallemant. Il y a dans *La Théologie des saints* une orientation mystique très
prononcée, et qui s'appuie sur la spiritualité rhéno-flamande, sur sainte Thérèse
d'Avila et sainte Catherine de Gênes. Voir, pour une mise en place de *La Théologie
des saints* dans le paysage spirituel jésuite du XVIIᵉ siècle, Joseph de Guibert, *La Spiritualité des jésuites, esquisse historique*, Rome I.H.S.J., 1953, p. 361, n. 141, qui con-
teste le qualificatif d'«ascéticiste» appliqué par Bremond à Delidel.

Au cours de son séjour à Paris, dans les années 1627-1634, le P. Delidel se signale comme dramaturge et comme poète néo-latin. Dans les deux cas ses chemins se croisent avec ceux de Corneille. En août 1630, on donne aux fêtes de fin d'année du collège de Clermont la tragédie latine d'*Arsaces*, dont le P. Delidel est l'auteur. L'agonothète — en d'autres termes le mécène — de cette représentation fastueuse est le comte de Soissons[69], dont le père a été gouverneur de Normandie et qui y possède de vastes terres. Parmi les gentilshommes attachés au comte, figure Alexandre de Campion[70], dont nous savons par ailleurs qu'il est lié d'amitié avec Corneille, peut-être par l'entremise des jésuites dont il avait été l'élève à La Flèche. Il y a de fortes chances pour que Corneille ait assisté à cette représentation, où tant de fils rouennais et jésuites viennent se nouer. Il serait en tout cas invraisemblable qu'il n'ait pas à cette occasion renoué, si besoin était, avec son ancien régent: ils avaient tous deux le même mécène. En 1632, en effet, sur commande du même comte de Soissons, Corneille va écrire les vers destinés au *Ballet du Chasteau de Bissestre*, représenté au Louvre devant le roi et la reine et dansé par le prince lui-même et sa coterie: Liancourt (dédicataire de *Mélite* en 1633), Hallwyn (frère de Jeanne de Schomberg, épouse de Liancourt, et dédicataire de *La Galerie du Palais* en 1637), Longueville (dédicataire de *Clitandre* en 1632), et Fiesque (pour qui Corneille écrit une épigramme publiée en 1632 avec *Clitandre*). Plus tard le comte de Soissons (qui pourrait bien être la «clef» du *Cid*) prendra la tête de la révolte armée contre Richelieu et périra à la bataille de La Marfée[71].

---

[69]   Voir le programme d'*Arsaces* conservé au cabinet des Estampes de la B.N., série «Portraits», au nom du comte de Soissons dont le portrait figure en effet à la place d'honneur du placard in-folio.

[70]   Sur les liens entre Corneille et Alexandre de Campion, voir, outre l'allusion à «notre ami» dans les *Entretiens sur plusieurs sujets* de Nicolas de Campion (éd. Mercure de France, Paris, 1967, p. 270), le sonnet liminaire aux *Hommes illustres* d'A. de Campion, Paris, Courbé, 1657 (reproduit par M.-L., t. X, p. 138), ainsi que le sonnet à la gloire de Corneille qui figure dans le recueil (*ibid.*, p. 137).

[71]   Louis de Bourbon, comte de Soissons, héritier d'une branche cadette de la Maison de Condé, refusa la lieutenance générale de l'armée sous les ordres de Richelieu, et l'accepta sous ceux de Gaston d'Orléans, au moment du siège de Corbie, qu'il reprit aux Espagnols le 9 novembre 1636. C'est au cours de ce siège que Gaston d'Orléans fit manquer le projet d'assassinat de Richelieu formé par les amis du duc, Soissons, Montrésor, Saint-Ibal et Retz. Le complot découvert, Soissons s'enfuit à Sedan, ne parvint pas à faire son accommodement avec la cour, et périt le 6 juillet 1641 à la bataille de La Marfée que, sans sa mort, ses troupes eussent gagnée. Il fut

Mais jusqu'en 1637, Corneille évolue dans l'orbite d'une cour où la rupture entre le comte et Richelieu est loin d'être consommée, et que les jésuites et leurs élèves fournissent en poètes.

On a une autre preuve que Claude Delidel et Corneille, l'un dans les limites que lui impose son sacerdoce, l'autre avec la liberté de mouvements du laïc, évoluent alors dans un milieu littéraire commun. En 1633-1634, Boisrobert, normand et protecteur des Normands, rassemble deux recueils de poésies, l'un à la gloire du roi, l'autre à la gloire de Richelieu son maître, chacun des deux étant partagé entre le latin et le français. Dans le recueil *Palmae regiae invictissimo Ludovico XIII* [...] *a praecipuis nostri aevi poetis in trophaeum erectae*, aux côtés des jésuites Petau et Vavasseur, figure le P. Delidel avec un poème intitulé: *Moles Ludovici illustrata festis ignibus quibus Regi victori trophae statuuntur*[72].

Dans le recueil *Epinicia Musarum*, pendant latin, à la gloire du cardinal, des *Palmae regiae*, Corneille prenait place avec l'*Excusatio ad Illustrissimi Francisci Harlaei invitationem*[73], où il feignait, pour mieux louer Richelieu, d'être peu doué pour le grand style de l'éloge. L'archevêque de Rouen, dédicataire de cette fine pièce de flatterie aulique, concourait au concert avec deux poèmes[74], tandis que son frère, le marquis de Bréval, collaborait avec deux sonnets français[75] au recueil jumeau des *Epinicia, Le Sacrifice des Muses*. Là, côtoyant le P. Le Moyne encore à ses débuts, on est à peine surpris de découvrir le célèbre comédien Mondory, qui avait fait triompher à Paris les premières comédies de Corneille: il a donné à Boisrobert une ode dithyrambique en reconnaissance de la protection dont le comble Riche-

---

le héros de toute une génération, et il est fort probable que l'irritation de Richelieu contre *Le Cid*, et le succès de la pièce, reposaient sur une analogie perçue par les contemporains entre Rodrigue et le jeune héros-chevalier qu'idolâtraient les ennemis du cardinal.

[72] *Palmae regiae* [...], Paris, Cramoisy, 1634, p. 94. Voir dans le même recueil les poèmes de Marbeuf (p. 272), du P. Petau (pp. 33 et 94), du P. Vavasseur (p. 255) et de Jean Sirmond, frère du P. Jacques Sirmond (p. 369). Ces recueils de Boisrobert s'inspirent d'un genre pratiqué abondamment par les jésuites: voir par exemple la *Pompa regia Ludovici XIII* [...] *a Fixensibus Musis in Henricae Societatis Jesu Gymnasio varia carmine consecrata*, Flexiae, Apud Jacob Rézé, 1614 (œuvre du P. Petau et du P. Caussin).

[73] *Epinicia Musarum*, Paris, Cramoisy, 1634, p. 248.

[74] *Ibid.*, pp. 127 et 194.

[75] *Le Sacrifice des Muses*, Paris, 1633, pp. 42 et 72.

lieu[76]. A la fin de ce recueil français, deux fragments, l'un de Malherbe, l'autre de son disciple Maynard, donnent la «clef» esthétique de cette poésie aulique, alors que dans les recueils latins la place faite aux jésuites rend justice à leur pédagogie autant qu'à leur art de la louange. «Grammaire» malherbienne et rhétorique latine des jésuites sont accordées dans un même art officiel. Le chœur amœbée, à peu de distance, réunit l'ancien élève Corneille et le régent Claude Delidel. Quand Corneille, en 1637 «traduira», avec la différence d'accent que l'on sait, l'*Excusatio* de 1634 en *Excuse à Ariste*, il marquera sans doute la distance qui sépare la poésie latine de collège de la poésie française où il triomphe: il aura moins à cœur de blesser les jésuites, qui laissent le P. Le Moyne en dire à peu près autant, que de transformer le succès du *Cid* en socle d'une statue héroïque gravé à son nom, et qui le met hors de pair parmi ses confrères dramaturges en langue française.

Au départ d'une ascension aussi bien scandée, il y avait moins le succès de *Mélite* que le premier essai de Corneille dans le genre tragique: *Clitandre*, qui fut imprimé un an avant *Mélite*, avec une préface ou l'on pouvait lire que les «accidents même sur la scène» sont plus intéressants que les récits de messagers; si Corneille s'offrait le luxe d'y respecter l'unité de lieu — qu'il affirmera l'année suivante avoir ignorée au moment où il écrivait *Mélite* — c'était plutôt par gageure, et sans engager une «liberté» qui n'hésite pas, selon l'opportunité, à «choquer les anciens». Une esthétique du «forcènement» gouverne *Clitandre*, qui présente une succession rapide de scènes de violence sanglante. Représenté en 1631-1632, *Clitandre* suit donc de près l'*Arsaces* du P. Delidel. Or cette tragédie, latine, dont nous avons un résumé acte par acte avec cinq vignettes gravées représentant les principaux «accidents sur la scène», relève d'une conception dramatique très proche de celle que Corneille célèbre comme «moderne» dans sa préface de 1632. Qu'on en juge par un abrégé du programme. A l'acte I, l'ermite Piamon quitte sa retraite du mont Ararat, rencontre sur son chemin celui qu'il cherchait, Amintas, fils du roi Arsaces, et lui fournit les armes qui lui permettent d'arracher Hippolyte, reine des

---

Amazones, qu'il ne sait pas être sa sœur, des mains de ravisseurs perses qui avaient tendu une embuscade à la jeune femme. Mais le combat tourne au désavantage d'Amintas, qui est conduit prisonnier, avec
Hippolyte et Piamon, devant le cruel et païen roi des Perses, Sapor.
L'acte I s'achève par une bataille entre les troupes de Sapor et celles
d'Arsaces, roi chrétien d'Arménie, bataille qui se résout en un combat
singulier entre Sarbaras, gendre de Sapor, et Arsaces en personne, qui
a le dessus. A l'acte II, après des tractations secrètes entre Sapor et
des affidés qu'il a su se ménager dans le camp d'Arsaces, un accord
est conclu pour un second combat singulier: Arsaces choisit pour
champion Hippolyte, et Sapor son captif Amintas, qu'il équipe des
armes d'Artaxerxès. Une seconde fois, le duel tourne à l'avantage
d'Arsaces, qui reconnaît alors dans l'Amazone et son adversaire sa
fille et son fils. A l'acte III, la trame tendue par Sapor se resserre
autour d'Arsaces. Celui-ci accepte de rencontrer Sapor: au cours d'un
grand banquet, ils signeront la paix. En fait, Sapor fait charger son
hôte de chaînes et l'envoie en prison avec ses enfants. A l'acte IV,
Caridor, que Sapor chérit en le croyant son fils, découvre à des signes
indubitables qu'il est lui aussi le fils d'Arsaces. Le roi prisonnier bai-
gne de larmes ce fils retrouvé et ses autres enfants, Hippolyte et Amintas, qui l'entourent avec l'ermite Piamon. Mais Sapor, convoquant le
roi d'Arménie, lui donne le choix entre la mort et le reniement du
Christ. Le roi refuse de renier sa foi: on lui arrache les yeux. A
l'acte V, Caridor, qui s'était retiré aux champs pour méditer sur les
vices de la cour, apprend la nouvelle et se hâte de regagner la prison
de son père. Pendant ce temps, celui-ci comparaît à nouveau devant
son bourreau, qui, furieux de sa résistance, le piétine et le condamne
à la mort immédiate. Arsaces et Hippolyte son emmenés au supplice.
Toutefois Sapor, radouci et inquiet de l'absence de son cher Caridor,
fait libérer Hippolyte et retire la sentence proférée contre Arsaces.
Trop tard. La tête coupée du roi martyr est apportée sur un plat. Caridor et Hippolyte n'ont plus qu'à chanter des lamentations funèbres
et à accomplir les rites mortuaires.

   Contenu par les conventions du théâtre de collège, *Arsaces*, tragédie à martyre, ne fait aucune place à l'amour, sinon à l'amour paternel, ni à la femme, sauf dans un personnage de travesti, la femme
forte Hippolyte. Cela fait une grande différence avec *Clitandre*, tragédie pastorale, avec amours très profanes et personnages féminins.
Mais l'ignorance, ou le mépris, du P. Delidel pour les unités est à la
mesure de celle que manifeste Corneille dans ses préfaces de 1632-

1633. Le décor de l'action se déplace sans cesse, sa durée excède plusieurs jours, des épisodes adventices pullulent en marge d'une action principale peu nettement articulée. Le goût des «accidents sur la scène», batailles, duels, banquets, tribunaux, tortures, spectacles sanglants, est aussi prononcé que dans *Clitandre*. Dans deux genres différents pour des publics qui se recoupaient en partie, le mélodrame dévot en latin et la tragi-comédie pastorale en français, le P. Delidel délaissait quelque peu Sénèque pour enchanter la vue et l'imagination de ses spectateurs gentilshommes, et Corneille délaissait quelque peu le *Pastor Fido* pour emprunter au spectacle dévot sa «liberté», ses alternances d'horreur et d'attendrissement. Tout en se gardant de respecter la morale des collèges, l'auteur de *Clitandre* a retenu du probable succès d'*Arsaces* ce qui pouvait l'aider à concevoir une *miraviglia*, et introduire sur le «théâtre françois» un frisson nouveau.

Le même enthousiasme d'une imagination échauffée que dans *Arsaces* se retrouve dans le poème *Moles Ludovici* du P. Delidel, où l'épopée de La Rochelle est résumée et célébrée en une sorte d'arc de triomphe éphémère étincelant de pots à feu, et inscrivant à jamais la victoire de Louis XIII parmi celles de l'Antiquité et des Croisades. La guerre gagnée est célébrée par une pyrotechnie de fête de collège. Rien n'exclut donc que le Corneille «cavalier» de la période mondaine ait entretenu des relations suivies avec un jésuite poète de cour apprécié du comte de Soissons et de Boisrobert, ni même qu'il ait reçu de lui inspiration et conseil. Evidemment, il a dû chercher ailleurs, chez Montaigne et dans l'expérience du monde, une école d'humour et de vérité humaine. Cela atténue quelque peu la part d'injustice que comporte l'*Excuse à Ariste*.

*

Ces relations, poursuivies au-delà du temps de collège, n'en dataient pas moins de celui-ci. Quoique Corneille n'ait été alors l'élève du P. Delidel que pendant une année, celle-ci était de nature à lui laisser une empreinte durable. La classe de seconde, ou classe d'humanités, ou *poetica classis*, au cours de laquelle Corneille suivit les *praelectiones* du P. Delidel, était justement celle où la vocation d'un dramaturge, hors des sentiers battus de l'humanisme scolaire, pouvait le mieux s'éveiller à la parole d'un maître enthousiaste et doué, comme c'était manifestement le cas.

La *rhetorica classis*[77], consacrée presque entièrement à l'étude du «style oratoire» d'après les œuvres de Cicéron, préparait directement les élèves à l'éloquence qu'attend d'eux leur future carrière: prédication s'ils se destinent au sacerdoce, art de la harangue s'ils se préparent à une carrière de magistrat, d'avocat, de diplomate, d'homme de cour. Elle avait, ou elle pouvait avoir, un caractère utilitaire et déjà en quelque manière professionnel. La *poetica classis*, intermédiaire entre les classes de grammaire et la classe de rhétorique, offrait la possibilité au régent d'en faire un temps de luxe: selon la *Ratio studiorum*, pourtant si «cicéronienne», elle devait faire place à la «diversité des bons auteurs», historiens (César, Salluste, Quinte-Curce, Justin, Tacite, et un peu de Tite-Live) et poètes (Virgile, Horace, les *Fastes* d'Ovide, les tragédies de Sénèque, les *Sylves* de Stace, Claudien), dont plusieurs relevant de la latinité d'argent. En interprétant largement les indications de la *Ratio*, le régent, surtout s'il était comme le P. Delidel jeune et perméable aux courants du jour, pouvait faire de la *poetica classis* un lieu d'initiation au dramatisme et au pathétisme de Lucain, accordés à ceux de Tacite, de Sénèque et de Stace, tous auteurs que la mode lancée par Juste Lipse dans la République des Lettres néolatines mettait au goût du siècle. Ces saveurs fortes tranchaient inévitablement sur la discipline cicéronienne commencée très tôt, et qui atteignait son comble en classe de rhétorique. L'attachement persistant de Corneille pour Lucain, Sénèque et Stace, ce que révèlent de goût pour la latinité d'argent l'*Arsaces* et le *Moles Ludivici* du P. Delidel, nous feraient volontiers supposer que leur amitié, en matière littéraire, est née dès le collège d'une admiration commune pour les auteurs que la *Ratio* ne recommandait qu'avec prudence et parcimonie. Il n'est pas possible de pousser plus loin les hypothèses. Remarquons toutefois que, si notre interprétation était juste, l'enseignement du P. Delidel en *poetica classis* aurait très tôt incité Corneille à inverser quelque peu l'ordre de valeurs prévu par la *Ratio*: au lieu de faire de la poésie — au sens imaginatif et dramatique de la latinité d'argent — une simple propédeutique à l'éloquence en prose, il aurait donné à la première une valeur en soi, absorbant pour les porter à incandescences les pouvoirs de l'éloquence. En 1619, alors que Corneille

---

[77]   Sur les caractères distinctifs et le programme détaillé des classes de poétique et de rhétorique chez les jésuites, voir l'édition par G.M. Pachtler des deux versions (1586 et 1599) de la *Ratio studiorum*, dans *Monumenta Germaniae pedagogica*, Band V, t. II, en particulier pp. 192-193 le chapitre *Classis humanitatis.*

entrait en classe de rhétorique, le P. Caussin publiait son vaste traité in-folio: *Eloquentiae sacrae et humanae parallela*. Un des traits de cette œuvre est l'effort du rhéteur-orateur sacré pour faire bénéficier l'éloquence non seulement de l'inspiration poétique, mal distinguée de l'inspiration prophétique et divine, mais aussi des techniques où excelle la poésie, épique et dramatique: le descriptif et le pathétique. Même si, rétrospectivement, Corneille a trop attribué aux leçons du seul P. Delidel, celles-ci ont pris place dans un ensemble pédagogique dominé par un idéal enflammé d'éloquence dont la *Rhetorica* du P. Josset nous donne une autre version. Cet idéal avait son aboutissement naturel dans la chaire ou sur le théâtre, dans l'intensité et la densité du mètre. Le passage de la culture latine reçue à la création dramatique pour le «monde» s'est fait par étapes, détours, tâtonnements successifs au sein d'une autre langue et d'une autre culture où ne sont remontés que peu à peu, pour y prendre forme méconnaissable, les éléments accumulés dans la mémoire latine, aux temps «pédagogiques» de Rouen. Mais cette remontée vers les sources, et même ce retour à la culture de collège, s'accentuent dans les années qui précèdent l'ode à Claude Delidel: Corneille, renouant avec l'*Excusatio* de 1634, commence alors une longue série de traductions de poèmes latins à la gloire du roi, œuvres de jésuites comme le P. de La Rue ou de J.-B. Santeul. Il entreprendra même en 1670-1672 une traduction de *La Thébaïde* de Stace et écrira lui-même un poème en latin, *Pro restituta apud Batavos catholica fide*, en 1672[78]. Et en lisant *La Théologie des saints*, le dramaturge-traducteur avait l'occasion de faire le bilan de ce qu'il devait aux jésuites non seulement comme chrétien, mais comme poète.

*

Comme chrétien, d'abord. L'auteur du traité de théologie spirituelle que Corneille déclare prendre pour guide de son salut a dirigé la congrégation des Messieurs de Rouen, de 1661 à 1667 selon Féron, à deux reprises, en 1647-1648 et de 1659 à 1670, selon les archives romaines de la Société de Jésus. Bien que Féron ait publié des listes de membres où le nom de Corneille ne figure pas, Georges Couton voit dans l'ode même au P. Delidel une forte présomption en faveur

---

[78]   Sur «Corneille traducteur» voir l'article de R. Zuber sous ce titre dans *Linguistica Antwerpiensia*, t. VII, 1973, pp. 159-174.

de son appartenance à la congrégation[79]. Le P. Delidel étant rentré définitivement à Rouen dès 1655, rien ne s'oppose en tout cas à ce que, depuis cette date jusqu'au départ de Corneille à Paris en 1662, l'ancien régent de la *poetica classis* ait été le directeur de conscience du dramaturge. Il l'a même suivi au-delà de 1662, car la dédicace au cardinal de Retz, en 1668, peut laisser supposer une médiation de Corneille entre les deux ecclésiastique, et peut-être un voyage commun des deux Rouennais à Commercy pour présenter l'ouvrage au célèbre prélat[80]. Or *La Théologie des saints* n'est pas seulement un exposé des vues spirituelles de l'ami de Corneille, c'est une pièce polémique antijanséniste. Entre 1648 et 1655, le P. Delidel avait été recteur du collège d'Alençon, succédant en cette charge au P. Nouet, adversaire malheureux, mais célèbre, des thèses d'Antoine Arnauld. Selon Ellies du Pin, une vive querelle aurait éclaté en 1650 entre le recteur jésuite et le sieur Le Noir, théologal de Séez, qui avait prêché cette année-là, pour la Toussaint, dans une église d'Alençon, un sermon intitulé *La Sainteté des saints prise dans sa source qui est la prédestination*[81]. Du Pin croit à tort que le recteur jésuite était encore, en 1650, le P. Nouet. En fait, le P. Delidel exerçait déjà cette charge depuis plus d'un an, et c'est contre lui, non contre le P. Nouet, que Le Noir publia à l'appui des thèses prédestinationnistes un recueil d'autorités en latin intitulé *Antiqua veritas praedestinationis et gratiae*[82]. C'est certainement dans cet épisode qu'il faut chercher le premier germe et l'idée même du titre de *La Théologie des saints*. En

---

[79] G. Couton, *op. cit.*, p. 303.

[80] Une autre explication de la dédicace à Retz, qui n'exclut pas une médiation de Corneille, s'offre à l'esprit: le futur cardinal, entré au collège de Clermont en 1625, a fort bien pu être l'élève du P. Delidel en classe de rhétorique. Ce seraient deux anciens élèves de l'auteur de *La Théologie des saints* dont le nom figurerait, en ce cas, tête de l'ouvrage.

[81] Voir Georges Bottereau, «Jacques Nouet, S.J., 1605-1680», dans *Archivum historicum Societatis Jesu*, vol. XLVI, 1977, pp. 299-341. Ce sermon est évoqué p. 312.

[82] Cette brochure anonyme figure à la B.N. sous la cote D 6202. Elle ne comporte que 3 p. recto verso, format in-4°, sous le titre: *Antiqua veritas praedestinationis et gratiae Dei et fides Patrum*. La troisième page est en fait un doublet de la deuxième broché avec les deux précédentes. Après avoir énuméré les autorités patristiques et canoniques qui, de toute tradition catholique, condamnent la doctrine semi-pélagienne des novateurs jésuites, le recueil s'achève par une brève note stigmatisant les *molinistae monachi* d'Alençon qui ont calomnié Le Noir pour avoir prêché la vérité chrétienne.

1668, on est en train de négocier à Rome ce qui sera nommé, l'année suivante, la «Paix clémentine»[83]: ce sont les deux vicaires de Retz à l'archevêché de Paris qui ont, probablement avec l'accord du cardinal en disgrâce, lancé la distinction du «fait» et du «droit» qui rendra provisoirement possible un compromis entre Rome et les évêques jansénistes sur l'affaire de la signature du Formulaire. La dédicace à Retz pourrait bien donner à *La Théologie des saints* le sens d'une supplique au cardinal, mal en cour à Paris, mais non à Rome, pour qu'il ne favorise pas un compromis néfaste aux thèses jésuites.

En donnant sa caution à l'ouvrage, en obtenant de Retz qu'il en accepte la dédicace, Corneille s'engage entièrement du côté des jésuites, par adhésion aux vues de son ami et peut-être directeur de conscience, le P. Delidel, mais aussi par rétorsion aux attaques dont son théâtre est l'objet et qu'il a vivement réfutées, en cette même année 1668, dans sa préface à *Attila*. Un même mouvement pousse ici le chrétien et l'auteur dramatique attaqué pour la valeur chrétienne de son œuvre. Et l'un comme l'autre pouvaient s'estimer comblés par la pensée du P. Delidel.

Avec *La Théologie des saints*, il nous semble être ramenés trente ans en arrière, au temps de la formation et de la prime maturité de Corneille. Le genre auquel appartient l'ouvrage est antérieur à la querelle avec Port-Royal: c'est celui du sermon gigogne dont les chefs-d'œuvre avaient été sous Louis XIII *La Cour sainte* du P. Caussin (1624-1636), *Le Miroir sans tache* du P. Joseph Filère (1638) et *La Science des saints* du P. François Poiré (1638)[84]. Le relais entre cette

---

[83]   La Paix clémentine (1669-1700) ne commencera qu'avec le bref du 14 janvier 1669 du pape Clément IX Rospigliosi. Les négociations étaient en cours depuis l'élection du pontife en 1667. La relative bénignité de Clément IX vis-à-vis des jansénistes français devait paraître d'autant plus paradoxale à Corneille que ce pape avait été, et demeurait, un auteur dramatique. Il est l'auteur entre autres d'une *Teodora vergine e martire*, représentée au Teatro Barberini en 1636, et qui a certainement poussé Corneille à traiter à son tour le sujet en 1645, ce qui lui valut de sévères critiques de la part de Port-Royal. Voir nos études: «La querelle de la moralité du théâtre avant Nicole et Bossuet», *R.H.L.F.*, 1976, n° 5-6, pp. 1007-1030, «Critique et création littéraire: J.-L. Guez de Balzac et P. Corneille (1637-1645)», *Mélanges René Pintard*, Strasbourg, 1975, pp. 73-89, et ici même, pp. 223-259: *Théodore vierge et martyre*. Voir aussi G. Couton, éd. du *Traité de la comédie* de Nicole, Paris, Belles Lettres, 1961, point de départ de toutes ces recherches.

[84]   Sur la production jésuite sous Louis XIII, voir notre *Age de l'éloquence*, Genève, Droz, 1980, II° partie: «Les styles jésuites».

production typique des jésuites Louis XIII et la tardive *Théologie des saints* est le livre de Desmarets de Saint-Sorlin, *Les Délices de l'esprit*, dont le titre est tiré d'une expression employée deux fois par le P. Filère[85], et reprise à son tour, dans le corps de son traité, par le P. Delidel[86]. Mais Desmarets, en recourant au procédé du dialogue et de la mise en scène mondaine, avait tenu compte des *Peintures morales* du P. Le Moyne pour renouveler et rajeunir le genre, en lui donnant un «air de cour». *La Théologie des saints* est un retour aux sources: l'énorme ouvrage, nourri de recueils accumulés pendant toute une vie de prédicateur et de directeur de conscience, extraits des Pères latins et grecs, des docteurs médiévaux, des maîtres de la théologie mystique, de Tauler à sainte Thérèse, n'est pas pour autant un travail d'érudit: cette vaste Polyanthée est mise en œuvre par un orateur qui se souvient à chaque pas d'avoir été régent de poétique et de rhétorique, voire dramaturge de collège. Par là, *La Théologie des saints* se rattache à un autre genre caractéristique des jésuites Louis XIII, l'encyclopédie éloquente d'*ars oratoria*, dont les chefs-d'œuvres avaient été, outre les *Eloquentiae... parallela* du P. Caussin déjà cités, les *Vacationes autumnales* du P. de Cressolles (1620), le *Palatium reginae eloquentiae* du P. Pelletier (1640), et le dernier en date, déjà archaïsant, la *Rhetorica* limougeote du P. Josset (1650)[87]. Il y avait déjà bien des points de contact entre les deux genres: en faisant culminer ses *Parallela* sur la célébration de la «théorhétorique» des Pères, le P. Caussin avait soutenu sa *Summa rhetorica* par une doctrine du *Logos* dont l'éloquence sacrée n'est que la manifestation et l'instrument. Plus clairement encore, le P. Josset avait inscrit son cours complet de rhétorique dans une méditation sur la prière, point de jonction ineffable entre l'*oratio interior* tournée vers le *logos* divin, et l'*oratio exterior* projeté sur le monde. Mais jamais le syncrétisme des catégories poétiques et rhétoriques avec les catégories théologiques n'avait été poussé plus loin que dans *La Théologie des saints*, qui apparaît ainsi comme le résumé et la conclusion d'un demi-siècle de culture jésuite. Le débat sur la prédestination et sur la grâce, qui ne s'ouvrit

---

[85] *Le Miroir sans tache* [...], Lyon, 1638, pp. 260 et 725.

[86] *La Théologie des saints*, p. 81.

[87] Voir sur ce livre, outre *L'Age de l'éloquence*, pp. 340-354, notre étude «Une épopée rhétorique latine à Limoges en 1650», réimprimée ici même pp. 90-115.

en France qu'au temps de *Polyeucte*, et qui ne prit un tour violent qu'au temps des *Provinciales*, n'est évidemment pas étranger à ce suprême et héroïque effort d'un vieil homme, qui mourut trois ans plus tard, en 1671.

Le P. Delidel ne s'attarde pas à réfuter les thèses de ses adversaires: il préfère développer longuement les siennes qui lui paraissent trop belles et convaincantes pour ne pas emporter l'adhésion de son lecteur. On ne reconnaît le polémiste qu'à deux procédés caractéristiques de l'antijansénisme: le regret que les matières les plus difficiles de la théologie aient été livrées par Port-Royal à l'arbitrage des «demy-sçavans» et des «Cavaliers»; l'insistance à citer abondamment saint Augustin pour arracher son autorité à ceux qui prétendent en détenir le monopole. L'objet avoué du livre n'est donc pas d'ajouter chicane à chicane, pour le plus grand péril des âmes, mais, en décrivant et célébrant «la grâce actuelle», de faire naître dans le cœur de l'homme le désir de se livrer librement à ses attraits qu'il ignore. Et pour persuader l'humanité de se laisser persuader par la grâce, le P. Delidel est conduit, par une fascinante «mise en abîme» des deux persuasions, non seulement à décrire la grâce comme un art divin de persuader, patient, insinuant, temporisateur lorsqu'il le faut, foudroyant et irrésistible à son heure, mais à célébrer, avec les techniques humaines de la rhétorique, cette rhétorique même, miroir affaibli, mais sensible, et par analogie, fidèle, des stratégies supérieures de la grâce. La grâce est une «voix» (t. I, pp. 25 et 39), mais c'est aussi une «main» (p. 79) qui, par son «éloquence muette» (p. 266), la seconde et la supplée, sachant donc allier, comme ses interprètes visibles, les saints et les prédicateurs, l'«industrie» (pp. 37 et 62), le «stratagème» (p. 253), l'«invention», en d'autres termes l'intelligence de l'*aptum* manœuvrant l'*inventio*, l'*elocutio* et l'*actio rhetorica*. Le caractère ordinaire du style de la grâce est «la douceur et suavité» (p. 72). Parmi les trois finalités de l'éloquence, *delectare, movere, docere*, elle privilégie la première. Car son premier mouvement n'est pas de forcer (comme le pensent les prédestinationnistes) les âmes libres: elle préfère, avec «adresse et condescendance» (p. 77), «s'insinuer dans les cœurs» et savoir «s'ajuster à leur commodité» (p. 173), «connaissant leur fort et leur faible» (*ibid.*). La théorhétorique suppose donc une théoéthique qui appuie sur une connaissance profonde du cœur humain l'exercice de la *convenientia* oratoire, éclairé par un sens exquis de l'*opportunitas*, de l'«à-propos» (pp. 77-78), accompagné par «discrétion et patience», par «l'art de temporiser» (p. 79). Elle s'impose, pour respecter la liberté humaine, une juste «proportion» entre sa toute-puissance contenue et la faiblesse humaine. Mais elle sait aussi, quand il le faut, recourir au *docere* et au *movere*, manifester sa «force et puissance» (p. 116), bref «l'emporter» par un effet de «célérité» et de «promptitude», foudroyant et sublime, qui renverse la causalité psychologique ordinaire, et suscite l'admiration par l'événement «merveilleux», «extraordinaire» dont elle est la cause imprévue et secrète. On reconnaît là ce merveilleux d'ordre moral auquel Corneille est à ce point attaché dans son théâtre qu'il lui a fait place dans sa poétique avec le concept, peu orthodoxe aux yeux des aristotéliciens de stricte obédience, de «vraisemblable extraordinaire». Hantant à pas de velours, ou faisant une irruption bouleversante dans l'édifice de la psychologie «humaine, trop humaine», la grâce est à l'image de l'éloquence jésuite «une et multiple», «simple et variée», «comme si c'étoit un Prothée véritable qui changeoit de forme et de posture selon la diversité de ses prétentions» (p. 319). Les modulations du son style de Dieu sont aussi souples que l'exige la variété des nations, des caractères, bref des données historiques, sociales et individuelles qui gouvernent chaque psychisme humain :

> Il a parlé en Roi avec David, en Prince, et d'un air relevé avec Isaye qui étoit Prince, avec Jeremie d'un style plus bas, et qui ressent la simplicité du village d'où il étoit né, en Berger avec Amos qui étoit berger, auquel il fit voir la ruine du peuple d'Israël (p. 174).

Et résumant en une enthousiaste élévation sa description de cette inlassable parole d'amour et de vérité qui, une fois entendue et écoutée, conjugue en une seule fugue mystique la «délectation victorieuse» de Dieu et la «liquéfaction» adorante du cœur humain, le P. Delidel écrit :

> Voix, vocation, façon de parler qui est tout à fait grande, sublime, toute particulière à Dieu, et que nous pouvons concevoir par la comparaison de nostre maniere d'enoncer nos sentiments : car comme le caractere du parler des hommes est estimé grand, lorsque l'on exprime les choses d'un air élevé, majestueux, et de telle force qu'elles penetrent bien avant dans l'âme des auditeurs, qu'elles s'y impriment et s'y arrestent si longtemps que c'est quelquefois pour toujours, sans qu'elles se puissent oublier ; de même la grâce, qui n'est autre chose que la parole de Dieu, est grande et puissante, quand elle perce et penetre nostre ame, qu'elle la remplit d'une lumière, que les années ne peuvent effacer, qu'elle la touche de mouvements surprenants, qu'elle l'occupe incessament et la maistrise avec suavité sans toutefois nuire à sa liberté. Et comme trois choses principallement donnent cette grandeur et cette majesté au discours, à sçavoir les belles et hautes pensées, les affections vehementes, ou l'enthousiasme et les locutions éclatantes ; de même la grandeur et sublimité de la grâce consiste en ce que c'est une haute Conception des

mysteres de la foy accompagnée de chaleur et d'emportement, et exprimée par des termes dignes de Dieu si clairs et si relevez, que celuy qui
les entend dans son cœur, est pleinement convaincu et gagné à la vertu.

L'exemple de la vocation des Apôtres nous en est une evidente
preuve: Suivés moy, dit Notre Seigneur; et au même instant que ces
trois syllabes frappoient leurs oreilles, une lumiere secrette que S. Laurent Justinien appelle la clarté d'un plein midy, porte dans leur entendement la connoissance de la divinité de celuy qui leur parle, un feu spirituel s'allume dans leurs cœurs pour sa personne, la grâce agit par des
ressorts invisibles et si puissants, qu'ils abandonnent parens, amis,
commodités, esperances, pour le suivre jusqu'à la mort.

C'est un renouvellement de la puissance de cette parole que cet
ancien Maître de l'éloquence, quoy que payen, loue si hautement, qu'il
dit que c'est faire parler Dieu comme il le doit, *fiat lux*, que la lumière
soit faicte, et en même temps la lumiere sort toute belle de l'abysme du
neant. Car c'est ainsi que les grande graces operent en un moment, et
jettent dans les esprits tant de clartés, tant de flammes dans les cœurs,
qu'elles dissipent les tenebres de l'erreur, de la confusion, de la malice,
et rechauffent ce qui étoit gelé, amollissent ce qui étoit endurci, fondent
ce qui faisoit resistance (pp. 39-40).

La référence au *Traité du sublime* — si fréquente chez les jésuites
depuis la fin du XVIe siècle[88], et si fondamentale à notre sens dans
la poètique cornélienne[89], comme le sentira fort bien Boileau — permet au P. Delidel de faite coïncider en une vaste vision unitaire rhétorique, poétique et théologique mystique, diverses facettes du Verbe
d'amour, diverses formes de son protéisme. Or, si la «voix» et la
«main» invisibles de Dieu sont les *realia* dont l'éloquence du prédicateur n'est que la métaphore visible, celle-ci, pour peu qu'elle soit elle-
même touchée par la grâce, peut devenir son canal extérieur, son
mode de manifestation dans le monde sensible. Toujours assiégé de
l'intérieur par la voix divine, le cœur humain l'est alors aussi, de
l'extérieur, par cette même voix qui emprunte le masque des saints,
des prophètes, des prédicateurs qu'elle habite pour agir inlassable-
ment à la conversion et au salut. Le monde sensible devient dès lors
un théâtre où des personnages extraordinaires coopèrent, par l'éloquence de la voix et de l'acte, à l'action secrète de la grâce dans les
cœurs. Et sur ce théâtre, outre les personnages, les spectacles eux-
mêmes peuvent devenir des «merveilles» au service de l'éloquence de
la grâce. Lorsque la chaîne ordinaire de la causalité est rompue par

---

[88]   Voir notre *Age de l'éloquence*, à l'index *s.v.* Longin.

[89]   Voir plus loin notre étude: «L'héroïsme cornélien et l'idéal de la magnanimité», publiée d'abord dans *Héroïsme et création littéraire*, Paris, Klincksieck, 1974,
et ici pp. 323-349.

l'irruption de celle-ci, la «rareté» du phénomène, son caractère
«extraordinaire» sinon «surnaturel» suscitent, comme dans le cas des
miracles psychologiques, une «admiration dont nous sommes surpris», admiration qui est «toujours accompagnée de quelque joie,
laquelle dilate le cœur et le rend plus susceptible des impressions de
la grâce» (t. II, p. 78). Pourquoi les miracles de type évangélique sont-
ils devenus si rares?

> Il est aisé de repondre premierement que les miracles étoient necessaires
> en l'Eglise naissante, pour la réduction des Juifs, et pour la conviction
> des Payens [...]. Mais en ces derniers temps où le Christianisme est
> étendu par toute la terre, et la foy plantée dans les cœurs d'une infinité
> de Chrétiens, ces miracles non seulement ne sont point necessaires,
> mais encore sembleroient être prejudiciables au merite des Fideles,
> selon saint Augustin, parce que leur piété se refroidit par l'accoutu-
> mance à les voir, outre que la curiosité s'y mêleroit, et leurs esprits
> s'épancheroient tout aux choses visibles, desquelles ils ne tireroient
> aucun profit. Pour ce qui touche les Chrestiens relaschez [...], que si ces
> âmes débauchées, ces libertins, ces impies, ne croyent pas à l'Evangile,
> s'ils n'assujettissent par leur Jugement, et ne reforment pas leur volonté
> après la lecture des merveilles qui y sont couchées, il faut juger d'eux
> ce que disoit Abraham des freres du mauvais Riche qu'ils ne se converti-
> roient pas, quand même ils verroient des morts ressuscitez. Car les
> miracles que l'Evangile décrit ayant été dictez par le Saint-Esprit, attes-
> tez, et signez par les Secretaires du Roy des Roys, publiez, et receus en
> toute l'Eglise comme indubitables, ils doivent être de plus grand poids,
> et avoir plus d'autorité, que ceux qui se pourroient faire aujourd'huy,
> lesquels n'auroient pas une telle certitude, ny une approbation si univer-
> selle (pp. 80-81).

Faute de miracles, les «prodiges», les «spectacles extraordinaires», rompant la trame ordinaire des vraisemblances, continuent à se
faire les alliés de l'éloquence divine. Ces «prodiges» peuvent être
d'ordre tout intérieur et moral, comme c'est le cas de ce sage chrétien
du Japon qui, pour achever de convertir un bonze encore hésitant,
déclare, prenant le ciel à témoin, qu'il aspire à la ruine, au martyre,
à la perte de sa famille et de ses amis pour l'amour du Christ. Ce discours d'un Polyeucte japonais fait sur le bonze abasourdi l'effet d'un
miracle (p. 83). Et les «exemples des vertus que nous voyons pratiquées par les personnes vivantes» peuvent être redoublés, sans perdre
de leur efficace, par les «images et tableaux des mêmes actions, à qui
la main du peintre ou du sculpteur a donné quelque trait ou couleur
de vie» (t. III, p. 116). Les «spectacles artificiels», soutenant l'éloquence sacrée, répandent et diffusent eux aussi les «prodiges» de la
grâce:

> Lorsque l'ancienne Rome faisoit parade de ces glorieuses figures d'un
> Scevola, de Regulus, de Rutilius, de Caton et d'autres grands Héros,

chacun estoit excité à imiter leur constance, et chacun s'exhortoit à remporter quelque victoire, comme le premier, sur le feu, le second, sur la potence; les deux autres, sur l'exil et sur la mort. Qu'eussent-ils dit, s'ils eussent veu dans nos temps, Saint Pierre triomphant sur la Croix, et son frere Saint André preschant sur la sienne, Saint Barthelemy aussi constant, lorsqu'on luy enlevoit la peau, comme si on l'eust dépouillé de sa robe, S. Laurens, sur un tas de charbons ardens, comme sur un thrône, se railler de son tyran, Saint Ignace irritant la rage des lyons pour en estre devoré. Quoy voyant des jeunes enfans, et des filles delicates, surmonter les roues, les flammes, les fleches, les dragons? Mais qu'eussent-ils fait plustost, s'ils eussent creu en Jesus-Christ et qu'ils eussent veu la pauvreté de sa naissance dans une étable, l'humilité de sa vie cachée dans une boutique, la charité de ses Prédications dans toute la Palestine, sa patience en sa mort sur le Calvaire, quels mouvements d'admiration, de gratitude et d'amour, eussent-ils ressenty pour luy, et de quelle ardeur se fussent-ils portez à l'imiter?... C'est ce que la peinture de nos Mysteres leur eust enseigné: ce sont les saintes affections qu'ils eussent conceues, et les bons propos qu'ils eussent executez (p. 118).

La peinture, les images, la musique sacrée, les splendeurs de la liturgie, les spectacles de la nature, autant d'activités vicaires de l'éloquence divine, pour ramener l'imagination «débauchée» à se reprendre, «informer l'esprit» et «attirer la volonté au bien qu'ils représentent». Eloquence de la voix et du geste, de la nature et de l'art, la grâce selon le P. Delidel se sert de l'expérience esthétique pour introduire à l'expérience mystique de l'union de l'âme à Dieu, «la joie sainte que rien ne puisse rompre». Mais même dans ce secret du cœur, tant que le cœur demeure terrestre, des vicissitudes haletantes font alterner effusions et sécheresses, comme si, même là, l'indéchiffrable stratégie du *logos* d'amour tenait à maintenir l'âme en suspens, pour mieux se l'attacher:

... Il n'est rien de si commun en la vie spirituelle, que ces revolutions de visites du céleste Epoux, et puis de délaissements d'un feu divin qui tombe inopinément dans le cœur, et l'embraze d'amour, et puis d'une froide indifférence qui s'y glisse, et semble y porter la mort, de consolations, et d'abandonnements, de tribulations et de plaintes, de soupirs amoureux, de sanglots tranchants, de cris, de larmes, tantost de joye, tantost de tristesse, tellement qu'à telle heure il semble qu'une âme est élevée jusqu'au Ciel, et un moment après, elle pense être dans le centre de la terre. Comme aussi quelques autresfois, au milieu de ses déplaisirs, une sainte joie la surprend, aux attaques les plus rudes de ses ennemis: elle sent un bras invisible qui la deffend, et la fortifie, au plus fort de la tempeste les vents cessent, les flots s'accroissent, les rayons de la grâce percent les nues et dissipent les ténèbres. C'est l'Autheur de la Grace, qui se plaist à cette variété, c'est l'ordre de sa Sagesse qu'il a observé dans tous les siècles, ce sont des industries dont il se sert pour des raisons qui nous sont très avantageuses (t. I, pp. 318-319).

*

Dans la navigation sinueuse qui franchit ce houleux état de grâce, le chrétien Corneille pouvait sans doute reconnaître la méthode suivie à son égard par ses directeurs de conscience, à commencer peut-être par le P. Delidel lui-même. La Compagnie n'avait jamais désespéré de lui. Mais que de réconforts pouvait également trouver dans ce livre l'auteur de tant de «spectacles artificiels», le dramaturge Pierre Corneille! Dans la «théorhétorique» du P. Delidel, ce n'est pas seulement sa conscience chrétienne — en dépit d'une condamnation, en passant, de «la comédie»[90] — qui se trouvait encouragée à l'espérance, mais sa conscience de poète dramatique qui trouvait une justification autant esthétique que religieuse. Esthétique, dans la mesure où sa dramaturgie tend tout entière à susciter cette expérience de l'admiration et du sublime au spectacle de «prodiges», si bien décrits par le P. Delidel; religieuse, dans la mesure où, même lorsqu'il met en scène des *exempla* païens, ceux-ci, par le raisonnement *a fortiori* familier à la logique jésuite du P. Delidel, initient les cœurs chrétiens à un sublime moral qui peut être une première touche de la grâce. Et surtout quel soutien vient offrir à sa conscience héroïque de «Sophocle chrétien» cette vision grandiose d'un *continuum* ininterrompu du *logos* de grâce, dont il peut croire avoir été un des miroirs et des relais, modeste aux yeux de Dieu, miraculeux à vue purement humaine! Miroir humain de la poétique divine, son théâtre prend place parmi les stratagèmes de la grâce-Protée. Et à cet égard, même s'il ne se sentait pas appelé aux hauts états d'oraison que laisse entrevoir le P. Delidel, la «vocation» à laquelle il avait si généreusement répondu pouvait, à elle seule, lui apparaître comme une logophorie dont Dieu l'avait personnellement investi, promesse de persévérance finale et de salut. Sans doute le P. Delidel ne lui apprenait-il rien qu'il ne sût déjà depuis longtemps. Mais il était arrivé à l'âge où l'on aime à voir formulées et confirmées les certitudes que toute une expérience à mûries. On comprend donc quelles résonances éveillait, à tous les étages de sa mémoire et de son univers de créateur dramatique, le livre du P. Deli-

---

[90]   Voir G. Couton, *op. cit.*, p. 146. Cette allusion est largement compensée non seulement par la théorie des «spectacles extraordinaires» comme pédagogie de la grâce actuelle, mais aussi (t. II, p. 162) par le récit du martyre de Théodore et Didyme, hommage indirect rendu à la pièce de Corneille traitant ce sujet édifiant.

del. Echo de la voix magistrale qui cinquante ans plus tôt l'avait initié
aux pouvoirs de la parole à son plus haut degré d'incandescence, dans
la poésie. Echo de tous les principes que, contre la critique étroitement aristotélicienne, il avait placés aux fondements d'une œuvre
dont il avait fait son corps glorieux: variété, adaptabilité, multiplicité,
mais au service de l'unité d'inspiration, celle d'une création trine à
l'image de la création divine: «belles et hautes pensées, affections
véhémentes ou enthousiasme, locutions éclatantes»; poétique de
l'admiration et du sublime; théorie de la «vraisemblance extraordinaire». Echo enfin de son combat pour imposer au public un «théâtre
purifié des ordures du paganisme» et réfuter les arguments des adversaires du théâtre qui ne voyaient aucune différence, sinon un raffinement d'hypocrisie, entre son œuvre et le théâtre païen. On ne comprend rien à l'homme Corneille si l'on ne voit pas qu'il a tout joué,
d'abord sa gloire, puis son salut, sur une œuvre dramatique où se
concentrent tous les pouvoirs de l'éloquence, miroir humain du *logos*
divin. L'œuvre du P. Delidel le confirmait dans la légitimité de ce pari,
alors que les adversaires des jésuites auraient voulu le persuader du
caractère par essence sophistique et démoniaque du langage théâtral.

5.

CORNEILLE DISCIPLE DE LA DRAMATURGIE JÉSUITE: LE *CRISPUS* ET LA *FLAVIA* DU P. BERNARDINO STEFONIO S.J.[91]

Il existe plusieurs études d'ensemble sur l'histoire du théâtre des
jésuites au XVIe et au XVIIe siècle[92]. Malheureusement, ces études ne
peuvent être fondées sur une bibliographie très nombreuse, ni sur des
inventaires d'archives assez complets: le théâtre des jésuites comporte
encore bien des *terra incognita*, et le petit nombre de monogra-

---

[91]   Cette étude a d'abord paru dans *La Fête de la Renaissance*, t. III, Paris,
C.N.R.S., 1975, pp. 504-524. J. Jacquot, dir.

[92]   Les deux meilleures synthèses récentes sont celles de *l'Enciclopedia dello
spettacolo* (s.v. *Gesuiti* (Teatro dei), vol. V, col. 1159-1177) et de l'*Oxford Companion
to the theatre*, 3e édit., 1967 (s.v. *Jesuit Drama*, pp. 508-515). L'auteur de cette rubri-
que, Edna Purdie, semble tout ignorer du P. Stefonio.

phies consacrées à un auteur ou à une œuvre[93] rend difficile une vue d'ensemble précise et fine de l'évolution de la pratique dramatique de la Compagnie. D'autre part les théoriciens jésuites du théâtre n'ont peu ou pas retenu l'attention des chercheurs. On n'en est que plus à l'aise pour rendre hommage à André Stegmann qui, dans sa thèse sur Corneille, a insisté sur leur importance pour l'histoire du théâtre européen. Une des raisons de cette relative carence de la recherche historique est sans doute l'immensité du domaine à explorer : le réseau des collèges de la Compagnie de Jésus, où chaque année une ou plusieurs représentations dramatiques étaient organisées, prend, dès le XVIe siècle, une extension mondiale. Il est difficile sinon impossible pour un historien solitaire de reconstituer, dans tant de pays, la circulation des œuvres, l'évolution des styles et des mises en scène à l'intérieur de l'ordre, non plus que les influences que ce théâtre a exercées sur les divers théâtres nationaux. Dans ce labyrinthe immense et apparemment inextricable, il est toutefois un fait qui rend les choses un peu moins complexes qu'elles ne peuvent sembler au premier abord : les *Constitutiones* aussi bien que la *Ratio studiorum* accordent au Collegio romano une fonction exemplaire à l'intérieur de l'empire pédagogique de l'ordre[94]. Comme d'autre part Rome est également le siècle du généralat de la Compagnie, non seulement tout ce qui se fait au collège romain est assuré d'avoir la diffusion la plus rapide et la plus influente sur l'ensemble de l'univers jésuite, mais aussi les meilleurs talents de l'ordre, italiens ou étrangers à l'Italie, séjournent à Rome, foyer vivant de l'humanisme européen, de la catholicité et de la Compagnie de Jésus.

---

[93] Citons, outre les travaux allemands sur Jacob Bidermann, l'étude de G.D. Hocking sur les tragédies du P. Nicolas Caussin (Baltimore, John Hopkins Press, 1943) et la thèse de Cl.-H. Frèches, *Le Théâtre néo-latin au Portugal, 1550-1745*, Paris-Lisbonne, Nizet-Bertrand, 1964, qui contient entre autres une monographie sur l'œuvre du P. Crucius. Ajoutons désormais la magistrale synthèse de J.-M. Valentin, *Le Théâtre des jésuites dans les pays de langue allemande (1554-1680)*, 3 vol., Peter Lang, 1978.

[94] La *consuetudo* du collège romain est souvent évoquée dans les deux textes fondamentaux qui règlent l'ordre interne des collèges, les *Constitutiones* de l'Institut des jésuites, et la *Ratio studiorum* (voir Pachtler, *Monumenta germaniae pedagogica*, t. II, Berlin, A. Hoffmann, 1887). Outre ses liens avec le généralat de l'Institut, et le prestige qu'il retire de sa situation dans la capitale de l'Europe catholique, le collège romain, comme nous le faisons remarquer plus loin, détient une fonction exemplaire au titre de siège central du réseau mondial des congrégations de la Sainte Vierge.

Il ne faut donc pas s'étonner si le collège romain fut le lieu d'apparition du plus grand dramaturge de l'histoire théâtrale de la Compagnie de Jésus, le P. Bernardino Stefonio. Il ne faut pas s'étonner non plus que son œuvre, et en particulier les tragédies de *Crispus* et de *Flavia* dont il sera question ici, ait offert un insurpassable modèle aux dramaturges jésuites de la première moitié du XVIIᵉ siècle, en particulier aux Français, tel Denis Petau.

Qui fut le P. Bernardino Stefonio? Né en Sabine, à Pogio Mirleto, en 1562, il fit son noviciat à Rome, après ses études au collège romain[95]. Il y avait été l'élève du P. Francesco Benci[96], qui lui-même, de 1563 à 1570, avait été le disciple préféré de Marc-Antoine Muret[97], alors professeur à l'Université pontificale de la Sapienza. Il forma à son tour les deux plus brillants professeurs de rhétorique du collège romain au XVIIᵉ siècle, Famiano Strada et Tarquinio Galluzzi[98]. Par la médiation de Marc-Antoine Muret, c'est le meilleur de l'humanisme français du XVIᵉ siècle qui était venu enrichir l'humanisme jésuite en sa maison mère. Et en particulier, Muret, maître et ami de Jodelle[99], et lui-même auteur dramatique, avait pu mettre en commu-

---

[95] Ces données biographiques sont extraites d'une fiche que le P. Lamalle, custode de l'Archivium romanum S.J., a bien voulu nous communiquer, et qui est fondée sur les documents originaux. Voir également Nathanaël Southwell, *Bibliotheca scriptorum S.J.*, Rome 1676, p. 117, s.v. Bernardinus Stephonius. Celui-ci est qualifié dans cet article d'«eruditorum oraculum in collegio romano». Voir également Baillet, *Jugemens des sçavans*, nouv. éd., Amsterdam, 1725, t. III, chap. «Poètes modernes s.v. Stefonio», n° 1395, qui renvoie aux mentions faites du dramaturge jésuite par J.N. Erythraeus (Vittorio Rossi), *Pinacotheca*, t. I, n° 92, et par G. Naudé, *Mascurat*. Stefonio mourut à Modène en 1620, dans l'office de précepteur du jeune Borso d'Este. Je saisis l'occasion de remercier encore une fois le P. Lamalle de son aide et de ses suggestions généreuses.

[96] Sur le P. Francesco Benci, voir Southwell, ouvr. cit., pp. 215-216. Né en 1550, entré dans la Compagnie en 1570, mort en 1597.

[97] Sur Francesco Benci et Marc-Antoine Muret, voir Charles Dejob, *Marc-Antoine Muret, un professeur français en Italie dans la seconde moitié du XVIᵉ siècle*, Paris, Ernest Thoirin, 1881, pp. 289 et suiv.

[98] Sur Bernardino Stefonio, maître et théoricien de l'éloquence, voir *Posthumae prosae B. Stefoni*, Romae, Typis Rev. Cam. Apost., 1658, et *Posthumae B. Stefonii epistolae cum egregio tractatu de triplici stylo, ad amicum per epistolas misso*, Romae, sumpt. Nic. Angel. Tinassii, 1677. Les préfaces de ces recueils donnent d'intéressantes précisions sur l'enseignement du P. Stefonio et son rôle séminal dans l'histoire littéraire du collège romain. Cet enseignement commença du vivant de Fr. Benci en 1591. Sur Stefonio et les PP. Galluzzi et Strada, la correspondance manuscrite en italien du P. Stefonio contient des précisions de premier ordre.

[99] Sur Marc-Antoine Muret et Jodelle, voir Enea Balmas, *Un poeta del Rinascimento francese. Etienne Jodelle, la sua vita, il suo tempo*, Firenze, Olschki, 1962, p. 247.

nication la dramaturgie du collège romain avec la dramaturgie humaniste française. Si l'on compare en effet le premier chef-d'œuvre de
la tragédie jésuite, le *Christus Judex* du P. Stefano Tucci, représenté
à Rome devant le pape et le Sacré Collège en 1573[100], et les œuvres
du P. Stefonio, on ne peut manquer d'être frappé par la mutation
radicale qui s'est opérée: le *Christus Judex* du P. Tucci est une dramatisation scénique des *Exercices spirituels* de saint Ignace, et doit
encore beaucoup aux mystères médiévaux; le *Crispus* et la *Flavia*, qui
conservent cette dimension religieuse, l'enrobent pour ainsi dire dans
un vêtement humaniste qui doit beaucoup aux dramaturges du Nord.
Cette dette contractée par le P. Stefonio vis-à-vis de l'humanisme profane rend plus compréhensible l'extraordinaire succès que ses deux
tragédies latines connurent en France, où elles furent réimprimées et
jouées dans de nombreuses villes dotées d'un collège jésuite, comme
ce fut le cas à Rouen en 1610[101].

Ce rayonnement en France des deux tragédies du P. Stefonio a eu
des conséquences sur l'essor de la dramaturgie française. Nous mon-
trerons plus loin la place centrale que ce chef-d'œuvre de la tragédie
jésuite tient dans l'essor de la tragédie chrétienne classique en France,
à partir de 1636. Qu'il nous suffise ici de mentionner les deux adapta-
tions les plus évidentes de l'œuvre du P. Stefonio: *L'Innocent malheureux*, de Grenaille (1639), et *La Mort de Chrispe ou les malheurs du
grand Constantin* de Tristan, (1645)[102].

La portée historique des deux tragédies stéfoniennes n'est pas seulement due à leur qualité littéraire, mais à l'estime dont elles ont joui

---

[100] Voir l'édition du centenaire de cette représentation: Stephanus Tuccius,
Christus Judex, saepius habita semper cum admiratione spectata, Romae, typis Nic.
Angel Tinassii, 1673. Sur l'œuvre du P. Tucci, voir Calogero, G. *Stefano Tuccio. s.j.
poeta drammatico del secolo XVI*, Monforte san Giorgio, presso il municipio, 1918,
in-8°, 136 p.

[101] Sur les éditions de *Crispus*, voir Sommervogel, 1re éd. Rome, 1601; Pont-à-
Mousson, 1602; Lyon, 1604; Naples, 2e éd. revue par l'auteur, 1604; Anvers, 1608;
Lyon, 1609; Rouen, 1610; in *Tragoediae selectae*, Anvers, 1634. Editions de *Flavia*:
1re éd., Rome, 1620; Paris et Pont-à-Mousson, S. Cramoisy, avec lettre du libraire,
1622; in *Tragoediae selectae*, Anvers, 1634; Florence, 1647. Voir également, dans
Sommervogel, les traductions italiennes.

[102] Voir sur le thème de Phèdre au théâtre, et sur ses travestissements dévots,
les belles pages de Paul Bénichou, dans *L'Ecrivain et ses travaux*, Paris, Corti, 1967,
2e part., ch. III, *Hippolyte requis et calomnié*, pp. 237 et suiv., ainsi que l'article
d'André Stegmann, *Les Métamorphoses de Phèdre*, dans Actes du 1er Congrès international racinien, Uzès, 1962, pp. 43 à 52.

dans la Compagnie de Jésus elle-même, qui les a adoptées comme emblèmes de la qualité de son humanisme, et qui a favorisé de sa puissance leur rayonnement. Cette estime est soulignée par plusieurs indices : l'année même de sa mort, en 1620, les collègues de Stefonio se décident à publier la *Tragoedia Flavia* pour étayer le prestige du *Crispus*; et celui-ci est, à Rome même, porté au moins deux fois encore à la scène, avec des présentations différentes[103]. Nous avons déjà pu constater que, par contraste avec le petit nombre d'éditions, ou l'absence d'édition, qui caractérisent le plus souvent le théâtre de collège, *Crispus* et *Flavia*, œuvres de prestige, ont bénéficié d'un effort éditorial exceptionnel. Dès 1621, l'héritier spirituel du P. Stefonio, le P. Galluzzi, publie une véritable poétique officielle de l'ordre, largement fondée sur l'œuvre de son maître, et destinée non seulement aux régents jésuites, mais à l'ensemble de la République des Lettres, où lui-même jouit d'une estime certaine[104]. Dans un esprit plus ouvertement stéfonien encore, il publiera en 1633 la *Rinovazione dell'antica tragedia* et la poétique qui lui est liée contre des attaques venues probablement de Leyde. Trois ans plus tôt, le P. Donati, collègue du P. Galluzzi et comme lui formé dans le cénacle oratoire où Stefonio avait joué un rôle central, publiait un *De Arte Poetica libri tres* (1630), avec une approbation de Giulio Rospigliosi, alors maître du Sacré Palais, et ancien élève du collège romain : la tragédie stéfonienne restait l'archétype du théâtre jésuite. Enfin, en 1649, dans ses *Vindicatio-*

---

[103]   Il semble que l'édition princeps de la *Flavia* ait été liée à une représentation nouvelle de la tragédie sur la scène du collège ou du séminaire romain, dans l'année 1620. Outre la première représentation du *Crispus* au Collège en 1597, et les deux représentations de Naples en 1603, deux programmes attestent deux reprises de la tragédie à Rome, au séminaire romain. Tous deux sont rédigés en italien. L'un, conservé à l'Arsenal (fonds Rondel), n'est pas daté; l'autre, conservé à la Vaticane (Loreto, IV, 3, int. 6), est daté de 1628. Les éditions françaises sont elles aussi liées à des représentations. Celle de Rouen en 1610 est attestée par un passage de l'*Oraison funèbre d'Henri IV* par le jésuite François Vrevrain prononcée à Rouen le 26 mai 1610 (dans *Les Oraisons et discours funèbres de divers autheurs...* dédiées au Roy par G. du Peyrat, Paris, Robert Estienne, 1611, pp. 660-661).

[104]   Sur le P. Tarquinio Galluzzi, une des grandes figures de la Compagnie de Jésus au XVIIᵉ siècle, voir le *Dictionnaire* de Bayle, s.v. Galluce (Tarquin), Leone Allaci, *Apes Urbanae*, Rome, 1630, s.v. Tarquinius Gallutius, Southwell, ouvr. cit., p. 753. Né en 1574, entré dans la Compagnie en 1590, mort le 28 juillet 1649.

[105]   Signalons que la Vaticane possède un manuscrit de la *Difesa del Crispo* (Ms. Vat. lat. 7092, fol. 58-102). Les *Commentarii tres* paraissent à Rome, A. Zannetti, 1621, in-4°, 466 p. liés aux *Vindicationes vergilianae* du même auteur. La *Rinovazione...* et la *Difesa...* sont publiées à Rome, Stamperia Vaticana, 1633, in-4°, 166 p.

nes Societatis Jesu, qui présentent un bilan apologétique de la contribution de la Compagnie à la culture européenne, le P. Sforza Pallavicino cite le P. Stefonio comme le plus grand dramaturge de stature européenne dont son Institut s'honore[106].

Les archives romaines de la Compagnie de Jésus conservent des lettres échangées par le supérieur de la résidence de Modène et le général Vitelleschi à propos de la mort du P. Stefonio en 1620. Elles conservent également un ensemble de 32 lettres du dramaturge à son ami le P. Valentino Mangioni, document inédit et inestimable pour la connaissance de Stefonio intime et de son art[107].

1. Les circonstances des premières représentations de *Crispus* et de *Flavia*

La « première » de *Crispus* eut lieu en 1597, au collège romain, pendant les fêtes du carnaval. On peut toutefois considérer que les deux représentations de Naples, en présence de l'auteur, pendant le dernier trimestre 1603, furent l'occasion d'une seconde création, plus importante encore que la « première » chronologique. Nous disposons, sur ces représentations de 1603, de deux documents: une lettre du P. Stefonio à son ami Mangioni du 1er août 1604, commentant

---

[106] Sforza Pallavicino, *Vindicationes Societatis Jesu*, Romae, Typis D. Manelphi, 1649, in-4°, 407 p., chapitre XIX, p. 118. Voici le passage: « Age, quid tibi videtur de Bernardino Stephonio, cui non modo apte quadrat gloriatio illa Ovidiana:

Nunc habeam per te Romana trageodia nomen,

sed alia excelsior, *quod scilicet per ipsum Romana trageodia nomen atque honorem acceperit apud recentium theatra*. Certe, ut, reliqua Stephonii opera, quorum pleraque non prodierunt, omittam, Crispus eo excepta est nationum, omnium plausu, ut frequenter data, frequentius lecta, quamvis non prorsus inculpata, ut humanis omnibus contingit, semper tamen, et ubique voluptatem, atque admirationem sibi paraverit; ita ut nullum carmen illorum vatum quos mihi objectas, aeque in manibus sit atque in ore omnium. » Il serait intéressant de savoir d'où sont venues les attaques contre *Crispus* auxquelles il est fait allusion ici, et auxquelles le P. Galluzzi avait répliqué seize ans plus tôt, dans sa *Difesa*.

[107] Collection de trente-deux lettres du P. Bernardino Stefonio au P. Valentino Mangioni, A.R.S.I., Epp. NN. 80. Le P. Lamalle, qui a bien voulu me révéler l'existence de ce manuscrit et m'a autorisé à en préparer l'édition critique. Je tiens à remercier le professeur Bruno Neveu, directeur d'études à l'Ecole des hautes études, qui s'est chargé de revoir sur le manuscrit ma transcription de la lettre du P. Stefonio citée dans cet article.

longuement l'événement de l'hiver précédent, et une réédition faite à
Naples à l'occasion de ces représentations, ornée des schémas des
chœurs et précédée d'une lettre latine de l'éditeur[108].

La «première» de *Flavia* eut lieu au cours des solennités inaugurales de l'Année sainte, proclamée par le pape Clément VIII en 1600.
Rappelons que cette année fut marquée à Rome à la fois par la mort
sur le bûcher de Giordano Bruno, au Campo dei Fiori, et par la création, en février, à l'Oratorio della Vallicella, de la *Rappresentazione
di anima e di corpo* d'Emilio dei Cavalieri.

Les circonstances de chacune de ces «premières» permettent de
souligner un aspect essentiel de la dramaturgie jésuite. Les fêtes du
carnaval étaient l'occasion, à Rome comme ailleurs, de fêtes très profanes, et en particulier de représentations, considérées comme païennes et «obscènes», de comédiens ambulants[109]. Les jésuites furent les
initiateurs parmi le public de dévotions particulières destinées à
détourner les esprits de ces réjouissances païennes, et qui reçurent le
nom de *Carnevale santificato*. A plus forte raison, à l'intérieur du collège romain, devaient-ils redoubler d'«industries» pour ramener à la
piété l'attention de leurs élèves. D'autant plus que le collège romain
était le siège de la *Prima Primaria*, cellule mère des congrégations de
la Sainte Vierge, et à laquelle toutes les congrégations des collèges du
monde entier étaient affiliées[110]. Ces congrégations, où entraient les
élèves les plus méritants des grandes classes, donnaient le ton à la spiritualité des collèges: la pratique, adaptée à la jeunesse, des *Excer-*

---

[108]   *Crispus, tragoedia P.B. Stephonii*, Neapoli, apud Tarquinium Longum,
1604. La lettre du libraire est datée des ides de décembre 1603.

[109]   Voir *Encicl. dello spettacolo*, s.v. *Carnevale*, col. 64-78, t. III, surtout col.
65-70 et bibliographie. Les Barberini, ancien élèves des jésuites, deviendront sous le
pontificat de leur oncle Urbain VIII les mécènes du *Carnevale santificato*. Voir la lettre de Bourdelot à un correspondant parisien inconnu sur les représentations de la
Teodora de Rospigliosi sur le théâtre du Palais Barberini, en 16..: «Pendant le Carnaval... on ne nous a point veu souffrir l'acces de cette phrenesie qui prend une fois l'an,
semblable en ce point à la fievre de Maecenas... Elle a trouvé son contrepoison dans
Rome. M. le Cardinal Barberini a si bien sceu mesler la recreation avec la sainteté,
qu'il a contenté en mesme tems nostre inclination et la sienne. Il nous a entretenus
d'une comedie spirituelle, et par le bon exemple d'une histoire de martyrs... a remply
nos esprits de devotion.» (G. Lumbroso, *Notizie sulla vita di C. del Pozzo*, Misc. di
Storia it., t. XV, Torino, 1874, p. 355.)

[110]   Sur les congrégations de la Sainte Vierge, la bibliographie est considérable.
Voir, pour une synthèse, le *Dictionnaire de spiritualité ascétique et mystique*, Paris,
Beauchesne, s.v. *Aa*, et *Congrégations*. Voir Louis Châtellier, *L'Europe des dévots*,
Flammarion, 1987, pp. 19-61.

cices spirituels y était associée au culte de la Vierge, et au développement des vertus dont la Mère du Christ était l'exemple : *pudor* et *castitas*. Vertus que justement mettaient en péril les déchaînements traditionnels du carnaval romain. Les représentations dramatiques organisées en février avaient donc le sens d'une contrepartie dévotionnelle aux spectacles profanes et populaires du carnaval. Elles s'inscrivaient dans ce qu'on appelait au collège romain *Ludi parthenici*, « Jeux en l'honneur de la Vierge »[111].

Le sujet de *Crispus* est admirablement adapté à cette finalité : il s'agit d'une reprise du mythe de *Phèdre et Hippolyte*[112]. Le prologue de la tragédie nous montre l'ombre de Phèdre, ramenée des Enfers par un démon, et contrainte par lui de communiquer à Fausta, l'héroïne de la tragédie, les flammes érotiques dont elle brûle à jamais. Cette Fausta est la seconde épouse de l'empereur Constantin, dont elle a un fils, Constantin le Jeune. D'un premier lit, l'empereur chrétien a un autre fils, Crispus, qui vient de remporter d'éclatantes victoires sur les Germains. L'empereur fait voter par le Sénat les honneurs du triomphe pour son fils victorieux. Fausta, possédée d'amour par son beau-fils, convoque celui-ci, qui refuse avec horreur ses propositions. Fausta demande alors à son fils Constantin le Jeune de venger l'offense qu'elle a subie. Celui-ci est par ailleurs jaloux de Crispus. Le chaste jeune homme, que ses soldats voudraient protéger, refuse ce secours qui aurait l'air d'une révolte, et affronte seul la colère de son père et de son demi-frère, qui le font condamner à mort par des juges prévenus. Tandis que l'on emmène le condamné, Constantin apprend la fourberie de Fausta. Il envoie pour prévenir l'exécution : mais trop tard, un messager lui rapporte la mort héroïque et chrétienne de son fils[113].

---

[111]   C'est ainsi qu'est désignée la première représentation de *Crispus* dans l'édition des *Tragoediae selectae* de 1634 : « Acta ludis parthenicis... feriis antecineralibus ». La plupart des éditions de *Crispus* sont précédées d'une dédicace du P. Stefonio aux congréganistes : « Sodalibus ill. mae congregationis Primariae B. Virginis Annuntiatae, Academiis partheniis. » L'adjectif « parthenicus, parthenius » est spécifiquement jésuite. Forgé à partir du grec *Parthenos* (vierge), il désigne la spiritualité mariale des congrégations, qui insiste sur la vertu de chasteté, et joue sur un rapprochement entre la Vierge Marie et Athena Parthenos, la Minerve latine, dont la chasteté présidait aux travaux de l'esprit.

[112]   L'édition des *Tragoediae selectae* qualifie d'ailleurs le *Crispus* de tragédie jumelle de l'*Hippolyte* de Sénèque (ou d'Euripide ?), « gemina cum Hippolyto ».

[113]   Cette mort héroïque et chrétienne est une préfiguration de la mort du Christ, comme nous le verrons plus loin en étudiant le symbolisme des chœurs. En

Grâce à la transposition du mythe de Phèdre dans l'empire chrétien, Hippolyte-Crispus est transfiguré en héros marial, modèle de *vita parthenica*, de vie sous l'invocation de la Vierge. Mais cette transposition dans l'histoire romaine a un autre avantage: celui de donner à la pièce le sens d'une exaltation de l'Eglise romaine. La faute de Phèdre-Fausta est attribuée à la ruse et à la haine du démon, acharné à entacher la gloire de Constantin, le premier empereur chrétien, auteur de la fameuse «donation au pape Sylvestre», qui faisait des papes les héritiers légitimes de la Rome des empereurs.

Cet aspect apologétique est encore marqué dans la *Tragoedia Flavia*, plus directement liée, par les circonstances de sa représentation (le carnaval de l'Année sainte 1600)[114], à la Rome pontificale, capitale de l'Eglise en lutte contre l'hérésie. Si *Crispus* pouvait, dans une certaine mesure, être tenu pour un événement interne à l'empire pédagogique jésuite, la *Flavia* acquiert une dimension vraiment catholique romaine. Ses sources dérivent de l'effort entrepris sous l'impulsion de saint Philippe Neri et du *Cenacolo oratoriano* pour apporter une réponse de l'Eglise aux attaques de l'historiographie protestante, et en particulier des centuriateurs de Magdebourg[115], qui contestaient la légitimité des pontifes romains, à la fois comme héritiers des apôtres, et comme maîtres de Rome. L'œuvre majeure de l'école historique oratorienne de Rome est le fruit d'un travail d'équipe dirigé par le

---

plein Mardi gras, *Carnevale* vraiment *santificato*, les congréganistes de la Sainte Vierge, sous cette forme ludique, se préparent donc à l'anniversaire de la crucifixion, qui aura lieu 40 jours plus tard, le Vendredi saint. Le P. Stefonio était d'autant sensible à cette séquence liturgique qu'il était amené par ses fonctions de professeur d'art oratoire à jouer un rôle de premier plan de la liturgie pontificale du Vendredi saint. Depuis l'avènement de Grégoire XIII, c'était en effet un professeur du collège romain qui était chargé de prononcer dans la chapelle Sixtine, devant le pape et le Sacré Collège une oraison funèbre du Christ en langue latine. Une anthologie de ces oraisons funèbres, où figurent Stefonio, Strada, Galluzzi, a été publiée à Rome en 1641. (Voir plus loin, note 127.)

[114]   La bulle de Clément VIII date exactement du 18 juin 1599. Un guide de la Ville sainte fut alors publié à l'usage des pèlerins: *I tesori nascosti dell'Alma città di Roma, raccolti e posti i luce per opera d'Ottavio Panciroli, teologo di Reggio*, Roma, Luigi Zannetti, 1600. Il ne fut sans doute pas le seul.

[115]   Sur cet épisode capital pour l'histoire de l'historiographie européenne, voir une claire synthèse dans *Storia della letteratura italiana*, dirett. Emilio Cecchi e Natali Sapegno, vol. V, *Il Seicento*, Milan, Garzanti, 1967, chapitre *Storiografi, eruditi, antiquari e politici*, par Sergio Bertelli, p. 339 et suiv. Sur les aspects artistiques de ce renouveau du culte des martyrs, voir E. Mâle, *L'Art religieux après le concile de Trente*, Paris, Colin, 1932, en part. ch. III, 3, pp. 122 et suiv.

futur cardinal Baronius: les *Annales ecclesiastici*, dont le premier tome in-folio paraît en 1588, et le dernier en 1607. Cet intérêt passionné porté aux premiers siècles romains de l'Eglise provoque un renouveau de l'érudition hagiographique: un collaborateur de Baronius (Antonio Gallonio) publie, dans les dernières années du XVIe siècle une *Historia delle sante vergine romane* (1591), et, plus directement liée à la *Tragoedia Flavia*, une *Historia della vita e martirio di gloriosi santi Flavia Domitilla vergine*, etc. (1597); et c'est à ce moment que sont entreprises les fouilles archéologiques dans les Catacombes, qui suscitent à Rome et dans toute la catholicité un émoi considérable: les restes de sainte Cécile, sainte Agnès, sainte Bibbiane, sont découverts, et des églises s'élèvent autour de leur nouvelle tombe pour célébrer leur culte. Un autre collaborateur de Baronius, Pompeo Ugonio, et son disciple Antonio Bosio, conduisent les fouilles avec méthode et érudition.

Ce prestige rajeuni que l'enthousiasme catholique s'attache à conférer à la Ville éternelle, trouve dans l'humanisme laïque un écho profond: le culte de Rome est un terrain où l'humanisme profane pouvait retrouver le sens de la communion catholique[116]. Aussi la *Flavia*, dans son sujet comme sa mise en scène, fait une large part à l'érudition humaniste profane, et n'hésite pas à représenter les grandeurs terrestres de la Rome païenne. Les deux grands spécialistes profanes de la civilisation romaine, Juste Lipse et Carlo Sigognio, ont eux aussi inspiré l'imagination du P. Stefonio.

Le sujet de la *Flavia* a donc été choisi pour répondre à ces divers objectifs. La scène est à Rome sous l'empereur Domitien. Dans la ville arrivent presque en même temps le magicien Apollonius de Tyane, et l'apôtre saint Jean l'Evangéliste. Apollonius, dans une scène d'évocation magique, fait apparaître du fond des Enfers seize pages nègres dont il compte faire hommage à l'empereur. L'apôtre Jean, quant à lui, se rend dans la demeure de Flavius Clemens, frère de l'empereur, et converti secrètement au christianisme: c'est aujourd'hui que ses deux fils, chrétiens eux aussi, Domitien et Vespasien, doivent être sacrés césars. La cérémonie du sacre a lieu, suivie d'un sacrifice à Diane où apparaissent de sinistres augures. Apollo-

---

[116] Voir par exemple Juste Lipse, *Admiranda sive de magnitudine romana libri IV*, Paris, Roger Nivelle, 1598, Ad Lectorem. La Rome pontificale est à la civilisation chrétienne ce que la Rome des empereurs fut à la civilisation païenne.

nius de Tyane dénonce alors à l'empereur le christianisme de Flavius
Clemens et de ses deux fils, qui s'étaient éloignés pendant le sacrifice
païen. Le magicien, prenant l'apparence de Flavius Clemens, se rend
alors auprès des jeunes gens et, leur faisant croire que l'empereur s'est
lui aussi converti au christianisme, les incite à lui offrir une croix.
L'empereur furieux fait alors arrêter le père et les deux fils, et ordonne
que saint Jean soit exilé à Pathmos. Sommés d'adorer une statue de
Jupiter, les deux jeunes césars la brisent et jettent les insignes de leur
dignité. Apollonius de Tyane, se déguisant à nouveau et prenant cette
fois la forme de l'apôtre, cherche alors à obtenir des deux jeunes gens
un reniement qu'ils refusent, en flairant la ruse. Tandis que, dans le
palais de Flavius Clemens, le véritable apôtre réconforte les chrétiens,
et annonce les persécutions qui vont encore éprouver le peuple de
Dieu jusqu'à la venue d'un empereur chrétien, les deux jeunes fils de
Flavius Clemens sont martyrisés. L'empereur, flanqué d'Apollonius
de Tyane, son âme damnée, fait venir leur père, et lui propose de partager l'empire: Flavius refuse et demande seulement à rejoindre ses
fils dans le martyre. On apporte alors (scène renouvelée de l'*Atrée et
Thyeste* de Sénèque) les têtes coupées de deux martyrs. Flavius Clemens, à la fois accablé de douleur et exalté dans sa foi, appelle la
mort. L'empereur lui fait trancher la tête[117].

Au-delà de la dimension historique — à la fois profane, dans
l'évocation des mœurs de la Rome antique, et ecclésiastique, dans
l'évocation de la naissance d'une Rome chrétienne au sein de la Rome
païenne — la *Tragoedia Flavia* offre une dimension proprement dévotionnelle, dont la source directe est dans les *Exercices spirituels* de
saint Ignace. L'antithèse entre Apollonius de Tyane, entouré de sa
troupe de noirs démons, et l'apôtre Jean, entouré de chœurs de jeunes
chrétiens, est une version scénique de la *Méditation des deux eten-
dards*. Les ruses proprement théâtrales dont se sert Apollonius de
Tyane pour séduire et tromper les esprits sous de fausses apparences
renvoient directement aux règles sur le discernement des esprits, qui
accompagnent les *Exercices*. La psychomachie de l'âme chrétienne
selon saint Ignace sous-tend la tragédie historique. Enfin les hymnes

---

[117]   Sur la *Tragoedia Flavia*, voir l'article du P. V. Alet, « Une tragédie latine
à Rome en l'an 1600», *Etudes*, 1857, t. II, pp. 355-410. Voir aussi le P. Villoslada,
Storia del collegio romano, Analecta Gregoriana, Rome, 1954, pp. 162 et suiv. Le P.
Villoslada se borne à démarquer l'article fort ancien du P. Alet.

à la Vierge, chantés par les chœurs chrétiens, sont l'écho scénique de la spiritualité mariale des congrégations d'élèves-acteurs. Les deux fils de Flavius Clemens, modèles pour l'Antiochus et le Séleucus de *Rodogune*, sont deux exemples accomplis de *vita parthenica*, à la manière de saint Stanislas Kotska (1550-1568).

2. La poétique du P. Stefonio

En dépit de cette dimension apologétique et religieuse, il est évident que les deux tragédies du P. Stefonio, œuvre d'un régent de rhétorique, s'inscrivent dans la tradition du théâtre humaniste. Elle se veulent, comme les tragédies humanistes, des évocations magiques, suscitées par la rhétorique du verbe et de l'image, de cette Antiquité dont les humanistes avaient fait un mythe des Origines. Comme les tragédies humanistes, ce sont des émanations de la bibliothèque, littéralement tissées de pastiches, de citations et d'imitations d'écrivains latins[118]. Dans la scène première de la *Flavia*, qui offre le spectacle des Jeux séculaires païens, présidés par le *Flamen dialis*, un chœur de jeunes Romains chante le *Carmen saeculare* d'Horace. A la fin de l'acte, un chœur de jeunes chrétiens chante une variation sur le *Carmen saeculare* transporté en termes catholiques. Comme les tragédies humanistes, ces deux tragédies sont largement tributaires de la dramaturgie sénéquienne : nous avons vu que *Crispus* était une réécriture chrétienne de l'*Hippolytus* de Sénèque. Et dans la *Flavia*, acte V, scène finale, comme dans le prologue du *Crispus*, Stefonio ne se cache nullement d'imiter le *Thyestes* du même auteur latin. On peut être sûr que le P. Stefonio avait sous les yeux, en composant ces deux œuvres, la première grande synthèse théorique jésuite dans l'ordre dramaturgique, le *Syntagma tragoediae latinae* du P. Martin Del Rio (1593), qui accompagnait sa monumentale édition commentée de Sénèque. Toutefois, il n'a guère pu trouver chez Del Rio quelque secours pour l'aider à résoudre la difficulté qu'il avait à affronter : celle de concilier

---

[118] Voir sur ce point la *Difesa del Crispo* du P. Galluzzi, qui défend la conception stéfonienne de l'imitation, contre des accusations non spécifiées de plagiat. Le P. Galluzzi y indique du même coup un bon nombre de sources utilisées par Stefonio. Voir aussi le mémoire de Mme Catherine Faivre (juin 1973, Sorbonne, sous la direction de M. Alain Michel) : *Traduction et commentaire d'une partie de la «Flavia» du P. Stefonio*, en part. pp. 103 et suiv., sur les sources.

la dramaturgie humaniste qui se voulait une reconstitution aussi fidèle que possible de la dramaturgie antique et païenne, et la dramaturgie ignatienne, avec ses finalités dévotionnelles. Le P. Del Rio s'était contenté de décrire avec soin la tragédie antique, et signalait dans ses commentaires les points qu'il jugeait incompatibles avec la foi chrétienne. Un dramaturge comme le P. Tucci s'était contenté de plier tant bien que mal à la poétique aristotélicienne une *Rappresentazione sacra* directement inspirée des *Méditations ignatiennes*. Il ne fait aucun doute que le génie créateur du P. Stefonio, par sa pratique dramatique, a été déterminant pour permettre aussi bien aux dramaturges qu'aux théoriciens de la poétique jésuite de poser les principes d'une forme dramatique à la fois humaniste et dévotionnelle.

C'est au plus cher disciple du P. Stefonio, son compatriote et son successeur dans sa chaire de rhétorique, le P. Galluzzi, que revint la tâche de tirer, pour l'ensemble de l'ordre et pour la République des Lettres, les conséquences théoriques du succès européen remporté par le *Crispus* et la *Flavia*. L'apparition de ses trois traités, l'un purement théorique, en 1621, les deux autres polémiques en 1633, achèvent de donner une signification européenne à l'œuvre de Stefonio. Nous ne pouvons entrer ici dans le détail des remaniements que, conformément à la pratique de Stefonio, et aux besoins de son ordre, le P. Galluzzi fait subir à l'aristotélisme orthodoxe des «doctes» humanistes. Qu'il nous suffise d'évoquer les points essentiels de sa *Rinovazione dell'antica tragedia*:

1. Contrairement à une partie de la critique italienne, et surtout à la critique hollandaise, le P. Galluzzi n'interprète pas la poétique aristotélicienne dans un sens littéral, mais utilise toutes les ressources de la casuistique pour étayer une interprétation laxiste, par exemple de l'unité de lieu (une ville), de l'unité de temps (vingt-quatre heures *et plus*).

2. Proposant une interprétation historique de la *Poétique* d'Arioste (qui aurait falsifié la vraie nature de la tragédie athénienne pour complaire au régime tyrannique de Philippe et d'Alexandre) le P. Galluzzi assigne à la tragédie non pas la fin aristotélicienne de terreur et de pitié (qui enseigne la prudence et l'acceptation de la servitude) mais la fin «originelle» de la tragédie grecque: celle de faire haïr les tyrans et de faire aimer et admirer les héros. La liberté chrétienne (celle de se mettre au service de la vérité et celle de

refuser l'empire des tyrans impies) trouvera dans la tragédie (revenue à ses sources et régénérée par le dramaturge chrétien) une nourriture et un sujet d'exaltation.

3. De cette définition de la tragédie découlent une modification de la conception du héros, qui peut être soit très méchant et haïssable, soit très bon et très admirable, et une modification du climat tragique, laissant place à l'admiration et à la joie de voir les bons récompensés et les méchants punis par la providence.

4. Enfin, de cette définition de la tragédie comme instrument de persuasion et d'édification à la fois religieuse et politique, découlent une notion de la vraisemblance moins rigoureuse que chez les critiques humanistes, laissant les coudées franches au dramaturge pour donner à sa tragédie une dimension surnaturelle et d'autre part une importance considérable accordée au spectacle et aux chœurs, rhétorique visuelle venant doubler et renforcer la rhétorique verbale du drame. La tragédie peut ainsi déployer toutes les ressources de l'éloquence pour convaincre.

Ce remaniement de la dramaturgie humaniste qui remplace la terreur et la pitié de la *Poétique* par le «Plaire, émouvoir, instruire» de la rhétorique, est une des articulations essentielles du passage de la tragédie de la déploration des humanistes du XVIe siècle à la tragédie politique et à la tragédie chrétienne qui vont fleurir en France sous Louis XIII.

3. Mise en scène des deux tragédies

Le principe humaniste *Ut pictura poesis*, renforcé chez les jésuites par les techniques de méditation ignatienne qui associent toujours prière et spectacle intériorisé, a favorisé sur la scène des collèges le développement du spectaculaire.

Quelle était la nature de la scène du Collegio romano? En l'absence d'une monographie sur ce problème, l'on doit se contenter de déductions à partir des textes des théoriciens jésuites traitant de l'architecture théâtrale. Sur ce point, aussi bien le P. Del Rio, dans son

Syntagma[119], que le P. Bulenger, dans son *De Theatro ludisque scaenicis libri duo* (1603)[120], s'accordent avec le P. Galluzzi pour suivre la tradition vitruvienne. Dans son *Commentarius de tragoedia*, ce dernier donne même un schéma de théâtre vitruvien. Ce schéma semble l'exacte reproduction d'une illustration d'un Vitruve par Fra Giocondo, paru à Florence en 1513[121]. Ce théâtre idéal ne saurait donc nous donner une idée de la disposition exacte du lieu scénique au collège romain, ou dans les établissements jésuites en Italie au XVIe et au XVIIe siècle. Tout au plus peut-il nous suggérer comment Stefonio se représentait le théâtre antique au moment où il composait ses pièces. Il est probable que chez les jésuites, comme ailleurs à Rome aux XVIe et XVIIe siècles, il n'y avait pas de lieu scénique fixe. *L'aula magna*, où avaient lieu les cérémonies de rentrée scolaire, ou de réception des grands personnages, et les fastes proprement oratoires du collège, se voyait sans doute, lors des représentations dramatiques, pourvue d'une structure en bois faite *apposto* pour le type de pièce que l'on donnait cette année-là.

Dans sa lettre du 1er août 1604, le P. Stefonio indique qu'à Naples, où *l'aula magna* avait dû être jugée trop petite pour contenir un vaste public, la représentation eut lieu dans le «cortile scoperto» du collège, «solo difeso dall'aria humida e cruda dal riparo d'una tenda». Les spectateurs se tenaient debout sur le sol détrempé de pluie. Le décor devait être somptueux, à en juger par la description éblouie du P. Stefonio: «Una scena signorile in vero, fatta di tavole, con bel disegno di palazzi, di pitture, di scolture, di colonnate, di balustre, di strade, di fine, di tele di mura, di guglie, di colonne, di tempi et di meniane, a punto come era la Roma antica in quella parte della via Sacra che dal Campidoglio veniva a ferire a Laterano, attraversata da le Carinae, nobilissima strada antica, ed da la Trionfale.»[122]

---

[119]   Martini Antoni Delrii, s.j., *Syntagma tragoediae latinae in tres partes distinctam,* Anvers, Plantin, 1593.

[120]   Jules César Boulenger, *De theatro ludisque scaenicis libri duo,* Tricassibus (Troyes), Petri Chaillet, 1603.

[121]   F. 85v. L'illustration de Galluzzi est une copie exacte de celle de Fra Giocondo qui est reproduite notamment par Allardyce Nicoll, *The Development of the Theatre,* 4e édition, Londres, 1958, p. 85. La seule différence réside dans la suppression d'un élément «m», situé à l'arrière de la colonnade «l». Ce schéma de reconstitution était devenu très archaïque après les travaux de Cesariano (1521) et de Daniele Barbaro (1556). Je dois ces précisions au regretté Jean Jacquot.

[122]   Collection de trente-deux lettres du P. Stefonio, Ms. cité, fol 12.

Un souci de reconstitution fidèle de la Rome des premiers siècles chrétiens se manifeste ici, en accord avec l'esprit de l'œuvre. Nul doute que les décorateurs napolitains n'aient mis à profit les livres de leur compatriote humaniste Pirro Ligorio, et la *Descriptio urbis Romae* de Guido Panciroli parue à Rome en 1593.

Un non moindre souci archéologique a présidé à la confection des costumes que, pour la représentation napolitaine, le P. Stefonio décrit en ces termes: «L'apparate dei vestimenti fu regalissimo e superbissimo, si negl'imperiali personnaggi come negli giovani del core e nel resto degl'attori e personnaggi muti, vestite a livrea fatta a poste, di littori, di arcieri, di soldati, di trombettieri con le preteste e giubbe all'antica, con i sternardi militari di quei tempi, con gli ordini e comportamenti de la gente conforme a la militia romana.» Ce dernier terme fait certainement allusion au *De Militia romana libri quinque* de Juste Lipse (1596) qui a secouru l'érudition du décorateur et du dessinateur des costumes par les gravures dont il est illustré. Le savoir humaniste venait ainsi au secours des imaginations chrétiennes, avides de se représenter les temps héroïques de la foi, tels que les volumes des *Annales ecclésiastiques* de Baronius étaient en train de les raconter.

Le texte des tragédies était déjà en lui-même une solennisation du verbe par la prosodie, les effets de la grande éloquence stoïco-chrétienne, et les imitations de grands textes classiques et chrétiens. Mais pour comprendre comment le *Crispus* (3576 vers) pouvait, selon Stefonio lui-même, se dérouler pendant six heures, il faut tenir compte d'une puissante solennisation visuelle: «tableaux vivants» inscrits à l'intérieur de chaque acte et «doublant» directement, sur un autre registre, le texte dialogué, intermèdes variés inscrits entre les actes, et créant un effet d'écho visuel avec ceux-ci. Ces effets d'écho, qui semblent se développer au cours des représentations du XVIIe siècle, aident le public à pénétrer dans les arcanes de l'œuvre: le public plus nombreux, ou moins exclusivement docile au recueillement liturgique, a contraint pour ces intermèdes à faire appel à la langue italienne. C'est ce que permettent de constater deux programmes du *Crispus* que nous avons pu consulter. L'un, conservé à l'Arsenal, et non daté, indique à la suite de chaque acte non seulement les évolutions du chœur, reprises sans doute des représentations du début du siècle, mais un intermezzo en italien. Seul le Ve acte s'achève simplement par le «tableau» des funérailles de Crispe. Dans l'autre, conservé à la Vaticane, daté de 1628, les chœurs ne sont pas mentionnés, et les intermezzi sont remplacés par des prologues allégoriques précédant chacun des cinq actes, et résumant, dans cet autre langage, l'essentiel de l'action dramatique. Les indications scéniques de ce dernier programme sont plus développées que dans tout autre document que nous avons pu consulter[123] : elles suggèrent à la fois une accentuation de l'expressionnisme pathétique de l'*actio* et une multiplication des changements à vue. Le déclin de l'atmosphère de ferveur religieuse qui marquait, comme il ressort de la correspondance du P. Stefonio, les représentations du début du siècle va dans le même sens que le recul de la langue latine : une surenchère mélodramatique semble avoir gagné les scènes jésuites[124].

Mais ces signes de «décadence» ne doivent pas nous faire écran et nous empêcher de comprendre les intentions premières du dramaturge, ni l'atmosphère dévotionnelle des représentations du début du siècle, quand Rome et l'Italie n'étaient pas encore rassasiées de spectacles. Les éléments nous manquent pour établir un parallèle entre la

---

[123] Voici le résumé du programme en italien de l'Arsenal, non daté : *Prologue* : débat littéraire allégorique, qui aboutit au choix du meilleur et du plus édifiant sujet de tragédie, Crispus. Fin du Ier acte : chœur, puis *Intermezzo primo*, combats mimés par les élèves des classes inférieures. Fin du IIe acte : chœur, puis *Secondo Intermezzo* : le Tibre préside à des jeux de tritons à cheval sur deux dauphins. Fin de l'acte III : chœur, *Intermezzo terzo* : «Giuoco di Spadoni». Fin de l'acte IV : chœur, *Intermezzo quarto* : l'enfer s'ouvre, et au lieu du triomphe attendu de Crispe, on voit le triomphe de Phèdre, inspiratrice diabolique de Fausta. Résumé du programme (en italien) de la Vaticane (1628) : *Prologue à l'acte I* : la Fortune descend du Ciel sur une roue, réveille la Tromperie, l'Envie, et la Fureur et les lance contre Crispe ; pour montrer sa puissance, elle transforme sa roue en un monde, puis en un petit nuage qui se dissipe dans l'air. *Prologue à l'acte II* : l'Envie demande à Pluton du secours : l'enfer s'ouvre et huit Furies apparaissent avec des torches ; elles dansent. *Prologue à l'acte III* : la Tromperie ourdit la trame qui perdra Crispe, et avec ses compagnons danse un ballet «composto di varie fintioni e inganni». *Prologue à l'acte IV* : la Fureur, pour faire croire à Constantin que Crispe songe à se révolter, envoie des séides chercher des armes chez Vulcain : l'antre de Vulcain s'ouvre, «ed i Ciclopi che lavorano e a suono di martelli si canta» ; ballet : combat fictif. *Prologue à l'acte V* : le Tibre apparaît, sur une conque, accompagné d'un chœur de musiciens et d'instruments ; les tritons organisent un jeu en l'honneur du triomphe de Crispe : la nouvelle de sa mort leur parvient et tout se transforme en pleurs et tristesse.

[124] Exemple : acte III, scène 3 : Fausta con un pugnale in mano, in atto di voler si ammazzare, è ritenuta da Constantino Minore, il quale la conforte. Acte V : jugement de Crispe : Si muta la scena addobata di drappi. Acte V, 4 : funérailles de Crispe : e mutata la scena in bruno. Ce côté mélodramatique avait déjà été observé par le P. Alet, dans l'art. cit.

Tragoedia Flavia et la *Rapprezentatione di anima e di corpo* de Cavalieri, toutes deux représentées en même temps, dans la Rome du jubilé de Clément VIII. Rivalité entre l'Oratoire et la Compagnie de Jésus? Ou plutôt, efforts parallèles pour substituer des spectacles dévotionnels variés aux spectacles profanes du carnaval? La part du *recitar cantando*, dans la représentation jésuite, si elle était loin de faire de la tragédie latine un oratorio, était tout de même assez notable: elle s'étendait en effet non seulement aux chœurs, fort développés, mais aux tableaux à l'intérieur des actes: *Carmen saeculare* du clergé païen autour du *Flamen dialis* dans la scène des Jeux séculaires, *Paean* des soldats devant l'empereur et les deux césars au cours des fêtes militaires. Il en allait de même dans *Crispus*; nous avons déjà mentionné la jeune joueuse de lyre qui chante en s'accompagnant elle-même, devant la porte de Fausta malade. Le texte des chœurs était aussi chanté, ainsi que l'atteste cet autre passage de la lettre de Stefonio:

> Il corifeo però veramente parve un angelo sceso dal cielo; egli con una dolcissima voce di soprano, regolata da una maestria musicale e miravigliosa modestia, toccando nettissimamente una teorba, conduceva la bella schiera.

Si *Crispus* ni *Flavia* ne pouvaient, en dépit de cette part faite au *recitar cantando*, rivaliser avec la partition de Cavalieri, ces tragédies jésuites prenaient leur revanche dans le domaine du spectacle et de l'évocation visuelle. C'est surtout évident dans le cas de *Flavia*, qui multiplie à tel point les tableaux grandioses dignes du Tintoret de la Scuola di San Rocco, que ce faste même à dû faire obstacle à sa reprise dans l'empire pédagogique de la Compagnie. La reconstitution des Jeux séculaires, la séance de sorcellerie d'Apollonius de Tyane, les scènes de foule dans le palais de Flavius Clemens autour de l'apôtre Jean, la fête militaire donnée en l'honneur des deux césars, proposent au metteur en scène jésuite des thèmes beaucoup plus ambitieux que ceux de *Crispus*. Cette tragédie suppose un chœur, *Flavia* en suppose deux, l'un infernal, l'autre chrétien, alternant en antithèse. On peut se demander si ce développement du spectacle (dont profitera la représentation de *Crispus* à Naples en 1603) n'est pas destiné à contrebalancer les prestiges musicaux de la Vallicella. On peut se demander aussi, au cas où cette rivalité entre jésuites et oratoriens pourrait être attestée par ailleurs, si elle n'est pas au principe de l'apparition du *dramma musicale* romain, qui combinera justement, sur la scène du théâtre des Barberini, les prestiges visuels où les jésuites étaient passés maîtres, et les prestiges du *recitar cantando* où l'Oratoire ne connaissait pas d'égal[125].

Mais les jésuites n'étaient pas seulement des virtuoses du spectacle. Maîtres incontestés de la rhétorique, ils n'avaient pas leurs pareils pour former leurs élèves aux raffinements de l'*actio*[126]. La lettre du P. Stefonio nous fournit sur ce point des indications précises. Elle nous introduit dans les coulisses où cet homme orchestre du théâtre, dramaturge, metteur en scène, se montre sous le jour du directeur d'acteurs, mettant en œuvre, pour un dernier feu d'artifice, le résultat de six années d'apprentissage de l'*actio* rhétorique par une génération d'élèves du collège. Appelant les jeunes acteurs napolitains par leur prénom, le P. Stefonio compare leurs «performances» avec celles de ses propres élèves à Rome, et il n'est pas loin de les trouver parfois supérieures. Ses jugements nous permettent d'entrevoir plus précisément quel était le style de jeu de ces acteurs, fruit, répétons-le, de six années d'éducation oratoire. Son témoignage est complété par celui de l'éditeur napolitain du *Crispus* qui, dans sa lettre *Typographus lectori* parlant des «gestus nobilium actorum, ad motum animi descripta modulatio», n'est certainement pas lui-même le véritable auteur de cette lettre, tant chaque mot porte. *Nobilium actorum* nous rappelle la condition des jeunes élèves du collège des Nobles de Naples, et le *decorum* de leur jeu rend évident à tous les spectateurs la distance qui les sépare des «comédiens mercenaires». *Ad motum animi descripta modulatio* nous renvoie à l'importance que tiennent les passions dans la rhétorique jésuite, comme moteurs de l'énergie verbale, et instruments de puissants effets: l'*actio* se moule sur les mouvements pathétiques inscrits dans le texte. *Compositos ad modos ludibundi motus*: le rythme de chaque partition individuelle est ordonné à la cadence de l'ensemble du mouvement scénique conformément à l'esthétique rhétorique: clarté, unité organique et rythmique du discours. Le spectacle est conçu comme un tout cohérent et articulé, se déployant dans le temps et l'espace en vue d'une concentration d'effet maximale sur le spectateur.

---

[125] Voir notre étude «Théâtre, humanisme et Contre-Réforme à Rome (1597-1642)», parue dans les Actes du IXe Congrès Budé, 1975, partiellement reproduite ci-après.

[126] Le traité jésuite le plus complet d'*actio rhetorica* est à coup sûr celui du P. Louis de Cressolles, *Vacationes autumnales*, Paris, Cramoisy, 1620.

Décorum, vitalité pathétique, unité rythmique : ces trois principes réagissent les uns sur les autres. Le feu des passions anime l'énergie expressive de l'*actio*, mais dans les limites rigoureuses de la *self-discipline* du décorum. Une expression du P. Stefonio nous fait sentir que cette *self-discipline* contribuait elle-même à l'unité du spectacle : «Même les messagers, écrit-il, avaient une allure de paladins.» L'adjectif *gravis*, employé par l'éditeur napolitain (prête-nom de Stefonio lui-même) pour qualifier l'*actio* du chœur, nous révèle une des composantes de ce décorum : un sérieux austère et imposant. *Gravitas* et *dignitas* vont de pair avec cette *modestia*, dont le P. Stefonio parle à propos du coryphée dans sa lettre au P. Mangioni, à la fois mesure esthétique et pudeur morale, qui achèvent de différencier l'*actio* des acteurs-congréganistes de celle des «comédiens mercenaires» accoutumés à représenter des amours profanes.

Cette combinaison de vitalité passionnelle et de discipline intérieure, elle-même inscrite dans une adaptation harmonieuse au rythme d'ensemble du spectacle, laisse entrevoir les liens profonds qui unissent l'esthétique de l'*actio* jésuite et la spiritualité de la Compagnie. Le jeu des passions est interprété par les acteurs eux-mêmes comme un spectacle édifiant, par rapport auquel la discipline du décorum, et celle de la «bienséance» de chaque partition individuelle à la partition d'ensemble, permettent le recul, le jugement, la réaction émotive privée. Or ce jeu des passions a été calculé par le dramaturge comme une psychomachie de l'âme chrétienne sommée de choisir entre Dieu et le Démon, entre le bien et le mal : la conscience du spectacle comme un tout, à laquelle chaque acteur doit savoir s'élever, est donc génératrice d'un sens et d'un effet édifiants.

Même les acteurs chargés d'un rôle noir (l'ombre de Phèdre, Fausta, Constantin le Jeune, et dans une certaine mesure Constantin lui-même) sont en mesure de comprendre le sens démoniaque des passions qu'ils miment selon les règles de la vraisemblance et des bienséances. A plus forte raison, pour les acteurs chargés des rôles exemplaires, tels Crispus et ses amis : ils éprouvent plus directement les effets exaltants de leur texte, revécu et intériorisé par une mise en œuvre du corps tout entier qu'un long entraînement a transformé en instrument sensible du verbe oratoire. Le P. Stefonio, dans sa lettre d'août 1604, rapporte que la perfection des représentations napolitaines a renouvelé le miracle de saint Genest : le verbe oratoire, mis en spectacle, s'est fait le canal de la persuasion divine et trois des acteurs (sitôt les représentations terminées) sont entrés au noviciat, convertis à l'*imitatio Christi* après avoir participé à l'imitation de Crispe.

Quand aux spectateurs, le P. Stefonio se félicite du *raptus* qui pendant six heures leur a fait oublier le froid, l'humidité hivernale et l'inconfort de la station debout. Lui-même, en dépit de son «goût difficile», n'a pu conserver la réserve de l'observateur critique, et a été saisi du même ravissement à la fois esthétique et dévot qui a «converti» trois des acteurs, et arraché les spectateurs aux pesanteurs de la condition terrestre. Les adjectifs qu'il emploie pour traduire ce ravissement : *mirabile, divino*, expriment bien la fusion du sentiment du beau et de l'enthousiasme dévot dans la même perception du sublime. Une autre expression du dramaturge-spectateur mérite de retenir notre attention : «Fêdra fê stupire.» La terreur de la tragédie aristotélicienne est bannie des effets que les acteurs, même l'interprète de l'ombre de Phèdre, sont appelés à susciter : l'admiration silencieuse et extatique, suivie d'enthousiastes applaudissements (*ammirazione, silenzio, e poscia plauso*), l'étonnement tempéré d'admiration (*stupore*), et enfin la compassion éplorée (*gemiti, suspiri, e verissime lagrime*) sont seuls attendus, et obtenus du public : cette gamme de réactions est exactement celle que saint Ignace attend des retraitants évoquant intérieurement les spectacles de la *Vita Christi*, et, plus généralement, elle est dans un rapport étroit d'analogie avec la sensibilité dévotionnelle de la Rome post-tridentine[127].

La représentation de *Crispus*, telle qu'elle est voulue par le P. Stefonio, est donc bien une *Rappresentazione sacra*. Elle fait fusionner des valeurs esthétiques d'origine humaniste — le «Plaire, émouvoir, instruire», de Quintilien, l'admiration portée jusqu'au *raptus* sublime du pseudo-Longin — avec des valeurs de sensibilité chrétienne, zèle et compassion. La mise en scène de la mort de Crispe (dont le P. Stefonio dans sa lettre tire argument contre les adversaires puritains du théâtre de collège) n'est autre, sous le voile antique, qu'une mise en scène de la Passion du Christ ; elle est une des plus complètes manifes-

---

[127] Ce commentaire du P. Stefonio sur l'*effet* de sa tragédie est à rapprocher de la description par son collègue le P. Famiano Strada de l'*effet* du *sublime* oratoire, dans ses *Prolusiones academicae* (Rome, 1617): «Quand je vois un vaste auditoire rester suspendu... à la voix d'un seul homme, et changeant de visage, être amené peu à peu au gémissement et à la douleur...» Le P. Strada fait ici allusion aux *Orationes de Christi domini morte*, prononcés par ses collègues la veille de Pâques. Voir dans *Patrum S.J. Orationes...*, Romae, Mascardi, 1641, l'*Oratio* du P. Stefonio, p. 196.

tations de la *rhetorica divina* jésuite, qui met au service de la dévotion les industries de l'art oratoire et de l'art dramatique. S'il y eut rivalité entre le *Cenecolo oratoriano* et le *Collegio romano*, ce ne fut donc pas seulement sur le terrain esthétique, mais aussi sur celui de l'efficacité de leur style respectif d'édification religieuse.

4. Les chœurs

Les arcanes de l'*actio* rhétorique n'étaient pas seulement ensei-gnées dans les collèges jésuites au cours des exercices scolaires où la part de l'oral était considérable; un registre d'exercices de chant et de danse les complétait. La part du *recitar cantando* dans la représenta-tion des deux tragédies stéfoniennes résume les exercices de chant par lesquels les apprentis orateurs cherchaient à obtenir une parfaite maî-trise de leur voix. La part de la danse dans ces mises en scène résume à son tour les exercices chorégraphiques visant à communiquer au futur orateur la souplesse, l'élégance et la justesse des gestes et de la démarche[128]. Le développement des chœurs dans les tragédies de col-lège ne correspondait donc pas seulement à un souci humaniste d'imi-tation des spectacles antiques, il répondait à une nécessité pédagogi-que, celle de couronner par une fête solennelle le travail de l'année dans le registre de l'*actio*. Tout les théoriciens jésuites du théâtre accordent une place considérable aux chœurs. Mais nul autant que le P. Galluzzi, comme on peut l'attendre d'un disciple et exégète du P. Stefonio. Dans son désir de trouver à la tragédie stéfonienne les ancê-tres plus originaires qu'Aristote, le P. Galluzzi s'en remet, dans la *Rinovazione dell'antica tragedia*, à la légende selon laquelle la tragé-die aurait été inventée par Thésée, pour célébrer, à son retour à Athè-nes, la victoire sur le Minotaure: la tragédie aurait donc été le récit animé de la victoire de la liberté sur la tyrannie, du bien sur le mal, de la lumière sur les ténèbres. La tragédie édifiante serait donc un

---

[128]   Voir les ouvrages bien connus du P. Menestrier et, parmi les travaux moder-nes, ceux de Margaret McGowan. Dans un texte du XVIIIe siècle (publié par le P. Le Verdier, *Ancien théâtre scolaire normand*, Rouen, Léon Gy, 1904), un jésuite définit la danse: «Un enchaînement de pas cadencés et d'attitudes régulières», qu'il oppose au «mélange confus de saillies animées et de boutades expressives» qui n'appartient qu'aux ignorants de campagne.

retour aux origines, et non pas une déviation par rapport à la norme aristotélicienne. La fonction des chœurs aurait été, par leurs entrelacs, de figurer le labyrinthe. Cette théorie semble étroitement liée à la conception des chœurs dans les représentations napolitaines de 1603, car dans son *Commentarius de tragoedia* le P. Galluzzi l'évoquait déjà, et l'illustrait à l'aide de deux schémas empruntés à l'édition de *Crispus* consécutive à ces brillantes mises en scène de Naples.

Avant de revenir à ce texte du *Commentarius*, il nous faut remarquer que la théorie du P. Galluzzi éclaire parfaitement la description enthousiaste que le P. Stefonio lui-même donne des chœurs de Naples dans sa lettre au P. Mangioni:

> Ma che dirò dei Cori? Il suo numero era di sedici giovanetti; a vederli tanti angeli, prestati e enghirlandati come al trionfo degli antichi, i quali facendo sotto la guida del corifeo le loro uscite e ritornate, li balli e contraballi e stase, tutti appropriati e accommodati a tempi e stato del negotio, cantando e sonando con un mirabile concerto, ferono concepire un credito degli antichi, che queste cose facevano meglio di noi, da non esplicarsi.

Quant au coryphée, poursuit le P. Stefonio,

> Conduceva la bella schiera, e con si bel garbo si scioglieva e disponeva in riga che comune concetto fu de più intendenti in cielo non esservi altro ballo che quello, se vi si balla.

Même vision d'entrelacs savamment orchestrés dans la lettre *Typographus lectori* de l'édition de Naples:

> Illa tantopere schemata veterum saltationum et omnem Tragoedorum Emmenliam ob oculo expressam vidimus e Romanorum literis, ac vetere Graecia repetitam: in versu concentum, in concentu tempus, in tempore corporum motum, ac statum, in motu statuque figuram, in figura cum rebus agendis sententiam congruentem, omnemque conversionem cujusque modi flexus ad dexteram, ac laevam scite praeeuntem Coryphaeum apte consequentis in seriem Chori.

Les *figurae* dont parle ici l'éditeur Tarquinio Longo sont esquissées dans son édition par quatre schémas, dont deux seulement ont été repris par Galluzzi, pour illustrer le chapitre *De Choris* de son *Commentarius* de 1621. Le *Schema primi chori* (fig. 1) dessine un aigle à deux têtes, emblème de l'empire, et il correspond au texte que chante le premier chœur de *Crispus*, intitulé: *Virtutem nec honoribus egere, nec frangi adversis*. Ses derniers vers éclairent, telle l'«âme» d'une devise, le sens de la *figura*:

> Ex illo Pietas numine dextero
> Pugnax difficiles explicat exitus
> Inter sceptra potentium
> Inter fulmina Caesarum.

Le second schéma (fig. 2) dessine un caducée, qui évoque par analogie une croix entourée du serpent: il correspond à un texte où le chœur adresse au Christ une prière fervente pour qu'il enveloppe de sa protection et conduise au salut le jeune Crispe.

Le troisième (fig. 3), plus abstrait, évoque les rayons d'une perspective convergeant vers un foyer central: il correspond à un texte intitulé *Famae descriptio* et qui se plaint des ravages causés par la calomnie. Les rayons sont donc ceux des yeux et des oreilles de la mensongère renommée, dont l'influence s'étend instantanément jusqu'au confins de l'univers.

Le quatrième (fig. 4) évoque tout ensemble un labyrinthe et une croix. Il correspond à un chœur intitulé *Privatae vitae laudes*, qui met l'accent sur la toute puissance divine, impitoyable aux grandeurs terrestres. Le «corps» de l'emblème semble ici déborder largement le sens proposé par l'«âme», et se charger d'une valeur symbolique résumant la tragédie tout entière. C'est probablement pourquoi le P. Galluzzi, dans son *Commentarius*, reproduit ce dernier schéma à une échelle plus grande que les autres, et en le simplifiant pour rendre plus lisible encore sa signification emblématique (fig. 5).

Pour comprendre celle-ci, il vaut donc la peine de citer et traduire le texte dont l'ancien élève de Stefonio l'accompagne, et qui nous propose une analyse «iconologique» de première main. Il est évident en effet que selon sa méthode, sous couleur de décrire ce qui devait se passer dans les *orchestrae* antiques, le P. Galluzzi décrit et interprète ce qu'il a vu dans les *orchestrae* des représentations romaines de *Crispus*, répétant celle de Naples:

> A la fin du Prologue, ou du Premier acte, sous la conduite du Coryphée, les choreutes s'avançaient lentement par la gauche du théâtre, si le chœur était composé de personnages nobles, par la droite, s'il s'agissait de paysans ou de barbares. Obéissant aux indications et aux lois du Coryphée, ils chantaient, faisaient halte, gémissaient, en variant leurs gestes selon la signification de leur chant. A la suite du Choryphée, le Chœur se mettait en mouvement dans telle ou telle direction: d'abord de droite à gauche, pour imiter la course du soleil, qui roule de l'Orient à l'Occident. On appelait ce mouvement *strophe*, c'est-à-dire conversion. Puis de gauche à droite, à l'imagination des astres errants qui d'Occident se dirigent vers l'Orient: cette conversion, inverse de la

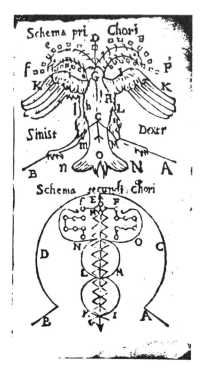

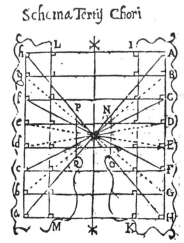

Fig. 1, 2, 3. — Schémas des évolutions du Chœur au cours de deux représentations du *Crispus* à Naples pendant l'hiver 1603, tels qu'ils sont reproduits dans l'édition de Naples, 1604.

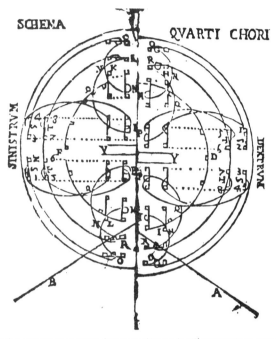

Fig. 4. – Schéma du Chœur du 4ᵉ Acte de *Crispus* tel qu'il figure dans l'édition de Naples, 1604, de la pièce.

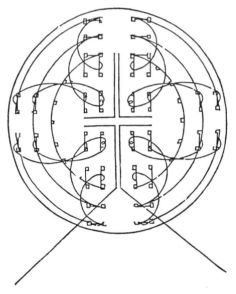

Fig. 5. − Même schéma tel qu'il se trouve interprété dans le *Commentarius de tragoedia* du P. Galluzzi, d'après l'édition de Rome, 1621, de ses *Virgilianae vindicationes* et *Commentarii tres...*, p. 282.

Fig. 6. − P. 283 du même ouvrage. Deux autres schémas de Chœurs dont l'un (à gauche) semble une version simplifiée du schéma du Chœur du 2e acte de *Crispus* (voir Fig. 2).

précédente, s'appelait *antistrophe*... Ensuite, après avoir répété une seconde fois ce double mouvement, au milieu de l'*orchestra*, comme sous le regard des dieux, ils se rangeaient immobiles, et par cette immobilité, ils signifiaient celle de la Terre. Et toujours, tandis qu'ils étaient en mouvement, exécutaient ces conversions, ou se tenaient cois, ils chantaient avec mesure, et le chant qui pendant la strophe s'accordait à son rythme, s'appelait ode, celui qu'ils modulaient pendant l'antistrophe, antode, celui qu'ils chantaient ensemble, immobiles, au centre, épode. Et comme il se peut que l'on souhaite savoir quelle figure dessinait l'ensemble du Chœur dans ses évolutions, j'ajoute ceci: elle était double, d'après Pollux: l'une était nommé *ordo*, l'autre *jugum*. Dans le Chœur tragique, qui comportait 15 Choreutes, les «ordres» étaient au nombre de trois, chacun comprenant cinq Choreutes; s'ils se répartissaient en «jougs», ceux-ci étaient au nombre de cinq, dont chacun comprenait trois Choreutes. Et ainsi, tantôt par ordres, tantôt par jougs, ils se déplaçaient selon un rythme...

Beaucoup rapportent, et entre autres Faustus Victorinus dans son traité *De Comoedia*, que ces strophes et ces antistrophes furent inventées par Thésée pour commémorer les chemins tortueux du Labyrinthe, d'où il s'était échappé en Sauveur. Il fallait donc non seulement que ces conversions fussent circulaires, mais sinueuses, entrelacées et variées, ce qui d'ailleurs par sa vivacité donne beaucoup plus de plaisir au spectacle que le cercle, et le même mouvement circulaire toujours répété. C'est ce qu'ont expérimenté voici quelques années ceux qui à Naples ont donné le *Crispus* de B. Stefonio[129].

Le mythe de Thésée est manifestement interprété par le P. Galluzzi comme une allégorie du Christ, qui lui aussi est descendu dans le labyrinthe du monde, et en est sorti à la fois vainqueur et sauveur. C'est pourquoi, sans doute, les choreutes de Naples, dans leur stase au centre de l'*Orchestra*, dessinent une croix: ce n'est plus sous le regard du dieu païen qu'ils se tiennent, prisonniers qu'ils sont encore du labyrinthe du monde visible, mais sous celui du Rédempteur.

Dans la *Fausta*, les évolutions du chœur semblent avoir été beaucoup plus complexes encore: au chœur des jeunes chrétiens, s'oppose en effet le chœur des seize négrillons évoqués par Apollonius de Tyane, et qu'il fait évoluer sous les yeux de l'empereur Domitien pour le séduire. Une chorégraphie du mal s'oppose ici à une chorégraphie du bien.

---

[129] *Commentarius*, éd. cit., pp. 281-282.

Ces deux tragédies, et leur mise en scène, représentent l'apogée de l'art dramatique jésuite. Elle sont le produit du croisement entre la dramaturgie humaniste (sorcellerie évocatoire des grands ancêtres antiques retrouvés par l'érudition) et de la dramaturgie religieuse médiévale (psychomachie du ciel et des enfers, des anges et des démons, spectacles apologétiques des *Rappresentazioni sacre*). Croisement qui à son tour entre en composition avec la pastorale dramatique pour engendrer la tragédie française classique, et avec l'oratorio pour donner le *dramma musicale* romain du XVIIe siècle[130].

Croisement qui correspond à l'effort concerté de doter l'Europe catholique d'une dramaturgie religieuse savante, expression et instrument d'une théologie, d'une vision providentielle de l'histoire, et d'une spiritualité. Un mystère à l'usage de la communauté chrétienne, pénétrée par la Renaissance rhétorique et humaniste.

CONCLUSION: NOTE SUR L'INFLUENCE DES TRAGÉDIES DU P. BERNARDINO STEFONIO

Les représentations stéfoniennes s'échelonnent de 1597 à 1628, sur les deux scènes du collège et du séminaire romain. Dans une ville dont la saison théâtrale n'excédait pas la durée du carnaval, et qui ne possédait pas de théâtre fixe, ces représentations, montées avec soin et avec faste, marquèrent profondément la sensibilité théâtrale de l'humanisme romain. La fonction exercée à Rome par le collège et le séminaire des jésuites, qui formaient l'aristocratie laïque et l'élite de la curie, fit de ces représentations, où futurs cardinaux, futurs papes même, jouèrent comme acteurs, le principe d'une seconde Renaissance théâtrale romaine. Celle-ci s'épanouit sous le pontificat d'Urbain VIII Barberini, ancien élève, comme ses neveux, du collège

---

[130]   Voir pour une synthèse solide sur cet épisode de l'histoire à Rome l'*Enciclopediae dello spettacolo*, s.v. *Dramma musicale*, col. 948-949 du t. IV, et *Rospigliosi*, col. 1212-1215 du t. VIII. La *Teodora* de Rospigliosi, dont il est question plus haut (note 18) était l'un de ces *drammi musicali*. Sur leur influence en France, voir, outre notre article «P. Corneille et J.-L. Guez de Balzac», dans les *Mélanges René Pintard cit.*, l'étude sur la *Théodore* de Corneille publiée ici-même.

romain, et elle trouva dans un autre élève des jésuites, Giulio Rospigliosi, un dramaturge doué et fécond[131].

Le *dramma musicale* dont les Barberini se firent les mécènes, d'abord dans leur palais des Giubonnari, puis dans celui des Quattro Fontane, répond admirablement à l'esprit de synthèse cicéronienne qui caractérise la culture pontificale sous leur tutelle. Ce genre est un carrefour de tous les genres dramatiques tolérés dans l'Italie et l'Espagne de la Contre-Réforme: la *Rappresentazione sacra* musicale s'y fond avec le drame de collège jésuite, la *comedia* madrilène s'y fond avec la pastorale en musique florentine, et l'*auto sacramental* espagnol avec la *commedia dell'arte* «modérée» par Giambattista Andreini et la troupe des Fedeli. Rome, avec les Barberini et Giulio Rospigliosi, devient aussi la capitale du théâtre de la Contre-Réforme. Rospigliosi, secrétaire des brefs d'Urbain VIII, bientôt cardinal, avait été assez longtemps légat à Madrid pour y goûter le théâtre du Siècle d'Or sur lequel s'exerçait l'influence du théâtre de collège jésuite. Son génie, moins sombre que celui de Stefonio, est mieux accordé à l'esprit conciliateur qui préside à la diplomatie barberinienne, et à une phase plus sereine, parce que plus assurée de son relatif triomphe, de la Contre-Réforme catholique. Le fait que le prélat dramaturge fasse place dans ses livrets à des thèmes et personnages d'une *commedia dell'arte* moralisée est en soi assez significatif. Demandant la musique de ses livrets aux meilleurs compositeurs en activité à Rome, Stefano Landi, Virginio Mazzocchi, Luigi Rossi, faisant appel pour les décors et les costumes à Andrea Sacchi, Gian Lorenzo Bernini, ou Piero da Cortona, Rospigliosi fait du théâtre des Barberini le haut lieu européen du théâtre catholique de 1631 à 1642. Eclectique dans son inspiration, il l'est aussi par la diversité des genres qu'il aborde: drame édifiant, tiré de la Légende dorée, avec le *San Alessio* (1631-1632); tragédie à martyre, avec la *Teodora* tirée de saint Ambroise et de Baronius (1635-1636); drame épique, inspiré du Tasse, avec l'*Erminia sul Giordano* (1633); comédie édifiante avec *Chi soffre speri* où apparaissent des personnages de la *commedia dell'arte*, Zanni, Coviello (1637).

---

[131] Voir la tesi di laurea inédite de Mme Pietrangeli-Chanaz, *Il Teatro barberiniano*, Univ. degli studi di Roma, Facoltà di lettere e di filosofia.

Dans ce feu d'artifice dramaturgique, que Rospigliosi poursuivra jusqu'au jour où, devenu pape sous le nom de Clément IX[132], il fera représenter sa *Comica del cielo* (1664), la *Teodora* représente la veine proprement stéfonienne. Grâce à ce *dramma musicale*, une nouvelle génération de spectateurs est initiée, sous une forme adoucie, à l'esthétique de la *Tragoedia Flavia*, et aux prestiges d'une représentation à la fois somptueuse et archéologique de la Rome impériale au temps de l'Eglise primitive. Cette fois, les voyageurs français, éblouis, transmettent à Paris des descriptions du spectacle[133].

La faveur avec laquelle la cour romaine accueillait et patronnait un théâtre édifiant (dont la technique proprement scénique était très en avance sur celle des salles parisiennes) ne pouvait pas ne pas avoir d'écho à Paris, où Richelieu, dès 1630, patronne à la cour l'essor d'un théâtre «régulier» et moralisé. Le terrain pour la tragédie chrétienne était préparé en France par les scènes de collèges jésuites, où le *Crispus* était souvent repris. François de Grenaille, en 1639, donne de cette œuvre du P. Stefonio une version française sous le titre *L'Innocent malheureux ou la Mort de Crispe*. Le texte du *Crispus*, comme celui de la *Flavia*, avait d'ailleurs été édité à plusieurs reprises en France, et en particulier par Sébastien Cramoisy. Il était d'ailleurs rangé, avec la *Flavia*, parmi les chefs-d'œuvre rassemblés par les jésuites d'Anvers dans les *Selectae tragoediae patrum S.J.* (1634). Les mérites de la *Teodora* de Rospigliosi, version «dramma musicale» de la tragédie chrétienne selon Stefonio, étaient célébrés en latin, dans les *Ethicae prolusiones* d'Agostino Mascardi, publiées à Paris chez Cramoisy en 1639. La même année, Godeau compose un poème intitulé *La Vierge d'Antioche* où il traite le sujet de la *Teodora*, appelant clairement un dramaturge français à l'imiter, et Balzac, dans une lettre latine à

---

[132]   Sur Giulio Rospigliosi-Clément IX, voir G. Canevazzi, *Papa Clemente IX poeta*, Modena, 1900.

[133]   Voir Romain Rolland, *La Première Représentation du «San Alessio» de Stefano Landi en 1632 à Rome*, d'après le journal manuscrit de J.J. Bouchard, dans *Revue d'histoire et de critique musicale*, 1900; L. Marcheix, *Un Parisien à Rome et à Naples en 1632*, Paris, 1807, et Giacomo Lumbroso, *Notizie sulla vita di Cassiano del Pozzo*, dans *Miscellanea di storia italiana*, t. XV, Torino, 1874, pp. 355-359, où est reproduite une longue lettre de Bourdelot décrivant une représentation de *Teodora*, avec des détails qui, rapprochés de ceux que donne Stefonio dans la lettre inédite citée plus haut, montre que l'esthétique de la représentation de 1635 est fort inspirée de celle de 1603, pour le *Crispus*, à Naples. Voir également Ch. Duret, *Tableau chronologique des lettres du poète Fr. Mainard*, Paris, Champion, 1909, p. 33.

latine à Voiture, vante le poème de Godeau, dont le sujet convient parfaitement, à son avis, aux Muses chrétiennes[134].

En 1643, Corneille fait représenter son *Polyeucte*, inspiré, comme l'a montré Hauvette, du *Polietto* de Bartolommei[135], dramaturge fort lié au milieu Barberini et qui se proposait sans doute de rivaliser avec Rospigliosi. Autre trait d'analogie: Corneille, comme l'a montré R. Garapon, avait emprunté pour *Polyeucte* au *Médecin de son honneur, comedia* de Calderon. En 1645, Corneille fait représenter sa *Théodore vierge et martyre*, où l'influence du *Crispus* et de la *Flavia* de Stefonio, connues de première main par cet ancien élève des jésuites, se combine avec celle des diverses *Teodora* italiennes, dont Rospigliosi s'était inspiré pour la sienne[136].

Ainsi, par un cheminement complexe, où le *dramma musicale* de Rospigliosi joue un rôle de relais, les tragédies romaines du P. Stefonio inspiraient le bref essor du genre de la tragédie chrétienne sur les scènes parisiennes. Il est probable que Corneille, en traduisant à sa manière, en français, la *Teodora* de Rospigliosi, répondait à un vœu de Mazarin: celui-ci, qui, après avoir servi les Barberini, était devenu leur protecteur et leur hôte en France, songeait en effet à profiter de la présence dans le royaume très chrétien des deux neveux d'Urbain VIII (mort en 1644 et remplacé par un ennemi de sa famille, Innocent X Pamphili) pour ressusciter à Paris les fastes du théâtre du palais des Quattro Fontane. En 1647, il patronnera la représentation de l'*Orfeo* de Luigi Rossi, sur un livret de Buti, auteurs d'un des derniers triomphes du théâtre barberinien avant la mort du pape Urbain: *Il Palazzo d'Atlante incantato* (1642).

Ainsi les deux traditions du théâtre dévotionnel romain, celui de la *Rappresentazione sacra* en musique et celui de la tragédie humaniste édifiante, trouvaient un prolongement en France, et venaient se fondre dans le creuset des formes et des genres où se prépare, à Paris, le théâtre de la cour de Louis XIV. Sous le régime de Molière, de Racine et de Lully, la veine stéfonienne semble avoir disparu: elle

---

[134] Voir, sur toute cette question, notre article «Critique et création littéraire, Pierre Corneille et *J.-L. Guez de Balzac* (1637-1645)», dans *Mélanges Pintard*, Strasbourg, 1975, pp. 73-89.

[135] Sur Bartolommei, voir l'article fort substantiel que lui consacre le *Dizionario biografico degli Italiani*.

[136] Voir plus loin: «Classicisme français et culture italienne: réflexions sur l'échec de *Théodore*»; étude parue d'abord dans les *Mélanges Franco Simone*, t. II, 1981, pp. 205-238, repr. pp. 223-259.

reparaîtra pourtant à la fin du siècle, et avec quel éclat, dans l'*Athalie* de Racine, dont on n'a jamais examiné la dette envers le *Crispus* et la *Flavia* du grand dramaturge jésuite.

6. UNE DRAMATURGIE DE LA LIBERTÉ: TRAGIQUE PAÏEN ET TRAGIQUE CHRÉTIEN DANS *RODOGUNE*[137]

Les abondantes références à *Rodogune* dans les trois *Discours*, aussi bien que la prédilection pour cette œuvre affirmée la même année dans l'*Examen*, montrent à l'évidence que le Corneille théoricien de 1660 se sent en parfaite conformité de pensée avec le Corneille créateur de 1644. *Rodogune* et les trois *Discours* appartiennent, l'une dans l'ordre de la création, et les autres dans l'ordre de la critique, au même effort de Corneille pour faire triompher en langue française une dramaturgie moderne et chrétienne, capable de rivaliser avec celle des Anciens. Cette continuité dans la recherche confère tout son prix à une série de rapprochements entre le thème de *Rodogune* et celui d'*Electre*, que nous trouvons à la fois dans la préface de 1647, dans l'*Examen* de 1660 et dans le *Discours de la tragédie*. Dans la préface de 1647, Corneille, pour défendre la liberté du poète vis-à-vis de l'Histoire, invoque l'exemple des deux *Electre*, celle de Sophocle et celle d'Euripide, qui présentent des variantes importantes dans le traitement d'un même thème. Dans le *Discours de la tragédie*, à plusieurs reprises, et plus directement, l'action et les personnages de *Rodogune* sont mis en parallèle avec le mythe des Atrides, tel que les tragiques grecs l'ont illustré. Le rapprochement s'impose avec l'historicisation du mythe païen de Phèdre dans le *Crispus* du P. Stefonio.

L'assassinat de Clytemnestre par Oreste semble à Corneille un «effet de théâtre» dont les inconvénients seraient trop grands sur la scène chrétienne: l'horreur de l'acte parricide révolterait la sensibilité du spectateur, et enfreindrait une règle sur laquelle Corneille revient à plusieurs reprises: «Notre maxime de faire aimer le principal acteur.»[138] Il propose donc une version «adoucie» de la mort de

---

[137] Etude d'abord publiée dans la *Revue des sciences humaines, t. XXVIII, n° 152, octobre-décembre 1973, pp. 600-631.*

[138] *Discours de la tragédie*, Œuvre de P. Corneille. Nouvelle édition par M.-Ch. Marty-Laveaux, Paris, Hachette, 1862, t. I, p. 80.

Clytemnestre, qui laisserait intacte l'innocence d'Oreste. «Pour recti-
fier ce sujet à notre mode, il faudrait qu'Oreste n'eût dessein que
contre Egisthe, qu'un reste de tendresse respectueuse pour sa mère lui
en fît remettre la punition aux Dieux, que cette reine s'opiniâtrât à la
protection de son adultère, et qu'elle se mît entre son fils et lui si malheureusement qu'elle reçût le coup que ce prince voudrait porter à cet
assassin de son père. Ainsi elle mourrait de la main de son fils, comme
le veut Aristote, sans que la barbarie d'Oreste nous fît horreur,
comme dans Sophocle, ni que son action méritât des Furies vengeresses pour le tourmenter, puisqu'il demeurerait innocent.»[139]

Cette version est assez minutieusement exposée pour nous permettre de croire que Corneille a rêvé longuement à ce sujet, peut-être
même envisagé de le traiter. Avant de réformer ainsi le cas d'Oreste
assassin de sa mère, Corneille avait évoqué celui d'Antiochus et Séleucus: «Séleucus et Antiochus avaient le droit d'en faire autant dans
Rodogune, mais je n'ai pas osé leur en donner la moindre pensée.»[140]
Oreste, dans la version de la tragédie grecque corrigée par Corneille,
n'aurait pas parlé autrement qu'Antiochus refusant de juger sa mère,
soit pour la condamner, soit pour l'absoudre:

> Ce sont fatalités dont l'âme embarrassée
> A plus qu'elle ne veut se voit souvent forcée.
> Sur les noires couleurs d'un si triste tableau
> Il faut passer l'éponge ou tirer le rideau:
> Un fils est criminel quand il les examine;
> Et quelque suite enfin que le ciel y destine,
> J'en rejette l'idée, et crois qu'en ces malheurs
> Le silence ou l'oubli nous sied mieux que les pleurs[141].   (II, 3)

L'analogie nous paraît très forte entre la version «adoucie» de la
mort de Clytemnestre, et le suicide de Cléopâtre dans *Rodogune*: dans
les deux cas, le héros conserve son innocence, et la mort de la mère
coupable est «un effet de la justice du ciel, et non pas de la vengeance
des hommes». Corneille ne peut d'autre part dissimuler son éloignement pour le rôle que la légende grecque attribue à Electre: «Je ne
puis même pardonner à Electre, qui passe pour la vertueuse oppri-
mée, l'inhumanité dont elle encourage son frère à ce parricide.»[142] On

[139] *Ibid.*, p. 81.
[140] *Ibid.*, p. 80.
[141] *Rodogune*, vers 591-598.
[142] *Discours de la tragédie*, éd. cit., p. 80.

peut à bon droit, croyons-nous, rapprocher ce passage du *Discours de la tragédie* du commentaire détaillé que Corneille croit devoir donner dans l'*Examen* de 1660, du rôle de Rodogune. Il veut éviter que l'on puisse accabler son héroïne, qui appelle aussi les fils de Nicanor à la vengeance de leur père, assassiné par leur mère, de la même réprobation dont lui-même accable Electre : « On a trouvé [la cruelle proposition] que Rodogune leur fait à son tour indigne d'une personne vertueuse, comme je la peins ; mais on n'a pas considéré qu'elle ne la fait pas, comme Cléopâtre, avec espoir de la voir exécuter par les princes, mais seulement pour s'exempter d'en choisir aucun, et les attacher tous deux à sa protection par une espérance égale. »[143] On a la curieuse impression de se trouver là en présence d'un savant « adoucissement » du rôle d'Electre, parallèle à celui que Corneille imagine en même temps pour le rôle d'Oreste dans le *Discours de la tragédie*.

On peut sans doute considérer ces rapprochements comme purement fortuits, et dus simplement au fait que Corneille, commentant Aristote, se trouve amené à invoquer les mêmes exemples célèbres que le philosophe grec et ses glosateurs. Et s'il cite souvent *Rodogune*, ce pourrait être tout simplement parce qu'il a un faible pour cette œuvre. Pourtant, ces rapprochements sont répétés avec trop de cohérence pour être tout à fait le fruit du hasard. On a le droit de penser qu'ils fournissent une indication précieuse sur les associations d'idées et d'images qui préoccupèrent Corneille lorsqu'il composait *Rodogune*, et qui retrouvent leur voie toute frayée lorsqu'il rédige le *Discours*. On est tenté de formuler l'hypothèse que, sous le masque et sous la garantie de l'Histoire hellénistique, une histoire suffisamment avare de détails pour laisser le champ libre à l'invention, et au surplus peu connue, Corneille aurait entrepris avec *Rodogune* ce qu'il répétera à visage découvert avec *Œdipe*, une version nouvelle et adaptée selon les exigences de la dramaturgie moderne d'un mythe célèbre porté au théâtre par les Anciens. Ce serait un autre épisode de la rivalité de Corneille avec le théâtre grec — et l'un des « secrets de l'art » qui ont présidé à la composition de *Rodogune*. Remarquons que celle d'*Œdipe* est contemporaine des *Discours* où Corneille insiste avec tant de force sur la distance qui sépare la conception moderne de la dramaturgie, et celle des Anciens. *Œdipe* est l'illusion en langue dramatique de ce thème central qui confère son unité organique aux trois

---

[143] *Examen de Rodogune*, éd. cit., t. II, p. 425.

Discours. Dans notre hypothèse, les références constantes à *Rodogune*, dans ces mêmes trois *Discours*, seraient l'indice que cette œuvre était déjà, quoique d'une manière voilée, une tentative pour rivaliser avec les Anciens sur un sujet qui leur est emprunté.

Sans nous préoccuper pour l'instant de chercher les raisons qui ont pu pousser Corneille à choisir le registre historique de préférence au registre mythique pour traiter ce sujet, essayons d'abord de montrer les analogies qui font effectivement un seul et même sujet dramatique de l'histoire de la mort de Cléopâtre Théa, reine de Syrie, et de celle de Clytemnestre, reine de Mycènes. Procédons au décalque de l'épisode historique tel qu'il est cité par Corneille dans la version d'Appien, et du mythe tel qu'il se dégage des diverses tragédies antiques où il est évoqué.

Un roi (Nicanor, Agamemnon) que la guerre a retenu loin de son royaume revient après cette longue absence, accompagné par une femme aimée (Rodogune, Cassandre).

La reine, son épouse (Cléopâtre, Clytemnestre) qui, pendant l'absence du roi, a pris un amant (Tryphon, Egisthe), assassine le roi, par jalousie et par ambition. Elle est assassinée à son tour par le fils du roi légitime.

Ce décalque met en évidence une série de points communs assez nombreux pour confirmer la portée des rapprochements auxquels Corneille se livre lui-même. Mais il a aussi le mérite de faire apparaître les points sur lesquels le mythe et l'histoire ne coïncident pas. Le plus important, sans doute, c'est que l'histoire ne suggère aucun personnage qui tienne le rôle qu'Electre joue, dans la légende.

Mais nous devons constater que dans la tragédie de Corneille, cette place, laissée libre par l'histoire, est occupée, et qu'elle l'est par Rodogune, survivant au roi Nicanor et fidèle à sa mémoire. Dans une scène capitale de la pièce, la princesse parthe incite les deux frères à venger leur père dans le sang de leur mère. Nous avons vu que Corneille prenait soin d'expliquer qu'il s'agit là d'un geste à double entente, et dont la signification morale diffère donc du tout au tout de celui d'Electre, parfaitement criminel à ses yeux. Il est fort probable cependant que l'idée d'une telle scène a été suggérée à Corneille par le rôle d'Electre, tel que les trois grands tragiques grecs l'avaient porté au théâtre. La seule Rodogune, dans la version cornélienne, tient donc le rôle que Cassandre et Electre tiennent séparément dans le mythe grec, l'une comme rivale de Clytemnestre, l'autre comme instigatrice de la vengeance. Privé d'un personnage analogue à Electre, le récit historique manquait de cet élément si important dans le mythe, la haine que se portent deux femmes divisées par la mémoire d'un même homme. La haine et la rivalité de Cléopâtre et de Rodogune retrouvent celles de Clytemnestre et d'Electre — avec cette différence que les premières ont pour objet le souvenir d'un époux, et les secondes celui d'un roi qui fut l'époux de l'une et le père de l'autre.

L'histoire se sépare du mythe sur un autre point: le bref récit d'Appien cité par Corneille ne donne aucune précision sur la situation réciproque de Séleucus et d'Antiochus. Il indique seulement que le premier régna brièvement et fut assassiné par sa mère, que le second succéda à son frère, et qu'un des premiers actes de son règne fut d'assassiner sa mère. Le mythe grec présente en cet endroit un couple d'amis, presque de frères, parents en tout cas, et associés par la vengeance d'Agamemnon et le meurtre de Clytemnestre. La version de Corneille, ici encore, semble suppléer le mythe à l'histoire. Mais le passage de l'un à l'autre lui était suggéré par un texte de Plutarque, qui apporte plus de précision qu'Appien sur le lien qui unissait les deux princes séleucides: «Et quant à Antiochus, on pourroit bien justement reprendre en lui une trop grande convoitise de regner, mais aussi fait-il bien à esmerveiller, que l'amitié fraternelle ne fut pas du tout esteinte en son ambition. Il faisoit la guerre, pour le royaume, à son frère Séleucus qui estoit son aisné, et avoit sa mère qui lui favorisoit: mais au plus fort de leur guerre, Séleucus ayant donné une bataille aux Galates, la perdit, et ne se trouvant nulle part, on fut long temps qu'on le tînt pour mort, et son armée toute taillée en pièces par les Barbares: ce qu'ayant entendu, Antiochus posa sa robe de pourpre et se vestit de noir, et fermant son palais royal, mena deuil de son frère, comme s'il eust esté perdu: mais après, estant averti comme il estoit sain et sauf, et qu'il remettoit sus une autre armée, sortant de son logis en public il alla sacrifier aux Dieu en actions de graces, et commanda aux villes qui estoient sous lui de faire semblablement sacrifices, et porter chapeaux de fleurs en signe de resjouissance publique.»[144]

Ce texte nous fournit le chaînon intermédiaire qui peut avoir aidé Corneille à transfigurer deux princes que l'histoire donne pour rivaux en un couple lié par une amitié aussi étroite et légendaire que celle d'Oreste et Pylade. D'autre part, ces derniers, aussitôt parvenus à

---

[144]   Dans les *Œuvres morales* de Plutarque: *De l'amitié fraternelle*, traduction Amyot, Lyon, 1607, t. III, p. 272.

Argos, formaient avec Electre une même triade unie par la fidélité à la mémoire d'Agamemnon. Corneille reconstitue à sa façon cette triade en liant les deux jumeaux à Rodogune par un même amour. Sans doute Rodogune, à la différence d'Electre, est «amante» des héros, et non plus sœur. Mais le passage d'une condition à l'autre était d'autant plus facile pour l'imagination du poète que, dans les deux tragédies où Euripide traite ce sujet, *Oreste* et *Electre*, Electre est destinée par les dieux à épouser Pylade. Les liens fluides et passionnés qui unissent ces trois personnages de la tragédie grecque sont éclaircis par le dramaturge français et ramenés à un rapport simple: deux frères amoureux de la même femme qui se sert de cet amour, au moins un instant, pour les inciter à la vengeance.

En revanche, Corneille s'en tient aux données historiques lorsqu'il rejette dans le passé de sa tragédie le personnage de Tryphon, dont nous avons vu qu'il aurait pu tenir le rôle d'Egisthe. Tryphon est mort dans un combat avant même le retour de Nicanor en Syrie, et il laisse donc Cléopâtre affronter en solitaire son destin criminel.

Enfin, se séparant à la fois du mythe et de l'histoire, Corneille transforme la mort de Cléopâtre, œuvre d'Antiochus dans l'histoire comme celle de Clytemnestre est l'œuvre d'Oreste dans le mythe, en un suicide dont le «principal acteur» est innocent.

Jouant à la fois du mythe et de l'histoire, et corrigeant l'une par l'autre, Corneille semble, pour poser son personnel dramatique et définir la situation réciproque de ses personnages, procéder à une «contaminatio» très complexe, sur laquelle nous voudrions arrêter un instant l'attention avant d'en tirer les conséquences. La tragédie grecque ne lui est pas ici une «source» au sens technique du terme, et au sens où elle l'est effectivement pour Racine, comme l'a montré R.C. Knight. Elle lui fournit une structure initiale, une situation, à partir de laquelle il élabore, tout en la voilant, son propre édifice dramatique. L'analogie la plus juste doit être ici empruntée à la musique: les innovations et les ornements qui modifient le sujet sont avec celui-ci dans le même rapport qu'une variation avec le thème qui l'inspire. Mais il arrive, comme dans *Œdipe* et plus encore dans *Rodogune*, si notre hypothèse est exacte, que la variation soit si savante qu'elle fasse oublier celles que des auteurs antiques ont inventées sur le même thème. «Ces changements m'ont fait perdre l'avantage que je m'étais promis, de n'être souvent que le traducteur de ces grands génies qui m'ont précédé. La différente route que j'ai prise m'a empêché de me rencontrer avec eux, et de me parer de leur travail; mais, en récompense, j'ai eu le bonheur de faire avouer qu'il n'est point sorti de pièce de ma main où il se trouve tant d'art qu'en celle-ci.»[145]

L'orgueil de Corneille ne se justifierait guère s'il se bornait à refondre les rapports qu'entretiennent entre eux les «dramatis personae». Les «embellissements de l'invention» s'exercent aussi sur la nature et la signification morale des différents personnages. Sur ce point, l'histoire, singulièrement imprécise, lui laissait le champ libre — alors que le mythe lui imposait des caractères assez nettement dessinés dans la mémoire du public pour gêner sa liberté de manœuvre. Il faut sans doute voir là une des raisons qui ont poussé le poète à substituer un sujet historique analogue, et peu connu, à un sujet mythique, trop connu. Il n'aurait fait en cela que suivre le conseil que La Mesnardière donne au dramaturge dans sa *Poétique*: «Il est plutost permis de prendre un bel evenement dans l'histoire veritable, et de le mettre avec adresse dans un sujet inventé, à qui l'on donne un nouveau nom, que de retenir les vrais noms des Fables qu'on a corrompues, ou des Histoires qu'on a changées, et qui ne sont plus ellesmesmes...»[146] Corneille développe dans le *Discours de la tragédie* une doctrine analogue, et qui a le mérite de s'appliquer exactement au cas de *Rodogune*: «L'histoire souvent ne les marque pas [les circonstances] ou en rapporte si peu qu'il est besoin d'y suppléer pour remplir le poème; et même il y a quelque apparence de présumer que la mémoire de l'auditeur qui les aura lues autrefois, ne s'y sera pas si fort attachée qu'il s'aperçoive assez du changement que nous y aurons fait, pour nous accuser de mensonge; ce qu'il ne manquerait pas de faire s'il voyait que nous changeassions l'action principale. Cette falsification serait cause qu'il n'ajouterait aucune foi dans le reste; comme au contraire il croit si aisément tout ce reste quand il le voit servir d'acheminement à l'effet qu'il sait véritable, et dont l'histoire lui a laissé une plus forte impression.»[147]

Les «falsifications» que Corneille entendait apporter au sujet des deux *Electre* grecques étaient trop importantes pour qu'il pût songer à le transporter tel quel sur le théâtre. Le recours au sujet hellénistique lui fournissait une garantie de vraisemblance plus forte pour l'effet

---

[145]   *Examen d'Œdipe*, éd. cit., t. VI, p. 130.
[146]   La Mesnardière, *La Poétique*, Paris, Sommaville, 1640, p. 29.
[147]   *Discours de la tragédie*, éd. cit., pp. 77-78.

«extraordinaire» qui termine sa tragédie, et plus de liberté pour ménager à sa guise les «acheminements» de l'intrigue.

Corneille opère en effet un changement radical d'intérêt dramatique par rapport aux deux *Electre* grecques. Celles-ci, malgré les variantes importantes qu'elles présentent, sont dominées l'une et l'autre par la même question angoissante: dans quelles conditions, et à quel prix pour les héros vengeurs, la reine coupable sera-t-elle châtiée? Dans *Rodogune*, la punition de Cléopâtre est réduite au rang de motif secondaire; le fil conducteur qui relie entre eux les éléments d'une intrigue complexe est incontestablement celui-ci: qui occupera le trône vacant de Séleucie? Un drame dynastique s'est superposé à la tragédie païenne du châtiment.

Cette mutation exigeait le changement de statut des personnages, et la série de substitutions que nous avons tenté de décrire. Elle exigeait surtout entre Antiochus et Séleucus une complète égalité dans leur vocation au trône. Ils ne sont plus seulement frères comme dans l'histoire, mais frères jumeaux, «astres naissants», selon le mot d'Oronte[148]. L'idée de cette dernière «falsification» de l'histoire a pu, cette fois encore, être suggérée à Corneille par la mythologie. Dans le traité de Plutarque déjà cité, l'idéal de l'amitié fraternelle est placé sous l'invocation de Castor et Pollux, jumeaux divins. Les Dioscures, frères de Clytemnestre, apparaissent aussi comme *dei ex machina* à la fin de l'*Electre* d'Euripide, pour fixer le sort des trois meurtriers après l'assassinat de Clytemnestre. Dieux bienveillants, ils libèrent Oreste de l'emprise des Kères vengeresses, et donnent Electre à Pylade. Mais il n'est peut-être pas nécessaire de faire intervenir ces suggestions mythologiques pour comprendre la gémellation d'Antiochus et Séleucus: elle devait s'imposer presque logiquement à l'esprit du poète une fois posée l'orientation politique et dynastique du sujet. Ce couple symétrique est encadré par les deux figures complémentaires et antithétiques de Cléopâtre et Rodogune — l'une détentrice officielle de la légitimité, en tant que reine mère, et l'autre en possession des dernières volontés du roi défunt, et détenant à ce titre la légitimité véritable, celle qui finira par s'imposer contre l'entreprise d'usurpation de Cléopâtre. Nous ne reprendrons par ici l'analyse que Jacques Scherer a faite de la structure dramatique élaborée avec une rigueur quasi mathématique par Corneille à partir de ces données, machinerie dont

---

[148] *Rodogune* (III, 2, vers 834).

le mouvement s'accélère d'acte en acte jusqu'au feu d'artifice final.
L'admiration que mérite la technique du dramaturge ni l'attention qui
doit se porter à juste titre sur le drame dynastique qu'elle soutient, ne
doivent nous empêcher de discerner une économie plus secrète de la
tragédie, où la rivalité de Corneille avec les Grecs quitte le domaine
de la dramaturgie pure et s'élève jusqu'aux plus hauts mystères de la
morale et de la religion.

Les révisions imposées par Corneille aux «acheminements» choisis par les Grecs impliquent en effet tout autre chose que des considérations techniques. Sans doute ici faut-il tenir compte, pour calculer
le degré de vraisemblance supportable par le spectateur moderne, de
la sensibilité affinée de celui-ci. Mais cette sensibilité elle-même est
guidée par des certitudes morales et religieuses toutes différentes de
celles qui animaient les Anciens. Quelles sont ces certitudes morales
et religieuses nouvelles et quelles conséquences le dramaturge doit-il
en tirer dans son art? Il nous faut connaître la pensée de Corneille sur
ce problème avant d'examiner la signification profonde de *Rodogune*.
Et si nous admettons que, de 1644 à 1660, la pensée de Corneille n'a
pas varié pour l'essentiel, nous nous croyons en droit de chercher une
réponse dans les trois *Discours*.

«La maxime de faire aimer le principal acteur», celle de conclure
la tragédie par la défaite des persécuteurs, sans que le héros persécuté
ait à se souiller de leur châtiment, ce sont là deux corollaires d'un
même principe: «Finir le poème dramatique par la punition des mauvaises actions, et la récompense des bonnes.»[149] Principe qui selon
Corneille «n'est pas un précepte de l'art», mais une condition *a priori*
fondant la possibilité d'une dramaturgie moderne, essentiellement
différente de celle des Anciens. Ce principe correspond en effet à des
vues sur le bien et le mal qui orientent l'optique théâtrale du spectateur moderne, et qu'il serait dangereux au dramaturge de vouloir
négliger au profit d'une imitation trop servile des chefs-d'œuvre antiques. Chez les modernes, le bien et le mal sont des notions clairement
distinctes et définies, sur lesquelles Dieu et l'homme peuvent et doivent s'entendre: elles exigent donc du héros un choix préalable et sans
équivoque, qu'il répétera chaque fois que la situation l'exigera, et qui
détermine son caractère dans l'ordre moral. La vertu et le crime ne
sont pas une qualification attachée à un acte, mais une manifestation

---

[149] *Discours de l'utilité et des parties du poème dramatique*, éd. cit., t. I, p. 21.

de «l'habitude innocente ou criminelle» que le héros, de tout son être, a contractée par choix, en toute lucidité et responsabilité. En conséquence, Corneille «estime qu'il ne faut point faire de difficulté d'exposer sur la scène des hommes très vertueux ou très méchants dans le malheur»[150]. L'intérêt dramatique résidera dans le conflit entre les tenants du bien et ceux du mal, jusqu'à l'identification finale du bien et du bonheur, du mal et du malheur. «En effet il est certain que nous ne saurions voir un honnête homme sur notre théâtre sans lui souhaiter de la prospérité, et nous fâcher de ses infortunes. Cela fait que, quand il en demeure accablé, nous sortons avec chagrin et remportons une espèce d'indignation contre l'auteur et les acteurs; mais quand l'événement remplit nos souhaits, et que la vertu y est couronnée, nous sortons avec pleine joie, et remportons une entière satisfaction et de l'ouvrage, et de ceux qui l'ont représenté. Le succès heureux de la vertu, en dépit des traverses et des périls, nous excite à l'embrasser; et le succès funeste du crime ou de l'injustice est capable de nous en augmenter l'horreur naturelle, par l'appréhension d'un pareil malheur.»[151] L'angoisse du spectateur, à la vue des traverses et des périls de la vertu, veut donc être tempérée par la foi en la victoire finale des bons et du bien. Et cette foi, que le dramaturge ne peut décevoir qu'à ses risques et périls, prend sa source dans le dogme chrétien de la justice providentielle. «Il semble alors que la justice du ciel ait présidé au succès, qui trouve d'ailleurs une croyance d'autant plus facile qu'il répond aux souhaits de l'auditoire, qui s'intéresse toujours pour ceux dont le procédé est le meilleur.»[152]

Non seulement il y a accord entre Dieu et l'homme sur la définition du bien et du mal, mais une sorte de contrat garantit que la justice providentielle tôt ou tard récompense les bons et punit les méchants, c'est-à-dire ceux qui, une fois pour toutes, ont choisi le bien ou le mal.

Faute d'un tel accord et d'un tel contrat, les Anciens restaient dans le doute quant au bien et au mal: même lorsqu'un oracle leur avait dicté une ligne de conduite, ils n'en étaient pas quittes pour autant. Oreste et Electre peuvent par exemple se prévaloir d'un oracle d'Apollon pour justifier le meurtre de leur mère: et cependant ce meurtre reste un crime, qu'ils doivent expier, ou dont ils doivent être purifiés.

---

[150] *Discours de la tragédie*, éd. cit., p. 63.
[151] *Discours de l'utilité et des parties du poème dramatique*, éd. cit., pp. 21-22.
[152] *Discours de la tragédie*, éd. cit., p. 92.

La justice indéchiffrable des dieux reposait sur un malentendu fondamental entre les dieux et les hommes; elle semblait s'ingénier à égarer
les héros dans une étrange confusion de crime et d'innocence. Le
témoignage que le héros se rend à lui-même de sa bonne volonté et
de sa bonne foi ne suffit pas à l'innocenter; l'ironie de la justice
divine dément ce témoignage par d'autres plus indubitables qui attestent que l'acte commis par le héros était un crime à son propre insu.
C'est le piège dans lequel est pris le plus significatif des héros antiques, Œdipe. Mais son cas, pour scandaleux qu'il soit aux yeux de
Corneille, n'est pas le seul. L'ironie divine fait d'Electre, héroïne de
l'amour filial, la complice d'un meurtre, le plus horrible de tous, et
d'Oreste, héros d'une juste vengeance, le meurtrier de sa propre mère.
Tout se passe comme si l'innocence, au même titre que l'orgueil, était
une autre *ubris* que les dieux s'acharnent à humilier et à démentir.
Justice décevante, ambiguë, qui maintient les hommes dans un état de
piété révérente et craintive, toujours menacée d'interpréter à tort les
signes divins, toujours susceptible d'être châtiée pour leur avoir trop
bien obéi. Cette équivoque justice implique une dramaturgie dont les
héros ne soient jamais ni tout à fait bons ni tout à fait méchants, ni
tout à fait innocents ni tout à fait coupables. Corneille, dans ses *Discours*, s'indigne sans cesse contre cette absence de bonne foi dans les
rapports entre les dieux et les hommes, et contre cette confusion du
bien et du mal où les dieux anciens maintenaient les hommes. Il suggère qu'Aristote, faute de pouvoir concevoir, dans de telles conditions, une leçon de morale dramatique claire et forte, dut recourir à
son obscure théorie de la purgation des passions: «Le fruit qui peut
naître des impressions que fait la force de l'exemple lui manquait: la
punition des méchantes actions et la récompense des bonnes n'étaient
pas de l'usage dans son siècle, comme nous les avons rendues de celui
du nôtre; et n'y pouvant trouver une utilité solide, hors celle des sentences et des discours didactiques, dont la tragédie se peut passer selon
son avis, il en substitué une qui peut-être n'est qu'imaginaire.»[153]
     La supériorité de la morale chrétienne, avec le clair partage qu'elle
définit entre le bien et le mal, entre la volonté libre des hommes et les
sollicitations de la Providence divine, permet à l'écrivain moderne
d'imprimer à sa dramaturgie une orientation éthique nette et efficace.
Il est devenu impossible de montrer les plus nobles des hommes main-

---

[153]   *Ibid.*, p. 58.

tenus dans la crainte et le tremblement par le tout-puissant caprice de dieux cruels. Et par la voix de Thésée, dans la pièce qu'il écrivit pour redresser selon le sentiment des modernes le mythe d'Œdipe, Corneille s'élève contre la tyrannie machiavélique des dieux antiques, dont la conséquence est de priver l'individu de toute autonomie et responsabilité morale :

> ... Ils agissent en nous quand nous pensons agir ;
> Alors qu'on délibère on ne fait qu'obéir ;
> Et notre volonté n'aime, hait, cherche, évite,
> Que suivant que d'en haut leur bras la précipite[154].   (III, 5)

Corneille, conformément à toute la tradition de l'humanisme chrétien, s'indigne contre l'idée d'une divinité ironique dont l'incompréhensible justice serait en contradiction perpétuelle avec le sens humain de la justice. Il soupçonne même, dans les oracles par lesquels les dieux antiques dictent leurs ordres au héros, et l'enfoncent dans un labyrinthe où son innocence et sa bonne volonté se perdent, les manœuvres de la méchanceté humaine agissant sous le masque et sous la garantie des faux dieux :

> Cet organe des Dieux put se laisser gagner
> A ceux que ma naissance éloignait de régner ;
> Et par tous les climats on n'a que trop d'exemples
> Qu'il est ainsi qu'ailleurs des méchants dans les temples[155].   (*Ibid.*)

Ces oracles trompeurs, s'ils n'ôtent rien à la crainte qu'inspirent les dieux, les privent du respect que devrait mériter leur parole. Or Corneille ne peut concevoir une dramaturgie qui ne mettrait pas hors de cause l'honneur de Dieu. La tragédie ne peut faire à Dieu l'injure de douter que la bonne volonté humaine trouve un écho, un sens et un secours dans sa bonne volonté infinie. Ce qui faisait problème pour les Anciens, la bienveillance ou la malveillance des dieux, est article de foi pour les modernes. Ce qui retient l'intérêt des modernes, c'est la manière dont chaque individu en situation se définit relativement au bien et au mal que celle-ci comporte, et comment cette situation évolue, à plus ou moins long terme, en faveur des bons et du bien.

Il nous a paru nécessaire de rappeler la pensée de Corneille sur la différence fondamentale entre tragédie antique et drame moderne,

---

[154] *Œdipe*, vers 1163-1166.
[155] *Ibid.*, vers 1175-1178.

avant de rechercher la signification particulière de *Rodogune*, selon la méthode adoptée ici, soit le rapprochement de la tragédie cornélienne avec le mythe grec dont à notre avis elle dérive. Quel est en effet l'enjeu de la partie qui se joue à la cour de Séleucie? Le trône laissé vide par la mort du roi légitime Nicanor. L'héritier légitime existe, mais c'est un couple de jumeaux. La difficulté est de savoir lequel est destiné à monter sur le trône. Comment le savoir? La première solution, celle qui a été adoptée dans le traité signé par Cléopâtre et Phraate, consiste à s'en remettre au sort, qui a fait naître le premier l'un des deux frères. L'injustice de cette solution est aggravée par le fait que la reine mère détient seule le secret de ce sort. La possession de ce secret confère à Cléopâtre le pouvoir réservé aux oracles antiques, celui d'élever dans le bonheur ou de précipiter dans le malheur, à son gré, l'un ou l'autre des héros:

> Un seul mot aujourd'hui, maître de ma fortune,
> M'ôte ou donne à jamais le sceptre et Rodogune;
> Et de tous les mortels ce secret révélé
> Me rend le plus content ou le plus désolé[156].   (I, 2)

Et comme les oracles antiques que leurs trop humains interprètes pouvaient modifier au gré de leurs intérêts, ce «droit d'aînesse obscur, sur la foi d'une mère»[157] laisse Cléopâtre maîtresse de piper les dés de la naissance afin de faire roi celui-là seul qui servira son intérêt. Elle fait plus: elle instaure entre les deux candidats au trône une sorte de concours, à qui lui rapportera le premier la tête de Rodogune:

> Embrasser ma querelle est le seul droit d'aînesse:
> La mort de Rodogune en nommera l'aîné[158].   (II, 3)

Cléopâtre, détentrice du secret, s'identifie alors pleinement à une divinité antique, et la réponse qu'elle apporte à la question de ses fils est du même ordre que celles dont les dieux anciens embarrassaient les mortels: ce «cruel arrêt»[159] remplace une incertitude par une angoisse encore plus poignante. Et la révolte de Séleucus contre le «faux amour que la haine domine»[160] et qu'il discerne dans les ordres

---

[156] *Rodogune*, vers 75-78.
[157] *Ibid.*, vers 183.
[158] *Ibid.*, vers 644-645.
[159] *Ibid.*, vers 676 et 678.
[160] *Ibid.*, vers 739.

de sa mère, préfigure tout à fait celle de Thésée contre la tyrannie des dieux et de leurs oracles.

Le caractère de Cléopâtre correspond admirablement à la fonction qu'elle s'est elle-même attribuée. L'histoire laissait à Corneille toute latitude d'inventer l'«intérieur» de son personnage. Ce qui le met à l'aise pour prêter à cette reine hellénistique au moins un trait emprunté à la reine mycénienne, Clytemnestre. Cléopâtre hérite en effet de la Tyndaride cette virilité d'amazone qu'Electre reproche si âprement à sa mère chez Sophocle comme chez Euripide. Mais chez les Grecs cette usurpation par Clytemnestre d'un rôle réservé aux hommes est tempérée par des traits de faiblesse et de féminité qui donnent au personnage sa complexité, son humanité: elle est sœur d'Hélène, et sensuelle comme l'épouse infidèle de Ménélas[161]; chez Sophocle, la crainte du retour d'Oreste hante son sommeil de visions angoissées[162]; et chez Euripide, elle n'est pas insensible à l'amour maternel[163]. Son cœur est accessible à la tendresse et à la peur, et malgré l'étendue de son crime, elle mérite à sa manière une part de pitié. Chez Corneille cette complexité se fige en un caractère fortement articulé autour d'une motivation centrale: la passion du pouvoir absolu, allant jusqu'au bout de ses conséquences logiques. Elle s'est fait à elle-même le serment de tout faire pour occuper, elle-même ou par personne interposée, le trône laissé vide. Ni la peur ni l'amour sous aucune forme n'ont de prise sur son dessein délibéré. Les seuls frémissements dont elle accepte de tenir compte dans son cœur, ce sont ceux qui soutiennent sa libre décision d'aller jusqu'au bout: l'ambition et la haine. Plutôt que Clytemnestre, elle semble en ceci avoir pour modèle la Junon virgilienne, «... regia Juno, / acta furore gravi:»[164]. Comme Cléopâtre, la déesse se montre acharnée à maintenir sa prééminence et à perdre sans pitié tous ceux qui traversent son dessein, ou qui refusent de s'en faire les instruments. Sa détermination implacable ne laisse place en son cœur qu'à la haine et à la colère, «iramque minasque»[165].

---

[161] Euripide, *Electre*, vers 1035 et 1070-1071.

[162] Sophocle, *Electre*, vers 410 et 417-430.

[163] Euripide, *Electre*, vers 656-658 et 1124-1140. Electre se sert avec perfidie de ce reste d'amour maternel pour attirer Clytemnestre dans sa cabane où l'attend Oreste pour l'assassiner.

[164] Virgile, *Enéide*, L. X, vers 62-63.

[165] *Ibid.*, L. VIII, vers 60.

Elle est prête à toutes les ruses, toutes les machinations, tous les déguisements pour mener à bien la tâche qu'elle s'est fixée. Alliée des puissances infernales[166], les épithètes dont Virgile la caractérise peuvent s'appliquer exactement au personnage de Cléopâtre: «saeva», «atrox», «horrenda», mais aussi «regia», «magna», «omnipotens», alliant ainsi en elle la majesté et la cruauté. Dans le texte de Corneille, l'épithète la plus fréquemment appliquée à Cléopâtre est justement celle de «cruelle» qui semble condenser en elle les nuances des adjectifs latins: «saeva», «atrox», «horrenda». Séleucus va même jusqu'à associer sa fureur à celle des puissances infernales:

> O haines, ô fureurs dignes d'une Mégère![167]   (II, 4)

Et Cléopâtre partage avec la Junon de Virgile cette majesté qui confère le style de la grandeur à sa cruauté et à ses crimes. Elle mérite autant que la déesse l'épithète de «regia». «En même temps qu'on déteste ses actions on admire la source d'où elles partent.»[168] Tant d'analogies nous incitent à penser que par une sorte d'évhémérisme inversé, c'est ici la déesse qui, dans l'imagination du poète, est devenue une mortelle. Mais, malgré ce transfert de l'Olympe à la terre, Junon reste encore très reconnaissable sous les traits de Cléopâtre. La méthode de composition du poète retrouve d'ailleurs ici un des mouvements profonds de l'hellénisme oriental: Cléopâtre apparaît sur les monnaies avec le titre de Cléopâtre Théa[169]; elle appartient en effet, par naissance et par alliance, à deux familles, Lagide et Séleucide, où, selon la coutume orientale, la divinisation des souverains était de règle. La psychologie «hors de l'ordre commun» que le poète prête à son personnage perd toute invraisemblance si nous devinons, au fond de cette passion démesurée pour le trône, l'identification de la reine à l'une des grandes figures du panthéon païen, et la volonté de s'arracher à la nature et à la condition humaines pour se prévaloir, ne

---

[166]   Virgile, *Enéide*, L. VII, vers 323-326:

«Haec ubi dicta dedit, terras horrenda petivit;
Luctificam Allecto dirarum ab sede dearum
Infernisque ciet tenebris, cui tristia bella,
Iraeque, insidiaeque, et crimina noxia cordi.»

[167]   *Rodogune*, vers 679.

[168]   *Discours de l'utilité et des parties du poème dramatique*, éd. cit., p. 32.

[169]   Etienne Babelon, Catalogue des monnaies grecques de la Bibliothèque nationale, *Les Rois de Syrie, d'Arménie, et de Commagène*, Paris, C. Rollin et Feuardent, 1890, gr. in-8°.

serait-ce qu'un instant, des pérogatives divines, et infléchir à sa guise le cours du destin.

Cette Cléopâtre qui emprunte des traits à la divinité jalouse de Virgile transporte en effet dans l'exercice de la puissance politique toute la férocité tyrannique que Junon mettait à exercer sa puissance divine. Chez la reine comme chez la déesse, c'est la même indifférence à la volonté et à la souffrance de ceux qu'elles tiennent en leur pouvoir. Junon n'hésite pas à se servir de Didon, qui lui voue cependant un culte pieux, comme d'un instrument dans la lutte contre la naissance d'une nouvelle Troie. Avec la complicité d'ailleurs de son ennemie Vénus, elle voue l'innocente Didon au crime d'arrêter Enée, puis au suicide et au désespoir éternel. Dans le cadre pourtant exclusivement politique qui est le sien, Cléopâtre tente à sa manière d'assurer le rôle dévolu aux divinités païennes dans l'économie générale de l'univers, selon la tragédie ou l'épopée antiques. La scène où la reine, jouant tour à tour de la séduction et de la menace, fait violence à la volonté de ses fils pour les amener à devenir ses complices peut être considérée comme une tragédie antique en abrégé. Cette mère criminelle compte sur la force du sang légué à ses fils pour enchaîner ceux-ci à son crime. Elle attend d'eux qu'ils fassent honneur à son sang. Si les deux frères se laissaient fasciner par la manœuvre de leur mère, ils deviendraient, en dépit de leur nature propre et malgré leur innocence première, les complices d'un crime — et rempliraient ainsi les conditions requises pour le héros tragique par les Anciens. Ils résistent respectueusement — et manifestent ainsi la liberté de héros modernes.

L'analogie entre la déesse virgilienne et la reine cornélienne se retrouve à un autre niveau. Cléopâtre comme Junon lutte avec toute son énergie contre un ordre nécessaire et légitime, dont la naissance est retardée, mais ne peut être empêchée par elle. Elle a choisi sciemment d'opposer sa volonté particulière de reine machiavélique à la volonté providentielle, comme Junon la sienne aux décrets du destin. Dans l'*Enéide*, cet ordre dont Junon veut empêcher l'avènement, c'est la fondation de Rome et de son empire. Dans *Rodogune*, c'est la restauration de la légitimité monarchique, conforme à l'ordre providentiel que l'activité usurpatrice de Cléopâtre réussit à retarder, mais non à empêcher.

Ainsi l'attentat commis par Cléopâtre sur la liberté de ses deux fils fait de la reine non seulement l'ennemie de l'ordre politique légitime, mais surtout l'adversaire de l'ordre providentiel attaché au triomphe

de la légitimité. Les efforts de la reine en vue de la toute-puissance
vont à contre-courant de la volonté divine. Ils sont à la fois tyranniques et démoniaques. Le succès de ses machinations ne peut donc être
qu'apparent et provisoire. Elle bande son énergie d'enfer contre une
toute-puissance irrésistible qui finira tôt ou tard par renverser les obstacles qu'elle lui oppose. Et son héroïsme satanique tient justement
à ce qu'elle ose mener ce combat inégal et désespéré en acceptant
d'avance sa défaite:

> Dût le ciel égaler le supplice à l'offense,
> Trône, à t'abandonner je ne puis consentir;
> Par un coup de tonnerre il vaut mieux en sortir;
> Il vaut mieux mériter le sort le plus étrange.
> Tombe sur moi le ciel, pourvu que je me venge!
> J'en recevrai le coup d'un visage remis:
> Il est doux de périr après ses ennemis;
> Et de quelque rigueur que le destin me traite,
> Je perds moins à mourir qu'à vivre leur sujette[170].

Elle ne se contente donc pas d'être tyrannique et machiavélique
sur le plan politique où se résume son pouvoir, elle est démoniaque
en connaissance de cause: elle a beau apercevoir en toute clarté que
le plan politique interfère avec le plan providentiel, elle n'en maintient
pas moins sa rébellion contre toute espérance, mais en toute liberté.

Face à cette reine héroïquement machiavélique, une rivale haïe,
Rodogune. Celle-ci semble avoir peu de chose en commun avec son
homologue dans le mythe grec d'Electre, sinon sa situation de captive
à la cour de son ennemie. Il est vrai que Corneille épargne à son
héroïne les sévices et les humiliations dont Electre est accablée, et qui
auraient attenté à la dignité royale que Laonice respecte en Rodogune:

> Rodogune captive est livrée à sa haine.
> Tous les maux qu'un esclave endure dans les fers,
> Alors, sans moi, mon frère, elle les eût soufferts.
> La Reine à la gêner prenant mille délices,
> Ne commettait qu'à moi l'ordre de ses supplices;
> Mais quoi que m'ordonnât cette Ame toute en feu,
> Je promettais beaucoup et j'exécutais peu[171].

Rodogune a donc échappé de peu à des raffinements de vengeance
comparables à ceux que Junon sait inventer pour ses rivales, Io,

---

[170]   *Rodogune*, vers 1528-1536.
[171]   *Ibid.*, vers 264-270.

Danaé, Sémélé, dans les *Métamorphoses* d'Ovide. Fière victime, elle ne s'abandonne pas à ces récriminations et lamentations qu'Electre, moins soucieuse de sa dignité et des bienséances, profère aussi bien dans la tragédie de Sophocle que dans celle d'Euripide. Rodogune est maîtresse souveraine de son langage. Elle sait faire taire ses sentiments intimes, sa fidélité à Nicanor, son amour pour Antiochus, aussi long-temps que le traité qui lie son sort à la décision de Cléopâtre lui ôte la maîtrise de son propre destin. Mais sitôt que les intentions de celle-ci se dévoilent, et violent les termes du traité, elle s'estime déliée de ses engagements, et décide de répondre au défi. Elle affirme alors sa liberté en intervenant à son tour dans le drame de la succession au trône de Syrie.

Au cours d'une scène capitale, la «fiancée» de Nicanor assume une fonction très analogue à celle d'Electre; elle appelle ses fils à venger la mort du roi, et à la venger sur la personne d'une mère criminelle qui abuse de ses pouvoirs. Mais Electre, chez Eschyle et chez Euripide, se bornait à prêter une voix pathétique à l'oracle divin qui assignait à Oreste la tâche de venger son père. Chez Sophocle, c'est une «possédée». Elle assume avec une conviction furieuse toutes les fatalités familiales — et même celles de sa mère. S'adressant à celle-ci, elle a ce cri révélateur: «Je fais honneur à ton sang.»[172] Rodogune n'obéit qu'aux signes qui lui viennent de son propre cœur. Et d'abord le souvenir, vivant en elle, du roi légitime:

> Rapportez à mes yeux son image sanglante,
> D'amour et de fureur encore étincelante,
> Telle que je le vis, quand tout percé de coups,
> Il me cria: «Vengeance! Adieu; je meurs pour vous!»[173]

Ces paroles de Nicanor mourant sont pour elle un dépôt sacré. Pourtant, elle n'en reçoit pas l'objurgation comme un oracle exigeant d'elle une obéissance aveugle et sans délai. Il a fallu que la violence de Cléopâtre ranimât ce souvenir pour qu'elle consente à évoquer de nouveau l'appel au meurtre qu'il contient. Pas un instant elle ne songe, comme Electre croyant son frère mort, à exercer elle-même la vengeance exigée par le roi mourant. Elle se contente de transmettre tel quel le message sacré à ses fils:

---

[172] Sophocle, *Electre*, vers 609.
[173] *Rodogune*, vers 859-862.

> Il emprunte ma voix pour se mieux faire entendre.
> Une seconde fois il vous le dit par moi:
> Prince, il faut le venger[174].

Contrairement à Cléopâtre qui interprète selon son intérêt propre le secret de la naissance de ses fils, jouant ainsi le rôle d'oracle trompeur, Rodogune délivre sans les déformer les termes du message royal. Mais elle se borne à les délivrer, sans prendre à son compte la volonté qui s'y exprime. Au contraire, elle est soulagée de voir Antiochus refuser d'obéir à cet ordre cruel:

> Je voudrais vous haïr s'il m'avait obéi;
> Et je n'estime pas l'honneur d'une vengeance
> Jusqu'à vouloir d'un crime être la récompense[175].

Rodogune a donc prêté sa voix à la sentence oraculaire du roi mort, elle n'y a pas adhéré. Et le refus d'Antiochus confirme aux yeux de la princesse sa vocation royale. Si celui-ci avait consenti, par complaisance pour la femme aimée, comme Cinna, ou par obéissance aveugle à la volonté paternelle, il se serait montré indigne du trône. Il aurait pu prêter au soupçon, ressemblant à son père par le visage, de ressembler à sa mère par l'instinct criminel. Il aurait paru céder à la fatalité familiale. Mais Antiochus a surmonté victorieusement l'épreuve, il a affirmé son entière autonomie morale, et Rodogune peut alors lui avouer son amour. Et cet amour, confirmé désormais par l'estime, équivaut à une véritable investiture, d'une valeur bien supérieure à celle que sa mère pourrait lui conférer. Car depuis la scène 4 de l'acte III, les deux frères, d'un commun accord, avaient reconnu en Rodogune la dépositaire véritable de la légitimité, et les pouvoirs du sacre:

> Réglez notre destin, qu'ont mal réglé les dieux:
> Notre seul droit d'aînesse est de plaire à vos yeux;
> L'ardeur qu'allume en nous une flamme si pure
> Préfère votre choix au choix de la nature,
> Et vient sacrifier à votre élection
> Toute notre espérance et notre ambition[176].   (III, 4)

L'oracle qui désignera le roi de Syrie ne sera donc ni la voix d'une mère ambitieuse, ni celle d'un père furieux, mais la loyauté du

---

[174]   *Ibid.*, vers 1172-1174.

[175]   *Ibid.*, vers 1222-1224.

[176]   *Rodogune*, vers 913-918.

cœur d'une femme aimée. Le seul mystère est au fond du cœur de Rodogune, qui a reconnu en Antiochus et en lui seul l'image idéale de Nicanor, et discerné par là chez lequel des deux frères se perpétue le principe vivant de la dynastie légitime:

> Toi, son vivant portrait que j'adore dans l'âme[177].

Antiochus devient «rex designatus» dès l'instant où Rodogune a senti se renouveler pour lui le mystère de l'amour:

> Il est des nœuds secrets, il est des sympathies
> Dont par le doux rapport les âmes assorties
> S'attachent l'une à l'autre et se laissent piquer
> Par ces je ne sais quoi qu'on ne peut expliquer.
> C'est par là que l'un d'eux obtient la préférence[178]...

Mais ce mystère est aussi celui de la liberté humaine, car la préférence de Rodogune s'identifie avec celle de la Providence qui manifestera de plus en plus clairement, par la suite des événements, qu'elle destine Antiochus à régner. Dans le secret de ce cœur, ce ne sont pas seulement deux destins qui se sont noués l'un à l'autre: le silencieux acquiescement du choix amoureux a épousé les suggestions de la prescience divine[179]. Dès l'exposition de la tragédie, Laonice, en une sentence prémonitoire dont le sens ultime lui échappait, nous avait laissé pressentir ce rôle de Rodogune comme témoin authentique de la légitimité monarchique, apportant la promesse d'un retour du royaume à l'ordre et à la lumière:

---

[177]   *Ibid.*, vers 884.

[178]   *Ibid.*, vers 359-363.

[179]   Cette analyse est entièrement conforme aux vues d'Yves de Paris que nous choisissons comme le représentant caractéristique de l'humanisme chrétien, sur les rapports entre la liberté humaine et la volonté providentielle. Voir *Théologie naturelle*, Paris, Nicolas Buon, 1640, t. III, p. 287. Chapitre intitulé: «La Prescience et la Predestination de Dieu n'empeschent pas nostre liberté.»

«Lorsque le Théologue dit que la cognoissance de Dieu est *effective*, cela signifie que Dieu est un estre intelligent et qu'il ne produit aucun effet sans le connoistre, mais ce n'est pas à dire qu'il produit tout ce qu'il connoist, puis qu'il connoist une infinité de choses possibles qui neanmoins ne seront jamais existantes. *Ainsi il peut connoistre les actions qui procèdent de la liberté de l'homme sans estre la cause qui les détermine.* On peut admettre encore que sa connoissance est effective en ce qu'il contribuë son concours aux actions des hommes selon leur nature, et comme il sçait qu'elle est libre, il leur donne l'assistance qui vient *au secours* de leur faiblesse sans intéresser leur liberté et sans leur oster les moyens de mériter par leurs bonnes œuvres.» Cette doctrine est identique à celle des jésuites, et à la tradition thomiste.

> Rodogune a paru, sortant de sa prison,
> Comme un soleil levant dessus notre horizon[180].

Mais ce soleil qui se lève, symbole de la victoire d'un ordre politique véritable sur l'injustice et la discorde, c'est aussi celui de la grâce
divine qui, associée à l'amour humain, va dissiper les ténèbres du mal.
Nous sommes loin ici de la malheureuse Electre, condamnée par
l'oracle à supprimer un désordre au prix d'un autre désordre, sous un
ciel toujours inquiétant. Dans la tragédie de Corneille, la politesse de
la justice divine laisse à Rodogune le soin de découvrir dans son cœur
et de prononcer au moment voulu le signal décisif qui fait basculer
la fortune du côté des justes par un enchaînement irréversible; l'aveu
de Rodogune donne à Antiochus l'enthousiasme nécessaire à un nouvel affrontement avec sa mère; et celle-ci, croyant profiter de cette
révélation naïve et prendre au piège les amants, feint de ratifier officiellement le choix de sa rivale, ouvrant ainsi à Antiochus le chemin,
encore semé d'embûches, qui le conduira jusqu'au trône.

Cléopâtre et Rodogune, qui veillent ainsi d'une manière si oppo-
sée sur l'avenir du trône, ont du moins un point commun: elles ont
les mêmes souvenirs. Toutes deux sont initiées aux arcanes de la
dynastie séleucide. Mieux que la confidente Laonice, qui n'en veut
savoir qu'une version édulcorée et officielle, elles connaissent les
tenants et les aboutissants réels de la crise qui en ce «jour pompeux»
doit être enfin résolue par le sacre d'un roi. Ce nœud gordien de haines et de trahisons, ensanglanté de crimes, elle ont contribué toutes
deux à l'emmêler, l'une par son action délibérée, l'autre malgré elle
par sa seule présence et l'amour que lui porta le roi défunt. Entre ces
deux femmes qui à des titres divers ont eu accès aux noirs mystères
d'Etat, le couple de jumeaux a pour lui une innocence entière et
intacte. Antiochus et Séleucus ont été élevés ensemble en exil par
Timagène, comme Pylade et Oreste le furent loin de Mycènes par le
précepteur, qui chez Sophocle les ramène dans la capitale des Atrides.
Mais Oreste et Pylade, quoique libres de l'obsession qui nouait l'une
à l'autre Clytemnestre et Electre, arrivent à Mycènes en connaissant
le passif de la dynastie et le crime qu'ils sont déterminés à commettre.
Les deux princes séleucides ont passé ensemble leur enfance et leur
première adolescence à Memphis, dans une Egypte de pastorale, celle

---

[180] *Rodogune*, vers 281-282.

où déjà Placide invitait Théodore à l'accompagner, pour y fuir les enfers de la cour, et y goûter avec lui un bonheur innocent et sans mélange:

> L'Egypte où l'on m'envoie est un asile ouvert
> Pour mettre notre flamme et notre heur à couvert.
> Là, saisis d'un rayon des puissances suprêmes,
> Nous ne recevrons plus de lois que de nous-mêmes...
> Et nous érigerons en cet heureux séjour,
> De leur rage impuissante un trophée à l'amour[181].

L'itinéraire des «gémeaux» est exactement l'inverse de celui où Placide voudrait entraîner la femme qu'il aime: ils ont vécu d'abord dans l'ignorance bienheureuse des réalités politiques, avant de se retrouver dans la cour de Séleucie héritiers d'un trône et d'une sanglante vendetta familiale. Timagène prend soin de nous avertir qu'il n'a pu informer ses deux disciples que des «premiers troubles de Syrie»[182]: l'épisode décisif, l'assassinat de leur père Nicanor par leur mère Cléopâtre, leur est resté, sinon inconnu, du moins enveloppé dans un voile épais de récits contradictoires:

> Là, nous n'avons rien su que de la renommée,
> Qui par un bruit confus diversement semée,
> N'a porté jusqu'à nous ces grands renversements
> Que sous l'obscurité de cent déguisements[183].

A l'abri de leur ignorance, les princes ont été préservés de toute compromission, même en pensée, avec les crimes de leurs parents. Dans l'obscurité de la retraite d'une Egypte idéale, terre traditionnelle de la sagesse, ils ont été nourris par Timagène dans le culte des plus hauts exemples et des plus belles vertus, et en particulier de celle que les moralistes antiques mettaient hors pair, l'amitié. Les «doux nœuds»[184] de la fraternité se sont complétés dans la solitude de l'exil par l'idéal commun de la «sainte amitié»[185], puisé aux meilleures sources de la philosophie classique.

Les formules que trouvent les deux frères pour célébrer le lien qui les unit:

---

[181] *Théodore, vierge et martyre*, vers 113-116, 121-122.
[182] *Rodogune*, vers 24-25.
[183] *Ibid.*, vers 39-42.
[184] *Ibid.*, vers 114.
[185] *Ibid.*, vers 81.

... son cœur en nous deux réparti[186]...
... nous n'avons eu jamais qu'un sentiment[187]...
Dans le bonheur d'un frère on trouve son bonheur[188]...

évoquent celle d'Aristote traduit par Montaigne, celle de Plutarque
traduit par Amyot, ou celle de Cicéron définissant le parfait ami:
«Est enim is qui est tanquam alter idem.»[189] Antiochus et Séleucus,
à la fois frères selon l'idéal de Plutarque célébrant Castor et Pollux,
et amis selon l'idéal d'Aristote et de Cicéron, n'ont connu jusqu'à
leur retour en Séleucie que la plénitude intacte d'une tendre affection
nouée par la nature et exaltée par la culture. Ils arrivent dans le milieu
dangereux de la Cour syrienne forts seulement de leur amitié et de
leur ingénuité, sans autre dessein que l'obéissance respectueuse à
l'ordre d'une reine en qui ils ne veulent voir qu'une mère. Mais l'innocence qu'ils maintiendront à travers tous les pièges qui vont leur être
tendus, c'est justement le privilège qui les met à même de restaurer,
chacun selon sa voie propre, la couronne de Syrie dans sa splendeur
première.

Le premier des pièges que leur tend la cour, c'est l'amour que leurs
deux cœurs, encore tout emmêlés l'un à l'autre, éprouvent en même
temps pour Rodogune. La logique psychologique, sur laquelle
compte d'ailleurs Cléopâtre, voudrait que leur rivalité amoureuse fît

---

[186]   *Ibid.*, vers 1158.

[187]   *Ibid.*, vers 117.

[188]   *Ibid.*, vers 194.

[189]   Cicéron, *De Amicitia*, Edition des Belles Lettres, Paris, 1957, à partir de la
p. 35. Cet idéal antique de l'amitié, célébré par Montaigne, restait bien vivant au
XVIIᵉ siècle chrétien. Cf. Jacques d'Autun, *La Conduite des illustres*, Paris, 1659,
2ᵉ partie, pp. 698-699:
«L'amour qui ne peut souffrir la division des cœurs, de la vie de deux amis n'en
fait qu'une; un parfait confident disoit ces belles paroles: Je ne suis que la moitié
de moy-mesme et mon amy en fait l'autre, s'il se veut trouver, il doit chercher dans
moy mesme, et moy dans luy, lors que sa belle vie dans laquelle je vis s'achèvera, la
moitié de moy mesme mourra avecque luy, et la moitié de luy mesme vivra dans ma
personne. Bien plus, s'il n'estoit intéressé dans ma conversation, un mesme jour ache-
veroit nostre course, mais je n'acheveroy pas de mourir, afin que la partie de mon
amy qui vit en moy, se rende immortelle pendant ma vie. Voilà l'explication des paroles écrites sur le front de l'amour, *la mort et la vie*; les soins du parfait amy ne doivent
pas estre moindres pour la conservation de celle d'un confident que pour la sienne
particulière. Le sage dit que celuy là est juste, qui neglige les périls pour secourir son
amy: l'amitié est une espèce de contract où les parties se font réciproquement donation de leur cœur, je ne doute qu'il ne soit le principe de la vie et que qui en fait un
transport ne s'expose encore à mourir pour celuy qu'il aime.»

d'eux des ennemis aussi irréconciliables qu'ils avaient été proches
amis. C'est là un fait d'expérience dont un moraliste comme Plutarque dénonce le danger :

> Car ainsi comme les corps qui ont été une fois joints ensemble, si la
> colle ou ligature vient à se lascher, ils ne peuvent bien derechef rejoindre
> et recoller ensemble, mais depuis que le corps naturel vient à se rompre
> ou deschirer, il est malaisé de trouver collure ni soudure qui le puisse
> jamais réunir : aussi les amitiez mutuelles que la nécessité a conjointes
> entre les hommes, si d'aventure elles mènent quelquefois à se séparer,
> facilement elles se reprennent, mais les frères si une fois ils sont esloi-
> gnez et descheus de ce qui est selon la nature, difficilement reviennent-
> ils plus jamais ensemble ; et s'ils y reviennent, la reconciliation attire
> une cicatrice orde et sale tousjours accompagnée de déféance et de
> soupçon[190].

Un exemple célèbre confirmait cette analyse, celui d'Etéocle et
Polynice, que la fatalité de l'inimitié fraternelle avait entraîné au
meurtre réciproque. Les dangers de l'amour étaient démontrés par
une autre légende : celle de la guerre de Troie, allumée par la seule
beauté d'Hélène. Mais les deux frères sont prévenus par ces exemples
qu'ils ont dû méditer souvent pendant leur studieuse retraite. Ils
s'exaltent à l'idée que le piège qui leur est tendu leur offre l'occasion
de *créer* à leur tour un nouvel exemple inédit et sublime. Là où la
nécessité voudrait que les méfaits de l'amour se conjuguent avec ceux
de l'amitié fraternelle rompue, ils renverseront la pente fatale, et
annuleront les effets ordinaires de l'amour par un prodige de l'amitié :

> Ainsi ce qui jadis perdit Thèbes et Troie
> Dans nos cœurs mieux unis ne versera que joie ;
> Ainsi notre amitié, triomphante à son tour,
> Vaincra la jalousie en cédant à l'amour,
> Et de notre destin bravant l'ordre barbare,
> Trouvera des douceurs aux maux qu'il nous prépare[191].

Et les deux frères vont opposer la force inébranlable de la foi jurée,
« des liens sacrés et des nœuds immortels »[192], à la tentation de rivalité
où la fortune et leur propre mère les a induits.

On peut être tenté de sous-estimer la valeur de ce vœu apparemment romanesque, de la part de deux jeunes gens qui n'ont pas encore

---

[190] Plutarque, *ouvrage cité*, p. 258.

[191] *Rodogune*, vers 195-200.

[192] *Ibid.*, vers 210.

pris conscience des graves menaces qui pèsent sur eux. Mais il faut considérer que dans cette cour, où l'usurpation de Cléopâtre fait régner le mensonge et le soupçon, le lien librement consenti que les jumeaux font serment de maintenir entre eux coûte que coûte est le premier chaînon à partir duquel peut être restaurée la «fides», pierre angulaire d'un édifice politique sain. Dans son *De Amicitia*, Cicéron insiste sur cette fonction politique et même cosmique de l'amitié fidèle, comme exemple et fondement de tout ordre durable. Autour des tyrans, aucune amitié n'est possible: «*Haec est enim tyrannorum vita nimirum, in qua nulla fides, nulla caritas, nulla stabilitas benevolentiae potest esse fiducia: omnia semper suspecta, atque sollicita, nullus locus amicitiae.*»[193] L'exemple d'Harmodius et Aristogiton prouvait qu'une amitié inébranlable pouvait suffire à ébranler le désordre politique engendré par la tyrannie, et restaurer un ordre légitime. Sans qu'ils en mesurent les conséquences, par le seul effet de leur droiture naturelle, les jumeaux créent par leur serment héroïque les conditions de la rédemption politique du royaume de Syrie.

Il est vrai cependant qu'à la fin du premier acte, les jumeaux ingénus ne soupçonnaient pas encore «ce qu'il y a de pourri» dans leur royaume; ils n'ont pas atteint à la sphère du sérieux tragique. Il y sont brutalement introduits à l'acte II, scène 3, par leur mère, qui se révèle à eux dans sa criminelle vérité, et qui leur dévoile la vérité du crime auquel ils doivent de pouvoir aspirer au trône. C'est là un point sur lequel il faut insister pour comprendre la subtilité du piège auquel sont soumis les deux princes. Aussi bien dans le récit que Laonice fait à Timagène de la scène du régicide, que dans celui que Cléopâtre fait à ses fils, il y a accord sur un point capital: le roi rentrait en Syrie décidé à répudier sa femme au profit de Rodogune, et à déshériter ses fils au profit des enfants qu'il aurait de celle-ci. Laonice confirme par son témoignage impartial les affirmations de Cléopâtre.

> Il veut même épouser Rodogune à ses yeux,
> Arracher de son front le sacré diadème,
> Pour ceindre une autre tête en sa présence même;
> Soit qu'ainsi sa vengeance eût plus d'indignité,
> Soit qu'ainsi cet hymen eût plus d'autorité,
> *Et qu'il assurât mieux par cette barbarie*
> *Aux enfants qui naîtraient le trône de Syrie.*

---

[193]   Cicéron, *De Amicitia*, éd. cit., p. 30.

Mais tandis qu'animé de colère et d'amour
Il vient déshériter ses fils par son retour[194]...

Cléopâtre semble donc fondée à déclarer solennellement à ses fils:

Recevez donc, mes fils, de la main d'une mère,
Un trône racheté par le malheur d'un père[195].

et à exiger, en reconnaissance de ce service signalé, crime pour crime:

Pour jouir de mon crime, il le faut achever[196].

La reine mère tente ses fils en mêlant d'une façon démoniaque le mal au bien, le crime qu'elle exige à la dette sacrée qu'Antiochus et Séleucus, aspirant au trône, auraient contractée vers elle: ils lui doivent non seulement le respect filial, mais aussi leur avenir politique; le trône où l'un d'eux va s'asseoir a été sauvé par le meurtre de Nicanor, et le futur roi ne peut prouver sa vocation à ce trône s'il n'affirme pas d'abord par un second crime sa solidarité avec le premier. Il suffirait que la voix du sang — qui n'a jamais mieux qu'ici mérité son nom — parle dans l'un des deux frères en faveur de sa mère, pour que Cléopâtre ait gain de cause, et que la dynastie séleucide s'engage définitivement dans les égarements qui ont rendu célèbre le nom des Atrides. Mais l'ingénuité des deux princes ne les empêche pas de voir le piège qui leur est tendu. Leur droiture naturelle les empêche d'accepter l'idée d'un crime. Leur refus suit cependant des voies différentes, où s'esquisse pour la première fois la vocation particulière de chacun d'entre eux. La révélation foudroyante du mal en la personne de sa propre mère jette l'âme intransigeante de Séleucus sur la position de l'innocence absolue. Il ne peut y avoir rien de commun entre lui et cette femme «qu'il n'ose appeler encor sa mère»[197]. Et il invite son frère à une sorte de révolte sacrée qui mette Cléopâtre hors de jeu et sauve leur bien-aimée Rodogune. Antiochus acquiesce à une démarche auprès de Rodogune, mais il distingue soigneusement entre le refus d'une demande injuste et les devoirs filiaux que rien ne peut prescrire:

Gardons plus de respect aux droits de la nature. (v. 687)

---

[194] *Rodogune*, vers 242-250.
[195] *Ibid.*, vers 575-576.
[196] *Ibid.*, vers 674.
[197] *Ibid.*, vers 680.

Et puisque nous avons cru discerner sous les traits de Cléopâtre ceux à demi effacés, mais encore reconnaissables de la Junon virgilienne, nous sommes tentés de reconnaître ici une attitude assez proche de celle d'Enée, qui, malgré tant de raisons pour se plaindre de la déesse, ne se relâche pas de la piété qu'il doit à sa divinité, et ne manque aucune occasion de se la concilier par des prières[198]. Antiochus comme Enée ne renonce pas à l'espoir d'apaiser la colère dont il éprouve les cruels effets:

> Une larme d'un fils peut amollir sa haine[199].   (II, 4)

Il mérite ici, comme le héros de Virgile, l'épithète de *pius*. Même sa mélancolie, qui est comme le corollaire de son refus de la révolte, rappelle le mode caractéristique de la sensibilité d'Enée[200]. Pourtant Antiochus en cette circonstance ne pourrait être entièrement compris si l'on ne faisait pas intervenir une autre composante de son personnage, comme la hantise d'un ancêtre plus lointain dans sa généalogie littéraire: Oreste. Le crime de sa mère, au moment même où il refuse de la condamner, l'obsède:

> Je vois bien plus encor: je vois qu'elle est ma mère;
> Et plus je vois son crime indigne de ce rang,
> Plus je lui vois souiller la source de mon sang.
> J'en sens de ma douleur croître la violence;
> Mais ma confusion m'impose le silence[201]...   (II, 4)

S'il insiste avec autant de farouche résolution pour écarter de son esprit l'image d'une mère criminelle, c'est parce qu'il en retrouve la souillure troublante dans la source de son propre sang, comme si le

---

[198]   Voir, par exemple, *Enéide*, L. XII, vers 175-179. C'est d'ailleurs le conseil que lui avait donné solennellement Hélénus au chant III, vers 433-440.

[199]   *Rodogune*, vers 728.

[200]   Voir J. Perret, *Virgile, l'homme et l'œuvre*, Paris, Boivin, 1952, p. 138: «Ce qui est sûr, en tout cas, c'est qu'en creusant la psychologie de son personnage, Virgile nous a ouvert sur l'héroïsme des vues nouvelles. Avant lui — et combien de nos contemporains, deux mille ans plus tard en sont encore là — on ne séparait pas l'héroïsme de la passion, et l'enthousiasme, d'une certaine alacrité de tout l'être, ou, au moins, d'un "beau désespoir". Or Enée est un héros puisqu'il ne renonce jamais, mais il est souvent lassé, découragé, héros par la seule adhésion de son vouloir à l'ordre des dieux mais pour le reste encore faible comme nous: *Mens immota manet, lacrimae volvuntur inanes*, "Son jugement demeure inébranlable; c'est en vain que coulent ses larmes"» (IV, 449).

[201]   *Rodogune*, vers 712-716.

parricide d'Oreste, qu'il ne veut pas commettre, se révélait latent au fond de lui-même, et l'effrayait comme une pente encore inaperçue de sa propre nature. Antiochus se sent souillé, mais non pas irrévocablement déterminé par la tendance au crime de sa race. La piété et la sagesse d'Enée l'emportent en lui sur la tentation d'Oreste et sur la fatalité familiale que celui-ci symbolise. Le spectacle de Cléopâtre furieuse et criminelle, et l'invitation de son frère à se révolter contre elle, lui ont néanmoins révélé en lui-même un Oreste possible, et qui s'ignorait jusque-là. Séleucus a découvert qu'il y a du mal dans le monde. Antiochus a vu «bien plus encor»: il y a une pente au mal dans son propre cœur. L'un est un stoïcien qui s'ignore, et l'autre un chrétien qui s'ignore.

A tous deux, il reste encore un recours en la personne de leur bien-aimée Rodogune. Mais lorsque celle-ci à son tour leur aura fait entendre la voix de leur père assassiné les appelant à la vengeance, les deux princes, cernés de toutes parts, sont contraints de se choisir définitivement en face du mal dont ils ont eu maintenant l'entière confirmation, et chaque fois de la bouche des deux êtres qu'ils sont tenus de révérer le plus profondément. Il leur est impossible de s'en tenir aux belles fictions, aux «déguisements» dont Séleucus s'enchantait encore lorsqu'il projetait une «révolte innocente»[202] destinée à porter l'un d'entre eux et Rodogune sur le trône, en dépit de Cléopâtre. Maintenant il est clair que seul un crime et le plus noir peut ouvrir le chemin qui donne accès à la «gloire» du trône. Encore ce premier crime devra-t-il être suivi d'un autre, car comme Cléopâtre le laisse entendre, celui des jumeaux qui s'y sera résolu devra tôt ou tard asseoir définitivement sa puissance par l'assassinat de son frère[203]. Cette épreuve initiatique par le crime est comme une inversion de l'épreuve héroïque, dont Antiochus évoque avec amertume et ironie la définition idéale:

> Le ciel par les travaux veut qu'on monte à la gloire;
> Pour gagner un triomphe il faut une victoire[204].

---

[202] *Ibid.*, vers 745.
[203] *Rodogune*, Acte IV, sc. 3, vers 1268-1272, Cléopâtre à Antiochus:
> C'est périr en effet que perdre un diadème.
> Je n'y sais qu'un remède; encore est-il fâcheux,
> Etonnant, incertain, et triste pour tous deux;
> Je périrais moi-même avant que de le dire;
> Mais enfin on perd tout quand on perd un empire.
[204] *Ibid.*, vers 1067-1068.

Mais de quelle gloire et de quelle victoire peut-il s'agir dans leur cas? Le «travail» que l'on attend d'eux, c'est le lâche meurtre d'une mère ou d'une amante, bientôt suivi peut-être par celui d'un frère. Le réseau des devoirs et des respects qui soutenait l'innocence des deux princes, l'idéal noble inspirant leur conduite, tout cela s'écroule comme frappé par un mauvais enchantement. Antiochus s'abandonne à une mélancolie métaphysique qui, un instant, rappelle les doutes du prince Hamlet:

> Nos malheurs sont plus forts que ces déguisements.
> Leur excès à mes yeux paraît un noir abîme
> Où la haine s'apprête à couronner le crime,
> Où la gloire est sans nom, la vertu sans honneur,
> Où sans un parricide il n'est point de bonheur;
> Et, voyant de ces maux l'épouvantable image,
> Je me sens affaiblir quand je vous encourage[205]...

Ce «noir abîme» est celui du doute, qui fascine tant de héros shakespeariens et qui les plonge dans cet état semi-orinique où l'action perd tout sens volontaire. Un instant la pensée d'Antiochus s'arrête à l'idée qu'un malin génie pourrait pervertir à cc point le cours des choses terrestres, que l'ordre des valeurs en serait renversé, et que tout succès ici-bas serait le prix d'un acquiescement au mal. Cet accès de sombre mélancolie nous semble devoir être assigné à l'héritage d'Oreste, que la cruelle énigme de son propre destin avait conduit jusqu'à la folie. Et l'analogie avec Hamlet s'explique tout naturellement par cet ancêtre commun.

Mais chez Corneille, Antiochus se reprend vite. De nouveau le génie d'Enée triomphe en lui de celui d'Oreste, et de ses désespoirs: le sens de la patiente espérance terrestre, le goût de lutter pour que la justice et l'innocence aient leur place sur la terre — en d'autres termes une authentique vocation royale — naissent en lui sur les cendres de l'idéalisme noble, mais encore adolescent:

> Cependant allons voir si nous vaincrons l'orage,
> Et, si contre l'effort d'un si puissant courroux,
> La nature et l'amour voudront parler pour nous[206].

Malgré le «noir abîme» du mal qu'il vient d'apercevoir, Antiochus ose donc rester présent au monde, et dire «J'espère encor un

---

[205] *Ibid.*, vers 1070-1076.
[206] *Ibid.*, vers 1128-1130.

peu»[207]. Son frère s'oriente dans un sens bien différent. Après avoir supposé un instant lui aussi que «le ciel est injuste»[208], il est saisi d'un tel dégoût du désordre terrestre, que le désir de fuir «n'importe où hors du monde» s'empare de lui. Par une objurgation pathétique, il invite Antiochus à sauver leur innocence en un séjour où de telles épreuves leur seraient épargnées, et où la seule amitié régnerait sans partage:

> Dérobons-nous, mon frère, à ces âmes cruelles,
> Et laissons-les sans nous achever leurs querelles[209].

Quel est ce séjour? L'Egypte, d'où leur malheur les a arrachés, ou bien, et plus vraisemblablement, l'asile de la mort? Séleucus garde sur ce point un silence énigmatique. Mais, sur le refus de son frère, et dans un mouvement analogue à celui des sages stoïciens, il renonce au bonheur et à la puissance terrestres, dont il sent trop maintenant que ce sont des valeurs relatives et transitoires, mêlées au surplus de trop de mal pour que sa pureté intransigeante puisse le tolérer.

Le partage se fait entre les deux frères. A l'un le trône, à l'autre la mort:

> Rodogune est à vous puisque je vous fais roi.
> Epargnez vos soupirs près de l'une et de l'autre.
> J'ai trouvé mon bonheur, saisissez-vous du vôtre:
> Je n'en suis point jaloux, et ma triste amitié
> Ne le verra jamais que d'un œil de pitié[210].

Désormais Séleucus est prêt au sacrifice suprême. Dans une dernière entrevue avec sa mère, il incarne vraiment l'innocence assurée en elle-même face aux violences du mal, une sorte de sainteté intrépide face aux efforts du machiavélisme politique; il accepte d'avance, il provoque peut-être la mort que son défi va lui mériter. Ainsi le meurtre de Séleucus sous les coups de Cléopâtre épargne au jeune prince le seul crime qui aurait pu le tenter: le suicide. C'est cette éventualité que redoutait Antiochus, dans le court monologue qui suit l'ultime confrontation des deux frères de la scène 5 de l'acte III:

---

[207] *Ibid.*, vers 1093.
[208] *Ibid.*, vers 1051.
[209] *Ibid.*, vers 1091-1092.
[210] *Ibid.*, vers 1110-1114.

> Ces ombres de santé cachent mille poisons,
> Et la mort suit de près ces fausses guérisons.
> Daignent les justes dieux rendre vain ce présage[211].

Cette mort que Séleucus a désirée comme un bonheur et une espérance après avoir connu le monde, elle lui est venue d'une autre main que la sienne: elle lui permet de quitter le monde comme un martyr de l'innocence, limpide victime des machinations du mal.

Cette mort n'est donc que la preuve de l'injustice des méchants, et non de celle de la Providence. Car elle a un sens fertile, et d'abord comme le lumineux témoignage de la liberté de Séleucus. Elle a d'autre part sa fonction et sa nécessité supérieure à l'intérieur du drame que traverse la Syrie. Le sacrifice de cette victime innocente a les conséquences exactement inverses de celles prévues par Cléopâtre: il a une vertu purificatrice, et le sang de Séleucus versé «sur l'herbe verte» engendre des grâces qui vont anéantir les projets criminels de la reine mère. Par un jeu de coïncidences trop serré pour ne pas être «un effet de la justice du ciel», l'oracle prémonitoire que Séleucus laisse tomber de ses lèvres expirantes est rapporté à son frère à temps pour que celui-ci retire de ses lèvres la coupe du poison symbolique tendue de la part de Cléopâtre. La mort de Séleucus révèle alors sa dernière signification et peut-être la plus haute: celle d'un sacrifice offert par un nouvel Euryale sur l'autel d'une amitié fraternelle que la politique avait rendu impossible autrement.

Antiochus saisit parfaitement toute la portée du message que son frère lui a fait parvenir du seuil de l'autre monde. Il n'en limite pas le sens à un simple point de départ d'enquête policière. Assez curieusement, le message tronqué de son frère, ambigu comme un oracle antique, en lui laissant ignorer l'identité du meurtrier, le place dans les mêmes dispositions morales où Séleucus se trouvait après que Cléopâtre et Rodogune eurent appelé successivement les jumeaux à un meurtre. Du côté de sa mère, comme du côté de son amante, il ne voit que l'énigme d'une trahison et d'un crime possibles. Le même goût de la mort s'empare de lui, et à deux reprises. Nouveau Nisus, il s'apprête à rejoindre dans la paix de l'au-delà son frère qui semble l'y appeler une seconde fois:

> Cher frère, c'est pour moi le chemin du trépas:
> La main qui t'a percé ne m'épargnera pas;

---

[211]   *Ibid.*, vers 1125-1127.

Je cherche à te rejoindre, et non à m'en défendre,
Et lui veux bien donner tout lieu de me surprendre ;
Heureux si sa fureur qui me prive de toi,
Se fait bientôt connaître en achevant sur moi,
Et si du Ciel trop lent à la réduire en poudre,
Son crime redoublé peut arracher la foudre[212].

En s'identifiant un moment à son frère, au point de désirer le même sort de victime expiatoire, Antiochus retrouve et aggrave le mouvement de doute et d'angoisse où l'avait plongé, à l'acte II, la révélation du mal politique en la personne de Cléopâtre. De nouveau une sombre mélancolie l'envahit, pesante comme le destin antique : «Sauvons aveuglément ma triste destinée.» Le meurtre de son frère porte à son point extrême sa tentation de refuser le pouvoir politique, et le conduit jusqu'à celle d'en fuir la menace dans le suicide ou dans la mort acceptée. L'angoisse d'avoir à assumer la part de crime que comporte l'exercice de la puissance politique va maintenant jusqu'à effacer dans le cœur d'Antiochus sa timide vocation royale. Il souhaite mourir plutôt que de régner.

C'est alors qu'intervient Rodogune, comme pour achever par une libre initiative humaine la victoire ébauchée par les voies de la Providence. Une première fois, elle lui avait donné la force de vouloir le trône, en lui avouant son amour, et en interprétant les paroles de Nicanor mourant dans un sens moins impératif et plus rassurant pour l'innocence ombrageuse du jeune prince. Dans la dernière scène, elle prend en charge une seconde fois les destinées de la dynastie séleucide, en plaçant pour ainsi dire elle-même Antiochus sur le trône. Elle l'arrête au bord du suicide. Puis, en tendant un piège à Cléopâtre, elle se charge d'interpréter les paroles de Séleucus dans un sens tout différent de celui que voulait leur prêter Antiochus : au lieu d'une dénonciation générique du mal inhérent à la vie terrestre, et d'un appel à le fuir, elle en fait la dénonciation précise de Cléopâtre — et d'elle seule. En contraignant celle-ci au suicide, et en se libérant elle-même du soupçon, elle rend à Antiochus le goût de l'aimer, le goût de vivre, et celui de régner. Elle le sauve une seconde fois.

Malgré tant d'hésitations et de frémissements, Antiochus monte enfin sur le trône. Et Oronte peut s'estimer en droit de célébrer la fin heureuse de la tragédie, dans des termes qui sont déjà ceux que

---

[212] *Ibid.*, vers 1773-1780.

Corneille emploiera plus tard, dans les trois *Discours*, pour définir la finalité de sa dramaturgie[213]:

> Dans les justes rigueurs d'un sort si déplorable,
> Seigneur, le Juste Ciel vous est bien favorable:
> Il vous a préservé, sur le point de périr,
> Du danger le plus grand que vous puissiez courir;
> Et par un digne effet de ses faveurs puissantes,
> La coupable est punie et vos mains innocentes[214].

Les premiers vers de la tragédie avaient d'ailleurs, dans leur solennelle ambiguïté, laissé présager cette «fin heureuse»:

> Enfin, ce jour pompeux, cet heureux jour nous luit,
> Qui d'un trouble si long doit dissiper la nuit,
> Ce grand jour où l'hymen, étouffant la vengeance,
> Entre le Parthe et nous remet l'intelligence[215].

Laonice se bornait alors à se réjouir de voir Cléopâtre consentir à exécuter les termes du traité passé avec Phraate. Le dénouement providentiel de la tragédie communique rétrospectivement à ses paroles un second sens oraculaire. A son insu, Laonice annonçait que l'aurore du soleil monarchique ne pouvait avoir lieu sans qu'au préalable fût étouffé l'esprit nocturne de discorde et de vengeance qui habitent la reine mère et troublent le royaume de Syrie.

Il est remarquable cependant que les vers d'Oronte ne concluent pas la tragédie. Une ombre pèse sur le sacre d'Antiochus, comme elle pèsera sur le sacre de Joas. Les imprécations prononcées par Cléopâtre avant de s'enfoncer dans la nuit prophétisent à l'astre naissant d'Antiochus un avenir digne du passé de la dynastie, comme celles d'Athalie contiendront l'annonce des crimes de Joas:

> Règne: de crime en crime enfin te voilà roi.
> Je t'ai défait d'un père, et d'un frère, et de moi.
> Puisse le ciel tous deux vous prendre pour victimes,
> Et laisser choir sur vous les peines de mes crimes[216]!

---

[213] *Discours de la tragédie*, éd. cit., t. I, p. 79:
    «La punition de cette impitoyable mère laisse un plus fort exemple puisqu'elle devient un effet de la justice du ciel, et non pas de la vengeance des hommes; d'autre côté Antiochus ne perd rien de la compassion et de l'amitié qu'on avait pour lui, et qui redoublent plutôt qu'elles ne diminuent.»
[214] *Rodogune*, vers 1831-1836.
[215] *Ibid.*, vers 1-4.
[216] *Ibid.*, vers 1817-1820.

Par ces vœux menaçants, Cléopâtre a formulé clairement l'obscure angoisse qui faisait frémir Antiochus dans son hésitant cheminement vers le trône. Il n'a pas le cœur à se réjouir de la mort d'une mère, en qui il voit l'image effrayante du destin qui guette sa vertu jusqu'ici miraculeusement préservée :

> Oronte, je ne sais, dans son funeste sort,
> Qui m'afflige le plus, ou sa vie ou sa mort ;
> L'une et l'autre a pour moi des malheurs sans exemple ;
> Plaignez mon infortune[217]...

La fin de la tragédie est donc moins heureuse qu'il ne peut le sembler aux yeux non initiés d'un ambassadeur étranger comme Oronte. L'angoisse d'Antiochus, qui assume désormais le destin de la dynastie, est le pressentiment d'une tragédie future où, devenu tyran à son tour, il connaîtrait lui-même la vengeance du ciel. Il monte sans doute sur le trône, mais avec le poignant accablement d'une victime qui s'apprête à y voir son innocence sacrifiée aux exigences et aux tentations du métier de roi. Le prince vertueux qu'il fut a peur du roi qu'il est en train de devenir. Et le premier acte de son règne, qui s'ouvre sous d'aussi sombres auspices, est d'ordonner un «funèbre appareil» pour célébrer non seulement le deuil de son frère, mais surtout peut-être le deuil de sa propre jeunesse, de sa propre innocence. Son sort s'avère plus tragique encore que celui de son frère : celui-ci, dès qu'il a reconnu le mal, a sacrifié sa vie pour s'en préserver ; Antiochus, voué au trône, s'avance en connaissance de cause vers le mal dont il lui faut désormais assumer sa part pour rendre possible un ordre terrestre, imparfait, transitoire. Il n'aura incarné qu'un instant l'image pathétique d'un roi innocent et conscient de ne pouvoir le rester.

Antiochus, contre ses sombres pressentiments et contre les tentations du pouvoir politique, n'a désormais d'autre recours que la sagesse de Rodogune. Aucune certitude intérieure ne le soutient. Car si la Providence a agi pour le porter sur le trône, elle l'a fait à l'insu de ce héros païen, qui a bénéficié de ses secours sans pouvoir identifier leur source, sans pouvoir y puiser la force d'être fidèle à un ordre qu'il ne sait reconnaître. Son sort reste «infortuné» dans la mesure où les ténèbres du paganisme l'empêchent d'orienter son règne selon

---

[217] *Ibid.*, vers 1837-1840.

les vues providentielles, et le condamnent à l'errance et à l'erreur. Le seul personnage de la pièce qui ait aperçu la présence de la volonté divine à l'œuvre dans les événements, c'est paradoxalement Cléopâtre. Encore ne s'agit-il que d'un pressentiment très confus, qui n'anticipe en rien sur le temps où la Providence se sera déclarée et nommée comme telle. La reine mère devine, à travers l'invulnérabilité de sa rivale, une grâce souveraine qui déjoue ses calculs et l'entraîne irrésistiblement à des actes de plus en plus odieux, qui finiront par la démasquer:

> Quel est ici ton charme, odieuse rivale[218]?

Rodogune resterait incompréhensible en effet, si l'on ne supposait pas un mystérieux accord de ses actes et sentiments avec un ordre supérieur auquel elle consent spontanément, mais qu'elle ne peut pas connaître. La droiture morale de sa nature adhère sans hésiter à ce que les desseins providentiels attendent d'elle. Sans qu'elle s'en doute, elle collabore avec le vrai Dieu, qui lui reste inconnu, et chacune de ses interventions est une étape décisive vers le triomphe de la légitimité et de la justice. Elle apparaît en quelque sorte comme l'allégorie de la sagesse païenne, pressentant la vérité et aidant à son triomphe par les seules lumières naturelles. Mais cette Minerve elle-même resterait faible et désarmée face aux entreprises du crime, si un concours[219] de circonstances providentiellement réunies ne lui permettait d'exercer ce «charme» que Cléopâtre, en dépit qu'elle en ait, doit lui reconnaître. L'innocence des jumeaux d'abord, qui les rend inaccessibles aux propositions maternelles et leur permet de triompher de l'épreuve que Rodogune elle-même leur fait subir. La droiture de Laonice, ensuite, qui lui fait reconnaître en Rodogune la reine véritable de Syrie, et pousse cette confidente de Cléopâtre à révéler à sa captive les desseins de sa maîtresse. La hâte de Timagène, enfin, qui transmet le message de Séleucus assez tôt pour laisser à Rodogune le temps de prendre sa rivale au piège. Laonice et Timagène, le frère et la sœur, âmes simples et vertueuses, sont là comme les représentants du peuple de Syrie, qui attend et espère le rétablissement d'un ordre politique légitime. Sans le chercher, Rodogune rassemble autour d'elle toutes les forces saines

---

[218]   *Ibid.*, vers 1480.

[219]   Voir Yves de Paris, *Théologie naturelle...*, le texte cité à la note 179: «Dieu peut connoistre les actions qui procèdent de la liberté de l'homme...»

du royaume, et cette conspiration spontanée, qu'une volonté inconnue anime et conduit, réussit à abattre la vieille reine solitaire et à faire naître l'aurore d'un nouveau règne. La manière dont Corneille donne ainsi en spectacle l'irrésistible bonté de la Providence est entièrement conforme aux vues qu'un théologien humaniste comme Yves de Paris exprime dans son *Traité de la Providence*, paru en 1640:

> Galba, succedant à l'Empire, vint donner remède aux cruautez de Néron. Vespasian suivit Vitellius, Alexander Severus prit le sceptre avec une vie, et un gouvernement de Philosophe, après les dissolutions d'Heliogabale. Ces remedes si ordinaires et si à propos ne sont pas un coup de hazard, mais de la mesme providence qui fait succeder les beaux jours du Printemps aux melancolies de l'Hyver, et les fertilitez de l'Automne aux violentes chaleurs de l'Esté. Qui doute que les tyrans ne forment de grands desseins pour avoir des successeurs qui conservent leur réputation et achèvent de rendre le gouvernement au poinct qu'ils se proposent le plus absolu; néantmoins cette bonté souveraine qui ordonne le chastiment des peuples, pour les instruire, et non pas pour les opprimer, arreste court l'insolence de ces prétentions et donne la plus grande tranquillité à l'Estat, lorsque toutes les apparences humaines le menaçoient d'une entière desolation[220].

Au terme de cette analyse, *Rodogune* se présente à nous comme une sorte de palimpseste où le mythe tragique grec, recouvert d'abord sous un fragment d'histoire hellénistique, est encore gauchi et effacé par des apports d'origine latine et surtout par une dramaturgie ordonnée selon la conception chrétienne de la Providence. Que reste-t-il de tragique dans une œuvre où la «justice du ciel», malgré la discrétion de ses intentions et son respect de la liberté humaine, n'en conduit pas moins les événements à une conclusion heureuse? La tragédie cornélienne présuppose bien, en effet, comme Corneille lui-même l'affirme, l'idée d'une Providence qui ne cherche pas à prendre les hommes au piège, et qui, lorsqu'elle les soumet à des épreuves, leur donne en même temps les moyens de les surmonter victorieusement. Le piège tragique ne peut plus être, comme chez les Grecs, la définition de la condition humaine soumise à la tyrannie divine. Ce n'est pas non plus, comme chez Virgile, cette succession d'embûches tendues par des dieux irrités à un héros harassé, mais qui sait néanmoins qu'à ce prix de souffrances, la loi immuable du destin lui garantit le

---

[220]   Yves de Paris, *ibid.*, p. 276, ch. XII: *De la Providence divine du gouvernement des Estats.*

succès de sa mission. Si le piège tragique, sans autre issue que le crime ou la mort, subsiste chez Corneille, l'honneur de Dieu y est lavé du soupçon de l'avoir tramé. Et de fait, il subsiste dans *Rodogune*, puisque, dans cette «tragédie à fin heureuse», Cléopâtre est acculée au crime, et Séleucus à la mort. Antiochus lui-même, qui monte en vainqueur sur le trône, n'accueille son triomphe qu'avec désespoir. Qui a monté ce piège, puisque Dieu ne peut en être tenu pour responsable? La responsabilité en est toute humaine, et c'est d'abord celle de Cléopâtre. Celle-ci, pour une transition, est investie du pouvoir politique, image de la toute-puissance divine; mais au lieu de se mettre au service d'un pouvoir qui ne lui appartient que par délégation, elle s'en fait un instrument pour tenter d'usurper, ne serait-ce qu'un instant, la toute-puissance divine. Elle agit en tyran, et crée de toutes pièces les conditions d'un ordre faux qui, se superposant un instant à l'ordre providentiel, donne l'impression de l'effacer. La tragédie cornélienne n'est donc pas d'ordre métaphysique, comme pour les Grecs, mais d'ordre exclusivement politique. Remarquons toutefois que cette reine, qui s'ingénie à inventer des traquenards pour perdre Rodogune et ses fils, est elle-même prisonnière du mécanisme tragique qu'elle a déclenché, et qu'elle voit peu à peu se retourner contre elle. Pour avoir aspiré au pouvoir et à la liberté absolus, elle s'est enchaînée à la logique de ses actes. Contrainte de substituer la violence à la ruse, elle est acculée au meurtre de Séleucus qui la dénonce. Un «charme» a déjoué ses calculs, et sa mort orgueilleuse masque mal un échec qui inspire plus de terreur que de pitié.

Encore a-t-elle eu le temps de faire une victime, son fils Séleucus. Mais ici encore, Cléopâtre, croyant défier le ciel, exécute sans le savoir ni le vouloir les desseins providentiels. Car Séleucus, prisonnier des limites d'une sagesse toute païenne, s'orientait vers le suicide lorsque la justice divine le sauve de cette faute, et transfigure sa mort en sacrifice salvateur et en témoignage de sublime amitié fraternelle.

Elle a eu le temps encore de proférer menaces et imprécations contre Antiochus, et ses paroles, solennisées par son titre de mère et par la proximité de la mort, achèvent de jeter le trouble dans l'«âme flottante» de son fils. Le tragique propre à Antiochus est en effet purement moral. La Providence a eu beau le préserver, dans l'ordre de l'action, des embûches que lui tendit sa mère. Dans l'ordre spirituel, il n'en reste pas moins menacé d'un piège où sa mère s'est enfermée elle-même et où elle voudrait l'enfermer à son tour: la tentation de croire qu'une fatalité féroce préside au destin des hommes.

Antiochus apparaît comme l'allégorie de l'âme païenne, qui ne sait et qui ne peut conclure à la bienveillance ni à la malveillance du ciel, qui hésite entre l'espérance et le désespoir ; il se laisse tantôt rassuré par la sagesse supérieure de Rodogune et tantôt se laisse fasciner jusqu'à l'angoisse par l'exemple, en apparence prophétique, de sa propre mère.

A l'intérieur d'un monde où la Providence règne sans que son royaume soit reconnu, il reste donc deux foyers de tragique, qui n'ont peut-être pas disparu du monde chrétien lui-même, et qui gardent en ce sens toute leur inquiétante actualité pour les contemporains de Corneille : l'erreur religieuse, qui pousse les hommes à la révolte, au désespoir et au désordre ; et en second lieu, la puissance politique, qui permet à ceux qui en sont investis de reconstituer à l'intérieur des frontières de leur Etat les conditions morales du monde païen, puisqu'ils s'y arrogent les privilèges tyranniques des dieux anciens. Blasphème et perversion de la puissance politique vont d'ailleurs de pair, car le tyran, ennemi de la liberté humaine, est fatalement aussi un adversaire de la Providence et de sa bonté infinie.

En définitive, selon la thèse traditionnelle de l'humanisme, réaffirmée encore au milieu du XVIIᵉ siècle par une longue compilation du P. Pascal Rapine[221], la vérité chrétienne était déjà en germe et en souffrance dans la gentilité ; mais inversement, il est tout aussi vrai que, dans le monde chrétien, l'erreur païenne subsiste encore à l'état de trace et de tentation. Cette coexistence du paganisme et du christianisme — avant comme après la Révélation — permet à Corneille de conférer à son drame une double signification : c'est d'abord une peinture du monde païen, où les lumières naturelles coopèrent sans le savoir avec la grâce providentielle encore occultée — et, à la faveur de cette coopération implicite, sont préservées de l'étouffement en attendant de s'épanouir dans la révélation évangélique. Leçon de confiance en la Providence, et dans la liberté qu'elle laisse aux hommes de surmonter victorieusement leurs épreuves. On reconnaît la leçon théologique des jésuites.

Il ne s'agit donc nullement dans *Rodogune* d'une reconstitution historique visant à recréer le « climat » d'une culture disparue — bien que cela soit donné par surcroît. Car l'aveuglement que supposait le

---

[221]   R.P. Pascal Rapine de Sainte-Marie, *Le Christianisme naissant dans la gentilité*, Paris, E. Conterot, in-4°, t. I, 1655.

tragique des anciens continue de sévir dans la chrétienté, en vertu de la liberté de choisir le mal que la Providence laisse aux hommes. Et il est facile de déduire *a fortiori*[222] de l'exemple de Cléopâtre une leçon pour les princes chrétiens, qui s'abandonneraient à la même démesure sans avoir, comme cette reine hellénistique, l'excuse d'ignorer les lumières de la Révélation. Leçon de défiance envers la faiblesse et l'orgueil des hommes, à qui le pouvoir politique donne les moyens de reconstituer, à l'intérieur même du monde chrétien, les conditions morales et spirituelles du tragique païen.

La Révélation a fait de l'histoire une tragédie à fin heureuse, mais chacun de ses épisodes peut, si l'on n'y prend garde, retrouver la forme anachronique d'une tragédie au sens antique du terme, semblable à celle que la bonté de la Providence, alliée à la sagesse de Rodogune, n'a épargnée que de justesse au royaume de Syrie.

---

[222]   Nous empruntons cette expression au P. Julien Eymard d'Angers qui rappelait dans son rapport d'Aix-en-Provence que les spectateurs du XVIIe siècle étaient accoutumés à tirer des exemples païens une leçon chrétienne. *Le Renouveau du stoïcisme au XVIe et au XVIIe siècles*. Rapport présenté par le P. Julien Eymard d'Angers (Actes du VIIe congrès de l'Association Guillaume Budé, Paris, Les Belles Lettres, 1964). Voir surtout les pp. 151-153.

CHAPITRE III

Corneille
et l'Italie de la Réforme catholique

1.

CORNEILLE, LECTEUR DE LA *FILLI DI SCIRO**

S'il est dans *Polyeucte*, un thème qui ait séduit et tourmenté les commentateurs, c'est bien celui du «double amour» de Pauline, épouse éprise et amante troublée.

On a presque scrupule à ajouter une «source» de plus à toutes celles qu'a décelées Robert Garapon[1], et pourtant il faut se rendre à l'évidence: l'originalité de Corneille prend son essor à partir d'une connaissance approfondie de la littérature européenne de son temps aussi bien que de la littérature antique. Et le «double amour» de Pauline ne saurait être compris dans sa saveur unique si l'on ignore la tradition littéraire sur lequel il est pour ainsi dire enté. Cette situation paradoxale d'une femme sincèrement amoureuse de deux hommes en même temps, dont Corneille, pour séduire son public mondain, a voulu «orner» sa première tragédie chrétienne, l'Europe entière au moment où apparaît *Polyeucte*, l'avait applaudie et interminablement commentée dans le personnage de Celia, un des principaux *dramatis personae* de la *Filli di Sciro*, du comte Guidobaldo Bonarelli della Rovere.

---

* Etude d'abord publiée dans *Mélanges... offerts à Georges Mongrédien*, Limoges, 1974, pp. 313-326.

[1] «Une source espagnole de *Polyeucte*», *Mélanges offerts à Raymond Lebègue*, Paris, Nizet, 1969, pp. 201-210. Voir en particulier pp. 201-202.

La *Filli di Sciro*, représentée pour la première fois en 1605[2], publiée
pour la première fois en 1607[3], fut, avec le *Pastor Fido* de B. Guarini[4]
et l'*Aminta* du Tasse[5], une des trois grandes pastorales dramatiques
qui hantèrent l'imagination amoureuse du XVIIe et même du XVIIIe
siècle. Toutes trois nées à la cour humaniste et aristocratique des princes d'Este à Ferrare, elles eurent, dans leur langue originale et en traduction, une diffusion européenne. A s'en tenir au XVIIe siècle, la
Filli di Sciro eut au moins vingt-deux éditions différentes en Italie, et
après l'Italie, c'est en France à coup sûr que son succès fut le plus vif:
traduite et publiée pour la première fois à Toulouse en 1624, elle
trouva encore plusieurs traducteurs au cours du siècle[6] et un adapta-
teur pour la scène, Pichou[7]. La traduction en vers publiée en 1630 par
Simon du Cros, et précédée de poèmes par Maynard et Mairet, mérite
qu'on s'y arrête: son auteur était, comme le fut du reste Mairet, un
officier du duc de Montmorency. Celui-ci, qui avait épousé une princesse italienne parente de Marie de Médicis, Marie Félice des Ursins,
était à la fois une des grandes figures du parti catholique et un mécène
de grande envergure, qui tenta de créer autour de lui, dans son hôtel
parisien, dans son château de Chantilly, et dans son entourage de
gouverneur du Languedoc, une cour littéraire et humaniste à l'imitation de la cour de Ferrare et de celle d'Urbin. Ces velléités de créer en
France une civilisation aristocratique inspirée des petites cours italiennes, et qui sont communes au duc et à d'autres grand seigneurs
de la période 1620-1630, furent étouffées par l'exécution du duc en
1632, à Toulouse. Son principal protégé littéraire, Mairet, se réfugie

---

[2] Voir la notice bibliographique complétant l'édition de la *Filli di Sciro* par Giovanni Bari, Laterza, 1941, p. 323.

[3] *Ibid.*, p. 324. Cette édition princeps, faite à Ferrare, est dédiée au duc d'Urbin, parent du comte Bonarelli. Ferrare, depuis 1598, avait été annexée aux Etats pontificaux.

[4] Parue pour la première fois en 1589, cette tragi-comédie pastorale avait déjà connu vingt éditions quand en 1602 Guarini en publia l'édition définitive, accompagnée de commentaires de sa main. Voir *Opere di Battista Guarini*, a cura di Luigi Fasso, U.T.E.T., Turin, 1950.

[5] L'*Aminta*, écrite au printemps 1573, fut représentée pour la première fois le 31 juillet 1573, et connut ses deux premières éditions en 1581, l'une à Venise (Manuce), l'autre à Crémone (Draconi).

[6] Voir la notice bibliographique de l'édition Gambarin, ouvr. cit., p. 323, note 1.

[7] Editée en 1631 à Paris, chez Targa, éditeur de nombreuses pastorales.

alors auprès du comte de Belin, au Mans, dont le cercle littéraire, de bien moindre envergure que celui du duc de Montmorency, est un autre exemple de cet essor vite avorté d'un mécénat féodal au sein de la monarchie française. De la cour de Montmorency avait pourtant eu le temps de surgir une nouveauté dont les conséquences pour l'histoire du théâtre français sont bien connues: l'introduction en France de la pastorale «régulière», obéissant aux principes que la critique italienne avait extraits d'Aristote[8]. L'essor et le rapide déclin de la pastorale en France sont donc liés à l'histoire de la haute aristocratie française, et il est significatif que Simon du Cros, traducteur de la *Filli di Sciro*, et Mairet, auteur de la *Silvanire*, soient restés fidèles à la mémoire de la plus noble victime de Richelieu, le duc de Montmorency[9].

Sans nous attarder sur les arrière-plans politiques et sociaux de l'essor de la pastorale «à l'italienne» en France, dans la première décennie du ministériat de Richelieu, venons-en à ce qui doit nous occuper principalement ici, la *Filli di Sciro*, et le cas de Celia. On ne saurait mieux faire que d'emprunter à Bonarelli lui-même le résumé de cette situation dramatique:

> Celia, rapita da un centauro, da due pastori ad un tempo valorosamente è soccorsa: il centauro è messo in fuga, ma i pastori ambedue ne rimangono mortalmente feriti. Celia, per gratitudine della ricevuta libertà e per compassione dei suoi feriti liberatori, ansiosa della lor salute, alla lor cura sollicitamente intende. L'uno e l'altro pastore di lei fieramente s'accende, e l'amor loro quasi ad un tempo le scuoprono. Celia, benchè per natura nemica d'amor, e d'estrema purità zelantissima, ad ogni modo a suo dispetto è sforzata ad amarli egualmente ambedue, si che per non offender né l'un né l'altro, né se stessa, a tutti e due ed a se stessa è crudele. Però, non potendo né soffrir il dolore né sperarne il rimedio, tenta la morte[10].

<hr />

[8]   Voir Carrington-Lancaster, *A History...*, Part I, vol. 2, p. 374.

[9]   La traduction de Simon du Cros est précédée d'une épître dédicatoire au duc. Le même Du Cros publiera en 1643, à la mort de Richelieu, et en la dédiant à la duchesse de Montmorency, devenue abbesse de la Visitation de Moulins, une *Histoire de la Vie du Duc de M.*, et en 1665 les *Mémoires* du duc. Il avait publié en 1647 (la même année qu'*Héraclius*) une seconde édition de sa *Filis*.

[10]   Trad.: «Celia enlevée par un centaure est courageusement secourue à la fois par deux bergers: le centaure est mis en fuite, mais les deux bergers en demeurent gravement blessés. Celia, reconnaissante de la liberté qu'ils lui ont rendue, prise de pitié pour ses libérateurs blessés et anxieuse de leur santé, s'active à les soigner. L'un et l'autre pasteurs s'éprennent violemment d'elle, et à peu près en même temps lui révèlent leur amour. Celia, bien que par nature ennemie de l'amour et extrêmement attachée à la pureté, est entraînée malgré elle à les aimer également tous les deux, si bien que pour n'offenser ni l'un ni l'autre, ni elle-même, pour tous deux et pour elle-même

Le suicide de Celia sera heureusement découvert à temps par les deux bergers qui l'aiment et qu'elle aime: leurs larmes seront un contrepoison efficace aux herbes vénéneuses qu'elle avait absorbées. Et il se révélera qu'un des deux bergers dont elle s'est crue éprise d'amour était en fait son frère, Tirsi, jusque-là déguisé sous le nom de Niso; Tirsi est au surplus déjà marié à une jeune bergère, Filli, qu'il croit morte, et qui, sans le reconnaître et sans être reconnue de lui, vit dans l'île de Sciro, déguisée sous le nom de Clori, amie de Celia.

Ces jeux d'identité, dont Celia a été victime, ont été rendus possibles par la domination tyrannique que les Thraces, un peu comme les Romains dans l'Arménie de *Polyeucte*, font peser sur l'île de Sciro:

> Soggogiando al suo barbaro impero
> le ville e le cittadi[11].

Tous les quinze ans, le roi de Thrace perçoit sur la malheureuse province désarmée un tribut d'enfants. Tirsi et Clori, ainsi enlevés et amenés devant le roi, avaient eu le don de l'attendrir: il les avait mariés, après leur avoir donné à chacun une moitié d'anneau gravé de son portrait. Au cours d'une guerre du roi de Thrace avec le roi de Smyrne, les deux adolescents avaient été une seconde fois enlevés, séparés, et, après de multiples aventures, ils étaient revenus, chacun persuadé de la mort de l'autre, dans leur île natale. Au moment où la *Filli di Sciro* commence, un envoyé du roi de Thrace, Oronte, vient d'arriver pour percevoir le tribut. Au moment où la pièce se termine à la fin du jour, le double labyrinthe, celui où Celia a été entraînée par son double amour, celui où Tirsi et Clori ont été égarés par la tyrannie thrace, est éclairci.

En effet, au cours de l'acte IV, la «reconnaissance» entre les deux époux séparés a eu lieu. Une ultime «péripétie» les sépare une dernière fois: Clori découvre que son Tirsi (jusque-là Niso, et se croyant veuf) a été l'un des deux objets d'amour de la pauvre Celia. Niso-Tirsi, désespéré, jette à terre l'anneau qui a servi à leur reconnaissance et s'enfuit. Or cet anneau est orné d'un portrait du roi de Thrace, et les Thraces ne badinent pas plus avec l'«idole» de leur roi que les

---

se montre cruelle. Enfin, ne pouvant ni supporter cette souffrance ni en espérer un remède, elle tente de se suicider.» Ed. cit., p. 148.

[11] Subjuguant à leur barbare empire
les villes et les cités.

Romains dans *Polyeucte* avec les idoles de leurs dieux. Oronte s'apprête donc à sévir aussi sévèrement que Felix. Et justement Niso-Tirsi, loin de nier le sacrilège, s'en affirme hautement l'auteur. Touchée de ce témoignage d'amour, Clori se dénonce à son tour pour être punie à la place de son époux: contestation de générosité, dont Corneille se souviendra, en la transposant dans un autre registre, dans la scène finale de *Cinna* et dans le dernier acte de *Théodore, vierge et martyre*[12].

Au moment où tous deux vont être mis à mort, Oronte, ému de leur amour, découvre inscrit dans les caractères hiéroglyphiques de l'anneau, un décret du roi de Thrace qui libérait Filli et Tirsi de leur servitude et excluait l'île de Sciro du paiement du cruel tribut:

> Ch'l crederebbe? In somma
> è il cielo un laberinto, in cui si perde
> chiunque va inspiarni i fati[13].

La complexité de l'intrigue, enveloppant à la fois l'aventure de Celia et ses deux amants, Niso et Aminta, et l'aventure de Tirsi et Filli, n'a pas empêché Bonarelli de l'inscrire dans une forme rigoureusement docile au canon de la critique aristotélicienne, et entre autres de respecter les trois unités. Le médecin Isnard, préfacier de l'adaptation de Pichou, ne tarit pas sur cette «régularité» de la *Filli di Sciro*, exemple insurpassable de l'«austérité des règles auxquelles elle se trouve assujettie et principalement de celle de vingt-quatre heures...». Anticipant sur l'évolution du mécénat en France, il cite même l'opinion du cardinal de Richelieu, qui estimait que cette pièce était «la plus juste et la mieux travaillée qu'on eust encore veue». On peut

---

[12] Cette contestation de générosité, exemplum stoïcien de la littérature antique (Damon et Pythias, Nisus et Euryale), est christianisé dans les *Acta Martyrum*, tels ceux de Théodore et Didyme. C'est, semble-t-il, comme nous le faisons remarquer plus loin, le Tasse qui introduit ce lieu commun dans la littérature pastorale, avec l'épisode d'Olinde et Sophronie. On trouve un exemple d'une telle contestation dans l'*Astrée* (IVᵉ partie, livre IX, Astrée et Céladon au siège de Marcilly), dans l'*Agothonphile ou les martyrs siciliens*, de J.-P. Camus (martyre d'Agathon et de Tryphine). La clémence d'Oronte dans la *Filli di Sciro* remonte elle-même à la pitié qu'Aladin, dans l'épisode du Tasse, éprouve devant la générosité réciproque et le courage des deux amants chrétiens. C'est seulement à l'intérieur de cette tradition que peut être appréciée la nuance exacte des variantes cornéliennes.

[13] Qui l'eût cru? En somme le ciel
est un labyrinthe, où s'égare
quiconque va en épier les décrets.

penser que ces remarques ne sont pas restées inaperçues de Corneille,
qui fit représenter pendant l'hiver de la même année[14] son *Clitandre*,
où il semble rivaliser de virtuosité avec le comte Bonarelli, en enser-
rant dans un cadre aussi rigoureux une richesse d'intrigue au moins
aussi abondante.

On aura remarqué, chemin faisant, d'autres analogies entre la *Filli
di Sciro* et l'œuvre cornélienne: l'image d'une province occupée par
un pouvoir militaire et tyrannique est commune à *Polyeucte* et à la
Filli di Sciro. Il est probable que les aspects peu rassurants que prend
souvent chez Corneille l'*Imperium romanum* trouvent ici, dans l'obstacle que la puissance politique et militaire oppose au bonheur et à
la liberté, une de leurs sources les plus profondes[15]. On peut suggérer
d'ailleurs, sans beaucoup s'aventurer, que des grands seigneurs
comme le duc de Montmorency, en révolte ouverte ou larvée contre
l'extension de l'autorité monarchique, trouvaient dans cette thématique des sujets de satisfaction. Dans le *Pastor Fido*, la tyrannie des prêtres de Diane, dans l'*Astrée* la tyrannie de Polemas, lointain écho des
soldats spoliateurs de Tityre, chez Virgile, nous montrent qu'il s'agit
là d'un trait essentiel de la littérature pastorale.

Autres analogies avec *Polyeucte*: c'est le «saint nœud du
mariage», dans *Polyeucte* comme dans la *Filli di Sciro*, qui tire Pauline comme Celia du doute où les avait entraînées un «double
amour». Et pour confirmer cette christianisation de la tradition pastorale, c'est une offense faite aux «idoles» qui, dans *Polyeucte* comme
dans la *Filli di Sciro*, est l'occasion d'une assomption de deux époux
et le signal d'une libération.

L'insertion par Corneille de si nombreux motifs pastoraux en filigrane d'une tragédie chrétienne n'a rien pour nous surprendre:

---

[14]   *Clitandre* fut représenté durant l'hiver 1631-1632 et publié presque aussitôt
en 1632 (20 mars). La gageure que représente cette tragi-comédie «régulière» n'est
sans doute pas moindre que celle que représente la complexe et «régulière» *Filli di
Sciro*. Avant Corneille le tour de force de Bonarelli avait inspiré Mairet, qui réussit
à faire entrer «dans les règles» la *Sylvanire* de d'Urfé. Cette *Silvanire* «régularisée»
fut publiée en 1631.

[15]   Outre cette interprétation de style «pastoral» de la puissance romaine dans
Polyeucte, on peut citer également chez Corneille la tyrannie de Valens et de Marcelle
sur Antioche, dans *Théodore, vierge et martyre* (Théodore comme Polyeucte, est de
famille royale dépossédée de ses droits par les Romains), et la tyrannie de Flaminius
sur la cour de Prusias, dans *Nicomède*.

Bonarelli, élève, comme Corneille, des jésuites[16], avait pour ainsi dire préparé le terrain à son lointain lecteur français, dans la mesure où déjà, en filigrane de sa pastorale, se dessinait une tragédie chrétienne. La tyrannie thrace est une version pastorale de la tyrannie persécutrice des bourreaux romains, telle qu'elle apparaît dans les *Acta Martyrum* et dans leur dramatisation sur les scènes de collège. L'«idole» du roi thrace est une version pastorale des idoles des dieux païens; et l'amour de Filli et Tirsi, grandi par l'épreuve, devient la source d'une vertu héroïque qui les rend capables d'affronter fièrement un supplice lui aussi digne des *Acta Martyrum*. Torquato Tasso, autre élève des jésuites et poète quasi officiel de la Réforme catholique, avait déjà, dans le fameux épisode d'Olinde et Sophronie, dans la *Gerusalemme liberata*, tiré un parti tout à la fois poétique et édifiant d'un amour mutuel qui se sanctifie par le consentement au sacrifice de la vie.

La *Filli di Sciro* s'élève donc, au Ve acte, à la dignité de tragédie chrétienne que les conventions de la tragi-comédie *boschereccia* infléchissent seules vers une fin heureuse. Mais avant d'atteindre ce palier, Bonarelli avait longtemps laissé errer ses spectateurs dans le labyrinthe de l'amour charnel, celui justement dont Celia, plus que tout autre personnage, est prisonnière. Aimée de deux bergers aussi aimables l'un que l'autre, elle les aime tous deux avec une violence qui l'épouvante, et l'accable de remords. Son tourment, qui l'amène au suicide, est une préparation habilement ménagée pour amener le spectateur à reconnaître la supériorité de l'amour légitimé par le mariage, et à plus forte raison de l'amour divin, sur les illusions mortelles de l'amour charnel[17].

Nous pouvons en toute sécurité proposer ces interprétations de l'œuvre, qui l'inscrivent dans le contexte de la Réforme catholique, car nous disposons d'un document qui nous offre dans le plus grand détail l'interprétation de la *Filli di Sciro* par son auteur lui-même: en

---

[16]   Outre l'éducation jésuite de Bonarelli, il faut tenir compte du fait que Ferrare, au moment où il écrit et publie la *Filli di Sciro*, a cessé d'être la capitale des Este et se trouve incluse dans les Etats pontificaux. Cette pastorale représente donc l'état le plus avancé de la «christianisation» du genre, qui, avec l'*Aminta*, avait pris son essor sous le signe d'un hédonisme paganisant.

[17]   La *Filli di Sciro* représente le point de jonction le plus parfait entre la tradition pastorale-aristocratique et le théâtre ecclésiastique des collèges. Une des raisons sans doute de son pouvoir de fascination durable sur Corneille.

effet, comme à propos du *Pastor Fido* avait eu lieu la fameuse querelle entre Giason de Nores et Giambattista Guarini[18], à propos de la *Filli di Sciro* le comte Bonarelli s'était trouvé en butte à une foule de critiques auxquelles il répondit par des *Discorsi in difesa del doppio amore della sua Celia*[19]. C'est en pensant à ces deux querelles italiennes, ainsi qu'à celle dont le *Crispus* du P. Stefonio avait été l'occasion[20], que le cardinal de Richelieu prononcera le mot célèbre, si cruel pour Corneille, et qui reste attaché à la querelle du Cid: «C'était seulement une querelle entre les ignorants et les gens de jugement.»[21] Dans le cas de Bonarelli, les critiques auxquelles il eut affaire semblent avoir été de deux natures: puritaines, déjà, les unes lui reprochaient d'avoir mis au théâtre un «monstre» d'impudeur choquante; techniques, les autres se plaçant sur le terrain même de la rigueur aristotélicienne qu'il avait lui-même adoptée, lui objectaient l'«invraisemblance» du personnage de Celia. On est frappé par l'analogie entre ces arguments et ceux que les adversaires de Corneille adressèrent au *Cid*, et plus particulièrement au personnage de Chimène, à la fois «impudique» et «invraisemblable» dans sa persistance à aimer Rodrigue alors même que celui-ci a tué son père. Mais à la différence de Corneille, combattu par l'Académie française, Bonarelli trouva des alliés dans l'*Accademia* ferraraise dite *degli Intrepidi*, qu'il avait, il est vrai, contribué à fonder: c'est cette académie qui, après la mort prématurée du dramaturge, publia ses *Discorsi*, après avoir chargé son frère Prospero d'en établir le texte.

Les arguments du comte Bonarelli ne sont pas, pour reprendre l'expression de Richelieu, ceux d'un «ignorant». Comme Corneille le fera plus tard dans ses trois *Discours*, il fait fonds sur une connaissance approfondie d'Aristote, mais, à la différence de Corneille, il n'hésite pas à recourir aussi à une vertigineuse érudition qui accumule les «autorités». On n'a d'ailleurs nullement l'impression que cet aristotélisme esthétique ni cette érudition sont plaqués après coup: comme le Tasse, et comme Guarini (Croce le leur a assez reproché),

---

[18]   Sur cette querelle, voir le chapitre qui lui est consacré dans *History of literary criticism in Renaissance Italy*, de Bernard Weinberg (Chicago, 1961, 2 vol.), t. II, pp. 1074-1105.

[19]   Voir bibliographie dans Gambarin, ouvr. cit., p. 329.

[20]   Voir Tarquinio Galluzzi, *Difesa di Crispo*, Roma, 1624.

[21]   Voir Georges Mongrédien, *Recueil des textes et documents du XVIIe siècle relatifs à Corneille*, Paris, C.N.R.S., 1972, p. 60.

Bonarelli fut à la fois créateur *et* critique; son argumentation, enrichie et mise en forme, se borne à développer les principes qui avaient présidé à une création consciente. Moins audacieusement que Guarini dans les deux *Verrato*, et plus audacieusement que Corneille dans ses trois *Discours*, Bonarelli oppose à un aristotélisme étroit et juridique, l'aristotélisme laxiste des créateurs.

Répondant aux deux séries de critiques qui lui avaient été opposées, il imbrique l'un dans l'autre deux traités dans la tradition de l'humanisme italien: un *Trattato d'amore* et un *De Arte poetica*. Dans le premier, il s'attache à montrer que les caprices de l'amour charnel défient la logique et la morale, et que le cas paradoxal de Celia les illustre parfaitement. Celle-ci n'est donc pas un exemple à suivre, mais une peinture des réalités de l'amour charnel, qui joue son rôle dans l'économie éthique de l'œuvre, où sont montrés d'autres degrés de l'amour. Dans son argumentation proprement «poétique», il s'attache à réfuter l'accusation d'invraisemblance. Il part du fait que la peinture poétique a autant à faire avec la réalité qu'avec l'imagination; elle n'est pas copie servile du vrai, mais assemblage créateur d'éléments empruntés au vrai, et cet assemblage par l'imagination poétique donne naissance à des êtres de fiction, mais vraisemblables. Il décompose ainsi les éléments dont il a opéré la fusion dans le «double amour» de Celia.

1° Elle aime plus d'un. 2° Elle aime plus d'un en même temps. 3° Elle aime plus d'un en même temps et également. 4° Elle aime plus d'un en même temps, également et ardemment. 5° Elle veut en mourir[22].

Il établit, par une argumentation serrée, que chacun de ces éléments pris en eux-mêmes est fondé en vérité, et que la création poétique, dans le cas de Celia, a consisté à réunir (tel le Centaure, composé fictif d'un torse humain et d'un corps de cheval) ces cinq éléments en un personnage unique et cohérent, dont la vraisemblance est pour ainsi dire étayée de cinq côtés. Dans ce beau «monstre», les nœuds inextricables et angoissants où l'amour charnel enserre l'âme humaine acquièrent une évidence poétique (*id est* la vraisemblance) supérieure au «vrai». Nous sommes ici très proches de l'esthétique qui a présidé à la création de *L'Illusion comique*. Et ce n'est pas ici le lieu d'analyser comment, malgré certaines analogies, cette conception de la vraisemblance poétique diffère de celle de *vraisemblable*

---

[22]   Voir Gambara, ouvr. cit., p. 165.

extraordinaire, à laquelle Corneille aura plus tard recours pour préserver la «poétique des créateurs» de l'étau juridique où la poétique des doctes cherchait à enfermer la tragédie.

Pour s'en tenir à la thématique, il est intéressant de remarquer que si Corneille a porté constamment à la scène le cas des deux amis ou deux «gémeaux» déchirés par l'amour qu'ils portent à la même femme (thème symétrique et inséparable du thème de la femme éprise de deux hommes aussi «aimables» l'un que l'autre), il s'est borné à frôler très prudemment, avant *Polyeucte*, le cas scabreux d'une femme atteinte d'un «double amour». Dans *La Suivante* (la première comédie parfaitement «régulière» de Corneille), Amarante aime à la fois Théante et Florame. Mais quel amour! Sur les cinq éléments énumérés par Bonarelli, les trois premiers seuls la concernent. Encore faut-il entendre ici le verbe «aimer» dans un sens si «politique», si calculateur, que la froide Amarante est parfaitement dépourvue de cette poignante sincérité qui emportait la pudique Celia au cœur de l'Eros. Le sévère échec de la Suivante cornélienne reste comique, et n'inspire aucune pitié pour elle, car cette raisonneuse est vaincue sur le terrain même qu'elle avait choisi: celui de la *stratégie* amoureuse. Dans *Horace*, la brève équivoque qui peut un instant faire croire à Julie (acte I, scène 2) que Camille, fiancée de Curiace, est en train de s'éprendre de Valère, est aussitôt dissipée: et même au cas où cet amour se serait vérifié, il n'aurait jamais été qu'un «change», aussi banal que rassurant.

Avec le personnage de Pauline, Corneille s'aventure-t-il au cœur même du dilemme amoureux posé par Bonarelli? Des cinq éléments posés par le dramaturge italien, tous paraissent rassemblés dans le cas de la fille de Félix. 1. Elle aime plus d'un, Polyeucte et Sévère. 2. Elle les aime tous deux en même temps. 3. Elle les aime tous deux également. 4. Elle les aime tous deux également et ardemment. 5. Elle veut mourir.

En fait, aussitôt ces propositions écrites, on découvre le piège: si Corneille a tout fait pour que le spectateur évoque le cas prestigieux de Celia, il a tout fait aussi pour mettre en relief, sur ce lieu commun soutenu par une tradition, son originalité créatrice. S'il est vrai que Pauline, dès la scène 3 de l'acte I, nous révèle qu'en elle l'épouse aimante de Polyeucte n'a pas supplanté l'amoureuse de Sévère, Corneille a pris soin de créer entre ces deux amours un intervalle chronologique considérable: l'amour pour Sévère est de l'ordre du souvenir, l'amour pour Polyeucte est, pour emprunter à Aristote sa terminologie, un amour en acte. Si elle les aime «en même temps», ces deux

amours sont nés dans des temps distincts avec une coloration affective
différente, ce qui réduit beaucoup le paradoxe de Celia[23]. S'il est vrai
qu'elle aime «chèrement» Polyeucte et Sévère (celui-ci d'autant plus
chèrement que sa réapparition, à l'acte II, a réactualisé le souvenir de
leur passion mutuelle), on ne peut pas dire qu'elle les aime tout à fait
«également»: ces deux amours n'ont pas le même statut éthique. On
peut à la rigueur ranger son amour pour Sévère dans la catégorie de
l'amour charnel, qui convient parfaitement pour définir le «double
amour» de Celia: encore faut-il souligner par quel luxe de nuances
Corneille a tenté de purifier et d'abolir les «troubles puissants» et la
«révolte des sens» éprouvés par Pauline à l'approche de Sévère. Alors
que Celia était incapable de discerner le «mérite» de chacun de ses
deux «amants» pour choisir entre eux, Pauline, dès les premiers mots
de son aveu à Stratonice, proclame que pour elle le désir, autrefois
comme aujourd'hui, est inséparable du «mérite» de l'objet aimé:

Je l'aimai, Stratonice: il le méritait bien; (v. 184)   (I, 3)

Mais maintenant, Pauline, différente en cela de l'héroïne de Bonarelli, est mariée: son amour de devoir pour Polyeucte, soutenu sans
doute par les plaisirs légitimes du mariage, instaure une dissymétrie
radicale dans ses rapports avec les deux hommes; le mariage a rejeté
effectivement son amour pour Sévère dans l'ordre charnel, et haussé
son estime naturelle pour Polyeucte à la mesure de leur lien conjugal.
Des trois étages de l'amour que Bonarelli, suivant saint Thomas, distingue pour y situer sa Celia, Pauline participe du premier par son
entraînement persistant pour Sévère, et du second (l'amour mondain)
par son lien légitime avec Polyeucte; Celia, dans son double entraînement, restait prisonnière du premier étage, celui de l'amour charnel et
du remords. Le motif du mariage, qui apparaît dans les deux pièces,
y est situé tout autrement: la libération de Celia lui venait de l'extérieur, par la révélation du mariage d'un de ses deux «amants», Niso-
Tirsi, avec son amie Filli-Clori. La libération de Pauline ne lui viendra
que d'elle-même, par un approfondissement de son amour légitime,
mais mondain, en amour divin. L'ascension de Celia se bornait à

---

[23]   C'est ici que notre analyse rejoint celle de R. Garapon dans l'art. cit., et où
la source de la situation Pauline-Sévère-Polyeucte est assignée, avec une forte vraisemblance, à *El Pintor de su deshonor* de Calderon. On saisit en ce point l'imagination créatrice de l'œuvre, remaniant un thème célèbre et traditionnel par *contaminatio* avec un thème différent, emprunté à une œuvre écrite dans une langue différente.

passer de l'amour charnel à l'amour mondain, par son mariage avec le second de ses «amants», Aminta. L'ascension de Pauline passe par les trois étages de l'amour, du charnel au mondain, du mondain au divin. Si l'on voulait rester dans les termes de la *Filli di Sciro*, on pourrait dire que Corneille a fondu dans un même personnage celui de Celia et celui de Clori-Filli, car celle-ci, par son sacrifice d'amour, accédait à la fin de la pastorale de Bonarelli aux altitudes de l'amour divin, où parvient encore plus parfaitement la Pauline de Corneille.

Enfin le motif du suicide, en passant de la *Filli di Sciro* à *Polyeucte*, change du tout au tout. Si Celia se suicide, c'est par incapacité d'obtenir de son cœur, entraîné vers deux hommes à la fois, un choix qui trancherait le doute coupable où elle se trouve plongée. Lorsque Pauline, en un vers allusif:

> Ma mort suivra la mort de ce cher criminel;   (V, 3, v. 1622)

parle de suicide, ce n'est point par excès de doute, mais dans l'exaltation de la certitude: le seul homme qu'elle aime est désormais son mari. La conversion qui suivra le supplice de Polyeucte transfigurera ce dessein noble, mais encore païen, en vocation au martyre.

Sans doute disparaît, avec le personnage de Pauline, l'admirable peinture du vertige sensuel que Bonarelli avait réussie avec le personnage à la fois pudique et bouleversé de Celia. Mozart seul, avec le personnage de Fiordiligi, dans *Cosi fan tutte*, saura retrouver et transfigurer en musique cet abîme qu'un double attrait sensuel, soudain révélé, ouvre à la conscience d'une jeune fille jusque-là «innocente». En revanche, ce que Pauline perd dans l'ordre de la passion, elle le gagne dans l'ordre de la spiritualité. La pente intellectualiste de Corneille, ici tempérée par l'influence de la pastorale italienne et de la comedia espagnole, réussit à ne pas refroidir l'ascension morale et religieuse d'une héroïne qui se souvient qu'elle a un corps, des sens, un cœur, et qui se transfigure sans les nier.

Les variations de Corneille sur le thème posé par Bonarelli ne se bornent pas à *Polyeucte*. Dans *Rodogune*, la situation de Celia est reconstituée, et cette fois pourrait-on croire, d'une façon encore plus exacte que dans la tragédie chrétienne. Car face à deux jumeaux dont le «mérite» est identique, qui l'aiment tous deux aussi ardemment, et qu'elle a «vus» pour la première fois *en même temps*, Rodogune se trouve exposée au même trouble qui avait manqué de perdre l'héroïne de Bonarelli. On peut imaginer le plaisir du spectateur à voir ainsi posé une nouvelle fois, et dans des termes aussi identiques, le vieux problème fascinant: il attend du grand dramaturge le tour de force par lequel il va, une fois de plus, faire la preuve de sa virtuosité créatrice. De fait, pour un instant, Corneille laisse croire que Rodogune sera une seconde Celia:

> Comme ils ont même sang avec pareil mérite
> Un avantage égal pour eux me sollicite;   (I, 5, vv. 355-356)

Mais aussitôt le style cornélien s'impose, et la solution du vieux problème s'annonce toute différente de ce que l'on pouvait attendre: Rodogune est appelée par des «nœuds secrets», par une mystérieuse «sympathie», vers l'un des deux princes, qu'elle ne nomme pas, tout en reconnaissant que l'autre, en toute logique, mériterait aussi bien son amour:

> Je voudrais être à lui si je n'aimais son frère,
> Et le plus grand des maux toutefois que je crains,
> C'est que mon triste sort me livre en ses mains.   (*Ibid.*, vv. 368-370)

L'«étrange effet d'amour» est bien là, comme dans la *Filli di Sciro*, mais il est exactement l'inverse de ce qu'il était chez Celia. Celle-ci se voyait doublement infidèle en aimant également en deux «lieux» différents. Une espèce de déterminisme amoureux l'entraînait au cœur du cauchemar, et du remords. Ici, au défi de la même logique amoureuse qui voudrait qu'elle aimât autant deux princes jumeaux aussi attirants l'un que l'autre, une mystérieuse «élection» ôte à Rodogune toute hésitation, et lui fait choisir invinciblement l'un d'entre eux. Cette mystérieuse «élection» n'est donc pas d'essence érotique, c'est au contraire une «grâce» qui arrache d'emblée Rodogune des labyrinthes d'Eros où s'égarait la pauvre Celia. Et comme la suite de la tragédie le montrera, ce choix qu'elle a fait d'Antiochus, dicté du «fond de l'âme», pour emprunter à la mystique un terme qui convient parfaitement ici, n'était pas en effet un désir charnel, mais un signe d'En haut désignant chez le jeune prince l'héritier légitime de Nicanor, une sorte de sacre du cœur. Encore plus spiritualisée que Pauline, Rodogune acquiert le statut quasi allégorique d'une Minerve de la légitimité veillant providentiellement au salut du trône de Syrie.

Enfin, dans *Héraclius*, Corneille reprend une fois encore le problème du «double amour». Mais cette fois «problème» est à prendre dans son sens le plus mathématique, car s'il restait encore quelque attache entre la brûlante Celia et Pauline ou même Rodogune, l'héroïne d'*Héraclius*, Pulchérie, n'a plus rien de commun avec la bergère italienne qu'une analogie de situation: animée d'une fureur orgueilleuse et glacée, altière, imperturbable, cette très grande dame, fille et sœur d'empereurs d'Orient, ressent peut-être quelque vertige, mais son sens du décorum impérial l'empêche d'en laisser rien paraître. Et pourtant sa situation n'est pas moins labyrinthique que celle de Celia : dans Byzance soumise à la tyrannie de l'usurpateur Phocas, deux jeunes gens de mérite parfaitement égal, Léonce-Martian et Martian-Héraclius, s'interrogent sur leur identité : lequel est le fils de Phocas, lequel est le fils de l'empereur légitime Maurice, assassiné par Phocas ? Et face à ces quasi-jumeaux, dont elle ne sait qui est son frère, qui le fils de son pire ennemi, Pulchérie, fille de Maurice, mais éprise de Léonce-Martian, ne sait qui elle doit haïr, qui elle doit aimer comme un frère ou comme un «amant». Va-t-on enfin entendre retentir sur la scène française le cri d'angoisse et d'horreur de Celia ? Que non pas. Comme dans *Rodogune*, et plus que dans *Rodogune*, si la situation extérieure est angoissante, l'intérieur de Pulchérie, pour autant du moins qu'on puisse en juger par ce qu'elle dit, reste inaccessible au doute. Non pas qu'une grâce secrète vienne éclaircir la princesse : la «merveille» que veut ici nous faire admirer Corneille, c'est justement que, sans clartés extérieures ni intérieures, Pulchérie puisse, par un prodige de volonté et de foi en la justesse de la cause de la légitimité, rester inébranlable et inaccessible au vertige. Pour plus de sûreté, Corneille, fort artificieusement, n'a mis Pulchérie en présence d'Héraclius et de Martian qu'*avant* et *après* que le doute a été jeté sur leur identité, et non au plus obscur du labyrinthe. Mais il l'a mise assez à l'épreuve pour que nous reconnaissions en elle une héroïne de la victoire sur l'angoisse :

> Entre tant de vertus mon choix se peut méprendre ;
> Mais je ne puis faillir, dans votre sort douteux,
> A chérir l'un et l'autre, et vous plaindre tous deux. (V, 2, vv. 1640-1643)

Ataraxie stoïcienne ou indifférence ignatienne ? Pulchérie, poussant jusqu'au bout l'évolution esquissée par *Théodore* et *Rodogune*, devient une pure et simple allégorie de la vertu héroïque, inflexible au milieu des pièges que lui tendent Eros et le monde, invincible au milieu des illusions qui tentent de la diviser contre elle-même.

On pourrait sans doute poursuivre encore cette enquête à travers l'œuvre cornélienne : ce que nous avons recueilli entre *La Suivante* et *Héraclius* devrait suffire à formuler une conclusion. L'on a trop souvent négligé[24], sous le décorum antique et princier de la tragédie cornélienne, la présence active de thèmes et de situations pastorales, que Corneille pouvait trouver, plus que chez les imitateurs français, directement dans les œuvres archétypales que l'Italie avait proposées dans ce genre à l'Europe. Mais l'on n'a peut-être pas assez tenu compte, non plus, de l'effort du chrétien Corneille pour extirper de sa création dramatique toute évocation directe des vertiges de l'Eros. Pour autant, celui-ci, ni «refoulé» ni exhalé, est une énergie essentielle du personnage cornélien. Justement parce qu'il est tenu à discrétion, et contenu par une discipline et une rigueur à la fois morales et poétiques, sa violence et son grondement secrets peuvent se métamorphoser en parole et en acte sublimes.

2. *THÉODORE, VIERGE ET MARTYRE*: SES SOURCES ITALIENNES, ET LES RAISONS DE SON ÉCHEC À PARIS*

Publiée en janvier 1647 par T. Quinet, représentée, selon G. Couton, au cours de la saison 1645-1646, *Théodore, vierge et martyre* est un des chefs-d'œuvre méconnus de Corneille. L'échec que la pièce a essuyé lors de sa création, et dont Corneille décontenancé s'est fait l'écho à la fois dans l'*Epître dédicatoire* à un mystérieux L.P.C.B. en 1647 et dans l'*Examen* de 1660, l'éreintement que Voltaire a réservé à cette tragédie dans son *Commentaire* de 1664, sont les moments décisifs d'une «fortune critique» particulièrement malheureuse. Pourtant la qualité exceptionnelle de cette œuvre avait frappé l'Abbé d'Aubignac[25], et elle fut l'objet d'un débat critique fort nourri sous

---

* *Théodore, vierge et martyre* a paru sous le titre «Classicisme français et culture italienne: réflexions sur l'échec de *Théodore*», dans *Mélanges à la mémoire de Franco Simone. France et Italie dans la culture européenne, II, XVIIe et XVIIIe siècles*, Slatkine, Genève, 1981, pp. 205-238.

[24] L'œuvre d'O. Nadal, *Le Sentiment de l'amour dans l'œuvre de P. Corneille*, montre pourtant la voie.

[25] Voir d'Aubignac, *Pratique du théâtre*, Paris, 1654, p. 79; la position de l'abbé qui voit dans *Théodore* le «chef-d'œuvre» de Corneille est en harmonie parfaite avec son respect des règles, qui place la régularité de l'œuvre au-dessus de son succès auprès du public. Cette position, et le jugement qu'elle implique sur *Théodore*, avait tout pour irriter Corneille. Celui-ci répliquera à l'abbé par ses *Discours* de 1660, où il soutiendra la supériorité de l'art sur les règles, et par l'*Examen de Théodore* où il n'hésitera pas à condamner son œuvre puisqu'elle n'a pas réussi. Il

Louis XIV, depuis Varet et Nicole jusqu'à l'abbé de Villiers[26]. Au cours du XIXe siècle, mais malheureusement dans des notes restées longtemps inédites, Alfred de Vigny puis Ernest Renan[27] rendirent justice au chef-d'œuvre méconnu de Corneille. Frappé sans doute par les analogies entre le sujet de la pièce et la thématique «décadentiste» fin-de-siècle, Jules Lemaître la fit représenter à la Comédie-Française en novembre-décembre 1889. Nouvel échec, dont le critique se justifia par un feuilleton qui en rejetait la responsabilité sur Corneille. Pourtant, hanté par les analogies entre le martyrologe baroque de *Théodore*, et le martyrologe romantique (celui des *Martyrs* de Chateaubriand) et post-romantique (celui de la *Salomé* d'Oscar Wilde), Jules Lemaître publia en 1894 une nouvelle intitulée *Myrrha, vierge et martyre*, plus proche du *Quo Vadis* de Sienckiewicz que de la *Théodore* de Corneille.

Et dans un bel article publié en 1964[28], P.J. Yarrow, tout en soulignant la puissance dramatique déployée par Corneille dans cette tragédie chrétienne, rappelle les jugements favorables, quoique brefs et allusifs, que la critique universitaire a multipliés, d'E. Faguet à G. Couton, en passant par A. Adam, sur une œuvre née manifestement sous une mauvaise étoile.

---

indique même, dans cette œuvre jugée par l'abbé exemplairement «régulière», une faute majeure contre la règle d'unité d'action.

[26]   L'abbé de Villiers est revenu à deux reprises sur le problème posé par *Théodore*. Dans son Épître II (*Œuvres en vers*, la Haye, 1717, pp. 321-330) il célèbre en Corneille le véritable adversaire de l'opéra, tandis que Racine, «plus épuré, plus exact» dans la forme, a introduit l'amour dans la tragédie purifiée par Corneille, et l'a ainsi indirectement rapprochée de l'opéra dont elle était l'adversaire naturelle. Dans son *Entretien sur les tragédies de ce temps* (Paris, 1675, pp. 72-103), il fait soutenir par Timante que la passion amoureuse n'est pas essentielle à la tragédie, comme le prouve l'exemple de Corneille. Le même interlocuteur veut croire que la tragédie chrétienne elle-même n'est pas impossible à faire admettre à la cour, comme le prouve l'exemple de *Polyeucte*. Cléante lui oppose l'échec de *Théodore* qui a renvoyé les tragédies chrétiennes au collège. Mais Timante proteste.

[27]   Voir en effet J. Langlais, *Alfred de Vigny critique de Corneille, d'après des documents inédits*, Clermont-Ferrand, 1905, p. 28. Vigny remarque ce que l'*Andromaque* de Racine doit à *Théodore*, et s'indigne des critiques de Voltaire. Voir aussi E. Renan, «Sur Corneille, Racine et Bossuet», *Les Cahiers de Paris*, 2e série, 1926, cahier V, pp. 43-44. Renan remarque la qualité de l'inspiration chrétienne de la tragédie, et souligne son sénéquisme.

[28]   P.J. Yarrow, *L'Esprit créateur*, vol. IV, n. 3, pp. 149-160.

Nous songerons moins ici à renforcer ce timide mouvement de réhabilitation de *Théodore* qu'à comprendre les raisons de l'échec de cette tragédie lors de sa création. Le porte-à-faux qui a provoqué cet échec est d'ailleurs inhérent à la nature intime de l'œuvre, à la fois trop et pas assez sévèrement chrétienne[29]. Pourquoi? Trois paramètres sont à mettre en œuvre: la tradition littéraire propre au sujet traité, et qui a son autonomie propre; les circonstances dont a dû tenir compte Corneille (ses mécènes, son public, l'état de la «querelle du théâtre»); le texte même et le genre de la pièce. Commençons par la tradition littéraire. Les sources italiennes de la seconde et dernière «tragédie chrétienne» de Corneille nous paraissent en effet éclairer d'un jour plus vif les raisons à la fois religieuses, esthétiques et politiques de l'échec de la pièce en 1645-1646.

Dans son *Epître dédicatoire* et son *Examen*, Corneille ne révèle pas d'autres sources à sa pièce que le *De Virginibus* de saint Ambroise: la garantie d'un Père de l'Eglise n'était pas de trop pour écarter, après coup, les critiques adressées par les «délicats» et les «dévots» à un sujet jugé par eux équivoque et scabreux. En fait, le sujet choisi par Corneille s'enracine dans une longue et riche tradition de l'hagiographie chrétienne, que la Réforme catholique, depuis le XVIe siècle, s'était appliquée à revivifier. C'était par l'abondante littétature hagiographique que le public dévot du XVIIe siècle avait le plus de chances de connaître la «vie de sainte Théodore vierge et martyre» et tout particulièrement par la version de cette *Passio* chrétienne dont saint Ambroise avait orné son traité *De Virginibus*. Une traduction partielle de cet «exemple» figurait dans *La Cour sainte* du P. Caussin[30], publiée en 1626 et dont le succès auprès du public ne se démentit pas

---

[29]   Voir «Critique et création littéraire: J.-L. Guez de Balzac et Pierre Corneille», *Travaux de linguistique et littérature*, t. XIII, 2, 1975, pp. 73-89, surtout pp. 82-89.

[30]   N. Caussin, *La Cour sainte*, Rouen, David Ferrand, 1642, in-8°, L. III, section XXII, maxime XII: «S'exposer à de grandes souffrances pour conserver la chasteté d'autruy, comme fit ce brave Didymus...» On ne saurait exagérer l'importance du P. Caussin, auteur de *La Cour sainte*, mais aussi de tragédies latines de collège, qui introduisirent en France le genre de la «tragédie chrétienne» inventée à Rome par le P. Stefonio, dans l'essor du genre sur la scène profane française. Voir K. Loukovitch, *La Tragédie religieuse en France*, Paris, 1933, p. 144. Le P. Caussin avait été du parti d'Anne d'Autriche sous Richelieu, et, en 1636, c'est à l'instigation de la reine que fut créée la tragédie de *Saint Eustache* de Baro. Deux des tragédies latines du P. Caussin furent «transposées», l'une par Tristan (*Mariamne*) et l'autre par La Calprenède (*Hermenigilde*). Carrington-Lancaster a souligné le nombre de tragédies du XVIIe dont le sujet avait d'abord été un *exemplum* ornant *La Cour sainte*. *Théodore* est de ce nombre.

jusqu'au début du règne de Louis XIV. Et les lecteurs ou lectrices de la version canonique de la *Vita S. Theodorae* dans le *Martyrologium romanum* de Baronius (1ʳᵉ éd., Anvers, 1589) pouvaient recouper le récit du P. Caussin par celui de leur bréviaire, illustré par Israël Sylvestre dans les *Images de tous les saints et saintes de l'année selon le martyrologe romain*, dédié à Richelieu en 1636.

Dans son *Epître*, Corneille doit à la fois combattre les arguments dévots contre le principe même d'un théâtre chrétien, et les arguments mondains qui s'en prenaient à la grossièreté choquante d'un sujet pourtant traité par les Pères de l'Eglise, moins bégueules.

Toutefois la référence ostensible à l'hagiographie et à saint Ambroise n'est, chez Corneille comme chez les autres dramaturges du XVIIᵉ lorsqu'ils indiquent leurs «sources», qu'un leurre destiné à détourner l'attention des «dessous» moins antiques, et donc moins prestigieux, de leur création dramatique. En dépit de la brièveté de la bibliographie consacrée à *Théodore, vierge et martyre*, deux excellents auteurs ont abordé la question des sources de la pièce. En 1926, L.M. Riddle[31], prenant au pied de la lettre la référence à saint Ambroise, a montré que la *fabula* qui soutient l'action de la tragédie de *Théodore* suppose une *contaminatio* entre le récit de la *Vita sanctae Theodorae* tel qu'il figure dans le *De Virginibus* d'Ambroise et le récit de la *Vita sanctae Agnes* qui apparaît dans une des *Epistolae* de l'évêque de Milan. De la première, Corneille aurait retenu les noms des deux martyrs, Théodore et Didyme; le subterfuge adopté par les deux chrétiens pour échapper au dilemme imposé à Théodore: la rétractation ou le viol collectif; la contestation entre les deux jeunes gens à qui subira le martyre et l'épargnera à l'autre. De la seconde, Corneille aurait retenu les éléments de romanesque hellénistique qu'elle contient: l'amour du fils du préfet romain pour une jeune chrétienne; les pressions exercées sur celle-ci pour l'amener à choisir entre le mariage avec ce jeune païen et la prostitution. Riddle expliquait ainsi l'introduction dans la version cornélienne de la *Vie de sainte Théodore* du personnage de Placide et de celui de son père Valens; il renvoyait par ailleurs à l'œuvre antérieure de Corneille (*Médée, Rodogune*) pour faire comprendre le dédoublement de ces deux persécuteurs par le couple féminin et symétrique de Flavie et de sa mère

---

[31] L.M. Riddle, «The Genesis and Sources of Pierre Corneille's tragedies from Médée to Pertharite», *The John Hopkins Studies*, «Romance literatures and languages», III, 1926, ch. VIII, pp. 103-131.

Marcelle. Selon le même auteur, c'était également de la *Vita sanctae Agnes*, où le fils du préfet a un ami qui sert de *go-between* entre le jeune homme et la jeune fille, que Corneille aurait extrait le personnage de Cléobule, confident de Placide. Tout se passerait donc comme si Corneille avait travaillé directement sur ces deux sources latines. Riddle ne s'interrogeait pas sur une éventuelle utilisation par Corneille de la *Sainte Agnès* de Troterel, son compatriote[32], qui lui proposait, ne fût-ce qu'à titre de repoussoir, une première transformation dramatique du récit hagiographique relatif à sainte Agnès. Encore moins s'avisait-il de suivre la piste ouverte par un article d'Henri Hauvette[33], et qui signalait, entre les sources hagiographiques de *Polyeucte* et de *Théodore*, et la version dramatique inventée par Corneille, une médiation dans l'œuvre du dramaturge florentin Bartolommei, auteur d'un *Poliuto* et d'une *Teodora*.

Ce que nous voudrions suggérer, c'est justement l'importance de cette médiation italienne, beaucoup plus importante que ne l'a signalée Hauvette, entre saint Ambroise et Corneille. Un dramaturge n'est pas seulement en quête de «sujets»; il est avide de savoir comment ces sujets ont été traités dramatiquement avant lui. Or il se trouve que le sujet de *Théodore, vierge et martyre* avait une abondante histoire théâtrale en Italie avant que Corneille ne s'en emparât. Et pour toutes sortes de raisons, à la fois théoriques (problème de la tragédie chrétienne et de sa légitimité) et pratiques (conjonction de la thématique pastorale et de la thématique chrétienne), Corneille ne pouvait que se montrer extrêmement attentif aux précédents que lui proposait l'expérience théâtrale italienne, attachée à la *Vita sanctae Theodorae*.

Le point de départ de la tradition relative à Théodore est selon toute vraisemblance la *Sacra Rappresentazione di santa Theodora*, dont la première édition connue date de 1554, et qui fut plusieurs fois rééditée jusqu'en 1617. Alessandro d'Ancona en a publié le texte dans son recueil «*Sacre Rappresentazione dei secoli XIV-XVI* (vol. II, Firenze, Le Monnier, 1872). La *Sacra Rappresentazione di santa Teodora* y figure (pp. 323-347) non loin de la *Sacra Rappresentazione di Crisanto e Daria* (source de *Los Dos Amantes del cielo*, de Calderon, dont le sujet est analogue à celui de *Théodore* et qui a pu servir de

32 Sur Troterel et sa *Sainte Agnès* (1615), voir Carrington-Lancaster, *An History* [...], t. I, pp. 266-267.

33 H. Hauvette, «Un précurseur de Corneille, Girolamo Bartolommei», *Annales de l'Univ. de Grenoble*, 4e trimestre 1897.

source secondaire à Corneille). Il est infiniment peu probable que Corneille ait eu connaissance de cette œuvre archaïque autrement qu'à travers les imitations amplifiées et modernes qu'en firent les dramaturges italiens du XVIIᵉ siècle. Un détail curieux, dans ce «primitif», très fidèle dans l'ensemble aux sources hagiographiques: Didyme est débaptisé et prend le nom d'Euryale. Sous le masque chrétien des deux martyrs réapparaît ainsi le couple célèbre de l'*Enéide*, Nisus et Euryale, exemple stoïcien de l'amitié philosophique. Déjà saint Ambroise, comparant Didyme et Théodore à Damon et Pythias, avouait le travail de refaçonnement des *exempla* philosophiques du paganisme par l'hagiographie chrétienne. Cette culture du «double registre», pratiquée par les Pères des premiers siècles, puis par l'humanisme chrétien de la Renaissance, reste au XVIIᵉ siècle le fondement de l'humanisme dévot tridentin. Et c'est justement ce double jeu qui rend possible la conciliation entre l'héritage du paganisme et le catholicisme tridentin, conciliation dont le genre de la «tragédie chrétienne» est une manifestation typique, que la critique janséniste s'efforcera de rendre difficile ou impossible en France.

Entre la *Sacra Rappresentazione* de 1554 et la première «tragédie chrétienne» traitant du sujet de Théodore, les jésuites du Collegio romano, et en particulier leur dramaturge-vedette, le P. Stefonio, avaient élaboré la théorie de la «tragédie chrétienne», fidèle à Aristote et à Sénèque dans la mesure où, au héros «ni tout à fait coupable ni tout à fait innocent», se substitueraient les héros exemplaires du christianisme et où, aux ressorts de terreur et de pitié, s'ajouterait celui de l'admiration. C'est un avocat de Ferrare, Agostino Faustini, en 1613, qui fit passer le sujet de *Théodore* de sa forme dramatique archaïque à cette forme moderne. Il la réédita en 1619[34].

Le relais est pris quelques années plus tard par Girolamo Bartolommei, un *letterato* florentin[35], qui publie à Rome, en 1632, un

---

[34]   *Theodora, vergine di Allessandria, tragedia spirituale di Agostino Faustini, Ferrarese*, 3ᵉ éd., Venise, Santo Grillo e Fratelli, 1619. Le commentaire de Faustini à sa propre pièce, dans cette édition (pp. 133-220), est du plus haut intérêt pour l'étude de la création littéraire au début du XVIIᵉ siècle: ligne par ligne, Faustini révèle la marquetterie de citations à partir de laquelle sa pièce a été tissée, et la signification qu'il donne à ces choix de l'*inventio*.

[35]   Sur Bartolommei, outre l'art. cit. d'Hauvette, voir le *Dizionario biografico degli Italiani*. Première éd. de ses *tragedie*: Roma, F. Cavallo, 1632, in-12°. *Teodora* y figure pp. 188-292. Outre la dédicace générale à Urbain VIII, voir p. 295 une dédicace au cardinal Francesco, et p. 493 une dédicace au cardinal Antonio. La famille

recueil de *Tragedie sacre*, dédié à Urbain VIII Barberini, et où figurent, comme l'a depuis longtemps signalé Hauvette, un *Poliuto* et une
Teodora. Ces deux pièces, dans une version *aggiornata*, furent réédi-
tées à Florence en 1655. Entre-temps, mais toujours avant que Corneille ne s'emparât du sujet, Rospigliosi avait fait représenter chez les
Barberini son *dramma musicale*, *Santa Teodora* (1635), et à Gênes, en
1640, le Lucquois Fra Giovanni Gottardi avait publié la *Rappresentazione di santa Teodora, vergine et martire, e di san Didimo, martire,
tragedia spirituale*[36]: œuvre qui, malgré son titre, est aussi éloignée
que possible, aussi bien techniquement que poétiquement, de la *Sacra
Rapprezentazione* du XVIe siècle.

Avant d'étudier ce que les *Teodora* italiennes parues avant 1645
ont à nous apprendre sur la *Théodore* française, il faut signaler que
cette fortune dramatique du sujet n'aurait pu être si brillante dans
l'Italie du XVIIe siècle si le Tasse, enchâssant dans *La Jérusalem délivrée* l'essence poétique de la *Sacra Rappresentazione di santa Teodora*,
n'avait conféré au couple Théodore-Didyme un prestige littéraire
incontestable[37]. C'est Alessandro d'Ancona qui a révélé cette source
(avec le *De Virginibus* de saint Ambroise) de l'épisode fameux
d'*Olinde et Sophronie*, qui fait l'ornement du chant II de *La Jérusalem*.

Le traitement que le Tasse fait subir à ses sources hagiographiques
pour en tirer un épisode de *La Jérusalem* ne manquera pas d'influen-

---

Barberini est d'origine florentine, et Bartolommei, qui fut à la fois Accademico
Humorista et Accademico della Crusca, séjourna certainement à Rome sous le *patrocinio* des Berberini, qui eurent à cœur d'attirer auprès d'eux les hommes de lettres.
Deuxième édition, augmentée, à Florence chez Nesti, 1655, 2 vol. in-4°. *Teodora* y
figure au t. I, pp. 583-686. Les dédicaces aux cardinaux Francesco et Antonio subsistent, augmentées d'une dédicace à Anne d'Autriche, aux princes de la maison de
Médicis, et à divers cardinaux de la curie romaine.

[36]   *La Rappresentazione di santa Teodora, vergine et martire, e di san Didimo,
martire, tragedia spirituale data in luce dal Padre Fra Pier Giovanni Gottardi, di
Lucca, Minore Osservante reformato* (dédié à Donna Isabella Doria Iofa), Genova
1640, in-12°. Gottardi est aussi l'auteur d'une autre tragédie *spirituale*, *La Conver-
sione della beata Margarita di Cortona* (dédiée à la Signora Geronima Brignole Sale),
publiée à Gênes la même année.

[37]   Sur l'immense influence en France de *La Jérusalem délivrée*, voir J.G. Simp-
son, *Le Tasse et la Littérature et l'Art baroques en France*, Paris, 1962. L'A. n'a pas
remarqué que, grâce à la plasticité de la Fable, des «scénarios» tirés de *La Jérusalem*
comme d'ailleurs de l'*Aminte*, ont pu être repris avec d'autres noms et avec des
variantes qui les rendent apparemment méconnaissables.

cer les dramaturges qui les feront fleurir après lui. La gloire européenne de *La Jérusalem* garantit que désormais le sujet de Théodore
et Didyme porte l'empreinte, pour le meilleur et pour le pire, du génie
du Tasse. Les deux saints du IVᵉ siècle deviennent chez le poète deux
chrétiens du XIᵉ siècle. Le lieu du drame n'est plus Antioche (saint
Ambroise) ni Alexandrie (*Acta Sanctorum*), mais Jérusalem; les persécuteurs ne sont plus les Romains, mais les musulmans et leur chef
Aladin. Simple substitution de masques. Le point de départ de la persécution des chrétiens, dans la Jérusalem d'Aladin, est la disparition
de la mosquée d'une image de la Vierge que le sultan y avait installée,
comme un talisman magique, après l'avoir dérobée dans une cata-
combe chrétienne. Pour lever la menace de massacre qui pèse en repré-
sailles sur le peuple chrétien, Sophronie (*alias* Théodore) se dévoue et
s'accuse, par un pieux mensonge, d'avoir repris l'image dans la mosquée et de l'avoir détruite. Sa beauté, sa pudeur ne réussissent pas à
attendrir Aladin, qui la condamne au bûcher.

Un jeune chrétien, Olinde (*alias* Didyme), depuis longtemps
amoureux transi de la chaste Sophronie, s'accuse à son tour. Et devant
Aladin, les deux jeunes gens contestent à qui subira le supplice. «O
sublime spectacle, où rivalisent amour et vertu magnanime! où la
mort au vainqueur s'offre en récompense, et où le châtiment du
vaincu est la vie sauve!»[38]

Olinde et Sophronie, comme Théodore et Didyme, sont donc
condamnés à mourir ensemble. Mais sur le bûcher, ils ont le temps de
faire connaissance (ainsi le Tasse élude-t-il l'épisode du «lieu
infâme»). Olinde, qu'Amour inspire plus que Christ, regrette que le
«feu doive embraser leurs corps plutôt que leurs cœurs», et que
«Sophronie soit sa compagne de bûcher, et non pas de lit». Tels sont
les *concetti* que le poète de l'*Aminte* peut faire prononcer par saint
Didyme! Sophronie rappelle doucement son adorateur à des pensées
plus dévotes. Ce dialogue est interrompu par l'arrivée de la guerrière
musulmane Clorinde, à qui Aladin n'a rien à refuser, et qui exige la
grâce des touchants condamnés. Grâce à cette «dea ex machina», la
tragédie se dissipe comme un mauvais songe et l'essence pastorale de
l'épisode se révèle: Olinde, dont la générosité a conquis le cœur de
Sophronie, «va du bûcher aux noces. Il a voulu mourir avec elle, et

---

[38]   *Jérusalem...*, chant II. Je suis responsable des traductions de l'italien, ici
comme dans la suite de cet article.

elle ne refuse pas, puisqu'elle n'est pas morte avec lui, de vivre avec lui». L'exil auquel les condamne Aladin, en les délivrant de la ville et de ses drames, les renvoie en fait à leur vocation première, celle de bergers. On ne peut se défendre de penser que Clorinde (elle-même amoureuse du chrétien Tancrède), en obtenant leur grâce, a révélé la solidarité profonde qui, au-delà des conflits de religion, joint en une chevalerie secrète les héros chrétiens et musulmans de La Jérusalem: leur allégeance à l'amour pastoral.

Tel est le caractère indélébile que le Tasse a imprimé au sujet de Théodore et Didyme: en filigrane de l'emblème chrétien apparaît toujours désormais l'emblème pastoral. Et le génie du Tasse se manifeste en ceci que son intervention a ranimé en fait les «dessous» du sujet que les récits hagiographiques avaient voulu recouvrir. Il est peu douteux en effet que les couples de martyrs, Théodore et Didyme, Crisante et Darie, etc., furent la christianisation de couples héroïques païens, comme Héro et Léandre, Nisus et Euryale, et surtout, puisque le récit de saint Ambroise cite pour ainsi dire sa source, Damon et Pythias. Ces exemples légendaires de fidélité et d'amitié sont aussi les archétypes des couples d'amoureux persécutés, et se sacrifiant sans cesse pour l'autre, du roman hellénistique. Nous avions cru que Sophronie et Olinde étaient des masques apposés sur le visage de Théodore et de Didyme. En fait le Tasse, en soulevant les masques de Théodore et de Didyme, a retrouvé le visage oublié de Clitophon et Leucippé, de Théagène et Chariclée.

On n'aurait aucune peine à montrer, dans Los Dos Amantes del Cielo de Calderon, la présence et la puissance de l'élément pastoral imprégnant cette comedia de santo. Étant donné la difficulté de dater les œuvres de Calderon, il est hasardeux de déterminer s'il a influencé Rospigliosi et Corneille, ou l'inverse. Reste que chez l'auteur de la Teodora romaine, comme chez l'auteur de Polyeucte et chez Claderon, se révèle, dans la descendance du Tasse, et dans l'orbite de l'humanisme jésuite, la même facilité à accorder blandices romanesques et édification chrétienne, séductions profanes et inspiration religieuse.

Chez Faustini, mais surtout chez Bartolommei, des citations presque textuelles de l'épisode d'Olinde et Sophronie, et même d'autres épisodes de La Jérusalem, signalent l'ascendant exercé par le Tasse sur les dramaturges italien du XVIIe siècle. D'autre part le caractère des deux protagonistes, Théodore et Didyme, respecte chez ces différents auteurs le «canon» fixé par le Tasse.

Deux mots clefs caractérisent Sophronie (alias Théodore) dans *La Jérusalem*: «fortezza», vertu virile qui lui inspire des résolutions dignes d'un héros; et «ritrosa beltà», beauté voilée de pudeur et de sévérité, qui la préserve de toute concession aux entraînements du cœur et des sens. Minerve et Diane tout ensemble. Les allégories de Bartolommei, fortezza, verginità, ne feront que rendre visibles ces deux versants du personnage, dans un esprit conforme à celui du Tasse.

Olinde, dans *La Jérusalem*, est amant avant d'être dévot. Les dramaturges italiens, ou bien restitueront au personnage de Didyme ces deux aspects, ou bien scinderont le personnage en deux, attribuant à Didyme la ferveur chrétienne et l'amour pur, et à un soupirant païen de Théodore les feux tout charnels dont brûlait trop ouvertement le héros du Tasse. Mais même adapté aux plus sévères exigences tridentines, c'est donc toujours le canon fixé par le personnage d'Olinde qui sert de référence centrale aux dramaturges pour construire leur propre personnage de Didyme.

Voyons maintenant de plus près chacune de ces tragédie italiennes. La tragédie de Faustini (1613) repose sur une *contaminatio* entre l'histoire de Théodore et Didyme et celle de sainte Agnès. Cette *contaminatio*, très bien démêlée par Riddle à propos du texte de Corneille[39], apparaît donc beaucoup plus tôt dans l'histoire du sujet. Faustini, en introduisant le thème d'un rival païen de Didyme, Isandro, fils d'Eustrasio, préfet de la province romaine d'Egypte, développe une pastorale parallèlement à la tragédie sacrée. Les deux thèmes se chevauchent assez maladroitement, chacun envahissant successivement toute l'action. Le troisième acte est presque entièrement dévoré par un interminable récit de Didyme, récit quasi onirique et dont les sources nous échappent: mélange étonnant de merveilleux romanesque et de merveilleux hagiographique. Au dernier acte, les deux thèmes se rejoignent enfin: la mort de Théodore et Didyme, martyrs de la foi, provoque le suicide d'Isandro, martyr de l'amour. La tragédie de Faustini étant la seule œuvre traitant le sujet de Théodore où le rival de Didyme, berger désespéré, se suicide, on est tenté de penser que c'est là que Corneille a trouvé l'idée initiale du suicide de Placide.

Autre rapprochement possible avec Corneille: toujours à l'intérieur du thème pastoral: la Teodora de Faustini apparaît à son amoureux transi, Isandro, comme une Diane cruelle, une chasseresse

³⁹   L.M. Riddle, *op. cit.*, pp. 103-106.

impitoyable: «saettatrice», «bella aspra guerriera», plus proche de Clorinde que de Sophronie. C'est bien cette constellation métaphorique qui sous-tend plusieurs allusions que Placide fait à Théodore dans la pièce de Corneille. Enfin le rôle du confident d'Isandro, Arminio, frère de Didyme, présente plus d'une analogie avec celui de Cléobule, confident de Placide et parent de Théodore, chez Corneille. On peut donc considérer que les rapports Placide-Cléobule-Théodore sont en partie déjà esquissés dans la pièce de Faustini.

La *Teodora* de Bartolommei (1632), tant par la technique dramatique que par le raffinement littéraire, est très supérieure à celle de Faustini. Pourtant elle semble n'avoir retenu que médiocrement l'attention de Corneille. L'action est dominée, sinon conduite, par trois figures allégoriques, trois Grâces chrétiennes, Amor Divino, Fortezza, Verginità. Trois grâces à la fois au sens païen et chrétien du terme: symboles à la fois esthétiques et théologiques de l'accord entre la volonté humaine et la Providence divine, harmonieusement assumées l'une par l'autre vers le salut et la béatitude éternelle. Nous sommes avec Bartolommei dans un univers voisin de celui de Calderon, tel qu'il apparaît dans *Los Dos Amantes*.

Dès le départ, la Teodora de Bartolommei est visitée par une vision béatifique qui la rend spectatrice de sa future canonisation céleste; parmi des chœurs de jeunes gens et de jeunes filles couronnés de fleurs, elle se voit par avance recevoir une guirlande de roses et de lys, de la main de la Grâce divine, «plus resplendissante que le soleil».

Soutenue et comme enchantée intérieurement par cette vision, elle s'avance désormais vers le martyre comme vers une antichambre nuptiale. Didimo n'est au départ qu'un berger, amoureux sans espoir de Teodora. Un litige, typique de la dramaturgie pastorale depuis l'*Aminte*, l'oppose à son ami Andronico; celui-ci ne conçoit l'amour que comme un plaisir tangible et terrestre, et incite Didimo à l'audace; Didimo au contraire ne conçoit l'amour qu'à la manière platonisante, comme une purification par la souffrance et une ascension spirituelle. Néanmoins il va, cédant à l'instance d'Andronico, participer à un tournoi organisé par l'empereur Licinio, et dont la main de Teodora est le prix. Il est vainqueur, mais Teodora dédaigne ces noces insultantes, se sachant promise à une fête d'une tout autre splendeur. L'empereur furieux la condamne au «lieu infâme».

Nouveau litige entre Didimo et Andronico. Celui-ci conseille à son ami de saisir l'occasion de satisfaire son amour; Didimo est alors visité par Amor Divino, dont il accepte aussitôt avec enthousiasme la suggestion, qui suit d'ailleurs la pente de son cœur. Il sauve donc Teodora. Dans la salle du lupanar a lieu une scène émouvante, transposée de *La Jérusalem délivrée*: Teodora baptise Didimo, avec de l'eau puisée à l'aide de ce casque qu'elle va lui emprunter pour se travestir et s'échapper. On reconnaît, avec une simple interversion des rôles du masculin au féminin, la scène fameuse du baptême de Clorinde par Tancrède. Didimo, illuminé de joie, se considère désormais comme le frère, et non plus l'amant, de Teodora. Après le traditionnel litige entre les deux jeunes gens devant les bourreaux, ils sont tous deux décapités, leurs sangs se mêlent; ils avaient eu le temps d'échanger avant de mourir, comme Olinde et Sophronie, mais ici dans un accord parfait, des promesses de rendez-vous au ciel; après leur mort, le prêtre qui apporte sur scène les têtes coupées, mais souriantes, des deux martyrs, aperçoit dans le ciel l'apothéose du couple.

Cette peinture de l'harmonie préétablie de la volonté humaine et de la Providence, de l'amour humain et de la Grâce divine, est ici beaucoup moins convaincante que chez Calderon. Est-ce la mécanicité de la technique dramatique ostensiblement aristotélicienne dont se sert Bartolommei? Est-ce de la part de Bartolommei adhésion naïvement intellectuelle au molinisme, qui devient au contraire chez Calderon substance poétique et musicale? En tout cas, la convergence optimiste des deux ordres perd chez Bartolommei toute fraîcheur, tout mystère et toute grâce; ce n'est, sous les ornements empruntés à Ripa et au Tasse, qu'un automatisme de rouages trop bien huilés.

Néanmoins la *Teodora* de Bartolommei offre un intérêt de premier ordre pour notre propos: elle représente, avec *Los Dos Amantes* de Calderon, une des deux interprétations possibles du thème hagiographique s'offrant alors à un dramaturge catholique.

L'autre interprétation est représentée par la *Teodora* de Fra Giovanni Gottardi (1640). Or il semble, tout au moins à première vue, que le climat de la *Théodore* cornélienne doive plus à la *Teodora* de Gottardi qu'à aucune autre pièce traitant ce sujet. On sait quel caractère sombre, nourri de fureur et de violence, Corneille a imprimé à sa tragédie «néo-sénéquienne». Nous avons déjà remarqué que les œuvres de Bartolommei et de Calderon se déroulent dans une atmosphère de relative euphorie théologique, et que, dans l'ordre esthétique, elles sont plus proches de la pastorale, de la comédie et de l'opéra que de la sévérité tragique. La *Teodora* de Gottardi est une tragédie, et c'est, en dépit des archaïsmes et du mauvais goût que l'on peut reprocher à l'auteur, son principal mérite et son originalité dans la tradition littéraire propre au sujet de *Théodore*. Gottardi, manifestement, a étudié les historiens des persécutions païennes avec plus de sérieux que ses prédécesseurs: il a lu Baronius, Eusèbe de Césarée, il connaît la *Roma sotterranea* de Bosio, qui faisait la synthèse de cinquante années de recherches et de fouilles sur la chrétienté romaine des catacombes.

Il se sert de cette érudition pour reconstituer le climat de «pogrom» que les Romains faisaient régner contre la communauté chrétienne au temps des persécutions. Et il en solennise l'horreur en le comparant pour ses lecteurs à des scènes analogues de l'Histoire sainte et de l'Histoire romaine: l'enlèvement des Sabines, le massacre des Innocents.

Le prologue de la tragédie est significatif de la double inspiration, à la fois sénéquienne et sévèrement chrétienne, qui soutient l'évocation historique de Gottardi. Deux figures allégoriques s'affrontent; elles rendent manifestes les forces dramatiques qui, sous la multiplicité des personnages, sont les véritables protagonistes de l'action. L'une était déjà présente chez Bartolommei qui, comme Gottardi, l'avait empruntée à l'*Iconologie* de Ripa. Mais chez Bartolommei, la Fortezza était l'une des trois Grâces, et sa psychagogie irrésistible faisait un «chemin de velours» à Théodore et Didyme. Chez Gottardi, la Fortezza, plus impérieuse et irrésistible sur l'âme des deux élus, se voit opposer une puissance à qui le «royaume de ce monde» appartient sans partage. C'est la «Furia d'Averno», fille «dell'atra notte e dell'horrendo abisso», figure allégorique dont l'ascendance littéraire remonte évidemment à Sénèque et à Lucain, mais dont le contenu théologique et dramatique est le même que celui de la puissance des ténèbres augustinienne. La Furia inspire les maîtres de la cité terrestre avec autant d'empire que la Fortezza les élus prédestinés au salut.

L'action de la tragédie ne dément pas les promesses de ce prologue, qui doit autant à celui du Thyeste de Sénèque qu'à ceux du P. Stefonio.

Les chrétiens terrorisés se cachent avec leurs prêtres dans les catacombes. Certains d'entre eux n'osent déclarer leur foi et collaborent avec douleur et répugnance aux persécutions: ainsi le personnage du tribun, dont la vérité humaine constitue une remarquable exception dans la dramaturgie hagiographique. Les païens sont des possédés, manœuvrés par l'infatigable Furia d'Averno. Le tyran-roi d'Antioche, le préfet, ne sont que des émanations de cette force centrale et déterminante, des rayons de ce soleil noir. Dès qu'ils ont joué leur rôle de bourreaux, ils disparaissent de l'action et l'effilochage de leur rôle souligne encore leur fonction de simples marionnettes de la puissance des ténèbres. Erasto, le rival de Didimo, est peint sous les plus sombres couleurs; Eros, allié de la Furia, le possède et le pousse à dénoncer Teodora afin d'avoir prise sur elle. Quant aux élus, Teodora et Didimo, à la fois stoïciens et chrétiens prédestinés, la Fortezza embrase leur imagination, non de visions béatifiques, mais de visions de supplices; ils s'avancent vers leurs bourreaux comme deux «soldats du Christ», cuirassés d'héroïsme et de foi inébranlable. Il n'est pas question de tendresses, même saintes, entre les deux héros: la scène de «contestation» entre eux devant le tyran et le préfet n'est qu'un débat quasi juridique de préséances, comme chez Corneille.

A travers une ville remplie de spectacles d'horreur, ils sont conduits sur un échafaud que l'imagination funèbre de Gottardi transfigure en un véritable «castrum doloris», orné de têtes fraîchement coupées. Didimo est décapité le premier sur ce théâtre macabre dans le théâtre. S'inspirant non plus du Tasse mais d'un célèbre épisode de la vie de Catherine de Sienne, Gottardi décrit Teodora baisant la tête coupée du martyr. Après ce sombre témoignage de «caritas» chrétienne, elle est suppliciée à son tour. La pièce s'achève sur les lamentations de la nourrice de Teodora et de l'écuyer de Didimo: deux personnages qui refusent jusqu'au bout les consolations terrestres, préférant s'abîmer dans la contemplation désespérée du désordre du monde, et appelant la mort de tous leurs vœux.

La tragédie de Gottardi, sinon par la technique dramatique, du moins par sa conception poétique, est dans la lignée sénéquienne. Mais la vision historique et théologique qu'elle suppose est orientée par des choix propres au catholicisme du XVIIe siècle. La dramaturgie sénéquienne, véritable épiphanie du mal triomphant, suppose une force dramatique qui rende manifeste cette toute-puissance. Dans les tragédies de Sénèque, un monstre, directement ou sous le masque d'un personnage «possédé», conduit l'action, et ce monstre est une émanation des Enfers. La Furia d'Averno gottardienne assume exactement ce caractère et cette fonction. Mais en 1640, dans l'Italie catholique, une telle allégorie ne peut être que l'emblème d'une théologie qui met l'accent sur le péché originel, et sur la corruption intrinsèque de la nature humaine, que seule une élection invincible de la Grâce divine peut sauver. La Fortezza gottardienne est l'emblème de cette grâce gratuite et irrésistible: elle arrache littéralement ses deux élus à un monde voué au mal et au malheur, privé de toute lumière et de toute espérance, et elle abandonne tous les autres personnages soit au crime, soit à la lâcheté, soit au désespoir.

Théologie sévère, qui se déploie en pessimisme moral et politique. Nous avons mis en évidence le pessimisme moral, l'impuissance accablée des personnages de Gottardi que la Fortezza ne visite pas, la nocivité irrépressible de ceux que la Furia tient en son pouvoir. Le pessimisme politique est plus inattendu. Dans un dialogue fort curieux de l'acte IV, scène I, entre le tribun, chrétien sincère mais timoré et impuissant, et un prêtre chrétien clandestin (*occulto*), le problème du mal est posé en termes politiques. Le tribun, naïvement, et suivant un lieu commun qui remonte au *Cortegiano* de Castiglione, dégage la responsabilité du roi dans les massacres et les horreurs de la répression; et il rejette tout le poids du crime sur ses «méchants» conseillers. Gottardi avait d'ailleurs pris soin de nous présenter dans une scène précédente (acte III, sc. 5) ce roi-tyran qu'il a cru bon, contrairement à toute vraisemblance historique (si bien observée par lui dans le reste de la pièce), de mettre à la tête de l'Antioche du IVe siècle, comme pour donner prétexte à ce débat de l'acte IV. Et cette apparition du roi-tyran, dont le titre seul est éloquent, a suffi à nous convaincre qu'il n'a besoin d'aucun conseil pour commettre des crimes, étant par nature un criminel. Aussi sommes-nous préparés à entendre la réponse du prêtre, qui refuse d'accorder aucune circonstance atténuante au souverain, digne héritier du Thyeste de Sénèque, mais aussi et surtout des Hérode, des Romulus et autres monstres politiques énumérés par saint Augustin dans *La Cité de Dieu*.

> Le Prêtre:
> Allons donc, ignorés du roi
> Ces crimes? Lui-même partout
> Va stimulant la rage de ses serviteurs.
> Et quand bien même il voudrait faire croire qu'il les ignore,
> Comment le monde lui ferait-il crédit?
> Ce n'est pas pour rien que les fautes des ministres
> Sont imputées au prince; bien plus, serait-il vrai qu'il ne sût rien.
> Ce n'est pas une circonstance atténuante
> De se laisser par de méchants serviteurs
> Aveuglément fermer les yeux.

Et comment dès lors pourrions-nous refuser la conclusion que le tribun épouvanté tire de l'impitoyable analyse du prêtre?

> Le Tribun:
> Conseillers scélérats, et vous leur maître impie,
> Ou du moins aveugle, est-il possible que votre colère, votre mépris
> soient tels

Qu'ils ne se laissent point attendrir par de si douloureux
Gémissements d'enfants, par les sanglots des veuves innocentes,
Et que cette folie ne doive prendre fin avant que soit anéantie
Totalement une part importante de la population de ce royaume?
Chez les peuples étrangers nous irons donc chercher merci, fuyards,
                                                    [exilés, errants,
Privés de notre patrie et de notre terroir natal,
Voués à vivre parmi des inconnus.
Et tandis que les beaux palais et les vastes villas
Seront injustement devenus propriété de nos bourreaux,
Nous serons réduits soit à mourir de faim dans des cavernes,
Soit à fuir dépouillés de tout, manquant de tout, trop heureux
Si nous réussissons à échapper au fer et aux flammes.
Ah! combien nous vivrions plus tranquilles et plus heureux
Parmi les Scythes féroces et les cruels barbares!
Puisque voici que Thèbes et Troie ont ressuscité
Dans ce Royaume, il n'est plus temps de gémir, mais de fuir[40].

Est-ce là seulement un hors-d'œuvre inutile à l'action? En fait
cette scène est intimement liée au thème à la fois poétique et théologique autour duquel toute la tragédie est construite, et qui lui confère
une saisissante unité. Littérairement, ce passage a trois sources évidentes:

1. Le chant II de *La Jérusalem*, où l'on voit Aladin exiler les chrétiens, après l'épisode d'Olinde et Sophronie.

2. *Les Troyennes* d'Euripide, et surtout de Sénèque (en particulier la
scène où Andromaque écoute le récit de l'assassinat d'Astyanax et
de Polyxène).

3. Les *Psaumes* bibliques chantant la détresse d'Israël en exil.

Mais l'inspiration profonde de ce passage vient de *La Cité de
Dieu*. Avec une conviction que partageront en France les jansénistes,
et qui soutient la Réforme catholique sévère, celle de Charles Borromée, Gottardi identifie le pouvoir civil de la cité terrestre et les rois
à ces princes de la concupiscence que furent, pour Augustin, Romulus
et les empereurs romains et, pour le Moyen Age chrétien, Hérode et
les sultans musulmans. Dans la tragédie de Gottardi, Antioche est un
autre nom de la *Civitas Diaboli*, séjour de l'injustice et de la cruauté,
lieu d'exil pour les fidèles de l'Eglise du Christ. Seuls les méchants ont
leur patrie.

---

[40]   Gottardi, éd. cit., Acte IV, 1, pp. 75-76.

La vision du pouvoir politique dans la *Théodore* de Corneille n'est pas très différente. Marcelle, entourée de sbires et d'espions, et qu'obsède une fureur, sadique avant la lettre, de tourmenter et torturer, allégorise un pouvoir civil d'essence machiavélique que Corneille nourrit sans doute de souvenirs du gouvernement de Richelieu. Mais il ne va manifestement pas jusqu'à suggérer l'antithèse borroméenne entre cité de Dieu (dont l'Eglise et ses évêques sont les architectes) et cité du démon dont les princes civils, antiques ou modernes, sont les chefs. Tout laisse croire qu'à ses yeux le pouvoir, tel que l'exercent la pieuse régente et le cardinal Mazarin, est un immense progrès sur le ministériat de Richelieu, et la noirceur du tableau d'Antioche où sévit la féroce Marcelle ne veut être qu'un repoussoir à la «bonne régence»[41].

Il y a d'autres signes d'une influence possible de Gottardi sur Corneille. Le sénéquisme du dramaturge italien se révèle surtout à la faveur d'un personnage dont la *Théodore* de Corneille ne porte apparemment nulle trace: la *Furia d'Averno*. L'usage d'une allégorie dans une tragédie chrétienne était impossible au dramaturge français après la querelle Balzac-Heinsius[42]. Mais il lui était possible, par un évhémérisme retourné dont il est coutumier, de transférer à un personnage «historique» la force dramatique qui, chez Sénèque et chez Gottardi, est représentée par le personnage allégorique de la *Furia*. Il est évident que celle-ci est présente dans la *Théodore* de Corneille sous les traits de Marcelle. Tout un jeu métaphorique est mis en œuvre pour susciter autour de celle-ci un décor «infernal»[43]. Le personnage de Placide, chez Corneille, est loin d'être aussi odieux que l'Erasto de Gottardi.

---

[41] Ce repoussoir (qui se veut, par antithèse, élogieux pour le règne «dévot» d'Anne d'Autriche) est aussi, évidemment, un avertissement contre la tentation tyrannique inhérente à l'exercice du pouvoir, et une invitation à aller plus loin encore dans le sens de la «cour sainte» dont le P. Caussin s'était fait l'idéologue, à la fureur de Richelieu. L'éloge est aussi un mode respectueux de la «remontrance» au prince. Cinna en donne un bel exemple dans la tragédie de Corneille qui porte son nom (I, 1). Les espoirs que Corneille fondait sur la régence d'Anne d'Autriche ont été exprimés ouvertement et publiquement par lui dans la dédicace à Mazarin de *La Mort de Pompée*.

[42] Sur cette querelle, qui est l'une des origines de la vogue de la «tragédie chrétienne» à Paris, et où Balzac formula la règle selon laquelle toute mythologie païenne doit être exclue du traitement d'un sujet chrétien, voir R. Lebègue, «L'Herodes Infanticida en France», *Neophilologus*, XXIII, 1938, pp. 388-394 et Z. Youssef, *Polémique et littérature chez Guez de Balzac*, Paris, 1972, pp. 117-164.

[43] Voir en particulier le récit de Stéphanie, V, 9.

Mais ils ont en commun d'être des «sénéquiens», des possédés qui «se livrent en aveugles au destin qui les entraîne». Ce destin a nom Eros. Erasto va jusqu'à la délation et, sans l'intervention de Didimo, irait jusqu'au viol. Placide tient trop de l'honnêteté de Sévère pour «passer à l'acte»: il se contente d'exercer sur Théodore un chantage suppliant[44], et finalement, retournant ses fureurs contre lui-même, de se suicider. Théodore n'est pas loin de voir pourtant Placide sous des couleurs aussi noires que celles dont Erasto est peint chez Gottardi: elle l'accuse d'être la cause de ses malheurs et le vrai bénéficiaire du chantage qu'exercent sur elle, à cause de son amour pour elle, son père Valens et sa belle-mère Marcelle. Impitoyablement, elle démasque sa mauvaise foi[45]. Est-ce chez Gottardi que Corneille a trouvé l'idée de faire de l'amant païen de Théodore — elle-même Hippolyte au féminin, Diane chrétienne — une sorte de Phèdre au masculin, un Actéon par ses propres chiens dévoré? Ou bien les deux dramaturges ont-ils été conduits par le même cheminement d'une imagination remplie de Sénèque? Erasto est un «Phèdre» qui n'hérite de son archétype féminin que la jalousie criminelle. Alors que Placide, obsédé jusqu'à la folie par l'invincible pureté de Théodore, n'est coupable d'autre crime que d'aimer Théodore, ce qui suffit à le perdre et à la perdre. Son statut théologique anticipe étrangement sur celui de la Phèdre racinienne.

En somme, on pourrait affirmer tout à la fois de curieuses analogies entre la *Teodora* de Gottardi et la *Théodore* de Corneille, et l'improbabilité d'une influence directe de la première sur la seconde. Comme Gottardi, Corneille a vu les possibilités sénéquiennes et augustiniennes du sujet de *Théodore*, et il en a tiré parti. Le rapprochement des deux œuvres, nées peut-être indépendamment l'une de l'autre, n'en est pas moins légitime et instructif. Il nous donne à entrevoir, à l'échelle internationale, deux options à la fois idéologiques et esthétiques qui s'offraient alors à un dramaturge catholique s'attaquant au même sujet: une option «sévère», adoptée à quelques années de distance par Gottardi et par Corneille, une option «fleurie» que Bartolommei, dans la ligne de *La Jérusalem délivrée*, avait adoptée pour sa propre *Teodora*, probablement connue de Corneille. La distance chronologique entre ces différentes œuvres ne peut guère

---

[44]   Voir surtout III, 3.

[45]   Voir surtout II, 3: «Si je suis en péril, Placide en est l'auteur / L'amour qu'il a pour moi lui seul m'y précipite...»

nous conduire à dessiner une «évolution»: ces deux «options» sont ouvertes depuis longtemps, et elles le resteront longtemps encore. Elle manifestent en effet, dans l'ordre de la poétique dramatique, les deux versants de la culture catholique postérieure au concile de Trente: le versant «ovidien» et le versant «sénéquien». Chacun de ces versants est lié à un goût rhétorique et poétique différent: le premier, «enjoué», conciliant envers les formes de la culture profane, se tourne vers Ovide et la seconde sophistique latine pour parer de fleurs et d'esthétisme hédoniste la leçon de Trente, «atténuée» pour se faire plus largement accepter; la seconde se tourne vers Sénèque et vers Lucain pour donner à la leçon tridentine les couleurs sombres et âpres de la diatribe. Mais dans les deux cas, c'est à la culture païenne, aux modèles artistiques païens d'époque impériale que l'humanisme catholique demande un langage pour se faire entendre, «adouci» ou «sévère», du public profane. Or dans les années 1640 en France, de divers côtés, mais surtout à Port-Royal, ce scellement de la tridentinité avec une rhétorique païenne, qu'il s'agisse du molinisme avec l'asianisme ovidien, ou de l'augustinisme avec l'atticisme sénéquien, tend à se rompre. La tridentinité sévère, d'inspiration augustinienne, cherche en terre gallicane une expression plus pure qui la libère des diverses «manières» imitées de l'Antiquité païenne et tardive. C'est ici que la création d'une *Théodore* française en 1645-1646, deux ans après le traité de *La Fréquente Communion* d'Antoine Arnauld, prend tout son sens. D'autant qu'elle avait été précédée, et très probablement provoquée, par une nouvelle *Teodora* italienne, qui avait reçu un accueil triomphal dans la capitale religieuse du catholicisme, à Rome.

De toutes les Théodore italiennes que nous avons étudiées jusqu'ici, aucune n'a eu le retentissement européen de la *Teodora* de Rospigliosi, aucune n'a eu plus de chance de fixer l'attention de Corneille sur le sujet et de le lui faire adopter. Rome, depuis Grégoire XIII, et surtout sous le pontificat d'Urbain VIII Barberini, par une «seconde Renaissance», a réussi à effacer les humiliations subies au XVIe siècle, et à renouveler la fascination qu'elle avait exercée sur l'Europe au temps de Jules II et de Léon X. Au prestige politique que lui vaut le redressement spectaculaire de la situation du catholicisme, elle joint un brillant épanouissement des arts et des lettres. Elle a son second Michel-Ange, artiste universel, en la personne de Bernin. Elle a, comme au temps du cardinal Riario, ses mécènes du théâtre en la personne des neveux du pontife Barberini, les cardinaux Francesco et Antonio. L'art romain, pendant le règne d'Urbain VIII, connaît son apogée. Il est fondé sur un compromis entre l'art de la Renaissance et la doctrine de Trente, compromis dont les jésuites du Collegio romano sont les meilleurs théoriciens.

C'est à cette culture conciliatrice, fondée sur la *moderazione cristiana* entre le profane et le sacré, la double fidélité à Trente et à l'humanisme de la Renaissance, qu'appartient l'auteur de *Santa Teodora*, Monsignore Rospigliosi, secrétaire aux brefs d'Urbain VIII avant de devenir lui-même pape sous le nom de Clément IX. «Client» des Barberini, ancien élève des jésuites, ami de Giovanni Ciampoli et d'Agostino Mascardi, Mgr Rospigliosi est un des traits d'union entre la curie pontificale et la vie académique romaine[46]. L'activité théâtrale, dont les Barberini sont les mécènes et dont Mgr Rospigliosi est le dramaturge officiel, résume l'humanisme dévot de la seconde Renaissance romaine, exactement comme le théâtre de collège résume chez les jésuites l'essence de leur humanisme rhétorique et catholique.

Comme pour symboliser la réussite de leur mécénat, et en faire le bilan, les Barberini font édifier, dans le voisinage du Quirinal, de 1625 à 1630, un palais où les deux génies de l'art romain, l'enthousiaste Bernin et le sombre Borromini, eurent l'occasion de collaborer. Au fond du parc de leur palais, les cardinaux-neveux font édifier un théâtre dont les représentations, qui s'échelonnent de 1631 à 1642, exercèrent sur l'ensemble de l'Europe catholique une influence qui n'a pas été assez mesurée.

Ezio Raimondi a souligné que la métaphore du «monde comme théâtre», si magnifiquement orchestrée par Calderon, est un des éléments structuraux qui confèrent sa cohérence à la synthèse de l'humanisme et du catholicisme tridentin à Rome. Le Teatro Barberini fut le parfait miroir d'une culture qui réussit à conjuguer l'ordre des vraisemblances païennes et l'ordre des vérités chrétiennes, l'un servant de préparation à l'autre. Le genre qui y triompha, chaque année, à l'époque du carnaval qu'il fallait «sanctifier», faisait se rencontrer deux traditions romaines, celle de l'oratorio sacré des philippins, et celle, sénéquisante, de la tragédie latine de collège[47]. Mais la pastorale

---

[46]   Sur la culture académique à Rome sous Urbain VIII, indispensable à connaître pour comprendre ce que l'on appelle un peu vite «Baroque romain», voir E. Raimondi, *Letteratura barocca*, Firenze, 1961, *Anatomie secentesche*, Pisa, 1966, et le recueil collectif *Il Mito del classicismo nel Seicento*, Firenze, 1964.

[47]   Voir plus haut «Le Crispus et la Flavia du P. Bernardino Stefonio s.j., contribution à l'étude du théâtre au Collegio Romano, 1597-1628», publié d'abord dans

dramatique ferraraise, la *comedia de santo* espagnole, le *melodramma* florentin, et même la commedia dell'arte entrèrent dans cet effort de synthèse véritablement catholique entrepris par Rospigliosi et par les artistes, musiciens et peintres, qui travaillèrent à ces spectacles de variétés. Ayant déjà écrit, pour des représentations privées, un *dramma musicale* sur un sujet emprunté au Tasse, *Erminia sul Giordano*[48], Rospigliosi se tourna, pour l'inauguration du Teatro Barberini qui avait un caractère officiel de théâtre de la cour ecclésiastique, vers l'hagiographie. Il porta à la scène un *San Alessio*, dont la représentation, dans des décors du Bernin, fut célébrée dans toute l'Europe par les correspondances diplomatiques et les récits des voyageurs. Peiresc, fort attentif à tout ce qui touche Rome, en fut informé par J.-J. Bouchard.

En 1635, nouvelle série de représentations magnifiques, à partir d'un nouveau libretto de Rospigliosi, *Santa Teodora*, dont le sujet lui avait probablement été suggéré par la *Teodora* de Bartolommei, dédiée en 1632 à Urbain VIII. Le succès et le retentissement en Europe furent comparables à ceux qu'avait obtenus *San Alessio*. Joignant mécénat et diplomatie, les cardinaux-neveux reprirent l'année suivante *Santa Teodora* au cours de trois soirées, une espagnole, une romaine, une française. Le cardinal Antonio reçut les Français, leur protecteur à Rome le cardinal de Savoie, le cardinal de Lyon, frère de Richelieu, et l'ambassadeur Noailles, accompagné de son médecin Jean Bourdelot, et de son secétaire François Mainard. Une lettre de Bourdelot à un correspondant parisien[49] nous donne une description enthousiaste, exceptionnellement vivante et détaillée, de cette représentation.

Les Fêtes de la Renaissance, t. III, Paris (C.N.R.S.), 1974, pp. 525-524, et «Théâtre, humanisme et Contre-Réforme à Rome (1597-1642): l'œuvre du P. Bernardino Stefonio et son influence», texte intégral dans le *Bull. de l'Ass. Guillaume Budé*, déc. 1974, pp. 397-412. Dans ce dernier article, nous remarquons que l'influence du P. Stefonio, père de la «tragédie chrétienne», s'est exercée en France soit directement, soit indirectement, par la médiation en langue toscane d'un Bartolommei, ou d'un Rospigliosi, mais surtout pendant la période 1638-1646, où la «tragédie chrétienne» tente à Paris de prendre un visage français et mondain. Voir aussi K. Loukovitch, *La Tragédie religieuse en France*, ouvr. cit.

[48]   Sur l'histoire du Teatro Barberini à Rome, voir la *tesi di laurea* malheureusement inédite de Mme Laura Pietrangeli-Chanaz, *Il Teatro barberiniano*, Univ. degli Studi di Roma, Facoltà di Lettere e Filosofia (dirigée par le Prof. Marotti).

[49]   Voir Lombroso, «Notizie sulla vita di Cassiano del Pozzo», dans *Miscellanea di storia italiana*, t. XV, Torino, 1874, pp. 355-359.

Un autre témoignage émane d'Agostino Mascardi, qui dans l'une de ses *Ethicae Prolusiones*, publiées à Paris chez Cramoisy en 1639, analysait la signification morale de la *Santa Teodora*, et se livrait à une prosopopée latine, en hexamètres sénéquiens, de la sainte et de son sauveur dans le «lieu infâme». Cette interprétation stoïco-chrétienne de la pièce de Rospigliosi, à l'intérieur d'un éloge appuyé du mécénat des Barberini, était certainement une manière détournée de critiquer les aspects trop séducteurs de la *Teodora*, et surtout ses concessions au *melodramma* et à la *tragicommedia pastorale*. Mascardi feint de n'avoir vu sur la scène barberinienne qu'une tragédie telle qu'aurait pu l'écrire sur le même sujet le P. Stefonio, le grand dramaturge néo-latin du Collegio romano, auteur de tragédies sénéquiennes sur des thèmes sacrés. Il est plus que probable que Corneille a tenu compte de cette critique implicite de l'humaniste romain[50], d'autant que les années suivantes, avec *Il Falco* tiré de Boccace en 1637, et surtout *Chi soffre speri* en 1639, Rospigliosi ouvrit davantage encore le théâtre des Barberini à l'enjouement, inventant le genre de la *commedia musicale* où intervenaient les types de la commedia dell'arte, comme Zanni et Coviello.

Le livret de Rospigliosi[51] porte la marque de l'influence exercée sur le prélat-dramaturge par ses prédécesseurs, en particulier Bartolommei. Le prologue est composé de deux apparitions successives, sans lien entre elles: d'abord trois allégories fort analogues à la trinité des Grâces chrétiennes introduites par Bartolommei en tête de sa tragédie: Amore Celeste, Martirio et Verginità; puis, dans un mode différent, et d'inspiration cette fois sénéquienne, l'ombre de Cléopâtre, bourrelée de remords, et montée des Enfers pour comparer son sort d'impératrice déchue et damnée à celui de Théodore, victime sur la terre, mais promise à une royauté céleste. Cette Cléopâtre est une version adoucie de la Furia d'Averno que Gottardi fera régner sur sa

---

[50] L'attitude de Mascardi vis-à-vis des Barberini est en effet fort analogue à celle de Corneille vis-à-vis de Mazarin. Il est leur obligé, il les couvre d'éloges, mais ces éloges de cour sont de ceux que nous analysons note 41: ce sont aussi de respectueuses «remonstrances» au prince. Mascardi eût préféré, manifestement, que l'accent sénéquien et augustinien de la *Teodora* de Rospigliosi eût été plus prononcé et eût laissé moins de place aux éléments pastoraux et mélodramatiques.

[51] Nous nous appuyons sur le texte manuscrit du livret (Bibl. Vat., fonds Rospigliosi) et sur l'analyse de Mme Chanaz.

propre *Teodora*, dont le lieu ne sera plus Alexandrie, comme chez Rospigliosi, mais Antioche, comme chez saint Ambroise et chez Corneille.

L'action du *dramma musicale*, se déroule en trois actes. Rospigliosi emprunte à Faustini l'idée du rival païen, opposé au chrétien Didimo comme l'amour profane à l'amour sacré. Il emprunte à Bartolommei l'idée romanesque du tournoi (propice au grand spectacle) dont la main de Théodore serait le prix. Il fait intervenir au cours de l'action une foule d'allégories du bien et du mal se disputant l'âme des personnages: Ricchezza, Vanità, Ozio, Piacere, un Angelo, une Furia. Il introduit des tableaux emblématiques et chorégraphiques qui éblouirent Bourdelot: à la fin du deuxième acte, par exemple, tandis qu'un chœur de citoyens païens d'Alexandrie célèbre les dieux, et qu'un joyeux ballet est donné en leur honneur, le ciel s'obscurcit, une terrible tempête se déchaîne, le chœur se tait, le ballet se poursuit sur le mode funèbre, la foudre tombe et incendie les idoles, provoquant la fuite des païens. Le sens profond du troisième acte est ainsi annoncé. Remarquons au passage que Rospigliosi, seul avec le Calderon des *Dos Amantes del cielo* parmi les dramaturges ayant traité le sujet ou un sujet proche, a mis sur le théâtre la scène du bordel où est jetée Théodore et où Didyme la rejoint. Corneille aurait pu citer ce précédent, aussi bien que l'exemple de saint Ambroise, pour mettre en valeur sa propre délicatesse dans le traitement du scabreux sujet. S'il ne l'a pas fait, dans l'*Epître* de 1647, c'est ou bien qu'il jugeait le modèle italien peu susceptible de convaincre les ennemis de sa pièce, ou bien qu'il l'ignorait. Cette seconde hypothèse est peu probable, car Mascardi, commentant, dans ses *Prolusiones,* la *Teodora* de Rospigliosi, place lui aussi la prosopopée des deux «amants du ciel» dans le «lieu infâme», et ce texte publié à Paris suffisait à éclairer Corneille sur ce point.

Un épisode romanesque, inédit dans la tradition du sujet, mais classique dans le répertoire pastoral, s'insère à la fin de l'acte II: le rival et ami de Didimo, Olibrio, lui fait parvenir une prétendue lettre de Teodora dans laquelle celle-ci affirme son intention d'abjurer. Didimo, atterré, ne se laissera désabuser qu'avec peine par Teodora elle-même, venue réclamer sa part de martyre. Or cet épisode insolite semble bien être la source d'un détail de la *Théodore* de Corneille. A l'acte V, 3, Cléobule, ami de Didyme et de Placide, agissant ici non par jalousie mais par souci de détourner Didyme du martyre, feint de révéler à celui-ci que Théodore, vaincue par le dévouement héroïque du jeune homme, est prête à lui «en donner le prix». Didyme s'indigne contre Théodore. Et lorsque celle-ci réapparaît (V, 4), il ne manque pas de faire une cruelle allusion à ce qu'il croit être la faiblesse de la vierge chrétienne. L'idée première de ce malentendu, épreuve morale cruelle précédant le supplice physique des deux saints, appartient en propre au prélat romain.

Le livret composite de Rospigliosi a pu servir d'adjuvant, plus que la tragédie de Bartolommei, à l'imagination créatrice de Corneille. On y trouve des éléments tragiques d'origine sénéquienne (ceux que Gottardi, sur les traces indiquées par Mascardi, développera exclusivement), des éléments pastoraux, les deux registres étant habilement entrecroisés et, par leur rapprochement même, offrant l'exemple de la formule dramatique mise au point par les jésuites romains sous le nom de «tragédie chrétienne»: un couple innocent pris au piège d'un monde de fureur et de mensonge, et ne lui échappant que dans la mort. Or cette formule, si caractéristique de la seconde Renaissance romaine, est fort analogue à celle que Corneille, avec diverses variantes, adopte à partir de *Rodogune*: une pastorale enchâssée dans une tragédie sénéquienne. Dans *Théodore*, il a sévèrement «christianisé» la pastorale, et «augustinisé» la tragédie sénéquienne.

Mais comment Corneille, dira-t-on, aurait-il pu connaître le livret de Rospigliosi, resté jusqu'à ce jour inédit [52]? A quoi l'on peut répondre par une autre question: comment aurait-il pu traiter un tel sujet, dans les circonstances délicates que nous analyserons, sans songer à s'informer de la manière dont il avait été traité en cour de Rome? Et il avait les moyens de s'instruire, au moins sur les grandes lignes, du livret de Rospigliosi. La lettre attribuée à Bourdelot ne fut certainement pas la seule qui informa Paris du détail de la *Teodora* représentée deux années de suite à Rome. Les échanges étaient alors actifs entre lettrés parisiens et lettrés à Rome, français ou romains. Et puis, dans les années qui précédèrent la composition de *Théodore*, Paris disposait, grâce à Mazarin et aux Italiens de son entourage, d'informateurs de première main sur la vie artistique romaine de la précédente décennie. Corneille avait trop de liens avec la cour, et il entretenait avec Mazarin des relations trop cordiales pour n'avoir pas consulté d'aussi sûrs témoins. Il ne serait pas surprenant que Corneille ait obtenu

---

[52]   Le livret de *San Alessio* a été publié par A. Della Corte, dans le recueil *Drammi per musica da Rinuccini a Zeno*, Torino, 1958. Un résumé détaillé du livret de *Teodora* est donné par Canevazzi, *Papa Clemente IX poeta*, Modène, 1900.

d'un Italien de la cour de France, ou d'un Français ayant séjourné à Rome, soit un récit circonstancié de *Teodora*, soit un exemplaire du «programme» de la pièce, soit même communication d'une copie manuscrite du livret. Il y a de l'érudit chez Corneille[53], ne l'oublions pas: sa méthode créatrice impliquait une véritable recherche «bibliographique» préalablement à la composition de ses pièces. La *Teodora* de Rospigliosi, comme celle de Bartolommei, à coup sûr, peut-être même celle de Gottardi, figurent, au même titre que le *De Virginibus* de saint Ambroise et les *Acta Martyrum*, parmi les modèles qu'il a consultés avant de peindre sa propre *Théodore*. Il avait d'ailleurs été précédé dans l'«imitation» de Rospigliosi par un autre dramaturge: en 1644, Desfontaines avait publié une tragédie chrétienne intitulée *L'Illustre Olympie ou le saint Alexis* qui, à treize ans de distance, fait écho au *San Alessio* du prélat romain.

Lorsqu'il introduisit le sujet de *Théodore* sur la scène française, Corneille ne pouvait ignorer qu'il rivalisait avec le Tasse et son épisode d'Olinde et Sophronie, mais aussi avec une véritable pléiade de dramaturges italiens, parmi lesquels se détachait, digne de sa propre gloire, le dramaturge officiel de la cour de Rome, le secrétaire aux brefs d'Urbain VIII, Mgr Giulio Rospigliosi.

L'Italie pour un Français, c'est alors avant tout la cour de Rome d'où était venu en 1639, comme pour en infuser à la cour de France l'expérience politique et la culture, Giulio Mazarini. Et en 1646, par suite de l'élection à Rome d'Innocent X Pamphili, prélat dévoué à l'Espagne et ennemi de leur famille, amie de la France, les neveux d'Urbain VIII, Antonio et Francesco Barberini, les mécènes du théâtre romain, se trouvaient réfugiés à la cour de France, sous la protection de leur ancien affidé Mazarin[54]. On peut donc se demander légitimement si Corneille, en choisissant le sujet de *Théodore*, illustré

---

[53]   Cette érudition cornélienne n'est rien d'autre d'ailleurs qu'un «moment» du processus d'invention rhétorique. Le «moment» de l'*ingenium*, qui, à partir des éléments rassemblés par l'érudition et des modèles antérieurs offerts à l'*imitatio*, invente sa propre forme et imprime sa propre marque sur la «topique» transmise par la tradition, n'en était pas moins décisif. C'est justement pour mettre en évidence cet acte souverain de l'*ingenium* que Corneille, comme tant d'autres auteurs de son temps, n'aime guère à révéler ses véritables «sources».

[54]   Sur l'arrivée des cardinaux Barberini et de leur frère Taddeo, ex-préfet de Rome, en France, voir la *Gazette de France* de Renaudot, aux dates du 7 janvier 1646 (arrivée du cardinal Antoine *incognito* à Paris) et du 24 janvier 1646 (arrivée à Cannes du cardinal Francesco).

sur le Teatro Barberini, n'a pas songé à faire sa cour au ministre, dont le goût s'était formé à Rome sous Urbain VIII, et à ses anciens patrons, reçus avec de grands honneurs à la cour de France. A ce rapprochement qui venait tout naturellement à l'esprit d'un contemporain, il faut ajouter un détail troublant rappelé par Hauvette: Bartolommei, qui avait en 1632 dédié ses tragédies chrétiennes à Urbain VIII, était un «client» de Mazarin, entretenant ou cherchant à entretenir des relations fructueuses avec la cour de France. En 1644, il publie un *Clodoveo* (*Clovis*) dédié à Anne d'Autriche, mais qu'il avait conçu, comme Corneille *Polyeucte*, pour être dédié à Louis XIII. En 1650, il dédiera son *America* à Louis XIV. Et en 1656, cet *Accademico Humorista*, lié depuis si longtemps à la vie théâtrale romaine, publie un recueil de *Drammi musicali*. Il dédie le premier d'entre eux, *Cerere racconsolata* (allégorie de la victoire de Mazarin et de la régente sur la Fronde), à Son Eminence, qu'il remercie de son *patrocinio*, et à qui il rappelle son *antica devozione*[55]. Le sujet de Théodore intéressait donc Mazarin à double titre: comme ancien spectateur du Teatro Barberini et comme protecteur de Bartolommei, dont il savait que sa *Teodora* avait été le modèle de celle de Rospigliosi.

Par le choix de ce sujet, Corneille pouvait difficilement ignorer qu'il faisait plaisir au ministre. Il était beaucoup moins à l'aise pour traiter ce sujet comme il l'eût souhaité. Auteur de *Polyeucte*, et reconnu pour le plus grand dramaturge français, Corneille avait plus que tout autre contribué à détourner la cour de France de sa traditionnelle fascination pour la comédie italienne, et à imposer le prestige du «théâtre françois». Et il y avait réussi non seulement en purifiant celui-ci des «ordures» qui le «souillaient», mais en lui conférant une «régularité», une altitude morale et philosophique qui les dissociaient de la «liberté» et de l'insuffisante «modestie» italienne. Noblesse oblige: Corneille ne pouvait traiter le sujet «italien» de *Théodore* qu'en allant plus loin encore que dans *Polyeucte*, dans la voie d'une «tragédie chrétienne» pure de séductions profanes, et propre à réduire au silence les adversaires dévots du théâtre.

Ces adversaires étaient de deux sortes. A l'intérieur même de la cour, le confesseur de Mazarin, un théatin sicilien, le P. Francesco

---

[55]   Voir, outre Baschet, *Les Comédiens italiens à la cour de France* [...], Paris 1882, notre étude «La Querelle de la moralité du théâtre avant Nicole et Bossuet», *Revue d'Histoire littéraire de la France*, sept.-déc. 1970, pp. 1007-1030.

del Monaco[56], avait publié à Padoue aux environs de 1630 un des pamphlets les plus virulents contre le théâtre qui aient paru au XVIIᵉ siècle : le *Traité de la comédie* de Nicole s'inspirera de ce prédécesseur. Nourrie d'autorités théologiques, cette *In actores et spectatores comoediarum paraenesis* témoignage de la vitalité, en Italie même, de l'esprit tridentin le plus sévère, celui de Charles Borromée[57]. Cette diatribe, écrite vingt-cinq ans plus tôt, ne semble pas cependant avoir eu le moindre effet sur le pénitent du P. del Monaco. Elle atteste du moins que, même chez les mécènes les plus déterminés du théâtre, des scrupules de conscience étaient réveillés par les confesseurs. Du côté de la pieuse régente, cette conscience scrupuleuse était plus vigilante encore, aiguillonnée par Vincent de Paul et par M. Olier. Faire de *Théodore* une «tragédie chrétienne» de style sévère était donc un moyen de rassurer les consciences alarmées des plus illustres mécènes du théâtre, et surtout celle d'Anne d'Autriche.

Hors de la cour, mais y bénéficiant de nombreuses sympathies, les adversaires du théâtre étaient moins faciles à convaincre. Soucieuse de réprimer les impiétés des bateleurs du Pont-Neuf, de faire effacer les emblèmes de la Passion sur la façade de l'hôtel de Bourgogne, la Compagnie du Saint-Sacrement ne semble pas avoir spécialement tourné sa volonté de réforme des mœurs contre un genre, la «tragédie chrétienne», qui pouvait passer pour aller dans son sens[58]. Mais du côté de Port-Royal, qui depuis 1643, et *La Fréquente Communion*, faisait campagne contre la «morale relâchée», et pas seulement contre ses signes extérieurs, la cause de la «tragédie chrétienne» était trop liée à celle du théâtre en général pour qu'elle trouvât la moindre indulgence. Cette attitude s'enracinait d'ailleurs dans une tradition gallicane : un La Mesnardière, un d'Aubignac, qui n'ont rien de janséniste, condamnaient le genre parce que mêlant trop dangereusement le profane au sacré. L'espoir néanmoins de convaincre par un «tour de

---

[56]   Voir la *Gazette* du 26 décembre 1645 : «le P. del Monaco, Théatin de l'Ordre de la Providence, et Confesseur de son Eminence, prêcha en Italien devant la Reine en la chapelle de l'Hôtel de Soissons, dite de la Reine, avec grande satisfaction de son auditoire.»

[57]   Voir notre étude dans la *Revue d'histoire littéraire de la France*, cit., p. 1018.

[58]   Voir *Les Annales de la Compagnie du Saint-Sacrement par le comte René de Voyer d'Argenson*, publiés et annotés par le R.P. Dom H. Bauchet-Filleau, Marseille, 1900, pp. 63 et suiv.

force» ces irréductibles ne fut sans doute pas étranger au parti de «sévérité» chrétienne adopté par Corneille, au risque de décevoir son public mondain.

Des circonstances particulières rendaient d'ailleurs nécessaire que la cause du théâtre fût défendue avec une vigueur redoublée, et qu'elle le fût par une «tragédie chrétienne» irréprochable. A la date de 1647, on lit dans les *Mémoires* de Mme de Motteville:

> J'ai déjà écrit que la Reine aimoit la comédie, et qu'elle se cachoit pour l'entendre l'année de son grand deuil; mais alors elle y alloit publiquement. Il y en avoit de deux jours l'un, tantôt italienne et tantôt françoise, et assez souvent des assemblées. L'été précédent [1646, peut-être au moment où *Théodore* est représentée] le curé de Saint-Germain, homme pieux et sévère, écrivit à la Reine qu'elle ne pouvoit en conscience souffrir cette sorte de divertissements. Il condamnoit la comédie, et particulièrement l'italienne, comme plus libre et moins modeste... Etant alors inquiétée de la même chose elle consulta sur ce sujet beaucoup de personnes. Plusieurs évêques lui dirent que les comédies qui ne representoient pour l'ordinaire que des histoires serieuses ne pouvoient être un mal: ils l'assurèrent que les courtisans avoient besoin de ces sortes d'occupations pour en éviter de plus mauvaises... Ainsi la comédie fut approuvée, et l'enjouement de l'italienne se sauva sous la protection des pièces serieuses[59].

Ce texte établit de façon très claire comment se présentait la question de la moralité du théâtre aux yeux d'Anne d'Autriche, qui avec Mazarin était alors la destinataire privilégiée des œuvres de Corneille. La lettre du curé de Saint-Germain, proche du point de vue de la Compagnie du Saint-Sacrement, établit une hiérarchie dans le péché entre la comédie italienne, et le théâtre français, moins libre et plus modeste. Les évêques consultés confirment et précisent cette distinction: ils innocentent la comédie, pour peu qu'elle représente des histoires «sérieuses». C'est la thèse que le jésuite Ottonelli, dans un traité *Della moderazione cristiana del teatro*, avait défendue en Italie avec l'approbation de la cour de Rome[60]. C'est également la thèse que soutiendra Corneille contre les ennemis du théâtre, dans l'*Epître* de *Théodore* en 1647, et dans l'avertissement *Au Lecteur* d'*Attila* (1668). Il suffisait donc, pour faire face à une recrudescence d'hostilité au théâtre, d'accentuer le côté «sérieux», édifiant, de celui-ci, et d'atténuer son côté «enjoué», auquel les Italiens étaient trop attachés.

---

[59]   Mme de Motteville, *Mémoires* [...], éd. Rieux, Paris, 1869, t. I, p. 302.

[60]   Sur le traité fort important du jésuite Ottonelli, *Della moderazione cristiana del teatro*, voir notre étude ici même, pp. 455 s.

S'il est vrai, comme nous le croyons, que Corneille a choisi le sujet
de *Théodore* pour plaire à Mazarin et aux cardinaux Barberini, il est
tout aussi vraisemblable qu'il a songé à la dévote régente, son admira-
trice, qui en 1636 avait été avec le P. Caussin l'instigatrice de la
«vogue» de la «comédie de dévotion», en commandant à Baro son
Saint Eustache. Les scrupules de la reine incitaient Corneille à traiter
le sujet, choisi pour son succès en cour de Rome, avec un «sérieux»
chrétien plus appuyé, moins «mélangé» aux «tendresses de l'amour
humain», qu'il ne l'avait fait pour *Polyeucte*. Il pouvait espérer qu'à
ce prix, son austère tragédie chrétienne, après avoir réussi au Marais,
serait présentée au théâtre du Palais-Royal devant la régente, son
ministre, et leurs hôtes Barberini, comme la *Teodora* de Rospigliosi
l'avait été devant la curie romaine et le monde diplomatique de la
Ville éternelle. Un pas important eût été franchi en direction de cette
«cour sainte» que le P. Caussin avait fixée pour modèle à la cour de
France, et que Mme de Motteville regrette manifestement dans ses
Mémoires qu'Anne d'Autriche n'ait pas réussi, par la faute de Mazarin, à imposer au Palais-Royal.

L'attitude d'un Godeau pouvait sembler encourager Corneille
dans cette tentative de faire de sa *Théodore* l'exemple achevé, plus
achevé que *Polyeucte*, du théâtre christianisé[61]. Auteur lui-même d'un
poème sur le sujet de Théodore, *La Vierge d'Antioche*, Godeau avait
écrit en 1641, dans la préface de ses *Œuvres chrestiennes*:

> Les Muses françoises ne furent jamais si modestes, et je croy qu'elles
> seront bientost toutes chrestiennes. Desjà le théâtre où elles oublioient
> si souvent leur qualité de Vierges se purifie, et il y a sujet d'espérer que
> la Seine se pourra prendre bientost pour les bords du Jourdain, de
> mesme que sur les bords du Tybre et du Tage, et que le sang des Martyrs
> la rougira, et que la Virginité y fera esclater ses triomphes[62].

Selon un procédé allégorique dont nous avons montré ailleurs à
quel point il est familier au XVIIᵉ siècle[63], Corneille a pu croire enfin

---

[61]   Voir notre étude «Corneille et la *Filli di Sciro*», *Mélanges Mongrédien*, éd.
Soc. d'Etude du XVIIᵉ siècle, Paris, 1974. Corneille lui-même a parlé, dans l'*Epître*
de *Polyeucte*, de l'«agréable mélange» des «tendresses de l'amour humain» avec les
«fermetés du divin». Voir ici, pp. 209-223.

[62]   Voir notre étude citée, dans *Travaux du Centre de philologie romane*, cit.,
pp. 85-87.

[63]   Voir notre étude «Rhétorique, dramaturgie et critique littéraire: le recours
à l'allégorie dans les querelles littéraires, 1578-1630», *Critique et création littéraires
en France au XVIIᵉ siècle* (C.N.R.S.), Paris, 1977, pp. 453-472.

réaliser ce vœu en faisant de *Théodore*, héroïne chrétienne, la « métaphore continuée » de la Muse chrétienne du théâtre, longtemps exposée aux souillures du paganisme, arrachée par Didyme au « lieu infâme », et restaurée enfin dans sa dignité et pureté triomphantes.

Malheureusement, entre 1641 et 1644, *La Fréquente Communion* a paru, et les *Poemes chrestiens* de Godeau (publiés en 1646, mais avec privilège de 1644) contiennent un sonnet qui s'achève sur cette pointe sévère :

> Mais pour changer leurs mœurs et régler leur raison,
> Les Chrestiens ont l'Eglise et non pas le Théâtre.

Ce regain d'hostilité de l'évêque de Grasse, contre le théâtre en général et le théâtre « christianisé » en particulier[64], a pu être partagé par plus d'un prélat — de ceux qu'Anne d'Autriche s'est gardée de consulter — ayant participé à l'assemblée du clergé de 1645-1646. Paul de Gondi y fit ses débuts de « frondeur » avant la lettre[65], et l'esprit de revanche contre Richelieu et d'hostilité à son héritier Mazarin y fut fort vif[66]. Cette première Fronde ecclésiastique devait nécessairement s'étendre au mécénat théâtral du ministre, qui fit représenter au Palais-Royal en 1645 *Nicandro et Fileno* (février) et *La Finta Pazza* (décembre). Le lien n'était pas difficile à établir entre l'« offensive baroque », dont Mme Portemer a montré combien elle tenait à cœur au ministre[67], et le génie de la « combinazione » à l'italienne que

---

[64]   Voir G. Couton et Y. Giraud, éd. des *Lettres du P. Hercule à Philandre* (1637-1638), P.U. de Fribourg, 1975. Voir aussi Loukovitch, *op. cit.*, pp. 144 et suiv.

[65]   Voir les *Mémoires* de Retz, Paris, Pléiade, pp. 53-62.

[66]   Voir P. Blet, *Le Clergé de France et la Monarchie*, Rome, 1959, t. II.

[67]   Voir M. Portemer, « Le palais Mazarin [...] et l'offensive baroque », *Gazette des Beaux-Arts*, t. LXXXI, mars 1973, p. 162, et « Mazarin militant de l'art baroque au temps de Richelieu », *Bulletin de la Société d'Histoire de l'Art français*, 1975, pp. 65-100. Citons le début de ce dernier et remarquable article : « Deux principes ont guidé Mazarin dans le domaine des arts, d'abord la nécessité d'un mécénat comme fleuron de la politique, puis l'excellence de l'art baroque comme ferment de renouveau. Dès qu'il l'a pu, Mazarin a mis en œuvre ces postulats tirés de ses observations quotidiennes auprès des Barberini, et s'est fait un propagandiste convaincu du style romain de sa génération tel qu'il l'a vu s'épanouir sous ses yeux. » Les analyses de Mme Portemer se limitent aux arts plastiques, mais elles doivent être étendues au domaine théâtral, et pas seulement à l'opéra italien. Mazarin a certainement compris que le théâtre de Corneille pouvait servir de médiation et préparation à l'acceptation par le public français des formes les plus « modernes » du théâtre italien. Le cas d'*Andromède* est à ce point de vue exemplaire, comme l'a montré Claude Delmas dans son excellente édition de la pièce (Paris, S.T.F.M., 1974).

celui-ci avait substitué aux méthodes plus tranchantes de Richelieu. Dans les formes de l'art italien que Mazarin tentait d'acclimater en France, ses adversaires pouvaient voir un effort pour corrompre la conscience gallicane. La présence à la cour, en 1646, des cardinaux Barberini, dont le mécénat avait favorisé à Rome ces mêmes luxes du pouvoir, confirmait aux yeux des gallicans la nocivité de la politique culturelle de Mazarin : transporté de Rome en France, le « baroque » n'était que l'instrument séducteur d'un maître étranger.

Le choix d'un sujet qui avait fait les beaux jours du Teatro Barberini rangeait *Théodore* dans l'« offensive baroque » de Mazarin. Et le traitement « sévère » de ce sujet, loin d'atténuer la portée de ce choix courtisan, faisait de *Théodore*, pour reprendre les termes de Mme de Motteville, une « protection », entendons un « alibi », pour l'enjouement italien des opéras importés par Mazarin. La dénonciation du machiavélisme politique, dont la tragédie de Corneille était chargée, prenait dans ce contexte un sens équivoque : mise en garde adressée aux maîtres de l'Etat, ou éloge *a contrario* de leur « politique chrétienne », si différente de celle de la païenne Marcelle, et du tyrannique Richelieu ? Encore fallait-il, pour que cette leçon de vertu et de politique chrétiennes fût entendue par ses destinataires privilégiés, que la pièce allât au Palais-Royal. Son échec au Marais le lui interdit.

On ne peut expliquer la chute de *Théodore* ni par la médiocrité de la pièce, dont P.J. Yarrow a commencé à analyser les grandes beautés, ni par la médiocrité de l'interprétation. Il est vrai que la troupe du Marais, conduite par Floridor, avait été décimée au profit de l'Hôtel de Bourgogne en 1641, mais elle n'en avait pas moins conservé un grand prestige, et après l'incendie de son jeu de paume en 1644, elle disposait en 1645-1646 d'une salle neuve, mieux aménagée[68]. Corneille lui-même, dans l'*Examen* de *La Suite du Menteur*, nous apprend indirectement qu'une autre troupe (celle de l'Hôtel, que Floridor rejoignit en 1647) songea à relever la pièce, et n'a pas mieux réussi que celle du Marais : « Le contraire, écrit-il, est arrivé à *Théodore*, que les troupes de Paris n'y ont point rétabli depuis sa disgrâce, mais que les provinces y ont fait passablement réussir. »

Ce succès de *Théodore* en province achève de rendre significatif et irrémédiable l'échec du genre de la « tragédie chrétienne » à Paris

---

[68] Sur l'histoire du théâtre du Marais à cette époque, voir S. Deierkauf-Holsboer, *Le Théâtre du Marais*, Paris, 1954, t. I, pp. 119 et suiv.

et à la cour. *Polyeucte*, en dépit des critiques dont il avait fait l'objet à l'hôtel de Rambouillet, avait réussi semble-t-il à plaire aux «mondains», séduits par l'intrigue Pauline-Sévère-Polyeucte, sans susciter la vindicte des dévots, impressionnés par ce brillant effort pour «réformer» le théâtre. *Théodore* à l'inverse semble avoir fait l'unanimité contre elle.

En se rapprochant de la formule la plus sévère du théâtre édifiant mise au point par les jésuites pour leurs collèges, Corneille s'était aliéné les gens du monde, peu soucieux de voir la cour de France transformée en «cour sainte», même dans ses divertissements. Rospigliosi, dans une cour ecclésiastique, avait lui-même cru bon d'orner le sujet de *Théodore* et d'atténuer le sénéquisme des tragédies latines du collège romain. Pour des raisons exactement inverses, l'hostilité à la «tragédie chrétienne» de formule jésuite n'était pas moindre parmi les dévots gallicans.

L'échec une fois acquis par le «dégoût» des mondains, l'occasion était offerte aux dévots pour tirer du monde une leçon contre le monde, et faire de *Théodore* l'exemple *a fortiori* de la corruption du théâtre. Et quels dévots pouvaient avoir un sens assez aigu de l'opportunité offerte, et assez de présence d'esprit pour la saisir, sinon les redoutables Messieurs de Port-Royal? Georges Couton a montré de façon convaincante[69] que la substance des attaques de Port-Royal contre le théâtre, dans le *Traité de l'éducation des enfants* de Varet (1666) et dans le *Traité de la comédie* de Nicole (1667), avait été élaborée dès 1645-1646 à propos de la *Théodore* de Corneille, et pour «achever» le genre de la «tragédie chrétienne», mis à mal par l'échec de cette œuvre. L'analyse critique de celle-ci tient en effet une place centrale, à titre d'argument *a fortiori*, dans leur démonstration d'une incompatibilité essentielle entre théâtre et foi chrétienne «réformée». Par un retournement bien digne de la dialectique janséniste, la pièce dont Corneille attendait la suprême légitimation chrétienne du théâtre devint la preuve majeure de la corruption intrinsèque de cet art.

L'échec de *Théodore*, dû aux frivoles arguments des mondains, devint donc l'occasion d'une querelle de *Théodore*, commencée oralement, et qui n'affleurera dans l'imprimé, après l'*Epître* de 1647 et l'*Examen* de 1660, qu'en 1666-1667. Cette querelle était en germe

---

[69]   Voir *Traité de la comédie* de Pierre Nicole, éd. et annoté par G. Couton, Paris, 1961, introduction.

dans le programme de réforme des mœurs qu'est en fait, dans un esprit de tridentinité sévère, *La Fréquente Communion* d'Antoine Arnauld : elle avait pour enjeu le statut de ce que Corneille appelle le « divertissement », et qui, à ses yeux, pour peu qu'il joignît l'utile à l'agréable, était parfaitement compatible avec la dignité de la vie chrétienne. Alors que pour Arnauld cette attitude relevait d'un laxisme coupable. Dans les « querelles » du même ordre que le jésuite Garasse avait conduites contre Théophile en 1622, et que le feuillant Goulu avait conduites contre Balzac en 1626, c'était moins le principe du « divertissement » qui était en cause, et donc la légitimité chrétienne des arts profanes, que le « libertinage » de Théophile et de Balzac, qui marquaient chez ces artistes profanes une intolérable réserve vis-à-vis de la doctrine tridentine. Garasse comme Goulu étaient des humanistes dévots, qui acceptaient parfaitement que l'on cultivât les arts de ' l'Antiquité païenne, pourvu que ce fût sous contrôle ecclésiastique, et au service du catholicisme tridentin. Ils étaient eux aussi, quoique avec plus d'esprit inquisitorial, les adeptes de cette *moderazione cristiana* dont le jésuite Ottonelli se fit plus tard le théoricien en Italie. Avec Port-Royal, c'est l'essence même de cette « modération » qui est mise en cause, pour la première fois, à propos de *Théodore, vierge et martyre*, qu'un Garasse, un Goulu, un J.-P. Camus eussent approuvé sans difficulté. C'est donc le compromis qui avait permis l'essor des arts baroques dans les cours catholiques de Rome, Vienne et Madrid qui est dénoncé en France, au moment même où Mazarin, au profit du pouvoir royal, travaille à faire de Paris la quatrième capitale de l'art catholique, voire une succursale de l'art romain. Sans doute soutien d'une monarchie profane, et maître d'une cour « frondeuse », c'est à la version la plus brillante et séductrice de cet art que Mazarin fait surtout appel pour charmer les esprits rebelles de l'élite française. Alors qu'avec *Théodore* c'est la version « sérieuse », stoïcisante, apparentée à l'esprit du P. Stefonio et du P. Caussin, que Corneille voulait servir. Mais ces deux versions du style catholique sont en fait complémentaires, elles s'épaulent l'une l'autre dans leur apparente antithèse, comme dans la Rome impériale atticisme sénéquien et asianisme ovidien se confortaient de leur rivalité, et échangeaient leurs techniques rhétoriques.

L'impitoyable critique de Port-Royal, pourchassant la « délectation » partout, a fort bien perçu, dans le cas de *Théodore*, ces « scellements ignorés » qui unissent les divers visages du Protée « baroque » et que l'œuvre de Corneille, auteur d'*Andromède*, de *La Toison d'or*, de *Psyché*, autant que de *Polyeucte*, représente assez bien. La sévérité augustinienne, telle que la conçoit Port-Royal, est inséparable d'une «simplicité chrétienne» qui se refuse à ce double jeu, à ces accommodements du style chrétien avec les divers masques d'une beauté païenne, inséparable de la concupiscence. Aux jeux esthétiques auxquels se complaît un art international éclectique, sourdement païen, Port-Royal, héritier rigoriste de l'esprit du gallicanisme, oppose un idéal de «naturel» chrétien et français dont la vigueur réformatrice a joué un rôle décisif dans l'évolution vers le classicisme. En ce sens, la querelle de *Théodore* est une importante escarmouche préparant la bataille des *Provinciales*, où Port-Royal, s'adressant au «monde», imposera à la fois la pureté de son goût et de sa doctrine. Si la querelle de *Théodore* portait un coup sévère à l'alliance entre catholicisme «réformé» et art païen, la querelle des *Provinciales*, allant au fond des choses, soumettra à une critique féroce la philosophie et la théologie qui soutenaient cette alliance, et qui justifiaient en profondeur les «équivoques» de l'humanisme dévot. Comme en 1646, Port-Royal trouvera alors, dans sa contre-offensive, des alliés inattendus dans le «monde». On peut à juste titre se demander pourquoi. La première raison, à notre sens, est la suivante: l'humanisme dévot, comme les arts qu'il engendre, repose sur de complexes opérations de synthèse, sur une érudition humaniste étrangère par essence aux «mondains», et surtout aux mondains français. L'idéal de simplicité de Port-Royal, la réduction radicale qu'il impliquait vis-à-vis des touffeurs de la culture humaniste, rencontraient le vœu secret des gens du monde, qui allait dans le sens d'une modernité libre et dégagée, s'exprimant dans un français clair et élégant, sans recherches excessives. La doctrine de Port-Royal elle-même, fondée sur une interprétation nette et claire de la pensée de saint Augustin, résumait l'essence du christianisme de façon plus aisément assimilable que les complexes systèmes et les doctes dosages de l'humanisme dévot. Par ailleurs, et cette fois auprès d'un public plus large que le «monde» touchant à la cour, Port-Royal rencontrait la tradition gallicane, sa conviction d'une «élection» particulière de la France chrétienne dans une Europe corrompue par Rome, sa volonté de secouer le joug de formes de culture et d'art conçues à l'étranger. Enfin, il n'est pas exclu que l'augustinisme de Port-Royal, en traçant une limite nette entre le profane et le sacré, le païen et le chrétien, la concupiscence et la grâce, ait mieux convenu aux «mondains» conscients d'eux-mêmes que le protéisme envahissant et à la limite obsessionnel de l'humanisme dévot.

Théodore était sur ce point exemplaire: à force de vouloir réformer le théâtre, et concilier Le Tasse et saint Augustin, Corneille avait autant gâché le plaisir des mondains qu'il avait choqué le sens religieux des dévots. Après *Théodore*, il se le tiendra, au moins en apparence, pour dit, et respectera implicitement la règle classique que Boileau formulera en 1674:

> De la foi des chrétiens les mystères terribles
> D'ornements égayés ne sont pas susceptibles.

Le genre même de la «comédie de dévotion», cultivé à Rome et à Madrid, symbolisait plus que tout autre cet impur mélange de «mystères» chrétiens et d'ornements païens. Il alliait Aristote et le martyrologe, *L'Art d'aimer* d'Ovide et l'Evangile, Sénèque et saint Augustin.

La querelle de *Théodore* nous permet d'analyser à leur naissance le rôle de Port-Royal dans l'élaboration de l'esthétique classique et le magistère qu'il va, avec persévérance, exercer sur ses flancs. Ils furent déterminants dans la réaction de rejet qui finit par faire échapper la France à l'emprise du «baroque» international[70]. Et ils le furent de deux manières. La critique augustinienne de Port-Royal ébranla la synthèse de l'humanisme dévot, qui servait d'assise doctrinale aux arts de la Réforme catholique. Et par ricochet, sans quitter le terrain religieux, moral et éventuellement politique, elle contraignit la rhétorique qu'impliquait l'humanisme dévot à une révision déchirante. Le «baroque» mazarinien, lié à un machiavélisme politique à l'italienne, soutenu par l'humanisme jésuite, a trouvé dans la querelle de *Théodore*, puis dans la querelle des *Provinciales*, ses écueils majeurs. La victoire de Mazarin sur la Fronde, qui semblait retourner la situation et laisser le champ libre à l'italianisme du ministre, ne fit que retarder le ralliement de la monarchie française à un style nouveau, qui tînt compte en dernière analyse des exigences gallicanes. Le régime mazarinien était fondé, avant la Fronde, sur l'alliage entre la piété ostentatoire de la reine et la «douceur» machiavélique de son ministre, alliage qui trouvait son expression artistique dans la juxtaposition d'une rhétorique dévote de style sévère, et d'une rhétorique profane de style imaginatif et sensuel, l'une et l'autre conciliées dans la

---

[70]   Voir C. Rizza, *Baroque francese e cultura italiana*, Cuneo, 1973, dont le texte et les notes établissent «l'état de la question» à cette date.

Dévotion aisée et la *Galerie des femmes fortes* du P. Le Moyne. Après avoir rétabli l'unité du pouvoir monarchique en sa personne, Louis XIV ne tarda pas à comprendre que cette unité de pouvoir ne pouvait s'exprimer que par l'unité du style. Un instant, après avoir défait Foucquet, il flatta le Bernin. Mais il se rendit vite à l'évidence, avec un sens souverain de l'enjeu des styles, que l'absolutisme ne pouvait s'enraciner en France qu'en favorisant un art spécifiquement français, dépassant les formules italiennes et espagnoles, symbolisant la simplicité et l'unité du régime, la supériorité assurée d'elle-même que la cour de France avait conquise sur les autres cours européennes. La résistance gallicane à l'absolutisme, dont la Fronde avait démontré la puissance, ne pouvait être apaisée, comme l'avait cru à tort Mazarin, par les séductions voyantes d'un art à l'italienne: il fallait au contraire officialiser un goût français, pressenti par Foucquet. Comme sous Auguste, Ovide avec Bernin est banni, et le républicanisme chrétien de la France gallicane trouve du moins dans la «simplicité», le «naturel», tout français, du style approuvé par le Roi à la fois le symbole de son attachement à la couronne, et la compensation des sacrifices que celle-ci lui demande dans l'ordre de la «liberté». L'élégante sobriété de l'art classique français, son recours aux modèles du siècle des Scipions et du siècle d'Auguste donnent à la monarchie absolue de Louis XIV un style de décor et de prestige propre à retenir dans sa sphère les consciences les plus réservées à son égard. Mais la tentation ovidienne reste vive sur un art officiel qui, dans son essence, est fondé sur l'idée jésuite, cette fois francisée, gallicisée, châtiée d'atticisme, de «modération chrétienne» des arts païens. Sur ce ferment «baroque», la vigilance de Port-Royal exercera, au nom du seul et véritable classique, saint Augustin, une sorte de magistère indirect, comme si, sur son Aventin, la conscience morale et religieuse du gallicanisme français intimidait son «bras séculier» politique et artistique, comme si Port-Royal, véritable pouvoir spirituel gallican, avait sur la société temporelle régie par la monarchie gallicane un secret et invincible prestige. Il est significatif d'ailleurs que sauf exceptions (Racine, Molière, Boileau) les grands écrivains du classicisme, La Rochefoucauld, La Fontaine, Mme de Sévigné, Mme de La Fayette, La Bruyère, aient œuvré à l'écart de la cour, et que tous aient subi (sauf Molière) l'ascendant de Port-Royal, comme l'avait déjà subi, dès l'époque de Richelieu, un Balzac. Il y a beaucoup de vrai dans les vues de Sainte-Beuve sur ce point: Port-Royal a convaincu la France qu'en théologie et en morale, en politique comme en art, la preuve de la vérité est dans la simplicité, signe immanquable de l'accord de l'esprit avec l'ordre divin des choses. Cette leçon est aussi, dans l'ordre de la beauté, une leçon d'atticisme.

On peut dès lors comprendre pourquoi la sévérité de *Théodore*, qui heurta la délicatesse des «mondains», ne heurta pas moins le goût sévère de Port-Royal. C'est que, si nourrie d'augustinisme que cette sévérité cornélienne pût être, elle était trop composite, trop mêlée de dramatisme sénéquien et de sensibilité pastorale à la Tasso, pour être simple, unie et sincère. L'augustinisme incontestable qui, depuis *Horace*, apparaît dans le théâtre de Corneille n'est pas le principe simple et unique gouvernant les lignes pures d'une foi «des premiers siècles»: c'est un élément, entre autres, dans une rhétorique dramatique qui, en dernière analyse, voulait aussi plaire, fût-ce à des dévots. A travers *Théodore*, où la sévérité de l'art cornélien n'a jamais été si visible, Port-Royal, avec une sûreté parfaite de jugement, a visé le surgeon français du style moderne austère, dont un Quevedo en Espagne, un Malvezzi en Italie, sont d'autres émanations. Ce style «sérieux» croyait s'opposer au style «enjoué»: Port-Royal a compris que cette manière «sombre» et sénéquiste choquait autant sa propre exigence de simplicité chrétienne que la manière «scintillante» et ovidienne. L'une et l'autre, dans une antithèse toute rhétorique, renvoyaient à la même substance d'un humanisme chrétien, et à sa jésuitique plasticité. Ils manquaient autant de «naturel» dans l'ordre du goût que la casuistique et le molinisme de rectitude dans l'ordre de la vérité.

Classique français, si on le compare à ses collègues italiens et espagnols, Rospigliosi ou Calderon, Corneille est resté, jusqu'à *Suréna*, un humaniste dévot, le représentant français d'une culture internationale, par une conception de la catholicité du style qui vise à l'universel non par le dépouillement et la simplicité, mais par la richesse d'accueil, par la *contaminatio*, la variété, la capacité de synthèse, ce que nous appelons culture, ce que Pascal rangeait dans la catégorie du «divertissement».

Corneille dramaturge
et la rhétorique de l'humanisme chrétien

1.

RHÉTORIQUE ET DRAMATURGIE
DANS *L'ILLUSION COMIQUE**

Le principal reproche que l'on puisse faire à la thèse de Louis Rivaille, *Les Débuts de Pierre Corneille*[1], par ailleurs si riche en analyses éclairantes, ce n'est pas celui que lui a adressé René Bray, «voir les jésuites partout»; il est vrai que les jésuites sont partout dans notre XVIIe siècle[2], et surtout dans l'éducation et la culture humaniste chrétienne qu'ils ont données à Corneille. Celui-ci leur a rendu des hommages de reconnaissance suffisamment clairs pour que nous ne puissions nier l'importance de la dette qu'il a contractée envers ses maîtres. Mais ce qui surprend chez Louis Rivaille, c'est qu'il borne l'influence des jésuites à une influence philosophique[3]. Et il est difficile de ne pas partager le malaise éprouvé par Jacques Maurens[4] devant la tentative de retrouver tout l'appareil de la pensée thomiste dans la structure dramatique et psychologique des premières comédies de Corneille.

---

* Cette étude a d'abord paru dans *XVIIe siècle*, n° 80-81, 1968, pp. 107-132.
[1] Paris, Boivin, 1936.
[2] Voir Jacques Maurens, *La Tragédie sans tragique. Le néo-stoïcisme dans l'œuvre de Pierre Corneille*, Paris, A. Colin, 1966, p. 14.
[3] Ouvr. cit., pp. 466-467.
[4] Ouvr. cit., p. 13.

Il est difficile de croire qu'un jeune écrivain tel que l'était Corneille à cette époque ait seulement choisi la comédie pour actualiser
la pensée de saint Thomas, alors qu'il trouvait dans un autre secteur
de l'enseignement reçu au collège de Rouen un art du langage susceptible de le guider et de le secourir dans sa recherche stylistique et dramaturgique. La cécité surprenante de Louis Rivaille est sans doute
une conséquence de l'extraordinaire discrédit où a sombré la rhétorique classique au XXᵉ siècle. Car cet excellent historien n'ignorait pas
que la classe de philosophie, selon la *Ratio studiorum*, était précédée
d'une année de rhétorique[5], elle-même couronnée par des représentations dramatiques latines, où tous les principes de l'art du langage
enseignés pendant l'année étaient pour ainsi dire exposés et résumés
par les acteurs-élèves pour la plus grande satisfaction des parents-
spectateurs.

Il est donc naturel que l'on songe d'abord à mettre en rapport, suivant en cela l'ordre même des études, dramaturgie et rhétorique, plutôt que dramaturgie et philosophie. Et c'est cette démarche que nous
voudrions suivre pour comprendre certains aspects d'une comédie de
Corneille (laissée d'ailleurs par Louis Ravaille hors du champ de sa
recherche): *L'Illusion comique*. Les récents commentateurs de cette
œuvre[6] s'accordent pour y voir une apologie du théâtre, conçue par
Corneille dans l'euphorie de son jeune génie, de son succès et de
l'engouement général du public pour la scène. Apologie du théâtre:
ces deux termes unissent en un rapport étroit et complexe une double
référence à la rhétorique et à la dramaturgie. Rapport d'autant plus
complexe que l'apologie du théâtre est ici formulée en termes dramatiques, ce qui accroît encore le jeu de miroirs entre les deux techniques
du langage. Pourtant, à l'intérieur de cette œuvre dramatique, le
recours à l'art oratoire proprement dit n'est pas aboli. Alcandre, dans
la dernière scène de l'acte V, prononce devant Pridamant un éloge du
théâtre qui révèle en lui ouvertement ce que d'autres signes nous
avaient tout au long de la pièce laissé pressentir: son masque de mage
dissimule non seulement son visage de dramaturge, capable de

---

[5]   François de Dainville, *La naissance de l'humanisme moderne*, t. I, Paris,
Beauchesne, 1940, *passim*, mais surtout pp. 124-125.

[6]   Voir R. Garapon, édition critique de *L'Illusion comique*, Paris, Didier, 1965,
Introduction, *passim*. Voir également O. Nadal, «*L'Illusion comique*», *Bref* n° 93,
février 1966, et R. Lebègue: «Cet étrange monstre que Corneille a donné au théâtre»,
Bref n° 87, juin-juillet 1965, pp. 3 à 5.

donner la parole à des «spectres animés», mais également sa maîtrise personnelle de la parole, son visage complémentaire d'orateur[7].

Dans cette perspective nouvelle, où se superposent les deux registres de la magie du verbe dont dispose Alcandre, Pridamant occupe

---

[7] La magie comme métaphore des pouvoirs de la parole rhétorique et dramatique, nous en retrouverons l'usage encore plus nettement spécifié dans la comédie de Desmarets de Saint-Sorlin. *Les Visionnaires* (1637), qui, selon son plus récent éditeur, H.G. Hall (Paris, Didier, 1963), doit beaucoup à *L'Illusion comique*. Le poète Amidor qui «sert de catalyseur à l'action de cette pièce» (*ibid.*, introduction, p. LXV), a trouvé dans le «capitan» Artabaze un acteur digne d'interpréter le rôle d'Alexandre dans une pièce qu'il a composée. Mais Artabaze, comme Matamore, a peur de la mort, même fictive. Il veut bien revêtir le nom d'Alexandre, mais non interpréter son rôle qui l'obligerait à mimer l'assassinat de ses meilleurs amis. Il traite donc Amidor de dangereux «sorcier»:

AMIDOR

... Cela n'est qu'un escrit.

ARTABAZE

Quoy, qui donne la mort?
Vous estes donc Sorcier?

AMIDOR

Ne craignez point si fort.

ARTABAZE

Ah Dieux! je suis perdu, ma valeur ny mes armes
Ne sont point par malheur à l'espreuve des charmes.

AMIDOR

Ce ne sont que des Vers.

ARTABAZE

C'est ce qui me faict peur (III, 3, vv. 857-861).

On voit nettement ici dans l'effroi du naïf Artabaze la même confusion que chez Pridamant entre magie littéraire et magie tout court. Amidor, Alcandre ridicule, n'en est pas moins, comme le héros de Corneille à la fois mage, orateur et dramaturge, maître de manier l'âme des hommes à son gré. Comme Alcandre, il a voué sa vie à une sorte de sacerdoce rhétorique:

J'ayme les bois, les prez, et les grottes obscures:
J'ayme la Poësie, et ses doctes figures.
Dans mon commencement, en l'Avril de mes jours,
La riche Metaphore occupa mes amours:
Puis j'aymay l'Antithese au sortir de l'Eschole:
Maintenant je me meurs pour la haute Hyperbole:
C'est le grand ornement des magnifiques vers:
C'est elle qui sans peine embrasse l'Univers;
Au ciel en un moment on la voit eslancée;
C'est elle qui remplit la bouche et la pensée.
O ma chere Hyperbole, Hyperbole mon cœur,
C'est toy qui d'Atropos me rendras le vainqueur.

(V, 7, vv. 1921-1932)

le rôle du juge qu'il s'agit de convaincre, et Clindor devient le client (d'ailleurs inconscient de l'être) dont Alcandre se charge de plaider la cause auprès de son père.

L'*auctoritas* nécessaire à l'orateur pour que sa parole ait du poids auprès des auditeurs, et tout spécialement dans une *suasoria* comme c'est le cas ici, Dorante se charge de l'établir dans l'esprit de Pridamant. Porte-parole de l'opinion publique, Dorante garantit l'efficacité de la «techné» d'Alcandre:

> De pas un, que je sache, il n'a déçu l'attente:
> Quiconque le consulte en sort l'âme contente. (I, 1, vv. 73-74)

Mais cette *auctoritas* d'Alcandre ne repose pas seulement sur le prestige de ses succès, elle s'accorde avec la *fama* d'une vie digne et vertueuse. Il vit dans une sorte d'*otium* campagnard, en ermite tourangeau. Son grand âge, sa vertu, son impartialité fondée sur la maîtrise des passions et le désintéressement absolu, lui confèrent les qualités morales que tous les bons auteurs, de Cicéron à Quintilien, exigent de l'orateur idéal.

Alcandre se charge ensuite lui-même de prouver très vite sa parfaite maîtrise technique de la rhétorique. La manière dont il capte la bienveillance et l'intérêt, bientôt passionné, de Pridamant démontre que l'art des préparations oratoires n'a pour lui aucun secret. Nous comprenons bien vite que les «ressorts inconnus» qui agitent ce vieillard et «font de tous ses pas des miracles de l'art» (vv. 87-88)[8] ne sont que les principes de l'*actio rhetorica*, «*quasi corporis quaedam eloquentia*» (*Orator*, 55), «*quasi sermo corporis*» (*De Oratore*, 2, 22). Cette *actio*, qui combine savamment les ressources de la voix et du

---

[8]   Dans son introduction aux *Visionnaires* (ouvr. cit.), H.G. Hall fait ressortir que Desmarets veut ridiculiser dans le personnage du poète Amidor le style de la Pléiade, et l'idée que Ronsard et ses amis se faisaient des pouvoirs de la parole poétique. On peut se demander si Alcandre, au contraire, n'est pas l'emblème de la foi que Corneille place en son propre génie oratoire et dramatique, rejoignant par là, et à partir de sources antiques communes, l'idéal du poète selon la Pléiade. Le meilleur commentaire aux vers 81-88 de *L'Illusion comique* n'est-il pas ce passage de l'*Abrégé de l'Art poétique françois* (Œuvres de Ronsard, éd. Laumonier, t. XIV, p. 18):

«Tout ainsi qu'on ne peut véritablement dire un corps humain beau, plaisant et accompli, s'il n'est composé de sang, veines, artères et tendons, et surtout d'une plaisante couleur, ainsi la poésie ne peut estre plaisante ni parfaite sans belles inventions, descriptions, comparaisons, qui sont les nerfs et la vie du livre.»

Alcandre est une rhétorique et une poétique vivantes et visibles en un seul corps allégorique de mage-dramaturge.

geste pour faire de l'orateur un *actor veritatis*, Alcandre nous en donne d'emblée une démonstration éclatante. D'abord en faisant preuve d'une pénétration immédiate des ressorts qui agitent l'âme de Pridamant, et dont il va devoir jouer pour l'amener au point qu'il s'est fixé et que nous ne devinons pas encore:

> Dorante, c'est assez, je sais ce qui l'amène: (I, 2, v. 101)

Subjugué par cette science de moraliste auquel aucun des secrets du cœur humain ne peut rester caché, Pridamant l'est plus encore par les assurances d'Alcandre, qui flattent ses plus chers espoirs:

> Vous reverrez ce fils plein de vie et d'honneur: (I, 2, v. 123)

Cette promesse est conforme au principe selon lequel il est préférable pour l'orateur, afin de gagner l'attention de ses auditeurs, de leur faire espérer un avantage futur plutôt que de leur rappeler des services passés. Enfin, dernière étape de la conquête de Pridamant, conforme au principe selon lequel le meilleur moyen de gagner l'affection de l'auditeur, c'est de paraître soutenir avec justice les intérêts de ceux mêmes qui nous écoutent: Alcandre, d'un geste digne du prétoire, écarte Dorante avant de faire la narration des aventures de Clindor. Ainsi prouve-t-il à Pridamant qu'il épouse ses intérêts au point de ménager les plus délicates susceptibilités de son amour-propre.

Après cette magistrale *captatio benevolentiae*, Alcandre est en mesure de faire à Pridamant, suspendu à ses paroles, une *narration* des faits, en l'occurrence un bref récit des aventures de Clindor depuis sa disparition. Dans le genre délibératif, où s'emploie ici Alcandre, la narration s'impose immédiatement, sans qu'un exorde soit nécessaire. Mais il faut remarquer que pour faire ce récit, qui risque de ranimer la colère du père, Alcandre déploie tous les procédés de l'*extenuatio*. Il l'a fait précéder d'une brève allusion au sort brillant actuellement dévolu à Clindor, qui fait contrepoids en quelque sorte à ce que pourraient avoir de sordide ses errances picaresques. Et celle-ci sont présentées avec un sourire plein d'humour qui estompe les ombres du tableau et excuse les erreurs. On ne peut guère ici s'empêcher de songer au précepte du *De Oratore* selon lequel: «Je m'attache au côté favorable, je l'embellis, je le rehausse j'ai soin de m'y arrêter... Quant au côté faible, au point malade, je m'en éloigne sans pour autant avoir l'air de fuir, mais je le dissimule et le fais disparaître sous les ornements et les développements que je prodigue à l'autre.»[9] Un des moyens les plus subtils pour détourner l'attention du juge du «point faible» de la cause défendue, c'est le tour enjoué donné au récit des faits incriminés. D'ailleurs, Alcandre joue ici «sur du velours», car l'amour-propre de Pridamant est complice des habiletés de l'orateur pour «passer l'éponge» sur ce passé peu honorable de son héritier.

Mais quelle cause Alcandre plaide-t-il devant Pridamant? Celui-ci a déjà pardonné en son cœur les fautes passées de son fils. Sa colère (qui est ici comme dans la tradition stoïcienne la source des pires malheurs) est depuis longtemps tombée. Ne risque-t-elle pourtant pas de renaître sitôt que Pridamant, mis en présence à l'improviste de son fils Clindor, s'apercevra que celui-ci a embrassé le métier «infâme» de comédien[10]? C'est donc bien de cela qu'il s'agit: prévenir la colère de Pridamant en lui faisant accepter d'avance la vocation et le métier actuel de son fils. Deux «problèmes» sont ici imbriqués l'un dans l'autre. Une *causa*: Clindor, fils d'honnête homme, a-t-il bien ou mal agi en embrassant la profession de comédien? Est-il de l'honneur de Pridamant d'accepter ce fait accompli? Et impliquée par cette

---

[9]   Cicéron, *De Oratore*, L. II, LXXII, 292:

Mea autem ratio haec esse in dicendo solet, ut boni quod habeat, id amplectar, exornem, exaggerem, ibi commorer...; a malo autem vitioque causae ita recedam, non ut id me defugere appareat, sed ut totum bono illo ornando et augendo dissimulatum obruatur.

Cf. également Quintilien, *Institution oratoire*, L. IV, I, 26-28 (avant-propos), édition Garnier, pp. 14-17 (t. II):

Quae sint porro in causis favorabilia, enumerare non est necesse, quia et manifesta erunt cognita cujusque controversiae condicione et omnia colligi in tanta litium varietate non possunt. Ut autem haec invenire et augere, ita quod laedit, aut omnino repellere aut certe minuere ex causa est.

«Quels sont d'ailleurs dans les causes, les points en notre faveur, il n'est pas nécessaire de les énumérer, parce qu'ils sauteront immédiatement aux yeux, lorsqu'on aura bien étudié l'affaire, et qu'il est impossible de les grouper tous, étant donné la variété des causes. Bornons-nous à dire qu'il est dans notre intérêt non seulement de trouver et d'amplifier ces points mais aussi d'écarter complètement ou tout au moins d'atténuer ce qui nous est contraire.»

[10]   C'est ce qui se passe dans *La Comédie des comédiens*, de Scudéry (publiée à Paris, Courbé, 1635), où M. de Blandimare est mis brusquement en présence de son neveu, authentique gentilhomme, qui a quitté le métier des armes pour devenir candidat au métier de comédien. Mais M. de Blandimare est un homme d'esprit. Après un bref instant de colère et de surprise, il se convainc tout seul, et avec une facilité invraisemblable, que son neveu a «trop bien fait». Suprême invraisemblance, ce gentilhomme fortuné et d'âge mûr se décide à joindre la troupe de Bellerose. Dans ce qu'il appelle lui-même un «capriccio», Scudéry s'est accordé des facilités auxquelles Corneille ne cède pas dans *L'Illusion comique*.

causa, une *quaestio* : le théâtre est-il un lieu de perdition ou une institution légitime, un art *noble*, digne d'être admiré en toutes ses parties ? Là se situe le point de convergence entre le but que se propose
Alcandre, délégué de Corneille à l'intérieur de la pièce, et le but de
Corneille régnant sur l'ensemble de sa machinerie dramatique. Le
genre délibératif, auquel appartient le problème particulier de Clindor et Pridamant, élargit son champ de vision dans la péroraison
d'Alcandre (acte V, 6) — *amplificatio* où la question du théâtre en
général est posée et résolue sous forme d'éloge. La tâche d'Alcandre,
qui, par sa personne, ses talents et ses vertus, est en lui-même une apologie du dramaturge, est donc de présenter, à travers une difficulté
particulière, l'éloge du théâtre dans son principe même.

Contrairement à la routine oratoire (après la *narratio*, la *propositio*), Alcandre garde par-devers lui le secret de ses desseins. En quoi
il se montre bon disciple de Quintilien qui admet que la «*propositio*»
puisse souvent être sous-entendue :

«Parfois, à la vérité, il faut aussi tromper le juge et employer des
moyens variés pour le circonvenir et lui laisser croire que notre dessein
est autre qu'il n'est en réalité. Car parfois, la proposition est dure à
faire admettre, et si le juge l'aperçoit de loin, il en est aussi effrayé
qu'un malade voyant avant l'opération le bistouri entre les mains du
médecin. Mais si aucune proposition n'a tiré le juge de sa tranquillité,
si rien ne l'a averti de se replier sur lui-même, le discours produira sur
lui un effet que nous n'aurions pas obtenu si nous avions annoncé ce
que nous allons faire.»[11]

Alcandre laissera donc d'abord croire à Pridamant qu'il cherche
seulement à répondre aux questions *particulières* que ce père repen-
tant lui a d'abord posées sur son fils :

---

[11]   Quintilien, *Inst. or.*, éd. cit. L. IV, ch. V, (5), pp. 104-105 :
*Interim vero etiam fallendus est judex et variis artibus subeundus, ut aliud agi,
quam quod petimus, putet. Nam est nonnumquam dura propositio, quam judex si
providit, non aliter praeformidat quam qui ferrum medici prius quam curetur
aspexit; at si re non ante proposita securum ac nulla denuntiatione in se conversum
intrarit oratio, efficiet quod promittenti non crederetur.*
     M. Jacques Morel, dans sa communication «Rhétorique et théâtre» (publiée
dans *XVIIᵉ Siècle*, 1968, n° 80-81) montre que ce procédé de suspension de la «propositio» sera constamment employé par les personnages des tragédies de Corneille
pour mieux convaincre leurs interlocuteurs.

«*Où* fait-il sa retraite? En quels *lieux dois-je aller?*» (v. 119). Et sous ce prétexte immédiat, un travail de persuasion couvert et de longue haleine va dérouler sous nos yeux ses prestiges et son efficacité.

Le moment est venu pour Alcandre de rentrer dans l'ombre, laissant les «spectres parlants» (I, 3, v. 212) prendre le relais de son discours, et opérer par étapes successives la «modification» de Pridamant. Il ne faudrait pourtant pas croire qu'à partir de ce moment la rhétorique laisse la place tout uniment à la dramaturgie. Les «acteurs» qui apparaissent à ce moment-là dans la grotte magique (métaphore de la bouche magique de l'orateur?) hantent également les traités de rhétorique, soit pour servir de repoussoir aux vertus de l'orateur, soit (et c'est le cas en particulier de Roscius chez Cicéron) de modèle à ses artifices[12]. Le terme même d'*actor veritatis*, employé par Cicéron pour désigner l'orateur accompli, marque bien les correspondances qui relient l'une à l'autre les deux «mises en scène» du langage. On glisse de l'une à l'autre — d'autant plus facilement que certaines «figures de pensée» conduisent naturellement l'orateur aux confins du théâtre, confondant en sa personne dramaturge et acteur.

Un des exercices rhétoriques les plus difficiles (et qui trouve place le plus souvent dans le genre délibératif où nous avons situé la cause défendue par Alcandre), c'est la prosopopée:

> Il s'y ajoute, dit Quintilien, la difficulté de respecter le caractère du personnage: en effet sur la même question, César n'opinera pas comme Cicéron et comme Caton... Il y a beaucoup de discours que les orateurs grecs et latins ont composés pour d'autres et dans lesquels

---

[12] A l'acte III, scène 2, de *La Comédie des comédiens* de Gougenot (représentée en 1631-1632, imprimée à Paris en 1633), celui-ci déployait déjà tous les fastes de la rhétorique pour faire l'apologie du théâtre. Dans un discours pédantesque (et coupé pour que les différents personnages puissent chacun à leur tour prendre à leur compte ses différents paragraphes), Mme Bellerose invoque Romulus, Gaultier, les Grecs, le Capitaine, Scipion et Lélius, etc., pour appuyer sur des références antiques la légitimité du théâtre. Enfin Turlupin:
«Cicéron dit de luy, au troisième livre intitulé l'Orateur, qu'il n'avoit jamais si bien récité une chose que Roscie ne le pust encore mieux réciter. De son temps, les sénateurs alloient souvent voir la comédie, comme des exercices honorables et profitables, tenant ces representations comme une eschole pour prendre l'art de se bien exprimer.»
Ici, le rapport rhétorique-dramaturgie n'est qu'une idée, prêtée à un acteur peu habitué à interpréter de telles matières, Turlupin. Corneille met cette idée en évidence par des moyens théâtraux, en l'incorporant dans la structure même de sa comédie, et en la laissant à découvrir par son spectateur.

leurs paroles devaient se conformer à la situation sociale et à la vie de leurs clients. Ou bien peut-on supposer que Cicéron écrivant pour Cn. Pompée, pour T. Ampius et pour les autres, pensait de même et jouait le même personnage? Après avoir considéré la fortune, le rang, les actions de tous ceux auxquels il prêtait l'appui de sa voix, ne s'est-il pas identifié avec eux? C'est au point qu'ils parlaient mieux qu'ils n'eussent fait; mais c'est bien eux qu'on croyait entendre parler. Car un discours ne pèche pas moins par défaut de convenance avec la personne qu'avec le sujet auquel il aurait dû être approprié. Voilà pourquoi l'on estime que Lysias a donné l'impression de la vérité dans les discours qu'il écrivait pour des personnes non cultivées[13].

Cette page met en évidence l'analogie du dramaturge et de l'orateur: la prosopopée oblige celui-ci à créer un «rôle» dont son client sera l'interprète devant les juges. Le vertige «baroque» de *L'Illusion comique* est déjà présent ici, dans cette étrange ambiguïté du théâtre et de la réalité, le vrai client récitant devant le vrai juge un texte calculé à l'avance, comme au théâtre, et qui lui est soufflé littéralement par l'avocat. Alcandre, au lieu de présenter lui-même la défense de Clindor, laisse celui-ci se présenter et parler en son nom. Il est vrai que Clindor ne prononce pas un discours en forme, et qu'il se présente entouré de toutes les circonstances de l'épisode biographique choisi par Alcandre pour émouvoir Pridamant. Mais ici encore, le théâtre n'est pas loin de la rhétorique, tout au moins d'une «figure de pensée» parmi les plus fortes dont dispose la «techné», je veux parler de l'«hypotypose». Laissons encore une fois la parole à Quintilien:

Quant à la figure dont Cicéron nous dit qu'elle place la chose sous nos yeux, elle consiste généralement non pas à indiquer qu'un fait s'est passé, mais à montrer comment il s'est passé, et cela non pas dans les grandes lignes, mais dans le détail. Cette figure, dans le dernier livre, je l'ai subordonnée à l'évidence, et c'est le nom que lui a donné

---

[13] Quintilien, *Institution oratoire*, éd. cit., L. III, ch. VIII, 49-51, t. I, p. 402: *... ad reliquum suasoriae laborem accedit etiam personae difficultas: namque idem illud aliter Caesar, aliter Cicero, aliter Cato suadere debebit... (Nam) sunt multae a Graecis Latinisque compositae orationes, quibus alii uterentur ad quorum condicionem vitamque aptanda quae dicebantur fuerunt.An eodem modo cogitavit aut eamdem personam induit Cicero, cum scriberet Cn. Pompeio et cum T. Ampio ceterisve, ac non unius cujusque eorum fortunam, dignitatem, res gestas intuitus, omnium, quibus vocem dabat, etiam imaginem expressit, ut melius quidem, sed tamen ipsi dicere viderentur? Neque enim minus vitiosa est oratio, si ab homine, quam si ab re, cui accommodari debuit, dissidet; ideoque Lysias optime videtur in iis, quae scribebat indoctis, servasse veritatis fidem.*

Celsus. D'autres appellent hypotypose une image des choses présentée en termes si expressifs qu'on croit voir plutôt qu'entendre: «Lui, tout enflammé de folie criminelle, arrive au Forum; ses yeux brillaient; tout son visage respirait la cruauté.»[14]

Ce n'est plus seulement un discours que l'orateur mime selon la vraisemblance, comme dans la prosopopée: c'est l'ensemble d'une action, avec ses circonstances et le dialogue qu'elle comporte, rendue présente par la vertu mimétique du verbe. Ici, Alcandre se borne à dissocier sa voix des images qu'elle serait parfaitement capable d'évoquer. Il laisse celles-ci se déployer devant Pridamant, sans révéler le lien qui les relie à ses intentions secrètes. Ainsi a-t-il comme dramaturge l'avantage sur l'orateur de ne pas s'interposer entre l'image et l'œil qui la reçoit. L'identification est plus facile, entre le spectateur et l'acteur, qu'entre le juge et l'orateur, même doué des plus brillantes vetus mimétiques.

La référence à l'hypotypose explique d'autre part très bien la libre disposition des temps dont fait usage Alcandre:

— l'indicatif passé des aventures de Clindor (qui par un trompe-l'œil commun à la rhétorique et à la dramaturgie, sont évoquées comme contemporaines du dialogue actuel Alcandre-Pridamant);

— l'irréel du jeu théâtral proprement dit (qui, par un trompe-l'œil analogue, et grâce à un effet de vraisemblance soigneusement préparé, peut être ressenti comme une réalité actuelle par le spectateur-juge Pridamant).

Ces deux tours de prestidigitation sont évoqués par Quintilien, et ils portent un nom dans l'arsenal de la magie blanche du verbe rhétorique: *metastasis* (une des variantes de l'hypotypose):

---

[14]   Quintilien, *Inst. or.*, édit. cit., L. IX, ch. II, 40-41, p. 290 (t. III):
Illa vero, ut ait Cicero, sub oculus subjectio tum fieri solet, cum res non gesta indicatur, sed ut sit gesta ostenditur, nec universa sed per partes. Quem locum proximo libro subjecimus evidentiae, et Celsus hoc nomen isti figurae dedit. Ab aliis ὑποτυπώσις *dicitur proposita quaedam forma rerum ita expressa verbis ut cerni potius videatur quam audiri: «Ipse inflammatus scelere ac furore in Forum venit, ardebant oculi, toto ex ore crudelitas eminebat.»*

Ce n'est pas seulement ce qui s'est passé ou se passe, mais ce qui se passera ou pourrait se passer que peint notre imagination. Cicéron dans son *Pro Milone*, fait un tableau admirable de la conduite qu'aurait tenue Clodius s'il s'était emparé de la préture.

Mais cette transposition des temps dont le nom technique est μετάστασις était employée avec plus de réserve par les anciens orateurs sous forme de tableau. Ils la faisaient précéder de formules comme: «Imaginez voir», ou, avec Cicéron: «Ce que vos yeux n'ont pas vu, vous pouvez vous le représenter en idée.» A vrai dire, les orateurs d'aujourd'hui, surtout les déclamateurs, ont une imagination plus hardie, et, par Hercule, qui n'est pas sans vivacité. Par exemple Sénèque, dans la controverse dont le sujet est un père, guidé par un fils du premier lit, et tuant sa seconde femme et un autre fils du même lit, qu'il surprend en flagrant délit d'adultère: «Conduis-moi, je te suis, prends ma vieille main et dirige-la où tu veux», et un peu plus loin: «Regarde, dit le fils, ce que tu as longtemps refusé de croire. — Moi? mais je ne vois pas; la nuit s'élève et des ténèbres profondes.» Cette figure a quelque chose de particulièrement frappant; c'est en effet, semble-t-il, non pas un récit, mais l'action même[15].

Une fois de plus, nous sentons dans ce texte que le vœu profond de la rhétorique, c'est de s'accomplir en dramaturgie. Celle-ci réduit et rend presque invisible la médiation entre la chose évoquée et le destinataire de l'évocation — elle accomplit l'idéal de l'orateur. Pour Alcandre comme pour Corneille, la dramaturgie est une rhétorique qui porte jusqu'à son terme la volonté de puissance oratoire sur l'auditoire. En ce sens, l'un et l'autre sont les bons disciples des régents de collèges jésuites, pour lesquels tous les exercices de la classe de rhétorique étaient résumés par des représentations théâtrales — apothéose d'un enseignement qui visait à la maîtrise du langage.

---

[15] Quintilien, *Inst. or.*, éd. cit., L. IX; ch. II, 41-43, t. III, p. 290):
Nec solum, quae facta sint aut fiant, sed etiam quae futura sint aut futura fuerint, imaginamur. Mire tractat hoc Cicero pro Milone, quae facturus fuerit Clodius, si praeturam invasisset.
Sed haec quidem translatio temporum, quae proprie μετάστασις *dicitur, in* διατυπώσει *verecundior apud priores fuit. Praeponebant enim talia: «Credite vos intueri», ut Cicero: «Haec, quae non vidistis oculis, animis cernere potestis» Novi vero et praecipue declamatores audacius nec mehercule sine motu quodam imaginantur; ut et Seneca ista in controversia, cujus summa est, quod pater filium et novercam inducente altero filio in adulterio deprehensos occidit: «Duc, sequor; accipe hanc senilem manum et quocumque vis imprime.» Et post paulo: «Aspice, inquit, quod diu non credidisti. — Ego vero non video, nox oboritur et crassa caligo.» Habet haec figura manifestius aliquid; non enim narrari res sed agi videtur.»*

On comprend d'ailleurs qu'Alcandre ait recours à des moyens si puissants: car la cause encore cachée qu'il cherche à plaider auprès de Pridamant tient presque du paradoxe. Comment faire croire à un *gentilhomme* qu'il n'y a pas incompatibilité entre la naissance de son fils et le métier qu'il a choisi? C'est là un cas de dérogeance qui ne peut faire aucun doute dans l'esprit d'un homme du XVIIᵉ siècle. Aussi Corneille lui-même a-t-il laissé dans le vague la condition de Clindor. Est-il gentilhomme, comme il l'a affirmé à Isabelle et à Lyse? Rien, ni dans les propos de son père Pridamant, ni dans les indications données par Corneille dans la liste des personnages, ne permet de le confirmer[16]. Mais à supposer que Pridamant ne soit qu'un riche bourgeois, la difficulté de lui faire accepter la «déchéance» sociale et religieuse[17] de son fils est psychologiquement, sinon juridiquement, à peine moindre. Aussi Alcandre se garde-t-il avec soin, jusqu'à la dernière scène de la pièce, de recourir ouvertement à des arguments ou à des preuves appartenant à la catégorie rhétorique du *probare*, et faisant appel directement à la raison du père-juge. Sur ce terrain, il est probable que ni Pridamant ni, à plus forte raison, les spectateurs de la pièce ne le suivraient facilement. Nous avons vu qu'il s'était bien gardé de dévoiler la nature exacte de la «cause» qu'il se propose de défendre. Il ne la révélera que lorsqu'il aura pris possession de la sensibilité de Pridamant d'une manière si entière que celui-ci sera prêt à souhaiter même cette déchéance de son fils, pour prix de sa vie. Faible du côté du *probare*, la cause défendue par Alcandre est très forte du point de vue du *movere* et du *delectare*. C'est donc par là que notre mage-orateur va attaquer Pridamant, et la transposition dramatique

---

[16] Dorante se dit «pareil d'âge et de condition» à Clindor (v. 99). Mais quelle est la condition de Dorante? Est-il effectivement noble, ou vit-il noblement sur des terres nouvellement acquises? Pridamant (vv. 138-140), bien qu'ébloui par les riches vêtements, qui lui sont présentés par Alcandre comme ceux de Clindor, éprouve de réels scrupules: «Mon fils n'est point de rang à porter ces richesses.» Mais peut-être s'agit-il seulement d'un sens très scrupuleux de la hiérarchie nobiliaire, où l'habit doit se mesurer au rang. Enfin, quand Pridamant admet la valeur de l'état actuel de Clindor: «Le métier qu'il a pris est meilleur que le mien» (v. 1672), le terme de «métier» (latin «ministerium») peut s'entendre au sens large de «charge, office, ministère», et ne préjuge en rien de la condition, noble ou roturière, de Pridamant.

Quant aux affirmations de Clindor lui-même (vv. 559-561; 905-908) et à sa conduite «généreuse» face à Adraste, elles ne permettent guère de trancher avec certitude.

[17] Voir en particulier G. Mongrédien, *La Vie quotidienne des comédiens au temps de Molière*, Paris, Hachette, 1966, particulièrement ch. I et II.

de son discours va se prêter, mieux qu'une argumentation logique, au «pathétique» que la cause exige pour être plaidée.

Recourons une fois de plus à Quintilien:

> Sans doute les preuves peuvent bien faire que les juges regardent notre cause comme la meilleure; le pathétique les amène à vouloir la trouver telle, et ce qu'ils veulent, ils arrivent aussi à le croire. En effet, lorsqu'ils ont commencé à ressentir de la colère, de la faveur, de la haine, de la pitié, ils s'identifient avec notre cause, et, de même que les amants ne peuvent juger de la beauté, parce que leur sentiment les aveugle, de même un juge cesse de se préoccuper de chercher la vérité, lorsque l'émotion l'étreint: il est emporté par la passion et se laisse aller pour ainsi dire au torrent qui l'entraîne. L'effet produit sur le juge par les arguments et les témoins n'est révélé que par le jugement; au contraire, est-il ému? Encore sur son siège et écoutant, il montre son sentiment. Lorsqu'on lui arrache ces larmes, comme le cherchent presque toutes les péroraisons, la sentence n'est-elle pas rendue clairement? C'est donc vers ce but que doit tendre l'orateur[18].

Or ici, la cause *particulière* offre à Alcandre un moyen très efficace d'«émouvoir» Pridamant. Mais ce moyen exige qu'il s'efface devant Clindor lui-même, et qu'il substitue à son propre discours masqué les apparitions du fils de Pridamant. Quel levier plus puissant sur le cœur d'un père que l'amour paternel, la tendance naturelle chez un père à se mettre à la place de son fils? L'identification que l'orateur cherche à obtenir à son profit pour conduire la sensibilité de son auditeur à sa guise, Alcandre l'obtiendra sans peine s'il confie la tâche de défendre la question *générale* à Clindor en personne. Et de fait, sitôt que Pridamant voit apparaître l'image vivante de son fils dans la grotte magique, l'identification a lieu:

> «O Dieu! Je sens mon âme après lui s'envoler» (II, 1, v. 219).

Grâce à ce mouvement naturel de l'âme, Alcandre va pouvoir amener Pridamant à s'identifier si pleinement à son fils qu'il finira par voir la vocation et le métier de comédien avec les mêmes yeux que

---

[18] Quintilien, *Inst. or.*, éd. cit., L. VI, ch. II, (5-7), t. II, pp. 312 et 314:

Probationes enim efficiant sane ut causam nostram meliorem esse judices putent, affectus praestant ut etiam velint; sed id, quod volunt, credunt quoque. Nam cum irasci, favere, odisse, misereri coeperunt, agi jam rem suam existimant, et, sicut amantes de forma judicare non possunt, quia sensum oculorum praecipit animus, ita omnem veritatis inquirendae rationem judex omittit occupatus affectibus; aestu fertur et velut rapido flumini obsequitur. Ita argumenta ac testes quid egerint pronuntiatio ostendit, commotus autem ab oratore judex quid sentiat sedens adhuc atque audiens confitetur. An cum ille, qui plerisque perorationibus petitur, fletus erupit, non palam dicta sententia est? Huc igitur incumbat orator...

celui-ci. Le visage aimé de Clindor aura servi à Pridamant de guide et d'initiateur au monde ignoré, et détesté par ignorance, de la comédie. Sans cette propédeutique ménagée par Alcandre, il est probable que Pridamant, mis brusquement et réellement en présence de son fils, aurait refusé de reconnaître sous le masque méprisé du comédien le visage aimé vers lequel «son âme s'envolait».

La *mimesis* magique d'Alcandre est donc bien loin d'être un miroir tendu au hasard le long des chemins où vagabonde Clindor. Selon une stratégie rhétorique soigneusement préméditée, le «mage» opère dans la biographie de son «client» un découpage et un montage qui font alterner épisodes rassurants (et même amusants) et mésaventures inquiétantes dont il observe les effets sur la sensibilité angoissée de Pridamant. A la fin de l'acte II, il constate avec une satisfaction d'expérimentateur: «Le cœur vous bat un peu.» Et Pridamant lui confirme que les menaces de Lyse contre son fils ont fait naître en lui l'inquiétude. Alcandre le rassure. Pourtant l'acte suivant s'achève sur un coup de théâtre: Adraste attaque Clindor, et celui-ci, après avoir mortellement blessé son adversaire, est conduit en prison sous l'inculpation de meurtre. Pridamant passe de l'inquiétude à l'angoisse. Le suspens dramatique devient plus haletant. Alcandre rassure encore son public. Et l'acte IV nous montre en effet la fuite de Clindor. Pridamant, soulagé, s'écrie: «A la fin je respire.» Mais cette «fin» n'est qu'apparente. Alcandre a de nouveaux tours dans son sac: l'acte V plonge le pauvre père dans un désespoir qui semble cette fois sans remède: Clindor est assassiné. Alcandre alors, après avoir précipité Pridamant au fond de l'abîme, le ramène à la lumière. Le spectacle alterné du bonheur et du malheur a mis littéralement Pridamant «hors de lui-même». Les conditions psychologiques de sa «conversion» sont maintenant remplies. Après avoir vu son fils mort, sa «résurrection», même dans des vêtements de comédien, apparaît à Pridamant comme un bonheur sans mélange. Son amour paternel, soumis à l'épreuve de la mort, l'emporte sans difficulté sur les dernières résistances de son amour-propre et de ses préjugés. Alcandre avait compté sur cette réaction de soulagement violente et libératrice.

C'est par le cœur qu'Alcandre peut atteindre Pridamant, c'est par là qu'il veut se l'attacher. Mais il ne s'agit que d'un détour. C'est à son jugement qu'en définitive il s'adresse. Et c'est un jugement qu'il réussit à rallier lorsque Pridamant, savamment manœuvré, finira par prononcer:

Clindor a trop bien fait... (V, 5, v. 1679)

La psychologie d'Alcandre, fondée sur les ressources du *movere* et du *delectare*, soutient en effet un système logique, une *probatio*, dont les articulations, soigneusement enveloppées, peuvent être néanmoins assez facilement reconstituées. Quels sont donc ses «arguments»? Arrêtons-nous d'abord sur ce dernier terme et rappelons à son sujet les réflexions significatives que Quintilien croit utile de faire à son sujet:

> On appelle *argumentum* le sujet des pièces composées pour la scène; Pedianus, exposant pour ainsi dire le thème d'un discours de Cicéron, dit: «Le sujet (*argumentum*) est le suivant»; Cicéron lui-même écrit à Brutus: «Craignant que, d'aventure, nous n'en fassions quelque application à notre cher Caton, quoique la situation (*argumentum*) soit bien différente.» Donc on entend par ce mot toute matière sur laquelle on écrit. Rien d'étonnant, puisque ce mot est employé même par les artistes; aussi trouve-t-on, dans Virgile: *argumentum ingens*, et un ouvrage varié est communément appelé *argumentosum*[19].

L'ambiguïté du terme latin *argumentum* se retrouve quelque peu en français: l'«argument», cela peut être tantôt le sujet d'une œuvre dramatique, lyrique ou chorégraphique, et un élément de preuve. La définition latine: *ratio probationem praestans, qua colligitur aliquid per aliud, et quae quod est dubium per id, quod dubium non est, confirmat*[20], a une extension plus large que le terme français «argument». Elle permet de glisser facilement de la structure d'une *probatio* rhétorique à la structure d'une intrigue dramatique. Glissement d'autant plus aisé que la *probatio* rhétorique se fait le plus volontiers selon l'ordre de l'«épichérème» dont chaque étape appelle une confirmation ornée et animée. De même qu'il a évité de poser en

---

[19]   Quintilien, *Inst. or.*, éd. cit., L. V, ch. X, (9-10), t. II, pp. 156-158:
(Nam) et fabulae ad actum scaenarum compositae argumenta dicuntur, et orationum Ciceronis velut thema exponit Pedianus: «argumentum tale est», et ipse Cicero ad Brutum ita scribit: «veritus fortasse ne nos in Catonem nostrum transferremus illinc aliquid, etsi argumentum simile non erat.» Quo apparet omnem ad scribendum destinatam materiam ita appellari. Nec mirum, cum id inter opifices quoque vulgatum sit, unde Vergilli «argumentum ingens», vulgoque paulo numerosius opus dicitur argumentosum.

[20]   Quintilien, *ibid.* (11), pp. 158-159:
«Une méthode de preuve, qui procède de conséquence en conséquence, et confirme ce qui est douteux par ce qui ne l'est pas.»

clair le fond même de la cause qu'il défend et le statut proprement rhétorique des tableaux animés qu'il présente à Pridamant. Alcandre élide la formulation des majeures et des mineures des épichérèmes dont il charge ses images de confirmer la solidité. C'est en consultant ces images du point de vue de Pridamant que nous pourrons reconstituer après coup les articulations du raisonnement qui, sans jamais se donner pour tel, conduit Pridamant invinciblement, mais avec douceur, vers la conclusion que l'on sait. La structure de l'intrigue dramatique implique une structure logique qui s'y dissimule beaucoup mieux que dans un discours, sans perdre pour autant de son efficacité.

Le premier épichérème enveloppé par Alcandre sous les images dramatiques se déduit facilement de l'analyse que nous avons donnée plus haut. On pourrait le formuler ainsi:

«En comparaison de la mort d'un être aimé, on oublie tout autre malheur; or Pridamant a pu croire à la mort de Clindor; en comparaison de cette mort, le métier adopté par Clindor n'est qu'un malheur bénin, pour ne pas dire une bénédiction.»

Ce premier épichérème soulève une question générale: la condition de comédien est-elle un malheur? A cette question, une seconde série d'arguments va répondre. Ce deuxième épichérème, étroitement imbriqué dans le premier, et qui se développe parallèlement à lui, plonge ses racines dans la narration même dont Alcandre a fait précéder ses évocations magiques. Ce discours d'Alcandre à Pridamant (I, 3) nous laissait déjà pressentir que le goût de Clindor pour la liberté et son refus de la vie «bourgeoise» n'étaient qu'une vocation déguisée et irrésistible pour le théâtre. Son existence de «picaro» telle que le décrit Alcandre suppose chez Clindor un véritable génie des métamorphoses, un sens inné de l'adaptation à tous les rôles que la nécessité ou le hasard le poussent à interpréter: opérateur, écrivain public, clerc de notaire, etc. Un épichérème en quatre parties commence à s'esquisser, à partir d'une réflexion implicite sur le bonheur, et non plus sur la mort:

«Le bonheur d'un être exige qu'il réalise sa vocation[21]; or un père ne peut que vouloir le bonheur de son fils; la vocation de Clindor

---

[21] C'est un des principes fondamentaux de la morale stoïcienne que de suivre sa vocation: «Naturam sequere.» Voir Cicéron, *Des fins des biens et des maux*,

est celle d'un comédien. Donc Pridamant doit approuver la condition choisie par son fils, condition de son bonheur.»

L'école de la vie a été en effet pour Clindor une école de théâtre et sa mutabilité naturelle s'est épanouie peu à peu en un véritable art de feindre dont il nous donne un premier récital auprès de son maître Matamore, puis auprès de ses deux amoureuses, Isabelle et Lyse — qu'il courtise en même temps, avec, semble-t-il, autant de sincérité que de duplicité dans les deux cas! Scènes de comédie, mais pleines de sens pour Pridamant, qui apprend à reconnaître sur le vif la nature de son fils, et à admettre peu à peu ce qui est la meilleure solution pour celui-ci. C'est pour ainsi dire un «jeune acteur» à l'état sauvage, qui exerce ses talents dans la vie elle-même, sans aucune préoccupation morale, sans se soucier de savoir si son «jeu» perpétuel, en particulier auprès d'Isabelle et de Lyse, risque de briser un cœur. Sa duplicité constante, face à son maître Matamore comme à ses deux «maîtresses», Isabelle et Lyse, nous incite à le qualifier d'«hypocrite», mot qui en grec signifie tout simplement «acteur». Entre l'art de déguiser ses sentiments véritables et celui d'interpréter des sentiments fictifs avec assez de vraisemblance pour prendre au piège l'Autre (spectateur, partenaire, adversaire), il n'y a qu'un pas: celui qui sépare l'acteur qui ne se fait pas connaître de l'acteur qui se donne pour tel. Dans la mesure où Clindor, encore inconscient de sa vocation, use de ses talents d'«hypocrite» à même la vie, il justiciable de toutes les accusations dont les comédiens (et les rhéteurs) sont généralement accablés, et de la plus grave d'entre elles, l'amoralité.

*

L. III, ch. 23-24, texte traduit par Emile Bréhier dans *Les Stoïciens*, éd. de la Pléiade, 1964, p. 270:
«Comme les membres nous ont été donnés pour nous adapter à un certain mode de vie, de même l'inclination dans l'âme, qui s'appelle en grec *hormé*, paraît nous avoir été donnée en vue d'une forme de vie bien déterminée et non pas quelconque; et il en est encore de même de la raison et de la raison achevée. Comme on donne à l'acteur un rôle précis et non pas quelconque, au danseur un pas réglé d'avance, de même l'homme doit mener sa vie d'une manière déterminée sans arbitraire; cette manière de vivre, c'est celle que nous appelons harmonieuse et conséquente. La sagesse ne ressemble pas, croyons-nous, à l'art du pilote et du médecin. Mais plutôt, comme je viens de le dire, à un rôle de théâtre et à une danse...»
Cette idée se retrouve fréquemment dans le traité *Des offices* et chez Epictète.

L'apologie du métier de comédien — et celle du théâtre en général — serait impossible si la *quaestio* de la moralité, à la fois de cet art et de ses interprètes, n'était pas traitée. Sans doute dans le cas particulier de Pridamant, cet aspect du plaidoyer est presque superflu. Il suffirait à Alcandre, pour rallier à la cause du théâtre ce père endolori, de lui montrer que le bonheur de son fils est lié au choix d'une profession «non conformiste», et de lui expliquer ensuite, comme il le fera dans la dernière scène de l'acte V, les avantages matériels et sociaux de ce choix. Mais, sous le masque d'Alcandre, Corneille s'adresse aussi à des spectateurs et à des lecteurs que la passion paternelle ne dispose pas aussi favorablement que Pridamant à l'égard du cas particulier de Clindor, et donc de l'art dont il s'est fait le serviteur. La *probatio* de Corneille, sous le masque d'Alcandre, vise le spectateur ou le lecteur de *L'Illusion comique*. Dans ce second registre, Pridamant sert lui-même d'exemple et de preuve de la valeur morale de la comédie, et de ses vertus cathartiques: le spectacle organisé par Alcandre aura en effet surmonté les dernières difficultés qui s'opposaient à la réconciliation du père et du fils, et à leur bonheur.

Quant à la valeur morale de la profession d'acteur, quant aux vertus cathartiques du théâtre sur ceux-là mêmes qui ont choisi de l'exercer comme un métier, Corneille les «prouve» dans le miroir des aventures de Clindor et de ses compagnons. Si la «modification» de Pridamant a servi de preuve à l'efficacité du théâtre dans l'ordre éthique, la «modification» de Clindor, d'Isabelle, de Lyse, et même de Matamore, sert de témoignage en faveur d'une positivité éthique du métier de comédien.

Au début de l'acte IV, la séduisante (et inquiétante) fantaisie de Clindor, dont rien n'a encore interrompu le cours, débouche tout à coup sur la prison et sur la condamnation à mort. Jusque-là, Clindor, âme ductile et versatile, n'a connu que des *métamorphoses*: l'épreuve de la mort le soumet à une véritable *conversion*. Dans le long et pathétique monologue de l'acte IV, scène 7, prononcé dans l'imminence de la venue du bourreau, Clindor découvre le sérieux de l'existence, et dans l'épreuve, son amour, jusque-là soumis aux fluctuations du désir et de l'ambition, se fixe sur Isabelle, car son image est la seule à pouvoir conjurer l'angoisse de mourir qui l'étreint:

> Isabelle, toi seule, en réveillant ma flamme,
> Dissipes ces terreurs et rassures mon âme.

> (IV, 7, vv. 1276-1277)

Désormais Clindor est un adulte. La tragédie dont il a failli être le héros lui a forgé un caractère. Il est maintenant en mesure de faire la distinction entre le théâtre et la vie, et donc d'exercer le théâtre comme un métier, comme une discipline utile et reconnue par la société, et non plus comme un jeu égoïste et cruel. L'expérience de son adolescence ne lui aura d'ailleurs pas été inutile. Dans le fragment tragique du Ve acte, il peut transposer au service du texte qu'il interprète les émotions et les passions qu'il a connues autrefois, si bien que son père et les spectateurs s'y trompent. Telle est la vérité de son jeu, qu'ils n'aperçoivent pas le passage de la réalité à la fiction. Le métier d'acteur en la personne de Clindor nous est donc présenté par Corneille comme l'épanouissement normal d'un certain type de tempérament — qui est ainsi «récupéré» pour le plus grand bénéfice de la société. Sans le théâtre, Clindor serait devenu sans doute un parfait «picaro», un hors-la-loi, vivant en marge des normes sociales, et usant de la virtuosité verbale à des fins de tromperie purement égoïstes. Grâce au théâtre, il peut exercer l'art de feindre sans pour autant duper les autres. Il est probable que la représentation terminée, et la recette partagée, Clindor et Isabelle forment un couple très uni, peut-être exemplaire — comme il y en eut beaucoup parmi les comédiens du XVIIe siècle, par exemple Floridor et sa femme, amis de Corneille[22].

L'ascension morale de Clindor va donc de pair avec l'excellence acquise dans le métier de comédien, dont la preuve nous est fournie par le fragment tragique dont il est le parfait interprète. L'analogie entre le bon orateur et le bon comédien s'impose ici à l'esprit: dans les deux cas, la maîtrise de la parole est inséparable de la maîtrise de soi, et la maturité morale est la condition nécessaire d'un bon usage de la parole[23]. Cette modification de Clindor qui, de la sphère

---

[22] Voir G. Mongrédien, *Les Grands Comédiens du XVIIe siècle*, Paris, 1927, chap. «Floridor le Noble», pp. 131 à 158.

[23] C'est également un thème stoïcien des plus fréquents que le comédien cité comme métaphore du sage: voir l'admirable mise au point de V. Goldschmidt, *Le Système stoïcien et l'idée de temps*, Paris, Vrin, 1953, pp. 181 à 186, 2e partie, ch. V: «La théorie de l'action».

Le portrait que Beauchasteau fait du comédien accompli, dans *La Comédie des comédiens*, de Gougenot, est déjà un portrait de l'«honnête homme»:

«Il faut pour estre bon acteur estre necessairement docte, hardy, complaisant, humble et de bonne conversation, sobre, modeste et surtout laborieux, ce qui est bien

de la fantaisie picaresque, se hausse à travers l'épreuve de la prison et de la mort jusqu'à la sphère du sérieux et du tragique, prend tout son sens si on l'oppose à la modification inverse subie par Matamore. Celui-ci entre en scène en déclamant dans un style extrêmement soutenu ses exploits guerriers. Dans ce même langage superbe, il évoque les passions amoureuses qu'ils suscite et celle qui l'embrase pour Isabelle. Il *joue* les héros, c'est un *acteur* qui interprète avec enflure un *rôle* tragique, et Clindor est le seul public (d'ailleurs stipendié pour cela) qui consente à se faire le miroir complaisant de ce Narcisse grotesque. Grotesque, parce qu'aucune vérité intérieure ne soutient la véhémence de ce langage. Sitôt que Clindor lui manque, et que Matamore n'a plus en face de lui un miroir qui lui renvoie sa propre image, magnifiée par une rhétorique pompeuse et vide, il n'est plus qu'un pleutre en proie à la peur de mourir. Mais il retrouve toute sa faconde sitôt que Clindor, de nouveau, consent à se faire l'écho de ses mensonges, et à lui masquer la vérité. Lorsqu'il aura découvert la «trahison» de Clindor et d'Isabelle (en assistant à leur entretien comme un spectateur qui voit sans être vu — comme Pridamant qui assiste lui-même à tout ce manège), une *conversion* profonde se fait en lui. Il se replie sur des positions qui correspondent mieux à sa véritable nature: il conserve sans doute le même langage, mais en toute conscience, maintenant, de bouffonner. Il parvient même, dans la scène 4 de l'acte IV, à se moquer de lui-même avec un savoureux humour. Le personnage héroïque qu'il croyait être se métamorphose en un excellent clown, usant avec esprit du langage de la tragédie pour le parodier, pour rire et faire rire de lui-même. Clindor l'engagera probablement dans sa troupe, le moment venu [24]. Mais jusqu'à cette épreuve, qui lui a permis

---

loin de l'opinion de plusieurs qui croyent que la vie comique ne soit qu'un libertinage, une licence au vice, à l'impureté, à l'oisiveté et au dérèglement.»

(*Ancien Théâtre françois*, Paris, Jannet, 1856, t. IX, acte I, sc. 2, p. 331.) M. de Blandimare, dans *La Comédie des comédiens* de Scudéry (II, 2), trace de même un portrait du comédien idéal qui tend à identifier celui-ci à l'idéal du sage et à celui de l'orateur.

[24]   C'est un trait commun à Matamore, au capitaine de Gougenot (*La Comédie des comédiens*) et au Capitan Artabaze de Desmarets (*Les Visionnaires*): tous trois sont des acteurs qui jouent le rôle du guerrier victorieux, pour masquer leur lâcheté d'homme. Le poète Amidor, chez Desmarets, veut faire jouer à Artabaze le rôle d'Alexandre le Grand dans une tragédie de sa façon. Le capitaine de Gougenot est un acteur de la troupe de Bellerose, qui, hors de la scène, continue dans la vie à parler comme au théâtre. Turlupin (acte II, scène 2) lui dit avec mépris: «Attendez pour faire vos rodomontades que vous soyez sur le théâtre.»

de se voir tel qu'il est dans le regard des autres, Matamore est le type même du mauvais acteur, qui se trompe de registre. Lui qui parle sans cesse de mort et d'amour comme un héros de tragédie, est en fait un lâche que la moindre menace de mort fait se réfugier quatre jours durant dans le grenier de la maison d'Isabelle. Il a fui devant la menace, et tout son langage supposait cette fuite et ce vide à l'intérieur de lui-même, où la peur règne en maîtresse: là est la pierre de touche qui sépare la parole authentique, la parole héroïque, de la grandiloquence; seul a le droit de parler en héros, et même de jouer les héros, celui qui a traversé victorieusement l'épreuve de la mort, sans céder au vertige, soutenu en cela par l'amour. Le futur Rodrigue, ce n'est pas Matamore, mais Clindor, invoquant Isabelle dans la solitude de sa prison. Comme Rodrigue, soutenu par l'image d'une femme aimée, il a affronté la mort sans fléchir. A partir de ce moment son langage gagne en plénitude. Il est soutenu et comme vérifié par cette victoire remportée sur la plus puissante des passions humaines, la peur de la mort[25].

A travers l'évolution contraire de Matamore et de Clindor, Alcandre (et Corneille) soulignent donc les rapports intimes qui relient l'éthique et la rhétorique, l'éthique et l'élocution dramatique: la qualité du langage suppose la qualité de l'homme qui le prononce. Il doit y avoir *convenientia* entre la valeur morale de l'homme, et le genre de style qui la rend visible, audible et communicable aux autres.

Clindor est bien vivant. Le choix du métier de comédien a été pour lui une ascension morale vers une conscience adulte. Ces deux séries d'arguments devraient suffire, semble-t-il, à forcer la conviction de Pridamant. Mais Alcandre, en orateur-dramaturge consciencieux, veut mettre toutes les chances de son côté et ne laisser dans l'ombre aucune équivoque susceptible de troubler plus tard les retrouvailles du père et du fils. Tout au long de *L'Illusion comique* court une autre série d'allusions qui, rapprochées les unes des autres, concourent à suggérer à Pridamant un motif supplémentaire de se réjouir du choix

---

[25] L'éthique stoïcienne fonde l'autonomie du sage sur sa victoire sur la peur de la mort. Voir Epictète, trad. A. Rivaudeau, ouvr. cit., p. 108, ch. XIX: «Que la méditation des choses tristes sert beaucoup.»

fait par son fils. Dans son premier coup de baguette, suscitant la vision des somptueux habits des comédiens, Alcandre a orienté l'esprit de Pridamant dans une direction qui, pour être moins évidente que les précédentes, a sur lui peut-être autant, sinon davantage, de pouvoir contraignant. Ce qui étonne et fascine Pridamant dans les vêtements qu'Alcandre lui présente comme ceux de son fils, ce n'est pas tant de luxe que le rang social dont ce luxe est le signe:

> Mon fils n'est point de rang à porter ces richesses,
> Et sa condition ne saurait consentir
> Que d'une telle pompe il s'ose revêtir.
>
> (I, 2, vv. 138-140)

Quelle est exactement la condition de Pridamant et de Clindor? Petite noblesse de campagne ou bonne bourgeoisie? Question irritante que Corneille, comme nous l'avons vu[26], semble s'être plu à laisser en suspens. Et les vantardises de Clindor, qui s'est paré aux yeux de Lyse et d'Isabelle du titre de gentilhomme, accroîtraient plutôt notre incertitude. Car ce jeune Protée, qui n'est pas à un mensonge près, pourrait bien nous révéler, par cette prétention à la noblesse, son désir profond, plutôt que la réalité de sa condition originelle. Devant Adraste qui, lui, est qualifié explicitement de gentilhomme, Clindor se borne à revendiquer une aptitude *morale* à la noblesse:

> Si le ciel en naissant ne m'a fait grand seigneur.
> Il m'a fait le cœur ferme et sensible à l'honneur.
>
> (II, 7, vv, 559-560)

Et de fait, la progression dramatique des évocations magiques suscitées par Alcandre s'accompagne d'une évolution insensible du réalisme quotidien et des sentiments presque vulgaires à la dignité aristocratique et aux sentiments les plus nobles. On passe successivement à travers les trois styles de la classification rhétorique traditionnelle: style bas, style tempéré, grand style. Ce voyage à travers les styles commente parfaitement l'ascension de Clindor. Celui qui nous était d'abord apparu aux côtés de Matamore comme un parasite sans scrupule et un séducteur peu loyal se libère de sa condition servile et choisit d'aimer Isabelle pour elle-même, en dépit de tous les obstacles.

---

[26]   Voir note 12.

Il accède à une sphère morale supérieure à celle où semblent se tenir Pridamant et Géronte — qui sert à Pridamant de «miroir» dans la «pièce intérieure» ménagée par Alcandre. Cette ascension dans l'ordre du langage et des sentiments est-elle aussi une ascension sociale? La splendeur des vêtements, le tragique des situations, la noblesse du ton et des passions mises en œuvre dans le Ve acte, tout cela n'est-il que vaine apparence, démentie par la révélation décevante que Clindor a choisi le vil métier de comédien? Alcandre, dans sa péroraison, s'emploie à montrer que la comédie est aujourd'hui un «fief», c'est-à-dire un moyen d'accès à l'aristocratie. Ses «bonnes rentes» sont un signe, non de richesse bourgeoise, mais d'«éclat» proprement aristocratique. La comédie aujourd'hui est devenue l'affaire de la noblesse et du roi à sa tête. Par la comédie, il est possible de vivre dans la faveur et la proximité des grands, dans leur sphère morale et sociale. Ce qui était impossible à Pridamant, que sa condition fût celle d'un riche bourgeois ou d'un nobliau provincial, est devenu possible à Clindor — par le biais de la comédie[27]. Et Pridamant se laisse convaincre non seulement par les «appas» de bonnes rentes, mais également par l'«éclat» d'un métier qui s'est révélé pour Clindor la voie d'accès à un état de vie supérieur.

Vie supérieure vers laquelle Clindor entraîne Isabelle à sa suite. Et ce n'est pas une des moindres habiletés d'Alcandre que d'avoir placé Isabelle dans une situation exactement symétrique de celle de Clindor. La révolte d'Isabelle contre Géronte, père abusif, offre à Pridamant l'occasion de revivre, grâce à l'analogie des situations, son propre différend avec Clindor et de mesurer à nouveau, d'après celles de Géronte, l'étendue de ses propres erreurs. Et l'itinéraire moral d'Isabelle confirme, par son parallélisme avec celui de Clindor, les leçons que Pridamant tire peu à peu du spectacle mis en scène par Alcandre. Ce recours aux similitudes de situations est une technique souvent

---

[27]   On saisit ici le parallèle entre hiérarchie des genres littéraires, hiérarchie des styles, et hiérarchie sociale. Dans une société hiérarchisée comme celle du XVIIe siècle, le comédien est le seul «type social» capable de franchir rapidement les différents étages de la hiérarchie, pour atteindre au langage, sinon à la réalité de la noblesse. Voir l'étude de J. Duvignaud, *L'Acteur, esquisse d'une sociologie du comédien*, Paris, Gallimard, 1965, surtout ch. I, «Le rôle de l'acteur dans les sociétés monarchiques», pp. 29 à 104.

employée par les orateurs[28]: elle implique un raisonnement *a fortiori*.
Ce qui est vrai pour une femme comme Isabelle le sera à plus forte
raison pour Clindor. Mais, ainsi que le recommandent les traités de
rhétorique, le parallélisme des situations n'est pas parfait; Isabelle
n'est pas l'exacte réplique féminine de Clindor:

> Je me connais... (II, 3, v. 352)
> Je ne déguise rien de ce que j'ai dans l'âme. (*Ibid.*, v. 358)

Comme Silvia dans *Le Jeu de l'amour et du hasard*, mais sans
avoir besoin d'une épreuve pour atteindre à cette parfaite transparence à soi-même, Isabelle pourrait dire d'emblée, contrairement à
Clindor: «Je vois clair dans mon cœur.» Sincérité intrépide vis-à-vis
d'elle-même et des autres, courage au service de cette sincérité, elle est
dès le départ une héroïne dans le vrai sens du terme — noble, fière et
franche. Cette âme limpide est d'autant mieux à même de discerner
dans les autres le mensonge et toutes les formes de la mauvaise foi.
L'ironie avec laquelle elle traite Adraste et Matamore (II, 3), la hauteur avec laquelle elle accueille les protestations d'amour trop bien
tournées de Clindor (II, 6), témoignent de cette force d'âme. Elle
appartient à la même lignée qu'Angélique, l'héroïne de *La Place
Royale*, lignée qui comptera plus tard les héroïnes dites «cornéliennes», et bien plus tard encore, les jeunes filles intrépides du théâtre
de Marivaux. Son aristocratie native semble la vouer à se séparer tôt
ou tard de son père et du milieu platement bourgeois dont elle est
issue. Lorsque son père s'oppose à son amour, elle n'hésite pas. En
dépit des reproches, elle n'obéira qu'à ce que son cœur lui dicte. Ce
tempérament entier a les défauts de ses qualités: dans une situation
qui semble sans issue (Clindor emprisonné et condamné à mort), Isabelle est trop vite tentée d'adopter le masque tragique et de jouer les
Camille ou les Emilie, ce qu'elle fait d'ailleurs avec une passion et une
maîtrise admirables:

> Je veux perdre la vie en perdant mon amour...
>
> (IV, 1, v. 1004)
>
> Mon ombre chaque jour viendra t'épouvanter,
> S'attacher à tes pas dans l'horreur des ténèbres...
>
> (*ibid.*, vv. 1016-1017)

---

[28]   Voir Quintilien, *Inst. or.*, éd. cit., L. V, ch. XIII.

Mais nous sommes dans la vie, ou tout au moins dans le monde de la comédie, où il reste toujours une chance de survivre et de réussir, où rien n'est jamais perdu. S'il est une *catharsis* propre à la comédie, on en saisit ici le mécanisme en toute clarté: Isabelle joue à contretemps le rôle de l'amante désespérée et prête à se venger de son père en lui imputant son suicide. Lyse le lui fait bien sentir, non sans humour. Réveillée à l'espoir par les railleries de Lyse, Isabelle s'arrache bien vite au vertige du langage tragique où elle s'abandonnait, et se convertit à l'action: elle accepte l'idée d'une fugue conjuguée avec l'évasion de Clindor. L'intervention de Lyse révèle donc chez Isabelle un pouvoir d'adaptation que laissaient déjà pressentir la virtuosité et le sens ludique de ses répliques à Matamore. Son goût de vivre corrige les excès où la porteraient volontiers son tempérament altier et la vocation grave de sa sensibilité.

Quant à Lyse, dont la nature et les fonctions sont moins nobles, elle est plus libre qu'Isabelle de s'orienter selon les situations où elle est placée, et de modifier sa conduite, peut-être même son cœur, pour éviter d'être prise au noble piège de la tragédie. On est tenté de la rapprocher du personnage de Philis, dans *La Place Royale*, et de voir entre elle et sa maîtresse la même opposition qu'entre cette jeune fille mutine et changeante et la fière et droite Angélique. Mais, si souple et avisée que soit Lyse, elle n'en a pas moins de l'amour dans le cœur. Elle est même tentée, lorsqu'elle comprend la trahison de Clindor et sa préférence intéressée pour Isabelle, de chausser elle aussi le cothurne tragique et de jouer un rôle analogue à celui de Médée se vengeant de Créuse et de Jason. Mais le spectacle de Clindor emprisonné et condamné à mort la réveille de ce mauvais songe. Le génie de la comédie rentre en elle avec le sens de la réalité et le goût du bonheur, pour les autres et pour elle-même:

> Ton sort trop rigoureux m'a fait changer d'envie,
> Je te veux assurer tes plaisirs et ta vie.
>
> (IV, 3, vv. 1141-1142)

Et elle aidera Isabelle à libérer Clindor, en simulant de l'amour pour le geôlier de la prison où le jeune homme attend la mort. On voit donc que les oscillations du comique au tragique, qui donnent aux fragments dramatiques de *L'Illusion comique* leur rythme et leur couleur propres, correspondent chez les deux personnages féminins à deux tentations contradictoires, qu'elles vivent toutes deux selon leur nature propre: le goût du bonheur et des solutions heureuses, qui fait

l'essence de la comédie, inspire la conduite d'Isabelle aussi bien que
de Lyse; mais les obstacles que toutes deux rencontrent sur le chemin
du bonheur risquent de les dévier vers des attitudes extrêmes, le suicide pour Isabelle, la trahison et le crime pour Lyse. Ici encore, le spectacle de la mort fait son œuvre salvatrice: Lyse comprend qu'elle n'est
pas faite pour le rôle de Médée, et prévient à temps sa maîtresse qui
s'apprête à jouer le rôle de Camille ou d'Emilie; l'humour et la vie
reprennent leurs droits. Il est naturel que de pareilles expériences les
conduisent toutes deux vers le théâtre: c'est là seulement que les possibilités contradictoires de leur nature pourront s'exprimer librement,
sans que la sanction de la mort ou du crime *réels* les fige définitivement dans l'une ou l'autre des attitudes dont elles sont capables. Le
fragment tragique du dernier acte s'inscrit donc comme la suite naturelle des aventures d'Isabelle et de Lyse: Isabelle y jouera, forte de son
expérience, le rôle d'une femme offensée et qui défend héroïquement
son amour. Lyse y jouera celui de la suivante cherchant à calmer la
passion de sa maîtresse et à lui faire accepter un compromis avec la
vie:

> Madame, croyez-moi, loin de le quereller,
> Vous ferez beaucoup mieux de tout dissimuler:

> (V, 2, vv. 1351-1352)

Corneille, par le mouvement même de sa comédie, nous offre
donc ici encore des vues profondes sur la psychologie de l'acteur: c'est
la plasticité de leur nature qui fait de certains êtres des comédiens. La
discipline du théâtre leur permet d'éviter que cette plasticité intérieure
ne s'épanche dans leur vie quotidienne au point de leur faire perdre
le sens du possible et celui du bonheur. Et même temps, cette description de la psychologie de l'acteur nous ouvre au sentiment de la nécessité supérieure du théâtre: en transportant dans l'expression théâtrale
les diverses possibilités de la nature humaine, et particulièrement la
pente aux attitudes et au langage tragiques, le comédien purifie la réalité, aussi bien que lui-même, d'une part non négligeable d'ombres
néfastes et de violences inutiles — celles du moins qu'il dépend de
l'homme d'éviter. Le théâtre est une école d'humanisme et d'humour.
C'est là que l'hédonisme «comique» et le sens du sublime propre à
la tragédie peuvent se rencontrer et se corriger l'un l'autre.

*

Au terme de cette analyse, une conclusion semble s'imposer : l'unité profonde de *L'Illusion comique* — chacune des facettes de ce château de miroirs renvoyant à ce point focal unique et central, l'esprit souverain d'Alcandre qui a organisé ce piège pour y prendre Pridamant et le conduire au bonheur en compagnie de son fils. Unité de lieu, de temps et d'action, dans la mesure où l'on considère les « fragments dramatiques » comme les éléments d'une unique plaidoirie d'Alcandre se déployant librement avec toutes les ressources de l'art, mais à partir d'un lieu unique : la grotte ; d'un temps unique : le temps nécessaire pour persuader Pridamant ; et selon une action unique : celle qui vise à faire coïncider dans l'avenir l'itinéraire du père et celui du fils. Dans *L'Illusion comique*, la violence faite aux règles est elle-même une illusion d'optique : plus encore que dans *Clitandre*, Corneille déploie ici une virtuosité qui fait des règles celles d'un jeu supérieur, où la liberté du créateur s'exalte d'une discipline acceptée non sans défi.

Mais cette unité immanente à l'œuvre et à son apparent maître d'œuvre, Alcandre, renvoie à une autre unité moins visible dont le centre et la source sont l'esprit de l'auteur lui-même. Car la *suasoria* d'Alcandre est elle-même contenue dans un plus vaste éloge du théâtre dont Alcandre à son tour n'est plus qu'une « figure ». Le magicien vise à justifier pour Pridamant le théâtre et les comédiens, sa plaidoirie vise avant tout le statut social et moral du théâtre. Mais à travers la personne et la pratique d'Alcandre, Corneille vise à fixer le statut esthétique de la dramaturgie dans l'esprit de son public et en particulier de son public « docte ». Quel meilleur point de départ pour une telle entreprise que le parallèle implicite tout au long de *L'Illusion comique* entre rhétorique et dramaturgie, entre les deux magies du verbe, dont l'une, la rhétorique, a fait ses preuves, tandis que l'autre doit encore affirmer sa légitimité ? En organisant un jeu savamment ambigu où rhétorique et dramaturgie s'entrelacent et se soutiennent, Corneille crée dans l'esprit de son spectateur les conditions d'une reconnaissance du théâtre comme d'un art de la parole pleine, plus efficace encore que l'art oratoire puisqu'il peut se permettre de le contenir. Montrer que la dramaturgie peut rassembler en elle le meilleur des *vertus* rhétoriques, et les porter par ses moyens propres à un degré de perfection impossible dans le discours linéaire, c'est bien là pour l'ancien élève des jésuites, et pour son temps qui voit s'annoncer l'âge d'or de la rhétorique classique, le plus bel éloge du théâtre, et la preuve de sa noblesse.

2.

RHÉTORIQUE ET DRAMATURGIE:
LE STATUT DU PERSONNAGE
DANS LA TRAGÉDIE CORNÉLIENNE*

Il est dommage que dans une étude pionnière[29] Jean Cousin ait cédé à la défaveur qui frappait la rhétorique dans l'enseignement de la IIIᵉ République, en prenant de haut ces pauvres classiques dont les œuvres sentaient par trop l'huile scolaire. Ces fausses élégances à la Brichot ne sont plus de mise. On n'insistera jamais assez sur l'importance centrale et vitale, dans la *renovatio studii* du XVIᵉ et du XVIIᵉ siècle, de la redécouverte de l'*Institution oratoire* de Quintilien et du culte rendu à Cicéron, théoricien littéraire et écrivain. Leur assimilition progressive par l'Europe de la Renaissance et de l'Age classique est une histoire qui reste encore à écrire. Aujourd'hui encore, nous vivons, quoique dans la méconnaissance, sur les rémanences de cette histoire. La pédagogie, le code de conduite mondaine, l'art de l'acteur et du dramaturge, la littérature, la peinture, la philosophie et même, à y regarder d'un peu près, la théologie et la spiritualité, ont reçu de la rhétorique cicéronienne et quintilianiste une impulsion et une modification décisives. En dépit des divergences politiques et religieuses, toutes les familles de pensée européennes, au XVIᵉ et au XVIIᵉ siècle, méditent et interprètent, en terrain neutre, si l'on peut dire, l'œuvre de Cicéron et de Quintilien. Et le puissant réseau des collèges de la Compagnie de Jésus, d'où sort un public formé aux disciplines rhétoriques, fonde son activité pédagogique sur une version christianisée de l'*Institution oratoire*, la *Ratio studiorum*.

Cette imprégnation d'une civilisation entière par l'art oratoire ne devrait pas laisser indifférents les historiens, à plus forte raison les

---

* Cette étude a d'abord paru dans la *Revue d'histoire du théâtre*, t. XXIV, 1972, pp. 223-250.

[29] Jean Cousin, «Rhétorique latine et classicisme français», *Revue des Cours et Conférences*, t. XXXIV, 2 (1933), part. III et IV, «Rhétorique et tragédie», pp. 159-168 et 234-243. Voir, dans une optique plus objective et résolument «romaniste», B. Munteano, «Humanisme et rhétorique, la survie littéraire des rhéteurs anciens», in *R.H.L.F.*, 1958, t. LVIII, pp. 145-156.

historiens du théâtre. On a souvent cru que l'étude de la *Poétique* d'Aristote et de ses commentateurs suffisait à rendre compte du développement de la dramaturgie humaniste. En fait, la *Poétique* d'Aristote elle-même est pour une large part une extrapolation à l'usage des poètes de sa propre *Rhétorique*[30]. Et ses commentateurs de l'Age classique en étaient parfaitement conscients: «Comme l'art de bien parler, qu'ils appellent la rhétorique, est absolument nécessaire au poète et à l'orateur, écrit La Mesnardière, nous ne devons pas douter que ceux qui se meslent d'écrire et de faire admirer leurs pensées n'ayent acquis toutes les lumières qui doivent conduire leur plume.»[31] Dans le même sens, René Bary: «La poétique n'est autre chose que la partie la plus contrainte et la plus observée de l'art oratoire.»[32] L'exemple le plus simple et le plus convaincant de cette action de l'art oratoire sur la dramaturgie est sans doute le triomphe de la «liaison des scènes» dans le théâtre classique français: l'analogie avec l'art des transitions oratoires, le désir de ne pas être en reste avec l'irrésistible continuité des *flumina orationis* cicéroniens, ont poussé les dramaturges et le public à leur trouver des équivalents scéniques. Le progrès du théâtre vers ce que nous appelons l'illusion et qui, dans l'esthétique rhétorique, s'appelle *evidentia* ou *energeïa*, revient en fait à son insertion dans une rhétorique générale qui tend, vers le milieu du XVIIe siècle, à servir de dénominateur commun non seulement à la correspondance des arts, mais à la cohérence interne d'une civilisation qui, comme l'art oratoire lui-même, cherche à concilier la vitalité et l'ordre.

---

[30]   Le livre de Bernard Weinberg, *A History of literary criticism in the Italian Renaissance*, 2 vol., in-8°, Univ. of Chicago Press, 1961, permet de compléter sur ce point et sur d'autres celui de René Bray, *La Formation de la doctrine littéraire classique*, Paris, 1927, qui reste néanmoins fondamental.

[31]   *La Poétique*, Paris, 1639, p. 326. Cité par A. Kibédi Varga, *Rhétorique et littérature*, Paris, Didier, 1970, p. 9. Cette excellente introduction (et encore moins l'article du même, *R.H.L.F.*, sept.-déc. 70, p. 918) ne tient pas compte du tuf latin et néo-latin de l'esthétique littéraire française du XVIIe siècle. Sur la rhétorique latine, que nos écrivains connaissent de première main, on ne saurait assez recommander aux dix-septiémistes l'ouvrage d'Alain Michel, *Rhétorique et philosophie dans l'œuvre de Cicéron*, Paris, P.U.F. 1960, et la synthèse de A.-D. Leeman, *Orationis ratio, the stylistic theory and practice of the roman orators, historians and philosophers*, Amsterdam, 1963.

[32]   *La Rhétorique française*, 1969, cité par A. Kibédi Varga, ouvr. cit., p. 12.

C'est à définir cette rhétorique générale, ses sources, sa cohérence, ses tensions internes, sa diffusion dans tous les ordres de l'activité sociale et artistique, depuis la vie mondaine jusqu'à la vie politique, depuis la théologie et la spiritualité jusqu'à l'esthétique monarchique, que devrait s'attacher une «histoire totale» du XVIIe siècle qui émergerait des brumes répandues sur elle par les concepts de *Zeitgeist*, de *Manierismus* et de *Barock*.

Cet essai n'a d'autre ambition, sur un point précis, que de se vouloir une contribution à cette tâche d'avenir et une incitation à la recherche sur un terrain fertile.

I. Quelques définitions: *dramatis personae, orationis personae*

Lorsqu'un Corneille ou un d'Aubignac, nourris de Cicéron et de Quintilien, veulent parler de ce que nous appelons «personnage», ils emploient indifféremment ce mot et celui d'«acteur»[33]. Curieuse confusion à nos yeux entre le rôle et son interprète. Elle ne peut être expliquée que par un retour aux sources latines. Le latin dispose de plusieurs termes pour désigner l'interprète de théâtre: *histrio, actor, comoedus, tragoedus, artifex scaenicus* sont les plus couramment utilisés dans les textes de la latinité classique[34]. Ce que nous appelons le rôle, c'est-à-dire la partition verbale qui revient à chaque acteur, est désigné en latin par l'expression *primae partes, secundae partes,* etc. qui a donné l'anglais *part*. Quant à notre mot personnage, dont le vague sémantique se prête à tant de confusion, il a pour origine le latin *persona*, qui a le sens très concret de masque. Sans vouloir empiéter sur le domaine des philologues, on peut toutefois se risquer à affirmer que les mots *histrio* et *actor* sont les plus souvent employés

---

[33] A ma connaissance, Corneille use seulement du mot acteur. D'Aubignac intitule le chap. I du livre IV de sa *Pratique du théâtre* (1657): «Des Personnages ou Acteurs, et de que le Poète y doit observer». A l'article «Personnage», Furetière cite cet exemple:

«On dit mieux les Acteurs d'une pièce que les personnages.»

[34] Voir les deux ouvrages de Bruno Zucchielli, *Hypocrites, origine et storia del termine*, et *Le Denominazioni latine dell'attore*, ed. Païdeia, Brescia, 1964.

par Cicéron, dans des conceptions antithétiques, et toujours en référence avec celui d'*orator*. L'*histrio*, c'est l'acteur de théâtre que Cicéron oppose à l'orateur comme l'exemple à ne pas suivre, l'antithèse de l'idéal du *vir bonus dicendi peritus*. Cette désignation de l'acteur est donc chargée, chez Cicéron déjà, de toutes les valeurs péjoratives du français *histrion*. Au contraire, l'*actor*, c'est l'acteur de théâtre initié à la haute discipline rhétorique, et qui peut servir de modèle d'*actio oratoria* au grand avocat. Cette rédemption sociale de l'acteur de théâtre par son initiation aux disciplines de l'esthétique rhétorique apparaît chez Cicéron, avec éclat, dans l'estime que l'auteur du *De Oratore* accorde à l'acteur Roscius, pour lequel il composa un plaidoyer; il ne se lasse pas de le proposer en exemple du *decorum* le plus achevé dans le geste, la voix, la grâce des attitudes. Ces échanges entre l'art oratoire et l'art dramatique «réformé» selon la rhétorique étaient d'ailleurs impliqués par l'identité des termes que le latin applique au théâtre et au prétoire: *actio* désigne à la fois l'interprétation d'un texte dramatique ou judiciaire, et la poursuite en justice; *actor* désigne à la fois l'acteur anobli par son initiation à la rhétorique et l'accusateur en justice; *agere*, un des verbes clefs de la langue latine, s'applique aussi bien à une procédure qu'à un rôle théâtral ou à un rôle social assumé avec responsabilité et vigueur.

Dans *l'Institution oratoire* de Quintilien, l'antithèse cicéronienne *histrio/actor* fait place à une antithèse *comoedus/tragoedus*: elle n'oppose plus comme chez Cicéron l'acteur non initié à la culture rhétorique et l'acteur initié, mais deux niveaux de style de jeu à l'intérieur de la stylistique rhétorique, l'absence de *decorum* chez l'interprète de comédie et sa présence chez l'interprète de tragédie: c'est à ce dernier, qui mérite seul le titre d'*actor*, que Quintilien renvoie l'orateur comme à un modèle. En dépit de cette différence, qui marque seulement les progrès de l'imprégnation rhétorique dans la culture latine, c'est toujours la rhétorique qui permet de distinguer entre l'acteur honorable et celui qui ne l'est pas. C'est exactement dans le même esprit que les Comédiens de l'Art du XVIIe siècle ont écrit leurs apologies: ce qui les distingue à leurs propres yeux des bateleurs et histrions populaires, ce qui les rend dignes de l'estime des cours et des académies, c'est leur parfaite maîtrise de l'*actio* oratoire et de ses différents niveaux stylistiques, c'est leur capacité d'interpréter dignement la tragédie aussi bien que la comédie. Ils pouvaient trouver chez Cicéron la source de leur justification: *Histriones eos vidimus, quibus nihil posset in suo genere esse praestantius, qui non solum in dissimilimis personis*

CHAPITRE IV

*satisfaciebant... sed et comoedum in tragediis et tragoedum in comoe-
diis admodum placere vidimus*[35]. Ce protéisme de l'acteur parfait,
capable de revêtir les *dramatis personae* les plus contradictoires, en
respectant la *verisimilitudo* et le *decorum*, apparaît dans ce passage
comme une véritable rédemption de l'*histrio*, rejoignant par sa voie
propre la sphère de la haute poésie et de la grande éloquence.

En quoi, dira-t-on, l'orateur a-t-il besoin d'apprendre auprès de
l'*actor* cette agilité à revêtir avec vraisemblance les masques les plus
divers? C'est ici qu'il faut nous arrêter un instant sur le mot *persona*,
dont nous avons vu que le sens premier et concret était celui de *masque* de théâtre. Pour qu'il puisse être appliqué à l'orateur, il faut
l'entendre dans un sens second et pour ainsi dire métaphorique: il n'y
a pas que des masques de bois et de cuir, il y a aussi des masques de
mots, qui en bonne rhétorique s'appellent justement figures, *figurae*,
et dont l'orateur fait le plus grand usage pour fasciner, éblouir, pas-
sionner son auditoire, sans avoir besoin des masques concrets du
théâtre. C'est dans la mesure où l'orateur saura porter avec art et
conviction ces masques ou figures de mots, qu'il donnera vie à son
discours, et réussira à manœuvrer la sensibilité de son public avec des
résultats analogues à ceux du théâtre. Or le comédien français du
XVIIᵉ siècle, et surtout l'interprète de tragédie, se trouve dans une
situation assez analogue à celle de l'orateur: ne disposant pas de masques, il doit compter sur la seule magie évocatoire des figures pour
défendre son rôle. Et il est significatif que le déclin relatif de la mise
en scène, le renoncement aux effets scéniques mélodramatiques, le
dépouillement ascétique de la scène tragique entre 1630 et 1660, ait
coïncidé avec un essor extraordinaire de l'intérêt pour les questions
d'éloquence et de rhétorique: la scène devient la mise à l'épreuve, sans
filet, si j'ose dire, des pouvoirs du verbe rhétorique abandonné à ses
seules forces. L'*actio* de l'interprète, sur qui repose le succès ou l'échec
de l'opération, est presque aussi importante que la force et le pouvoir
des *figures* que le dramaturge a préparées pour lui dans son texte.

---

[35] Cicéron, *Orator*, 109. L'opposition actor/orator n'est jamais plus éclatante
que dans cette phrase fameuse du *De Oratore*, II, 34: *Qui actor imitanda quam
orator suscipienda veritate jucundior?* L'acteur n'est qu'un spécialiste de l'*actio*, un
uomo universale, organe de la vérité et pas seulement son reflet.

Ce n'est donc pas la partition écrite, le rôle proprement dit, qui caractérise le personnage, aux yeux d'un Corneille ou d'un d'Aubignac, mais ce rôle en tant qu'il est chargé d'énergie potentielle, et offert à l'*actio* oratoire de comédiens formés à la discipline rhétorique. Ce parti pris, sensible surtout chez Corneille, de traduire *actor primarum partium, actor secundarum partium* par premier acteur, second acteur, ne signifie d'ailleurs nullement une humilité du dramaturge devant le comédien. Bien au contraire. Cette insistance sur l'*actio* désigne une vertu de son texte, une puissance qui y est inscrite, et que seul un comédien de haute race sera capable de faire passer, pour employer à bon escient la terminologie aristotélicienne, de la puissance à l'acte. Car il est bien entendu, pour lui comme pour ses maîtres Cicéron et Quintilien, que dans la division du travail rhétorique, s'il est vrai que l'*actor*, cet *artifex scaenicus*, est un spécialiste de l'*actio* et peut à ce titre éduquer l'orateur, celui-ci conserve la meilleure part et la plus haute: au titre de l'*inventio*, de la *dispositio* et de l'*elocutio*, il est comme le dramaturge, non un *artifex*, mais un *vir bonus dicendi peritus*, un dépositaire des plus nobles traditions humaines et capable de les actualiser pour ses contemporains. Si, dans le langage de Corneille, le personnage est avant tout un acteur, c'est au sens où il est sorti tout armé de l'*ingenium* du poète, orateur sans *actio*, orateur caché, mais tout-puissant, dont le verbe actif, si le comédien en est digne, portera celui-ci au triomphe[36].

On opposera à cette conception du dramaturge tout-puissant le cas de la Commedia dell'Arte où, semble-t-il, l'acteur est cette fois un orateur complet, parcourant toute l'étendue du procès de création rhétorique: *inventio, dispositio, elocutio, memoria, actio.*

De fait, les succès que les comédiens de l'Art ont cherchés et trouvés auprès des académies italiennes et des cours, la nature de leurs plaidoyers inspirés du *Pro Roscio*, où le parfait *actor* est identifié, pour les besoins de la cause, à l'orateur, montrent que, pour les plus doués d'entre eux, l'ambition de concilier la noblesse de l'*inventio* avec la maîtrise de l'*actio* ne leur a pas manqué. Ils étaient capables de parcourir tout le cycle de la création verbale rhétorique, cycle qui

---

[36]   La définition cicéronienne de l'actio: *Est actio quasi sermo corporis, De Oratore*, III, 222, marque bien la hiérarchie entre les deux ordres de discours, le discours verbal et le discours corporel: celui-ci est un commentaire, un accompagnement, une présentation, une mise en scène du premier.

chez l'orateur doit devenir, en dépit de son apparente complexité, seconde nature, *habitus*: mais ils le faisaient avec une rapidité telle, et une telle virtuosité dans le passage d'un style à l'autre, d'un «masque» à l'autre, que les académiciens spécialistes de rhétorique et de poétique en restaient médusés. Improvisation toute relative d'ailleurs, puisque fondée sur une discipline rigoureuse et sur le recours à la *memoria* rhétorique, qui leur fournissait opportunément les *generici* préparés d'avance et empruntés aux bons auteurs; l'*inganno* consistait à donner l'illusion que ce jaillissement leur était naturel[37]. En dépit de ces succès d'athlètes rhétoriques complets et de vertigineux virtuoses de l'*imitatio*, il est significatif que les comédiens de l'Art ne s'en soient pas contentés: les Cecchini, les Andreini, pour accéder à la suprême aristocratie de l'esprit, ont tenu à publier des *scenarii* dont ils fussent les auteurs, c'est-à-dire l'équivalent de ce qu'Aristote dans sa *Poétique* appelle *fabula* et qu'il considère comme l'effort suprême de l'invention artistique; ils ont publié des comédies, des tragédies, des traités d'*actio* rhétorique, des apologies dans le goût cicéronien[38]. Toute cette activité de librairie révèle leur souci d'accéder aussi au prestige aristocratique du dramaturge «pur» de tout contact avec la pratique scénique. Si géniaux qu'aient pu être ces comédiens, si entraînés qu'ils aient pu être à la noble discipline rhétorique, ils restaient malgré tout marqués par la flétrissure que Rome et les Eglises chrétiennes avaient imposée à la pratique du métier d'acteur. *Dicendi periti*, sans doute, mais non pas *viri boni*. A nos yeux au contraire, c'est un Giambattista Andreini, un Shakespeare, un Molière, qui réalisent le plus complètement l'idéal cicéronien et quintilianiste de l'orateur idéal.

Proposition paradoxale: comment peut-on passer du discours linéaire de l'orateur au texte discontinu et dialogué dont le dramaturge est l'auteur? Tout d'abord, il est inexact de se représenter l'élo-

---

[37]   Voir sur tout ce problème de la prétendue improvisation des Comédiens de l'Art, le livre de Roberto Tessari, *La Commedia dell'Arte nel Seicento, Industria e Arte giocosa*, Firenze, Leo S. Olschki, 1969.

[38]   Sur le combat des Comédiens de l'Art contre l'infamie qui pèse sur l'histrion, voir mon article, «La Querelle de la moralité du théâtre avant Nicole et Bossuet», *R.H.L.F.*, sept.-déc. 1970, n° 5-6, et l'ouvrage de Ferdinando Taviani, *La Fascinazione del teatro*, Bulzoni, Roma, 1969, où l'on trouvera une abondante anthologie des sources.

quence oratoire comme linéaire, une pure et simple «communication» de l'orateur à l'auditoire.

> Combien de harangues, écrit Quintilien, composées par des orateurs
> grecs et romains, non pour eux, mais pour autrui, et dans lesquels il leur
> a fallu s'accommoder à la condition et aux mœurs de ceux à l'usage de
> qui ils les avaient écrites? Cicéron écrivant pour Cn. Pompée, pour T.
> Appius, et tant d'autres, pensait-il de même dans ces différentes occa-
> sions, et ne jouait-il qu'un seul personnage? Ou plutôt, travaillant
> d'après l'idée qu'il s'était faite de la fortune, de la dignité, et des actions
> de tous ceux auxquels il prêtait sa voix, ne les représentait-il pas au
> naturel? Ils n'auraient pas si bien parlé sans doute, mais c'était eux
> cependant qu'on croyait entendre. Car un discours ne pèche pas moins
> par défaut de convenance (*accommodatio*) avec la personne qu'avec le
> sujet. Aussi admire-t-on l'air de vérité que Lysias savait donner à ce
> qu'il écrivait pour des ignorants. Et c'est particulièrement aux déclama-
> teurs à observer ces convenances. Il est très peu de controverse[39] où ils
> parlent comme des avocats, mais le plus souvent ils se mettent à la place
> des parties, et représentent tour à tour un père, un riche, un vieillard,
> un avare, un bourru, un débonnaire, un superstitieux, un poltron, un
> railleur. Je ne sais si un comédien (*comoedus*) joue plus de rôles sur le
> théâtre que nos déclamateurs dans les écoles. Ces différentes expres-
> sions de caractères peuvent être regardées comme autant de
> prosopopées[40].

Texte capital. Ne dirait-on pas que, dans sa première partie, Quintilien définit l'attitude créatrice de dramaturges tels que Corneille
donnant la parole à Sertorius ou à Pompée, ou Racine donnant la
parole à Titus et à Mithridate? Avec ce même décalage esthétique que
Guez de Balzac remarquait si fortement, dans sa lettre à Corneille à
propos de *Cinna*, en opposant la Rome de marbre évoquée par le
verbe cornélien à la Rome de briques de la réalité historique. Et dans
sa seconde partie, qui ravale les déclamateurs au niveau des *comoedii*,
ne semble-t-il pas définir par avance l'activité «rhétorique» des

---

[39]   Les «controversiae» étaient une forme d'éloquence d'apparat fort en vogue
sous les premiers empereurs. Celles que nous a conservées Sénèque le Père sont un
document capital sur le goût littéraire de cette période (voir Leeman, ouvr. cit.,
pp. 224-237). Leur influence au XVIIe n'a pas été étudiée. Outre des éditions en
langue originale, la B.N. conserve quatre éditions de ces *Controverses* traduites par
B. Lesfarges, 1re éd., 1639.

[40]   Quintilien, *Institution oratoire* (III, 8), collection des auteurs latins avec la
traduction en français publiée sous la direction de M. Nisard, Paris, Firmin Didot,
s.d., p. 310.

comédiens de l'Art[41]? La «communication» oratoire apparaît ici
comme aussi médiate que la «communication» dramatique: l'orateur
compose un «masque» à la ressemblance d'une personnalité célèbre,
ou d'un «caractère» moral, et il prête sa voix à ce masque en l'accom-
modant à ce que la vraisemblance du caractère et de la situation exigent. Voix étrange, imitant la nature du modèle, mais selon les règles
de l'art. Voix dont le timbre confond de manière indiscernable l'*ingenium* propre à l'orateur et celui de son «personnage».

Et à l'intérieur même de ce discours tenu par l'orateur à la place
d'un autre. *Pro* Murena, *Pro* Coelio, *Pro* Cn. Pompeio, se lèvent
d'autres *orationis personae* évoqués par la magie rhétorique pour
émouvoir l'auditoire et lui plaire. «Nous mettons, écrit Quintilien, la
parole dans la bouche de personnes (*personarum fictarum oratio*) que
nous faisons, en quelque sorte, se lever à notre place. C'est ainsi que,
dans le plaidoyer de Cicéron pour Célius, l'aveugle Appius et Clodius
adressent des reproches à Clodia sur ses amours, l'un avec amertume,
l'autre avec douceur.»[42] Ainsi à l'intérieur de ce grand «fantôme»,
comme dit Diderot dans le *Paradoxe*, apparaissent d'autres fantômes,
le grand masque monologique contient d'autres masques qui dialoguent. Le théâtre de la parole s'offre le luxe de scènes inscrites. Et
toute une série de figures sont à la disposition des orateurs pour prati-
quer ce théâtre dans le théâtre, pour faire apparaître ces autres masques: l'*exemplum*, récit canonisé par la tradition, et qui peut servir
de prémisse à un raisonnement *a fortiori*; la prosopopée (*fictam ora-
tionem induere personis*) qui prête un discours vraisemblable, accom-
modé à la situation, aux masques des morts, ou des absents; l'éthopée
(*imitatio morum alienorum*) qui fait surgir le portrait d'un caractère,
d'un genre de vie. Un autre nom latin pour l'éthopée est *characteris-
mus*, qui, comme l'autre, est une transposition directe du vocabulaire
de la rhétorique grecque. Ce mot nous invite à nous arrêter un instant
sur celui de *character*, lui aussi graphie latine d'un vocable grec et
confirmé tel quel en anglais. Son sens originel est celui de «fer à

---

[41]   C'est un problème épineux que celui des rapports entre rhétorique et comédie. Je ne fais que l'effleurer dans cet article. Un des documents à verser au dossier
est le titre du recueil d'estampes *Compositions de Rhétorique de Mr Don Arlequin*,
publié par P.-L. Duchart, Paris, 1928, in-fol.

[42]   Quintilien, *Inst. or.*, éd. cit. p. 118.

marquer les bestiaux», et par dérivation il désigne les traits distinctifs d'un individu, d'une fonction sociale, d'un tempérament, ou encore, selon la loi rhétorique (le style c'est l'homme même), les traits distinctifs d'un style[43]. On peut rapprocher *character* de *typus*, dont la transposition française fait aussi partie du vocabulaire de la critique théâtrale: le *typus* est la reproduction d'un modèle, d'un original catégoriel. Il est employé par Cicéron au sens d'image, de statue. Il est significatif que *persona*, *character* et *typus* désignent tous trois des reliefs, des sceaux (on disait au XVIe siècle des «signatures») portant trace d'une essence singulière: ce sont en fait trois versions du masque, dont la surface creuse porte la marque vigoureusement résumée d'un dieu, d'une passion, d'un tempérament, d'une fonction, et dont la surface en relief est capable d'imprimer à son tour dans la *phantasia* du spectateur, par une sorte de magie sympathique, la trace de cette essence. Toutes trois relèvent de cette notion centrale de la stylistique rhétorique (*stylus*: poinçon, burin de graveur sur cire), l'*evidentia*, qui elle-même suppose que la visibilité et le relief favorisent la procession des images, en portant plus vigoureusement la trace des essences originales.

Autres figures à la disposition de l'orateur pour *graver* dans l'imagination de l'auditoire: l'hypotypose, ou *demonstratio*, évocation hallucinatoire d'un lieu ou d'une scène reconstituée vraisemblablement, comme un tableau vivant enchâssé dans le discours; la «métastase», qui, jouant avec l'ordre des temps, transporte l'auditoire devant une reconstitution hypothétique, mais vraisemblable, de la *causa* en d'autres circonstances, passées, futures ou possibles, que celles qui l'ont accompagné en fait. Et toutes ces évocations, qui s'adressent aux sens intérieurs, frappés par la magie du verbe, et du verbe seul, accompagné par l'*actio*, doivent être faites avec la plus grande force d'évidence, comme des apparitions magiques, luttant victorieusement avec les données immédiates des sens extérieurs:

---

[43]   Il est intéressant de citer les définitions que donne Furetière pour caractère, personnage et type. «*Caractère*: d'un mot grec qui signifie graver: 1° Qualité, titre, puissance attachée à un certain état; 2° Manière, air, assemblage de qualités qui distingue une chose d'une autre; 3° Style, discours; 4° Portrait, peinture des personnes et des mœurs (en d'autres termes éthopée)». «*Personnage*: du latin *persona*: se prend pour un masque ou un personnage de théâtre et de là on a employé le même mot pour marquer la dignité ou le rang que quelqu'un tient dans le monde.» «*Type*: copie d'un modèle, caractère gravé ou imprimé, terme dogmatique fort usité par les théologiens et qui signifie signe, figure.»

> Aussi faut-il ranger parmi les moyens d'orner le discours cette qua-
> lité que les Grecs appellent *energeïa*; car l'évidence, ou, selon un autre,
> la représentation, est plus que la clarté (*perspicuitas*): celle-ci se laisse
> voir, celle-là se montre elle-même. C'est une grande qualité que de
> savoir énoncer clairement les choses dont nous parlons, et de les mettre
> en quelque sorte sous les yeux; car nos paroles font peu d'effet et n'ont
> point cet empire absolu (*non plane dominatur oratio*) qu'elles doivent
> avoir, lorsqu'elle ne frappent que les oreilles, et lorsqu'un juge croit seu-
> lement entendre un récit, et ne voit pas des yeux le fait dont il s'agit[44].

Tout le vertigineux paradoxe du théâtre classique français est
impliqué dans ce texte: fonder la visibilité théâtrale sur la seule magie
du verbe oratoire. Le vrai spectacle d'*Horace* n'est pas sur la scène:
il est projeté dans l'imagination de l'auditoire par l'*evidentia* des figures qui ornent le discours de Sabine, de Julie, de Valère, du Vieil
Horace: Albe frappée par le destin, la Rome des premières *Décades*
de Tite-Live, ses devins, ses mouvements de foule, ses armées, et
même, dans un *exemplum* qui orne le discours final de Tulle[45], ses origines, le meurtre de Rémus par Romulus. Au spectacle «pauvre»
d'Auguste siégeant avec deux conseillers dans un «palais à volonté»,
se superpose la vision des guerres civiles romaines évoquées par l'éloquence de Cinna. Au spectacle pauvre de deux acteurs jouant les rôles
de Cornélie et de César, se superpose la vision du Masque, sacralisé
par la mort, du Grand Pompée, évoqué par l'éloquence *Pro Cn.
Pompeïo*[46] de Cornélie. Et l'on sait l'usage que fait Racine de la sorcellerie évocatrice des noms propres, historiques ou géographiques, et
des narrations visionnaires. Le dépouillement extérieur crée les conditions favorables au déploiement somptueux du verbe rhétorique, dont
la finalité est de créer dans l'esprit du spectateur auditeur *le relief de
la vision intérieure*. La tragédie classique, comme la peinture selon
Léonard, est *cosa mentale*.

---

[44]   Quintilien, Inst. Or. ouvr. cit., p. 294.

[45]   *Exemplum* traité par prétérition, comme un *mysterium regni* qu'il est
néfaste d'évoquer trop ouvertement devant le «peuple stupide»:

> Que Rome dissimule
> Ce que dès sa naissance elle vit en Romule.
> Elle peut bien souffrir en son libérateur
> Ce qu'elle a bien souffert en son premier auteur.   (V, 3, vv. 1755-1757)

[46]   César, usant en l'occurrence du vocabulaire emprunté au *De Oratore* de
Cicéron, définit parfaitement le rôle de prosopopée vivante joué par Cornélie:

> Il (Pompée) vit, il vit encore en l'objet de sa flamme,
> Il parle par sa bouche, il agit dans son âme
> Il la pousse...   (La Mort de Pompée, V, 4, vv. 1369-1371)

Les assises rhétoriques de la tragédie classique française sont posées dés 1619 par un des plus grands professeurs de rhétorique du XVIIᵉ siècle, le P. Nicolas Caussin, s.j., lui-même auteur de tragédies latines qui anticipent à bien des égards sur celles de Corneille et Racine. Dans son magnifique traité *Eloquentiae sacrae et humanae parallela*[47], il écrit ceci: «Même dans les tragédies, où d'ordinaire la licence est plus grande que dans l'art oratoire, il ne saurait être approuvé, surtout aux yeux des doctes, que les choses soient exprimées par simulacres et représentations visuelles, qui le plus souvent ne répondent pas à la majesté du sujet, et ôtent beaucoup de dignité à l'action. Je dis aux yeux des doctes, car le peuple grossier, dont l'esprit et l'intelligence ne volent pas très haut, réclame au théâtre des jouissances visuelles, et non pas des plaisirs médiatisés par les oreilles.»[48]

Est-ce à dire que rhétorique et dramaturgie sont identiques, et que le dramaturge *n'est qu'*un orateur? Ce qui ressort au contraire du

---

[47] *Eloquentiae sacrae et humanae parallela*, libri XVI, auctore P. Nicolao Caussino, Parisiis, S. Chappelet, 1619, in-fol., 671 p. La B.N. signale 6 éditions de l'ouvrage entre 1619 et 1643.

[48] *Eloquentiae... parallela*, L. VIII, *De Affectibus*, p. 317. Il n'est pas inutile de citer ici, d'après Caussin, un passage de Luis Vivès, *De Anima*, L. III: «Il y a cinq sens, la vue, l'ouïe, le goût, l'odorat, le tact. La plus vile jouissance est celle qui relève du tact, parfaitement grossière et terrestre, un peu plus honnête que celle qui relève du goût, mais non moins digne de mépris. Le plaisir de l'odorat est faible, car ce sens chez l'homme est tout à fait atrophié, et jamais une bonne odeur n'est aussi agréable que n'est insupportable une mauvaise. Les oreilles, qui sont de l'ordre de l'air, ont quelque chose de plus beau; les yeux, qui se rapprochent le plus de la haute nature du feu et de l'éther, sont très supérieurs aux autres sens. Le fait est que le tact et le goût, sitôt rassasiés de plaisir, s'éteignent, et comme le Nil, laissent après eux de la boue. Les autres sens puisent plus longtemps du plaisir, non sans toutefois y mêler une ombre de néant. Plus durables sont les plaisirs de l'imagination, dont les richesses, les honneurs et la gloire sont le prétexte, l'image de félicité qu'ils procurent occupe et s'enracine plus tenacement, faux bien pétri de néant qui s'achève dans la désillusion.

«Ces plaisirs inférieurs, que l'on appelle plaisir de l'affectivité, s'écoulent comme de l'eau. Les plus nobles de tous, et les plus purs, sont ceux qui s'adressent à l'esprit et qui relèvent de lui, assignant au plaisir, comme à sa fonction la plus haute, la contemplation et l'amour de Dieu: ils ont en effet avec les plaisirs éternels qui feront de nous des bienheureux une sorte de commerce perpétuel» (L. VIII, p. 336). Nous avons ici la même *scala delectationis* dont se sert l'apologétique de Desmarets de Saint-Sorlin dans *Les Délices de l'esprit* (1658): plaisirs terrestres, plaisirs terrestres intériorisés, plaisirs célestes. Tel est l'arrière-plan anthropologique sur lequel se déroule l'ascèse esthétique du classicisme français.

texte de Quintilien cité plus haut[49], c'est que l'orateur, parlant à la place d'un autre, devient *un* des personnages impliqués dans le drame judiciaire dont il n'est maître que très partiellement, et à sa place. La prolifération des masques et des représentations que nous avons observée à l'intérieur de son discours n'est que la manifestation de cet unique personnage au nom duquel il parle, et dont il a doté la parole de toutes les ressources de son art persuasif. L'*actio* judiciaire est un tout complexe où l'*actio oratoria*, même douée de génie, n'est qu'une partie. Alors que le dramaturge, non seulement se met à la place de plusieurs personnages pour leur prêter son verbe, mais se trouve entièrement maître de nouer à sa guise la situation qui les relie. Un de ses privilèges est de ne pas interpréter les rôles qu'il a composés, mais de confier leur dialogue à des spécialistes de l'*actio scaenica*. L'œuvre dramatique n'est pas pour autant close sur elle-même. Il est vrai que chaque *dramatis persona* semble s'adresser à ses partenaires sur la scène, et se voit dotée à cet effet, par le dramaturge, de toutes les ressources de l'art oratoire dont il dispose lui-même. Mais d'un autre côté, la somme entrecroisée de ces discours scéniques ne forme en définitive qu'un seul discours, unique dans sa source, l'*ingenium* du dramaturge, unique dans sa fin, les auditeurs-spectateurs dans la salle, le public. On n'a quitté l'art oratoire que pour mieux le retrouver, à un niveau de complexité et de difficulté supérieur, celui justement où se tient la *Poétique* d'Aristote. Un et multiple, continu et discontinu, le discours dramatique porte à son comble les ambiguïtés que nous avons relevées dans la création oratoire, car la multiplicité des *dramatis personae*, dont chaque rôle présente à lui seul au moins autant de difficultés qu'un discours de type cicéronien, expose le dramaturge à une difficulté suprême: éviter que cette multiplicité devienne confusion, que chacune de ces *dramatis personae* prenne la parole pour elle-même. C'est pourquoi Aristote insiste sur la fonction capitale de la *fabula*, qui tresse ces rôles en une fugue unique, dont l'effet doit être un comme sa source est une. Le verbe du dramaturge, par rapport à celui de l'orateur, semble caractérisé par sa surabondance, sa richesse, sa force tumultueuse qui a besoin de plusieurs canaux, et non d'un seul, pour se manifester dans toute son étendue.

---

[49]   Sur cette question du dramaturge et de l'orateur, voir «Rhétorique et dramaturgie dans *L'Illusion comique* de Corneille», *XVIIᵉ siècle*, n° spécial *Point de vue sur la rhétorique*, 1968, n° 80-81, pp. 107-132, reproduit au chap. précédent.

Au fond, on pourrait définir le dramaturge comme un orateur polyphonique, et la dramaturgie comme une polyphonie rhétorique. Le grand œuvre est de nouer entre elles ces voix de timbre différent, dont la source fictive est pour chacune un masque doté d'un caractère et d'une situation données, pour en faire un seul concert conjuguant ses effets sur un point unique, le public. D'où les questions tant débattues au XVIIᵉ siècle, au point de faire oublier leur arrière-plan rhétorique : les trois unités, la liaison des scènes, autant de moyens renchérissant sur Aristote, pour obtenir, outre l'*evidentia* dont nous avons parlé, cette unité et cohérence interne d'un seul discours tissé de plusieurs discours, d'une seule voix manifestée par plusieurs voix.

Ce n'est pas ici le lieu d'analyser les moyens par lequel le dramaturge classique, en dépit de la diversité de ses «acteurs», réussit à obtenir cette concentration d'effets qui donne à l'un la victoire sur le multiple. Ce qui nous importe pour l'instant, c'est chacun des «instruments» de sa polyphonie. Or il est bien évident que jamais les effets puissants qu'il escompte ne seraient obtenus si chacun de ces «instruments» n'avait, plus que lui-même, le pouvoir de se faire écouter. Le prestige de la fonction royale, le prestige de la légende, qui enveloppe d'entrée des acteurs portant le nom de César et de Cornélie, de Néron et d'Agrippine, de Phèdre et de Thésée, compte pour beaucoup dans le succès de la magie verbale dont ils sont les interprètes. La construction de ces acteurs-orateurs, de ces masques qui prêtent leur propre autorité à l'éloquence du dramaturge, est donc une des tâches les plus importantes que celui-ci doit remplir. Aristote et Quintilien concordent sur ce point : il faut que le dramaturge, dans son travail de construction du personnage, conforme son *imitatio* (mimesis) aux lois de la vraisemblance, de la nécessité, et du *decorum*.

II. *Imitatio, verisimilitudo, necessitas, decorum* : conditions de l'*evidentia*

L'*imitatio* du dramaturge a ceci de commun avec celle de l'orateur quintilianiste qu'elle écarte tout subjectivisme de la part du créateur. Il s'agit pour celui-ci non pas de parler en son nom, mais de se mettre à la place de celui qu'il a choisi d'imiter. Au fond, la *compositio loci* des *Exercices* de saint Ignace, qui a justement pour objet la victoire sur la subjectivité personnelle et l'imitation de Jésus-Christ, est un développement chrétien des techniques de l'*evidentia* oratoire, envisagées du côté du créateur et non de celui du spectateur-auditeur. Le dramaturge, non sans analogie avec le praticien des *Exercices*, ou l'auteur d'oraisons funèbres, fait parler les grands morts en les prenant pour modèles, en se mettant d'abord en leur présence. Le dramaturge humaniste, comme l'orateur cicéronien ou quintilianiste, ne se prête pas en effet à composer n'importe quelle *dramatis persona*: celle qu'il choisit figure dans le trésor mémoriel commun à lui-même et à son public, elle existe déjà comme une *imago* ou pour emprunter à Vico un précieux concept, comme un *universel de l'imaginaire*, dont la réalité fictive, si l'on ose risquer ce *concetto*, est soutenue par des textes littéraires, moraux et religieux, par l'iconographie, par les répertoires d'*exempla* ou de *Vies parallèles*, par des traités d'*éthopées* comme celui de Théophraste. L'orateur avait recours à ce fonds mémoriel pour rendre évidente l'image qu'il voulait donner au juge de son client vivant: le dramaturge s'en sert comme d'un matériau capable de l'aider dans sa *composition de lieu*, et qui lui permettra d'actualiser une nouvelle fois, sans bouleverser trop crûment les idées reçues, cette *imago* historique ou mythique, ce type moral, bref cette réalité fictive qu'il trouve toute préparée dans sa culture et celle de son public. L'imitation, au premier sens de *se mettre à la place de*, implique donc un second sens: s'aider dans ce travail des actualisations précédentes. La création de type rhétorique n'est jamais un acte jaillissant *ex nihilo*: elle a pour point de départ un modèle idéal, et des modèles littéraires qui ont déjà donné forme visible et audible à ce modèle idéal. L'*inventio* consiste d'abord non pas à inventer, mais à trouver dans le réceptacle de la mémoire collective une *imago* qui s'inscrive dans le dessein de l'œuvre, et les illustrations qui en ont déjà été données dans la littérature, comme autant d'adjuvants à l'illustration nouvelle que l'œuvre en offrira.

Au XVIIᵉ siècle, grâce aux répertoires d'*imagines* et d'*exempla* publiés en langue vernaculaire, un vaste public, et en particulier le public féminin qui ignore la langue latine, est initié à la connaissance de ce fonds mémoriel où puise l'*inventio* humaniste. *La Cour sainte* du Père Caussin, peuplée de héros, de saints, de rois, d'empereurs, de sages, proposés en exemple aux non-latinistes entre 1624 et 1660; *Les Femmes illustres ou Harangues héroïques*, de Georges de Scudéry (1642), vulgarisant élégamment des passages célèbres d'Ovide, de Virgile, d'Euripide, d'Homère, etc., que les femmes du monde n'auraient pu lire dans le texte ni même dans une traduction suivie. En 1662, Desmarets de Saint-Sorlin publie *Les Jeux de cartes des roys de France des reynes renommées, de la géographie et des fables,* dédiée à la Reine: c'est une véritable encyclopédie, ludique et mnémotechnique, où un nombre impressionnant des *universaux de l'imaginaire* humaniste sont répertoriés et illustrés[50]. Les romans, les tableaux, les prônes dominicaux contribuaient à la même tâche: le dramaturge et son public disposent donc d'un territoire imaginaire commun, que la fonction du théâtre est d'animer, en faisant sortir des limbes de la mémoire ces *imagines* et en leur donnant la plus forte *evidentia* possible.

Naturellement, dans cette culture à fond platonicien, les *imagines*, les idées mères, sont plus ou moins proches de l'origine, plus ou moins dégradées par le temps et la faiblesse humaine. Le dramaturge sera d'autant plus grand que son *ingenium*, aidé par les modèles antiques, plus proches de l'origine, saura remonter plus loin vers la force et la vertu première des idées. Il ne saurait cependant aller trop loin dans la réminiscence sans perdre de vue son public, et nuire à l'*evidentia* de la représentation. Tel est le dilemme de la *vraisemblance*: il est résolu, dans le meilleur des cas, par une opération délicate de péréquation entre la vision propre au dramaturge-orateur, et celle qu'il suppose chez son public, entre l'*imago* restaurée dans sa force originelle, et l'*imago* affadie, dégradée, dont le public a conservé la mémoire. Tout le débat entre Corneille et d'Aubignac sur le point de savoir s'il faut ou non représenter Horace comme meurtrier de sa sœur oppose deux solutions opposées au dilemme de la vraisemblance: l'une, celle de Corneille, oppose les droits de la vérité et de la nature, c'est-à-dire de l'origine, aux goûts du public «moderne»; l'autre veut faire prévaloir la «modernité» sur la vigueur signifiante du récit originel.

Je proposerais volontiers, pour distinguer entre ces deux concepts esthétiques si éperdument débattus ces dernières années, classique et baroque, ce critère: le classique, sans pour autant perdre de vue l'effet à produire sur le public «moderne», cherche la meilleure perspective

---

[50] Sur cette question de la *memoria* humaniste, voir le livre de Frances A. Yates, *The Art of Memory,* Routledge and Kegan Paul, London, 1969. Le chapitre sur le *Teatro della Memoria* de Giulio Camillo est particulièrement fascinant: il s'agit d'une tentative pour visualiser, encyclopédiquement, le monde des *exempla* et des *loci communes* et de faire du spectateur de ce théâtre un joueur, combinant et inventant des correspondances. Le jeu de cartes de Desmarets de Saint-Sorlin est un avatar mondain de la tradition des *Théâtres de la Mémoire.*

pour mettre celui-ci en rapport avec les *imagines* originelles, avec toute la vigueur première et la force de concentration qu'elles revêtaient chez les Anciens; le baroque, qui puise souvent dans le même réservoir d'images (de l'ambiguïté) ne se soucie nullement de cette anamnèse: tel un sophiste démagogue, au sens platonicien du terme, il se sert des formes reçues non pour les ramener à leur vigueur originelle, mais comme de réflecteurs de l'opinion moderne; il les plie et les déforme selon les idiosyncrasies du moment, selon la mode, et le plaisir immédiat. Le classique est, ou se veut, le médiateur entre une génération passagère et la tradition ramenée à son principe; le baroque se sert de la tradition comme d'une réponse au *taedium vitae* d'une génération éprise de sa propre sensibilité singulière.

Car dans l'ordre de la rhétorique quintilianiste, passions, vices, singularités, tempéraments, qui à première vue pourraient sembler indissolublement liés à la «couleur du temps», sont autant de facettes de l'éternel Protée humain, classées et répertoriées par une immémoriale sagesse en *imagines, characteres, personae*, qui eux aussi peuvent être qualifiés d'universaux de l'imaginaire. Le travail de Molière, dramaturge classique, consiste moins à inventer une nouvelle typologie qu'à actualiser celle que lui livre la tradition des moralistes et des comédiographes, à donner à ces types généraux une présence et une vigueur qui en font des instruments de connaissance pour sa propre génération, bref une *evidentia* qui ravive leurs couleurs et leurs traits. Ici encore la vraisemblance des *dramatis personae* est un compromis entre l'air du temps et le travail d'anamnèse du dramaturge, compromis où l'air du temps est la dupe, car il prend pour nouveauté ce qui n'est que répétition d'une sagesse immémoriale. L'évaluation esthétique d'un personnage ou d'une œuvre, dans cette perspective rhétorique, n'est donc plus impossible: sa réussite ou son échec, son classicisme ou son baroquisme, dépendent de la qualité de l'*evidentia* obtenue par le dramaturge, et la nature de la régénération qu'il a opérée sur les clichés, usés par le temps, qui hantent la mémoire de ses contemporains.

Quintilien fixe ainsi le cadre à l'intérieur duquel l'orateur comme le dramaturge doivent conférer la vraisemblance à leurs *personae*: «La narration sera vraisemblable d'abord si l'on s'interroge soi-même, pour ne rien dire qui ne soit naturel; ensuite si l'on donne aux faits des causes et des motifs, non pas à tous, mais à ceux qui font question: si l'on accorde le caractère des personnes (*personae convenientes*) avec les choses que l'on veut faire croire, en présentant celui qu'on accuse de larcin comme un homme cupide, d'adultère comme un débauché, d'homicide comme un homme emporté, et réciproquement, si l'on est chargé de la défense. Enfin, que tout cela concorde avec les lieux, les temps, et autres circonstances semblables.»[51]

Ce texte montre combien il est difficile de séparer la vraisemblance de la nécessité, que Quintilien, d'accord avec l'Aristote de la *Poétique*, fait présider aussi à la composition des *personae*. «La conduite du récit, écrit encore Quintilien, contribue à donner de la vraisemblance aux faits, comme dans les comédies et les mimes. En effet certaines choses se suivent et s'enchaînent (*naturaliter sequuntur et cohaerent*) si naturellement que, la première bien racontée, le juge devine ce qui suivra.» C'est le même *nécessaire* aristotélicien, la logique interne de la *fabula* dramatique, qui se trouve ici appliquée à la *narratio* oratoire. Ce *nécessaire* n'est pas incompatible avec l'art des préparations et des coups de théâtre: «De toutes les préparations, la meilleure est celle dont le dessein est caché.»[52]

Enfin le personnage, rendu vraisemblable à la fois par conformité à son image traditionnelle revivifiée et par la logique interne des situations où l'implique la *fabula* dramatique, devra répondre aux exigences du *decorum*. Notion complexe que René Bray a éclaircie avec bonheur, quoique d'une façon un peu étroite, sans tenir compte de la littérature des rhéteurs. Un passage de Quintilien peut nous aider à saisir l'esprit du *decorum* rhétorique: «Cicéron, dit-il, bien qu'il ne donne pas à Milon un ton de suppliant, et qu'il loue au contraire sa fermeté d'âme, ne laisse pas de lui prêter des paroles et des plaintes qui n'ont rien d'indigne d'un homme de cœur: «Vains travaux!» Milon est ici à double fond, si l'on peut dire: il est à la fois lui-même et un emblème de la fermeté d'âme, vertu romaine par excellence: tout ce qu'il dit, même ses plaintes, doit donc refléter cette vertu. Noblesse, grandeur, pompe, magnificence, urbanité, autant de qualités esthétiques dont doit rayonner la *persona* oratoire et dramatique, dans la mesure où elle se trouve investie de la responsabilité de parler au nom des idées éternelles. Naturellement cette lumière de dignité, ou d'urbanité, dans le cas de la comédie, ne peut être proposée au public sans précautions. Il faut qu'elle réponde à la vraisemblance du personnage tel que le conçoit le public, et tel que le présente la *fabula* dramatique

---

[51] Quintilien, Inst. or., éd. cit., p. 110.

[52] *Ibid.*, p. 215.

«inventée» par l'auteur (bienséances externes et internes, dans la terminologie de R. Bray). Jamais comme dans le cas du *decorum*, la rhétorique n'apparaît mieux comme une casuistique esthétique, conjuguant l'idéal avec une souplesse et une «industrie» déconcertantes
(c'est le sens de l'*accommodatio*) aux conjonctures les plus diverses et
les plus contradictoires.

Dans la mesure où cette casuistique vise à adapter les exigences
maximales du *decorum* aux caprices subjectifs du public et du dramaturge, on aura un art dramatique «baroque», «élizabéthain», «espagnol», etc. Dans la mesure au contraire où cette casuistique est en
garde contre le laxisme, et vise à appliquer les exigences maximales du
decorum, garantissant ainsi que les images seront le moins possible
dégradées par rapport à la configuration des modèles originaux, on
aura une dramaturgie classique. Dans une France qui, au moins dans
ses élites, identifie son destin national avec l'ambition de jouer dans
l'Europe moderne le rôle que Rome a joué dans le monde antique, la
rhétorique latine devient sous Richelieu une institution d'Etat, sous le
patronage de l'Académie française, et les collège royaux, jésuites ou
universitaires, relayés par un vaste mouvement de librairie, initient le
public cultivé à ses plus subtils mécanismes: dans ces conditions, le
decorum est entendu dans un sens rigoureux, et il exige du public
comme des dramaturges le sacrifice de facilités pourtant garanties par
un long usage: le refus du sang sur la scène, le refus du mélange comi-
que/tragique, le refus des agréables vagabondages de la pastorale, le
refus du déploiement décoratif, le refus même du «sac où Scapin
s'enveloppe». Par un violent effort sur elle-même, la France tente de
retrouver, même dans l'ordre esthétique, le secret de la *virtus*, puis de
la *venustas* romaines. Que les résistances soient puissantes, que cet
effort ait été amené à faire de larges concessions aux idiosyncrasies du
goût et même à la mode, c'est ce qui permet sans doute de parler
de baroque. Encore faut-il bien voir que ces retombées de l'exigence
classique ne sauraient passer pour la marque distinctive de l'art du
XVIIe siècle français.

Mais il serait tout aussi erroné d'identifier classicisme français et
dogmatisme: l'énergie classique a peu de chose à faire avec la raideur,
et beaucoup avec la grâce, signe suprême de la maîtrise de soi et des
autres. Dans un livre trop peu connu en France, un grand historien
américain de nos lettres, E.B.O. Borgerhoff, a analysé *The Freedom of
French classicism*[53]. Il aurait pu citer comme source de cet esprit

---

[53]   Princeton, Princeton Univ. Press, 1950.

de liberté dans la discipline, ce texte du maître de nos classiques, Quintilien:

«Les préceptes de l'éloquence ne sont pas réglés par les lois ou des plébiscites. C'est le besoin qui les a faits ce qu'ils sont... Sans doute les règles ont leur utilité, mais en tant qu'elles nous enseignent le droit chemin, et non une ornière, où l'on soit condamné à aller pas à pas, comme ceux qui marchent sur la corde.»[54]

Un tel libéralisme a été entendu autrement par un Shakespeare ou un Calderon, un Corneille ou un Molière: en fonction de publics de culture différente, en fonction d'une conjoncture historique et nationale différente. Mais il est à l'œuvre dans le classicisme français comme dans les autres interprétations de l'héritage gréco-romain.

En dépit de cette vaste gamme d'interprétations, selon les temps et les lieux, un fait demeure, commun à toute l'Europe humaniste: la création des *dramatis personae*, comme celles des *orationis personae*, s'est opérée selon des règles qui confèrent à ces masques une objectivité surprenante à nos yeux de post-romantiques; le dramaturge, dans son travail même de création, apparaît dans le contexte rhétorique comme un médiateur entre le public et une mémoire, qui, en France du moins, veut subordonner le passé national aux idées mères de l'Antiquité. Magicien ressuscitant les morts, donnant vie et voix à leur message de sagesse, d'héroïsme, de sainteté ou d'ironie, il a pour tâche d'actualiser ce message, de l'accommoder et adapter aux dispositions de son public et de son propre talent, avec en France cette exigence supplémentaire, que cette libre adaptation ne soit pas une trahison des modèles grecs et surtout romains. Les *dramatis personae* apparaissent moins comme des révélations de la subjectivité du poète que comme des dieux lares d'une civilisation, des archétypes platoniciens ramenant celle-ci aux sources de son langage et de son énergie. En ce sens la scène de la descente d'Enée aux Enfers, dans l'*Enéide*, chant VI[55], peut être considérée comme l'emblème de la dramaturgie

---

[54] Quintilien, *Inst. or.*, éd. cit., pp. 68-69.

[55] Vv. 756-853. On pourrait illustrer à peu près chaque vers de ce discours d'Anchise par une tragédie du XVIIᵉ siècle français. Anchise termine par les trois vers fameux qui résument la *majestas imperii* romaine: *Ti regere imperio populos, Romane memento...* Dans le *Saint Louis* du P. Lemoyne (Paris, 1966), au chant VIII, Saint Louis-Enée est transporté dans une «machine», par l'archange Saint Michel, au ciel des idées:

humaniste, à plus forte raison de la dramaturgie classique: le discours du vieil Anchise au jeune Enée, qui porte en lui l'avenir de Rome, illustre les idées fondamentales de la civilisation romaine par l'apparition successive de masques qui sont autant de moules préparés pour le visage de ses futurs héros. Il s'agit là, dans une heureuse fusion de l'art oratoire et de l'art dramatique, d'une expérience initiatique par laquelle l'individu transitoire est appelé à connaître et prendre en charge les dieux qui assurent la pérennité de sa communauté. Scène qui a pu être méditée par un Shakespeare, un Calderon, un Corneille, et, à bien des égards, par le Racine de *Bérénice* et le Molière de *Tartuffe*, comme l'allégorie de leur propre œuvre, à la fois mémoire et programme de civilisation.

III. **Quelques autres aspects du personnage classique du point de vue rhétorique**

a) *Genres rhétoriques et dramaturgie classique*

Dans une rhétorique polyphonique, telle que nous avons décrit la dramaturgie classique, les trois genres définis par la plupart des rhéteurs antiques sont mis à contribution: le judiciaire, le délibératif, l'épidictique ou démonstratif.

Chacun de ces genres a pour cadre une situation sociale, la scène du tribunal pour le genre judiciaire, la scène de la consultation politique pour le genre délibératif. Le cas du genre démonstratif est un peu différent, nous y reviendrons.

Le cheminement du verbe judiciaire semble relativement simple: l'orateur s'adresse à un auditeur-spectateur qu'il doit convaincre, émouvoir, délecter. Il arrive pourtant que l'orateur se dédouble: l'avocat prépare le texte de la plaidoirie, *comme* s'il était *à la place* de son client. Il lui emprunte sa *persona* et il lui prête son *stylus*, capable de graver dans l'imagination de l'auditeur une image favorable de sa «personne», à la fois juridique, sociale, et morale. C'est le cas des plaidoyers de Lysias, où le cheminement du verbe oratoire subit une

---

Il y voit ces Miroirs illustres et constants
Où luisent tour à tour les Images du Temps.
Toute la lignée des Rois de France, jusqu'à Louis XIV, lui apparaît.

sorte de ricochet : le client parle en son nom, mais ce qu'il dit lui est soufflé, en accord avec sa *persona*, par l'avocat qui a préparé le discours. En fait ce dédoublement et cet échange existent même dans le cas où l'avocat interprète lui-même la plaidoirie écrite pour un client, et même lorsque l'avocat, comme Cicéron dans son plaidoyer *Pro Domo sua*, écrit et parle en son nom : dans ce dernier cas, Cicéron orateur se met au service de Cicéron personnage politique romain ; dans le premier cas, l'avocat prête son talent d'*inventio* et son art de l'*actio* à un client qui n'a pas les moyens de mettre lui-même en valeur sa propre personne. Une des articulations fondamentales de la dramaturgie, le chaîne dramaturge-personnage-acteur, est ici plus qu'esquissée. La seule différence, mais elle est de taille, c'est que les *dramatis personae* ne coïncident en rien, ni avec la personne du dramaturge, ni avec celle de l'interprète : ce sont des êtres de fiction, des universaux de l'imaginaire, que l'*inventio* du dramaturge a eu pour tâche de faire surgir des limbes de la mémoire littéraire ou collective où ils attendaient.

Si l'on poursuit l'analyse de la situation judiciaire, on s'aperçoit que le cheminement du verbe oratoire est beaucoup plus complexe, et les éléments dramatiques s'y multiplient. En effet, si l'auditeur est ici par excellence le juge, l'orateur n'est pas seul : à l'avocat de la défense s'oppose devant le juge l'avocat de l'accusation. Le dialogue, en l'occurrence la succession de deux discours qui rivalisent dans leur effort de persuasion, a pour spectateur-auditeur-arbitre le juge, dont la sentence, appuyée sur le texte de la loi, sera la réponse de la vérité légale aux deux vraisemblances que les avocats ont tour à tour essayé de lui présenter comme vérité. Depuis Eschyle, dans les *Euménides*, en passant par Corneille, dans *Horace*, les dramaturges ne se sont pas fait faute de dresser un tribunal sur le théâtre[56]. S'il est probable que le théâtre a des origines religieuses, il est non moins probable que le rituel judiciaire a exercé sur lui, dès ses origines athéniennes, une influence déterminante.

Dans la situation délibérative, qui correspond au second des trois grands genres rhétoriques, le cheminement du verbe apparaît simplifié par rapport à ce qu'il est dans la situation judiciaire. Ici l'objet du débat n'est pas une sentence à rendre au nom de la loi, mais une

---

[56]   Voir l'article de Jacques Morel, « Rhétorique et tragédie », dans *XVIIᵉ siècle*, n° cité, pp. 89-105.

décision à prendre, le plus souvent, à l'origine d'ordre politique. Le spectateur-auditeur-arbitre de la situation, le prince, est celui-là même qui est appelé à prendre la décision. Les deux autres pôles du triangle sont les conseillers, qui déploient tout leur talent oratoire pour faire valoir une des deux solutions possibles. On peut naturellement imaginer une situation plus complexe, mais telle est la cellule mère de la *deliberatio*. Le modèle exemplaire de cette situation est sans doute l'assaut oratoire entre Eschine et Démosthène, conseillers du peuple athénien face au défi macédonien. On peut encore citer le débat entre Cicéron et César devant le sénat au sujet de Catilina. Les décisions du peuple d'Athènes, celles du sénat romain, sont en quelque sorte une réponse, fondée sur l'évaluation à la fois politique et esthétique des discours entendus, qui tranche en faveur de l'un des deux termes du dilemme. Au XVIIe siècle, dans une conjoncture historique où la monarchie a remplacé la république, les scènes de délibération, comme chez Tacite, ont le plus souvent lieu dans le secret du cabinet royal. Comme pour le tribunal, les dramaturges ont souvent transporté sur le théâtre ce genre de débat politique en portant le nombre des conseillers à trois, comme c'est le cas de Corneille dans *Pompée*, I, 1, et dans *Othon*, V, 2[57], ou en le résumant à un seul, comme c'est le cas de Racine dans *Bérénice*.

Ce dernier exemple mérite d'être analysé de plus près: l'absence d'un second confident auprès de Titus n'implique nullement qu'il n'y ait qu'une solution au débat. Elle suggère seulement l'unanimité de Rome à attendre de l'empereur une décision conforme à la tradition romaine, inviolée depuis Enée et César. Les autres solutions, un mariage avec Bérénice, l'abdication, le suicide, c'est l'empereur lui-même qui plaide en leur faveur, dans ses instants de faiblesses. Ceci éclaire la nature exacte du conseiller dans une situation délibérative: pas plus que l'avocat, il ne parle en son nom (ce qui ne signifie nullement qu'il ne parle pas selon son intérêt). Par une métastase, il transporte la *persona* de son interlocuteur privilégié dans le possible, et là, selon la vraisemblance, il imagine les conséquences favorables de la décision qu'il préconise, les conséquences néfastes de celle qu'il croit devoir écarter. L'hésitant se trouve face avec lui-même sous deux

---

[57]   Il est significatif toutefois que des trois conseillers de Galba, Vinius, Martian et Lacus, deux seulement apparaissent dans cette scène de délibération. Lacus, qui vient de passer alliance avec Martian, est ici son porte-parole, en même temps que l'avocat de sa propre cause.

éclairages différents, «empereur ou simple citoyen» dans le cas de l'Auguste de Corneille, «empereur ou traître à l'empire» dans le cas du Titus de Racine. Les conseillers prêtent leur voix aux *personae* possibles de leur interlocuteur. Le génie de Racine, en réduisant leur nombre au seul Paulin, a intériorisé la délibération, et placé le seul Titus face à face avec les diverses *personae* que légueraient de lui à l'Histoire les décisions contraires à la tradition romaine qu'il est encore libre de prendre. C'est à une véritable Enéide intérieure que Racine a convié à Titus, mais il n'est d'autres Enfers ici que l'art de la métastase appliqué par l'empereur à lui-même et à ses propres «possibles».

La situation délibérative, comme nous venons de le voir dans cet exemple suprêmement raffiné, est donc susceptible d'intériorisation. Bien des monologues de tragédies ne sont que des délibérations où les différentes *personae* possibles du même personnage sont tour à tour évoquées par lui-même; ils se terminent le plus souvent par le choix de l'une d'entre elles, qu'un acte va rendre visible à tous. De même que le discours oratoire évoquait une foule de *personae* susceptibles de soutenir le personnage dont l'orateur était l'interprète, le dialogue et le monologue de théâtre font apparaître la pluralité des *personae* incluses comme autant de possibles dans la *dramatis persona* définie au départ. Pirandello, grand maestro du personnage dans le personnage, est apparu bien avant Pirandello: le pirandellisme n'est qu'une version, teintée de schopenhauerisme, de la rhétorique latine. Les conséquences de cette procession des masques à l'intérieur du Masque sont capitales pour comprendre la vitalité du personnage classique: ce n'est pas un masque funéraire doué de parole, comme dans le Nô japonais, mais un visage à la recherche de son masque définitif, et ce que l'on appelle sa psychologie est la palpitation même des *personae* possibles qui s'offrent à lui en cours de route, jusqu'à ce qu'il trouve celle qu'appelait sa vocation, librement consentie chez Corneille, prédéterminée chez Racine. La comédie, genre «printanier», d'où la mort est exclue, nous offre au contraire chez Molière (et chez le Corneille de *L'Illusion comique*) un mouvement à peu près inverse[58]: c'est la victoire des vivants sur les morts, de la jeunesse au visage mobile sur les masques figés de la vieillesse, entendons celle de l'âme plutôt que celle du corps. Cette différence avec la tragédie (et l'œuvre de Molière est souvent une parodie du style et de l'*actio*

---

[58]   Voir mon article cité plus haut, note 49, pp. 129-131.

tragiques) n'implique d'ailleurs nullement que Molière échappe à la rhétorique: mais il la met au service de cet autre versant de la sagesse humaniste: la recherche du bonheur, au lieu de la méditation de la mort[59].

Quand au genre démonstratif, la situation qu'il implique est encore plus simple que les deux précédentes. Un orateur fait parade de toute sa virtuosité rhétorique devant un public appelé à admirer cette réussite verbale autant qu'à s'informer du sujet traité. En fait il s'agit de ce qu'aujourd'hui on appellerait volontiers «communication» ou «information». Mais la rhétorique ignore les «cool media». Pour cacher la «nudité», la «stérilité» de l'information, biographique, historique..., le verbe rhétorique au défi s'ingénie à déployer toute sa vitalité: le genre épidictique ou démonstratif est par excellence celui du tour de force verbal, de la parole comme spectacle en elle-même et presque pour elle-même, objet de ce bonheur littéraire auquel nuisaient les finalités pratiques du judiciaire et du délibératif. On ne saurait mieux suggérer l'essence et la permanence du genre démonstratif qu'en citant tour à tour la formule de Racine (préface de *Bérénice*): «L'invention consiste à faire quelque chose de rien», et celle de Flaubert (*Correspondance*, 16 janvier 1852): «Ce qui me semble beau, ce que je voudrais faire, c'est un livre sur rien, un livre sans attaches extérieures, qui se tiendrait de lui-même par la force interne de son style comme la Terre sans être soutenue se tient en l'air, un livre qui n'aurait presque pas de sujet, où du moins le sujet serait presque insensible, si cela se peut. Les œuvres les plus belles sont celles où il y a le moins de matière.»

Il est naturel dans ces conditions que le genre épidictique soit l'enfant chéri de la rhétorique, et justement, nous dit le P. Caussin, parce que c'est le dernier en date: «Ce genre oratoire naît lorsque l'art oratoire n'en est plus à ses débuts grossiers, mais atteint l'âge adulte et même approche de sa maturité...»[60] Seule une civilisation pleinement développée peut s'offrir le luxe littéraire du genre démons-

---

[59] Sur la rhétorique chez Molière, voir des indications, malheureusement sans lien avec les textes des rhéteurs, dans le livre de W. Moore: *Molière, a new criticism*, Oxford, Clarendon Press, 1949, et celui de J. Guicharnaud, *Molière, une aventure théâtrale*, Paris, 1963.

Sur son épicurisme philosophique, sans lien avec les implications rhétoriques de cette position, voir A.L. Sells, *Molière et La Mothe le Vayer*, M.L.R., 1933, pp. 352-444, et R. Jasinski, *Molière et Le Misanthrope*, Paris, 1951.

[60] *Eloquentiae... parallela*, éd. cit., p. 389, Livre X., *De epidictica oratione*.

tratif. Pour celui-ci, l'oiseau de Minerve se lève à midi: «C'est la nécessité, et plus tard l'expérience qui donnèrent leur essor à l'éloquence judiciaire et à la politique, indispensables aux affaires de l'Etat, sans pour autant développer assez leurs forces pour laisser apparaître cette forme d'éloquence majestueuse et rayonnante... Enfin surgit une forme de discours inconnue qui, bien que mal accueillie des politiques et des hommes absorbés par la vie pratique, apparut au contraire, aux yeux des auditeurs cultivés et vacants, comme je ne sais quelle fauconnerie verbale d'une majesté suprêmement séduisante. Telle est l'éloquence de Platon et d'Isocrate. Les préceptes les plus austères de sagesse et de vertu s'y sont trouvés enrobés d'un discours fleuri et courtois, dont la puissance à charmer les belles âmes me paraît sans égale.»[61]

L'effet de ce soleil littéraire enfin à son zénith est la *delectatio*. Et le P. Caussin revient encore, à propos d'Isocrate, sur l'essence désintéressée du genre démonstratif: le style de cet orateur, écrit-il, est «mieux apte à la pompe qu'au combat». Poursuivant une histoire littéraire dont on ne sait plus trop si c'est celle de l'Antiquité ou, par substitution allégorique, celle de la France du XVIIᵉ siècle, le P. Caussin déclare: «Cette forme d'éloquence, développée d'abord dans l'ombre des écoles, puis dans les temples de Minerve et les théâtres, où elle était accueillie avec d'immenses applaudissements, prit un vaste essor lorsque les empereurs, en la favorisant, multiplièrent son prestige, et que les plus cultivés d'entre eux stimulèrent les talents par des récompenses et des honneurs nombreux.»[62]

Le grand rhéteur jésuite ne peut cacher sa préférence personnelle pour un genre où il est possible de réconcilier, dans un feu d'artifice stylistique, Cicéron, Démosthène et Isocrate, et qui «semble destiné par nature et tout entier à la pompe et à la magnificence». Cette préférence, qui était déjà perceptible chez Quintilien[63], n'est pas seulement conforme à la logique évolutive de la rhétorique: elle répond à un trait de société sur lequel l'histoire littéraire ne s'est peut-être pas assez penchée, l'abondance foisonnante de la production encomiastique au XVIIᵉ siècle. Le P. Caussin fournit de lui-même le cadre pour

---

[61]   *Eloquentiae... parallela*, éd. cit., p. 389, Livre X., *De epidictica oratione.*

[62]   *Ibid.*

[63]   Sur l'esthétique de Quintilien, dont la diffusion en France n'a pas été étudiée, voir les chapitres XII et XIII de l'ouvrage cité de A.-D. Leeman.

une telle étude, en étudiant tous les «genres» démonstratifs de son temps, et les «lieux» dont ils font usage. Généthliaques (*panegyrici natalitii*), épithalames (*panegyrici nuptialii*), oraisons funèbres, actions de grâces (dont les épîtres dédicatoires des œuvres littéraires), éloges de personnages (en particulier de la noblesse et des vertus nobles), éloges des sciences et des arts, éloges des vertus naturelles et chrétiennes, éloges de la monarchie, éloge de Dieu: dans cette liste, que je résume ici, toutes les institutions fondamentales de la monarchie post-tridentine trouvent leur place. Il est évident qu'aux yeux du P. Caussin et de son temps, les «genres» démonstratifs, par leur capacité «d'envelopper les préceptes les plus austères d'un discours fleuri et aimable», sont mieux que les autres aptes à remplir l'idéal de l'orateur *vir bonus dicendi peritus*, et à faire de celui-ci le médiateur entre la tradition et la génération présente, entre l'idéal politique, moral, social, et la société actuelle.

Nous avons vu les dramaturges transporter sur la scène le tribunal et le cabinet de délibération politique: ce transfert est, dans le cas du démonstratif, inutile, car la scène elle-même, et surtout la scène de tragédie, est toute entière une chaire de déclamation d'où se déploient tous les prestiges du *genus demonstrativum*. Le lien entre le théâtre et l'éloge n'apparaît clairement que si l'on dénoue les «scellements ignorés» entre rhétorique et dramaturgie.

Le P. Caussin, au livre suivant (il ne consacre pas moins de deux livres au genre démonstratif), s'emploie d'ailleurs à souligner la théâtralité de l'épidictique, en étudiant les *characteres epidictici, varias hypotyposeos complectens, ex antiquis auctoribus graecis et latinis.* Suit une étourdissante galerie de masques, empruntés au répertoire mythologique (Apollon et Diane), au répertoire héroïque (Orphée, Méléagre, Narcisse), romanesque (Théagène), historique (Théodoric), allégorico-moral (*virtus et voluptas*), éthopéique (l'adulateur, l'ambitieux, le superbe, l'avare, le muguet, le rustique, le nouvelliste, le simulateur, l'imposteur, le bavard, le sot, le calomniateur, le matamore, le riche, le sybarite, le grand seigneur méchant homme — *improbus et potens* —, le braillard), la psychologie des peuples (les Huns), les passions (amour, colère, avarice, rage et frénésie, jalousie). Ces masques n'ont pas seulement une définition, il parlent: et le P. Caussin, au chapitre XIII, propose des exemples de discours vraisemblables prêtés à ces masques, et qui peuvent être, comme nous avons vu pour le théâtre, des incrustations d'éloquence judiciaire ou délibérative dans un discours épidictique.

Ce qui est remarquable, dans ces Enfers de la mémoire selon Caussin, où des masques pirandelliens attendent tout prêts dramaturges et orateurs pour les animer, c'est que ces *personae* sont superposables: Théagène est aussi l'emblème de la *dignitas virilis*. Derrière le masque *amabilis*, Théagène, emprunté à Héliodore, une vertu fondamentale regarde le spectateur-auditeur, elle se fait admirer et aimer de lui. Cette indication est précieuse, car elle nous met sur la voie d'un aspect du personnage classique trop peu souvent analysé: nous avons vu en effet, dans le cas de Titus, de Racine, un personnage habité de plusieurs *personae* possibles, et qui choisit en définitive l'une d'entre elles. Dans ce cas, le spectateur et le personnage sont conscients en même temps des valeurs morales et politiques impliquées dans le débat: Titus, aussi bien que les spectateurs de *Bérénice*, sait qu'il doit finir par représenter la *dignitas virilis* romaine, et surtout la *majestas imperii* qui se concentre, depuis la fin de la république, dans la fonction impériale. Et de fait, le Théagène impérial, en dépit de plaintes dont on pourrait dire, comme Quintilien à propos du Milon cicéronien, qu'elles ne sont pas indignes d'un homme de cœur, finit par revêtir pleinement le masque solennel que César, Auguste et son père Vespasien lui ont légué. Mais il est d'autres cas où le dramaturge cache ses artifices et, jouant sur une culture qu'il partage avec ses spectateurs, donne à son personnage des «doublures» qui renforcent subrepticement son prestige et son efficacité: la Cléopâtre de *Rodogune* est calculée pour bénéficier du masque traditionnel de Clytemnestre, comme un moule tout préparé dans l'imagination de ses *eruditi spectatores*; elle rayonne implicitement, comme Clytemnestre, du feu de colère qui anime la déesse Hécate; enfin ces *oblectamenta* cachent, mais pour mieux les faire accepter du spectateur, l'allégorie de la tyrannie machiavélique. Un personnage inconnu, une obscure reine syrienne, rentre ainsi dans les *universaux de l'imaginaire*, et se charge de l'éloge *a contrario* de la vertu du prince chrétien.

Il faut donc prendre au sérieux les dramaturges classiques lorsqu'ils affirment que la finalité de leur art est le plaisir, la *delectatio*. Dans la mesure où la dramaturgie est une émanation poétique du genre démonstratif, elle est comme celui-ci déploiement de toutes les *flores* et *lumina* de l'éloquence, d'autant plus éblouissantes, d'autant plus dignes d'admiration, qu'elles n'ont pas de finalité pratique immédiate, ou *utilitas*. Mais cela ne signifie pas pour autant que le dramaturge renonce à l'idéal du *vir bonus dicendi peritus*. Libéré des contingences immédiates, il n'en est que plus à l'aise pour se consacrer à une tâche supérieure: celle de célébrer les icônes qui président au bon ordre social et moral de l'humanité civilisée, de les révéler, de les faire admirer, pour reprendre le vocabulaire du P. Caussin, dans toute leur «pompe» et «magnificence».

b) *Allégorie, ironie, passions*

La rhétorique est une vitalisation du langage. Une étude du vocabulaire de Quintilien, et plus encore d'un héritier de la rhétorique humaniste comme le P. Caussin, montrerait sans peine l'abondance des termes suggérant la force, la fertilité, l'énergie, la vigueur, combinés d'ailleurs avec des termes suggérant la suavité, le charme, la floraison printanière: l'idéal oratoire est de communiquer au public une énergie à la fois puissante, souple et féconde. La substance morale du discours comme sa forme étincelante et variée contribuent ensemble à cet effort de *renovatio*, de réjuvénation, qui tient de la magicienne Médée ressuscitant Aeson, ou, dans le registre chrétien, du Christ et des apôtres rappelant les morts à la vie, deux allégories de la parole éloquente. Rien n'est plus important que d'insister sur l'*animation* des *dramatis personae*, classiques, qui à la différence des personnages de la tragédie du XVIᵉ siècle, et surtout de ceux du théâtre oriental, *luttent* avant d'accepter un masque, et imitent ainsi la mobilité des visages.

Les mouvements internes des figures rhétoriques (*translations*) fondent et préfigurent ces mouvements internes des *dramatis personae*, qui ne s'arrêtent que dans la fascination définitive et solennelle de la mort, dans la lumière d'éternité de la gloire. Deux figures me semblent à cet égard particulièrement dignes d'attention, l'allégorie et l'ironie.

«Quant à l'allégorie, écrit Quintilien, elle consiste à présenter un sens différent de celui des paroles, ou même un sens qui lui est contraire.»[64] Si l'on applique cette définition aux masques verbaux que sont les *dramatis personae*, on voit qu'il est possible de leur communiquer une pluralité de sens et un pouvoir métamorphique qui feront de ces artefacts des concurrents du visage réel. Quintilien cite entre autres un exemple d'allégorie emprunté à Virgile. «Dites-moi,

---

[64]   Quintilien, *Inst. or.*, éd. cit., p. 312.

et je me tiendrai pour un Apollon, où le ciel n'a que trois coudées d'étendue.» La référence à Apollon, le dieu de Delphes, le dieu de l'ambiguïté oraculaire, est particulièrement bien choisie ici. Car il n'y a qu'un pas de l'allégorie à l'énigme, lorsque la substitution allégorique est laissée à deviner ou à pressentir à l'auditeur. Pour souligner cet aspect angoissant, qui est le signe de la vie en proie à la mort, et qui est un des effets de l'allégorie, le P. Caussin cite un passage de Démétrius de Phalère, qu'il traduit «non pas mot à mot, comme un traducteur, mais avec la liberté d'allures qui est le privilège de l'orateur»[65] :

«L'allégorie est particulièrement propre à inspirer la terreur sacrée, tout à fait semblable en cela au sanctuaire, ou à la nuit ; elle implique je ne sais quelle horreur parce que, moins l'on voit et plus on craint : tous les mystères sont des allégories voilées afin que s'en dégagent gravité et horreur.» Ou encore, citant Dyonisius de Locres : «Si la chose était dite plus ouvertement (il s'agit d'une menace divine), elle semblerait trop chargée de colère, et susciterait moins de crainte.»[66]

Le jeu des masques dans les masques, dont nous avons analysé chemin faisant quelques exemples, celui de Nicomède, ou celui de Cléopâtre, est donc non seulement un moyen de vitaliser le personnage, mais de le sacraliser. Lorsque Cléopâtre s'écrie :

> Serments fallacieux, salutaire contrainte,
> Que m'imposa la force, et qu'accepta ma crainte,
> Heureux déguisements d'un immortel courroux,
> Vains fantômes d'Etat, évanouissez-vous.

(Rodogune, II, 1, 395-398)

ce n'est plus tout à fait la reine d'un petit royaume asiatique qui parle, mais une Furie, une Hécate. La reine qui prononce ce sublime *Fiat lux* démoniaque est hissée tout à coup au rang des dieux. Ce peut être aussi, et ici nous rejoignons une vieille obsession dont on a fait bien à tort grief à l'histoire littéraire traditionnelle, un moyen de voiler sous les masques dramatiques le visage d'un prince et d'une princesse vivants, et qui est, par cette méthode, exalté dans le plus pur style démonstratif. On ne peut élever aucune objection grave à l'identification du Titus racinien et de Louis XIV, à condition toutefois d'admet-

---

[65] *Eloquentiae... parallela*, L. X, éd. cit., p. 440.
[66] *Ibid.*, L. VII, *De Elocutione*, p. 290.

tre que le jeu allégorique se déploie aussi dans un autre sens: Titus lui-même, qui vient de revêtir l'*imperium romanum* fondé par Enée, fondé une seconde fois par Auguste, voit au cours de la pièce se substituer à son propre visage profane d'amant de Bérénice et de fils de Vespasien, le masque de majesté de l'empereur romain, du prince idéal.

Lorsque le jeu allégorique n'est plus ascensionnel, comme dans le cas de Cléopâtre et de Titus, mais consiste pour un masque noble à revêtir un masque inférieur, l'allégorie devient ironie. Contrairement aux apparences, cette feinte dérogeance est encore une méthode de magnification. La *simulation*[67] de *Nicomède* (I, 2), qui feint devant son frère Attale de n'être qu'un des serviteurs de Laodice, aboutit à faire ressortir sa royale supériorité. On pourrait même, sans paradoxe, soutenir que *Nicomède* tout entier est une tragédie construite sur le modèle de l'ironie, figure que Corneille semble avoir particulièrement estimée. Dans cette hypothèse, c'est la grandiose figure d'Annibal, dont la mort tragique a fait un exemple éternel, qui agit ironiquement sous le masque de ce petit prince du Moyen-Orient qu'est après tout Nicomède. La «grandeur de courage» dont celui-ci fait preuve serait fondée sur une identification, souvent suggérée par lui-même, avec son glorieux maître, en qui se résume l'éternel défi de la liberté à la *pax romana*. Si Nicomède est aussi, comme l'a proposé Georges Couton, un masque allégorique du Grand Condé, alors c'est à l'Espagne, héritière de Carthage dans sa lutte contre l'ordre romain, et inspiratrice de la Fronde des princes, que songe Corneille. La fin de la pièce nous montrerait la réconciliation entre le génie politique au service de l'Etat romain et français, Flaminius-Mazarin, Arsinoé-Anne d'Autriche, et Attale-Louis XIV, et le génie de turbulent refus qui depuis les origines n'a cessé d'assombrir les triomphes de la Rome éternelle, Carthage, les Barbares, l'Espagne, la Féodalité. L'allégorie et l'ironie font foisonner le sens.

Outre le jeu des substitutions allégoriques et ironiques, la rhétorique fournit au dramaturge un autre clavier pour insuffler la vie et le mouvement à ses personnages: les passions. On peut entendre celles-ci de deux manières: soit comme des *characteres epidictici*, tels que nous en avons déjà cités, avarice, ambition, haine, etc... C'est alors un aspect de la définition du personnage ou même, dans une comédie,

---

[67] *Simulator* est la traduction latine du mot grec *hypocrites*. Sur la gamme sémantique de ce mot, voir le livre, cité note 34, de Bruno Zucchielli.

sa *persona* au sens fixe et stable du terme. Mais les passions sont aussi des *fontes eloquentiae*, des sources de figures brillantes, colorées, ardentes, qui vont littéralement irriguer le discours du personnage, et faire de lui un orateur fécond et varié de sa ou de ses passions. Contrairement aux autres traités de rhétorique, qui ne traitent des passions que brièvement, le P. Caussin dans ses *Eloquentiae... parallela* leur consacre un traité entier, où il a soin de n'envisager les passions que sous l'angle de leur fécondité oratoire. *Tempestates, venti, fluctus, incendia*, telles sont les métaphores dont il use pour faire sentir à son lecteur l'extraordinaire trésor énergétique et vivifiant dont un orateur dispose en elles, pour peu qu'il sache s'en servir avec discernement.

Dans le maniement de ces ressources du verbe, il distingue ce qui regarde l'orateur lui-même, et ce qui regarde ses auditeurs. Pour ce qui regarde l'orateur, la première règle est de ressentir lui-même les passions qu'il souhaite faire naître chez son auditeur. Cette règle est fondée sur ce que le P. Caussin appelle *animorum sumpatheïa*, qui enflamme les âmes jumelles l'une par l'autre, «comme des allumettes», et il cite en exemple de ce magnétisme Castor et Pollux, Achille et Patrocle, Oreste et Pylade. En second lieu, l'orateur doit, pour répondre à sa définition romaine: *vir bonus dicendi peritus*, être doué, ou avoir les apparences de la sainteté ou de la justice. En troisième lieu, il doit par son rang (*conditio*) ou son prestige, être doué de l'*auctoritas*, sans laquelle ses paroles n'ont aucun poids et ne se font pas écouter. Ces trois conditions posées à l'orateur peuvent être transportées aux *dramatis personae* de la tragédie classique. Manifestant de fortes passions, ils les communiquent au spectateur par magie sympathique; «héros épidictiques», chargés de faire admirer l'idéal moral de l'Antiquité païenne et chrétienne, ils combattent ces passions par des vertus; héros de condition royale ou princière, dont l'*auctoritas* est renforcée par tout le prestige de la légende, ils n'ont aucune peine à se faire écouter. «C'est ainsi qu'au théâtre, dit Quintilien, la voix et la prononciation de l'acteur produisent beaucoup plus d'effet sous le masque, qui représente les personnages que l'on met sur la scène.»[68] L'autorité d'un nom royal légendaire, ou portant la marque du *major e longinquo reverentia* est pour le dramaturge l'équivalent du masque pour le comédien antique. Les passions qui grondent sous de tels masques n'en sont que plus effrayantes ou émouvantes.

---

[68] Quintilien, *Inst. or.*, éd. cit., p. 213.

Quant aux auditeurs, il convient de connaître leurs dispositions en général et dans la conjoncture particulière, et leur degré de culture, afin de calculer au plus juste de quelles sortes de passions ils sont susceptibles. Le P. Caussin justifierait, s'il en était besoin, les historiens du théâtre qui tiennent compte de la sociologie du public, et des circonstances politiques et sociales de la création dramatique.

Sur tout le *Traité des passions* du P. Caussin planent, si j'ose dire, deux idées essentielles que l'orateur ne devra jamais perdre de vue s'il ne veut pas lui-même être débordé par les passions qu'il veut susciter au service de son discours. C'est tout d'abord le *decorum* qui interdit de faire usage d'une imagerie et d'effets outrés (Sénèque n'échappe pas aux critiques du très classique jésuite) et de négliger la *dignitas* ou du moins l'*urbanitas* qu'un public civilisé est en droit d'exiger. C'est ensuite la *varietas*, qui préconise la *mixtura affectuum*, le dosage savant et quasi musical des passions douces et des violentes, des passions mêlées de douleur et de celles qui engendrent le plaisir. A bien des égards, ce *Traité des passions* est, *dès 1619*, une critique radicale de la tragédie du XVIᵉ siècle, de son sénéquisme, de son expressionnisme monotonement outré. L'effet du pathétisme préconisé par le P. Caussin est avant tout l'*admiratio*, jointe à la *delectatio*: effet proprement épidictique, où se fondent et pour ainsi dire se transfigurent les passions, tristes ou heureuses, graves ou douces, que l'orateur a su faire naître tour à tour. La métaphore musicale, qui nous conduit une fois de plus sur les chemins de cette rhétorique générale implicite sous la correspondance des arts au XVIIᵉ siècle, sert au rhéteur jésuite de réflecteur pour faire entendre la notion de *temperantia*:

«Comme les cordes d'une guitare ne doivent être ni trop tendues, ni flottantes par excès de relâchement, de même pour les passions; il faut appliquer une mesure dans le mode, les choses et les mots; il faut se garder autant de les laisser languir, s'affaiblir, s'évanouir que de les aiguiser à tel point qu'elles versent dans l'hystérie dionysiaque[69]. Car les excitations excessives donnent l'impression de défaillances, et les orateurs qui les affectent se montrent méprisables et incapables de se contrôler. En somme le sage devra prendre ses mesures pour sécher

---

[69]   Le mot employé ici par le P. Caussin est *parenthyrsus*, transcription du grec *parenthursos*, qui appartient au langage de la critique littéraire, et se trouve en particulier chez Longin, *Traité du sublime*, 3, 5, ouvrage fort pratiqué par le P. Caussin. La référence au thyrse, instrument des thiases bachiques, m'a incité à traduire librement, selon la méthode même du P. Caussin, par *hystérie dionysiaque*.

ses larmes dès leur apparition, éteindre l'ardeur de ses humeurs; et moins insister sur les excitations physiologiques que s'occuper à fortifier son esprit et sa raison par de solides protections, à l'intérieur desquelles il puisse nourrir et entretenir les flammes des passions.»[70]

Une fois de plus, le parallélisme entre l'orateur et le personnage de théâtre classique s'impose ici: les passions qui l'agitent sont à la fois variées et modulées, et le contrôle moral qu'il exerce sur lui-même répond au contrôle esthétique que le dramaturge exerce sur son style, maintenant ce cours agité d'émotions dans les limites de la décence, du bon goût, et de l'harmonie. La vitalité verbale qui l'anime n'a rien de cette hystérie que le P. Caussin dénonce comme un trait de décadence, une caricature de la vitalité profonde: c'est un flux musical qui dans les moments de tension suprême ne déraille pas en cri, mais s'élève jusqu'au sublime.

> Eclatez, il est temps, et voici notre jour. (II, 1, 406)

s'écrie, mais ne hurle pas, la Cléopâtre de Corneille.

Car les passions sont dans l'art dramatique, comme dans l'art oratoire, moins des faits psychologiques que des modes du verbe. Avec un raffinement de moraliste doublé d'un musicien, le P. Caussin analyse les diverses nuances des douze passions que, suivant Aristote, il énumère et examine tour à tour, comme une gamme. Et il invite l'orateur à faire lui-même ses gammes en imitant les textes choisis parmi les chefs-d'œuvre de l'Antiquité chrétienne et païenne pour illustrer les possibilités stylistiques et les dosages émotionnels liés à chaque passion. Il suffirait, comme ne manquerait pas de faire un dramaturge, de remplacer ces textes de prose oratoire par une anthologie de répliques empruntées à Sénèque, traduites d'Euripide et de Sophocle, extraites des dramaturges jésuites formés à cette haute discipline, et nous aurions, dans le *Traité des passions* du P. Caussin, un *clavecin bien tempéré* du pathétique classique.

En terminant cette courte excursion dans le domaine difficile mais enchanté de la rhétorique, je tenterai de proposer une synthèse sur la nature du personnage de la tragédie classique. Acteur-orateur, il est comme le dramaturge un médiateur entre les icônes à jamais immobiles qui siègent dans la mémoire (c'est-à-dire, au XVIIe siècle, dans les livres de la tradition latine, grecque et chrétienne) et les spectateurs

---

[70]   *Eloquentiae... parallela*, L. VIII, *De Affectibus*, p. 327.

assis ou debout dans la salle. Il n'est pas, ou du moins pas encore, ce masque éternel dont il porte pourtant déjà le nom dans la liste des acteurs qui figure sur le programme, ou juste avant le Ier acte, dans le texte imprimé. Il a vingt-quatre heures, et souvent moins, pour devenir ce qu'il est de toute éternité, pour représenter enfin devant cette salle un des dieux de la communauté. Au départ, il est tout proche des spectateurs, il est comme eux mobile, hésitant, passionné, il est le représentant, transposé dans un ordre réflexif de l'homme profane. A l'arrivée, mort ou vivant, il a revêtu le masque éternel qui le hisse dans le ciel des idées, masque funéraire rayonnant de gloire chez Corneille, rayonnant d'une lumière non dénuée de tristesse chez Racine. Dans l'entre-deux, il lutte, soit pour revêtir plus vite, soit pour refuser plus longtemps ce masque définitif. Il *essaie* successivement toute une série de masques tourmentés qui préfigurent imparfaitement le dernier, ou qui tentent d'usurper sur lui. Le personnage classique est un masque éternel naissant douloureusement à lui-même. De ses passions, du jeu de masques qu'elles impliquent, lui viennent la vie, l'éloquence; de son masque éternel en train de naître en lui, viennent la noblesse et la dignité de son éloquence. Cette série d'*essais*, suivis de la transformation définitive, tel qu'en lui-même, constitue pour le spectateur à la fois une expérience esthétique et un exercice spirituel. Expérience esthétique, puisque, du lever du soleil à son coucher, rien ne se dit sur la scène et rien ne s'y fait qui ne soit une transfiguration dans l'ordre, la mesure, l'harmonie, selon l'antique discipline rhétorique et poétique, des actes et des paroles humaines; exercice spirituel, puisque, grâce à cette composition de lieu braquée sur un prestigieux exemple, le public est appelé à devenir témoin de la vie humaine comme apprentissage de la mort. La tragédie classique est le spectacle d'une agonie qui est aussi une seconde naissance.

3.

L'HÉROÏSME CORNÉLIEN ET L'ÉTHIQUE
DE LA MAGNANIMITÉ*

La rhétorique des classiques, nous venons de le voir, s'articule à une philosophie des idées et de la mémoire platonicienne. Elle n'est pas moins justiciable de l'éthique aristotélicienne. Il est surprenant de constater que, parmi les nombreuses sources que l'on a voulu chercher à l'idéal héroïque offert par les tragédies de Corneille avant 1660, on ait si peu mentionné le portrait aristotélicien du Magnanime. Il est vrai que cette omission a quelques excuses : le syncrétisme caractéristique de l'humanisme chrétien en général, et du catholicisme de la première moitié du XVIIe siècle en particulier, a fait germer autour de ce texte une foisonnante végétation philosophique, poétique et religieuse qui le rendent quelque peu méconnaissable, d'autres diraient «baroque». Est-ce à dire que, sous ces apports qui le compliquent et le modifient, ce texte soit oublié, et ne conserve pas sa force et sa fécondité propres? Et s'il restait vivace, n'offrirait-il pas à l'historien des archétypes moraux un point de départ méthodologique plus originel que le sage stoïcien, ou le chevalier médiéval, pour «délabyrinther» cette forme composite qu'est le héros de style Louis XIII, et entre autres le héros cornélien? C'est bien en effet, dans la tradition historique du catholicisme, le portrait aristotélicien du héros qui a servi de «materia prima» aux théologiens médiévaux pour construire un modèle chrétien de la grandeur profane; et dans la tradition latine, sur laquelle la tradition catholique est entée, c'est à partir du Magnanime aristotélicien que les moralistes romains ont défini leur idéal de la grandeur humaine. Le portrait du Magnanime, tel qu'il est tracé dans *L'Ethique à Nicomaque*, est resté jusqu'en plein XVIIe siècle la basse continue de l'idée occidentale du héros. L'affaiblissement de celui-ci est liée étroitement à la ruine de l'édifice aristotélicien au cours du XVIIe siècle. Et le héros de style Louis XIII, résultat d'accrétions culturelles, accumulées durant les siècles, est à coup sûr le dernier «modèle» qui soit encore construit autour de l'idéal aristotélicien de la magnanimité.

---

* Cette étude à d'abord paru dans *Héroïsme et création littéraire...* Paris, Klincksieck, 1974, pp. 53-76.

D'autre part, les études de sources consacrées à l'héroïsme cornélien se limitent toujours au point de vue éthique. Tout se passe comme si le héros cornélien était une addition muette de thèmes moraux. Or au XVIIᵉ siècle, du moins dans ce XVIIᵉ siècle qui refuse encore de rompre avec une immémoriale tradition, le point de vue éthique est inséparable du point de vue rhétorique et poétique. Point de grande éloquence sans une grande âme qui en soit la source : *fons eloquentiae*.

Nous nous proposons donc d'établir deux points : I. L'idéal aristotélicien de la magnanimité, tel qu'il est réinterprété au XVIIᵉ siècle par les théologiens et moralistes de la Réforme catholique, est un des plus profonds substrats de l'héroïsme cornélien ; II. L'idéal de la magnanimité christianisé est lié à une rhétorique du sublime. *L'Ethique à Nicomaque* et le *Traité du sublime* sont les deux sources majeures de la grandeur humaine et de la grandeur littéraire que théologiens et rhéteurs de la Réforme catholique proposent aux élites européennes, idéal dont le Corneille de la maturité se fait, à sa manière, l'éloquent interprète.

I.

Comment était diffusé dans le monde catholique post-tridentin l'idéal aristotélicien du Magnanime ? D'abord dans les collèges de la Compagnie de Jésus, dont Corneille fut l'élève[71], dans les classes de philosophie, où sont commentés à la fois *L'Ethique à Nicomaque* et les *Seconds analytiques* d'Aristote, qui contiennent tous deux, à titre d'exemple moral ou d'exemple d'analyse logique, un portrait du Magnanime. Des cours sur *L'Ethique à Nicomaque* professés dans les

---

[71]   La dette de Corneille envers la Compagnie de Jésus a été soulignée par L. Rivaille, *Les Débuts de P. Corneille*, Paris, Boivin, 1936. Malheureusement, l'auteur de cette thèse n'avait qu'une vue fort partielle de la culture distribuée dans les collèges des jésuites. Il a mis en évidence que, dans les comédies de Corneille, la théorie de la connaissance et l'anthropologie impliquées avaient leur source directe chez Aristote tel qu'il était enseigné dans les deux années de philosophie des collèges. Mais il n'a pas tenu compte du lien entre l'anthropologie et la rhétorique, et il n'a pas cherché non plus si les comédies de Corneille doivent quelque chose à la poétique telle qu'elle était enseignée dans les collèges, ni même à la comédie de collège. Son échec partiel ne lui ôte pas le mérite d'avoir ouvert une voie de recherches féconde. Dans la thèse d'André Stegmann, *Le Héros cornélien*, Paris, Armand Colin, 1969, la dette de Corneille envers le théâtre de collège et la poétique des jésuites est fortement soulignée. Mais André Stegmann, comme nous-même dans cet article, traite avant tout des tragédies. Le problème des comédies, et de leur éventuelle dette envers la comédie et la poétique «comique» des collèges, reste entier.

collèges, il nous reste le commentaire sur la Morale d'Aristote[72] du P. Tarquinio Galluzzi, un des maîtres du collège romain sous Urbain VIII, à la fois poète, critique littéraire et théologien jouissant d'un prestige unanime dans la République des Lettres européenne[73]. Les deux volumes in-folio de son cours sur l'*Ethique*, dédiés au pape, furent magnifiquement édités à Paris en 1645, chez le libraire royal Sébastien Cramoisy. On peut être sûr qu'ils résument la doctrine officielle de l'ordre, et même de l'Eglise romaine sur cette question, pendant la première moitié du XVIIᵉ siècle.

Mais pour les élèves de philosophie des collèges, l'idéal aristotélicien de la magnanimité n'est pas une nouveauté : dès la classe d'humanités (*poetica classis*) commence l'apprentissage technique de la méthode de création oratoire ; et la magnanimité y est étudiée comme un des « lieux » les plus importants du genre épidictique ou démonstratif, c'est-à-dire du genre de l'éloge. Ces deux étapes, rhétorique et éthique, de la pédagogie de la magnanimité, reflètent d'ailleurs la méthode d'Aristote lui-même, qui avait réparti son analyse de la grande âme entre plusieurs traités de son *Corpus*, traités de logique et de morale, comme nous l'avons vu, traité de rhétorique enfin, où la magnanimité figure aussi parmi les « lieux » de l'éloge. Les traités de rhétorique jésuites, qui doivent beaucoup à celui d'Aristote, font une grande place à la magnanimité dans leur étude du genre démonstratif.

---

[72] *In Aristotelis quinque priores (quinque posteriores) Moralium ad Nicomachum nova interpretatio commentarii, quaestiones*, Parisiis, sumptibus Seb. Cramoisy, 1645, 2 vol. in-fol., B.N., Rés. R. 229-230. Un autre exemplaire, au chiffre de Sir Kenelm Digby, B.N., R. 907-909.

[73] L'étude de l'influence européenne du P. Galluzzi reste à faire. Les correspondances de Chapelain, Peiresc et Balzac mentionnent à plusieurs reprises son nom. Fait exceptionnel pour un jésuite, le P. Galluzzi a droit à un article dans le *Dictionnaire* de Bayle, t. II, p. 1235. « *Tarquin Gallutius*, né en Italie l'an 1574, entra chez les jésuites l'an 1590 et y devint très illustre. Il enseigna la rhétorique dans le collège romain pendant dix ans et la morale pendant quatre ans. Il mourut à Rome le 28 juillet 1649 dans le collège des Grecs dont il avait été directeur dix-huit ans. Il est l'auteur de divers ouvrages... Ce jésuite est sans doute le mesme orateur que Balzac loue dans les paroles que vous allez lire : « J'avois appris en Italie, dit-il, que pour escrire comme il faut il se falloit proposer de bons exemples... Avec ce principe je m'estois trouvé à la harangue funèbre du cardinal Bellarmin, et j'avois considéré ce grand et admirable jésuite qui avec la dignité de ses gestes, les grâces de sa prononciation, et l'éloquence de tout son corps, qui accompagnoit celle de sa bouche, me transporta en esprit dans l'ancienne république. » Voir également Baillet, t. I, n° 1067, p. 51.

Comme nous avons évoqué le vaste ouvrage du P. Tarquinio Galluzzi, réaffirmation en plein XVIIe siècle de l'autorité d'Aristote en matière de morale, citons les deux plus importants traités de rhétorique jésuite en France au XVIIe siècle, qui tous deux réaffirment l'autorité du Stagirite dans le domaine de l'art oratoire. Remarquons en passant qu'il nous manque une grande étude sur l'aristotélisme au XVIe et au XVIIe siècle, pour apprécier exactement le rôle que les jésuites ont joué dans la survie du maître d'Alexandre. Il est certain en tout cas qu'il ont lié leur sort au destin d'Aristote, ce qui leur coûtera de plus en plus cher.

Le premier grand traité de rhétorique rédigé par un jésuite français est intitulé *Eloquentiae sacrae et humanae parallela*, œuvre du P. Nicolas Caussin. Sa première édition date de 1619, et il fut constamment réédité jusqu'en 1643. L'éloquence humaine y est étroitement rattachée à un idéal de grandeur d'âme où la magnanimité aristotélicienne entre comme une des composantes essentielles.

Il en est de même dans le second traité du même genre, qui prend le relais des *Parallela* à partir de 1641, le *Reginae Palatium Eloquentiae* du P. Gérard Pelletier, qui fut réédité (y compris sous la forme d'éditions pirates à Francfort, Mayence et Lyon), jusqu'en 1664. A partir de cette date, la doctrine rhétorique des Jésuites français est contrainte à une refonte profonde.

On aurait toutefois tort d'oublier que l'humanisme «laïc» était loin de se désintéresser d'Aristote. Mais l'examen des éditions de *L'Ethique à Nicomaque* que la bibliothèque d'un humaniste du XVIIe siècle pouvait contenir souligne un net déclin d'Aristote: la seule édition latine du siècle semble avoir été la traduction accompagnée d'un commentaire du jésuite Galluzzi. Sans vouloir ici prétendre retracer toute l'histoire de l'*Ethique* au cours de la Renaissance, posons quelques jalons. Une des premières traductions latines[74] de ce texte fut l'œuvre du grand humaniste Denis Lambin, publiée à Venise en

---

[74]   Jean Dagens a bien voulu nous faire remarquer que Lefèvre d'Etaples avait joué, avant Denis Lambin, un rôle capital dans la diffusion de *L'Ethique à Nicomaque*: *Decem libri ethicorum Aristotelis ad Nicomachum, ex traductione Joannis Argyropyli Bizantii, communi familiarique Jacobi Fabri Stapulensi commentario elucidati, et singulorum capitum argumentis praenotati*, Parisiis, Simoneum Colinaeum, 1530, in-8°, B.N., E. 1421. Le chapitre III du livre IV (sur le Magnanime) s'y trouve traduit et commenté aux pages 109-122.

1559[75]. Elle fut rééditée en 1582, dans un in-folio comprenant aussi les *Caractères* de Théophraste. Cette association n'est pas fortuite: le *Magnanime* d'Aristote, comme les *Caractères* de Théophraste, sont en effet autant de *characteres epidictici*, c'est-à-dire des schèmes moraux tout préparés pour servir dans un éloge. Le lien entre éthique et rhétorique est donc aussi étroit dans l'érudition humaniste que dans la pédagogie des jésuites.

Autres éditions et traductions: celle de l'humaniste rouennais Nicolas de Grouchy, parue à Paris en 1574; celle de Pietro Vettori à Florence en 1547; et celle d'Antonio Riccoboni à Francfort en 1596[76].

Signalons enfin un dernier mode de diffusion de l'*Ethique* dans le monde de l'humanisme: les recueils de citations classées à l'usage des orateurs, telle la *Polyanthea* du P. Giovanni Nanni qui fut sans cesse rééditée au cours du XVIIᵉ siècle[77]. Ce prestige de *L'Ethique à Nicomaque* auprès des humanistes du XVIᵉ siècle a-t-il été atteint au cours du XVIIᵉ siècle par les progrès de l'augustinisme, ou par les progrès de l'épicurisme et du scepticisme? Ce n'est pas ici le lieu de traiter cette vaste question. Le fait est toutefois que l'usage d'Aristote

---

[75]   *De Moribus ad Nicomachum libri decem*, Venetiis, 1558, in-8°, B.N., 8° R. 16028. Cette édition est préfacée par M.-A. Muret (cf. Dejob, *cit. plus loin*, p. III). Deuxième édition de cet ouvrage à Paris en 1565, in-4°, B.N., E. 240. Cette fois, sans la préface de Muret, interdite par la Sorbonne (Dejob, p. 127). Rééditions à Bâle en 1566, in-4°, en 1582, in-fol. (avec les *Caractères* de Théophraste), à Francfort en 1596, in-8°.

[76]   L'humaniste rouennais Nicolas de Grouchy (mort en 1572) fut professeur au collège de Guyenne avant l'arrivée de Marc-Antoine Muret. Il suivit André de Gouvéa à Lisbonne, exemple des liens entre l'humanisme rouennais et la péninsule ibérique. Il avait publié un célèbre ouvrage: *De Comitiis Romanorum*, à Paris en 1555. Il publia son édition latine de *L'Ethique à Nicomaque* à Paris en 1574. Piero Vettori (1499-1585) est surtout célèbre pour son édition commentée de la *Rhétorique* d'Aristote. (Voir Bernard Weinberg, *An History of literary Criticism in the Italian Renaissance*, Chicago, 1961, *passim*.) Son édition commentée de *L'Ethique à Nicomaque* est publiée in-folio à Florence en 1584. (B.N., R. 250) Il avait été lié avec Marc-Antoine Muret. (Dejob, p. 165, indique que l'édition de la B.N. n'est pas la première.) Antonio Riccoboni, élève de Marc-Antoine Muret (Dejob, p. 107), publie son édition à Francfort en 1596, in-8°. Riccoboni, comme Vettori, est aussi un spécialiste de rhétorique et de poétique. Il publie une *Rhétorique de Cicéron* à Francfort, en 1596, et une *Poétique d'Aristote* en 1585. (Voir B. Weinberg, *op. cit., passim*.)

[77]   La B.N. possède plusieurs exemplaires des éditions successives de la *Polyanthea*. Il y en a un exemplaire à la bibliothèque de Port-Royal (art. *Magnanime*: pp. 503 et suiv.). Autre édition relevée dans un catalogue de librairie: *Polyanthea novissima... opus suavissimis floribus celebriorum sententiarum... refertum*, Venetiis, apud Haer. Io. Guerii, 1630, in-4°, 1492 p.

par la Réforme catholique, et tout spécialement par ses représentants les plus typiques, les jésuites, n'a pas peu contribué à détourner du Stagirite, dans le domaine de la morale comme ailleurs, les adversaires de la Rome pontificale.

Dans une étude complète, il faudrait tenir compte de l'autre versant de l'aristotélisme du XVIe siècle, celui qui est lié à l'Université de Padoue, et qui garde ses fidèles très avant dans le XVIIe siècle[78].

Pour en revenir au problème précis qui nous occupe, à quel moment la Réforme catholique a-t-elle cru bon de faire usage de *L'Ethique à Nicomaque*, remise en honneur par l'humanisme, pour servir de point de départ à une nouvelle définition de l'héroïsme catholique? Répétons-le, il ne s'agit que d'hypothèses, invitant plutôt à souligner l'importance du problème que prétendant à le résoudre. On sait l'amitié qui unit Denis Lambin à Marc-Antoine Muret. On sait d'autre part que celui-ci, transfuge de l'humanisme français, vint se fixer à Rome en 1560[79]. Or, en 1563, et à la demande expresse des autorités pontificales, Muret professe à la *Sapienza* un cours fort suivi sur *L'Ethique à Nicomaque*, éditée quelques années plus tôt par Denis Lambin. Ce cours sera publié en 1602 par les jésuites d'Ingolstadt[80].

---

[78]   Voir J.-R. Charbonnel, *La Pensée italienne au XVIe siècle et le courant libertin*, Paris, 1917; Henri Busson, *Les Sources et le développement du rationalisme*, Paris, 1922; et René Pintard, *Le Libertinage érudit...*, t. I, Paris, 1943, pp. 39-43, et *passim*.

[79]   La personnalité de Marc-Antoine Muret et sa biographie ont été étudiées par Charles Dejob, *Marc-Antoine Muret, un professeur français en Italie dans la seconde moitié du XVIe siècle*, Paris, Ernest Thouin, 1881 (B.N., 8° Ln 27 32 2949). Le mérite de Dejob, auteur d'une étude sur l'influence du concile de Trente sur la littérature française, a été de percevoir clairement la fonction de Marc-Antoine Muret comme médiateur entre l'humanisme catholique italien et la République des Lettres européenne. Son cas est au cœur du difficile problème de la résistance de l'humanisme français à entrer dans la sphère d'influence de la Réforme catholique. Il représente le ralliement le plus extrême. Ses relations avec Denis Lambin, d'abord amicales, s'achèvent sur une rupture (Dejob, p. 165). Il est en butte à l'inimitié de la Sorbonne (Dejob, p. 127). Il figure avec Jacques Lainez, général des jésuites, dans l'entourage du cardinal d'Este, venu assister au colloque de Poissy (Dejob, p. 153). Son ralliement sans réserve à la cause romaine l'amènera à célébrer la victoire de Lépante aussi bien que la Saint-Barthélemy (Dejob, p. 217). Il entrera dans les ordres en 1576 (Dejob, p. 289). Ses liens avec la Compagnie de Jésus et son influence sur le collège romain sont évidents (Dejob, p. 381). Son élève Juste Lipse, et l'élève de celui-ci, Erycius Puteanus, représentent eux aussi ce pan de l'humanisme européen rallié à la Réforme catholique.

[80]   L'intérêt de Marc-Antoine Muret pour *L'Ethique à Nicomaque* est antérieur à sa fuite en Italie. Il est lié à l'intérêt que l'humanisme français (Lefèvre d'Etaples,

A quel titre les Jésuites pouvaient-ils prendre intérêt à ce cours et à l'*Ethique* d'Aristote? Sans doute, parce que l'enseignement de la Compagnie a repris à son compte tout le *corpus* aristotélicien. Mais, en ce qui concerne plus spécialement l'*Ethique*, les militants les plus actifs de la Réforme catholique y trouvaient un répondant à un passage important des *Exercices spirituels* du fondateur de leur Ordre: parmi les conditions morales postulées par saint Ignace chez celui qui est appelé à «recevoir» les *Exercices*, la magnanimité est expressément citée[81]. C'est le terrain naturel sur lequel peuvent et doivent apparaître la victoire sur les affections désordonnées, et le don généreux de la créature à son Créateur. Dans la spiritualité à deux étages de la Compagnie, le sommet de la noblesse humaine, la magnanimité, apparaissait comme le point de départ d'une ascension vers une grandeur proprement chrétienne. Et c'est bien cet idéal de magnanimité transfiguré et christianisé par l'ascèse des *Exercices* qui se déploie, non sans une sorte d'enthousiasme épique qui scandalisera les Jansénistes, dans

---

Grouchy, Lambin) porte à ce texte. Muret explique la morale d'Aristote à Paris en 1551. Son cours est édité en 1553 et réédité en 1563 (Dejob, p. 20). A Venise, il reçoit Denis Lambin et préface la traduction de celui-ci (Dejob, p. 127). Lorsque le pape Pie IV et le sénat de la ville de Rome ordonnent à Muret, devenu professeur à la *Sapienza*, de faire un cours sur *L'Ethique à Nicomaque* (cours qui se poursuivra pendant quatre ans, de 1563 à 1566), c'est à une véritable *translatio studii* de Paris à Rome que nous assistons. La germination en milieu romain de ces semences importées de France (le Tasse assista semble-t-il au cours de Muret, et Francesco Benci, maître des principaux rhéteurs du collège romain de la fin du XVIe siècle, y assista aussi) donnera lieu à une seconde *translatio studii*, en sens inverse cette fois, et dont le *Commentaire* du P. Galluzzi, édité à Paris en 1645, est l'illustration la plus éclatante.

[81]   Voici le texte officiel de la traduction latine des *Exercices spirituels* (Rome, 1548, B.N., D. 86 568): «Quinta (annotatio) est, Quod mirum in modum juvatur qui suscipit Exercitia, si *magno animo atque liberali* accendens, totum studium et arbitrium suum offerat suo Creatori...» Et voici la version française de ce passage, dans *Les Vrais Exercices spirituels du B.P. Ignace de Loyola*, Paris, Huré, 1619: «La Troisième (annotation) est que celuy qui s'adonne à ces exercices se sent merveilleusement aydé et soulagé, lorsque d'*un grand courage et d'un cœur magnanime et libéral*, il offre d'une grande franchise à son Créateur et Seigneur toute l'affection et liberté de son âme pour pouvoir pleinement et absolument disposer tant de luy que de tout ce qui luy appartient pour son service, conformément à tout ce qu'il jugera pouvoir faire plus à son plaisir et volonté» (p. 2).
     La source aristotélicienne de ce passage est d'autant plus nette que saint Ignace y associe magnanimité et libéralité, deux vertus étudiées par Aristote dans des chapitres voisins du livre IV de *L'Ethique à Nicomaque*.
     Signalons une édition «royale» des *Exercices spirituels*, e Typographia Regia, Parisiis, in-fol., 1644 (avec un frontispice dessiné par Jacques Stella, et gravée par Gilles Rousselet).

l'*Imago primi saeculi societatis Jesu* publiée à Anvers en 1640, et qui célèbre l'héroïsme et les conquêtes du premier siècle de l'ordre.

Quant au grand public, peu soucieux de recourir aux sources, et moins attentif à ces questions doctrinales, il était constamment remis en présence de l'idéal aristotélicien de la grandeur:

1°   Par les traités de noblesse, genre extrêmement fécond, surtout au XVIe siècle, mais encore au XVIIe siècle. Le chef-d'œuvre du genre est sans doute celui du poète de la Réforme catholique, Torquato Tasso, traduit en français par Jean Baudoin en 1633 sous le titre *Dialogue de la noblesse*[82]. Plus proche encore de la lettre d'Aristote, dont le Tasse était pénétré, son court traité de la *Vertu héroïque* est traduit par le même Baudoin en 1632. C'est une paraphrase du portrait du Magnanime de *L'Ethique à Nicomaque*. C'est aussi la clef du personnage central de *La Jérusalem délivrée*, Godefroy de Bouillon. Dans la mesure où celui-ci est présenté par le Tasse comme le modèle du héros catholique, nous tenons ici une autre voie par laquelle le Magnanime aristotélicien a été mis au service de la cause romaine.

2°   Par les traités d'apologétique et de morale visant la noblesse, telle *La Cour sainte* du P. Gaussin[83], source de tant de tragédies du XVIIe siècle français. On sait l'argumentation simple et forte dont se sert le jésuite pour amener les nobles de cour à devenir de zélés catholiques: les nobles, taillés dans une étoffe humaine plus fine que les autres hommes, sont donc plus transparents à la grâce. La vertu tout humaine qui fonde leur noblesse et qui les porte à l'héroïsme trouve sa véritable finalité dans le zèle au service de Dieu. Dans *La Cour sainte*, comme dans les *Exercices*, la magnanimité qui porte l'humaine nature à son plus haut épanouissement est le terrain tout désigné de la dévotion.

---

[82]   Jean Baudoin avait traduit la *Hiérusalem délivrée* en 1626, avant de traduire en 1632 les *Morales* et en 1633 le *Dialogue de la noblesse* du Tasse.

[83]   *La Cour sainte* du P. Caussin, traité d'apologétique et de morale indéfiniment augmenté au fur et à mesure que le succès s'affirmait et se confirmait, mériterait à lui seul une monographie bibliographique. L'œuvre, sous sa première forme, parut pour la première fois en 1624. Elle ne cessa d'être rééditée sous cette forme, et avec des compléments, jusqu'en 1645.

3° Par le théâtre des jésuites, où la magnanimité est célébrée comme dans leur apologétique, et présentée comme un prélude de la vertu héroïque chrétienne. Dans les *Carthaginienses* du P. Denis Petau, le héros de la tragédie, Scipion, est qualifié de *Magnanimus consul*[84]. Sa grandeur d'âme est le seul rayon de lumière dans un drame qui narre les dernières heures de Carthage. Mais cette grandeur d'âme est conçue par le P. Petau comme un «miroir énigmatique» de l'héroïsme chrétien encore à naître. Scipion n'est pas seulement «inébranlable à la crainte et à l'espérance, et exempt de toutes les foiblesses»[85], il ne se contente pas d'être au-dessus de l'ambition et de la vengeance, comme le veut Aristote, il est sensible à la crainte de Dieu, qui est la seule limite qu'il reconnaisse à sa propre supériorité, avec le service qu'il doit à Rome. Même si le P. Petau, respectueux de la vraisemblance historique, ne prête pas à ce païen de sentiments chrétiens, sa tristesse devant les ruines de Carthage et son angoisse à l'idée qu'elles préfigurent peut-être celles de Rome, font de lui, dans les ténèbres du paganisme, un héros chrétien qui s'ignore encore.

4° Par la littérature encomiastique, qui reprend à satiété le portrait du Magnanime en lui ajoutant des traits de héros chrétien. Contentons-nous ici d'un exemple fort proche de Corneille, puisqu'il est emprunté à la *Correspondance* de Costar[86], admirateur du dramaturge rouennais. Le correspondant de Costar n'est malheureusement pas nommé. C'est probablement le prince de Condé qui, élevé par les jésuites, et célébré par eux comme un chef-d'œuvre de leur pédagogie, a été l'occasion de la dernière flambée littéraire de la magnanimité, avant que cette vertu des héros ne fût réquisitionnée sous Louis XIV par l'encomiastique royale.

---

[84] Les œuvres dramatiques du P. Denis Peteau ont eu deux éditions. La première à La Flèche, en 1614. La seconde à Paris, chez Sébastien Cramoisy, semble avoir eu plusieurs rééditions: l'exemplaire de la B.N. porte en effet: tertia editio (1624). Cette seconde édition comprend les *Orationes* et les *Opera poetica* du savant jésuite. Elle est dédiée à Antoine de Bourbon, comte de Moret, élève des jésuites, comme son frère, Henri, évêque de Metz, à qui le P. Louis de Cressolles dédia ses *Vacationes autumnales* en 1620. Les deux jeunes gens étaient les fils bâtards d'Henri IV. La scène dont il est question ici est la 7ᵉ de l'acte IV, p. 61 de l'édition de 1624.

[85] L'expression est empruntée à la lettre de Costar dont il sera question plus loin, et figure à la page 909 de l'édition des *Lettres*, Paris, Courbé, 1659. C'est une traduction d'un passage du portrait du Magnanime d'Aristote.

[86] *Lettres de Monsieur Costar*, seconde partie, Paris, Courbé, 1659, B.N., Z. 3309. Lettre 335, pp. 890-917.

> Monseigneur, si vous aviez envie que je vous fisse une fidèle peinture
> du *Généreux*, vous deviez prendre la peine de m'envoyer des mémoires
> de ce qui se passe dans votre cœur: j'y aurois vu la vive et féconde
> source des grandes et des nobles actions que vous faites tous les jours,
> et j'aurois puisé là-dedans les rares et curieuses connoissances que je
> chercherois inutilement dans mes Livres[87]...

Parmi les exemples mis en œuvre par Costar, il est intéressant de
relever une citation de *La Jérusalem délivrée*, que l'épistolier commente ainsi: «Ne dit-on pas que ce jeune Prince estoit aussi bien
qu'Alexandre, un des Disciples d'Aristote; et ces paroles ne sont-elles
pas entièrement conformes à la doctrine de ce Philosophe?...»[88]

D'autres exemples illustrent l'emprise du héros aristotélicien selon
la Réforme catholique sur l'imagination de Costar et de son correspondant: Don Juan d'Autriche, le vainqueur de Lépante, Charles
Quint, prince magnanime exemplaire, Ferdinand d'Aragon, offrent
au prince de Condé, s'il s'agit de lui, une galerie de modèles qui le préparaient à rejoindre, comme des âmes sœurs, les Espagnols après la
défaite de la Fronde des princes. Cet accent de chrétienté se retrouve
encore dans la péroraison de la lettre, après que Costar eut longuement paraphrasé le portrait du Magnanime, avec citations du texte
grec dans les marges:

> Voilà, Monseigneur, la peinture du *Généreux* et du *Magnanime*, de la
> main et de la façon d'un excellent Peintre, à qui la Nature s'estoit appa-
> rue toute dévoilée, elle qui s'enveloppe d'ordinaire d'un épais nuage...
> Si vous daignez arrêter les yeux sur ce beau Portrait, vous y remarquerez
> avec un sensible plaisir, les plus reconnoissables traits de vostre grande
> âme: sinon que ces mesmes traits n'estant pas en vous moins réguliers
> et moins nobles, sont sans comparaison plus doux, plus touchans et
> plus propres à gagner les affections[89].

Entre l'idée du Magnanime selon Aristote et la réalité d'un
magnanime tel que le correspondant de Costar, s'instaure un jeu de
miroirs. Le cœur du second est un reflet christianisé de l'idée héroïque. On peut aussi bien percevoir ici le glissement du héros chrétien
de la reconquête catholique vers l'honnête homme affadi de la
seconde moitié du siècle.

---

[87] Ed. cit., pp. 890-891.
[88] *Ibid.*, p. 899.
[89] *Ibid.*, p. 916.

Il est temps maintenant d'analyser brièvement cet idéal du Magnanime.

Dans la *Rhétorique* et les *Seconds analytiques*, Aristote, se plaçant au point de vue des idées reçues de son temps à Athènes, distingue deux sortes de magnanimité :

a) la magnanimité philosophique, celle de Socrate et de Lysandre : c'est une vertu de résistance, l'impassibilité devant les vicissitudes de la fortune[90] ;

b) la magnanimité guerrière, celle d'Achille, d'Ajax, d'Alcibiade : c'est une vertu offensive, le courage impétueux, l'incapacité à supporter un affront sans vengeance, le sens pointilleux de l'honneur[91].

Ces deux types de Magnanimes étaient préfigurés chez Platon : chez le maître de l'Académie, Socrate résumait la grandeur d'âme philosophique liée à la contemplation ; Calliclès et Alcibiade résumaient la magnanimité des jeunes gens impétueux, ambitieux, candidats à la tyrannie.

Et c'est bien selon ces deux lignes de développement que la magnanimité va être transportée à Rome. Les guerres civiles y voient en effet s'affronter deux types de magnanimité, la *magnanimitas* telle que la célèbre Cicéron, la grandeur d'âme des *optimates*, celle qu'illustrent sa propre conduite, celle de Pompée et celle de Caton. Imprégnée d'éléments stoïciens, elle est respectueuse de l'ordre républicain, elle est l'égide héroïque qui résume et protège l'héritage de la vertu romaine[92].

Et, face à cette magnanimité des *optimates*, la *magnitudo animi* des *populares*, celle de Catilina, héritier romain de Calliclès, celle

---

[90] Voici, dans la traduction de la *Rhétorique* par J. Barthélemy-Saint-Hilaire (Paris, Lagrange, 1870) la définition de la magnanimité par Aristote, au livre I, chap. IX (*De l'éloge et du blâme dans le genre démonstratif*), paragraphe 6 : « La magnanimité est la vertu qui inspire les plus grands actes et les plus grands bienfaits ; et son contraire est la petitesse d'âme » (t. I, p. 94). Pour les *Seconds analytiques*, voir l'analyse de R.-A. Gauthier, dans *Magnanimité, l'idéal de la grandeur dans la philosophie païenne et la théologie chrétienne*, Paris, Vrin, 1952, pp. 56 et suiv. Le livre du P. Gauthier ne conduit pas au-delà de saint Thomas d'Aquin.

[91] Voir R.-A. Gauthier, *op. cit.*, pp. 58 et suiv.

[92] Voir R.-A. Gauthier, *op. cit.*, pp. 166 et suiv. : « L'introduction à Rome de la magnanimité grecque ».

de César, héritier romain d'Alcibiade et d'Alexandre. C'est au fond le conflit entre ces deux formes de la grandeur d'âme qui est le sujet de *La Pharsale* de Lucain[93].

Identiques dans leur source, ces deux magnanimités s'opposent dans leur fin : l'une est au service d'un ordre traditionnel et universel, celui de la Rome républicaine ; l'autre est au service d'une ambition ou d'une vengeance particulières, qui n'hésitent pas à mettre en péril l'ordre universel pour s'élever sur ses ruines

Relisons dans la belle traduction de l'ami de Corneille, Georges de Brébeuf, les portraits de Pompée et de César :

> L'un (Pompée) gouverne en repos les Peuples de la Terre,
> Illustre dans la Paix autant que dans la Guerre,
> Et le soin où la Robe attache ses vieux ans,
> Ralentit cette ardeur qui fait les Conquérans.
> Après que ses travaux ont hasté sa vieillesse,
> Il jouit des lauriers qu'a cueilly sa jeunesse,
> Et voulant à son âge accorder ses désirs,
> Cherche d'autres honneurs et de plus doux plaisirs.
> Rome, qui doit sa gloire à ses premiers services,
> Doit à ses derniers soins sa pompe et ses délices ;
> Les spectacles, les jeux, les divertissemens
> Font souvent son estude et ses empressemens,
> Et par ce doux repos, et cette paix profonde,
> Il est maistre des cœurs aussi bien que du Monde.
> ....
> César n'a pas encor ny ceste renommée,
> Ny ceste expérience et pleine et consommée ;
> Mais un esprit bouillant, enflé d'ambition,
> Toujours dans les desseins, toujours dans l'action,
> Pour qui la gloire mesme auroit de foibles charmes,
> S'il ne la devoit pas au pouvoir de ses armes ;
> Qui fait de ses lauriers son ornement plus cher,
> Mais qui veut les cueillir moins que les arracher ;
> Prest à faire servir et le fer et la flamme
> Aux fortes passions qui règnent sur son âme,
> Qui laisse aveuglement tyranniser son cœur
> Tantost à son espoir, tantost à sa fureur ;
> Esprit impétueux que l'audace commande,
> Plus le Destin lui donne, et plus il luy demande,
> Et la faveur des Dieux trop prompte à le servir
> Irrite son orgueil, au lieu de l'assouvir.
> Il n'est pour s'agrandir point de sang qu'il ne verse,

---

[93] «Parfois, écrit Hubert dans ses *Mémoires*, je frémissais d'horreur lorsqu'il (Corneille) me confessait ingénument qu'il préférait Lucain à Virgile.» Cité par G. Mongrédien, *Recueil des textes et documents du XVIIe siècle relatifs à Corneille*, Paris, C.N.R.S., 1971, p. 363.

> De pouvoir qu'il n'abatte, ou de sein qu'il ne perce,
> Et pour luy la grandeur n'est pas d'assez haut prix,
> S'il ne s'y voit monté par un fameux débris[94].

Lucain, lucide en dépit de son parti pris pompéïen, reconnaît la cause profonde de la défaite de son héros et de son parti: leur magnanimité est d'essence contemplative, elle est privée de l'énergie offensive et allégée de scrupules dont fait preuve la magnanime ambition de César. Lucain, implicitement, reconnaissait que la magnanimité philosophique du stoïcisme était privée de cette vigueur juvénile et passionnée qui obtient ou arrache la victoire.

Là se tient sans doute une part du secret de l'hostilité des jésuites et en général de la Réforme catholique à l'impassibilité stoïcienne, vertu d'administrateurs et de conservateurs, mais non d'apôtres et de soldats de Dieu. Cette ataraxie, sublime accord avec un ordre du monde immuable et impersonnel, n'était pas seulement étrangère à la *caritas* chrétienne, elle privait la foi agissante des vertus actives qui soutiennent son combat contre le mal.

Or, dans *L'Ethique à Nicomaque*, Aristote avait déjà tenté de résoudre les antinomies que la notion commune de magnanimité, telle qu'elle était répandue à Athènes, posait sans les réconcilier: contemplation et action, mépris du destin et maîtrise du destin. Et dans l'interprétation jésuite de la magnanimité, cette réconciliation est poussée plus loin encore, grâce à l'insertion dans l'idéal de magnanimité de vertus chrétiennes comme l'humanité. La victoire redevient offerte au Magnanime, pour peu que celle-ci soit poursuivie, non en son nom personnel, mais au nom d'une valeur transcendante, qui sacralise la victoire et la détache pour ainsi dire du vainqueur.

Pour en avoir la preuve, consultons le commentaire que le P. Tarquinio Galluzzi, une des plus hautes autorités intellectuelles de l'ordre au temps de Corneille, donne du livre III, chapitre VI, de *L'Ethique à Nicomaque*; la première *quaestio* traitée par le P. Galluzzi pose d'emblée le problème essentiel: *An Magnanimitas sit Virtus et utrum sit Humilitatis contraria*[95].

---

[94] *La Pharsale de Lucain ou les Guerres civiles de César et de Pompée en vers françois, par M. de Brébeuf*, Paris, Sommaville, 1695, pp. 9-10.

[95] Ed. cit., t. I, p. 766.

Le vieux dilemme action-contemplation s'est déplacé dans le contexte chrétien: il est devenu le dilemme orgueil-humilité[96]. Il est d'autant plus sensible aux militants de la Réforme catholique qu'il avait été posé en termes dangereux pour l'Eglise par Machiavel: dans un célèbre passage de ses *Discorsi*[97], celui-ci avait en effet accusé l'Eglise romaine, et le christianisme en général, d'avoir, en prêchant une morale d'humilité, efféminé l'humanité moderne, et rendu impossibles les réussites de la grandeur antique. Machiavel pensait naturellement en termes de *magnitudo animi* plutôt que de *magnanimitas*, et sa *virtù* tenait de Calliclès, de Catilina et de César, plutôt que de Caton et de Pompée.

Il était donc de la plus haute importance, pour des raisons à la fois théoriques (lutte contre l'humanisme purement profane) et pratiques (morale combative pour vaincre l'hérésie) d'établir que la perfection chrétienne ne s'élevait pas sur les ruines de la nature humaine mais sur cette nature portée à son plus haut point de perfection, et consentant alors librement à s'offrir à Dieu et le servir. En se donnant à Lui, elle réaliserait dans sa plénitude sa vocation de perfection. Et où trouver cette perfection purement naturelle et humaine dont Dieu seul pourrait accomplir le vœu en la sacralisant, sinon dans le portrait du Magnanime tracé par Aristote, que Costar, d'accord avec toute la tradition thomiste, qualifie justement d'«excellent Peintre à qui la Nature s'estoit toute dévoilée»?

---

[96] Voir R.-A. Gauthier, *op. cit.*, pp. 239 et suiv.: «La magnanimité identifiée à l'humilité», et aussi la conclusion de l'ouvrage.

[97] On pourrait lire *Le prince* comme une exégèse de la magnanimité au sens de *magnitudo animi*. Voir édit. Pléiade, Paris, Gallimard, 1952, p. 334, chap. XIV, la liste de modèles du Prince machiavélique: Achille, Alexandre, César et Scipion (ce dernier étant manifestement tiré à lui par Machiavel, car, traditionnellement, il est le Magnanime du *Songe* cicéronien). D'ailleurs, il est compréhensible que Machiavel s'attache à la forme «césarienne» de magnanimité, puisque son prince crée une dynastie, un Etat. La forme pompéïenne de la «magnanimité» concerne les maîtres *légitimes* d'un Etat qui a ses traditions, c'est donc une vertu conservatrice, et non fondatrice. La cohérence de la pensée de Machiavel se remarque encore ailleurs dans les *Discorsi*: l'attaque contre la religion chrétienne (éd. cit., p. 519, L. II, 2) se place elle aussi dans le contexte des deux grandeurs d'âme: «(La religion païenne) faisait consister [le bonheur] dans la grandeur d'âme, la force du corps, et dans toutes les qualités qui rendent les hommes redoutables. Si la nôtre exige quelque force d'âme, c'est plutôt celle *qui fait supporter les maux* que celle *qui porte aux fortes actions*.» (Souligné par nous)

Nous retrouvons, sous sa formulation la plus claire, le mécanisme de cette pensée chez le P. Tarquinio Galluzzi, qui répond ainsi lui-même à sa double question :

— sur le point de savoir si la magnanimité selon Aristote est une vertu, il n'hésite pas : *Magnanimitas vera est germanaque virtus*;

— sur le point de savoir si elle est ou non contraire à l'humilité, sa réponse, quoique moins radicale, n'en est pas moins ferme : la magnanimité diffère en beaucoup de points de l'humilité, elle n'en diffère pas à ce point qu'elle ne puisse être réconciliée avec elle. Et, dans une analyse d'une subtilité morale remarquable, le P. Galluzzi énonce que l'humilité est l'*envers* de la magnanimité, et non son contraire. L'un et l'autre *habitus* peuvent coexister dans la même âme et, par une double impulsion et une double pente, incliner l'âme selon la variété des temps, des lieux, des personnes et autres circonstances[98].

Le P. Galluzzi analyse alors chacun des traits attribués par Aristote à son Magnanime et montre comment chacun d'eux est pour ainsi dire réversible, et que la magnanimité extérieure peut parfaitement correspondre à l'humilité intérieure, cachée aux yeux du vulgaire.

Le Magnanime méprise les autres? Il les méprise sans doute, répond le P. Galluzzi, mais ceux-là seulement que l'humble méprise-rait tout autant. Il méprise les méchants, les flatteurs... En fait, il ne les méprise même pas, il se contente de ne pas les estimer au-dessus de ce qu'ils valent : le contraire serait une faute.

Il veut toujours être supérieur aux autres? Il ne faut pas voir là, répond le P. Galluzzi, un signe d'orgueil. Il veut être supérieur par sa vertu, son mérite, ses bonnes œuvres, sa clémence, toutes choses étrangères à l'orgueil.

Il éprouve de la honte d'avoir reçu des bienfaits? Il ne faut pas voir là non plus un signe d'orgueil, mais une grandeur et altitude d'âme qui lui fait avoir honte, lui qui ne voudrait que donner, d'avoir été dans l'obligation de recevoir.

Il oublie les bienfaits reçus? Ce n'est pas la marque d'une âme ingrate, car il n'est pas dit qu'il perd la mémoire des bienfaiteurs, ni de son devoir de rendre, mais il songe moins à la matérialité des bien-faits reçus qu'au moyen de les rendre au centuple.

---

[98] *Op. cit.*, p. 770.

Il agit sans hâte? Ce n'est point par lenteur ni manque de zèle, mais parce qu'il entreprend des choses grandes et graves, qui exigent du temps, du loisir, de la réflexion, mais cette lenteur n'est pas telle qu'elle compromette jamais l'issue de l'entreprise. (Le souci du P. Galluzzi de préserver chez le Magnanime des dispositions de «gagneur» et de vainqueur est très sensible ici.)

Il se sert de l'ironie et de la dissimulation? Mais ces méthodes ne sont pas contraires à la véracité, elles vont de pair avec une juste prudence... Il s'en sert vis-à-vis de la foule et du vulgaire, à qui révéler ses desseins serait stupide.

Il ne vit pas pour autrui? Cela ne signifie nullement cruauté ou dureté de cœur. S'il refuse de vivre selon l'arbitraire du vulgaire, s'il ne cède pas aux méchants ni aux tyrans, il n'en accepte pas moins de s'ouvrir à ses amis, qu'il a choisis parce qu'amis du bien. Toute autre attitude serait basse et servile[99].

Ce que définit ici le P. Tarquinio Galluzzi, c'est l'idéal du héros profane de la Réforme catholique. L'image du jésuite, telle qu'elle apparaît dans l'*imago primi saeculi*, loin d'abolir ces traits de grandeur à la fois aristocratique et chrétienne, les maintient intégralement, sauf à donner à l'humilité intérieure le sens d'une oblation parfaite qui fait du héros chrétien un *actor Dei*.

Chemin faisant, on n'aura pas manqué de remarquer comment ce portrait d'un Magnanime doublé d'un humble coïncide avec certains aspects les plus paradoxaux du héros cornélien.

On prendrait volontiers le jeune Horace pour un héros assoiffé d'orgueil. Les analyses de Louis Herland ont heureusement modifié cette vue simpliste. La superbe affichée par Horace est un masque de grandeur et d'efficacité que le héros romain, identifiant sa propre gloire à celle de Rome, met au service de l'idée romaine. Mais, sous ce masque, une intériorité se laisse entrevoir : il est au-dessus de son amour pour Sabine, mais il ne l'a pas étouffé ; il est au-dessus de son amitié pour Curiace, il ne l'a pas reniée : au contraire il tente de la transfigurer en une émulation héroïque conforme aux circonstances. Ce dernier trait est entièrement fidèle au portrait aristotélicien du Magnanime, où l'amitié héroïque est présentée comme une caractéristique de la grande âme. Sa conduite ne s'explique que si l'on admet

---

[99]   *Op. cit*, p. 770.

qu'il a *sacrifié* son individualité singulière pour transférer toutes ses énergies au service de Rome : il est devenu un *actor Romae*, et, puisque l'ordre de Rome lui commande de vaincre, il s'est mis dans les dispositions morales de la victoire, suscitant en lui-même à la fois la lucidité stratégique et la fureur combative. La gloire (récompense hautement spiritualisée que, comme le fait remarquer le P. Galluzzi, l'orgueil vulgaire est bien incapable de désirer) est le seul objet que ce grand serviteur de l'Etat, abstrait de ses liens affectifs et familiaux, et isolé sur les altitudes du destin romain, se permette de désirer encore pour soutenir la mobilisation de ses énergies. Que le vulgaire soit incapable de distinguer entre le masque du guerrier se mettant en condition de vaincre pour sa patrie, et l'intérieur où il ressent la cruauté du sacrifice que cette victoire lui impose, entre l'orgueil apparent et le plus grand service de Rome, c'est ce qu'affirment, en des termes fort proches de ceux du P. Galluzzi, à la fois le vieil Horace et le roi Tulle :

> C'est aux Rois, c'est aux grands, c'est aux esprits bien faits,
> A voir la vertu pleine en ses moindres effets ;
>
> (*Horace*, V, 3, vv. 1717-1718)
>
> Ta vertu met ta gloire au-dessus de ton crime ;   (*Ibid.*, v. 1760)

En dépit des apparences, la mort de Camille n'est pas un fait divers, elle a été vécue par Horace comme un sacrifice à Rome au même titre que la mort des Curiaces. Seule une élite capable de magnanimité est capable d'en discerner les signes intérieurs sous les manifestations illisibles aux petites âmes.

La «vertu pleine», dont parle le vieil Horace au v. 1718, est sans doute une vertu tout humaine, mise au service de cette puissance tout humaine qu'est Rome. Mais, comme nous l'avons vu avec le Scipion du P. Petau, ou avec le Magnanime du P. Galluzzi, les maîtres de Corneille étaient loin de considérer cet héroïsme profane comme incompatible avec la cité catholique. Le don sans réserve qu'Horace fait de ses énergies à la grandeur romaine est une répétition, à l'étage de la nature, du don sans réserve que le chrétien fait de ses puissances à la volonté divine.

Voici comment le P. Galluzzi distingue entre les deux étages de la grandeur d'âme :

> Le Magnanime aspire à la plus haute gloire, mais il y aspire au prix d'une grande œuvre, si bien que l'œuvre et la gloire sont inséparables. La grandeur de l'œuvre à laquelle aspire la vertu héroïque n'a pas avec la gloire la même relation, dans la mesure où celle-ci est plus attentive à l'œuvre elle-même qu'à la gloire qui en est la récompense. Il n'en reste

pas moins que la magnanimité est à ce point semblable à la vertu héroïque, que le passage de l'une à l'autre est facile, et que la magnanimité
prépare la voie à ce sommet incomparable qui porte la vertu presque au-
delà des limites de l'humaine condition. D'autre part, dans la magnanimité elle-même, comme dans les autres vertus particulières, un degré
héroïque peut se manifester. De même que la force et la tempérance sont
dites héroïques, lorsqu'elles atteignent un point de perfection, de même
la magnanimité méritera le titre d'héroïque lorsqu'elle aura atteint la
plénitude de sa propre perfection, et se sera élevée à un degré tel qu'elle
apparaisse supérieure à l'humaine condition[100].

Ainsi, quoique inférieure à la vertu héroïque, vertu surnaturelle,
vertu des saints, la magnanimité, vertu naturelle, peut, par son propre
élan vers la gloire, dépasser les limites de la nature, cherchant par là
même à se dépasser en vertu héroïque. C'est ce dépassement que Corneille, comme l'a bien vu Péguy, cherche à peindre dans Polyeucte,
dédaigneux de la gloire terrestre et du service de Rome pour aspirer
à la seule couronne du martyre, au prix d'un sacrifice plus parfait et
plus radical que celui d'Horace. Mais, pour le dramaturge français
comme pour le théologien jésuite, le sacrifice que le héros profane
consent pour la gloire est une figure admirable et édifiante du prix
payé par les saints pour mériter la couronne céleste.

En ce qui concerne l'attitude du Magnanime vis-à-vis des bienfaits, il y aurait beaucoup à dire, car cette question est une de celles,
à l'insu de la plupart de ses commentateurs, que Corneille a le plus
approfondies dans sa dramaturgie. On pourrait par exemple montrer
comment Corneille, avec une précision théologique assez remarquable, résout le problème posé par l'«ingratitude» de Polyeucte,
oublieux de ce qu'il doit à l'empire, et surtout à Pauline. Seule la générosité totale de son sacrifice à Dieu efface en quelque sorte les dettes
qu'il a contractées envers ses créanciers terrestres. Cette dynamique
du don, cette libéralité du Magnanime chrétien est particulièrement
éclatante dans la scène où il remet Pauline à Sévère, s'acquittant ainsi
envers elle au moment même où il l'abandonne pour n'appartenir
plus qu'à Dieu. Et, prise dans cette émulation du don, Pauline sera
entraînée, pour ne pas être en reste, jusqu'à la conversion. L'atmosphère de magnanimité aristotélicienne est ici à ce point fondue avec
l'atmosphère chrétienne que cette aristocratie de grandes âmes circule
avec aisance de l'une à l'autre, du sommet de la nature à l'aube de la
surnature.

---

[100]   *Op. cit.*, p. 773.

De même le Placide de *Théodore, vierge et martyre*, quoique restant à l'étage de la magnanimité purement naturelle, peut se permettre d'oublier les bienfaits dont Marcelle l'a accablé, dans la mesure où il s'est donné tout entier à Théodore. Dans sa morale pastorale, image imparfaite de la générosité chrétienne, ce don sans réserve efface toute autre dette.

Quant à l'ironie héroïque dont on a souvent accusé Nicomède, le P. Galluzzi nous aide à comprendre sa nature de masque opposé aux ennemis de la cause sacrée à laquelle il s'est donné : la liberté royale. La supériorité du haut de laquelle Nicomède regarde s'agiter les passions autour du lâche Prusias n'est pas orgueil, vaine superbe, mais intimidation vis-à-vis de ses adversaires, tactique prestigieuse destinée à les désarçonner si possible sans faire usage de la force. Derrière ce jeu d'acteur héroïque, se dissimule, connu de la seule Laodice, le secret de sa *devotio*, le sacrifice entier de sa vie et de ses forces à la cause pour laquelle Annibal est mort en martyr. Sa magnanimité héroïque est donc pour lui, comme pour Horace, l'envers d'une humilité, d'un don total de soi à une cause supérieure. On peut même dire que Nicomède va plus loin qu'Horace, dans la mesure où la grande cause pour laquelle il est prêt à mourir compte plus pour lui que la gloire, dont il est peu question dans cette tragédie.

Mais ces héros exemplaires sont loin d'épuiser la peinture cornélienne de la magnanimité. En effet, plutôt que de la célébrer sous sa forme exemplaire et par opposition à la pusillanimité, Corneille a souvent recours au contraste traditionnel depuis la *Rhétorique* d'Aristote entre la magnanimité du sage et celle des affections désordonnées, mais grandes. Son cher Lucain lui montrait d'ailleurs la voie, puisque *La Pharsale*, comme nous l'avons vu, est fondée sur une opposition entre *magnanimitas* de Pompée et *magnitudo animi* de César. Ajoutons que dans l'*Enéide*, une des œuvres qui tenaient la plus grande place dans la culture humaniste en général et dans la pédagogie des jésuites en particulier, les derniers chants sont dominés par l'opposition entre le magnanime Enée et le bouillant Turnus. C'est à un couple archétypal enraciné au plus profond de la morale antique, et renouvelé par la tradition chrétienne, que Corneille fait appel dans la plupart de ses tragédies.

Ce couple n'avait cessé d'être utilisé par les poètes et historiens romains comme un instrument d'analyse pour interpréter et représenter dramatiquement les conflits de leur époque. Et Corneille pouvait

pouvait voir sous ses yeux, dans le conflit qui opposait les «bons Français» fidèles à la monarchie, et les jeunes féodaux adeptes de la morale de Calliclès, de Catalina et de César, une répétition des guerres civiles romaines. Le couple Enée-Turnus, le couple Pompée-César, reprenait vie et actualité au plus vif de la politique contemporaine, et permettait à celle-ci de se hausser au-dessus de l'anecdote et d'apparaître comme l'actualisation d'un conflit éternel.

Dans *Cinna*, Cinna et surtout Emilie font sans cesse appel à la grandeur d'âme des Pompéiens qu'ils opposent à la passion, grande certes, mais meurtrière pour le bien public, de César et de son héritier spirituel Octave. Toutefois (car chez Corneille rien n'est simple), cette antithèse qui se prête à de si beaux effets oratoires n'est qu'un masque sous lequel se dissimule l'intériorité complexe et troublée de deux jeunes héros; le terme même de grandeur d'âme dont ils se servent est ambigu, et les trahit peut-être. Il traduit en effet *magnitudo animi*, qui chez les écrivains républicains désignait la fureur héroïque des factieux, et non pas la *devotio* au bien commun de la vraie *magnanimitas*. Sous leur jactance, il est en effet trop clair qu'eux-mêmes, et surtout Emilie, sont mus par un esprit de vengeance et de révolte, en somme par des affections désordonnées, qui les apparentent plus au génie inquiet de Catilina et du César que décrit Lucain, qu'aux Pompées et aux Catons dont ils prétendent se réclamer. Le nom de Cinna, cité à plusieurs reprises dans *La Pharsale* avec celui de Marius, comme un exemple de tyran qui inspire César, n'est donc pas donné sans raison au neveu de Pompée[101]. Et les furies infernales qui tourmentent Emilie («Enfants impétueux de mon ressentiment») et, à travers elle, l'amoureux Cinna, sont celles-là même qui, au livre VI de *La Pharsale*, inspirent le propre fils de Pompée, Sextus, indigne de son père.

> Mais le timide fils d'un père magnanime,
> D'une basse frayeur Sextus est la victime,
> Sextus qui fera voir à la mer en frayeur

---

[101]   Voir au livre II de la traduction Brébeuf le discours de Pompée à ses soldats, orné d'une admonestation à César :

> Ouy, Guerrier aveuglé, puisque tu suis la trace
> De ce monstre, dont Rome a terrassé l'audace,
> Que de Catilina tu formes les souhaits,
> Je garde mesme peine à de mesmes forfaits.
> Au lieu que ton destin veut te joindre aux Camilles
> T'unir aux Scipions, t'adjouter aux Emiles,
> *Marius et Cinna*, l'exemple des Tyrans
> Ont pour toi plus d'éclat et des charmes plus grands (p. 62, éd. cit.)

> Son tyran dans le fils de son libérateur;
> Qui de noble Romain se changeant en corsaire,
> Flétrira lâchement les triomphes du Père[102].

Les mêmes Enfers que Lucain nous montre inspirant César peuvent donc avoir prise sur le propre fils de Pompée, et la sorcière Erichto, qu'il va consulter dans les champs thessaliens, achève de livrer ce fils dégénéré aux dieux d'En bas. Si Corneille a considérablement atténué le «forcènement» de Lucain et rejeté en filigrane sa poétique des Enfers, il n'en maintient pas moins l'idée essentielle: la magnanimité des pères ne suffit pas à garantir celle des enfants, et la fille de Toranius, le neveu de Pompée, même en se réclamant de leur père et de leur oncle, portent en eux les germes dangereux d'une guerre civile, renouvelée de celle que César avait déclenchée.

Dans la psychomachie du prince qu'est la tragédie tout entière, ils représentent aux yeux d'Octave les erreurs de sa jeunesse, et la *virtù* césarienne dédaigneuse du bien commun qui l'a conduit au pouvoir. Mais Octave, tel que nous le montre Corneille, n'est plus l'Octave des guerres civiles: bien plutôt, il ressemble étrangement au portrait du magnanime Pompée tel que Lucain, nous l'avons vu, le célébrait au livre I de *La Pharsale*:

> Il jouit des lauriers qu'a cueilly sa jeunesse
> Et voulant à son âge accorder ses désirs
> Cherche d'autres honneurs et de plus doux plaisirs[103].

Les rôles sont donc inversés: l'héritier de César est en train de devenir un nouveau Pompée («Rome... doit à ses derniers soins sa pompe et ses délices»); et ce sont les héritiers de Pompée et de son parti qui sont en train de devenir les nouveaux Catilinas et les nouveaux Césars. Cinna est d'ailleurs parfaitement conscient de ce paradoxe, mais son amour pour Emilie étouffe ses doutes.

Le retour à l'ordre ne peut venir que d'une double conversion à la magnimité. Celle d'Auguste, préparée par l'âge et la sagesse, se manifestera par le signe le plus indubitable: la clémence. Celle qu'il accorde à Emilie et à Cinna est exactement celle que décrit Aristote dans *L'Ethique à Nicomaque* et après lui Sénèque dans *De Clementia*: la seule vengeance du Magnanime, c'est le pardon, qui accroît encore

---

[102] Ed. cit., p. 210.
[103] Ed. cit., p. 9.

sa créance sur ses offenseurs. A plusieurs reprises, Lucain avait montré dans *La Pharsale* avec quelle générosité, confinant à l'imprudence, Pompée le Grand avait pratiqué cette vertu. Dans *Cinna*, les deux conjurés, ayant reçu, après tant de bienfaits, la vie des mains d'Auguste, ne peuvent s'acquitter qu'en la lui offrant. La dynamique du don entre âmes généreuses joue ici, comme elle jouera à la fin de *Polyeucte*, sur le plan supérieur. Mais d'autre part, en héritant des vertus de Pompée, Auguste a identifié désormais de façon éclatante l'idéal impérial à celui des derniers héros de la république. Sous les yeux d'Emilie et de Cinna, ce qui n'était jusque-là chez eux que grandiloquence républicaine devient en Auguste chair et vie. Leur propre idéal, qu'ils gauchissaient, s'incarne dans l'empereur. Il n'y a donc plus à restaurer, même en paroles, ce qu'Auguste vient de restaurer en acte, la grandeur fondée sur le sacrifice des affections particulières, et tout entière dévouée au bien public. Auguste lui-même prononce le mot qui fait de l'empire l'héritier des plus hautes valeurs républicaines :

> Cesse d'en retarder un oubli *magnanime*.   (*Cinna*, V, 3, v. 1733)

On pourrait montrer le même conflit entre *magnitudo animi* et *magnanimitas* dans le cœur du César de *La Mort de Pompée*, dans le duel Phocas-Héraclius, dans le duel Cléopâtre-Rodogune, dans le duel Grimoald-Pertharite. Ce qui sépare et déchire ces frères et sœurs en générosité, c'est le conflit entre une grandeur d'âme qui est l'efflorescence indomptée de leur énergie naturelle, et une magnanimité qui consent librement à se sacrifier au service d'une cause supérieure, sans pour autant renoncer à servir celle-ci efficacement et victorieusement.

Naturellement, la magnanimité d'origine aristotélicienne ne saurait nous faire oublier d'autres sources auxquelles fait appel l'idéal héroïque cornélien. Il semble bien pourtant que dans le labyrinthe de ce syncrétisme, la formule du P. Galluzzi, faisant du Magnanime le masque de la grandeur posé sur un intérieur mortifié, puisse servir de fil d'Ariane. Il nous permet de comprendre selon quel critère l'humanisme catholique de Corneille fait le tri dans l'idéal stoïcien, rejetant l'ataraxie, retenant la conformité des volontés particulières à un ordre universel. Il nous permet surtout de comprendre comment bien des valeurs de la théologie morale chrétienne ont pu s'infiltrer sous le masque de grandeur des héros païens. Il y a une intériorité de l'héroïsme chez Corneille, à laquelle des catégories aussi étrangères que possible à la tradition antique et même humaniste deviennent applicables: le sacrifice, l'indifférence (au sens ignatien, qui n'implique nullement la mort des passions, mais leur finalisation au service d'un dessein providentiel), les inspirations divines, les inspirations infernales.

Resterait à expliquer comment cette intériorité (comme la magnanimité elle-même, rampe de lancement de la vertu héroïque) peut avoir deux étages, rester à celui de l'amour pastoral, se hausser jusqu'à l'amour divin, ou encore osciller entre les deux extrêmes, naturel ou surnaturel, du don de soi. Il faudrait alors étudier son articulation à l'*Eros* platonicien, et au désir chrétien de Dieu.

II.

Nous serons beaucoup plus bref sur le second point: magnanimité et sublime.

Comme il nous manque une étude sur la fortune d'Aristote aux XVIᵉ et XVIIᵉ siècles, il nous manque tout aussi cruellement une histoire du *Traité du sublime* du Pseudo-Longin avant Boileau. Ici encore nous devons donc nous contenter d'hypothèses, que nous serons heureux de réviser ou d'abandonner sitôt qu'un travail complet nous aura davantage éclairé. De fortes présomptions, dont nous développerons ailleurs le détail, nous ont amené à penser que, dans le temps même où les leçons de Marc-Antoine Muret marquaient officiellement, dans la capitale de l'Europe catholique, la réaffirmation de la magnanimité aristotélicienne comme idéal profane de la Contre-Réforme, les professeurs de rhétorique du collège romain, et surtout le disciple direct de Marc-Antoine Muret, Francesco Benci, posaient le sublime longinien comme idéal rhétorique du grand style catholique[104].

---

[104] Francesco Benci, né en 1550, entré dans la Compagnie le 15 juin 1570, mort en 1594. Il fut le professeur de Bernardino Stefonio et de Famiano Strada. Son œuvre principale est sans doute le volume d'*Orationes et Carmina*, dont la B.N. possède l'édition de 1595 (X. 18.343), et une foule d'autres, dont une à Rouen. Parmi les poèmes, relevons une ode *De Virtute e Aristotele*: «Virtus quietis nescia languidae...»

Parmi les *Orationes*, où se fait remarquer une oraison funèbre de Marc-Antoine Muret, maître de Benci pendant sept ans, et son ami pendant trente-cinq ans, il faut signaler un texte capital pour l'histoire littéraire de la Compagnie de Jésus: *Oratio de stylo*. Le passage où le lien entre la magnanimité aristotélicienne et le sublime longinien apparaît (pour la première fois à notre connaissance, associés en toute clarté) y figure aux pages 438-439. Après avoir souligné que l'orateur doit être doué d'une

Aussi bien dans les *Parallela* du P. Caussin (1619) que dans le *Reginae palatium eloquentiae* (1641), que dans un traité de l'*actio oratoria* jésuite comme les *Vacationes autumnales* (1620) du P. Louis de Cressolles, le *Traité du sublime* de Longin est présenté, conformément à la doctrine du collège romain, comme le chef-d'œuvre de la rhétorique antique.

Pourquoi ce recours au «sublime»? Dans tous ces traités, œuvres d'hommes qui étaient, ne l'oublions pas, des théologiens autant que des rhéteurs, la technique rhétorique n'est présentée que comme un secours purement humain et naturel, qui ne saurait en aucun cas suppléer ce qui est la source de l'éloquence, la nature généreuse et douée, tout d'abord, et surtout l'inspiration divine. La hiérarchie des styles n'est donc pas liée tellement à leurs caractéristiques techniques, observables de l'extérieur par un lecteur ou un auditeur critiques, mais plutôt à la hiérarchie des âmes. La technique oratoire peut permettre à des âmes médiocres de pasticher la grandeur, elle est incapable de leur faire atteindre la vraie grandeur, celle qui persuade avec empire, parce que le verbe y est animé d'une énergie qui participe du divin. Et plus cette participation du divin est intense, plus la technique rhétorique est vitalisée, plus l'extérieur de la parole se gonfle des énergies intérieures dont l'âme est le canal. Le sublime, c'est donc sans doute le sommet du grand style, mais c'est aussi et surtout la trace dans le style d'une âme visitée par le divin. En interprétant dans le contexte théologique de la Réforme catholique le traité du rhéteur hellénistique, les rhéteurs jésuites avaient trouvé un moyen de lancer un pont entre littérature et vie religieuse, songeant d'abord à la prédication, mais aussi à la littérature catholique de combat en général.

Mais le divin est de deux sortes, et l'on sait que le démon est loin d'être encore entré en désuétude dans la théologie du XVIe et du

---

grande âme et que les petites âmes n'ont aucune chance de réussir dans l'éloquence, le P. Benci s'écrie à l'adresse de ses étudiants du collège romain: *Audite, adolescentes quid hac in re magnus ille qui, dum de elato dicendi genere praecipit, elate admodum et copiose loquitur. Dionysius Longinus praecipiat. Reddam latine, ut potero, ut intelligi e pluribus minore negotio possim. Ait enim...*

Un peu plus loin, après avoir traduit un passage du *Traité du sublime*, le P. Benci cite Scipion, *magnum illud Romani imperii lumen et fulmen belli*, comme un exemple de magnanimité. On voit que Denys Petau, en choisissant le sujet des *Carthaginienses*, dont le héros est Scipion, avait également pour objet d'illustrer l'esthétique du sublime et de l'introduire en France. Les *Carthaginienses* se ressentent d'ailleurs beaucoup de l'imitation des deux chefs-d'œuvre de Bernardino Stefonio, un des plus brillants disciples, avec Famiano Strada, du P. Francisco Benci.

XVIIe siècle. L'âme grande, et donc douée pour la grande éloquence, peut être portée au sublime aussi bien par le consentement qu'elle accorde à une inspiration d'En haut, que par celui qu'elle accorde à une inspiration d'En bas. Les sommets de grandeur démoniaque dont l'œuvre de Lucain et celle de Sénèque, entre autres, offraient des exemples si célèbres rentraient donc dans le cadre de cette théologie du Verbe, liée à une rhétorique du sublime.

Nous avons un bel exemple de ce sublime «noir», où se mêlent l'imitation de Lucain et de Sénèque et une connaissance toute «moderne» de la psychologie mystique et de la démonologie, dans l'acte IV des *Carthaginienses* du P. Petau. La femme d'Asdrubal, désespérée de la lâche trahison de son mari, cherche à se venger. Et les «enfants impétueux de son ressentiment», pour emporter cette métaphore à l'Emilie de Corneille, révèlent tout à coup leur vraie nature d'envoyés des Enfers:

> ... Jam jam subit
> *Nescio quid* altum, immane, quod fari piget,
> Horribile, tetrum. Quae nova effigies mali
> Impellit? Actum est: sceleris inveni modum[105].

Telle est la première «touche» de cette possession infernale. Et, deux scènes plus loin, des touches plus intenses, plus conquérantes font frémir son âme et l'obsèdent d'une vision d'autant plus impérieuse que sa volonté décidée à la vengeance consent à leurs suggestions:

> Quid video? Sontes agmen infernum plagas
> Deseruit, et me invadit. En tortos quatit
> Megaera colubros. Mugit horrendum specus
> Tartarea: rictu saeva tergemino Canis
> Vipereus ora pandit. Hinc stricto minax
> Mucrone volitat umbra: cui currum trahens
> Squamifera geminus colla submittit draco[106]...

Et dans les scènes suivantes, à la fois nouvelle Sophonisbe et nouvelle Médée, l'épouse d'Asdrubal, habitée de la force des Enfers, galvanisera la garnison numide, dernier carré suicidaire de la défense de Carthage, et tirera de son époux une vengeance horrible, mais méritée, en égorgeant sous ses yeux leurs deux enfants.

Inutile de souligner tout ce que Corneille, de la folie d'Eraste aux fureurs de Camille, saura tirer de cette dramatugie des Enfers. Ce qui

---

[105] Ed. cit., p. 76. «Je sens monter en moi *je ne sais quoi* de profond et d'horrible...»

[106] Ed. cit., p. 78.

doit être retenu du texte du P. Petau, c'est qu'il n'accable pas l'épouse d'Asdrubal: prisonnière du paganisme, elle n'avait d'autres recours qu'aux Enfers; et d'autre part, sa grandeur d'âme, jusque-là latente (les scènes de l'acte II nous l'avaient présentée comme une épouse en colère, mais humaine encore), a été portée, par cette invasion des énergies d'En bas, au-delà de l'humaine nature, faisant d'elle une image inversée du saint et du martyr chrétiens. Ses objurgations à la garnison numide, bel exemple de sublime néo-latin, suffiraient à le prouver.

Si l'on songe que Corneille, encore au collège de Rouen au moment où est représentée, puis imprimée à La Flèche, la tragédie du P. Petau, a fort bien pu la jouer ou la voir jouer sur la scène de son collège, ou d'autres de la même veine, on s'accordera à reconnaître que Boileau ne croyait pas si bien dire en empruntant aux tragédies du dramaturge rouennais des exemples de sublime longinien. Outre le «Qu'il mourût» du vieil Horace (à qui ne l'oublions pas, il arrive de vaticiner, à la manière d'un Joad romain: «Un jour, un jour viendra...», vv. 997 et suiv.), Boileau aurait pu citer bien d'autres exemples: le «Je suis maître de moi comme de l'Univers» d'Auguste, le «A la mort? — Non, à la gloire» de Polyeucte.

Mais s'il y a chez Corneille un sublime de la magnanimité héroïque, franchissant les normes du grand style tragique à l'instant même où la grande âme, emportée par un «nescio quid», franchit les limites de la nature humaine, il y a aussi le sublime inverse de la grandeur d'âme incontrôlée, au sens latin de *magnitudo animi*, héritière de toutes les révoltes: révoltes païennes d'un Catilina, révoltes chrétiennes de Satan, des hérésiarques, et des tyrans machiavéliques. Lorsque la reine Cléopâtre, rejetant le masque de légalité et de magnanimité qu'elle avait quelque temps affecté par politique, décide de révéler le fond de ses desseins, elle s'écrie, dans un monologue qui déclenche véritablement la tragédie de *Rodogune*:

> Vains fantômes d'Etat, *évanouissez-vous!* (II, 1, v. 398)
>
> Digne vertu des Rois, noble secret de Cour,
> *Eclatez*, il est temps, et voici notre *jour* (*Ibid.*, vv. 406-407)

Ce *Fiat lux* satanique est la version noire du *Fiat lux* de la Genèse, célébré par le Pseudo-Longin comme l'insurpassable exemple du sublime, ce qui lui a valu, nous l'avons vu, la reconnaissance des rhéteurs-théologiens de la Réforme catholique. Que se passe-t-il dans cette terrible clarté soudain évoquée par Cléopâtre? On pourrait dire: au-delà du décor planté par les dialogues du Ier acte, le «fond du théâtre» s'ouvre, une «mansion» jusque-là insoupçonnée se dévoile, et dans ce château d'une âme vraiment royale dont nous sommes admis à voir l'«intérieur», on ne découvre pas, comme chez sainte Thérèse, l'élan d'amour sacrificiel que Corneille a traduit ailleurs par «Toujours aimer, toujours souffrir, toujours mourir», mais l'essor d'une furie d'enfer que la femme forte Rodogune aura bien de la peine à renvoyer dans les ténèbres d'où elle avait jailli.

4.

CRÉPUSCULE DE L'ENTHOUSIASME AU XVIIe SIÈCLE*

Dans un ouvrage intitulé *Crépuscule des mystiques*[107], l'abbé Cognet a montré que la défaite du «pur amour», lors de la querelle Bossuet-Fénelon, fut l'extrême conséquence d'une réaction commencée dès la première moitié du XVIIe siècle, contre ce que l'abbé Brémond avait appelé *Conquête mystique* et qui, jusqu'à la mort de Bérulle, avait caractérisé la Réforme catholique française. Cette «conquête mystique», qui avait eu plus tôt son pendant en Italie et en Espagne, fut contemporaine, dans toute l'Europe, d'une véritable obsession de démonologie et de sorcellerie[108], et dans les pays protestants, d'une prolifération de sectes d'enthousiastes. Nous reprenons ce terme de l'ouvrage de R.A. Knox, *Enthusiasm, a chapter in the history of religion*[109], publié en 1950, et consacré pour l'essentiel à l'étude de ces sectes au XVIe et au XVIIe siècle. L'auteur conclut ses analyses par cette réflexion: «Basically, it is a revolt of Platonism against the Aristotelian *mise en scène* of traditional Christianity.» Ce paysage, à la fois étincelant sur ses sommets et fuligineux dans ses abîmes,

---

*   Cette étude a d'abord été publiée dans le recueil *IIIe Congrès international d'études néo-latines* (Tours, 1976), Paris, Vrin, 1980, pp. 1279-1305.

[107]   Louis Cognet, *Crépuscule des mystiques...*, Paris, Desclée, 1958.

[108]   Voir surtout R. Mandrou, *Magistrats et sorciers en France au XVIIe siècle, une analyse de psychologie historique*, Paris, Plon, 1968, et M. de Certeau, «Une mutation culturelle et religieuse, les magistrats devant les sorciers au XVIIe siècle», *R.H.E.F.*, t. 55, 1966, pp. 300-319.

[109]   R.A. Knox, *Enthusiasm, a chapter in the history of religion, with special reference to the XVIIth and XVIIIth century*, Oxford, Clarendon Press, 1950.

a en effet, Jean Dagens et Jean Orcibal l'ont montré pour la *Conquête mystique*[110], un arrière-plan métaphysique néo-platonicien, conjugué avec l'héritage de la mystique rhénane dans le cas des mystiques catholiques, avec les spéculations démonologiques, gnostiques et hermétiques de la tardive Antiquité dans le cas de ses manifestations moins orthodoxes. C'est un fait que cette «révolte» des divers «enthousiasmes», nobles ou vils, contre une conception raisonnée et raisonnable de la vie de foi perd du terrain au cours du XVIIᵉ siècle, pour trouver refuge dans les formes fugaces et aisément persécutées de sectes ou de cénacles spirituels. Ceux-ci ont récemment trouvé un apologiste chez Kolakowski dans un livre intitulé *Chrétiens sans église*[111].

Il peut paraître paradoxal, à première vue, de chercher un rapport entre ce déclin de l'enthousiasme, au sens religieux et mystique, et le progressif discrédit, sensible au cours du XVIIᵉ siècle, des rhétoriques et poétiques qui font de l'enthousiasme, au sens du *Banquet* et du *Phèdre*, l'ultime ressort de la plus haute création artistique et littéraire. Ce sont là deux domaines qui paraissent avoir leur histoire distincte, leur logique de développement autonome. En effet, à y regarder de plus près, leurs frontières aux XVIᵉ et XVIIᵉ siècles sont loin d'être infranchissables. A nous en tenir à l'exemple de la Compagnie de Jésus, celle-ci a pratiqué alors une rhétorique qui non seulement fusionne avec la poétique, et opère un syncrétisme fort poussé entre l'*ars* aristotélicien et le *furor poeticus* platonicien, mais encore s'articule à la discipline des *Exercices spirituels*, qui visent à rattacher l'éloquence du *miles Christi* catholique au Verbe divin, et qui assignent à l'ensemble de la culture catholique une source «enthousiaste»[112]. Sans doute, cet enthousiasme, fort différent de celui des *alumbrados* et des sectes réformées, emprunte fidèlement les canaux d'une culture

---

[110]   Jean Dagens, *Bérulle et les origines de la restauration catholique (1575-1611)*, Paris, Desclée, 1952, et Jean Orcibal, *Le Cardinal de Bérulle: évolution d'une spiritualité*, Paris, Cerf, 1965, ainsi que *La Rencontre du carmel thérésien avec les mystiques du Nord*, Paris, PUF, 1959.

[111]   Lezsek Kolakowski, *Chrétiens sans église, la conscience religieuse et le lien confessionnel au XVIIᵉ siècle*, trad. A. Pozner, Paris, Gallimard, 1969.

[112]   Voir ci-dessus notre étude, «Une épopée rhétorique jésuite à Limoges en 1650», où nous résumons, à propos de la *Rhetorica* du P. Josset, les idées défendues sur ce point dans notre *Age de l'éloquence*, cit.

codifiée par le concile de Trente et les canons disciplinaires de la Compagnie: il n'en demeure pas moins un principe «irrationnel» et frémissant qui confère à l'écriture et à l'action jésuites cette fièvre, ce dynamisme, cette fécondité imaginative que nous associons à la notion de «baroque». Mais le cas de la Compagnie de Jésus, si déterminant qu'il soit dans une période où sa pédagogie et son prestige rayonnèrent de façon si puissante, n'est pas isolé. La Pléiade (à laquelle les jésuites français restèrent fort longtemps attachés) au XVIᵉ, un Théophile au début du XVIIᵉ (avec des présupposés philosophiques et religieux différents), revendiquaient une sorte de souveraineté du poète fondée sur la conviction que son œuvre s'expliquait en dernière analyse par un «daïmôn» inspirateur. Montaigne lui-même, en plusieurs passages des Essais[113], non seulement célèbre la «fureur» des poètes, mais attribue la liberté capricieuse de la prose, plus accordée qu'on n'est parfois tenté de le croire, à la poésie, aux mouvements d'une inspiration. Quel pouvait être le statut théologique de cet «enthousiasme»? Ni Ronsard ni Montaigne n'ont choqué le christianisme de leurs contemporains en l'invoquant. Et ce n'est pas pour s'être réclamé d'une inspiration naturelle que Théophile fut attaqué par le jésuite Garasse. C'est plus tard, et sous l'influence d'un augustinisme plus soucieux de trancher entre paganisme et christianisme, entre nature et grâce, que, par une dérive irrésistible, la notion d'inspiration enthousiaste, chassée du domaine religieux, se verra menacée même dans le domaine rhétorique et poétique. Dérive ralentie pourtant, comme l'a montré Borgerhoff dans son *Freedom of French classicism*, par l'autorité de génies comme Corneille, soucieux de préserver leur «liberté» contre le légalisme rationaliste des doctes. Dans l'histoire de cette dérive, loin de l'unanimité du XVIᵉ siècle autour de l'enthousiasme rhétorico-poétique, les *Parallèles* de Perrault marquent pour ainsi dire un seuil: la supériorité des Modernes sur les Anciens s'explique chez lui par le supplément de lumière rationnelle que le progrès des temps a communiqué aux Modernes. L'Antiquité, dira Joubert, finit en 1715. Elle agonisait depuis que Perrault avait

---

[113]   Voir *Essais*, éd. Pléiade, p. 65 (I, 12) sur le «démon de Socrate» et l'expérience qu'en a Montaigne lui-même, p. 269 (II, 37) sur le sublime, fils de «l'inspiration sacrée des Muses», et p. 116 (III, 9) sur la «furie» poétique, qui ramène le poète à la «vieille théologie», à la «première philosophie», à l'«originel langage des Dieux».

osé appliquer à Homère et Virgile la notion, incompatible avec celle
d'enthousiasme, de «progrès des Lumières».

*

Entre le *Crépuscule des mystiques* décrit par l'abbé Cognet, et ce
crépuscule de l'enthousiasme poétique décrit par René Bray dans sa
Formation de la doctrine classique en France, il y a sans doute plus
qu'une coïncidence. L'un et l'autre crépuscule a pour arrière-fonds le
déclin du néo-platonisme et du magnanime aristotélicien de la
Renaissance, et les progrès d'un rationalisme critique qui, par des
voies et pour des fins souvent contradictoires, aboutit à une distinction plus tranchée, plus abrupte que par le passé, entre ce que nous
appelons rationnel et irrationnel, vérité et imaginaire, normal et
pathologique. Mais cette évolution des idées fournirait un principe
explicatif trop générique si nous ne tenions pas compte de la parenté
qui relie alors la spiritualité, sous ses formes les plus hautes ou les plus
aberrantes, aux différents types de rhétoriques: cette parenté est la
clef de leur évolution relativement analogue. Un même mot, dans
l'usage néo-latin des humanistes, désigne la prière et le discours, la
parole religieuse et la parole littéraire: *oratio*. Et un même mot, *rhetorica*, désigne souvent traités de spiritualité et traités de rhétorique.
Qu'il nous suffise de rappeler le titre du premier traité d'oraison
méthodique au XIIIᵉ siècle, la *Rhetorica divina* de Guillaume
d'Auvergne[114], ou le titre du traité du jésuite allemand Jérémie Drexel,
Rhetorica coelestis[115]. Il n'est pas rare de voir au XVIIᵉ siècle les *Exercices spirituels* de saint Ignace qualifiés de *rhetorica divina*. Et l'on
sait, après les travaux des PP. de Guibert[116] et de Certeau[117], qu'une
querelle interne ne cessa de diviser dès le dernier quart du XVIᵉ siècle
la Compagnie de Jésus sur l'interprétation des *Exercices*, opposant

---

[114] Voir *Dictionnaire de spiritualité*, Beauchesne, 1967, col. 1182-1191.

[115] *Rhetorica coelestis, seu attente precandi scientia...*, Anvers, 1636.

[116] Voir J. de Guibert, *La Spiritualité de la Compagnie de Jésus, esquisse historique*, Rome, 1953, pp. 239-270, et Michel de Certeau, «La Réforme de l'intérieur
au temps d'Acquaviva», dans l'art. «Jésuites» *du Dict. de spiritualité*, t. VI, col.
985-1016, repris en volume chez Beauchesne, Paris, 1974.

[117] M. de Certeau, «Crise sociale et réformisme spirituel: une "nouvelle spiritualité" parmi les jésuites français», dans *Le Mépris du monde*, Paris, Cerf, 1965,
pp. 107-154.

une tendance mystique et contemplative à une tendance ascéticiste et activiste. Cas particulier d'une tension constante, parmi les spirituels catholiques, entre méditation raisonnée, méthodique, et oraison d'abandon. On a le droit de se demander si une tension analogue n'existe pas, à la même époque, et à un autre niveau entre rhétorique et poétique, l'une d'ascendance aristotélicienne, mettant l'accent sur les techniques d'argumentation et d'élocution à portée de l'humaine raison, et l'autre, d'ascendance platonicienne, sur l'inspiration enthousiaste qui fait de la réussite du discours une «révélation». Le XVIᵉ siècle s'est le plus souvent efforcé de faire coïncider rhétorique et poétique au profit de la seconde. Au XVIIᵉ siècle, l'effort majeur semble avoir porté sur une fusion de l'une et de l'autre, au profit d'une rhétorique qui suppose sans doute une heureuse nature du locuteur, mais qui exige de lui plus de discipline rationnelle et régulière que de dons exceptionnels.

Cette correspondance entre parole religieuse et parole civile n'est certainement pas le privilège de la spiritualité catholique. Il vaudrait la peine d'étudier les conséquences de la théologie luthérienne et calviniste sur les options rhétoriques et poétiques de leurs adeptes. Nous disposons d'ailleurs, dans le livre de Louis Martz, *The Poetry of Meditation*[118], d'une admirable étude pour le cas, particulièrement complexe, de l'Angleterre réformée. Martz montre que les traités d'oraison méthodique répandus en Angleterre sous Elizabeth et Jacques Iᵉʳ par les jésuites, répondant à un besoin que ne remplissait pas le clergé anglican, ont servi de soutien à la création poétique d'un George Herbert, d'un Andrew Marvell, et d'un John Donne. Plus généralement, il est permis de penser que les hommes cultivés du XVIᵉ et du XVIIᵉ siècle ne pouvaient répondre aux questions qu'ils se posaient sur la parole religieuse, sur ses meilleures conditions d'exercice et de légitimité, sans être tentés de transposer ces réponses sur le registre de la parole littéraire, de l'*eloquentia*.

Il est significatif qu'un poète comme Corneille, qui se prévaut dans l'*Excuse à Ariste* de dons exceptionnels d'inspiration, ait pu se plaindre, dans une lettre[119], de ne pouvoir retrouver cette «chaleur

[118] Louis Martz, *The Poetry of Meditation, a study in English religious literature of the XVIIth century*, New Haven, Yale Univ. Press, 1954.

[119] Lettre à d'Argenson, éd. Marty-Laveaux (Hachette, 1862), t. X, pp. 444-448.

d'enthousiasme» dans sa vie religieuse. Il distinguait sans doute les
deux «zèles», il les hiérarchisait, mais en même temps il les concevait
en quelque manière comme apparentés.

C'est justement à propos du problème de l'enthousiasme que
nous voudrions maintenant attirer l'attention sur la connexion, au
XVIIᵉ siècle, entre la problématique de la parole religieuse et celle de
l'expression littéraire, entre la *rhetorica divina* et la rhétorique et poétique littéraires. Nous nous appuierons sur deux ouvrages qui synthé-
tisent avec une vigueur à la fois érudite et polémique les positions des
deux «partis» en présence: le *De Erroribus* de Leone Allacci, publié
à Rome en 1634, et celui de Méric Casaubon, dont la première édition
paraît en anglais en 1655, à Londres, sous le titre *Of Enthusiasm*,
avant de connaître, traduit en latin, plusieurs éditions en Allemagne
entre 1696 et 1724. Chacun de ces deux ouvrages n'est pour ainsi dire
que la partie émergée de deux icebergs, dont nous essaierons de faire
entrevoir en note la masse impressionnante. Chacun d'eux n'est qu'un
moment, particulièrement décisif, il est vrai, dans un débat qui a travaillé toute la culture issue de l'humanisme, et dont les vicissitudes
ont déterminé chaque fois, du maniérisme au classicisme et aux
Lumières, des Lumières au romantisme, un tournant de la conscience
européenne. L'ouvrage de Leone Allacci n'a jusqu'ici fait l'objet
d'aucune étude. L'ouvrage de Méric Casaubon et la place qu'il occupe
dans l'histoire des idées en Angleterre et en Europe ont trouvé en
George Williamson, dans un admirable article intitulé «The Restora-
tion revolt against Enthusiasm»[120], un interprète sagace et allant droit
au cœur du problème. Mais la confrontation entre les deux attitudes,
à la fois gnoséologique et rhétorico-poétique, n'a jamais fait, semble-
t-il, l'objet d'un développement approfondi. C'est à une telle
confrontation que voudrait inviter l'étude qui va suivre.

*

Lorsque Leone Allacci, né à Chio en 1586, élève du collège des
Grecs à Rome de 1599 à 1610, publie en 1634 dans la capitale pontificale son *De Erroribus magnorum virorum in dicendo, dissertatio*

---

[120]   George Williamson, *Seventeenth Century contexts*, Faber and Faber, 1960,
pp. 202-239.

rhetorica[121], il est depuis longtemps une autorité intellectuelle dans la République des Lettres. *Scriptor* de grec à la Vaticane, avant d'en devenir custode, en 1661, succédant ainsi à son ami Lucas Holstenius, il était en rapport avec tout ce qui comptait dans l'Europe érudite d'alors, et ses travaux de philologue, en une époque de relatif déclin des études grecques, faisaient de lui l'héritier de la tradition philhellène de la Haute Renaissance, florentine et vénitienne. Apologiste de l'hellénisme, Allacci s'est tout naturellement situé dans le courant de pensée le plus vivant que l'hellénisme de la Haute Renaissance avait engendré en Europe, le néo-platonisme de Marsile Ficin. Comme nous l'observerons au cours de notre analyse du *De Erroribus*, le platonisme de Leone Allacci le prédestinait à combattre l'influence croissante alors en Europe de l'aristotélicien Jules-César Scaliger : on sait que celui-ci, auteur du *De Causis linguae latinae*[122] et des *Poetices libri septem*[123], est aussi l'auteur du commentaire du *De Subtilitate*[124], où il combattait la théorie de la connaissance et la philosophie du langage de Jérôme Cardan. Celui-ci soutenait[125] qu'il y a trois types de connaissance, l'une par les sens et l'observation, la seconde par le raisonnement et l'étude des causes, et la troisième, apparentée à la révélation mystique, que dans son autobiographie il nomme *splendor* et attribue à ce «génie familier» dont ont parlé Socrate, Plotin, Synésius, Dion Chrysostome et Falvius Josèphe[126]. Par ailleurs, il professait un mépris complet pour le vain souci des «mots» propre aux rhéteurs et aux grammairiens. Dans son propre commentaire du *De Subtilitate*, Scaliger se piquait au contraire de conjuguer la philosophie

[121] *Leonis Allatii de Erroribus magnorum virorum in dicendo, dissertatio rhetorica ad clar. et erudit. virum Joannem Franciscum Slingelandum, protonotarium apostolicum et canonicum duacensem*, Romae, Mascardi, 1635. Sur Leone Allacci, voir *Dizionario biografico degli Italiani*, t. II.

[122] *De Causis linguae latinae libri tredecim*, Lyon, Gryphius, 1540.

[123] *Poetices libri septem*, Lyon, Vincent, 1561.

[124] *J.C. Scaligeri Exotericarum exercitationum liber quintus decimus, de subtilitate, ad Hieronymum Cardanum*, Lutetiae, Apud F. Morellum, 1557.

[125] *Hieronymi Cardani Medici Mediolanensis De Subtilitate libri XXI*, Norimbergae, 1550, L. XIX, *De Daemonibus* (p. 363), et L. XX, De *Angelis* (p. 366).

[126] *Ma Vie*, texte présenté et traduit par Jean Dayre, Paris, Champion, 1935, ch. XLVII, p. 154 : «L'amplification et la splendeur (*splendor*, dans le texte latin original), je les ai reçues partie par l'exercice, partie par le secours de mon génie... Tout l'art d'écrire et celui d'improviser les leçons, je les tiens de mon esprit familier et de la splendeur...»

avec l'atticisme de Cicéron. Pour lui, *eadem mensura est rei et mentis, mentis et orationis*[127] : il y a un même rapport, entre la réalité des choses et leur connaissance, qu'entre la connaissance et son expression éloquente. C'est l'ordre des rapports inhérent à la nature que la raison a pour charge de découvrir, et de refléter fidèlement dans l'ordre du discours. Aucune révélation ne peut se substituer à la connaissance rationnelle des lois du réel posées par Dieu. Aussi, dans les *Poetices libri septem*, Scaliger propose-t-il une histoire de la littérature[128] qui implique la notion de «progrès des Lumières». Rejetant la Grèce et sa littérature dans un passé en quelque sorte «primitif», il fait de Rome, de sa langue, de sa littérature, de ses institutions, l'actualisation de ce que la Grèce n'avait été qu'en puissance. Virgile est supérieur à Homère dans la mesure même où la raison latine, et la langue dont elle se sert, reflètent plus fidèlement l'ordre des choses naturel que leur ébauche grecque.

Au moment où Allacci publie sa *dissertatio*, le prestige de Jules-César Scaliger n'a jamais été aussi grand en Europe. Les doctes gallicans à Paris, les doctes calvinistes à Leyde, ont reçu de leurs maîtres, les Joseph Juste Scaliger, les Isaac Casaubon, la tradition scaligérienne. En matière de rhétorique et de poétique, l'œuvre d'un Gérard Vossius et d'un Daniel Heinsius prolongent à Leyde la leçon des *Poetices libri septem*. Et à Paris, à partir de 1630, un Chapelain, soutenu par le cercle des Dupuy, s'emploie à conférer à la poétique de Scaliger une sorte de légitimité officielle. Publiée à Rome, la *dissertatio* d'Allacci prend le contrepied de cette esthétique rationaliste. Notre auteur se fait l'apologiste de la réminiscence et de l'enthousiasme platoniciens comme modes supérieurs de la connaissance et de la création artistique. Il se fait le défenseur de la supériorité grecque, moins pour l'opposer à la romanité que pour montrer dans les lettres latines les fidèles médiatrices des lettres grecques. Comme Boileau le fera pour rabattre l'outrecuidance des Modernes qui, avec Perrault, voulaient faire subir à Virgile le sort que Scaliger avait déjà infligé à Homère, Leone Allacci recourt au *Traité du sublime* pour combattre l'étroit rationalisme de la critique scaligérienne. La complexité du

---

[127] J.-C. Scaliger, *De Subtilitate*, ouvr. cit., éd. cit., f° 3 v°.

[128] *Poetices libri septem*, éd. cit., *Criticus*, p. 214.

débat engage donc, autour de problèmes de création et de critique littéraires, le vieux conflit entre platonisme et aristotélisme.

*

Le premier chapitre du *De Erroribus* reprend la topique de la Haute Renaissance platonicienne: il célèbre la dignité de l'homme, seul de tous les animaux à avoir été doué de raison et de parole, *ratio* et *oratio*. Et il identifie ces deux concepts latins aux deux concepts forgés par Philon d'Alexandrie[129], repris par Galien et Plutarque, de *logos endiathetos* et de *logos prophorikos*. *Ratio* et *oratio* ne sont que les deux faces d'une même parole: «L'une spirituelle et engendrée dans l'âme, l'autre projetant la première vers l'extérieur en lui donnant le support matériel du langage. A l'origine, à travers la transparence de l'âme d'Adam et de la langue première, le logos circulait en flux continu de sa source divine à son efflorescence dans la nature créée. Mais cette circulation des origines a été troublée: la confusion babélienne des langues en est la conséquence.»[130] Après Babel, la raison humaine, remontant vers ses sources divines, et irriguée par celles-ci, a pu ranimer dans les langues émiettées la plénitude de profération dont jouissait la langue originelle. Il semble aller de soi, pour l'ami du P. Athanase Kircher, que les Grecs ont été capables de réparer le pont brisé entre logos divin et parole humaine: leurs philosophes, leurs poètes, leurs écrivains, projetant cette inspiration dans leur langue, l'ont rendue capable d'éloquence et de poésie.

Quel est le statut théologique de cette inspiration? Etait-ce celle du Dieu des prophètes? ou était-ce celle du «démon» de Socrate, de Cardan et de Bruno? La prudence avec laquelle notre auteur glisse sans appuyer sur les questions théologiques soulevées par ses vues n'est pas due à la négligence. Il se souvient du sort réservé par Rome à Giordano Bruno et il préfère se maintenir dans une ambiguïté

---

[129]   Philon d'Alexandrie, *Quod deterius*, t. V des *Œuvres*, Paris, Cerf, 1965, trad. Irene Feuer, p. 97, § 126-128. Voir également Plutarque, *Moralia*, traité XXIV: «Qu'il faut qu'un Philosophe converse avec les Princes», éd. Lyon, 1607, trad. Aymont, p. 79.

[130]   Allacci, ouvr. cit., ch. 2, pp. 11-12. Voir l'ouvrage de Claude-Gilbert Dubois, *Mythe et langage au XVIe siècle*, Bordeaux, Ducros, 1970, sur le mythe des origines du Verbe.

commode où l'idée d'une révélation accordée aux gentils sert d'enveloppe à la notion de *daïmôn*.

La doctrine si bien analysée par D.P. Walker d'une *Ancient Theology* semble donc réaffirmée en tête du *De Erroribus*, mais de façon
sommaire, comme si le savant bibliothécaire des papes était conscient
de ses implications dangereuses. Même sous cette forme, elle était
nécessaire pour poser les prémisses d'une rhétorique du sublime. Elle
ne l'était pas moins pour combattre la théorie du langage et de la
connaissance que présuppose la critique scaligérienne. Dans le *De
Causis*, pas plus que dans les *Poetices libri septem*, Scaliger n'évoquait
pas même l'hypothèse d'une langue originelle, et d'une hiérarchie des
langues selon leur rapport à cette langue première. Il se bornait à faire
dans un cas la description positive, et dans l'autre l'éloge de la langue
latine. Les mérites supérieurs de celle-ci ne renvoient pas à quelque
réminiscence d'une parole archétype, mais à son fonctionnement
intrinsèque, qui interpose entre la raison et la rationalité du monde
sensible un instrument d'analyse ou de mimétisme parfaitement adé-
quat. Alors que pour l'helléniste Allacci, et pour son néo-platonisme,
ce sont les révélations philosophiques et poétiques dont la langue
grecque a reçu l'empreinte qui signalent sa supériorité, et sa parenté
avec la langue de l'origine.

Préférant aux «mots» les «choses», qu'il entend dans un tout
autre sens que Scaliger, Allacci fait peu de cas de la grammaire et de
la technicité rhétorique, étrangères aux essences. Comme Ronsard
dans son *Art poétique*, il ne veut retenir de la création artistique que
son mystère central, et lui subordonne ses instruments d'expression.
De la spéculation rhétorique de l'Antiquité, il ne sauve, négligeant
complètement Aristote, que la seule notion de «caractère», qui lui
offre l'articulation indispensable entre l'*oratio interior* et *exterior*. La
métonymie que suppose l'emploi rhétorique de «caractère» s'ajuste
en effet parfaitement aux métaphores qui soutiennent traditionnellement la doctrine des deux *logos*; le *logos* intérieur est mâle, c'est une
forme, une idée plasmatrice; le *logos* proféré est femelle, matière, il
n'a de forme transmissible que celle qu'il a reçue. L'un est un sceau,
l'autre la cire qui reçoit l'empreinte. Et le caractère, qui au sens propre
désigne le fer à marquer les animaux, prend aisément au sens figuré
la valeur de marque laissée en creux dans l'*oratio exterior* du sceau
spirituel imprimé par l'*oratio interior*. Cette notion capitale implique
celle d'un relief, qui la relie à la notion d'*energéia* ou à celle d'*ener-
géïa*, qui désigne à la fois l'énergie de la conception chez l'auteur et la

vigueur plastique de son expression littéraire, propre à impressionner profondément et durablement le destinataire du discours. Au lieu de définir et de classifier les caractères, Allacci préfère confronter les témoignages des meilleurs auteurs, pour mieux faire apparaître leur unanimité sur l'essence de la notion. *Character* a été traduit en latin par *forma*, *genus dicendi*, *stilus*, *dicendi species*, selon que l'on interroge Cicéron, Horace, Quintilien ou Pline. Mais tous entendent parler de la marque artiste imprimée par une âme d'exception à la langue commune, la rendant capable d'éloquence et de poésie.

Arrivée en ce point, la polémique d'Allacci se fait ouverte et cinglante contre Scaliger : celui-ci, dans les *Poetices libri septem*, définit le «caractère» comme une *dictio similis ejus rei cujus nota est, substantia, qualitate, quantitate*[131] («une diction semblable à la chose qu'elle marque, par la substance, qualité et quantité»). Comment, s'indigne Allacci, peut-on poser un rapport d'équivalence entre *character* et *dictio* ? *Character* est de l'ordre de la forme, *dictio* de l'ordre de la matière. L'un relève en somme de la poétique platonisante dont Allacci s'efforce de sauver la doctrine, l'autre relève de la rhétorique et de la grammaire qui analysent par le menu les moyens d'expression littéraire. En ignorant la distinction entre *oratio interior* et *exterior*, Scaliger rejette la responsabilité ultime de la forme du discours non sur le sujet qui le traite, mais sur le sujet traité. Et Allacci de s'indigner encore plus violemment de l'expression *similis ejus rei cujus nota est*. L'adjectif *similis* implique en effet une conception de la *mimesis* inacceptable pour notre auteur. C'est toute l'esthétique de l'*idea*, si bien étudiée par Panovsky, qui est en cause. Pour Scaliger, le caractère de l'*oratio* est déterminé par la nature objective du sujet traité, il est la projection exacte de celle-ci selon des règles éprouvées. C'est la grandeur et l'humilité de la raison de savoir rester fidèle au réel et à ses lois fixées par Dieu, même dans la fiction. Pour Allacci, le *caractère* de l'*oratio* est la projection de la raison, mais d'une raison inspirée, libre et créatrice, qui prend sur le sujet traité le point de vue qui lui convient, et le moule à son idée. La liberté créatrice prend sa source dans la réminiscence, elle trouve en elle-même le principe des formes, elle ne se laisse pas lier par le déterminisme d'un rapport objectif entre le sujet traité et la forme qui lui conviendrait nécessairement.

---

[131]   Allacci, ouvr. cit., ch. II, p. 15.

Deux ans plus tard, en 1636, nous retrouvons une doctrine analogue chez un autre Romain, Agostino Mascardi, au L. IV de son *Dell'Arte historica*. Comme Allacci, Mascardi rejette la doctrine scaligérienne d'un lien nécessaire entre le sujet et le caractère. Celui-ci dépend de la seule liberté de l'*ingenium*, accordé au jugement du goût. Mascardi va même jusqu'à distinguer le *character*, trop lié à la critique scaligérienne, et qui suppose une analyse trop extérieure et mimétique du style, de ce qu'il appelle *stylus*, et qui suppose une perception intime du *genius* propre à l'écrivain[132]. Il n'est pas hors de propos de faire remarquer ici que Boileau, dans sa *Xe Réflexion sur Longin* se montre plus proche de la critique romaine, et surtout de Mascardi, que de la doctrine scaligérienne reprise par Vossius et la critique hollandaise. Polémiquant contre le calviniste Le Clerc, Boileau écrira ironiquement:

> Pour être bon Historien, [...] il ne faut point d'autre talent que celui que Demetrius Phalereus attribue au peintre Nicias, qui étoit de choisir toujours de grands sujets. Cependant, ne paroit-il pas au contraire que pour bien raconter une grande chose, il faut beaucoup plus d'esprit et de talent, que pour en raconter une médiocre? En effet, Monsieur, de quelque bonne foi que soit votre homme, ignorant et grossier, trouvera-t-il aisément pour cela les paroles dignes de son sujet?[133]...

Le bon sens de Boileau émousse quelque peu la pointe du débat: il n'en demeure pas moins que, pour l'auteur de l'*Art poétique*, dont la dette est indéniable envers la critique scaligérienne, l'*imitatio naturae* n'est pas une simple adéquation du langage-miroir aux «choses», elle fait intervenir des facultés étrangères au pédantisme de la raison, «le talent et l'esprit», et dans ce dernier mot survivent malgré tout un souffle exténué d'enthousiasme et la trace d'un «je-ne-sais-quoi». Pour Boileau, traducteur du *Traité du sublime*, le Pseudo-Longin sert manifestement de contrepoids à une critique scaligérienne plus radicale, et dont Perrault, à sa manière, est un interprète.

Pas plus que Mascardi, Allacci ne s'attarde aux controverses des rhéteurs sur la meilleure classification des «caractères». Celle-ci, au contraire, intéresse au premier chef de la critique scaligérienne, dans la mesure où elle offre à la raison les cadres formels adaptés

---

[132] Agostino Mascardi, *Dell'Arte Istorica*, Rome, 1636, p. 392, *Digressione sullo stile*.

[133] Boileau, *Œuvres*, Genève, 1716, t. II, p. 179.

nécessairement aux diverses catégories de sujets possibles. Pour Allacci, «l'esprit souffle où il veut», et se dérobe aux lois de la mécanique mimétique. A la rigueur, il veut bien prendre en considération la classification la plus simple, celle qui rencontre l'adhésion des meilleurs auteurs: simple, moyen et grand. Mais c'est aussitôt pour la dépasser, et pour faire du grand style le seul «caractère» digne d'intérêt, non comme catégorie stylistique claire et distincte parmi d'autres, mais comme une sorte d'au-delà et de point de convergence de toutes les catégories de style. Clef de voûte de l'éloquence qu'il est réservé aux chefs-d'œuvre et aux génies de sceller.

Loin de limiter au seul «Longin» le privilège d'avoir aperçu cette idée du grand style par-delà celui des rhéteurs, Allacci croit la reconnaître chez tous les grands auteurs de l'Antiquité.

La diversité du vocabulaire dont les Latins, sur les traces des Grecs, ont usé pour désigner cette idée — *uber, magniloquus, altiloquus, sublimis, gravis, grandis, plenus, magnus, amplus, summus, generosus* — lui semble renvoyer à la même intuition d'un sommet de l'éloquence, d'une réussite suprême défiant l'analyse, et conférant à l'orateur ou au poète une sorte d'empire absolu sur les âmes. Un tel idéal ne saurait être atteint que par les rares âmes à sa mesure, et cette mesure suppose quelque chose de divin. Aussi le grand style, «résonance d'une grande âme», a-t-il sa caricature, qui le suit pour ainsi dire comme son ombre: c'est le style enflé, le *parenthyrsus*, qui révèle l'échec du poète ou de l'orateur à atteindre un idéal disproportionné à ses capacités. Le style enflé trahit le mensonge de qui veut se faire passer pour inspiré, alors qu'il a le souffle court. C'est dire que très peu d'auteurs ont atteint au «grand style» entendu en ce sens: chez les Grecs, Thucydide, Platon, Démosthène, Pindare, Eschyle, Sophocle, Homère; chez les Latins, Salluste, Cicéron, Horace, Virgile.

Paraphrasant «Longin», Allacci amplifie pour ainsi dire sa leçon en y voyant moins la trouvaille d'un critique exceptionnel que le fruit de toute une tradition philosophico-rhétorique grecque, puis latine, dont les traces, éparses mais évidentes, peuvent être recueillies chez les meilleurs auteurs, et surtout dans le témoignage des chefs-d'œuvre de l'Antiquité. Contrairement à la conclusion qui semble se dégager de l'ouvrage, si remarquable par ailleurs, de J. Brody, *Boileau and Longinus*[134], ce n'est pas le traducteur français du *Traité du sublime*

---

[134]   Jules Brody, *Boileau and Longinus*, Genève, Droz, 1958.

qui révéla à l'Europe cultivée la distinction entre «grand style», au
sens scolaire des rhétoriques, et «sublime», au sens d'expérience
esthétique de la suprême beauté. Loin d'ignorer cette distinction,
Leone Allacci en fait le trait distinctif de ce que l'on appellerait volontiers la «critique des créateurs» de l'Antiquité. Loin de se croire original en cela, le savant helléniste ne pouvait ignorer que, dès 1555, dans
un *Discorso* qui faisait suite à une édition du texte grec du fameux
Traité[135], Paul Manuce avait expliqué aux «grandes âmes» que le
sublime transcende les catégories de la rhétorique scolaire, et qu'il
confère, à qui sait l'atteindre dans une liberté inspirée, un pouvoir
irrésistible sur le public. Ni Méric Casaubon, en 1655, ni Morhof en
1661, n'ont l'impression de traiter du sublime, fils d'exception de
l'enthousiasme exceptionnel du poète, autrement que comme d'un
«lieu commun» de la critique savante. Boileau fit don de celui-ci au
public mondain de langue française, et à son extension européenne.

Allacci prend d'ailleurs soin, au chapitre V de sa *Dissertatio*,
d'insister sur cette distinction souvent attribuée au génie critique de
Boileau: il y stigmatise en effet l'erreur où tombent les esprits étroits
et pédants lorsqu'ils s'en prennent à une œuvre sublime; il attribue
leur aveuglement à l'idée conventionnelle qu'ils se font du rapport
entre grand style et grand sujet. La grande âme, saisie de l'enthousiasme poétique, n'a que faire de ces équations scolaires: libre et sûre
d'elle-même, elle joue des ressources des trois styles, elle les dose à sa
guise quel que soit le sujet qu'elle s'avise de traiter. Cette désinvolture
passe pour faute aux yeux des classificateurs. Et l'on songe ici à la
querelle, au début du siècle, entre le scaligérien Giason de Nores et
Guarini à propos du *Pastor Fido*: contre la distinction rigoureuse des
genres selon les sujets, Guarini défendait la liberté qu'il avait prise,
avec tant de succès, de mêler dans une même œuvre dramatique tragédie et comédie: *Felix culpa*.

Au chapitre VII, Allacci s'en prend à Hermogène et au pédantisme de ses innombrables *idéaï tou logou*. Prenant pour exemple la
déinotès ou *vehementia*, il la définit comme une méthode de persuader, alliant la vigueur des pensées à la puissance pathétique, où
Démosthène est passé maître, mais la *vehementia* n'est qu'un moyen
de la sublimité démosthénienne, elle ne l'explique pas plus qu'elle ne

---

[135]   Paul Manuce, *Tre libri di Lettere volgari*, Venise, 1555, *Discorso intorno all'ufficio dell'oratore*, f° 13 et suiv.

saurait prétendre à la résumer. Le *character sublimis* englobe la véhémence, comme il englobe, pour les porter à l'incandescence, les autres techniques possibles de la *dictio*: il n'est redevable à aucune d'elles, car sa source est ailleurs, dans une vision inspirée.

Arrivé en ce point, Allacci ouvre deux débats: l'un porte sur la nature de la critique dont est susceptible l'œuvre sublime; le second est d'ordre pédagogique: faut-il donner en modèles les réussites sublimes, ou détourner les futurs écrivains des chefs-d'œuvre inimitables en leur proposant la sécurité rassurante et médiocre d'une régularité imitable?

Le débat sur la critique appropriée au sublime anticipe sur celui qui opposera Boileau à Perrault: dans la *Ve Réflexion sur Longin*[136] Boileau fera du ressentiment (au sens de Max Scheler) le ressort de la critique des Zoïles modernes contre les Anciens. C'est l'impuissance et l'envie des «petits esprits» et des «pédants»; les chefs-d'œuvre des grands génies, n'étant pas à leur portée, les offensent, et ces médiocres n'ont pour ressource que de se livrer, pour affirmer leur importance, à la calomnie vétilleuse. Cette analyse esquissée par Boileau n'est que l'écho, très adouci par l'urbanité classique, de la violente diatribe d'Allacci, qui se déploie dans toute la péroraison, particulièrement brillante, de sa *dissertatio*. Pour notre auteur, Jules-César Scaliger et son compère Franciscus Floridus[137], contempteurs du génie hellène, tiennent lieu de Perrault et de Le Clerc. Ces humanistes renégats sont pour Allacci, comme Perrault le sera pour Boileau, de nouveaux Zoïles. Ils ont eu malheureusement d'autres modèles dans l'Antiquité: Plutarque a vainement tenté de diminuer le génie de Cicéron. Pour autant, la sévérité et l'ironie critiques ne sont pas condamnables en soi, lorsqu'ils se contentent de dégonfler les fausses réputations et de signaler les défauts: mais devant les chefs-d'œuvre, ils savent, quand l'envie ne les anime pas, qu'il faut en dernière analyse en venir à la «critique des beautés».

Allacci admet que cette critique envieuse et acharnée contre les génies ajoute aux difficultés inhérentes à la vraie grandeur pour rendre celle-ci redoutable, dangereuse. Ne vaut-il pas mieux préférer à ces

---

[136] Boileau, éd. cit., pp. 137-138. Voir aussi p. 119.

[137] *Franciscus Floridi Sabini apologia in M.A. Plauti, aliorumque Poetarum et linguae latinae calumniatores*, Lyon, Gryphius, 1537. Polémique contre le «Graeculus» de Murelle.

sommets inaccessibles et contestés les coteaux modérés d'une médiocrité prudente, et prémunie contre la jalousie?

Dans un premier mouvement qui occupe le chapitre IX, Allacci
feint d'exhorter les orateurs à se détourner de la quête du sublime, et
à se contenter d'un idéal modéré et prudent. En choisissant la sécurité
des règles éprouvées, et en se maintenant dans une médiocrité régulière, on est à l'abri des périls du style enflé, et des excès qui, s'attirant
des critiques désagréables, compromettent aussi la santé de l'orateur.
Ce chapitre est en fait une prosopopée ironique qui résume toute une
tendance de la rhétorique et de la poétique au XVIIᵉ siècle, celle qui
s'appuie sur la *Poétique* de Scaliger et l'*Institution oratoire* de Quintilien. Publié en 1634, trois ans avant l'éclatement de la querelle du *Cid*,
il semble résumer par avance les arguments des adversaires de Corneille.

Mais au chapitre suivant, le dernier et le plus long de sa dissertatio, Allacci montre de quel côté penche son cœur:

> *Dicimus omnino appetenda esse sublimia etiamsi periculosa, etiamsi*
> *labamur* («Nous affirmons qu'il faut rechercher de toutes ses forces le
> sublime, même s'il est dangereux, même s'il nous expose aux faux
> pas»)[138].

Que les médiocres se contentent de la médiocrité: c'est ce qu'ils
ont de mieux et de plus sage à faire. Mais que la grande âme, *magnum
ingenium, ingens animus*, qui cherche d'instinct à se dépasser elle-
même, *seipso grandior*, s'arrache à la foule et recherche l'impossible.
Horace, avec l'accord de tous les bons auteurs, Pline, Plutarque,
Xénophon, a décrit cet élan qui est la noblesse de l'esprit:

> *Transvolat in medio posita, et fugentia captat* («Son vol dépasse ce qui
> est à sa portée pour s'élancer à la suite de ce qui le fuit»).

Telle est l'admiration que suscite sur son passage cette raison
ardente que même ses échecs et ses fautes, filles de l'enthousiasme,
suscitent l'enthousiasme. Et il en va de même des héros de l'action et
des héros de la plume: l'élan sublime qui les anime peut s'exprimer
chez les uns par des exploits, chez les autres par des chefs-d'œuvre,
ces manifestations diverses du *logos prophorikos* renvoient à la même
source, l'inspiration divine projetée dans le *logos endiathetos*. Les

---

[138]   Allacci, ouvr. cit., ch. X, p. 155.

prétendues fautes des génies, comme les blessures des héros, portent témoignage de la hauteur de leur entreprise: tels les grains de beauté sur le corps les plus réussis par la nature, ils ajoutent à la beauté, loin de la ternir. Roscius louchait, et pourtant tel était son art que Cicéron le trouvait plus beau qu'un dieu.

Ces prétendues fautes des grands hommes signalent les risques qu'ils n'ont pas hésité à courir pour remplir leur vocation. Tels le magnanime d'Aristote, ils ont osé mépriser leur existence pour conquérir la gloire. Dans l'analyse qu'Allacci donne alors de la grande âme qui résonne dans le sublime, il fait fusionner l'idéal aristotélicien de Magnanimité avec l'idée platonicienne d'inspiration démonique. Il emprunte à Xénophon l'image du coursier généreux et indomptable pour signifier la liberté dont jouit la grande âme enthousiaste. Il cite Grégoire le Grand affirmant qu'il est indécent d'enfermer l'Esprit saint dans les règles de la grammaire. Remplis d'un esprit divin, *pleni deo*, les grands écrivains, poètes ou orateurs, n'hésitent pas à sacrifier les règles de l'art pour atteindre à l'art suprême. De même les héros, soutenus par l'enthousiasme, n'hésitent pas à sacrifier la lettre de la loi pour sauver la loi même et la cité. Ce sont là, dans les deux cas, des «fautes»: elles sont rédimées et effacées par le rayonnement de l'œuvre sublime. Mais ce n'est pas par ignorance des règles ou des lois, ou par incapacité de s'y plier, que les grands hommes de plume ou d'action les ont violées: c'est par un zèle inspiré, incompréhensible au vulgaire, pour l'art et pour la loi. Avec magnanimité ils acceptent la responsabilité de leurs fautes, sans renier la grandeur de l'œuvre que ces fautes apparentes ont rendu possible.

Ces pages, qui ne cessent de mettre en parallèle l'héroïsme de l'action et le génie littéraire, jettent une vive lumière sur la carrière de Corneille dans les années 1636-1640. Balzac avait mis fin à la querelle du *Cid* en décrétant que les prétendues fautes de Corneille, dans sa tragi-comédie, étaient justifiées et purifiées par la réussite sublime de l'œuvre, en dépit des règles. Balzac a pu lire le *De Erroribus* avant d'écrire sa fameuse *Lettre à Scudéry*, mais qu'il l'ait lu ou non, il est évident d'après cette lettre que pour lui, comme pour Allacci et plus tard pour Boileau, le seul critique digne d'une œuvre sublime est celui qui a su se hausser jusqu'à la notion de sublime, et dont la grandeur d'âme est fraternelle de celle des grands auteurs. Le sens d'*Horace* dès lors s'éclaire: métaphore du génie littéraire sur le plan de l'héroïsme d'action, le sauveur de Rome et le meurtrier de Camille, violant la loi de la patrie pour mieux servir la Patrie, devient l'allégorie du dramaturge violant les règles de l'art pour donner à l'art un nouveau chef-d'œuvre[139].

De même que l'*Excuse à Ariste* retentit des derniers échos des enthousiasmes de Ronsard, les pages finales de la *dissertatio* d'Allacci frémisssent des derniers échos des *Eroïci Furori* de Giordano Bruno:

> *Ratio haec et ad sublimia quaeque appetitus nullum habet modum, nullis circumscribitur terminis, in immensum suas extendit vires*[140].

Le mot *ratio* ici traduit *logos endiathetos*: associé au mot *appetitus*, il devient synonyme d'enthousiasme inspiré. On peut donc traduire:

> «Cet enthousiasme et cet appétit de l'âme pour tout ce qui est sublime ne connaît aucune mesure, ne se laisse enfermer par nulle limite, et déploie son énergie dans l'infini.»

Le privilège du sublime, par plus d'un trait analogue à l'illumination mystique, c'est qu'il trouve sa forme par un chemin court, en dépit des règles éprouvées et des prudences méthodiques, bonnes pour les âmes ordinaires. Et Allacci résume alors sa pensée par deux citations, l'une du *Traité du sublime*, l'autre de la *Lettre 26*, L. IX, de

---

[139]   Voir Allacci, pp. 170-173: «Ut enim salva lege, quae jubebat moenia neminem transire Epaminondas Patriam servare non poterat, sic scriptoribus quaedam, praesertim Poetis Epicis et Comicis et Tragicis ingruit necessitas, ante non praevisa, ut aut abjiciendum sit opus aut tali contumacia sit erumpendum.» L'analogie entre l'héroïsme moral et l'héroïsme littéraire est donc complète: à la loi que viole, par amour de la Patrie, le héros de Plutarque, correspond la règle poétique que le poète (dans les grands genres) est libre de violer par amour de l'œuvre sublime; à l'imperfection des lois et des règles faites pour les situations normales et pour les hommes ordinaires, doit répondre la liberté souveraine du héros et du grand poète, âmes extraordinaires dans les situations d'exception.

[140]   *Ibid.*, p. 173. Voir une adhésion aussi entière à la doctrine du *furor poeticus* en France chez l'érudit Gilbert Gaulmin, *Theodori Prodromi Philosophi Rhodanthes et Dosiclis Amorum libri IX*, Paris, T. du Bray, 1625. Dédicace à Charles de l'Orme, Conseiller et Médecin ord. du Roi: «Hic ille sacer furor Poetica est, quae omissa quam contemnit Natura, ideo quia materiam attingit; neglecta quam praetergreditur opinione, quia corpus respicit, per Rationem in qua seipsam videt ad Mentem properat; qua multitudo quidem est, sed stabilis, in qua Universi pulchritudinem intuetur, donec ad illud Unum quod solus et Poeta scit, et loquitur, aliquo tandem modo pervenerit.» Les poètes modernes paraissent à Gaulmin des «grammairiens», incapables de retrouver le *furor* des poètes antiques dont ils se réclament. Sur Gaulmin, voir F. Secret, «Gilbert Gaulmin et l'histoire comparée des religions», *R.H.R.*, pp. 35-63.

Pline, qu'il considère à juste titre comme concordantes[141]. Dans le passage cité, Longin oppose le grand style régulier à l'irrégularité apparente du sublime, pour préférer le «surnaturel» et le «divin» du second à l'«art» du premier, tout en souhaitant leur alliance, pour citer la traduction de Boileau.

> Un seul de ces beaux traits et de ces pensées sublimes dans les ouvrages de ces excellents auteurs peut pallier tous leur défauts[142].

Dans la citation de Pline, Allacci met en évidence l'idée que le pire défaut, c'est la fadeur de n'en avoir aucun, et que le risque, le hasard courus, sont le prix admirable qu'exige pour se laisser atteindre la suprême beauté.

*

La *dissertatio* d'Allacci s'efforçait de sauver l'enthousiasme en lui donnant pour garants l'héroïsme et les chefs-d'œuvre littéraires. Avec le *Treatise concerning Enthusiasm* de Méric Casaubon, publié à Londres en 1655[143], il s'agit de compromettre définitivement l'enthousiasme, en le rejetant dans la pathologie: le *furor poeticus* et l'*entheus impetus* rhétorique, au même titre que les phénomènes mystiques, sont exclus du règne de la raison. L'année suivante, reprenant sous une forme plus brève, moins chargée de citations, plus efficace sur le public, la thèse de Casaubon, Henry More, dans *A brief discourse of the nature, causes, kinds and cure of Enthusiasm*[144], poursuivait

---

[141]   La citation de «Longin» dans le texte (suivie d'une traduction latine de G. de Petia) s'étend de la p. 175 à la p. 183; la citation de Pline de la p. 184 à la p. 187.

[142]   Boileau, trad. de «Longin», éd. cit., p. 91.

[143]   *A Treatise concerning enthusiasm, as it is an effect of nature, but is mistaken by many for either divine inspiration or diabolical possession...*, London, T. Johnson, 1655, in-8°, 228 p. L'ouvrage de Casaubon est cité dès 1661 dans la *Dissertatio de Enthusiasmo seu Furore poetico* de Daniel Morhof, publiée dans ses *Dissertationes academicae*, Hambourg, 1682, où l'auteur du *Polyhistor* se contente, sans esprit de polémique contre l'enthousiasme des poètes, de résumer, à grand renfort de citations antiques et humanistes, la doctrine traditionnelle de l'inspiration poétique, et de son substrat psycho-physiologique dans le tempérament mélancolique.

[144]   Henry More, *Enthusiasmus triumphatus...*, Londres, 1656. Rééd. dans *A collection of several philosophical writings of Dr Henry More, as namely his... Enthusiasmus triumphatus*, 2e éd., Londres, 1662, in-folio, et en traduction latine dans *Opera omnia...*, 3 vol. Londres, 1675-1679. Voir, dans la même veine, *The Spirit of Enthusiasm exorcised, in a sermon preached before the University of Oxford, by*

l'offensive de l'Eglise d'Angleterre contre ce qu'elle considère comme
la corruption de la raison chrétienne par une pathologie à prétention
religieuse et philosophique. Oxford, en la personne de Casaubon,
Cambridge, en la personne de More, s'unissent pour purifier la foi
chrétienne des dernières pestilences du paganisme, de l'athéisme et de
l'hérésie, qui toutes sourdent de cet enthousiasme abusivement emprunté à Platon. Une des conséquences indirectes, mais expressément
soulignée par les deux auteurs, de cette polémique théologique, c'est le
discrédit jeté sur toute conception de l'activité littéraire et artistique
faisant fonds sur l'irrationnel, l'inspiration, la dictée «démonique».

Henry More n'étant que le Charron d'un autre Montaigne, c'est
sur ce dernier, Méric Casaubon, que nous porterons l'essentiel de
notre attention. La forme de son traité, touffu, érudit, une suite
d'essais à la manière du XVIe siècle, révèle la tradition dont hérite
notre auteur: celle de l'humanisme érudit dont son père Isaac Casaubon, ami de Joseph-Juste Scaliger et gendre d'Henri Estienne, avait
été une figure de proue. Ce «gladiateur de la République des Lettres»,
pour reprendre l'expression devenue classique de Charles Nisard,
avait entre autres à son actif deux découvertes ruineuses pour le vita-
lisme magique et le néo-platonisme de la Renaissance: il avait montré
que le *Corpus hermeticum*, loin d'être une révélation contemporaine
de celle de Moïse, était un recueil gnostique tardif; et que le prétendu
«saint Denys l'Aréopagite», tenu par la tradition mystique catholique
pour un contemporain des apôtres, était un auteur néo-platonicien,
tardif lui aussi. Il avait ainsi gravement compromis l'autorité de ces
deux recueils, qui alimentaient les spéculations de la Renaissance sur
The Ancient Theology, et celles de la Réforme catholique sur la théologie mystique. Passé du service d'Henri IV à celui de Jacques Ier
d'Angleterre, Isaac Casaubon avait fait de son fils Méric un élève de
Christ Church à Oxford, où il avait pu connaître Robert Burton,
bibliothécaire du collège, et auteur d'une *Anatomy of Melancholy*
(1re édition, 1621) qui contient en germe les thèses plus tard défendues, sous une forme plus polémique, par Méric[145]. Pasteur de l'église

---

*George Hickes, with two discourses occasioned by the new prophets, pretensions of
Inspirations, and Miracles*, Londres, 1709 (1re éd. 1680). Sur l'histoire du mot
«enthusiasm» en Angleterre au XVIIe, voir Susie Tucker, *Enthusiasm, a study of
semantic change*, Cambridge, Univ. Press, 1972.

[145]   Sur Robert Burton et son œuvre, voir Jean Robert Simon, *Robert Burton
(1577-1640) et l'Anatomie de la Mélancolie*, Paris, Didier, 1964.

d'Angleterre, le fils d'Isaac Casaubon devint lui-même un humaniste érudit et un théologien distingué. En 1647, il avait publié à Londres un *De Verborum usu et accuratae eorum cognitionis utilitate*[146], qui annonçait qu'il avait reçu de son père la plus profonde leçon de Jules-César Scaliger, qu'il cite d'ailleurs avec ferveur dès la première page de son traité. Ici, comme dans le cas du *De Erroribus* d'Allacci, la querelle entre Scaliger et Cardan autour du *De Subtilitate* apparaît comme l'événement majeur de l'histoire de l'enthousiasme, le point de partage qui donna naissance à deux traditions intellectuelles dont l'une conduit aux Lumières, et l'autre au romantisme. Allacci attaquait Scaliger. S'appuyant sur celui-ci, Casaubon s'en prend à ceux qui, à la suite de Sénèque, prétendent préférer les «choses» aux «mots». Et il raisonne ainsi:

> *Omnem cognitionem mentis a corporis sensibus... in confesso apud omnes est, qui non sensibus suis renuntiaverint.* («Que toute connaissance intellectuelle naisse à partir des sens corporels, c'est une évidence reconnue de tous ceux qui n'ont pas perdu le sens»)[147].

Or les mots, selon Aristote, sont *symbola rerum*; du juste usage et de la juste interprétation des mots, qui s'interposent entre nous et la réalité sensible, dépend notre connaissance exacte de celle-ci. Grammaire et rhétorique sont des auxiliaires primordiaux de la science, et en particulier de la connaissance critique de l'Ecriture sainte. Par la théorie de la connaissance qu'il esquisse, et par le statut du langage qu'il y fonde, ce petit livre est un des nombreux chaînons intermédiaires entre le *De Subtilitate* de Scaliger et l'*Essay on human understanding* de Locke[148].

---

[146] *De Verborum usu et accuratae eorum cognitionis utilitate diatriba...*, London, sumpt. R. Mynne, 1647, in-12°.

[147] *Ibid.*

[148] Sur la critique lockienne de l'enthousiasme, voir l'*Essai philosophique concernant l'entendement humain*, trad. Pierre Coste, Amsterdam, 1723, p. 907, § 8 («Quantité de gens... lorsqu'ils sont une fois entêtez de cette maniere de Revelation immediate, de cette espece d'Illumination sans recherche, de certitude sans preuves, et sans examen, il est difficile de les tirer de là»); pp. 909-910 («Si je ne connois pas cela ['l'évidence de la chose même'] mon assurance est sans fondement, quelque grande qu'elle soit, et toute la lumière dont je prétends être éclairé n'est qu'Enthousiasme»); p. 910 («Comment pourrons-nous connaître qu'une proposition que nous avons dans l'esprit est une vérité que Dieu nous a inspirée, qu'il nous a révélée, qu'il nous expose luy-même à nos yeux, et que pour cet effet nous devons croire? C'est ici que l'Enthousiasme manque d'avoir l'évidence à laquelle elle prétend»). Dans la même ligne, voir Voltaire, *Dictionnaire philosophique*, art. «Enthousiasme». Mais

En 1655, au moment où la persécution contre George Fox et les Quakers fait rage en Angleterre, Méric Casaubon élargit sa critique du néo-platonisme dans un traité destiné à connaître un profond retentissement dans l'Europe du Nord. D'abord publié à Londres, le *Treatise concerning Enthusiasm* sera d'abord partiellement traduit en 1696, sous le titre *De Enthusiasmo precatorio* par le recteur de la faculté de théologie de Greiffswald, en Poméranie, Johann Friedrich Mayer, puis traduit entièrement par Adam Fabricius et publié à Leipzig, où il connaîtra plusieurs éditions[149]. Si le traité de Casaubon visait entre autres enthousiastes les Quakers, les traductions de Mayer et Fabricius visent les piétistes, anabaptistes et autres fléaux de l'Eglise luthérienne. Dans sa préface, Fabricius cite longuement Locke, polémique contre Poiret, propagateur en Allemagne protestante du quiétisme catholique, et s'en prend à Sénèque, dont la fameuse *Epître 41* est à ses yeux une des sources les plus influentes des idées redoutables d'enthousiasme et de sublime. Ces traductions font partie d'une offensive en règle de la part des théologiens et des médecins luthériens contre le mysticisme de toute obédience[150], où ils voient une rémanence du paganisme et du catholicisme dans leurs propres rangs. Ceci éclaire rétrospectivement la portée de l'ouvrage de Casaubon, qui d'ailleurs, dans un traité ultérieur, publié en 1670, *Of*

---

héritier du classicisme, Voltaire admet dans les belles-lettres «l'enthousiasme raisonnable»: «C'est un coursier qui s'emporte dans sa carrière, mais la carrière est régulièrement tracée.»

[149] J.F. Mayer, trad. du *De Enthusiasmo precatorio* (un chapitre du *Treatise...* consacré à l'éloquence sacrée), publié à la suite de son traité *De Pietatis Ecclesiae Veteris commentatio*, Hamburgi, 1696, in-4°. Le même Mayer publie sa traduction du *De Enthusiasmo* en édition séparée à Greiffswald, chez J.-F. Frickwerber, 1708, in-4°. Enfin la traduction complète paraît sous le titre *De Enthusiasmo in quo de enthusiasmo in genere tum de contemplativo et philosophico, rhetorico, poetico, precatorio, in specie luculenter agit, cura Jo. Frid. Mayeri, per Adamum Fabricium ex anglico latine redditus ac utriusque praefatione instructus*, Lipsiae, J.S. Strausius, 1724 (in-4°), 2e édition. Dans sa préface Fabricius cite Locke (*De Intell. Hum.*, IV, 20, 8), attaque violemment Poiret, et l'irrationalisme impie de toute gnoséologie «enthousiaste».

[150] Voir entre autres la *Dissertatio Academica de Phantasia ejusque effectibus cum applicatione ad fanaticos quam Dei juvante... in Academia Lipsiensi... submittunt... sub praese Melchior Scheffer*, 1706 (B.N. Rz 2006), où l'attaque rationaliste, au nom de la pureté de la foi chrétienne, contre l'imagination et ses illusions est soutenue par une précieuse et abondante bibliographie, où figurent entre autres Nicole, Malebranche, Lange, etc.

credulity and incredulity, in things divine and spiritual[151], avait fait un pas vers la définition d'une «religion dans les limites de la pure raison».

Dès 1655, le ton d'ironie feutrée mais au fond meurtrière du *Treatise concerning Enthusiasm* préparait celui de Fontenelle dans l'*Histoire des oracles*. Deux vastes chapitres occupent la majeure partie de l'ouvrage: l'un est consacré à la parole religieuse, et aux troubles qu'y introduit l'enthousiasme; Casaubon s'emploie à purifier l'exercice de la raison chrétienne de toute concession à une prétendue «inspiration», divine ou démoniaque, et à réduire à la mélancolie, justiciable de la médecine, la nombreuse troupe des sorcières, pythies, et sibylles païennes, des mystiques catholiques, des extatiques, enthousiastes et *seekers* faussement réformés. Il fait remarquer d'ailleurs que la plupart de ces malades appartiennent au sexe féminin, ou subissent son ascendant.

L'autre grand chapitre, qui indirectement est une réponse au *De Erroribus* d'Allacci, que la prodigieuse érudition de Casaubon ne pouvait ignorer, est consacré à la théorie littéraire, et à la pernicieuse notion de *furor poeticus* qu'il traduit avec humour par «rhetorical enthusiasm». Il fait le bilan des sources antiques et humanistes de cette notion, de Platon, Sénèque et «Longin» à Ficin, Cardan et Bruno. Avant le *Saturn and Melancholy* de Klibansky, Saxl et Panofsky[152], il insiste sur l'importance de la fusion, chez Ficin, de l'idée platonicienne de *furor* avec les idées aristotéliciennes de magnanimité et de mélancolie héroïque. Il étudie les conséquences pour la littérature de cette anthropologie syncrétiste, qui exalte les facultés irrationnelles aux dépens d'un usage raisonnable des propriétés du

---

[151] *Of credulity and incredulity in things divine and spiritual, wherein among other things a true and faithful account is given of the platonick philosophy, as it has reference to as also the business of witches and witchcraft, against a late writer, fully argued and disputed*, London, S. Lownds, 1670, in-8°. Dans cet ouvrage typique d'un «christianisme des Lumières», M. Casaubon cherche à établir l'identité de la raison et des Écritures; la pure raison est chrétienne, la crédulité est païenne et hérétique. Quant à la sorcellerie, c'est un mythe forgé par les païens, ou une imposture forgée par les papes. Voir, dans la même ligne, la *Dissertatio philosophica de emendatione mentis humanae ab intellectu inchoanda...*, de Gottlob Lange, Leipzig, 1706.

[152] Saxl, Panofsky et Klibansky, *Saturn and Melancholy*, Londres, Nelson, 1964. Voir également Rudolf and Margot Wittkower, *Born under Saturn, the character and conduct of Artists: A Documented History from Antiquity to the French Revolution*, Weindelfeld and Nicolson, Londres, 1963, surtout pp. 98-124, «Genius, Madness, and Melancholy».

langage. Bien qu'il admette, en le regrettant, que beaucoup de chrétiens aient donné dans ce leurre, Casaubon ne veut voir dans l'enthousiasme prétendument poétique qu'une «démagogie» païenne, un faux prestige destiné à renforcer sur la foule ignorante les effets pathétiques d'une éloquence dont les mécanismes réels lui restent cachés. Le «judgement», à la fois celui du sujet parlant et de son interlocuteur, n'a besoin que du «bare speech» pour soutenir l'honnêteté de la communication raisonnable. Le recours aux ruses et ornements de la rhétorique et de la poésie suppose, aux deux pôles de la communication, l'influence des passions, de l'imagination, sujettes à l'optique déformante de la pathologie mélancolique. «The naked truth of things» se passe de métaphores pour être connue et exprimée: les métaphores, qui visent à susciter un équivoque plaisir des sens, sont les ennemies de la connaissance rationnelle. Dans ces conditions, le sublime selon le Pseudo-Longin n'est plus que la plus condamnable des ruses pour séduire l'affectivité et l'imagination aux dépens de la «nue vérité des choses». Le pouvoir sur les sens du rythme de la période, de la *synthesis* ou *collocatio verborum*, le pouvoir sur l'imagination des métaphores et allégories soutenues par l'effet de relief, ou *enargeïa*, n'ont nul besoin d'être renvoyées à un *Nescio quid Deus*, à un *daïmôn* inspirateur: une croyance aussi superstitieuse et naïve ternirait, autant que la croyance en l'enthousiasme religieux, la pureté de la raison chrétienne et sa foi dans la rationalité de la Providence divine.

Cette vue purement techniciste des moyens littéraires de l'*elocutio* rhétorique prend le contre-pied du *De Erroribus*, qui les réduisait, après le Pseudo-Longin, à l'état de *medium* traversé par le pouvoir du génie, et tenant de lui seul, en dernière analyse, leur efficacité auprès du public. L'esthétique du «style simple» professée par Casaubon est en parfaite cohérence avec sa théorie de la connaissance et du langage. L'œuvre littéraire est à ses yeux un artefact de *symbola rerum* fabriqué par un esprit froid pour agir sur les sens et l'imagination, à la manière des choses elles-mêmes dont l'imitation procure du plaisir. Elle est très inférieure à l'œuvre scientifique ou théologique, qui s'adresse à la raison, en style simple, pour analyser ou expliquer la vérité des choses ou celle des Ecritures. Avec Méric Casaubon, nous avons rencontré un médiateur entre la tradition scaligérienne et cette «révolution lockienne» dont parle Jacques Chouillet dans son *Esthétique des Lumières*[153].

---

[153]   J. Chouillet, *L'Esthétique des Lumières*, Paris, P.U.F., 1974.

Nous l'avons dit, Henry More[154], qui publie l'année suivante *A brief discourse of enthusiasm*, est le Charron de ce Montaigne oxfordien. On lit plus clairement chez lui la logique de la pensée de ces réformateurs de la foi et des belles-lettres. On y trouve aussi des formulations à la fois plus tranchantes et plus suggestives. La cause de l'enthousiasme y est assignée à l'imagination, «which is yet the Soul's weakness or unwieldiness», l'ennemie de «reason and understanding». L'imagination est une émanation du corps, dont elle épouse les maladies, et le tempérament mélancolique est celui qui se prête le mieux aux troubles de l'esprit. Or ce tempérament est aussi celui qui a la plus vive propension aux spéculations religieuses : ses effets sont la caricature charnelle des opérations de la grâce. Réfutant par avance les idées de Burke sur le sublime, More ironise sur la confusion que les païens (incapables de distinguer entre inspiration de l'Esprit saint et enthousiasme charnel, entre grâce et *raptus* mélancolique) faisaient entre la grandeur des objets («very tall tree», «large rivers», «great stones or rocks», «high and vast mountain») et la sainteté qui vient de Dieu seul. Il insiste aussi sur la sorte de discours, qu'il ne nomme pas encore «romantiques», qui jaillit de la bouche des mélancoliques en crise, parsemés de «disconsolation», «desertion», «humility», «mortification», «and the like». Discours qui parle aussi continûment d'amour, sans jamais lever l'ambiguïté entre amour divin et amour charnel. Tenant de la nature de l'ivresse, la mélancolie et ses crises engendrent les poètes, mais aussi des hérétiques tels que les anabaptistes allemands et les interprètes délirants de la sainte Ecriture, par allégories mystiques, par visions, par «quaking», comme les

---

[154]   Sur Henry More et les platonistes de Cambridge, voir Aharon Lichtenstein, *Henry More: The rational theology of a Cambridge Platonist*, Cambridge, Mass., 1962. Sur les relations Descartes-More, voir G. Rodis-Lewis, éd. de la *Correspondance avec Arnault et Morus*, Paris, Vrin, 1953. Le jeune Descartes attribuait à l'enthousiasme un rôle dans la vie de la connaissance bien supérieur à celui que lui reconnaîtra son futur correspondant et admirateur anglais. Voir en effet, dans l'éd. Adam et Tannery, t. X, les *Olympica* et les *Cogitationes privatae*, ainsi que des passages éloquents de sa *Vie* par Baillet, p. 181 : «Il tomba dans une sorte d'enthousiasme... Il ne croioit pas que l'on dût s'etonner si fort que les Poètes, mesme ceux qui ne font que niaiser, fussent pleins de sentences plus graves... que celles qui se trouvent dans les ecrits des Philosophes. Il attribuait cette merveille à la divinité de l'Enthousiasme, et à la force de l'imagination qui fait sortir les semences de la sagesse... avec plus de facilité que ne peut faire la Raison des Philosophes... Par les poètes du Recueil, il entendoit la Revelation et l'Enthousiasme dont il ne desesperoit pas de se voir favorisé.»

disciples de G. Fox, des extatiques et faux prophètes, enfin. Lorsque l'enthousiasme des mélancoliques se mêle de politique, cet impie mélange conduit à d'étranges et contagieux excès. Il en va de même lorsqu'elle se mêle de philosophie et de science: More cite les idées à ses yeux délirantes des alchimistes et de leur patron Paracelse, «who has given occasion to the wildest philosophick enthusiasms that ever were yet on foot», «one on the safest sanctuaries for the Atheist, and the very prop of ancient Paganism». Quelle cure envisager pour ces malades du corps et de l'esprit? Tempérance, humilité, raison. Tempérance, pour restaurer la santé du corps. Humilité, pour restaurer l'obéissance à la volonté de Dieu. Raison, pour purifier et composer l'esprit en l'accordant aux deux pierres de touche de la santé intellectuelle: le sens commun, sur lequel s'accordent tous les hommes de bon sens, et l'évidence de la perception, qui fonde la méthode inductive, claire et distincte, conduisant au vrai. Henry More est parfaitement conscient de la fascination dont rayonne l'enthousiasme des mélancoliques: leur langage sublime («raised and divine»), leur éloquence émouvante, leur style mystérieux, leurs notions surprenantes ont un pouvoir de séduire que seule la sobre raison peut conjurer et dégonfler.

Entre Méric Casaubon et Henry More, nous avons déjà, pleinement articulé, tout le christianisme des Lumières, si proche à tant d'égards du rationalisme déiste de Voltaire, qui doit tant à Locke. En France, à la même époque, Port-Royal, la cartésianisme, et les héritiers de Montaigne, La Mothe Le Vayer et Molière, auteur du *Misanthrope*, travaillent, par des voies différentes et plus indirectes, à créer les conditions d'une analogue *emendatio mentis*[155].

*

Au terme de cette confrontation entre les deux doctrines de l'enthousiasme qui s'affrontèrent en Europe au cours du XVIIe siècle, nous tirerons des conclusions d'ordre à la fois méthodologique et historique.

Du point de vue de la méthode, il est clair que les divers ouvrages que nous avons analysés ne se plient en aucune manière au comparti-

---

[155]   Voir, sur cette notion d'*emendatio mentis*, la *Dissertatio* de Gottlob Lange (1706) citée en note 151.

mentage moderne des disciplines académiques et scientifiques. Le *De Erroribus* d'Allacci, qui se donne pour une *dissertatio rhetorica*, glisse sans cesse de la philosophie du langage et de ses origines à une anthropologie de la grandeur morale et littéraire. Il touche, quoique avec une extrême prudence, à des questions fondamentales de spiritualité et de théologie. C'est d'ailleurs cette prudence, caractéristique d'un catholique post-tridentin et d'un élève des jésuites, qui nuit à l'argumentation de Leone Allacci : il doit laisser dans l'ombre le nœud de la question traitée, à savoir le statut de l'inspiration «démonique» des grands hommes, poètes et héros, par rapport à la grâce divine et à l'inspiration apostolique. Sa position est déjà défensive, dans la mesure où, ne pouvant plus se réclamer ouvertement de Cardan et du pandémonisme magique de la Renaissance, il est contraint de limiter son apologie de l'enthousiasme au domaine de l'action et de l'éloquence profanes. Dès lors, il est contraint de passer sous silence de l'expression littéraire la connaissance scientifique, qui ne s'accommode point du grand style «sublime». A ces faiblesses de la position romaine, les ouvrages des deux théologiens et philologues anglicans Casaubon et More ont beau jeu de porter l'estocade. Opérant une coupante distinction entre les effets de la grâce divine, et ceux d'un «enthousiasme» psycho-physiologique, ils sont en mesure de faire une critique radicale du syncrétisme de la Renaissance, de l'impur mélange entre l'aveugle orgueil du paganisme et l'humilité de la foi chrétienne. Par ailleurs, étendant leur critique de l'enthousiasme à ses conséquences rhétoriques, ils sont en mesure, aux dépens de la «liberté» poétique, d'établir le «style simple» en instrument privilégié de la raison, et de la recherche scientifique. Une «religion des Lumières» peut ainsi s'allier à une attitude rationaliste et scientifique vis-à-vis de la réalité sensible. Ainsi, pour les deux auteurs, le problème posé par l'enthousiasme est traité tour à tour sous l'angle théologique, moral, médical, juridique, politique, rhétorique et poétique. Sans perdre de leur cohérence profonde, leurs livres traversent et éclairent une problématique qui s'est aujourd'hui disséminée dans les divers secteurs de l'histoire de la culture : sorcellerie et démonologie, mysticisme et pathologie médicale, psychologie des sectes religieuses, psychologie de la création artistique, esthétique et critique littéraire... Cette dissémination nous fait perdre de vue les principes architectoniques qui commandent l'ensemble d'une culture, et dont la remise en cause entraîne des modifications en chaîne du haut en bas de l'édifice. La question de l'enthousiasme est un de ces principes architectoniques. Dès lors que l'enthousiasme, soumis à la critique patiente et systématique de l'humanisme érudit, depuis Jules-César Scaliger jusqu'à Méric Casaubon, n'apparaît plus comme le principe séminal de la connaissance et de l'invention humaines, dès lors que le principe de raison s'impose à sa place, ce sont des pans entiers de la culture humaniste qui s'écroulent, pour faire place à un nouvel édifice de style moderne. Inversement, lorsque, vers le milieu du XVIIIᵉ siècle, la réhabilitation de l'enthousiasme sous l'influence de Lessing, de Burke, de Rousseau, viendra balancer les succès de la raison critique, le dilemme sur lequel va s'édifier la culture romantique commencera à s'esquisser[156]. La réflexion moderne sur la rhétorique et la poétique du XVIIᵉ siècle, et donc sur l'histoire littéraire et l'histoire des styles de cette époque, doit tenir compte de ce lien qui unissait alors les problèmes d'invention et d'expression littéraires, et les problèmes gnoséologiques posés à l'ensemble de l'Encyclopédie humaniste. On ne peut perdre de vue cette «cross-fertilization» inscrite dans les faits de culture, et ne pas projeter sur le passé, comme ce fut entre autres le cas de Daniel Mornet dans son *Histoire de la clarté française*, et de René Bray dans sa *Formation de la doctrine classique*, le compartimentage des spécialités universitaires. C'est l'avantage du forum ouvert par les études néo-latines que de restaurer en quelque manière aujourd'hui cet esprit encyclopédique dans lequel se déroulaient les débats de la République des Lettres.

Revenons pour conclure à la France, qui dans cet essai est restée présente à l'horizon seulement des débats que nous évoquions. Sans vouloir analyser les équivalences françaises de la position philosophico-religieuse d'Allacci et de celle des auteurs anglais, bornons-nous au domaine rhétorico-poétique. Leone Allacci, en rapport étroit avec les cercles érudits parisiens de son temps, semble

---

[156] La réhabilitation préromantique de l'enthousiasme a sa source profonde dans le fait que la notion, devenue péjorative dans l'ordre de la foi religieuse et de la connaissance scientifique, s'est réfugiée dès le XVIIᵉ siècle dans l'ordre de la morale et les belles-lettres. Le classicisme de Boileau comme celui de Voltaire (voir note 148, *in fine*) admet dans ce domaine une conciliation entre raison et enthousiasme. Equilibre relativement fragile : dans l'*Encyclopédie* l'art. «Enthousiasme» (Cahusac) et l'art. «Génie» (Diderot) attribuent l'essentiel de la réussite esthétique à l'enthousiasme. Même accent dans Chicaneau, *Dictionnaire philosophique*, Lyon, 1756, art. «Enthousiasme». Chez Vauvenargues, puis chez Rousseau et Diderot, le mot «enthousiasme» est toujours employé dans un sens très laudatif, lorsqu'il est lié à l'ordre moral et esthétique.

avoir, avec son *De Erroribus*, joué un rôle important dans le débat critique qui accompagne la querelle du *Cid*: son traité a certainement alimenté l'argumentation de Corneille et de Balzac en faveur de la «liberté» du génie et des droits réservés à la réussite sublime. Quant à Méric Casaubon, fils d'un bibliothécaire d'Henri IV, héritier par son père d'une tradition critique née en France, ses positions «scaligériennes» puisent aux mêmes sources que les doctrinaires français de la poétique classique, adversaires de Corneille au cours de la querelle. Leone Allacci défend la tradition d'une poétique de l'enthousiasme dont René Bray n'a pas vu toute la persistance dans la France de Louis XIII et de Louis XIV, et dont, depuis, Borgerhoff et Brody ont souligné la vitalité. Méric Casaubon et Henry More tirent toutes les conséquences d'un rationalisme qui, chez les doctrinaires scaligériens français, se spécialise sur le terrain rhétorique et poétique. Entre ces deux pôles, la position des meilleurs théoriciens du classicisme français, un Corneille, un Balzac, plus tard un Boileau, semble avoir été de synthèse et d'équilibre. Ils n'étaient prêts ni à sacrifier l'art littéraire aux exigences d'une raison «purifiée» d'*ingenium*, ni à sacrifier l'exercice du jugement critique aux séductions sophistiques de l'imagination et de l'enthousiasme. Entre la générosité du baroque méditerranéen et la réserve réaliste de l'art hollandais, entre les «fureurs» de la poétique de la Renaissance et la raison des Lumières, le goût classique français est un prodige d'équilibre à la fois robuste et délicat.

5.

RHÉTORIQUE D'ÉCOLE ET RHÉTORIQUE ADULTE: LA RÉCEPTION EUROPÉENNE DU *TRAITÉ DU SUBLIME* AU XVIe ET AU XVIIe SIÈCLE*

S'il est un point sur lequel, de Montaigne à La Fontaine, nos grands écrivains classiques semblent unanimes, c'est bien dans leur dédain pour la «rhétorique». L'essai de Montaigne *Sur la vanité des*

---

* Article publié dans *R.H.L.F.*, 1986, n° 1, pp. 33-51.

paroles ou celui qui s'intitule *Contre Cicéron*[157] préfigurent la fable de La Fontaine, «Le Charlatan»:

> J'ai, dit-il, dans mon écurie
> Un fort beau roussin d'Arcadie:
> J'en voudrais faire un orateur[158].

L'ironie, proprement sanglante, que le «prince» de cette fable réserve aux «passe-Cicéron», nous la retrouvons, reprise directement à son compte par le poète des *Fables*, dans «L'Écolier, le Pédant et le Maître d'un jardin» et cette fois sur un mode véhément:

> Je hais les pièces d'éloquence
> Hors de leur place et qui n'ont point de fin,
> Et ne sais bête au monde pire
> Que l'écolier, si ce n'est le pédant[159].

On pourrait arguer que c'est au nom d'un des concepts fondamentaux de la rhétorique, l'*aptum*[160], que La Fontaine ici s'indigne contre la «bêtise» des «passe-Cicéron» et des petits singes qu'ils ont formés. Reste que tout un vocabulaire dont s'était exaltée la Renaissance à ses origines, orateur, rhétorique, éloquence[161], tend chez les classiques français à prendre une saveur péjorative et à s'associer aux idées odieuses de collège, d'école, bref de pédantisme. Pascal pourra écrire, avec l'approbation de tous les bons esprits: «La véritable éloquence se moque de l'éloquence», entendant par celle-ci la parole vaine des pédants, et sous-entendant l'antithèse biblique entre l'esprit qui vivifie et la lettre qui tue. Et cependant nul ne songe à contester

---

[157] Sur Montaigne et Cicéron, Montaigne et la rhétorique, on se reportera aux *Actes* du Colloque de la Société des Amis de Montaigne, réunis et publiés par M. Lestringant, Paris, 1985.

[158] La Fontaine, *Fables*, VI, 19. Sur La Fontaine et la rhétorique, voir J.P. Collinet, *Le Monde littéraire de La Fontaine*, Gap, 1970, et notre édition des *Fables*, Paris, Imprimerie nationale, 1985, rééd. «La Pochotèque», Paris, 1995.

[159] La Fontaine, *Fables*, IX, 5.

[160] Sur l'*aptum* (la convenance entre l'auteur du discours, le discours, son destinataire, et les circonstances), voir Alain Michel, *Rhétorique et philosophie chez Cicéron*, Paris, P.U.F., 1960 (index rerum), et Jacques Chomarat, *Grammaire et rhétorique chez Erasme*, Paris, Belles-Lettres, 1981 (index *apte*, t. II, p. 1205).

[161] Sur la Renaissance comme quête de l'*eloquentia*, et de ses secrets à retrouver dans la *païdeia* rhétorique des Anciens, voir *Renaissance Eloquence, studies in the Theory and Practice of Renaissance Rhetoric*, ed. by James J. Murphy, Univ. of California Press, 1983.

aujourd'hui la légitimité d'études consacrées à la «rhétorique» pasca-lienne[162], à celle de Montaigne[163], et les travaux ne manqueront pas bientôt, peut-être, qui montreront en La Fontaine le dernier de nos «grands rhétoriqueurs». Est-ce la revanche tardive des pédants sur les maîtres? Ou était-ce, chez ceux-ci, un tour de ruse qui, les mettant à l'écart de l'«empire rhétorique», les préservait du vieux soupçon qui ronge celui-ci? Rappelons que La Fontaine a tiré deux de ses fables de la *Rhétorique* d'Aristote[164] et qu'il a dédicacé à Pierre-Daniel Huet une traduction italienne de l'*Institution oratoire* de Quintilien. Il est vrai aussi que, dans cette dernière épître, le poète présente Quintilien comme un «modèle» propre à guérir les Italiens de leur goût pour les faux brillants, et un modèle dans «l'art de la simple nature»[165].

Il est aussi délicat de démêler cet écheveau que celui qui s'est enroulé autour des mots de «nature» et de «naturel» au XVII⁰ siè-cle[166]. Nous cherchons des idées claires et une logique élémentaire là où se nouent les fils d'une longue histoire et où se composent les éta-pes successives d'un très subtil syncrétisme. Ainsi peut-on voir au XVIIᵉ siècle les contempteurs de la rhétorique et de l'éloquence se prévaloir d'un art de plaire, de toucher, de persuader qui n'hésite pas à emprunter à la rhétorique ses catégories réflexives, à l'éloquence ses

---

[162] Voir outre l'étude ancienne de Floyd Gray, la thèse de Dominique Descotes, *L'Argumentation chez Pascal*, thèse dactyl. Paris-IV, 1985.

[163] Voir note 157.

[164] *Fables*, IV, 134 («Le cheval s'étant vengé du cerf») et XII, 13 («Le Renard, les Mouches et le Hérisson») qui figurent toutes deux dans la *Rhétorique*, II, 20, au chapitre de l'argumentation de l'orateur.

[165] «Épître à l'évêque de Soissons», éd. P. Clarac des *Œuvres diverses*, Paris, Pléiade, 1948, p. 645. L'appel à Quintilien (qui pourrait, à titre de pédagogue, passer à première vue pour un de ces pédants rhétoriques vilipendés par La Fontaine) pour justifier une esthétique du naturel et de la grâce s'explique aisément à la lumière de l'histoire de la rhétorique. Quintilien — à qui on attribuait alors le *Dialogue des ora-teurs* — est l'initiateur sous Domitien d'une réaction «classique» contre la «corrup-tion de l'éloquence» par les déclamateurs, parmi lesquels il range, ou peu s'en faut, Sénèque et ses «pointes». Objet d'un «Commentaire» classique par Adrien Turnèbe (1554), l'*Institution oratoire* n'a plus cessé d'être la référence de l'érudition française contre les «corrupteurs» et les *novatores* en matière de style. La Fontaine montre son à-propos — et sa propre érudition — en l'invoquant à la fois contre les concettis-tes italiens, et contre les «Modernes» français. Le classicisme de Quintilien, par ail-leurs, insistant sur l'art de cacher l'art, et sur les vertus de «l'air improvisé» du dis-cours, va dans le sens tant de Montaigne que de La Fontaine lui-même.

[166] Voir l'ouvrage fondamental de Bernard Tocanne, *L'Idée de nature au XVIIᵉ siècle*, Paris, Klincksieck, 1978.

modèles et ses stratégies. De même y voyons-nous les adversaires dédaigneux de la pédagogie oratoire se muer eux-mêmes en inlassables pédagogues de l'art de bien parler et de bien écrire, «allant partout prêchant»[167], selon une expression de La Fontaine qu'auraient pu aussi bien prendre à leur compte Pascal ou Boileau. Les surprendon pour autant en contradiction avec eux-mêmes, en flagrant délit des sophistique? Sans prétendre ici traiter la question à fond, nous nous contenterons de suivre un fil de cet écheveau bien emmêlé, la «fortune» du *Traité du sublime* au XVIe siècle, et de tenter de comprendre, en le suivant, comment l'âge de l'éloquence a pu en venir à se moquer de l'éloquence pour devenir encore plus éloquent, et à traiter de haut la rhétorique tout en tenant, comme par mégarde, les promesses dont celle-ci se prévaut depuis le *Phèdre* de Platon.

On a cru longtemps que l'un des chefs-d'œuvre de la rhétorique antique, le *Traité du sublime*, avait été révélé à l'Europe littéraire moderne par la traduction qu'en publia Boileau en 1674[168]. Cette erreur n'en était une que relativement à une autre, plus fondamentale, et qui excluait pratiquement de l'histoire littéraire le domaine européen des lettres néo-latines de la Renaissance. Pour peu qu'il n'y eût d'histoire littéraire que nationale, il était vrai que le *Traité du sublime* n'avait été reconnu et réfléchi expressément en français qu'après sa traduction par Boileau. Et c'est bien encore dans sa traduction française que le traité, alors attribué à Longin et daté du IIIe siècle, a été lu par l'Europe des Lumières, qui acceptait la langue et les lettres françaises comme les héritières de fait de la *Respublica litteraria* néolatine du XVIe siècle. Mais un texte grec, que citent relativement peu les auteurs écrivant en français avant 1674[169], pouvait fort bien être connu par ces mêmes auteurs, soit en traduction latine, soit dans une paraphrase latine. Leur public, dans son immense majorité étranger à

---

[167]   «Epître à l'évêque de Soissons», cit., p. 647.

    Ils se moquent de moi, qui, plein de ma lecture
    Vas partout prêchant l'art de la simple nature...

[168]   Cette notion a été ruinée par Jules Brody, *Boileau and Longinus*, Genève, Droz, 1958, qui s'appuyait lui-même sur Bernard Weinberg, «Translations and commentaries of Longinus' *On the Sublime* to 1600, a Bibliography», *Modern Philology*, 47 (1950), pp. 145-151.

[169]   Jules Brody cite (p. 15) quelques cas de référence à «Denys Longin» dans des traités de rhétorique antérieurs à 1674. Nous avons nous-même suggéré le rôle de «Denys Longin» dans la querelle des «Lettres» de Balzac, qui domine l'histoire de la prose sous Louis XIII en France (voir *L'Age de l'éloquence*, Genève, Droz, 1980, p. 549).

la langue et la culture érudites, n'attendait pas d'eux qu'ils fissent étalage d'un savoir aussi exotique. Ce savoir, pour autant, pouvait informer leur propre art d'écrire, et même affleurer sans qu'il y parût dans ce qu'ils écrivaient en langue «vulgaire». Mais pour repérer ces affleurements tacites, encore faut-il admettre qu'il existait alors, au-dessus de la littérature en français, une *res litteraria* savante, dont la langue véhiculaire était le néo-latin, et où le *Traité du sublime* était publié, commenté, paraphasé, et où les écrivains en langue française, médiateurs entre les deux degrés de culture, avaient naturellement accès. Contentons-nous ici de déjouer sur un exemple cette illusion d'optique. En 1656, Paul Pellisson publie, en tête des *Œuvres* de Jean-François Sarasin établies par son ami Gilles Ménage, un *Discours* qui, a bien des égards, peut passer pour le premier et le plus complet manifeste littéraire de la génération dite «de 1660». Ce *Discours* s'adresse à un public mondain, le même qui lira et goûtera Molière sans avoir lu Térence, Racine sans avoir lu Euripide. Mais c'est l'œuvre d'un homme à l'aise dans les «deux cultures», et, nous l'avons dit, d'un ami de Ménage, érudit «savantissime» à la manière des humanistes du XVIᵉ siècle. Dans cette préface de Pellisson, on trouve, entre autres thèmes, une célébration de l'art du dialogue, miroir d'une civilisation achevée et dont la Grèce classique a proposé la première des modèles d'emblée inimitables:

> Ainsi les dialogues de Platon et de Xénophon ne nous instruisent pas seulement par les discours de leur Socrate: mais ils nous font souhaiter d'avoir vécu avec lui, d'avoir vu de nos yeux, je ne dis pas ce philosophe, je dis cette philosophie vivante et animée, si sublime et si rabaissée, si divine et si humaine tout ensemble. Ainsi, l'inimitable dialogue que Cicéron nous a laissé *De l'Orateur* ne nous enseigne pas seulement la rhétorique du monde et des affaires, toute différente de celle du collège, mais nous montre en même temps toutes les grâces de la conversation des Romains, et de cette urbanité que les mots de civilité, de galanterie et de politesse n'expliquent qu'imparfaitement et pour qui notre langue n'a point donné de nom assez propre[170].

Remarquons, avant d'aller plus loin, que Pellisson ne reprend pas à son compte le préjugé de Montaigne contre Cicéron et que, s'il distingue deux degrés de rhétorique, le mot lui-même n'a rien pour lui de péjoratif. Mais surtout, tout se passe comme si Pellisson avait déjà

---

[170]   *Les Œuvres de Monsieur Sarasin*, Paris, Courbé, 1656, «Discours sur les œuvres de M. Sarasin», pp. 13-14.

la traduction de Boileau sous les yeux! Il se sert du mot «sublime» — et il en fait bénéficier Cicéron — non dans le sens de «grand», et par opposition à «moyen» et à «bas», comme dans la hiérarchisation des styles transmise par la tradition scolaire, mais modifié par sa juxtaposition avec «rabaissé» pour signifier l'idée même dont la traduction de Boileau, puis sa *Xe Réflexion sur Longin*, cerneront les contours: le sublime n'est pas un degré de style, il n'est pas lié aux «grands mots», il n'est pas incompatible avec les «petites paroles», le *sermo pedestris* d'Horace[171]. C'est en quelque sorte une «aura» du discours, dont l'effet «merveilleux» et qui a «quelque chose de divin» véhicule auprès de l'auditeur ou du lecteur, «enlevé, transporté, ravi»[172], la lumière d'une révélation. Les «mots» les plus simples, les moins «ornés», peuvent rayonner de cette lumière qui n'est pas en eux, mais qui, prenant appui sur eux, renvoie les lecteurs «transportés» par cette épiphanie au grand esprit qui en a été d'abord la source. Du sublime, ou de la numinosité dans le discours. Que cette numinosité soit plus divine (Platon) ou plus profane et «civile» (Cicéron), elle n'en transcende pas moins pour Pellisson les mots et les figures qui la portent, elle n'en instaure pas moins une contagion magnétique et irrésistible entre l'«orateur» et l'«auditeur», effaçant les limites du temps et de la distance[173]. Aux yeux de l'auteur du *Discours*,

---

[171] L'expression *sermo pedestris* apparaît chez Horace (*Art poétique*, 95) dans un contexte qui suggère l'idée du sublime: au sommet de la douleur, le personnage tragique ne soit pas recourir aux «grands mots» (*ampullas, sesquipedalia verba*) mais à la simplicité. La question du sublime est en effet posée par les philosophes et rhéteurs grecs du Ier siècle avant J.-C. et n'est pas étrangère à l'art des écrivains augustéens (voir Rostagni, «Il Sublime nella storia dell'estetica antica», dans *Annali della R. Scuola Superiore di Pisa*, vol. II, 1933). On comprend mieux ainsi que ce que M.T. Herrick a appelé la «fusion» de la critique horatienne et aristotélicienne (1531-1535) (*University of Illinois studies in language and literature*, XXXII, I) ait précédé de peu la «redécouverte» par les humanistes du traité de «Longin», rédigé dans la première moitié du Ier siècle après J.-C.

[172] Boileau, *Traité du sublime ou du merveilleux dans le discours, traduit de Longin*, dans *Œuvres*, t. II, Genève, 1706. Préface, p. 8, à rapprocher du ch. I du traité, *ibid.*, p. 18.

[173] Ajoutons ce critère très important du «sublime» selon Longin: l'universalité de son opération. Boileau traduit ainsi la fin du ch. V: «En un mot, figurez-vous qu'une chose est véritablement sublime, quand vous voyez qu'elle plaît universellement et dans toutes ses parties. Car lorsqu'en un grand nombre de personnes différentes de profession et d'âge et qui n'ont aucun rapport d'humeurs ni d'inclinations, tout le monde vient à être frappé également de quelque endroit d'un discours, ce jugement et cette approbation uniformes de tant d'esprits, si discordants d'ailleurs,

le texte de Platon ou celui de Xénophon, miroirs de la parole vive de Socrate, happe le lecteur vers la présence radieuse de Socrate parlant, et lui fait souhaiter d'«avoir vécu» avec ce sage, de l'avoir «vu de ses propres yeux»; de même le dialogue de Cicéron (*De Oratore*) entraîne le lecteur dans la Rome républicaine, le remet en présence de ses grands hommes et de leurs entretiens suprêmement civilisés. Le sublime — dont le nom n'est prononcé par Pellisson qu'avec *sprezzatura* — abolit la béance entre présence et représentation. Et c'est bien cet effet «merveilleux» et le «souhait», euphorique, parce que d'abord comblé, qui l'accompagne, qui soutiennent, dans le texte de «Longin» traduit par Boileau, l'*imitation* des grands écrivains: leurs œuvres irradient leur propre présence contagieuse, et inversement l'admiration (et l'αἰδώς) que cette présence fait naître ont un effet d'exhortation féconde:

> Car ces grands Hommes que nous nous proposons à imiter, se présentant de la sorte à notre imagination, nous servent comme de flambeaux et nous élèvent l'âme presque aussi haut que l'idée que nous avons conçue de leur génie; surtout si nous nous imprimons bien ceci en nous-mêmes: Que penseraient Homère ou Démosthène de ce que je dis, s'ils m'écoutaient? Quel jugement feraient-ils de moi? En effet, nous ne croirons pas avoir un médiocre prix à disputer, si nous pouvons nous figurer que nous allons, mais sérieusement, rendre compte de nos écrits devant un si célèbre tribunal, et sur un théâtre où nous avons de tels héros pour juges et pour témoins[174].

On pense évidemment au tympan de nos cathédrales, et à la sommation silencieuse que le Christ en majesté, la Vierge, les Apôtres adressent au pécheur qui va franchir le seuil de l'édifice sacré. Quel usage le christianisme, depuis les Pères de l'Eglise jusqu'à saint

---

est une preuve certaine et indubitable qu'il y a là du Merveilleux et du Grand» (pp. 31, 32). Ce *Consensus omnium*, qui suppose la théorie platonicienne de la réminiscence, fonde le concept classique de *style naturel*, dont l'heureux effet est reconnu de tous.

[174] Boileau, *trad. cit.*, p. 53, ch. XII. A rapprocher de ce passage du ch. XXIX: «La nature n'a point regardé l'homme comme un animal de basse et vile condition, mais elle lui a donné la vie, et l'a fait venir au monde comme dans une grande assemblée, pour être spectateur de toutes les choses qui s'y passent; elle l'a, dis-je, introduit dans cette lice comme un courageux athlète, qui ne doit respirer que pour la gloire... Aussi voyons-nous que le monde entier ne suffit pas à la vaste étendue de l'esprit de l'homme. Nos pensées vont souvent plus loin que les cieux, et pénètrent au-delà de ces bornes qui environnent et qui terminent toutes choses.» Cette impatience des limites, cette aspiration à la grandeur, une fois réintroduites dans le débat humaniste sur l'imitation, en ont profondément modifié les données. Imiter les grands modèles, c'est s'appuyer sur eux pour trouver à son tour la grandeur.

Ignace, n'a-t-il pas fait de ce texte mère «oublié» pendant mille cinq cents ans! Il faut en tenir compte pour apprécier l'aisance avec laquelle les «idées» dont il était porteur furent reçues au XVIᵉ et au XVIIᵉ siècle. Sa résurgence, suggérons-le en passant, n'était pas nécessairement le signe d'une intellection plus exacte, mais d'une fragilité nouvelle: surexposé au grand jour, il était menacé d'oblitération. On le vit bien avec Burke au XVIIIᵉ siècle. En 1656, avec Pellisson, il demeure encore dans le demi-jour, protégé par la jalousie de la République des Lettres et par la prudence des écrivains en langue vulgaire.

On pourrait proposer d'autres cas d'affleurements de ce genre. Le plus évident — mais non le plus connu — est la poétique de l'admiration qui se fait jour chez Corneille en 1635-1636, à partir de *Médée* et du *Cid*. Elle sera correctement interprétée par Guez de Balzac — mais toujours sans référence au *Traité du sublime* — dans son apologie du *Cid* (1637) et dans sa lettre à Corneille pour le féliciter de *Cinna* (1643). Les deux écrivains se comprennent à demi-mot, même si l'un et l'autre ont eu accès au *Traité* par des voies différentes. Corneille était préparé à le rencontrer par la pédagogie rhétorique et la spiritualité des jésuites[175]. Balzac, en 1621, avait entendu à Rome un des maîtres de l'éloquence latine jésuite, et s'était cru «transporté» aux temps de la République[176]. Surtout, ils ne pouvaient ignorer la publication à Rome en 1634 d'un essai néo-latin de Léon Allacci, intitulé *Des fautes des grands hommes dans le discours*, où le traité attribué à «Longin» sert à la fois de point de départ et d'autorité dans l'argumentation[177]. Allacci, grec de naissance et éminent helléniste, appartenait

---

[175]   Sur la présence de thèmes explicitement longiniens dans la spiritualité et dans la rhétorique des jésuites, voir plus loin nos remarques sur Muret et le P. Benci, et, outre nos analyses dans *L'Age de l'éloquence*, ouvr. cit., pp. 297, 322, 325, notre article «Rhétorique, dramaturgie et spiritualité, Pierre Corneille et Claude Delidel s.j.», dans *Mélanges offerts à Georges Couton*, reproduit ci-dessus, pp. 115-138.

[176]   Sur Balzac et Longin, voir plus loin nos remarques. Le texte dont il s'agit ici, cité dans *L'Age de l'éloquence*, p. 698, évoque le séjour de Balzac à Rome et son enthousiasme pour l'oraison funèbre du cardinal Bellarmin par le P. Tarquinio Galluzzi. Après Montaigne, avant Goethe, Chateaubriand, Mᵐᵉ de Staël, Guez de Balzac a rencontré à Rome le sublime. Il est vrai qu'ici c'était au sens le plus strict, car le P. Galluzzi, professeur de rhétorique au collège romain, était un héritier direct de la tradition longinienne inaugurée au collège par le P. Benci, disciple de Marc-Antoine Muret.

[177]   Sur cet essai (dont le point de départ est le ch. XXX du traité, «Que les fautes dans le sublime se peuvent excuser»), voir notre article «Crépuscule de l'enthousiasme au XVIIᵉ siècle», dans *Troisième congrès international d'études néo-latines,*

appartenait de par son érudition et ses fonctions de custode de la bibliothèque Vaticane et de bibliothécaire du cardinal Francesco Barberini, à l'aristocratie de la République des Lettres européenne. Il était bien connu à Paris, non seulement dans le cénacle des frères Dupuy, en relation constante avec les milieux doctes de Rome, mais d'un « médiateur » aussi averti que Chapelain[178]. Son livre pouvait d'autant moins être négligé qu'il intervenait dans une querelle littéraire « classique » depuis le XVIe siècle entre poétique aristotélicienne et poétique platonicienne. Allacci, polémiquant contre Scaliger, et sa doctrine d'une hiérarchie des styles en fonction des sujets traités, se livrait à une paraphrase du *Traité du sublime* pour plaider les droits des grandes âmes, libres de se jouer de ce genre de règles au risque de choquer une critique vétilleuse, mais capables de produire dans leur œuvre un effet surprenant et ne devant rien qu'à elles-mêmes. Le savant helléniste citait en grec de larges passages du traité, ainsi que la lettre IX, 26 de Pline le Jeune, qu'il estimait concordante avec la doctrine de « Longin ». On comprend mieux que Richelieu ait pu déclarer que la « querelle du *Cid* » avait eu lieu « entre ignorants » : le véritable enjeu de la querelle avait été énoncé par Allacci dès 1634, mais dans l'Olympe savant. Et c'est sur ce terrain que, d'une façon allusive, pour ne pas effaroucher le vulgaire, Balzac conclura la querelle en 1637 par sa retentissante *Lettre à Scudéry* à l'éloge du *Cid*. En revanche dans sa correspondance avec Chapelain, Balzac cite en 1641 le περὶ ὕφους et annonce qu'il médite un essai sur cet ouvrage[179]. Cet essai, nous l'avons très probablement sous le titre : *De la grande éloquence*. Là encore, Balzac s'est bien gardé de citer « Longin », dont il paraphrase cependant la doctrine, tout en la conciliant prudemment avec l'autorité d'Aristote.

Or à la date du *De Erroribus* d'Allacci, le *Traité du sublime* a été édité plusieurs fois, dans son texte grec et en traduction latine[180]. L'événement majeur, dans l'histoire moderne du traité, à été la publication du texte grec, à peu de temps de distance, en 1554 à Bâle par Robortello, puis en 1555 à Venise, sur les presses familiales, par Paul

---

Tours, 1976, reproduit ci-dessus, pp. 349-376, où nous marquions le rôle de cette paraphrase savante du *Traité du sublime* dans la querelle du *Cid* (p. 1291).

[178] Voir la *Correspondance* de Chapelain, éd. Tamizey de Larroque, 18, 80-83, index.

[179] Lettre citée par J. Brody, *op. cit.*, p. 15.

[180] Sur ces différentes éditions, voir J. Brody et B. Weinberg, *op. cit.*

Manuce[181]. Cette publication pose, croyons-nous, un problème assez analogue à celui de la «vulgarisation» du texte en français, cent vingt ans plus tard. Pour la tradition de Boileau, la certitude est désormais acquise: elle fut le dénouement d'un long procès de divulgation indirecte, et comme prudente, sur les frontières de la *Respublica litteraria*, procès qui commence en 1554-1555 avec l'émergence du texte grec dans le monde de l'imprimé. On peut se demander si cette émergence elle-même n'a pas été elle aussi le dénouement d'une préhistoire savante du texte, mais cette fois enfermée dans les cercles de la haute érudition humaniste et dans le monde du manuscrit. Des indices en ce sens existent dès la fin du XVe siècle[182]. Il est vraisemblable que dans le milieu d'érudits et de philologues rassemblé autour de lui par Alde Manuce, le père de l'éditeur du traité, ou encore à Rome, autour de Léon X, on eut connaissance en manuscrit du texte grec ou de traductions latines du traité. Si cela pouvait être établi, l'émulation entre Raphaël et Michel-Ange, si bien éclairée par André Chastel à la lumière de la philosophie platonicienne de Marsile Ficin[183], trouverait d'autres correspondances, chez le Pseudo-Longin, dans la distinction que celui-ci propose entre le beau (Boileau dit: le «médiocre parfait») et le sublime (ch. XXVII), l'un toujours égal à lui-même et sans faute, l'autre inégal, sujet à des chutes de tension, mais d'un effet incomparablement plus «merveilleux» que le premier. Cette distinction s'appuie au ch. XXVIII sur un parallèle Hypéride-Démosthène, qu'il est aisé de transposer en parallèle Cicéron-Démosthène, un des *loci classici* de la critique postérieure, antique et humaniste.

---

[181]   *Dionysii Longini de sublimi genere dicendi...*, Venetiis, apud Paulum Manutium, Aldi Filium, 1555.

[182]   Voir R. Bolgar, *The Classical Heritage and its Beneficiaries*, 1954, p. 480. En 1468, un ms. du traité (celui dont s'est servi P. Manuce en 1555) est mentionné dans le catalogue des livres laissés par le cardinal Bessarion à la bibliothèque de Saint-Marc. En 1490, Gorgio Valla détient un ms. dans sa propre bibliothèque. En 1491, le Cod. Par. gr. 2960, contenant le *Traité du sublime*, est daté et indiqué comme ayant été copié à cette date par F. Venardo à Vérone. P.O. Kristeller (*Iter italicum*, London-Leiden, 1967, t. II, p. 363) signale à la Vaticane (Vat. lat. 3441) une traduction humaniste du traité sous le titre *De altitudine*. Le Moyen Age n'avait pas ignoré le traité, puisque la base des éditions savantes modernes (par exemple celle d'Henri Lebègue, Paris, Belles-Lettres, 1965) est un ms. du Xe siècle (Cod. Par. gr. 2036) et que selon Jules Brody, «Longinus, the Philological Discourses and the Essay on the Sublime», dans *Classical Quarterly*, LI, 1957, p. 39, le traité est connu au XIe siècle par Jean de Sicile.

[183]   André Chastel, *Art et humanisme à Florence au temps de Laurent le Magnifique*, Paris, P.U.F., 1961.

Ce qui est certain, en revanche, c'est que la publication du texte du traité par deux philologues différents, en 1554-1555, est intervenue dans un contexte suscité par le pamphlet antiromain d'Erasme, le *Ciceronianus* (1528)[184]. Le traité est une pièce versée dans le débat qui oriente toute l'histoire de la rhétorique savante au XVIe siècle. On sait que le point essentiel de la querelle portait sur la nature et la finalité de l'imitation. Pour les «cicéroniens», dont le chef de file était, sous le pontificat de Léon X, Pietro Bembo, secrétaire des brefs pontificaux à destination des princes, le «meilleur style» néo-latin ne pouvait être que le fruit d'une émulation avec le maître suprême de la prose latine, Cicéron, et avec Cicéron seul. Pour Erasme, il s'agissait là d'une superstition d'esthètes de cour paganisante. Le meilleur style néo-latin est un style personnel, fruit sans doute de limitation des bons modèles antiques, mais d'une imitation éclectique, et laissant à chacun le libre choix d'une forme d'expression accordée aux réalités modernes, à l'identité spirituelle et morale de l'écrivain et à ses objets propres de persuasion. La distinction entre «rhétorique scolaire» et «rhétorique adulte», que nous avons rencontrée chez Pellisson, est déjà supposée par l'argumentation d'Erasme, dans le *Ciceronianus*: il stigmatise l'imitation servile des «cicéroniens» en les traitant de *senes*, de vieillards passés sans transition de l'enfance, docile et singeresse, à la timidité du grand âge, sans jamais déployer une parole adulte, à la première personne. Les adversaires français d'Erasme, un Dolet, un Scaliger, rétorqueront sur ce terrain éthique: imiter Cicéron, c'est se fixer un idéal et une discipline héroïques, c'est mûrir en grandeur d'âme[185]. Mais l'enjeu de la querelle était aussi de l'ordre du style. Les «cicéroniens» attaqués par Erasme avaient en vue un style approprié à l'éloge aulique. Cela tendait à leur faire percevoir Cicéron comme un Isocrate latin[186], un maître du style moyen. Erasme

---

[184]   Sur le *Ciceronianus* d'Erasme, voir J. Chomarat, *op. cit.*, t. II, pp. 815 sq.; sur la querelle du cicéronianisme, *L'Age de l'éloquence, op. cit.*, pp. 77 sq.

[185]   Sur les répliques françaises à Erasme, qui interprètent l'*imitatio ciceroniana* dans le sens d'une quête héroïque de la grandeur, voir Emile V. Telle, *L'Erasmianus sive Ciceronianus d'Etienne Dolet (1535)*, Genève, Droz, 1974, et la thèse à paraître de Michel Magnien sur les deux *Orationes adversus Erasmum* de Jules-César Scaliger.

[186]   Voir le jugement de Denys d'Halicarnasse sur Isocrate, dans *Les Orateurs attiques*, éd. Aujac, Paris, Belles-Lettres, 1978, t. I, p. 118. Remarquons au passage que, plus encore que le Pseudo-Longin, Denys d'Halicarnasse est demeuré, au XVIe

est en faveur d'un style simple, reflet écrit de la conversation entre doctes, familière et enjouée; cette simplicité ne s'effarouche pas du comique de Plaute, ni de la raillerie de Lucien. De part et d'autre, le grand style était en quelque manière hors jeu: il n'avait de place ni dans les formes convenues d'une cour ni dans la familiarité drue de la communication entre doctes. Or c'est bien cet oublié de la querelle du cicéronianisme, le grand style, qui vient au premier plan du débat dans la phase ultérieure de la querelle, après 1528. Erasmiens ou cicéroniens, au cours du XVIe siècle, vont s'efforcer de faire apparaître, dans leur propre tradition rhétorique, la possibilité d'un grand style, au sens d'un «effet de présence» irrésistible. Pour les uns, il va s'agir de le montrer non seulement compatible avec le *sermo pedestris*, mais amplifié par lui. Pour les autres, il faudra conférer au style moyen les ressources poétiques qui le rendent capable, par-delà l'élégance, d'«émerveiller».

L'italie savante — qui, jusqu'au *Ciceronianus*, avait eu le monopole des disputes sur l'imitation — ressentit le pamphlet d'Erasme comme un défi. Après 1528 — et ce sac de Rome dont André Chastel a récemment montré qu'il sonna sur l'Italie entière comme le glas de son hégémonie intellectuelle —, «cicéroniens» et «anticicéroniens» font front: ils se livrent à un immense travail d'éditions savantes et multiplient les débats académiques. Dès 1532, le ton est donné par un échange de lettres entre le «cicéronien» Giambattista Giraldi et l'«anticicéronien» Celio Calcagnini, son ancien maître et ami. Est-ce la reprise des joutes fameuses de la Haute Renaissance entre Politien et Cortesi, entre Bembo et Pico? Cette fois Giraldi admire chez l'exemplaire orateur romain la *variété* de sa gamme, et Calcagnini présente l'imitation éclectique comme un *combat* où se forgent l'identité et la vigueur adulte de l'imitateur. Et tous deux admettent, avec des

---

et au XVIIe siècle, le privilège des doctes. Sa première traduction française date de 1826-1827. Il est possible qu'une des sources de la distinction entre rhétorique scolaire (pour «principians») et «rhétorique adulte» soit à chercher chez Denys. Voir éd. Aujac, t. III, p. 89: «C'est dans le plein épanouissement de l'intelligence, dans l'équilibre que procure la force de l'âge, qu'un tel savoir est à sa place, riche alors de notre culture littéraire, ou historique, de notre expérience et de nos épreuves, les nôtres et celles des autres.»

[187]   Voir le texte de cet échange de lettres dans Bernard Weinberg, *Trattati di poetica e di retorica del'500*, Bari, Laterza, 1970, t. I, pp. 199-220. La première édition de ces lettres parut à Bâle, chez Robert Winter, en 1540, dans un recueil de *Poemata* de Giraldi.

nuances, que d'autres modèles antiques peuvent et doivent soutenir la quête d'un style qui, tel celui de Cicéron, serait à même de moduler aussi bien la véhémence que l'ironie. La voie est ouverte pour un *aggiornamento* rhétorique de l'humanisme italien, d'autant plus souhaitable que la Réforme catholique, prise peu à peu à son compte par le Saint-Siège, est liée à un «retour aux Pères de l'Eglise», et à leur grande éloquence sacrée. Dans l'effort pour conférer à l'orateur les pouvoirs de présence de la poésie, appel est fait à Aristote comme à Platon, à la *Poétique* du Stagirite comme aux rhéteurs antiques qui, disputant de l'atticisme, avaient réconcilié l'éloquence avec la poétique de l'*Ion* et du *Phèdre*. C'est dans cette quête proprement italienne (dont Bernard Weinberg s'est fait l'historien) qu'il faut situer la publication du *Traité du sublime* par deux érudits qui ne s'étaient pas concertés: le Florentin Francesco Robortello et le Vénitien Paul Manuce. Nous connaissons mal les intentions du premier qui s'était signalé en 1548 par la publication du premier des grands commentaires de la *Poétique* d'Aristote au XVIᵉ siècle, établi d'après des manuscrits en possession des Médicis et dédié à Cosme Iᵉʳ. Pour lui, qui voit dans l'admiration l'effet majeur que doit viser le poète tragique[188], il est fort probable que le *Traité du sublime* est apparu comme concordant avec celui d'Aristote, et concourant à cette fusion de la poétique et de la rhétorique qui est une des voies de salut de l'éloquence italienne après l'assaut du *Ciceronianus*. En revanche, Paul Manuce a pris soin de faire connaître ses arrière-pensées d'éditeur du traité. En 1556, l'année qui suit la publication par ses soins du texte grec, il livre aux mêmes presses familiales un recueil de «pròses vulgaires»[189]. Il y fait figurer un *Discours sur la vocation de l'orateur* qui, lié à une lettre à son ami Ottaviano Ferrero, s'inscrit dans la tradition des *epistolae de imitatione*, un des genres les plus goûtés de l'humanisme érudit italien[190]. Mais cette fois la distance qu'il prend vis-à-vis du genre en

---

[188] Voir Bernard Weinberg, *A History of Literary Criticism in the Italian Renaissance*, Chicago, 1961, t. I, p. 397.

[189] *Tre libri di prose volgari di Paolo Manuzio*, Aldus, Venetiae, 1555. Sur ce recueil et sur le *Discorso intorno all'ufficio dell'oratore* qu'il contient, à la suite d'une lettre adressée à Ottaviano Ferrero, voir *L'Age de l'éloquence, op. cit.*, pp. 164-167.

[190] Le genre, fixé par l'échange de lettres sur l'imitation entre Ange Politien et Paolo Cortesi (publié dans les *Opera omnia* de Politien chez Alde en 1498) reste vivant en Italie bien après 1528 et le *Ciceronianus* d'Erasme (voir le recueil de

adoptant *il volgare* révèle également sa pensée. La question traditionnelle — imitation d'un modèle unique ou de modèles multiples —,
encore posée dans l'échange Giraldi-Calcagnini, est renvoyée aux
pédagogues. Paraphrasant le Pseudo-Longin, Paul Manuce subordonne l'imitation à la quête d'un degré sublime de l'éloquence, et
réserve cette quête au petit nombre d'*ingegni* pourvus de dons divins
et de grandeur d'âme. Ceux-ci s'élèvent tout naturellement au-dessus
des préceptes et des règles de la rhétorique scolaire pour exercer
l'empire de la grande éloquence. Et là, se concentrent et se confon-
dent les finalités du discours (plaire, émouvoir, instruire), les genres
du discours (délibératif, judiciaire, démonstratif), les degrés de style.
Ce dernier point est évidemment capital: le suprême degré de l'éloquence résume en lui les trois styles traditionnels, il est libre d'allier
le «grand» au «moyen» et au «simple». Ce qui est «faute» dans
l'ordre scolaire devient vertu dans cet ordre supérieur où la puissance
de l'effet sur l'auditeur répond à la force «divine» du génie et du
caractère chez l'orateur. Le Pseudo-Longin sert ainsi de garantie à une
«rhétorique du génie» qui préfigure à long terme l'autonomie de ce
que nous appelons «littérature». A court terme, elle crée des conditions de légitimité d'une poésie et d'une éloquence «baroques», tant
sacrée que profane. Pour nous en tenir à un exemple italien, c'est à
cette «rhétorique du génie», approuvée par la reconnaissance du
public, que se réfère en dernière analyse Giambattista Guarini,
l'auteur du *Pastor Fido*, pour avoir raison du critique aristotélicien
Giason de Nores, qui lui reprochait d'avoir, dans la même œuvre
«pastorale», mêlé contre les règles et le bon sens le genre comique et
le genre tragique[191]. Se jouer des normes reçues, transmises par
l'école, codifiées par la tradition critique: telle est désormais la
maxime des *ingegni eccelsi* et leur interprétation du sublime.

B. Weinberg, *op. cit.*, qui reproduit également plusieurs traités *De Imitatione*, une
variante du genre).

    [191]   Voir l'analyse détaillée de la querelle du *Pastor Fido*, modèle à bien des
égards de la querelle du *Cid*, dans Bernard Weinberg, *A History*, *op. cit.*, t. II,
pp. 1074 sq. Les libertés que Guarini s'estime en droit de prendre vis-à-vis d'une poétique aristotélicienne étroite (au nom de l'*ingenium*, mais aussi au nom de l'*aptum*,
auprès du public chrétien et moderne) peuvent être rapprochées de celles que les poé-
ticiens jésuites du début du XVIIe siècle accordèrent aux auteurs de tragédies chrétiennes, ou encore de celles que Chapelain accorde à Marino dans la préface à
l'*Adone*. Dans chacun de ces cas, la norme de l'école est combattue au nom du
«génie» de l'auteur et de l'«effet» produit sur le public.

Il est relativement aisé de suivre en Italie, de Paul Manuce en
1556 à Leone Allacci en 1634, le cheminement d'un texte sur lequel
les Italiens, pour l'avoir édité puis traduit les premiers[192], avaient en
quelque sorte, et selon le droit tacite de la République des Lettres, un
privilège. L'étude de sa «réception» en France, doit passer par de plus
longs détours. Dès 1958, Jules Brody attirait l'attention sur l'édition
commentée de Catulle publiée chez Alde à Venise en 1554, un an
avant que Paul Manuce ne fît paraître le *Traité du sublime*[193]. L'auteur
en est Marc-Antoine Muret. Dans son commentaire du poème 51, il
observe que Catulle a imité un poème de Sappho, dont un fragment
subsiste grâce à une citation qu'en fait «Longin». Et ajoute qu'il
doit à Paul Manuce d'avoir encouragé à traduire en latin cet «excellent livre grec»[194]. Il a donc partagé avec l'éditeur du traité l'excitation
de la découverte. Peut-être a-t-il collaboré à l'édition du texte grec.
En 1561, Paul Manuce sera requis par le pape Paul IV à Rome pour
y fonder une typographie vaticane et y publier les Pères de l'Eglise.
En 1563, à l'invite de son ami, Marc-Antoine Muret arrive

---

[192] Citons un autre exemple de ce «privilège» acquis par la notion du premier
éditeur: celui de *Phèdre*, édité pour la première fois par Pierre Pithou en 1596, et qui
va demeurer tout au long du XVIIe siècle un des «bijoux de la couronne» de l'édition
savante française, dans le même temps où le genre de la fable reçoit de La Fontaine
sa consécration littéraire en français.

[193] Boileau mentionne dans sa préface (éd. cit., p. 6) ce commentaire de
Catulle par Muret et la traduction du *Traité du sublime* que celui-ci y annonce. Jules
Brody s'est reporté à l'ouvrage (*Boileau and Longinus*, p. 16).

[194] *Catullus et in eum commentarius M. Antonii Mureti*, Venetiis, apud Paulum Manutium, Aldi filium, 1554 (B.N. Rés. y Yc 373), dédié à Bernardino Loredano.
Voici le passage, commentant un poème *Ad Lesbiam* (pp. 56-57): *Et enim cum
Dionysii Longini libellum* περὶ ὕψους *qui nondum a quoquam editus est, hortante
eodem qui me ad haec scribenda impulit, singularis doctrinae, exmiae virtutis viro,
Paulo Manutio, Latine interpretari coepissem, ut eodum tempore optimus liber et
graecus et mea opera Latinus factus ederetur, cum alia in eo sane plurima deprehendi
digna, quopter quae liber ipse communi omnium elegantium hominum expetatur,
tum odem suavissimam poetriae Sapphus, quam iis qui proxime antecesserunt, versi-
bus maxima ex parte Catullus expressit.* Il est difficile d'admettre la traduction proposée par M. Logan («Montaigne et Longin, une nouvelle hypothèse», *R.H.L.F.*,
mai-juin 1983, 3, p. 366): «... qui m'encourage à publier cet excellent livre grec avec
une traduction latine faite par moi.» Il faut comprendre: «... qui m'encouragea... à
traduire en latin (le *Traité du sublime*) afin qu'en paraissent en même temps et le texte
grec de cet excellent ouvrage et une traduction latine de ma façon...» Paul Manuce
envisageait donc de publier à la fois sa propre recension du ms. Bessarion de la Mar-
ciana, et une traduction latine de son ami Muret. Nous ignorons pourquoi le texte
grec fut publié seul et ce qu'il advint de la traduction ébauchée (*coepissem*) par
l'humaniste français en exil à Venise.

à Rome, et y reçoit une chaire de professeur à la Sapienza[195]. C'est là que le retrouvera en 1580-1581 son ancien élève du collège de Guyenne, Michel de Montaigne[196]. Cette année-là, Muret professe à la Sapienza un cours sur les *Annales* de Tacite. Il fait l'éloge du style de l'historien romain, chez qui le *genus humile* de la narration se montre capable d'un sublime clair-obscur, pénétrant le lecteur d'un frisson sacré[197]. C'est aussi l'époque où le plus proche disciple de Muret, le jésuite Francesco Benci, professe la rhétorique au collège romain. Ses leçons inaugurales, sous le titre d'*Orationes*, seront publiées en 1592 à Ingolstadt, en même temps qu'un recueil d'*Orationes, epistolae et hymni sacri* de Muret préfacé par le P. Benci. Parmi les *Orationes* de celui-ci, l'une, intitulée *De stylo et scriptione*[198] s'inspire de la doctrine du Pseudo-Longin et paraphrase en latin des passages du *Traité du sublime*. Lorsque Montaigne arrive à Rome, Paul Manuce est mort depuis 1574. Comme son ami Muret, l'humaniste vénitien avait été étroitement lié aux maîtres du collège romain et par lui, et surtout par Muret, l'enseignement de la rhétorique au collège s'était «mis à jour», passant du cicéronianisme traditionnel en Italie (illustré tardivement par les œuvres du P. Perpiñan) à une doctrine plus éclectique et plus ouverte, soutenue par un appel au «sublime». Montaigne a-t-il entendu le P. Benci enseigner au collège romain? Lui qui s'était montré si sévère pour les «geôles de jeunesse captive», il fait noter dans son *Journal de voyage* un jugement enthousiaste sur la pédagogie des jésuites, sur les effets irrésistibles que l'on peut attendre de cette «pépinière de grands hommes en toutes sortes de grandeur», effets qui «menacent le plus les hérétiques de notre temps»[199]. Aussi ne voyons-nous aucune difficulté à nous rallier à l'hypothèse

---

[195]   Voir *L'Age de l'éloquence, op. cit.*, pp. 62-63, et l'ouvrage classique de Charles Dejob sur Muret (1883).

[196]   Voir l'édition Fausta Garavini du *Journal de voyage*, éd. Folio, Paris, 1983.

[197]   Voir notre analyse des «leçons inaugurales» de Muret dans sa chaire de la Sapienza, dans *L'Age de l'éloquence*, pp. 170-175.

[198]   Voir *ibid.*, pp. 175-179.

[199]   *Journal de voyage*, éd. cit., p. 223. La curiosité érudite de Montaigne à Rome se manifeste abondamment (*ibid.*, pp. 212-214) et l'auteur des *Essais* se livre avec Muret à des conversations dans le goût des *Nuits attiques* d'Aulu-Gelle (*ibid.*, p. 214). Il est difficile par ailleurs de ne pas rapprocher la page admirable du *Journal* consacrée aux ruines de Rome (*ibid.*, pp. 200-202) de la découverte du *Traité du sublime* et des cours de Muret sur le sublime tacitéen. A noter que, dans les fragments manuscrits qui subsistent (XVIe-XVIIe) à la Bibliotheca nazionale de Rome (*Fondo*

formulée par M. Logan[200], et selon laquelle c'est à Rome, auprès de Marc-Antoine Muret, que Montaigne aurait découvert le *Traité du sublime*, dont il paraphrasera certains thèmes essentiels dans ses «allongeails» et dans les derniers chapitres des *Essais*.

C'est encore à partir de Rome que le prestige et la doctrine de «Dionysus Longinus» vont s'imposer dans les grandes synthèses rhétoriques et dans l'enseignement des jésuites français sous Louis XIII[201]. Ce terrain était bien préparé pour la «réception» du sublime par des auteurs tels que Corneille, Balzac ou Retz[202]. Mais les *Essais*, devenus le «bréviaire des honnêtes gens», étaient un véhicule plus adapté au public de langue vulgaire, celui des *lecteurs*. Son efficacité était d'autant plus grande que ni l'«allongeail» de l'essai «Du jeune Caton» ni la critique littéraire d'inspiration longinienne de l'essai «Sur des vers de Virgile» n'étaient des pièces rapportées sur le tissu des *Essais*. M. Logan a fait justement remarquer que les *Moralia* de Plutarque, «source» ancienne de la réflexion de Montaigne, ont pu servir de transition naturelle, sur fond de platonisme, à l'adoption des thèmes de la rhétorique longinienne. Montaigne a connu aussi, et utilisé[203], le *Dialogus de oratoribus* attribué alors tantôt à Quintilien, tantôt à Tacite. Or ce traité, postérieur au *Traité du sublime*, le recoupe en plus d'un point. Il reprend l'idée d'une décadence de l'éloquence, liée à la décadence des mœurs. Selon Maternus, l'un des interlocuteurs du *Dialogue*, cette corruption de l'éloquence du forum ne peut trouver de contrepoids que dans la conversion d'une petite élite, voire de génies isolés, à un idéal littéraire remémorant l'antique grandeur, mais dans une sublimité d'accent nouveau, alliant l'enthousiasme poétique et le contemplation du sage retiré dans l'*otium*.

Jesuitico) des *orationes* rédigées par des jésuites du collège romain, plusieurs de celles-ci traitent magnifiquement le thème des ruines de Rome, sujet particulièrement propice à susciter le «frisson sacré» du sublime.

[200] Voir J. Logan, art. cit., p. 366. L'hypothèse, formulée d'après le seul rapprochement du texte de Longin et de celui de l'allongeail de l'essai «Du jeune Caton», était formulée, comme le rappelle M. Logan (p. 370), dans *L'Age de l'éloquence*, p. 451.

[201] Voir note 169.

[202] Voir notre étude: «Apprends, ma confidente, apprends à me connaître: les *Mémoires* de Retz et le *Traité du sublime*», dans *Versants*, 1981, pp. 27-56.

[203] Montaigne, *Essais*, éd. Pléiade, 1950, L. I, ch. 26, pp. 204-205. Voir *ibid.*, I, 37, p. 269, une définition du sublime.

A l'exemple cette fois encore de Muret[204], Montaigne a trouvé dans le *Dialogue* les principes de sa réflexion sur le destin de la parole dans une époque corrompue, et sur l'écart qui sépare la vraie grandeur littéraire de la déclamation, politique, académique ou aulique.

Un autre auteur, moins souvent cité parmi les «sources» des *Essais*, préparait tout aussi bien Montaigne, et ses lecteurs après lui, à s'orienter vers le goût littéraire longinien. La recherche moderne s'accorde à attribuer le *Traité du sublime* à un rhéteur alexandrin du début du Ier siècle, un Grec, mais non sans contacts avec les milieu juifs hellénisés d'Alexandrie[205]. Très proche de ce Grec inconnu, par la culture philosophique et esthétique: Platon d'Alexandrie, juif hellénisé, auteur de traités en langue grecque où la théologie biblique est interprétée à la lumière du platonisme. Une traduction des principaux traités de Philon avait paru en français dès 1575[206]. Montaigne est familier de Philon, bien que là encore il évite de le citer expressément[207]. Ainsi, l'alliance de l'esthétique philosophique des Grecs et du sens biblique du sacré, qui est au principe aussi bien de la parole philonienne que du sublime longinien, se trouvait répétée dans les méandres du texte des *Essais*. Cette alliance avait dû être renouvelée en Italie, au XVIe siècle, sous l'aiguillon d'Erasme, pour assurer la concordance entre la Renaissance des bonnes lettres et la Réforme catholique. Montaigne, héritier d'Erasme, mais dont toute l'œuvre travaille à cette concordance, a senti tout le prix de la redécouverte du sublime par Rome.

Le prix de cette redécouverte, dans une Europe catholique où Aristote plus que jamais est *maestro di color chi sanno*, est une tension difficile entre l'ordre de la réminiscence héroïque, sacrale ou sapientiale visée par la poésie et par une éloquence poétisée, et le

---

[204] Sur l'importance du *Dialogue des orateurs* chez Muret et en général dans le «tournant» de la rhétorique humaniste des années 1570-1580, voir *L'Age de l'éloquence*, p. 273, note 262.

[205] Voir le volume *Philon d'Alexandrie*, Paris, C.N.R.S., 1967.

[206] *Les Œuvres de Philon le Juif*, Paris, Chesneau, 1575 (trad. P. Bellier). Une réédition augmentée de traductions nouvelles par Frédéric Morel, paraîtra chez Chapelain en 1612. De nombreuses traductions latines ont été publiées au XVIe siècle, entre autres par Adrien Turnèbe, très admiré par Montaigne (voir *L'Age de l'éloquence*, p. 478, notes 115 et 116).

[207] Montaigne, *Essais*, éd. Pléiade cit., p. 204, à rapprocher de Philon, *Quod deterius*, 126-128, *Œuvres*, éd. Cerf, 1961, t. I, p. 97.

rationalisme de la rhétorique et de la poétique d'ascendance aristotélicienne. Cette difficulté est particulièrement sensible en Italie, alors que
l'Espagne a trouvé dans cette tension l'aiguillon de son siècle d'Or. Peu
d'auteurs ont plus contribué à la délivrer de la fascination du style
moyen et de la «douceur» du Cicéron italien que Juste Lipse, un Flamand ami de Montaigne, rival de Muret[208]. Dans son *Epistolica institutio* (1591), le savant éditeur de Tacite et de Sénèque formule la théorie
des trois stades de l'imitation: l'imitation scolaire, qui enseigne les normes de la bonne latinité, d'après l'exemple de Cicéron; l'imitation
éclectique, qui permet de se livrer à des variations plus modulées et
plus libres d'après d'autres modèles de la prose latine; enfin l'imitation
adulte, qui fait entrer le «génie» en rivalité avec les prosateurs «sublimes» de la prose latine: Salluste, Tacite, Sénèque. L'essence du sublime
selon Lipse est donc dans le grand écart que seule la grande âme peut
se permettre par rapport à la norme cicéronienne. Le sublime n'est pas
seulement au-dessus, il est à côté. Il exige ainsi une tension de l'âme
qui est impossible aux commençants ou au vulgaire. La rhétorique de
l'*agudeza* de Baltazar Gracián parvient avec une sorte de bonheur à
concilier par la rapidité cette idée du sublime et la technicité aristoté-
cienne. Alors qu'un Emmanuele Tesauro, en Italie, dans une tradition
d'humanisme abondant et doux, procède à la conciliation d'un sublime «cicéronien» avec la poétique et la rhétorique d'Aristote selon une
casuistique lente et labyrinthique.

En France, en revanche, en dépit des piques de Montaigne contre
Cicéron, Lipse ne fit pas longtemps école, et le sourd malaise italien
fut plus aisément surmonté par l'alliance du sublime et de la simplicité.
Ce n'est pas que la hiérarchie entre rhétorique scolaire et rhétorique
«adulte», celle qui sait atteindre au sublime, n'ait pas été reçue par les
auteurs et par leur public, comme en témoigne Balzac:

> Il faut que ce soit quelque chose de céleste et d'inspiré qui intervienne
> dans l'éloquence pour exciter les transports et les admirations qu'elle
> cherche. Disons qu'il faut qu'un grand esprit naisse et un grand jugement
> avec lui pour le conseiller, afin qu'Aristote réussisse [...] Il est besoin de
> quelque autre que de l'art, afin que la spéculation se rende sensible, et
> qu'elle tienne ce qu'elle a promis. Afin que les règles deviennent exem-
> ples, afin que la connaissance soit action et que les paroles soient des
> choses[209].

---

[208]   *Ibid.*, pp. 154-158.

[209]   J.-L. Guez de Balzac, *Paraphrase ou de la grande éloquence*, discours
sixième, dans *Œuvres diverses*, éd. p.p. R. Zuber, Paris, Champion, 1995, p. 163. Ce

Là-dessus, il y a accord unanime de tous les bons esprits en France comme dans l'Europe lettrée. La quête n'y est pas moins vive qu'ailleurs de la «gloire du langage», cette épiphanie de l'Etre dans les mots «humains, trop humains» de la parole bavarde et profane. Mais plus le siècle avance — et la carrière littéraire de Balzac lui-même — moins ce Grand Œuvre est cherché du côté de l'écart. Cicéron — et le Cicéron des «cicéroniens», modèle du «style moyen» — reçoit en 1637 droit de cité français dans la traduction de *Huit oraisons* de l'Arpinate sous l'égide de l'Académie[210]. S'il doit y avoir un sublime français, il doit être dans l'assomption de la norme communément acceptée, non dans l'effort héroïque pour s'écarter d'elle. Par d'autres voies, la leçon de Montaigne, si décisive pour la nation entière, allait dans ce sens. Toute la recherche — nonchalante — des *Essais* visait à faire coïncider un style et une première personne qui n'avait elle-même d'autre ambition que d'assumer la «forme entière de l'humaine condition», la norme naturelle de l'humanité. Sur cette lancée, c'est toute une société qui, à l'épreuve de la parole vive et de l'art de converser, se donne à elle-même une norme de langue et de style «naturels», qui concilient l'idéal du courtisan «cicéronien» de Castiglione et l'idéal de la communication entre doctes, donc entre égaux, qu'Erasme avait prôné.

> Or, écrira Morvan de Bellegarde, comme cette familiarité dispense des actions de cérémonies, elle dispense aussi des paroles de circonlocutions qui marquent la déférence; et d'ordinaire la conversation entre

---

discours avait été adressé à Costar, qui avait écrit une lettre au prince de Condé (*Lettres de M. Costar*, seconde partie, Paris, Courbé, 1659, lettre 335, pp. 880-917) où le portrait du Magnanime par Aristote était pris pour miroir (mais miroir imparfait, eu égard entre autres à l'*ethos* qui rend le prince français «doux, touchant, gagnant les affections») de la sublimité de Condé (voir «L'héroïsme cornélien et l'idéal de la magnanimité» dans *Héroïsme et création littéraire*, Paris, Klincksieck, reproduit ci-dessus).

Le mot de «paraphrase» dans le titre pourrait bien faire allusion à la nature exacte du discours de Balzac, version «pour le monde» du *Traité du sublime*. Mais c'est aussi un effort pour concilier poétique et rhétorique, platonisme «longinien» et aristotélisme. Comme le Pseudo-Longin et comme Allacci, Balzac fait du sublime (qu'il ne nomme pas comme pour mieux le faire désirer) un privilège commun à l'*action* des grands orateurs et des héros. Notons qu'entre Montaigne et Balzac, un médiateur est intervenu: Guillaume Du Vair et son traité *De l'Eloquence françoise et des raisons pourquoy elle est demeurée si basse* (1595). Voir *L'Age de l'éloquence*, pp. 503-511, et p. 699.

[210]   *Huit oraisons de Cicéron*, Paris, Camusat, 1638. Voir R. Zuber, *Les Belles Infidèles, et la Formation du goût classique*, Paris, A. Colin, 1968 et *L'Age de l'éloquence*, p. 738.

égaux est plus libre, et plus gaie, que celles entre personnages où il y a de l'inégalité[211].

Cela va de soi : cette norme «naturelle» de «langage des honnestes gens» est elle-même à ce point pénétrée de valeurs rhétoriques (d'ascendance cicéronienne ou érasmienne) qu'elle peut s'offrir le luxe de les tenir pour seconde nature, simple passage à l'acte de la nature en puissance, informe et grossière, mais appelant cette forme policée. C'est ce «langage des honnestes gens» qui sert de référent à l'art des grands classiques, en même temps que de voile qui dissimule et qui rend d'autant plus présent leur art. Pour autant, ils n'ont en rien renoncé au sublime. Mais loin de le chercher à l'écart de la norme, devenue autour d'eux «naturelle», ils vont consacrer tout leur génie à ramener l'attention sur *ce qui la fonde*, et à conférer la numinosité du sublime à l'âpre vérité de la nature humaine voilée sous la douceur de l'urbanité. Ce sublime de la vérité humaine — qui résout les postulations contradictoires du *Traité du sublime* : appel à la grandeur et sommation de la simplicité, invitation à un art consommé, mais qui ne se consomme qu'en se voilant[212] — est tout entier pénétré d'ironie : il ne se cherche pas avec effort, il se trouve avec grâce là où on ne l'attend pas, sous les espèces d'une «seconde simplicité» en résonance avec la parole commune à tous les «honnestes gens». S'il «surprend et ravit», c'est pour savoir combler sans l'effaroucher le désir de savoir qui se cache sous le désir d'être flatté : il oblige doucement l'âme à quitter le doux et terrible exil où elle se trouve par rapport à sa vérité, et à lui faire regagner le *lieu commun* où l'humanité a son site, et qui n'est pas si inhabitable qu'elle le redoutait par amour-haine de soi. La sublime ironie inhérente à l'art classique est d'avoir la force et l'humilité de s'en tenir à ce *lieu commun*, et de faire découvrir que la vérité morale, où le plaisir nous a conduits, peut transformer celui-ci en paix du cœur. Demandons pour conclure à Pascal l'interprétation classique et française du sublime :

---

[211]   Cit. par Christoph Strosetski, *Rhétorique de la conversation*, trad. Fr. S. Seubert, coll. Biblio. 17, *Papers on French Seventeenth Century Literature*, Paris-Seattle-Tübingen, 1984, p. 29.

[212]   Cette notion de «voile» est essentielle à la notion de sublime dans le traité du Pseudo-Longin ch. 15 : *Que les figures ont besoin de sublime pour en soutenir* (trad. Boileau, cit., pp. 62-63). C'est l'effet de grandeur qui cache et fait oublier les «figures» qui le soutiennent, comme, dans la peinture, l'éclat de la lumière rejette à l'arrière-plan les ombres.

Rien n'est plus commun que les bonnes choses: il n'est question que de les discerner, et il est certain qu'elles sont toutes naturelles et à notre portée, et même connues de tout le monde. Mais on ne sait pas les distinguer. Ceci est universel. Ce n'est pas dans les choses extraordinaires et bizarres que l'on trouve l'excellence de quelque genre que ce soit. On s'élève pour y arriver, et on s'en éloigne: il faut le plus souvent s'abaisser. Les meilleurs livres sont ceux que ceux qui les lisent croient qu'ils auraient pu faire. La nature qui seule est bonne, est toute familière et commune [...] Il ne faut pas guinder l'esprit: les manières tendues et pénibles le remplissent d'une sotte présomption par une élévation étrangère et par une enflure vaine et ridicule, au lieu d'une nourriture solide et vigoureuse. Et l'une des raisons principales qui éloignent autant ceux qui entrent dans ces connaissances du véritable chemin qu'ils doivent suivre est l'imagination qu'on prend d'abord que les bonnes choses sont inaccessibles, en leur donnant le nom de grandes, hautes, élevées, sublimes. Cela perd tout. Je voudrais les nommer basses, communes, familières, ces noms là leur conviennent mieux. Je hais ces mots d'enflure[213]...

Il importe peu que Pascal ait lu ou non le *Traité du sublime*: ici, et dans les *Pensées*, il ne cesse de répondre à la question que pose le traité, et qui était ouverte obstinément depuis le XVIe siècle: qu'est-ce que la grandeur? Il y répond autrement que les rhétoriciens «baroques» du génie, mais en retrouvant peut-être plus directement l'esprit du traité du Pseudo-Longin, où l'enthousiasme religieux s'allie à l'ironie socratique, où le jugement de goût le plus difficile est inséparable d'un savoureux bon sens. Les «baroques» cherchent le sublime en passant par Platon ou Aristote, Pascal le trouve en passant par Augustin: la grandeur est là où on ne l'attend pas, mais où elle nous attend. Et elle ne révèle autre chose que ce que nous cherchons par tous les moyens à nous cacher, l'évidence si familière et si étrange à la fois de notre nature. Cela, avant d'être ressenti si fortement, et avec une sorte d'unanimité qui ne laisse pas d'étonner, à Paris, avait été pressenti à Alexandrie par un rhéteur grec capable de citer la Genèse, au Ier siècle de l'ère chrétienne.

---

[213]   Pascal, «De l'esprit géométrique et de l'art de persuader», dans *Œuvres*, éd. Lafuma, Paris, Seuil, 1963, p. 358.

6.

DU *CID* À *POLYEUCTE*: UNE DRAMATURGIE DU COUPLE*

Un historique du sublime au XVIIe siècle nous ramène tout naturellement au héros cornélien. Platon, dans le *Cratyle* (398) assigne au mot «héros» l'étymologie d'*éros*, mot qui lui-même renverrait au verbe *erreïn*, parler. Les héros, nés de l'amour, sont des orateurs. Il va de soi que leur éloquence les porte au sublime. Et ce sublime a partie liée avec l'amour. Amis et amants, les héros cornéliens vont par couples.

Les premières comédies de Corneille, en dépit de leur décor urbain, obéissent à une dramaturgie pastorale de la formation du couple. Elles s'achèvent par un bref épithalame qui vérifie quelque peu ce que Northrop Frye considère comme un trait structurel de la comédie (et de sa variante pastorale, qui la conjoint à l'idylle): le rite de printemps, de fécondité et de fertilité[214]. Le premier *clinamen* apparaît dans *La Suivante*: le couple Daphnis-Florame parvient bien à surmonter tous les obstacles et à se former, la pièce se termine cependant par un amer monologue d'Amarante, la suivante-victime, qui jette un mauvais sort sur le mariage Géraste-Cloris, grâce auquel celui de Daphnis-Florame est devenu possible. D'autres ombres étaient apparues au cours de la comédie: les calculs d'ambition et de rang social y interféraient sans cesse avec l'ardeur des sentiments et la loyauté des paroles. Cette corruption de l'éloquence pastorale atteint son sommet dans *La Place Royale*: là toute l'intrigue est dominée par la destruction d'un couple formé dès le départ et qui était donné d'emblée pour lié, sans le moindre obstacle extérieur, par un amoureux exceptionnel. Dès la première scène, Angélique déclare à son amie Phylis:

> Vois-tu, j'aime Alidor, et cela c'est tout dire;
> Le reste des mortels pourrait m'offrir des vœux,
> Je suis aveugle, sourde, insensible pour eux.
> ...
> Alidor a mon cœur. et l'aura tout entier.
> En aimer deux c'est être à tous deux fidèle.   (I, 1, 34-41)

Et dès qu'Alidor apparaît, il confie à son ami Cléandre:

---

* Cette étude a d'abord été une communication pour le Colloque Corneille organisé par l'Academia Olimpica de Vicence en 1984. Paru sous la direction de Mario Richter, Vicence, 1988.

[214] Voir Northrop Frye, *Anatomy of criticism*, Athenaeum, New York, 1967 (1re éd. 1957), pp. 163 sq, «The mythos of Spring: comedy».

> Pour vivre de la sorte, Angélique est trop belle.
> Je sens de ses regards mes plaisirs se borner,
> Mes pas d'autre côté ne s'oseraient tourner,
> Et de tous mes soucis la liberté bannie
> Fait trop voir ma faiblesse avec sa tyrannie.
>
> (I, 4, 221-225)

Angélique va demeurer, en dépit des pièges qui vont lui être tendus, invariablement fidèle à l'amour qui l'attache à Alidor. Et Alidor, qui va chercher toutes sortes de subterfuges pour se dégager à la fois de son amour pour Angélique et de l'amour que celle-ci lui porte, n'en partage pas moins avec la jeune fille la même conception du couple formé par un élan réciproque, mais relié tout aussi bien par une sorte de foi jurée. Et c'est justement la force de ce lien, son caractère objectif et, dans l'esprit d'Angélique, à proprement parler sacramentel, que l'«extravagant» Alidor repousse comme la pire menace qui puisse subvertir la liberté de son *moi*. Tout se passe dans *La Place Royale* comme si Angélique concevait sa passion pour Alidor sous le signe du mariage chrétien, indissoluble, soutenu par un serment d'absolue fidélité réciproque, tandis qu'Alidor repoussait par un violent effort sur ses propres sentiments envers Angélique, cette indissolubilité sacramentelle vers laquelle l'amour d'Angélique et le sien propre le conduisent. Corneille ici est parvenu à un seuil: l'innocence érotique des rites de fécondité, d'abord troublée par les calculs tout citadins des personnages de *La Suivante*, est entièrement détruite dans *La Place Royale* par l'idée grave et chrétienne du mariage comme sacrement. Cette idée, qui hante aussi bien Alidor qu'Angélique, fait fuir l'amoureux extravagant dans un célibat d'«esprit fort», ce qui oblige Angélique, pour ne pas la trahir, à se retirer dans le célibat religieux, où elle sera pour toujours l'épouse du Christ. Après les ruines, l'édifice: les pièces suivantes vont s'attacher à restaurer la continuité entre l'amour naturel et le lien surnaturel du mariage, et à montrer que celui-ci répond à un vœu profond de la nature humaine, même si, en apparence, il fait violence à l'inconstance, à l'amour-propre, aux passions calculatrices qui obèrent la nature et la dissimulent à elle-même.

Dans *Médée*, jouée en 1634-1635, toute la tragédie tourne autour de la nature du lien qui unit Médée à Jason. Pour Jason, c'est une liaison de circonstance, d'essence illégitime, et qu'il a hâte de remplacer par un bon et honnête mariage, avantageux au surplus, avec la fille du roi de Corinthe, Créuse. Mais pour Médée, ce lien est déjà, et depuis le départ, de caractère implicitement matrimonial. Ses premiers mots, à l'acte I, scène 3, sont décisifs:

> Souverains protecteurs des lois de l'Hyménée
> Dieux, garants de la foi que Jason m'a donnée,
> Vous qu'il prit à témoin d'une immortelle ardeur,
> Quand par un faux serment il vainquit ma pudeur,
> Voyez de quel mépris vous traite son parjure,
> Et m'aidez à venger cette commune injure.

> (I, 3, 197-202)

Médée serait-elle pénétrée des principes du droit canon[215]? Pour elle, comme pour les canonistes, l'essence du mariage n'est pas dans la bénédiction publique, en présence du prêtre, mais dans l'engagement de fidélité réciproque contracté formellement par les deux époux. Le *sacramentum* est consubstantiel au *jusjurandum*. La bénédiction publique ne fait que consacrer cette parole donnée et jurée librement. Aussi la sympathie évidente que Corneille veut manifestement attirer sur Médée est-elle la conséquence de la force «légale» de la cause passionnément plaidée par celle-ci: la tragédie de *Médée*, comme la comédie intitulée *La Place Royale*, tourne tout entière autour du concept de mariage, entendu au sens de contrat indissolu-

---

[215] Le sacrement du mariage, dans le droit canon médiéval, résulte seulement du consentement de ceux qui se donnent l'un à l'autre pour mari et femme. Les parties contractantes sont les véritables ministres du sacrement. La bénédiction du mariage par le prêtre n'est qu'une cérémonie ecclésiastique, et non une formalité essentielle; le prêtre est le témoin de l'union du couple, et n'en est pas le ministre nécessaire. En conséquence de cette conception du mariage, l'Eglise admet la validité des mariages païens, du mariage des hérétiques, et à plus forte raison des mariages clandestins entre chrétiens. Toutefois, en raison des désordres que ces derniers provoquaient quelquefois, l'Eglise avait prescrit dès le Haut Moyen Age que les mariages fussent célébrés *in facie Ecclesiae*. Mais elle n'avait pas été jusqu'à faire de ces formalités de droit des formalités substantielles, parce que la conception que l'on avait du mariage s'y opposait et que le droit doit céder le pas à la théologie, même quand les vérités de foi paraissent quelquefois préjudiciables à la discipline ecclésiastique ou à la police de la société. Ni la publicité ni le consentement des personnes ayant autorité sur les parties contractant mariage n'étaient indispensables à la validité de celui-ci. Même un mariage de mineurs célébré contre la volonté du père de famille n'en demeure pas moins valide aux yeux de l'Eglise. Voir Durand de Maillane, *Dictionnaire de droit canonique et de pratique bénéficiale*, 3ᵉ éd., Lyon, 1775 (5 vol.), art. «Mariage», t. IV, pp. 32-41; «Empêchements de mariage», t. II, pp. 491-514; «Rapt», t. V, pp. 69-79; «Clandestin», t. I, pp. 496-506; voir aussi Guyot, *Répertoire universel et raisonné de jurisprudence civile, criminelle, canonique et bénéficiale*, nouvelle éd. Paris, 1784 (17 vol.), art. «Mariage», t. XI, pp. 337-375; «Empêchements de mariage», t. VI, pp. 665-680; «Clandestin», t. III, pp. 541-546. Cet «ancien régime» du mariage, entièrement fondé sur la parole donnée, est très bien résumé par une décrétale du pape Alexandre III, devenue le ch. IX, titre I, du L. IV des Décrétales de Grégoire IX (*De spons. et matrim.*), et dont le titre se lit ainsi: «*Si vir et mulier invicem promittunt, quod ab eo tempore se pro conjungibus habebunt, contractum est matrimonium, de praesenti, hoc dicit, et est satis notabilis.*»

ble dès lors qu'il a été conclu entre deux personnes libres et fiables.
Corneille oppose à la «magicienne» Médée les sophistes médiocres et
calculateurs du mariage (Créon, Créuse, Jason): le principe des ruses
et des crimes de Médée est du moins le culte de la foi jurée.

Parmi d'autres thèmes, celui-ci ne joue pas un mince rôle dans
L'Illusion comique, représentée peu de temps après *Médée*. La formation du couple, il est vrai, n'est pas donnée dès le départ. Mais dès
l'acte IV, scène 8, le jeu de Clindor entre Isabelle et sa suivante Lyse
cesse. A l'épreuve de la prison et de la condamnation à mort, le jeune
homme abandonne toute velléité donjuanesque et déclare, en même
temps qu'il la découvre, sa «dévotion», sa foi:

> Isabelle...
> Je meurs trop glorieux puisque je meurs pour vous.
>
> (IV, 8, 1254-1256)

Et comme si cette déclaration le liait à la jeune fille, non seulement
pour la vie, mais au-delà de la mort, il s'écrie, à la fin de son monologue:

> Isabelle, toi seule, en réveillant ma flamme,
> Dissipes mes terreurs et rassures mon âme.
> ...
> Quelques rudes assauts que le malheur me livre
> Garde mon souvenir, et je croirai revivre.
>
> (IV, 8, 1279-1294)

Désormais, et quoique en rébellion contre l'autorité de leurs pères
à tous deux, les deux jeunes gens, unis par un serment réciproque, forment un couple indissoluble. Les scènes tragiques du dernier acte sont
en quelque sorte le cauchemar de cette fidélité.

La logique de cette méditation sur l'amour, sur son épreuve dans
la foi jurée, conduit au *Cid*. Là mieux encore que dans *La Place
Royale*, un couple est formé dès le départ: celui de Don Rodrigue et
de Chimène. Et il est formé cette fois sur un engagement réciproque
si solide, si inviolable, si totalement accepté de part et d'autre, que les
épreuves les plus extraordinaires ne sauraient le défaire. Avant même
que le mariage soit célébré — et sa célébration reste au futur jusque
dans les derniers mots du Ve acte — une sorte de *conjugalité sublime*
est établie entre les deux *promessi sposi*, et c'est ce qui rend profondément vraisemblables et convenables les deux visites de Rodrigue à
Chimène, l'une après la mort du comte, l'autre avant le combat singulier avec Don Sanche. Là encore, quelque chose de sacramentel lie les
deux jeunes gens, rendant leur couple inaccessible aux vicissitudes
mondaines de la politique, de la guerre, des bienséances sociales. Ce

n'est pas le mariage, au sens juridique et canonique du terme, et c'est pourtant *déjà* le mariage, selon sa définition de foi réciproquement jurée, de personne privée à personne privée. Dans cet état intermédiaire, que l'on pourrait qualifier, plutôt que de fiançailles, de mariage *sous seing privé*, tous les effets de l'amour naturel, tels qu'ils avaient été célébrés par la poésie chevaleresque ou pétrarquiste, loin d'être paralysés, atteignent le comble de leur intensité et de leur fécondité éthique: l'entrevue entre Rodrigue et Chimène, à l'acte III, scène 4, donne au jeune homme l'enthousiasme qui va faire de lui le vainqueur des Maures. Et l'entrevue du même type qui a lieu à l'acte V, scène 1, donne à Rodrigue l'élan de magnanimité qui va lui permetttre de vaincre Don Sanche sans le tuer ni l'humilier. Même l'extraordinaire exploit que représente la victoire de Rodrigue sur le comte Don Gomès avait été « expliqué» par Rodrigue comme un *effet* du «bel œil» de Chimène:

> Et ta beauté sans doute emportait la balance,
> Si je n'eusse opposé contre tous tes appas
> Qu'un homme sans honneur ne te méritait pas,
> Qu'après m'avoir chéri quand je vivais sans blâme,
> Qui m'aima généreux, me haïrait infâme,
> Qu'écouter ton amour, obéir à sa voix,
> C'étoit m'en rendre indigne et diffamer ton choix.
>
> (III, 4, 894-900)

Par un piège du sort, c'est donc seulement en provoquant le comte en duel que Rodrigue peut *demeurer* tel qu'il était quand Chimène et lui se sont engagés l'un à l'autre. Obéir à l'honneur, c'est ici obéir encore à la foi jurée entre les deux jeunes gens, c'est *honorer* en esprit leur *pacte* amoureux. Et l'on découvre aussi bien la sacralité de celui-ci au dernier acte, dans l'inexprimable horreur manifestée par Chimène à l'idée de ne pas rester fidèle, par-delà la mort, à Rodrigue qu'elle croit avoir péri sous les coups de Don Sanche. A peine esquissée dans un vers du monologue de Clitandre à l'acte IV de *L'Illusion comique*, l'éthique de la veuve chrétienne vient parachever ici, à la faveur d'une longue méprise, l'éthique de l'épouse chrétienne. On assiste ici à la greffe, admirablement réussie par un poète de génie, entre l'idéal de l'amour courtois et la spiritualité tridentine du mariage et du veuvage.

Pour ce qui relève de l'amour courtois dans le couple Rodrigue-Chimène, Corneille n'avait qu'à se confier à sa source espagnole, Gilhen de Castro, et à la tradition des *Amadis*. Mais pour ce qui relève de la doctrine catholique du mariage, il est clair que sa dette est grande envers saint François de Sales et son *Introduction à la vie dévote*. Non que la doctrine de l'*Introduction* fût originale: elle résume, avec talent

et en français, celle de toute la théologie catholique post-tridentine.
Mais c'était l'ouvrage de saint François de Sales qui avait en France
donné autorité et diffusion, auprès du public auquel s'adressait Corneille, à la réhabilitation du sacrement du mariage par les docteurs du
concile de Trente[216]. Cette réhabilitation était un fait de civilisation
autant qu'un fait religieux, et il est impossible de surestimer sa nouveauté, du point de vue tant de la culture profane que de la culture
ecclésiastique. La tradition profane de l'amour courtois était largement étrangère à une quelconque valorisation du couple *marié*. Et la
tradition ecclésiastique, dans la mesure où elle était construite autour
de l'idéal monastique et du célibat des prêtres, établissait une hiérar-

---

[216]   Cette réhabilitation du sacrement du mariage n'est pas allée sans dispositions légales nouvelles, un *jus novum*, dont les contraintes (invisibles dans les textes
de saint François de Sales cités plus loin), furent particulièrement sévères en France,
à contre-courant de la tradition canonique. Il est probable que la réaction de rejet
d'un Alidor vis-à-vis du mariage est liée à cette nouvelle conception, plus contrai-
gnante, de l'institution. En effet, les dispositions du concile (*Sessio 24, De sacra-
mento matrimonii*), tout en réaffirmant que l'essence du sacrement est dans le libre
consentement des deux contractants, fait de la bénédiction du curé de paroisse une
obligation, sans pour autant déclarer que le curé est le ministre nécessaire du sacrement. Mais en France, c'est cette dernière doctrine, sévère, qui est unanimement
adoptée par les théologiens, les canonistes et les juristes dès le début du XVIIᵉ siècle.
C'était déjà sous la pression des ambassadeurs des princes, et en particulier du roi
de France, que le concile s'était résolu à faire de la clandestinité du mariage un empêchement dirimant à la validité de celui-ci. Mais le concile n'avait pas été au-delà d'exiger la présence du curé (*praesente parocho*). Canonistes et magistrats français enten-
dront dès le début du XVIIᵉ siècle cette «présence» comme un consentement indispensable. En revanche, les canons du concile réaffirmaient l'ancienne doctrine selon
laquelle le consentement des parents n'est pas une formalité substantielle du mariage.
Les ambassadeurs de Charles IX avaient déjà fait pression à Trente en sens contraire.
Aussi canonistes et magistrats français (non sans débattre avec d'autres écoles de
droit) établirent en règle du royaume que les unions contractées sans le consentement
des parents étaient nulles. Bien mieux, tout en adoptant la distinction entre «rapt de
violence» et «rapt de séduction», ils ne voulurent connaître que des rapts de violence,
puisque dans les deux cas la parole des deux contractants avait été donnée sans le
consentement des parents et que, dans ces conditions, le mariage était nul. Louis XIV
alla même jusqu'à exiger de ses sujets âgés de vingt-cinq à trente ans de demander
la permission de leurs parents pour se marier, sous peine d'exhérédation en cas
contraire. La mise en œuvre de ce nouveau cadre juridique sous Louis XIII, les procès
et les conflits doctrinaux qu'il entraîna, pourraient être fort utilement mis en rapport
avec la thématique théâtrale de cette époque et de la suivante. Voir, pour un premier
aperçu, Héricourt (Louis de), *Les Lois ecclésiastiques de France dans leur ordre naturel*, nouvelle édition, Paris, 1771, index: *Mariage* et *Empêchement de mariage*;
Pothier, *Traité du contrat de mariage* dans *Œuvres*, nouvelle édition, Paris, 1825,
18 vol., t. VII, pp. 1-430, et notamment pp. 140-142, 195 à 210, 214 à 225. Nous
remercions M. Philippe Cocâtre-Zsilgien, pour les informations bibliographiques
qu'il nous a si généreusement fournies.

chie entre le sacrement de l'ordre et le sacrement du mariage, au dépens de ce dernier. En rétablissant l'équilibre entre les deux sacrements, et en exaltant, sur les traces de l'humanisme chrétien d'un Alberti, d'un Vivès, la dignité éminente du couple des époux, la théologie post-tridentine s'attaquait à des habitudes mentales et sociales qui lui ont largement survécu. On peut suggérer cependant que l'apport propre à saint François de Sales, pénétré de platonisme chrétien, fut de faciliter le rapprochement entre le nouvel idéal religieux du couple marié et la tradition courtoise de l'amour. Il est évident que l'*Astrée* d'Honoré d'Urfé, remodelant la matière pastorale et chevaleresque, a travaillé de son côté, et avec d'autres méthodes, à la même fin. Pour comprendre la place centrale du couple de *promessi sposi* dans la dramaturgie cornélienne de la maturité, il n'est donc pas inutile de se reporter au texte de l'*Introduction à la vie dévote*. Le statut moral et religieux du couple, fiancé ou marié, y est analysé successivement au ch. XXIX et au ch. XXXVIII du L. III. Au ch. XXIX, il est question de «vrayes amitiés». Si les «amitiés particulières», explique l'évêque de Genève, sont déconseillées dans la vie monastique, elles peuvent, à certaines conditions, être hautement recommandables aux mondains, exposés aux dangers et aux épreuves de la vie dans le siècle. Pour que l'amitié soit un lien qui soutient les âmes dans leur combat pour gagner la vie éternelle, il faut qu'elle soit elle-même d'un autre ordre que le monde et ses attachements faux:

> O Philothée, aimez un chacun d'un grand amour charitable, mais n'ayez point d'amitié qu'avec ceux qui peuvent communiquer avec vous de choses vertueuses, et plus les vertus que vous mettrez en votre commerce seront exquises, plus votre amitié sera parfaite. Si vous communiquez ès sciences, votre amitié est certes fort louable; plus encore si vous communiquez aux vertus, en la prudence, discrétion, force et justice[217].

Et cette amitié qui, dans l'échange réciproque, conforte les vertus cardinales, prend un sens plus lointain et plus profond si elle est encore «communication» des vertus théologales, «charité, dévotion et perfection chrétienne». Elle devient alors voyage en commun hors des ténèbres, des tentations, des illusions du monde, vers la lumière éternelle de l'amour divin.

Dans les chapitres qui précèdent, François de Sales avait pris soin de distinguer les «amourettes», et en général l'amour profane, de

---

[217] Saint François de Sales, *Œuvres*, éd. André Ravier, Paris, Pléiade, 1969, p. 184.

cette «vraye amitié» qui seule peut donner un avant-goût de l'amour divin. Mais il n'exclut pas que l'amour profane puisse revêtir cette plénitude spirituelle, et c'est au ch. XXXVIII, intitulé «Avis pour les gens mariés», que cette alliance sacramentelle de l'amour naturel et de l'amour spirituel trouve chez lui sa consécration suprême, dans une fort belle célébration de l'état de mariage. Et pour l'évêque de Genève, cet état, digne entre tous, suppose entre les époux non seulement l'amour naturel humain, mais une «vraye amitié» qu'exalte au surplus un «sacré lien» contracté par amour: cette parole de vérité réciproque révèle dans l'amour même et elle approfondit un principe d'union plus fort que celui qui conjoint l'âme et le corps: elle est de la même essence sacrée que le sang du Christ. Un effet de cette union, c'est la «fidélité inviolable» de l'un à l'autre:

> Les cachets étaient anciennement gravés ès anneaux que l'on portait aux doigts, comme même l'Ecriture Sainte témoigne; voici donc le secret de la cérémonie que l'on fait ès noces: l'Eglise, par la main du prêtre, bénit un anneau, et le donnant premièrement à l'homme, témoigne qu'elle scelle et cachète son cœur par ce Sacrement, afin que jamais plus ni le nom, ni l'amour d'aucune autre femme ne puisse entrer en icelui, tandis que celle-là vivra laquelle lui a été donnée; puis, l'époux remet l'anneau en la main de la même épouse, afin que réciproquement elle sache que jamais son cœur ne doit recevoir de l'affection pour aucun autre homme, tandis que celui vivra sur terre que Notre-Seigneur vient de lui donner[218].

Cette «fidélité inviolable», François de Sales est trop fin moraliste et directeur de conscience pour ignorer qu'elle est une sorte de miracle de la parole humaine, postulé sans doute par l'amour naturel, par son vœu profond, mais rendu tout aussi bien improbable par la complexité et les variations du cœur humain: un cas en somme de ce «vraisemblable extraordinaire» dont Corneille a fait le sommet de son théâtre. Pour être durable, ce miracle suppose un dédoublement par rapport à soi, qui écarte d'avance tout ce qui peut apparaître dans le cœur de nuisible ou de néfaste à cet état d'union. A la foi réciproque répond la confiance réciproque, qui écarte par exemple la tentation (narrée de façon exemplaire par Cervantès dans Le Curieux impertiment)[219] d'exalter l'amour par la jalousie:

---

[218]   Saint François de Sales, Œuvres, éd. André Ravier, Paris, Pléiade, 1969, p. 234

[219]   Voir notre étude «Nous serons guéris si nous le voulons: classicisme français et maladie de l'âme», Le Débat, 29, 1984, pp. 92-114, et l'article de Marcel Bataillon, cit.

> C'est donc une sotte ventance d'amitié que de la vouloir exalter par la jalousie, car la jalousie est voirement marque de la grandeur et grosseur de l'amitié, mais non pas de la bonté, pureté et perfection d'icelle ; puisque la perfection de l'amitié présuppose l'assurance de la vertu de la chose qu'on aime, et la jalousie en présuppose l'incertitude[220].

Cette droiture dans l'amour préserve la force et la durée d'une parole donnée, victorieuse du temps, du sort, et des intermittences du cœur. Elle est le climat, à part des climats profanes et vulgaire, au sein duquel la dévotion réciproque de deux êtres demeure accordée à la fidélité de Dieu. C'est bien là le climat où, spontanément, respirent les «amants» cornéliens à partir du *Cid*. Dans les tragédies de Corneille comme dans l'*Introduction*, l'alliance des cœurs n'est pas une institution routinière, mais un «milieu divin», une sublime expérience de la dignité de l'homme, «à l'image et ressemblance» de son créateur. Et le chapitre de l'*Introduction* (III, 40) intitulé *Avis pour les veuves* correspond trait pour trait à l'attitude spontanément adoptée par Chimène quand elle croit Rodrigue mort, et à celle qu'adoptait non moins résolument Angélique quand elle était devenue sûre que l'époux choisi par elle, Alidor, ne pourrait jamais l'être :

> Que si la vraie veuve, écrit François de Sales, pour se confirmer en l'état de viduité, veut offrir à Dieu en vœu son corps et sa chasteté, elle ajoutera un grand ornement à sa viduité et mettra en grande asseurance sa résolution ; car voyant qu'après ce vœu, il n'est plus en son pouvoir de quitter sa chasteté sans quitter le Paradis, elle sera si jalouse de son dessein qu'elle ne permettra pas seulement aux plus simples pensées de mariage d'arrêter en son cœur un seul moment, si que ce vœu sacré mettra une forte barrière entre son âme et toute sorte de projets contraires à sa résolution[221].

On n'aurait aucune peine à retrouver dans le vocabulaire de Chimène et de Rodrigue les équivalents de l'union indissoluble des cœurs, de la fidélité inviolable et du vœu sacré. Les deux héros sont des *exempla* de la «vraye amitié» dans le mariage, pleinement vécue dès les fiançailles. Il est possible de voir ici, ainsi que dans l'extraordinaire développement de la thématique du couple dans les trois tragédies ultérieures, *Horace*, *Cinna* et *Polyeucte*, le reflet dans la création dramatique de Corneille d'une préoccupation intime et autobiographique. C'est en 1641, entre *Le Cid* et *Horace*, qu'il épouse Marthe Le Pesant.

---

[220]   *Œuvres*, cit., p. 236.

[221]   *Ibid.*, p. 244.

Mais il est plus fructueux encore de voir combien la croissance dans son œuvre du thème du couple de «vrays amis» promis au mariage s'inscrit au cœur de sa rhétorique dramatique. Corneille est hanté par la nature sophistique de la parole théâtrale, dénoncée au surplus par les théologiens rigoristes du temps. Cette sophistique, c'est celle-là même du cœur de l'homme, changeant, sujet aux passions et aux illusions d'optique que les passions font naître et passer pour vérités. Trancher dans cette ambiguïté de la parole trompeuse et changeante en lui imposant la fixité et la crédibilité inviolables du serment, du vœu, de la foi jurée entre deux cœurs transparents l'un à l'autre, c'est dépasser la vanité mondaine et fugace des paroles, c'est poser un fondement à la communication véridique, image extraordinaire, et terrestre pourtant, de la communication originelle entre la créature et son Créateur. Mais c'est aussi établir que le théâtre, accusé d'être l'art du mensonge, de la *mimésis* complaisante des passions profanes et de leurs illusions, peut représenter aussi ce miracle à la fois moral et rhétorique : la parole de bonne foi, qui est aussi indissolublement une parole de foi, l'une et l'autre fondée en dernière analyse sur la bonne foi divine et la foi que nous devons lui accorder. Art du mensonge, de l'illusion, des passions éloquentes, le théâtre, reconstruit autour de la figure centrale du couple fidèle et dialoguant dans la confiance absolue, devient le véhicule de la vérité et du langage de la vérité.

C'est ce que nous allons constater en interprétant brièvement, à la lumière des catégories d'analyse définies ci-dessus, le destin des couples dans *Horace, Cinna,* et *Polyeucte.* Dans *Horace,* d'entrée de jeu, nous sommes en présence de deux couples déjà formés, Horace et Sabine, deux époux qui s'aiment, pour reprendre la formule de François de Sales, dans la communication des vertus cardinales, et le couple Curiace-Camille, simples fiancés, mais dont l'union indissoluble des cœurs et la fidélité inviolable ont déjà un caractère sacramentel. A tel point que, tout enveloppés qu'ils soient des ténèbres du paganisme, on est en droit de voir poindre en eux cet appel du ciel et de l'éternité qui, pour l'évêque de Genève, signalait le plus haut degré de la «vraye amitié». Mais cette fois c'est le thème mythique de la tragédie tout entière qui est placé sous le signe du *couple.* Curiace, rapportant les propos du dictateur d'Albe au cours d'une trêve, lui fait dire :

> Nous sommes vos voisins, nos filles sont vos femmes
> Et l'Hymen nous a joints par tant et tant de nœuds

> Qu'il est peu de nos fils qui ne soient vos neveux
> Nous ne sommes qu'un sang et qu'un peuple en deux villes.
>
> (I, 3, 288-291)

Albe et Rome: la pièce pourrait s'appeler, plutôt qu'*Horace*, les noces sanglantes de Rome et d'Albe. Le destin de deux couples, Horace et Sabine, Curiace et Camille, l'un sur la terre, et l'autre outre-tombe, figure la seconde fondation de Rome, un second point de départ pour l'empire où s'incarnera le christianisme. De deux villes, à travers l'épreuve, une seule nation est en train de naître. De deux couples, l'un s'éternise dans la mort, l'autre inaugure la tradition éternellement vivante de la romanité. La véritable fondation de Rome s'articule à ces deux serments attestés par le sacrifice.

Aux paroles du dictateur d'Albe, à l'acte I, scène 3, font écho celles du roi Tulle à l'acte V, scène dernière: après avoir réconcilié Horace et Sabine, et recréé pour ainsi dire le couple éprouvé par le deuil, il célèbre le caractère exemplaire des deux amants morts, Camille et Curiace, et annonce les préparatifs d'une sorte de mariage *posthume*:

> Je veux qu'un même jour témoin de leurs deux morts
> En un même tombeau voie enfermer leur corps.
>
> (V, 3, 1781-1782)

Dans *Horace*, la méditation sur le couple prend les dimensions épiques d'une version de l'histoire du salut. Et le germe de cette vision était déjà dans la théologie du mariage énoncée par François de Sales:

> C'est la pépinière du Christianisme, qui remplit la terre de fidèles pour accomplir au Ciel le nombre des élus; si que la conservation du bien du mariage est extrêmement importante à la république, car c'est sa racine et la source de tous ses ruisseaux[222].

Ainsi les noces sanglantes d'Albe et de Rome, en faisant du couple Camille-Curiace une légende, du couple Sabine-Horace la racine d'une nouvelle romanité, ne sont pas sans analogie avec les noces de Cana citées aussi par François de Sales: ce n'est pas Adonis ni Vénus qui y assistent, mais le Christ invisible, qui prépare le lieu où son propre message sera reçu et transmis.

Dans cette même perspective, *Cinna* et *Polyeucte*, se déployant d'une seule coulée, comme l'avait bien vu Charles Péguy, développent la même méditation à la fois morale, religieuse et historique sur la

---

[222] *Œuvres*, cit., p. 233

fonction du couple dans le temps du salut. «Racine et source de la
république», disait François de Sales, désignant l'ordre naturel des
choses, puis «pépinière du christianisme», dans l'ordre surnaturel.
La tragédie d'*Horace* rend témoins ses spectateurs du moment fondateur de Rome par les noces de celle-ci avec Albe. La tragédie de *Cinna*
donne à voir une seconde fondation, celle de l'Etat impérial. La tragédie chrétienne de *Polyeucte* met en scène la naissance du christianisme
dans le corps politique de l'empire, l'amorce de la cité céleste dans le
sein de la cité terrestre. Mais d'un engendrement à un autre, c'est toujours le couple qui est investi de la vocation fondatrice. Tant
qu'Auguste a contre lui le couple Cinna-Emilie, figure du corps politique tout entier, indissoluble et sacré, il n'est qu'un tyran éphémère.
Sitôt que, par sa clémence, il s'est concilié la fidélité du couple exemplaire, il devient le chef d'un empire durable et légitime. On a souvent
comparé la scène finale de *Cinna* à un sacre où Auguste, inspiré d'En
haut sans savoir qui l'inspire, fait lui-même le geste qui le rend désormais sacré, et fait de toute main levée contre lui une main sacrilège.
Mais ce geste qui sacre, quelle est au fond sa nature? Geste de conciliation et de réconciliation, sans doute, *avec les conjurés*. Mais geste
qui se résume pour ainsi dire en une parole sacramentelle de bénédiction du couple Cinna-Emilie:

> Aime Cinna, ma fille, en cet illustre rang
> Préfères-en la pourpre à celle de mon sang,
> Apprends sur mon exemple à vaincre ta colère,
> Te rendant un époux, je te rends plus qu'un père.
>
> (V, 3, 1711-1714)

Aime Cinna, ma fille! Etrange parole, car depuis de début de la
pièce, nous savons bien que rien n'est moins douteux à Rome que cet
amour. Ce n'est pas un ordre, ni même un conseil, c'est la consécration quasi liturgique de ce qui est déjà là, indépendant de la volonté
d'Auguste. Mais Auguste a enfin conquis le droit, en père spirituel, en
grand prêtre, et en chef d'Etat légitime, de le bénir publiquement.
C'est au fond de l'acquiescement des deux «amants» à cette bénédiction publique, par la bouche d'Auguste, de cette union depuis longtemps indissoluble, qu'Auguste reçoit le titre de père, de prêtre et de
roi. C'est lui, et avec lui la légitimité et la durée de l'empire, qui est
en fait le fils du couple Cinna-Emilie, parce qu'enfin ils reconnaissent
ensemble, du même cœur, Auguste en Octave. On voit le progrès sur
la situation finale du *Cid* et d'*Horace*: là le roi, tenant son autorité
de lui-même, consacrait les couples qui s'étaient formés d'eux-

mêmes. Ici c'est d'un couple que le roi reçoit, en dernière analyse, son autorité de roi, dont le premier acte est de consacrer légalement ce que la nature avait inviolablement uni.

Je ne peux espérer maintenant envisager dans toute leur complexité les méandres de *Polyeucte*. Mais il est évident, me semble-t-il, que la pièce résiste à l'analyse tant que l'on perçoit isolément chacun de ses personnages. Tout y va par couple, père et fille, ancien amant et ancienne amante, ami et ami, héros chrétien et héros honnête homme, époux et épouse. Chaque couple a son dialogue et son dynamisme propre à l'intérieur du mouvement général du drame. Mais qui ne voit que le moteur du drame est le couple d'époux Polyeucte-Pauline? Il ne semble se dissocier que pour mieux se reconstruire. Et dans cette dissociation apparente, comme dans cette reconstruction ultime et définitive, se joue dans toute sa grandeur le drame de la fin du paganisme et de la naissance du christianisme, la mort de l'empire romain et sa résurrection sous les espèces de la chrétienté. Alors que, dans les pièces précédentes, l'amour naturel et le lien sacramentel découlaient pour ainsi dire l'un de l'autre, pour des couples à proprement parler insécables, ici, Pauline et Polyeucte, mariés par Félix sous la loi païenne, sont la proie d'un malaise: leur mariage est fondé sur la rupture d'un couple antérieur, uni spontanément par une «vraye amitié», celui de Sévère et de Pauline. Le souvenir de cette union naturelle, rompue par la loi injuste imposée par Félix, est une fêlure dans l'union légale, et au demeurant heureuse, de Polyeucte et de Pauline. Pour que cette fêlure disparaisse, pour que le couple soit totalement soudé, il faut que Polyeucte quitte Pauline, se donne au Dieu chrétien, subisse le martyre, et que Pauline le rejoigne en Dieu. Ce que le mariage païen n'avait pas réussi, les noces de sang du martyre chrétien vont l'accomplir. A la fin de *Polyeucte*, en même temps que triomphe le sacrement chrétien du mariage, Félix, père et prêtre païen, en se convertissant, fait passer l'empire du côté du Christ. Si Polyeucte, comme le disait Péguy, a «entraîné» Pauline vers la foi, et par là résolu par le haut la difficulté de leur couple, Pauline, en le suivant, a «entraîné» son père et avec lui tout l'ordre légal du paganisme dans la foi. Dans *Cinna*, un couple, en se ralliant à l'empire, le légitimait. Dans *Polyeucte*, un couple, en se sauvant, en renouvelant son alliance, fonde la nouvelle alliance de l'empire et de l'Eglise du Christ.

Et je ne saurais mieux conclure qu'en citant Charles Péguy et les pages, trop oubliées aujourd'hui par la critique cornélienne, qu'il consacra aux «quatre glorieuses» dans *Victor-Marie, comte Hugo*. De *Polyeucte*, considéré à juste titre comme le point d'aboutissement d'une «croissance créatrice» et d'une méditation poétique commencée avec le *Cid*, Péguy écrit:

> C'est une des plus grandes beautés de *Polyeucte* que cette figuration constante, partout présente, qui élargit, qui agrandit encore, si possible, qui pénètre perpétuellement, qui déborde incessamment le texte. La figuration, qui est un des mécanismes essentiels du sacré, est perpétuellement présente dans cette tragédie sacrée, elle en est aussi un des mécanismes essentiels[223].

Depuis les travaux de l'abbé Bremond, nous sommes mieux à même de sentir la justesse littéraire et historique de la lecture péguyste de Corneille. *Figuration* n'est pas allégorisme, mais coïncidence de plusieurs moments du temps, et de plusieurs registres du monde, dans un geste, une parole, un acte résonnant d'un sens plein. Pour Corneille, homme de théâtre, travaillant à la rédemption du langage théâtral, donner à sa dramaturgie cette dimension *figurative*, c'était l'arracher à la rhétorique païenne et la transporter dans la rhétorique profonde de l'Ecriture sainte et de Dante. Aussi Péguy a-t-il bien vu qu'une interprétation correcte de *Polyeucte* donnait les moyens d'une lecture correcte des tragédies antérieures, qui préparaient la plénitude de *Polyeucte*. Ce que nous avons voulu montrer ici, en complétant les notes — ce que Péguy appelait des notes — de *Victor-Marie, comte Hugo*, c'est la fonction que joue, dans cette dramaturgie de la figuration, la figure centrale du couple. Là où il se forme chez Corneille, il est déjà spontanément, naturellement, une victoire sur la faute originelle d'Adam et Eve, une première restitution du couple antérieur à la fêlure de la faute, antérieur à l'apparition d'un temps corrupteur, d'une parole corrompue. Aussi est-il le creuset naturel pour les événements fondateurs et rédempteurs qui créent ou restaurent une société naturelle entre les hommes, et même pour ceux qui donnent à cette société naturelle la conscience de sa finalité surnaturelle et divine dans la foi révélée. Le couple de «vrays amis», en restaurant spontanément l'inviolabilité de la parole donnée, la transcendance du serment mutuel, crée les conditions pour une rédemption générale de la parole humaine, et entre autres de la parole théâtrale. Il amorce la conversion de la duplicité en unité, de la division en union, du déchirement en foi inébranlable.

---

[223]   C. Péguy, *Œuvres en prose*, Paris, Pléiade, 1957, p. 790.

L'invincible fidélité de Rodrigue et de Chimène, dans *Le Cid*, garantit, par la dynamique qu'elle crée, la sauvegarde du royaume chrétien et lui promet un avenir. Cette même fidélité, dans *Horace, Cinna* et *Polyeucte*, nous est montrée dans le passé fondant Rome, puis l'empire romain, puis la chrétienté elle-même. La dramaturgie de la figuration se montre capable de faire comprendre, dans sa dimension à la fois naturelle et surnaturelle, l'histoire du salut. Mais alors que la dramaturgie néo-latine des jésuites, maîtres de Corneille, mettait au centre de sa «figuration» le héros clérical, plus ou moins calqué sur saint Ignace, ou le couple de héros cléricaux, les *socii*, plus ou moins calqué sur le couple saint Ignace - saint François-Xavier, Corneille attribue au couple laïc, mais élevé à une sorte de dignité sacerdotale par le sacrement, *in petto* ou officiellement dispensé, du mariage indissoluble, la fonction motrice et créatrice de l'histoire des sociétés humaines et de leur salut. Son originalité sur ce point est entière et unique, dans la dramaturgie du moins, car il y avait, dans *La Jérusalem délivrée* du Tasse, plus d'un élément de cette apologétique chrétienne du couple.

Dans la tradition pastorale, à laquelle ses comédies se rattachent d'abord, l'amour naturel, triomphant d'obstacles extérieurs, destinait ses élus au bonheur, et faisait de leur union un rite printanier. Illusion et amour-propre, à quoi Corneille ajoute dans *La Suivante* les calculs d'intérêt et d'ambition, mêlaient leurs retards à ceux du mauvais sort, mais ne compromettaient pas l'issue heureuse. Le théâtre de Racine approfondira quasi exclusivement cette analyse de la corruption de l'amour naturel par les passions et les calculs qui se nouent à lui ; la pastorale, chez Racine, devient tragédie. Le couple cornélien ne retrouve l'authenticité de l'amour naturel qu'en le confirmant par un serment, implicite ou explicite, qui l'arrache à l'inconstance, et fait de lui un palladium contre l'erreur. C'est dans cet amour héroïque, spontanément averti et prémuni contre les divisions du cœur, que le sacrement du mariage trouve ses racines naturelles, d'où jaillissent, dans la conjonction de la nature et de la grâce, une fécondité et une fertilité de la parole, éthique, véridique, contagieuse, victorieuse du mensonge, de la duplicité, des sophismes.

7.

LE CORPS ÉLOQUENT:
THÉORIE DE L'ACTION DU HÉROS CORNÉLIEN*

A cette recherche d'un ancrage de la parole dans la véracité et la vertu magnanime, correspond une théorie du geste éloquent, à la fois efficace et véridique.

I. **Le langage du corps profane, ou les hiéroglyphes de l'Age d'or**

Dans l'*Apologie de Raimond de Sebonde*, Montaigne, pour établir que l'homme est dans la nature et parmi les autres animaux «d'une condition fort moyenne, sans aucune prérogative, praeexcellence vraye et essentielle», sauf un peu enviable «liberté de l'imagination et [...] desreglement de pensées luy representant ce qui est, ce qui n'est pas et ce qu'il vaut, le faux et le véritable», recourt entre autres arguments au «peu de necessité» de la parole, que supplée si aisément le langage muet du corps:

> *Non alia longe ratione atque ipsa videtur*
> *Pertrahere ad gestum pueros infantia linguae*[224].

> Pourquoy non, tout aussi bien que nos muets disputent, argumentent, et content des histoires par signes? J'en ay veu de si souples et formez à cela, qu'à la vérité il ne leur manquoit rien à la perfection de ce scavoir faire entendre; les amoureux se courroussent, se reconcilient, se prient, se remercient, s'assignent et disent enfin toutes choses des yeux:

> *E'l silentio ancor suole*
> *Haver prieghi e parole*[225].

> Quoy des mains[226]? nous requerons, nous promettons, appelons, congedions, menaçons, prions, supplions, nions, refusons, interrogeons, admirons, nombrons, confessons, repentons, craignons, vergoignons, doubtons, instruisons, commandons, incitons, encourageons, jurons, tesmoignons, accusons, condamnons, absolvons, injurions, mesprisons, deffions, despitons, flattons, applaudissons, benissons, humilions, moquons, reconcilions, recommandons, exaltons, festoyons,

---

*   Paru dans *XVIIᵉ siècle*, n° 132, 1981, pp. 237-264.
[224] *Essais*, L. II, ch. XII, Paris, Gallimard, Bibl. de la Pléiade, 1950, p. 499. Cette citation de Lucrèce (V. 1029), addition de 1588, est ainsi traduite: «Ce n'est pas autrement que l'on voit les enfants suppléer par le geste à leur voix impuissante.»
[225] *Ibid*. Citation figurant dès 1580, empruntée au Tasse (*Aminta*, II, chœur 34) et traduite ainsi: «Et le silence encore peut avoir prières et paroles.»
[226] *Ibid*. Tout le passage qui suit est une addition de 1595.

rejouissons, complaignons, attristons, desconfortons, desesperons, estonnons, escrions, taisons; et quoy non? d'une variation et multiplication à l'envy de la langue. De la teste: nous convions, nous renvoyons, advouons, desadvouons, desmentons, bienveignons, honorons, venerons, desdaignons, demandons, esconduisons, egayons, lamentons, caressons, tansons, soubmettons, bravons, exhortons, menaçons, asseurons, enquerons. Quoy des sourcils? quoy des espaules? il n'est mouvement qui ne parle et un langage intelligible sans discipline et un langage publique: qui faict, voyant la variété et usage distingué des autres, que cestuy cy doibt plus tost estre jugé le propre de l'humaine nature. Je laisse à part ce que particulierement la necessité en apprend soudain à ceux qui en ont besoin, et les alphabets des doigts et grammaires en gestes, et les sciences qui ne s'exercent et expriment que par iceux, et les nations que Pline dit n'avoir point d'autre langue[227].

Le langage, invisible à force d'être ordinaire, des gestes, son pouvoir de signification immédiate, son universelle évidence, sont plus enracinés dans l'«humaine nature» que le discours verbal. En freinant les prétentions de l'homme à la «dignité», en traitant avec ironie l'éloquence, trait distinctif de cette «dignité de l'homme», Montaigne ramène la sagesse du ciel sur la terre, de l'orgueil du grand style à la modestie du style simple. Mais ce terrain modeste, il y tient, il lui assure une sorte de dignité sans enflure. L'allusion aux «nations que Pline dit n'avoir pas de langue» suggère dans le langage universel et spontané du geste les vestiges modernes d'un état antérieur et plus vérace de cette humanité toute profane. Dans les situations d'urgence et de violence passionnée, comme dans l'amour physique, c'est ce fonds originel qui resurgit, marquant son antériorité et sa supériorité sur les langues. Par ailleurs, la référence à un «alphabet» et à une «grammaire» du corps signifiant renvoie implicitement le lecteur cultivé des *Essais* aux *Hieroglyphica sive de sacris Aegyptiorum aliarumque gentium literis commentarii* de Piero Valeriano[228] qui consacre son L. XII, t. II, à l'interprétation du corps humain comme répertoire d'hiéroglyphes, dont chaque signe (la tête, les épaules, et même les *genitalia*) est chargé de plusieurs significations. Un sort particulier est réservé aux doigts de la main qui contiennent en puissance tout le «comput».

---

[227] *Ibid.*, p. 500.

[228] *Hieroglyphica, sive de sacris Aegyptiorum aliarumque gentium literis commentarii Joannis Pierii Valerianii Bolzanii Bellunensis* (dédié à Cosme de Médicis), Basilea, per Thomam Guarinum, 1567, t. II, L. XII, dédié à Jean Jacob Fugger. Voir entre autres l'interprétation de la tête comme symbole de Rome, chez les Anciens, ce qui préfigure son choix comme tête de l'Eglise, fondée par le Christ sur la «pierre» du Capitole et sur saint Pierre, dont le nom (Cephas) signifie aussi *tête*.

L'objectif avoué de Valeriano est de restituer la langue sacrée antérieure à la corruption de Babel et à la multiplication des langues. Tout se passe comme si chez Montaigne cette «nostalgie des origines» laïcisée lui faisait voir dans le langage spontané des gestes les hiéroglyphes profanes d'une nature humaine en son Age d'or. Ici s'esquisse un mythe de la «vie civile», distinct des mythes d'origine sacerdotale.

Montaigne, on l'oublie trop souvent, tant c'est l'évidence, a fait choix pour écrire de la langue *vulgaire*. Et les paradoxes sur lesquels il fonde sa philosophie des signes, son «nominalisme»[229], sont en fait une incessante apologie de ce choix initial qui commande tous les autres. Privée de grammaire et de rhétorique, dédaignée des «pédants», la langue vulgaire occupe une position qui n'est pas sans analogie avec le langage naturel du corps: négligée, humiliée, réduite à ses usages quotidiens et serviles, elle n'en est pas moins proche, aux yeux de Montaigne, et en vertu même de cette «naïveté» et de ces manques, de la sublime poésie et sagesse des Anciens païens. Plus proche en tout cas que le cicéronianisme officiel et scolaire de l'humanisme oratoire. Par un retournement du plus bas au plus haut, excluant le moyen terme de ceux que Pascal nommera les «demi-habiles», Montaigne apparie l'infralangage du *vulgus* moderne et la plénitude des poètes, sages et héros antiques, comptant que le sens en acte des Anciens fera passer de la puissance à l'acte les virtualités fécondes de la langue vulgaire. Sa célébration de l'infralangage du geste naturel relève de la même analyse: il y a là une vigueur native et immédiate de signification qui préserve, dans la corruption moderne, des semences de l'Age d'or. Au surplus, comme la langue vulgaire, ce langage quotidien du geste, dans son énergique prégnance, est accordé au commerce ordinaire de la vie civile, au style simple, voire bas, qui lui conviennent, et dont les *Essais* s'efforcent de définir le statut et la sagesse propres, indépendants des mythes cléricaux. Sans doute Montaigne a-t-il le sens très vif du sublime: mais il le réserve aux poètes inspirés, Lucrèce, Ovide, Virgile. Encore faut-il bien voir que, dans l'*énergie* de la haute poésie païenne, il retrouve le pouvoir d'*évidence* immédiate des gestes:

> Le sens esclaire et produict les parolles; non plus de vent, ains de chair et d'os[230].

---

[229]   Voir l'essai d'Antoine Compagnon, *Nous, Michel de Montaigne*, Paris, Le Seuil, 1980.

[230]   *Essais*, éd. cit., L. III, ch. V, *Sur des vers de Virgile*, p. 977.

Les «beaux esprits», ajoute-t-il, apprennent «des mouvements inaccoutumés» au langage, miroir d'une sorte de gestuelle de l'âme incarnée. D'une âme qui, prenant ses modèles chez les Anciens païens, se veut d'autant plus sage qu'elle demeure sur le registre «modeste» de la «civilité» profane, à l'écart des illusions de l'humanisme «éloquent», mais aussi du numineux de la sainteté et du sacerdoce chrétiens.

Le Montaigne que je viens de citer est celui de l'édition de 1595. Un quart de siècle plus tard, alors que bat son plein en France la Réforme catholique, un jésuite, le P. Louis de Cressolles[231], publie à Paris un épais in-4° en latin intitulé *Vacationes autumnales sive de perfecta oratoris actione et pronuntiatione*[232] qui prend exactement le contrepied des vues de Montaigne sur la langue muette du corps. Celle-ci n'est plus saisie dans la spontanéité «naturelle» de la vie civile, entre autres celle des amants, mais assignée à la «discipline» rhétorique odieuse à Montaigne; et ainsi redressée et réformée par la cinquième partie de l'*Ars bene dicendi*, elle prétend retrouver son antique splendeur perdue, à force de pédagogie conjuguée avec la plus savante érudition. Le P. de Cressolles écrit dans sa préface:

> De fait l'opinion fort répandue parmi les ignorants, qui affirment que les gestes naturels se suffisent à eux-mêmes, et que le sort de la patrie n'est pas attaché au mouvement de la main en tel sens ou en tel autre, et que le premier venu peut plaire avec des gestes spontanés, cette opinion est réfutée par l'expérience de chaque jour. Nous voyons en effet beaucoup d'orateurs, dans des lieux tant sacrés que profanes, parler si maladroitement, si stupidement, si irrégulièrement, que l'on s'étonne qu'ils puissent être écoutés en silence. Les personnes savantes et polies par la culture (*expoliti humanitate*) n'écoutent des orateurs aussi méprisables qu'avec dégoût et s'indignent à bon droit de leur aveuglement. Et je crois que tout le monde se ralliera à cet avis, pour peu que l'on se soit représenté par la pensée les gestes corrompus et l'action sans art de tels orateurs. Les uns ne remuent pas plus leur tête, penchée en avant au bout d'un cou raide, que si elle était de corne; d'autres ouvrent leurs yeux de façon si démesurée qu'ils semblent vouloir répandre la terreur

---

[231] Sur le P. de Cressolles, voir Southwell, *Bibliotheca* [...], p. 562, et Léon Allacci, *Apses urbanae*, Rome, 1630, qui le range parmi les auteurs qui honorent le pontificat d'Urbain VIII Barberini.

[232] Paris, S. Cramoisy, 1620. Sur les *Vacationes*, voir l'appréciation élogieuse de Morhof, dans la *Polyhistoris continuatio*, Lubecae, 1708, t. VI, ch. I, *De Scriptoribus rhetoribus*, p. 247, § 17, critiquée par Gibert, *Jugemens des savans sur les auteurs qui ont traité de la rhétorique*, Paris, Etienne Ganeau, 1716, t. II, p. 404. A rapprocher de la seconde édition de cet ouvrage au t. VI des *Jugemens des savans* de Baillet, Amsterdam, 1725, p. 232.

dans leur public; d'autres, comme s'ils étaient des casse-noix, font sans
cesse en parlant rouler leur maxillaire en tous sens; [...] d'autres, pareils
à des enfants qui jouent, font continuellement palpiter leurs doigts et
par leur incroyable agitation des mains s'efforcent, semble-t-il, de dessiner dans l'air tous les chiffres à la fois de l'arithmétique; d'autres, au
contraire, ont les mains si pesantes et paralysées qu'elles semblent plus
lourdes à manœuvrer que des poutres [...] Mais qui pourrait en peu de
mots résumer tous les défauts d'un geste et d'une prononciation
maladroits[233]?

Montaigne n'avait en vue que l'homme dans le commerce ordinaire de la vie, où il s'exprime en gestes spontanés et en langue vulgaire. Le P. de Cressolles n'a d'intérêt que pour l'homme en tant
qu'orateur, et il n'écrit, il ne pense qu'en latin. Ce *medium* savant,
fruit d'une éducation rhétorique savante, langue érudite et langue de
l'Eglise, commande son point de vue. Les deux auteurs partagent le
même culte de l'Antiquité. Mais pour Montaigne, c'est l'Age d'or de
la nature, fécond en poètes, en sages, en héros, et guide pour le laïc
moderne en quête d'une vie plus sage et plus digne. Alors que pour
le P. de Cressolles l'Antiquité païenne, inséparable de l'Antiquité
chrétienne[234], c'est la nature aussi, mais portée à sa perfection par la
culture rhétorique et par la révélation du vrai Dieu. Rendre la nature
moderne à la culture rhétorique, c'est la rendre en même temps mieux
capable de témoigner pour le vrai Dieu et pour son Eglise. Ce malentendu, entre le *layman* Montaigne — qui est aussi un *gentleman* — et
le *clergyman* Louis de Cressolles, est d'abord celui qui sépare deux
modes différents d'existence sociale. Mais c'est aussi un malentendu
de méthode, voire de métaphysique, qui transcende quelque peu la
différence de point de vue social. Bien des ecclésiastiques, à commencer par Charron, et plus tard à Port-Royal, seront très proches du
point de vue montaignien. Moraliste, l'auteur des *Essais* observe dans
les gestes spontanés du corps, dans l'humaine mimique, les signes trahissant les passions de l'âme, d'une âme qui en se connaissant peut
atteindre à une certaine sagesse, mais précaire, provisoire, et dépourvue. Il croit à l'héroïsme, à la sainteté, mais comme à des exceptions
lointaines, merveilles de la nature et de la grâce. En ce sens, il est très
éloigné de l'inspiration profonde d'ouvrages comme les *Hierogly-*

---

[233] *Vacationes*, éd. cit., *praelusio* non paginée.
[234] Sur l'attitude de l'érudition jésuite vis-à-vis des deux Antiquités, voir notre
étude sur ce problème dans *XVIIᵉ siècle*, n° 131, 1981, pp. 149-168.

phica de Valeriano, qui ont des ambitions sacrées, ou comme la *Physiognomonia* de Giacomo Della Porta, qui vise à prévoir l'avenir, à le maîtriser quasi prophétiquement[235]. A la lignée de Della Porta, se rattache l'œuvre d'un Lavater[236]. Dans la mouvance de Montaigne, les moralistes français, auxquels il faut ajouter un Agostino Mascardi, auteur des *Romanae dissertationes*[237], sont tous plus modestement en quête d'une sagesse dans le monde civil. Les anthropologues du geste n'apparaîtront qu'au XIXe siècle, avec l'œuvre du compatriote de Della Porta, le chanoine Andrea di Jorio, auteur de *La Mimica degli antichi investigata nel gestire napoletano*[238] et dans celle de Wundt[239]. Tous ces divers courants d'une philosophie du geste n'ont en commun que de prendre, pour objet d'interprétation, l'homme tel qu'il est, tel du moins qu'il apparaît. L'auteur jésuite des *Vacationes autumnales* ne s'intéresse qu'à l'homme tel qu'il devrait être. Et il s'estime assez soutenu par la grâce d'une Providence bienveillante, par une nature féconde en semences de grandeur d'âme, et par les ressources inépuisables de la pédagogie rhétorique, pour être à même de faire surgir parmi les hommes des demi-dieux du geste et de la voix dont l'autorité subjuguera l'humanité moyenne et lui fera respecter ce qui doit l'être. Cet idéal tenu pour réalisable suppose une complète permutation des signes: les signes *en creux* de l'humaine spontanéité deviennent pour une élite des signes *en relief*, propres

---

[235] Giacomo Della Porta, *Coelestis physiognomoniae libri sex*, Naples, 1603.

[236] Johann Caspar Lavater, *Physionomische Fragmente* [...], Leipzig, 1775-1778, 4 vol. in-fol. La première traduction française paraît dès 1781 à Paris.

[237] *Agostini Mascardi Romanae dissertationes de affectibus, sive de perturbationibus animi earumque characteribus* (dédié au cardinal Francesco Barberini), Paris, Sébastien Cramoisy, 1639. Voici quelques titres de chapitres: III: *De admirabili corporis cum anima cognatione*; IV: *Vivorum animi mores certis corporis signis internoscantur. Hoc est de Physionomia in universum*; *Voce*; IX: *Ex sermone*; X: *Ex oratione*; XI: *Ex cultu corporis*, etc. C'est évidemment une des sources les moins étudiées des *Caractères* de La Bruyère. La même année paraissaient, du même auteur, chez le même éditeur parisien, les *Ethicae prolusiones*, qui tiraient une sagesse de cette connaissance des passions. Caton y était donné comme l'exemple suprême du sage orateur, alliant maîtrise, morale, rhétorique et dialectique.

[238] Andrea di Jorio, *La Mimica degli antichi, investigata nel gestire napolitano*, Napoli, Stamperia del Fibreno, 1832, in-8°.

[239] Sur l'œuvre de Wundt, voir *Approaches to Semiotics*, 6, Wilhelm Wundt, *The Language of gestures*, with an introduction by Arthur L. Blumenthal and additional essays by Georges H. Mead and Karl Bühler, Paris-La Haye, Mouton, 1973.

à imprimer profondément leur empreinte dans l'humanité ordinaire, ce qui suppose chez les façonneurs d'âmes qu'ils se soient eux-mêmes refaçonnés, pour que leur énergie spirituelle, orientée par leur volonté, irradie ces signes sensibles, et les porte à la perfection de l'*action*. Les moralistes et les anthropologues mettent entre parenthèses la rédemption de la nature, ou la réservent pour le principe à un Dieu caché. La rhétorique jésuite du P. de Cressolles se veut collaboratrice de la rédemption de l'humanité en forgeant au sein de celle-ci une élite de rédempteurs, vicaires de l'action divine porteurs de la parole de vérité.

II. Le corps éloquent, porte-parole du Logos

Une histoire du langage du corps classique reste à écrire, et la rhétorique jésuite en est un chapitre. Pour comprendre celui-ci, il faut rappeler qu'il a ses sources non seulement chez Cicéron et Quintilien, mais chez les auteurs catholiques de rhétorique ecclésiastique, qui, sur l'impulsion donnée par le concile de Trente, ont voulu parer les évêques et les prêtres, héritiers des apôtres, de tout le prestige de l'éloquence humaniste. Le précurseur de cette réforme de la chaire avait été, dès avant Trente, Erasme. Dans son *Ecclesiastes*[240], inspiré à la fois de l'*Institutio oratoria* de Quintilien et du *De Doctrina christiana* de saint Augustin, Erasme avait fait une place considérable à l'*actio et pronuntiatio oratoria*, place d'autant plus notable que, dans le reste de son œuvre rhétorique, il s'était avant tout soucié de définir un art d'*écrire* à l'usage des doctes de la République des Lettres[241]. Avec l'*Ecclesiastes*, en quelque manière son testament, il abordait la seule forme d'éloquence publique et orale qui détînt, dans les monarchies chrétiennes modernes, un prestige comparable à celle du Forum des antiques républiques: l'éloquence sacrée[242]. Or celle-ci, défigurée

---

[240]   Sur l'*Ecclesiastes* d'Erasme, publié en 1535, voir quelques pages dans notre *Age de l'éloquence*, Genève, Droz, 1980, pp. 106-109.

[241]   Sur la rhétorique d'Erasme à l'usage des doctes, voir, outre l'ouvr. cit. pp. 98-106, notre article «Genèse de l'épistolographie classique, rhétorique humaniste de la lettre de Pétrarque à Juste Lipse», dans *R.H.L.F.*, sept.-déc. 1978, pp. 886-905.

[242]   Voir, sur cette prestigieuse survivance et sur le problème qu'elle pose à l'humanisme laïc en régime monarchique, les réflexions de Marc-Antoine Muret (*L'Age de l'éloquence*, ouvr. et éd. cit., pp. 174-175), et les conséquence du primat de l'éloquence sacrée dans l'Italie du *Seicento* (*ibid.*, pp. 202-226).

par la grossièreté scolastique et «gothique», devait être purifiée pour
retrouver, dans son langage comme dans ses gestes, un *decorum* digne
de la parole de Dieu. A son *ecclésiaste* prédicateur, Erasme offrait le
plus sublime modèle, le *Christ orateur*. Pour l'imiter, il fallait néanmoins passer par une pédagogie rhétorique, entre autres dans l'ordre
de l'*actio*, qui empruntait ses principes et ses techniques à Cicéron et
à Quintilien. Et il faut bien voir quelle prodigieuse «recharge» sacrée
Erasme instillait à l'idéal païen d'*orateur* en le faisant littéralement
habiter par la personne divine du Christ. Erasme réservait aux prêtres
la tâche surhumaine de prendre sur eux ces deux idées superposées,
l'une prestigieuse, l'autre rayonnant de *mysterium tremendum*.

Nous le verrons, le P. de Cressolles et les jésuites ses contemporains allèrent plus loin: il firent de ce paradigme sacerdotal la référence implicite de toute supériorité humaine, même dans l'ordre laïc.
C'est un des secrets de l'héroïsme de mouvance jésuite. Mais avant
que ne se manifeste la première contribution jésuite au flot des rhétoriques ecclésiastiques tridentines, en 1612, avec l'*Orator christianus*
du P. Carlo Reggio[243], saint Charles Borromée avait donné l'impulsion en faisant publier à Venise la *Rhetorica ecclesiastica* de son ami
Louis de Grenade et en encourageant ses collaborateurs, Agostino
Valiero et Giovanni Botero, à écrire sur le même sujet[244]. La nuance
introduite par les jésuites dans cette tradition tridentine, et elle est de
taille, c'est que leurs futurs prêtres et prédicateurs sont formés par eux
dans les mêmes collèges, au moins pendant l'étape proprement rhétorique de leur scolarité, que leurs élèves appelés à des vocations laïques. Un modèle commun est *d'abord* partagé par tous. Cela entraîne
deux conséquences. La première, c'est que, à partir de la divulgation
en librairie de la *Ratio studiorum* en 1599, les jésuites manifestent une
méfiance beaucoup moindre que les auteurs d'obédience «borroméenne» vis-à-vis des ressources techniques de la rhétorique païenne.
La mise au point par leurs théologiens espagnols d'une doctrine
de la nature et de la grâce qui leur est propre joue aussi en ce

---

[243] Sur l'*Orator christianus* (Rome, Zannetti, 1612) voir *L'Age de l'éloquence*,
ouvr. cit., pp. 186-190.

[244] Sur les rhétoriques «borroméennes» voir, outre notre ouvrage cit.,
pp. 134-152, Peter Bayley, *French pulpit oratory (1598-1650)*, Cambridge, Cambridge
Univ. Press, 1980, pp. 38-71.

sens. La seconde, c'est que, en dépit de cette confiance faite aux
ressources de la nature parachevée par l'art païen, leur pédagogie oratoire demeure pour ainsi dire aimantée par le paradigme sacerdotal,
et n'en prévoit aucun proprement laïc, sinon à titre de variante affai-
blie de l'autre, modèle parfait. Les trésors redécouverts de l'*ars
dicendi* païen et patristique s'engouffrent dans la préparation du
Grand Œuvre suprême, qui est en définitive l'éloquence de l'orateur
sacré, vicaire du Logos divin.

Le P. de Cressolles est un bon témoin de cette pente invincible. Il
publie en 1620 un traité intitulé *Theatrum veterum rhetorum* ou il faisait l'inventaire des deux sophistiques antiques, celle de Gorgias et
celle des rhéteurs alexandrins et impériaux : tout en relevant sévèrement ce que leurs techniques révélaient de perversions morales liées
au paganisme, il n'en mettait pas moins au service de l'éloquence
catholique et de son efficacité ce qui, dans ces techniques, pouvait
être repris sans nuire à la foi ni aux mœurs chrétiennes. En 1629, après
dix ans de séjour à Rome auprès du général des jésuites, Muzio Vitelleschi, il publiera son *Mystagogus de sacrorum hominum disciplina*[246]
qui est probablement le plus formidable monument élevé à la gloire
du prêtre catholique idéal, et qui, dédié au cardinal de Bérulle, est le
pendant jésuite de l'idée du sacerdoce élaborée par l'Oratoire[247].
Entre l'in-12 du *Theatrum veterum rhetorum* et l'in-folio du *Mystagogus*, l'in-4° des *Vacationes autumnales* est le «second ordre» de ce
temple entièrement consacré à l'orateur catholique, bénéficiant à la
fois de toute l'expérience rhétorique païenne, et de tous les charismes

[245]   Voir une étude de cet ouvrage dans l'*Age de l'éloquence*, pp. 299-311.

[246]   *Ludovici Cressollii, Armorici, e Societate Jesu, Mystagogus de sacrorum
hominum disciplina, opus varium e stromatis SS. Patrum et aliorum eruditione con-
textum, quo Scriptura explicatur. Patres illustrantur Scriptores emendantur, Antiqui-
tas lucem capit, mores instruuntur, pietas commendatur*, Lutetiae Parisiorum, Seb.
Cramoisy, 1629. Une enthousiaste dédicace au cardinal de Bérulle nous apprend que
l'auteur avait connu le futur fondateur de l'Oratoire alors que celui-ci était élève du
collège de Clermont. Bérulle mourut en 1629.

[247]   Sur la doctrine du sacerdoce dans l'Ecole française, dont le P. de Cressolles
s'inspire dans le *Mystagogus*, voir Brémond, *Histoire littéraire* [...], t. III, J. Dagens,
Bérulle et les origines de la restauration catholique (1575-1612), Paris, 1952; Louis
Cognet, «Bérulle et la théologie de l'incarnation», dans *XVIIe siècle*, n° 29, 1955,
pp. 330-352; Pierre Cochois, «Bérulle, hiérarque dionysien», *R.A.M.*, t. 37, 1961, pp.
111 sqq., t. 38, 1962, pp. 354 sqq., *Bérulle et l'Ecole française*, coll. «Maîtres spirituels», Paris, Le Seuil, 1963; H. Gouthier, «Essai sur la spiritualité bérullienne»,
Giornale di metafisica, I, 1979, pp. 19-36.

de l'apostolicité chrétienne. En dépit de la place considérable dédiée par tous les rhéteurs ecclésiastiques à l'*actio et pronuntiatio*, le P. de Cressolles est le premier à avoir fait de la cinquième et dernière partie de l'*ars dicendi* antique le sujet spécialisé d'un traité particulier. Cette innovation est dans la logique de la rhétorique sacrée, la seule, nous l'avons remarqué, à préserver le caractère oral, direct et prestigieux de l'éloquence du Forum. En fait, cette spécialisation est plutôt un artifice de présentation : enveloppé dans les replis d'un texte surchargé de citations et de digressions, c'est un traité de rhétorique complet qui se déploie dans les *Vacationes* autour de l'*actio et pronuntiatio*. Par ailleurs, cette spécialité très relative révèle à quel point, aux yeux des jésuites, rien ne doit être laissé au hasard dans le Grand Œuvre de la prédication. Car en dépit de la supériorité infinie de celle-ci sur toute autre forme d'éloquence, elle a des rivales, qu'il s'agit de remettre à leur place. L'une, c'est le théâtre. Les orateurs antiques pouvaient se mettre à l'école des grands acteurs. Cicéron a tenu compte des leçons de Roscius pour qui il a écrit un plaidoyer élogieux. Aujourd'hui, le théâtre n'est plus qu'un exemple de corruption des mœurs et du goût dont il faut préserver l'enfance :

> Car tels que sont les comédiens de notre époque, bien loin d'être en état d'enseigner à d'autres un style honnête du geste et un mode de prononcer digne d'une éducation libérale, ils ne l'ont jamais appris pour eux-mêmes. Car en général leurs troupes rassemblent des jeunes gens, dont beaucoup sont peut-être doués, mais qui tous sont perdus de mœurs et mènent une vie scandaleuse. Après avoir dilapidé les biens de leurs parents, et traité par le mépris l'éducation libérale pour laquelle on les avait confiés à d'excellents collèges, cherchant à échapper à l'indignation de leur famille et au déshonneur, ils se jettent dans ce métier vil et méprisé comme le naufragé se raccroche à un rocher. Pis encore, il s'en trouve beaucoup dans ces compagnies qui n'ont ni talent, ni commencement d'éducation libérale, ni trace d'étude des bonnes lettres ; ramassés parmi les esclaves, trouvés dans les carrefours, ils sont passés maîtres en tromperie, leur imprudence ne connaît pas de bornes, irresponsables et sans honneur : à tremper quotidiennement dans ce bourbier, les jeunes gens y laissent couler toute pudeur, et dans leur quête avide du petit profit, ils trouvent tôt ou tard une mort misérable[248].

Il y a une autre rivale pour l'éloquence sacrée : celle des Parlements du royaume. L'un des objectifs les plus évidents des *Vacationes*, plus bienveillants malgré tout pour les rostres gallicans que pour la

---

[248] *Vacationes*, éd. cit., *Praelusio* non paginée.

scène, est de donner en exemple aux orateurs du Palais, vite cor-
rompus au sortir du collège par les plaisirs de la vie profane et
n'apportant au «Sénat» gallican qu'une licence déshonorante de la
parole[249], l'exemple d'une chaire catholique réformée.

Malgré son titre, ou comme l'annonce son titre (les vacances ne
sont après tout qu'une dépendance du temps scolaire), les *Vacationes
autumnales* se situent dans l'univers protégé du collège, où l'action de
ces mauvais exemples est combattue d'avance victorieusement. Le P.
de Cressolles a donné à son traité la forme d'un dialogue, mais les
interlocuteurs que met en scène le docte régent sont des jeunes gens
modèles, chefs-d'œuvre de l'éducation jésuite, et qui, même en vacances, conversent en latin. Leur entretien est si érudit, si foisonnant de
citations antiques, païennes et chrétiennes, latines et grecques, que
seul le «vraisemblable extraordinaire» cher au «faire croire» jésuite
peut rendre accceptable que ces «bibliothèques vivantes et respiran-
tes»[250] soient des élèves de collège ou frais émoulus de collège. Ce
sont des rêves de professeur. Ce sont aussi les masques d'un orateur
pour qui le dialogue ne saurait être que l'ornement du discours univoque. Ces *dramatis personae*, qui ont indirectement pour fonction de
célébrer la valeur de l'éducation dispensée par leurs maîtres, sont de
façon plus avouée la parure du traité: sans les grâces de leur jeunesse,
sans les méandres de leur dialogue et les descriptions reposantes dont
il est le prétexte (une résidence seigneuriale de campagne, une superbe
bibliothèque, des jardins dignes d'un roi), le *docere* l'emporterait
dangereusement sur le *delectare*. Malgré cette savante diffraction,
l'optique du P. de Cressolles est celle, grossissante, du régent de collège et du prédicateur qui, s'adressant à un vaste public, doit rendre
visibles à distance ses effets, comme l'acteur sur la scène. Les situations de discours évoquées dans les *Vacationes autumnales* sont toutes
et toujours de cet ordre. Les deux interlocuteurs du dialogue qui ont
le plus d'autorité sont l'un, Honoratus, prêt à prononcer son premier
plaidoyer d'avocat au parlement, prélude à une carrière de haut
magistrat, l'autre, Theodorus, novice de la Société de Jésus, se préparant manifestement à devenir un des «ténors» de la chaire parisienne.

---

[249]   *Ibid.*

[250]   La métaphore est empruntée aux *Eloquentiae* [...] *parallela* du P. Caussin,
(Paris, 1619), p. 520, qui l'applique non sans ironie au style regorgeant de citations
en plusieurs langues des magistrats du parlement de Paris. (Voir *L'Age de l'éloquence*,
ouvr. cit., p. 296.)

Ils n'ont qu'une pensée, qu'un désir, incarner dans leur office respectif l'idéal de l'*Orator christianus*, dans le plein exercice de son verbe, maître des âmes. L'entrée tardive de Theodorus dans le débat, la place aussitôt centrale qu'il y tient, suggère la distance hiérarchique séparant l'éloquence profane de l'éloquence sacrée, porte-parole direct du Logos divin. Et même entre eux, dans cette parenthèse des «vacances d'automne» communes au monde du Palais, des collèges et des noviciats, ils sont en chaire, ils ne quittent pas, avec leurs amis Juventus et Victor, l'un élève de rhétorique, l'autre de philosophie, la pompe périodique du discours de grand style et de style moyen, comme s'ils n'existait pas pour eux d'échappatoire entre la répétition et l'entrée en scène. Entraînés de longue main par les exercices de déclamation et par l'expérience du théâtre de collège, ces professionnels du discours ne connaissent point de pause, ou plutôt, profitant d'une pause, ils consacrent leur éloquence à dresser parmi eux l'image de l'orateur parfait qui est leur raison d'être, et de le faire agir et parler dans le meilleur style. On peut sourire de ces étudiants enthousiastes. Il suffit cependant de traduire «éloquence» par «littérature», et on les reconnaîtra sans peine pour les ancêtres innocents de ces jeunes gens monomaniaques du chef-d'œuvre littéraire qui peupleront les cénacles romantiques, ou que décriront chacun à leur manière le Barrès de *L'Homme libre* et le Gide de *Paludes*. Le livre à réussir aura remplacé la harangue et le sermon. Mais le professionnalisme est au fond le même. Ici toutefois, le sacerdoce de la parole n'est pas une métaphore blasphématoire, ni dans sa version sacrée, ni dans sa variante profane. L'éloquence est pour le P. de Cressolles comme pour ses personnages l'exercice direct du pouvoir de la parole, vicaire à un degré plus ou moins proche de la terrible et irrésistible puissance divine du Logos.

III. L'éducation d'un «grand goût» oratoire

Dans cette haute région érudite des idées, il ne faut pas s'attendre à trouver rien de concret, rien de pratique sur la «cuisine» des coulisses du théâtre de collège, ni sur le moment proprement pédagogique d'apprentissage des bonnes manières oratoires. Irrité par ce sublime continu, le lecteur moderne, curieux de faits, est tenté de reprendre à son compte l'exclamation de Montaigne:

> Fy de l'éloquence qui nous laisse envie de soy, non des choses, si ce n'est qu'on die que celle de Cicero, estant en si extreme perfection, se donne corps elle-mesme[251].

Réduire aux «choses» selon Montaigne le majestueux concerto en trois mouvements et pour quatre instruments du P. de Cressolles se résumerait en peu de mots. Lorsque le P. Jean Lucas, en 1675, voudra, sous le titre *Actio oratoria seu de gestu et voce*[252], condenser en hexamètres dactyliques la leçon des *Vacationes*, les quelque 700 pages du traité seront ramenées, toujours en latin, à 78 pages du poème didactique. Il ne reste plus alors que la nudité des préceptes: la sécheresse du système ne les justifie plus que par l'autorité d'une poignée d'autorités toutes païennes, Quintilien, Juvénal, Horace, Virgile, Martial... L'*aura*, l'enthousiasme religieux, le pouvoir de suggestion, auront flétri avec l'ampleur de la mise en scène et de l'érudition encyclopédiques. On ne trouve pas en effet chez le P. de Cressolles un «code» minutieusement normatif, à plus forte raison un système à angles vifs. Cela aussi, comme l'avarice du détail concret, peut décevoir le lecteur moderne. Cela du moins rassure sur le caractère «libéral», au sens étymologique, de la pédagogie de l'*actio* et de la *pronuntiatio* dans les collèges de l'époque: le P. de Cressolles, comme les spécialistes jésuites de la pédagogie tels que le P. Sacchini[253], a trop le sens de la diversité des tempéraments individuels, des genres d'éloquence, et des circonstances du discours pour imposer une mécanique ou un automatisme des gestes «comme il faut». Chaque question particulière et les questions générales que comporte son sujet font l'objet d'une *disputatio in utramque partem*, et le débat n'est jamais résolu de façon univoque en faveur d'une des thèse en présence. Ce n'est donc jamais, comme chez le P. Lucas, il faut faire ceci..., il ne faut pas faire cela..., mais: voici les deux opinions extrêmes qui, chacune portée jusqu'au bout de sa logique, conduiraient à l'erreur; la vérité se trouve dans la juste mesure, qui ne repousse d'ailleurs aucune des deux opinions, mais qui sait user de l'une et de l'autre avec modéra-

---

[251] *Essais*, L. I, ch. XL, *Considérations sur Cicéron*, éd. cit., p. 290.
[252] Paris, Simon Benard, 1675.
[253] Sur la pédagogie des jésuites, voir, outre l'ouvrage célèbre du P. de Dainville, l'article de Jacqueline Lacotte, «La notion de jeu dans la pédagogie des jésuites au XVIIe siècle», dans *R.S.H.*, n° 158, 1972, pp. 251-265. On trouvera dans ce même numéro des passages traduits des *Vacationes* du P. de Cressolles.

tion, les moduler selon l'opportunité, avec un sens de la variété qui est la grâce même. Le dialogue entre quatre jeunes gens d'âge, de tempérament et de vocation différents permet à l'auteur de déployer une véritable sceptique rhétorique. Et celle-ci est autorisée, au second degré, par la confrontation dans la bouche savante des «entreparleurs», des opinions diverses et souvent contradictoires des auteurs païens et des Pères de l'Eglise. Corrigé par cette méthode sceptique et érudite, l'idéalisme exalté du traité, sa volonté de dresser un modèle du parfait orateur, offre en fait au praticien de l'art oratoire et du théâtre un cadre théorique assez circonstancié pour le guider vers la solution juste en chaque cas concret, assez flottant toutefois pour ne pas étouffer d'avance l'initiative, l'invention, la part d'imprévu et d'inspiration que suppose l'acte de parler éloquemment.

On trouve donc dans les *Vacationes autumnales* une problématique générale de l'attitude et de la voix du parfait orateur et, à l'intérieur de celle-ci, gouvernée par elle, une problématique particulière à chaque fragment du corps oratoire, à chaque aspect de l'émission orale du discours. Ce fragment n'a de sens que par rapport au corps tout entier, à l'unité d'effet et de saveur que celui-ci est appelé à créer sur l'esprit et les sens du public. La méthode louvoyante du P. de Cressolles est en effet aux antipodes de l'empirisme: il s'agit de faire surgir des héros du Logos, et si ces *personae* héroïques ont pour support la nature humaine dans sa diversité, et ont à imposer leur autorité dans la multiplicité des circonstances humaines, elles n'en sont pas moins sous divers visages et dans différents styles les porte-parole d'un même Logos, dont l'harmonie secrète doit être rendue perceptible dans celle des divers gestes et des divers tons qui animent l'unité du corps éloquent.

La problématique générale de l'*actio et pronuntiatio* s'articule chez le P. de Cressolles autour de deux pôles: l'âpreté et la douceur. Autour de ces deux saveurs fondamentales se constituent deux séries de couples antithétiques: à l'âpreté se rattache l'une des deux finalités de l'éloquence, le *docere*, l'instruire, qui lui-même s'accorde au tempérament mélancolique, à la vieillesse, à la vertu mâle du militaire, du philosophe, du moine mendiant; à la douceur se rattache l'autre finalité de l'éloquence, le *delectare*, le plaire, qui lui-même s'accorde au tempérament jovial, à la jeunesse, aux vertus d'accent féminin de la bienveillance, de la générosité, de l'urbanité cultivée. L'unité du Logos, à l'épreuve de l'anthropologie, s'est donc dédoublée: on observe tout au long de l'histoire de l'éloquence deux grandes familles oratoires, l'une excellant dans l'âpreté véhémente, avec pour héros Démosthène, Caton, Sénèque, Tertullien, l'autre excellant dans la douceur célébrante, avec pour héros Isocrate, Cicéron, saint Grégoire de Nazianze[254]. Il ne s'agit pas de choisir entre elles: ce serait amputer le Logos. Et à supposer que, par tempérament et vocation, on soit amené à choisir, ce sera en s'efforçant de maintenir quelque chose dans son style qui préserve l'autre tendance, et qui fasse contrepoids. La perfection serait dans une idéale synthèse du Dieu de colère et du Dieu d'amour[255].

Chacune de ces tendances est suivie de son ombre caricaturale: la vigueur véhémente dégénère aisément en rudesse cynique et grossière; la douceur généreuse verse facilement du côté de la mollesse efféminée et affectée. Dans les deux cas, la chute est irréversiblement consommée, les deux moitiés du Logos, masculine et féminine, sont exilées l'une de l'autre sans espoir de réconciliation, la médiation de la *varietas* devient impossible. L'effet sur le public est désastreux: en se rétractant à ce point sur lui-même, le *docere* se prive de toute trace de *delectare* et révolte l'auditeur qu'il brutalise; en s'émancipant à tel point du *docere*, le *delectare* se réduit à la séduction sensuelle qui écœure une autre partie de l'auditoire. Il faut donc que l'orateur apprenne à combattre sa pente qui l'emporterait trop loin dans un sens ou dans un autre. S'il est vieux, il doit savoir envelopper et atténuer la virilité sombre, rude, amère qui lui serait naturelle; s'il est jeune, il doit surmonter la tentation de la volupté et teinter de force sa sensualité naturelle. Entre l'excès cynique et l'excès sophistique, il faut dans chaque cas trouver une voie moyenne[256], qui est aussi la voie royale de l'éloquence.

---

[254]   *Vacationes*, pp. 562-583: *Digressio de stylo et charactere*.

[255]   Il vaut la peine de remarquer que la polarité du doux et du sévère, qui correspond aux deux finalités de l'art de persuader, le *delectare* et le *docere*, et aux visages du divin, amour et colère, rédemption et châtiment, se retrouve dans l'anthropologie «scientifique» de Wundt dont le sensualisme se construit autour de la polarité du «doux» et de l'«amer», avec pour le second la variante de l'«aigre». Voir *Approaches to Semiotics*, ouvr. cit., pp. 42-43.

[256]   Sur le rapport analogique entre cette *coincidentia oppositorum* des saveurs et des stratégies de l'éloquence, et celle dont fait preuve dans le secret des âmes la Grâce divine, voir notre analyse de *La Théologie des saints* du P. Claude Delidel dans l'étude publiée ci-dessus, et qui a d'abord paru dans les *Mélanges Georges Couton* sous le titre: «Pierre Corneille et le P. Delidel S.J.», repris ci-dessus pp. 115-138.

IV. Le visage et les membres du corps éloquent

Avec ce fil d'Ariane, cette sorte de *tao* rhétorique, on peut s'engager dans l'étude de chaque fragment du corps éloquent sans jamais perdre de vue son unité harmonique idéale. Parmi ces fragments, il en est un qui résume et contient tous les autres, microcosme du corps macrocosme, c'est le visage.

Avant de le dessiner, le P. de Cressolles en étudie le socle, le port de tête. Celui-ci a son Charybde et son Scylla: tenir la tête trop haute ou trop basse. Trop haute: c'est faire étalage d'un orgueil blessant; trop basse: d'une humilité déshonorante. Dans les deux cas, c'est contracter le cou, lui ôter de sa naturelle souplesse, qui, à partir d'un port de tête noble, mais aisé, permet à l'orateur de lever la tête vers le ciel ou de l'abaisser modérément vers la terre, *pro rerum varietate*, en harmonie avec le mouvement opportun du buste et du bras[257]. Encore faut-il que cette souplesse du cou ne dégénère pas elle-même en système, et que l'orateur ne s'avise pas de remuer alternativement la tête de haut en bas tout au long de son discours, mécanisme qui nuirait à sa gravité et donc à son autorité. Autre éventualité excessive: renverser la tête en arrière comme pour toucher le dos de l'occiput, ce qui ferait de l'orateur un Corybante[258]. Pencher la tête de côté comme pour rapprocher l'oreille de l'épaule aurait quelque chose de mol et d'efféminé. Ce qui n'exclut pas une inflexion modérée de la tête vers l'une ou l'autre épaule, dans les mouvements oratoires qui font appel à la pitié du public ou à la miséricorde de Dieu. Rétracter le cou entre les épaules, geste familier aux comédiens interprétant des rôles de serviteurs et signifiant par là l'humilité, la crainte, vraies et simulées: il ne saurait convenir en aucun cas à un orateur[259]. Bonne occasion pour le P. de Cressolles de rappeler que le physique de l'orateur doit être sans reproche: un cou trop court, le vouant au comique, le rendrait impropre à l'office noble et grave de porte-parole du Logos.

---

[257] *Vacationes*, pp. 105-110.
[258] *Ibid.*, p. 115.
[259] *Ibid.*

Le corps éloquent doit, par lui-même et avant même de se mettre en action, se rapprocher autant que possible du canon de Polyclète[260].

Autre mouvement de tête incompatible avec le *decorum* oratoire: celui des jeunes gens à cheveux longs qui, tout en parlant, sont tentés de faire valoir leur chevelure en agitant leur tête d'un geste circulaire, imitant sans le savoir un tic favori d'Héliogabale[261]. Il peut sans doute arriver que, dans les mouvements pathétiques du discours, indignation, colère ou douleur, l'orateur soit amené, comme sous l'effet d'une impulsion violente, à agiter la tête vivement: il n'en perd pas pour autant son contrôle et sa dignité, puisqu'il le fait à propos et sans complaisance à soi-même. Il peut aussi recourir à cette agitation de tête, plus modérément toutefois, dans les mouvements oratoires de menace, d'interrogation, de réfutation et de dédain. Rien ne serait plus insupportable qu'une tête immobile tout au long du discours. Enfin il est indécent de se caresser la tête ou les cheveux, d'un doigt ou de toute la main, tout en parlant: ce geste machinal est contraire à l'impression de parfaite maîtrise de soi que doit donner l'orateur.

Le socle convenablement placé, il est temps d'en venir au visage, «miroir de l'âme»:

> Il y a dans le visage une sorte d'éloquence silencieuse qui, sans même agir, agit néanmoins et capte l'auditoire sans recourir aux pièges ni à la séduction des mots. Impossible de se représenter une si grande diversité de nature qui ne se peigne pas de ses couleurs propres sur le visage. Là vertu, vice, noblesse et majesté; là, gravité et sagesse; là, tous les autres dons de l'âme se dessinent non à traits esquissés, mais dans la pleine pâte de la couleur. Et les intimes pensées de l'âme sont si bien peintes et exprimées sur le visage, que les sages pensent que celui-ci parle. Polybe, pour définir les traits essentiels de l'art de commander (*ars imperatoria*), place en tête le précepte de «se taire», ajoutant avec pertinence et sagesse qu'il faut «non seulement se taire de la langue, mais aussi, et plus encore, de l'âme», et de fait il est souvent arrivé que beaucoup, qui n'avaient rien édicté en paroles de leur volonté, par la seule expression de leur visage ont révélé tous leurs secrets desseins[262].

---

[260] *Ibid.*, p. 273. Sur la beauté physique comme reflet de la beauté divine et *objectum conveniens visivae potentiae* qu'elle comble de *delectatio*, voir Della Porta, *Coelestis physiognomoniae libri sex*, ouvr. cit., ch. II: *Est enim hic character pulchritudo, splendor, majestas Paradisi, Angelorum ac denique ipsius Dei simulacrum, in quo pulchritudinis, splendoris et majestatis summa est.* La laideur, les mauvaises positions du corps, qui inspirent la répulsion, sont *ipsorum Daemonum imago*.

[261] *Vacationes*, p. 117. Sur les défauts, dans l'ordre de l'*actio*, qui tentent la jeunesse, voir *L'Age de l'éloquence*, ouvr. cit., pp. 323-324 et 594.

[262] *Vacationes*, p. 131.

Ici, comme nous le verrons dans le cas de la *nobilitas* innée, la rhétorique du P. de Cressolles semble céder le pas à un pouvoir signifiant qui lui est antérieur, et qui à la limite la rendrait inutile. Il est en somme des natures héroïques, moins déchues que la moyenne humaine de la *dignitas hominis*[263] originelle, et dont la seule présence silencieuse, par le rayonnement du visage et la noblesse de l'attitude, attire invinciblement la sympathie et se concilie les esprits. Mais ces effets sont rares, ils sont le privilège des rois, des héros, des princes de l'Eglise. Quoique échappant au contrôle du rhéteur, ils ne menacent pas la légitimité de l'éducation rhétorique. Qu'est-ce en effet que cette efficace du silence héroïque, sinon celle du Logos divin qui trouve dans certaines natures et dans certains états un canal plus direct, se montrant alors lui-même et faisant des sortes de miracles ? Non seulement la rhétorique peut apporter à ces dons de grâce un supplément d'art qui ne leur nuira point, mais là où ils se manifestent moins évidemment, elle compense ce manque par une adroite industrie. Dans les deux cas, le modèle héroïque, le service du Logos restent la norme : l'*ars bene dicendi* parachève la nature, comble ses insuffisances pour la rapprocher de ceux qui, par une grâce exceptionnelle, l'ont reçue heureuse. Mais de même que *n'importe qui* ne peut bénéficier du supplément d'art qu'apporte la pédagogie oratoire — les méchants, les pervers, les malades spirituels —, de même n'importe quel corps ne peut espérer accéder à la splendeur du corps éloquent. La laideur, la disgrâce physique, l'empreinte trop visible sur le corps des vices de l'âme, excluent ces ratés de la nature de l'élite oratoire. On ne peut sans doute exiger de tous une beauté parfaite, virile et séduisante à la fois. Mais à partir de la diversité des corps acceptables, l'art peut créer des corps éloquents. C'est le cas des visages, que le P. de Cressolles distingue en « faces » naturelles et en « visages » métamorphosés par l'art :

> Personne ne peut refaire les traits de sa face, mais il est possible de se faire un visage... Au témoignage des Anciens, le visage est en effet cette

---

[263] Sur le concept de *dignitas hominis* et ses fondations théologiques, voir Henri de Lubac, *Pic de la Mirandole, études et discussions*, Paris, Aubier, 1974, surtout ch. 7, pp. 130-142, « Jean Pic et Bérulle », où l'auteur marque tout ce qui est préservé de la « dignité de l'homme » dans la doctrine d'anéantissement et d'adhérence de l'apôtre du « Verbe incarné » et du théoricien du Sacerdoce.

> composition artiste des traits de la face qui nous permet de la modifier
> à volonté en fonction des passions de l'âme[264].

La face est donc une matière première donnée par la nature, le
visage est un chef-d'œuvre de l'art accordé par l'orateur, tel un instrument de musique, aux divers mouvements de son discours. Cosméto-
logue moral, le P. de Cressolles étudie par couches successives la composition de ce masque héroïque superposé par l'art à la face naturelle.
Il pose d'abord un invisible fond de teint moral, base constante et
continue indispensable à l'orateur pour inspirer la sympathie à son
public: c'est un dosage d'*honestas*, de *pudor*, de *modestia*. Les couleurs qu'il apposera sur ce fond, selon les circonstances, mais avec
tact et modération, seront les diverses nuances de la joie et de la sévérité. Tel un instrument de musique, le visage comporte plusieurs cordes qu'il faut savoir tendre ni trop ni trop peu, et faire résonner en
harmonie. Ce sont le front, les yeux, «portes de l'âme», les sourcils,
les narines, et enfin la bouche et les dents qui concourent, chacun en
particulier et dans un effet d'ensemble bien tempéré, à l'expression
efficace des passions. Une sorte de chirurgie esthétique, toute morale
elle aussi, vient relayer la cosmétologie. A propos de la bouche, le
P. de Cressolles fait s'interroger ses «entreparleurs» sur la légitimité
du rire et sur son opportunité. Hostile à la sévérité et aspérité immo-
dérées des stoïciens, le docte jésuite n'en est pas moins en garde contre
l'hilarité:

> On peint Cupidon, maître d'infamie et inspirateur de l'indomptable
> désir charnel, toujours riant[265].

Ce rire lascif est incompatible avec la pudeur et la gravité dont ne
doit pas se départir le visage éloquent. Mais sourire et faire sourire
doivent figurer dans sa gamme, l'autorité philosophique de Platon le
confirme:

> Mais cette sorte de rire se garde de résonner et d'ouvrir trop largement
> la bouche: il est accompagné de décence[266].

---

[264] *Ibid.*, p. 221. *Os* signifie à la fois bouche, langue, éloquence et visage.

[265] *Ibid.*, p. 234 (*De risu oratoris scholastica et liberior velitatio*, pp. 227-242).

[266] *Ibid.*, p. 238.

Ce qui est vrai du visage l'est aussi de l'ensemble du corps. Là aussi les préceptes particuliers comptent moins qu'un «grand goût» qu'il s'agit d'éveiller et de cultiver chez l'orateur et qui lui fera d'instinct discerner ce qui est convenable ou non au magistère du Logos.

Il n'est pas un comédien, et le comédien pour le P. de Cressolles est celui qui, imitant toute l'encyclopédie naturelle des gestes humains, sans aucun critère de décence morale et esthétique, se fait le singe obscène de l'orateur. On conçoit que les comédiens de l'époque Louis XIII, pour se laver de ce mépris, aient tout fait pour emprunter sa «noblesse» à l'orateur de conception ecclésiastique[267]. Il n'est pas non plus un sophiste, prêt à exploiter toutes les ressources de la séduction, y compris sensuelles, pour persuader. Il est, pour reprendre une expression de Cicéron, l'«acteur de la vérité», *sacrifiant* ce qui compromettrait celle-ci dans sa propre spontanéité et dans la gamme expressive des passions humaines, portant en revanche à une sorte de perfection musicale surhumaine ce qu'il a le droit de retenir pour incarner dignement la vérité. Cette projection de l'être empirique dans une entité idéale, le sens de la responsabilité vis-à-vis de cette *persona* héroïque, animent tout le corps éloquent d'une sorte de vie supérieure:

> Que l'on puisse observer chez l'orateur une telle harmonie élégante de tous les membres que rien n'y soit énervé et fané, rien n'y soit nonchalant, rien abandonné et flottant, mais que tout soit mesuré et poli comme sous la main de la grâce [...] Cette manière de se tenir, les Latins l'appellent *status*, et nos Français, qui ont toujours fait preuve d'une profonde sagesse dans l'invention de leurs mots, le nomment le «port»: ce que l'on appelle *status basilicus* chez Plaute est qualifié parmi nous de «port majestueux», ce qui désigne une économie du corps digne d'un grand prince et d'un puissant roi, et qui a pour racine, à mon sens, le verbe porter, et pour synonyme ce que les Français nomment «maintien» ou «contenance», ce qui revient à dire que les hommes supérieurs et doués d'une exceptionnelle noblesse d'âme (*honestissimi*) «portent» tout leur corps convenablement à ce qu'ils sont (*apte*), comme dans une main artiste (*daedala*) et savante (*erudita*), et qu'ils sont «contenus» dans cette manifestation parfaitement noble et libérale d'eux-mêmes[268].

---

[267] Sur cet aspect de la querelle de la moralité du théâtre, voir, outre notre article «La querelle de la moralité du théâtre avant Nicole et Bossuet», *R.H.L.F.*, sept.-déc. 1970, pp. 1007-1030, l'ouvrage de F. Taviani, *La Fascinazione del teatro*, Rome, Bulzoni, 1975, et l'art de J.-M. Vallentin, «Bouffons ou religieux, le début sur le théâtre dans l'Allemagne catholique au début du XVIIᵉ siècle», *Revue d'Allemagne*, t. XII, n° 4, oct.-déc. 1980, pp. 442-480.

[268] *Vacationes*, p. 260.

Les mouvements du corps, de préférence de haute stature, ceux des épaules, tout en demeurant aisés et vivants, ne doivent pas dégénérer de cette noblesse fondamentale du maintien. Pas de flexion lascive, pas de déhanchements impudiques, qu'il faut laisser aux comédiens et aux cinèdes[269]. Il est inconvenant pour l'orateur de taper des pieds, de sautiller d'un pied sur l'autre, de trépigner. Les pieds doivent éviter de se disposer en «lambda»: leur position doit être de préférence réglée en chiasme avec le mouvement des bras. Chorégraphe, le P. de Cressolles décrit les diverses figures possibles, comme par exemple le pied porteur (le droit) un peu en retrait, en correspondance avec un mouvement large du bras droit, tandis que le pied gauche est en avant, pour correspondre au mouvement plus direct du bras gauche[270].

Cette chorégraphie ne laisse rien au hasard. Les mains doivent elles-mêmes parler de tous leurs doigts. Mais justement, la richesse de leur expressivité exclut toute symétrie monotone de leur mouvement. La main droite, et c'est un des signes distinctifs de l'homme parmi les animaux, n'est pas la simple réplique de l'autre[271]: elle a une fonction rectrice qui doit être mise en lumière dans l'action éloquente. La gauche ne joue qu'un rôle de complément, plus passif et paisible, dans une sorte de second plan et de pénombre où brille l'anneau qu'elle est chargée de porter comme le serviteur porterait l'insigne de l'autorité de son maître. Les mouvements réservés à la main gauche sont donc brefs et de faible ampleur; la droite au contraire dispose d'une plus vaste carrière et, mue par une chaleur naturelle, elle agit et se meut abondamment[272]. Les mouvements de la gauche sont tournés vers l'intérieur, ceux de la droite vers l'extérieur. Les premiers ont un caractère de protection et de clôture, les seconds d'ouverture et d'initiative.

Ce qui n'exclut pas une collaboration expressive des deux mains. C'est le cas dans le geste du comput, où la main droite compte sur les doigts de la gauche; dans le geste de la prière, où les deux mains se joignent et s'élèvent ensemble; dans le geste de l'humilité, où les deux

---

[269]   *Vacationes*, p. 278: *Hinc cinaedorum non oratorum cohors.*

[270]   *Ibid.*, pp. 390 et suiv.

[271]   On trouvera une curieuse élaboration moderne de cette dissymétrie dans l'œuvre du jésuite Marcel Jousse, *L'Anthropologie du geste*, Paris, Gallimard, 1974. Voir aussi du même auteur «Le bilatéralisme humain et l'anthropologie du language», dans *Revue anthropologique*, avril-sept. 1940, n° 46, pp. 7-9.

[272]   *Vacationes*, p. 307.

mains retombent ensemble de part et d'autre du tronc; dans le geste de la désignation, où les deux mains élevées ensemble évoquent l'immensité de la création; dans le geste de la comparaison, où les deux mains alternent pour soupeser la valeur ou le poids de deux choses dissemblables; dans le geste de l'applaudissement; dans le geste du croisement des doigts. Battre des mains l'une contre l'autre peut, selon le rythme et l'inflexion donnés au geste, marquer le deuil, la joie, ou la colère, souligner aussi la fin d'une période; croiser les doigts des deux mains peut signifier tantôt la douleur, tantôt un simple chagrin.

Quant à la main droite, elle se tend modérément en avant pour marquer le commencement d'un discours et calmer l'auditoire; au prix d'une inflexion, ce même geste peut exprimer la colère, voire la menace ou encore l'émotion bienveillante. Elle peut couvrir le visage pour accompagner un sentiment de honte. Mais elle ne doit pas se promener sur le visage ou sur le front, geste comique qui ne peut passer sans dommage du théâtre à la chaire[273]. Elle peut venir se poser sur la poitrine, à la place du cœur, pour donner l'impression de le toucher, de le frapper, dans un mouvement de grande émotion douloureuse ou de pénitence[274]. Il faut toutefois prendre garde à ne pas abuser d'un tel geste, sous peine de tomber dans le forcènement de la scène tragique. En toutes circonstances, il faut respecter la règle énoncée par Quintilien, ne pas élever la main au-dessus du niveau des yeux, ni l'abaisser au-dessous du niveau du diaphragme[275]. Il faut aussi éviter à tout prix que le geste soit une redondance du discours, une mimétique de ce que celui-ci évoque: il doit s'accommoder non aux mots, mais au sens et à l'émotion du discours, dans un registre d'accompagnement modéré et discret. *Rien de plus éloigné de l'orateur que le mime.* Son corps *représente* le Logos, il incarne ses mouvements, il ne se prête pas à un *pouvoir d'évocation* des spectacles de la nature et des scènes de la vie humaine[276].

Les mouvements des mains sont en consonance avec la position des doigts, jamais rigide, toujours vivante. Deux positions des doigts conviennent à un grand nombre de mouvements de la main droite:

---

[273] *Vacationes*, p. 328.

[274] *Ibid.*, p. 329.

[275] *Ibid.*

[276] *Ibid.*, p. 349: satire d'un prédicateur qui mime la création d'Adam.

l'une, adaptée à la louange, à la narration, à la pompe épidictique:
l'index joint au pouce, les trois autres doigts joints et étendus; la main
est en ce cas soit projetée en avant, soit ramenée à une certaine distance de la poitrine. Une autre position est adaptée aux mouvements
plus graves et pathétiques du discours, trois doigts comprimant le
pouce, l'index dressé; la main élevée à la hauteur de l'épaule, l'avant-
bras ramené à une certaine distance de la poitrine, ce geste affirme
fortement; le même geste, modifié par le tour de l'avant-bras et de la
main vers le sol, presse et ajoute à la force d'une conclusion. En toutes
circonstances, le mouvement des doigts doit éviter l'agitation papil-
lonnante. Il doit être varié, mais à l'intérieur de figures précises, quoique souples et modérées[277].

V. La culture de la voix

A la transfiguration du corps en représentation visible du Logos,
correspond la transfiguration de la voix en son organe. C'est l'objet
de l'art de la *pronuntiatio*. Telle est son importance que le P. de Cressolles lui consacre un livre entier, le troisième et le plus long mouvement de son concerto. Il fait même intervenir alors un quatrième ins-
trumentiste, le plus noble, le futur jésuite Theodorus, qui rejoint alors
seulement ses trois amis dans les somptueux jardins du château, où
ils sont descendus pour donner un décor aéré à leur débat sur les
saveurs du son et les pouvoirs du souffle. L'éloge de la voix est l'un
de ceux qu'ont traités volontiers les jésuites du XVIIe siècle[278]. En
1621, un an après la publication des *Vacationes*, le P. Etienne Binet
publie son fameux *Essay des merveilles* qui contient au ch. XXII un
éblouissant morceau de virtuosité consacré à la voix humaine:

> Comme l'homme est un petit abregé de toutes les creatures, aussi sa
> voix est un petit monde ramassé de tous les fredons et passages de
> nature et de l'art[279].

---

[277]   *Vacationes*, p. 360.
[278]   Voir, outre le P. Binet cité ci-après, le poème du P. Gabriel Cossart dans ses
Orationes et carmina, Paris, Mabre-Cramoisy, 1675, p. 234: «Vox».
.   [279]   Etienne Binet, *Essay des merveilles de nature et des plus nobles artifices*,
Rouen, Romain de Beauvais, 1621, ch. XXII, «De la musique», p. 500.

Le P. Binet fait jaillir de la bouche une «tirade» musicale ascendant aussi bien l'échelle des tons jusqu'au ciel, qu'elle les descend jusqu'aux enfers, tous les chants et gazouillis des oiseaux, tous les cris d'animaux, les sons des divers instruments musicaux, toute la tempête des passions. Dans cet abrégé d'une encylopédie de la voix, l'éloquence tient sa partie, mais au même titre que les roueries des voix de théâtre:

> Les larmes ont leur voix à part, toute faite à sanglots et d'un son aigre-doux, qui fleschiroit les pierres; s'il faut flatter, voicy une voix du tout mignarde et douillette, qui ne sent que musq et ambre gris, et se coulant dans les cœurs les plus endurci, fait fondre les glaçons qui ont fait geler leurs âmes. Est-il temps de rire, oyez-vous pas les esclats d'une voix forte et hardie qui sort à bouche ouverte? Ce soldat, ce Thrason qui brave là, voyez avec quel accent, d'une voix piaffante, gonfle et hautaine il gronde, et ce pauvre Diable qui transit de peur devant luy, voyez quelle voix il a, tremblante, mal asseurée et chancelante[280].

Cette voix protéique, surgie d'un «morceau de chair dans un trou avec des osselets rangés», et dont «les petits enfants sont maistres», c'est l'orgue de Dieu ou de la nature. Le P. Binet ne choisit pas, et il ne fait pas le tri, dans son enthousiasme, dans l'infinité des signaux sonores qui viennent se rassembler en elle. Rien de plus étranger au P. de Cressolles que cet œcuménisme de la voix. Il ne saurait faillir à faire l'éloge de l'organe de la parole, avant de lui consacrer de longs débats. Mais si cette célébration fait remonter l'efficace de la voix au souvenir dans l'âme humaine de l'harmonie de sphères et la situe dans l'ordre musical au-dessus des instruments à vent et à cordes, elle insiste sur une propriété exclusive de l'homme, et sur l'art de l'orateur qui, second Orphée, et disciple de la plus grande des Muses, Calliope, porte cette propriété naturelle à son plus haut degré de perfection. La voix n'a donc d'intérêt qu'au service de l'*opus magnum* humain, l'éloquence. Et inversement l'éloquence n'a de pouvoir et de vie que par la voix cultivée:

> Un discours construit et orné autant qu'on le voudra et pourvu en abondance de toutes les grâces du style, est comme mort et perd son pouvoir d'effrayer, de charmer et de persuader s'il lui manque une voix appropriée et une déclamation en accord avec sa matière. Ainsi en est-il, de toute évidence, de la diction de certains adolescents qui, déchirant et cueillant partout des fleurs de style, et se contentant de cette puérile poudre aux yeux, attachent très peu d'importance à la façon de les dire,

---

[280] Etienne Binet, *op. cit.*, p. 501.

et s'en reviennent leur ouvrage inachevé, comme s'ils avaient produit au jour une poupée de Vénus, merveilleusement parée d'or, de perles et toutes sortes de richesses, mais sans voix et sans passions dans l'âme. Au contraire, les orateurs confirmés et consacrés depuis longtemps sur le front de bataille et sur le champ de Mars, frappent chacun de leur voix et c'est tout juste s'ils ne rallient pas à leur opinion jusqu'à leurs adversaires [...] Pour l'ironie, une adaptation précise de la voix n'est-elle pas nécessaire, au point que, sans elle, le discours perd son sel et se comprend à contresens[281]?

L'objectif des *Vacationes*, dans l'ordre de la déclamation comme dans celui de l'action, est donc de filtrer parmi les possibles de la voix ceux qui conviennent à la dignité de l'office oratoire, et de rejeter comme impertinents tous ceux qui la compromettent. A la question: la voix doit-elle être virile ou efféminée? la réponse appuyée sur l'autorité de Quintilien et de saint Ambroise ne fait pas de doute: seule est noble une voix virile. Les sophistes, recourant aux «inflexions doucement affaiblies d'un gosier fluide», caressent les oreilles de leur auditoire, mais lui révèlent aussi l'effémination de leur âme, gonflée de vaine gloriole. Virile, la voix doit être aussi pleine et sonore, particulièrement chez les prédicateurs, interprètes des volontés de Dieu et de son Eglise[282]. Une voix faible serait incompatible avec la *vis oratoria*. Mais une voix trop sonore, et incontrôlée dans son retentissant éclat, trahit l'orgueil et l'arrogance chez l'orateur. Et une voix allant jusqu'au rauque romprait l'harmonie mélodieuse dont l'éloquence doit savoir se faire l'écho. Ici encore, toutefois, l'excès guette. L'harmonie mélodieuse ne doit pas corrompre la voix jusqu'à en faire une sorte de chant, mol et efféminé: elle doit lui conférer quelque chose d'éclatant et de nettement timbré (*resonans*) que Cicéron nommait *splendor*. Rien n'est plus étranger à ce mâle éclat que les inflexions séductrices du chant, dont les sophistes grecs, les déclamateurs romains et les lecteurs antiques de poésie faisaient usage pour imprégner de volupté l'âme de leur auditoire. Appuyé par l'autorité de Quintilien et de Pline, le P. de Cressolles insiste sur ce point à ses yeux fondamental: il n'est pas de pire fléau pour l'éloquence que le chant, qui sacrifie le sens à la sonorité, et qui dissout celle-ci dans

---

[281]   *Vacationes*, L. III, ch. 3, p. 469.
[282]   *Vacationes*, p. 481.

la volupté de l'ouïe[283]. Toute la résistance de Corneille, du P. Rapin et en général de la sévérité française à l'invasion de l'opéra italien est anticipée par ces pages des *Vacationes* qui tracent une frontière si nette entre la *pronuntiatio* virile et un *cantus* voluptueux, qui ferait fondre le sens du message dont il est chargé[284]. Mais il ne faudrait pas durcir en logique déductive le sinueux dialogisme du P. de Cressolles. Ayant affirmé le caractère mâle de l'éloquence et son incompatibilité avec la fluidité du chant, il est d'autant plus à l'aise pour faire place à la thèse contraire et enrichir son orateur d'une ressource indispensable à l'efficacité de sa voix. Cicéron autorise un *cantus obscurior* dont auraient fait usage des orateurs aussi peu suspects que Démosthène ou Eschine :

> D'où il ressort que les rhéteurs ont légitimement recours aux agréments (*venustates*), aux raffinements de l'harmonie (*elaborata concinnitas*), à l'élégance du rythme (*elegantia numerorum*), à la variété de la grâce et du bonheur d'expression, appâts du plaisir (*delectationis aucupium*) et, à mon avis, il faut d'autant moins le leur reprocher s'ils le font avec une modération digne du sage[285].

Le *cantus obscurior* permis à l'orateur peut infléchir et moduler sa voix dans les mouvements de joie, dans les mouvements de tristesse, pour peu que ce soit un simple accent dans la variété du discours, et que cet accent même obéisse au principe du «rien de trop».

Les cris, la vocifération, ont quelque chose de repoussant. Ils sont d'ailleurs dangereux pour la voix, et même pour la vie de l'orateur. Hortensius, l'ami et le rival de Cicéron, mourut d'un tel excès. Il préfigurait ce qui arrivera au comédien Mondory, dont le forcènement dans le rôle d'Hérode, dans la *Mariamne* de Tristan L'Hermite, sera payé par sa mort brutale sur le théâtre. Pour autant, une voix soutenue (*tenor vocis*) sans exagération convient à l'autorité martiale d'un orateur militaire, et aux mouvements d'objurgation, de menace, de vigoureuse accusation. Mais chaque effet en son temps. Rien n'est plus efficace que la douceur de la voix (*dulcedo vocis*) pour retenir et enchanter l'oreille. Les anciens orateurs recouraient à des spécialistes,

---

[283]   *Ibid.*, pp. 487-488. Voir, sur la question de la résistance française à l'«asianisme» en général, et au chant italien en particulier, outre *L'Age de l'éloquence*, IIIᵉ partie, l'éd. par Claude Delmas de l'*Andromède* de Corneille, Textes français modernes, Paris, Didier, 1974.

[284]   *Vacationes, ibid.*

[285]   *Ibid.*, p. 490.

les phonasques (*phonasci*), pour adoucir et entretenir la douceur de leur voix grâce à des drogues et des exercices appropriés, dont Galien lui-même n'a pas négligé de s'occuper. Naturellement, il ne faut pas aller jusqu'à cette modulation voluptueuse déjà dénoncée. Mais le P. de Cressolles ne peut s'empêcher, à propos de Lucien, de s'y attarder avec une sorte de fascination:

> Pour peindre avec un art exquis cette sorte de voix [allégorisée par lui dans les personnages de Pandore et de Panthée], il [Lucien] a épuisé curieusement les coffres et boîtes à parfums de tous les Attiques, et dit à peu près ceci: le ton dont les mots sont prononcés obéit à une balance si délicate qu'il ne résonne ni retentit de l'accent grave et âpre que formerait une voix virile, et qu'il n'est pas non plus si faible qu'on puisse l'attribuer sans réserve à une voix féminine, il est tel qu'on le trouve chez l'enfant impubère, doux et caressant, s'insinuant gracieusement et agréablement dans l'âme, si bien que, même lorsque le silence s'est fait, les paroles que l'on vient d'entendre continuent de retentir comme un murmure qui s'affaiblit, et les vestiges de la voix si douce déjà éteinte se prolongent pour un moment, enveloppant l'oreille d'un liquide susurrement, effet d'écho qui laisse dans l'âme des auditeurs les traces délicieuses des mots, et parachève leur pouvoir de persuasion[286].

On mesure à un tel passage, digne de la prose sensorielle des Goncourt, à quel point la pente du P. de Cressolles, peut-être en contrepoids des tendances sévères prévalant en France, le pousse vers la douceur, jusqu'à lui faire goûter, par avance, les mélismes des castrats qu'il entendra à Rome, à la chapelle Sixtine. Il s'acharne d'autant plus ardemment contre les voix rauques, fléau de l'éloquence, que la médecine ou l'exercice doivent à tout prix ramener à plus de charme, sous peine d'avoir à renoncer à la parole publique. Cet invincible attrait du jésuite pour la *dulcedo vocis*, tout aussi manifeste dans son *Theatrum veterum rhetorum* où il s'étend avec complaisance, tout en les condamnant, sur les raffinements mélodieux atteints par les sophistes antiques, ne lui fait pourtant pas perdre de vue que la variété est la vie même du discours, et la monotonie son pire écueil. La voix oratoire doit donc être souple, elle doit savoir et pouvoir monter et descendre de plusieurs tons, selon le cas, dans la douceur comme dans la gravité.

---

[286] *Vacationes*, L. III, ch. 9, pp. 505-506. Il ne faut pas voir dans cette fascination pour la «douceur» une contradiction avec le refus du chant, mais une application du principe de «variété» qui intègre dans la virilité oratoire une gamme «féminine» de séduction, contrôlée et compensée par la gamme masculine de force et de véhémence.

Tout ne tient pas cependant à la qualité et à la quantité de l'émission de la voix. La netteté et la correction de l'articulation et de la diction comptent pour beaucoup. Il faut éviter les hiatus, les roulements
de consonnes, il faut prendre garde à ne pas tronquer les mots, dépla-
cer leur accent, confondre les voyelles, manger les syllabes[287]. Le P. de
Cressolles applique à la diction la même exigence que le «grammairien» de la cour, Malherbe, appliquait à la correction et à la sonorité
de l'alexandrin[288]. En outre, toujours à propos de la diction, se pose
la question de son ampleur: faut-il, pour obtenir un effet de gravité
emphatique, dilater les syllabes? C'est plutôt une technique de tragé-
dien, un grossissement excessif pour un orateur[289]. Se pose aussi la
question de la vitesse: la lenteur dégénère aisément en langueur et
engendre l'ennui; toutefois, appliquée à propos, dans les descriptions, dans l'expression de certaines passions telles que la douleur,
l'amertume sans trace de colère ni de désespoir, la pitié enfin, une
grave lenteur peut opportunément émouvoir l'auditoire. Inversement,
la volubilité, une *copia fluens et praeceps*, est le plus souvent nuisible,
d'abord à la compréhension du sens, ensuite au rythme respiratoire
de l'orateur, qui doit savoir se ménager[290]. Mais la qualité essentielle
de la diction est l'euphonie, autre aspect de cette douceur (*suavitas*)
pour laquelle le P. de Cressolles et ses «entreparleurs» éprouvent tant
d'attrait. C'est à propos de l'euphonie que s'engage la grande digres-
sion où le débat, jusqu'alors implicite, entre le dur et le doux, l'âpre
et le fluide, le rugueux et le lisse, est définitivement tranché en faveur
de la première série. Une parodie du style rugueux et archaïsant de
Tertullien, qui résume ici toute une tradition cynico-stoïcienne adoptée par la prédication chrétienne, achève de terrasser les barbares
adversaires de la *séduction* oratoire[291]. La tradition gauloise est

---

[287] *Vacationes*, pp. 259 et suiv.

[288] Voir, sur la conjonction entre l'exigence rhétorique et néo-latine des régents
jésuites du collège de Clermont et la «doctrine de Malherbe», notre *Age de l'éloquence*, pp. 532-535.

[289] *Vacationes*, pp. 539 et suiv.

[290] *Ibid.*, pp. 551 et suiv.

[291] *Ibid.*, p. 581. Sur les racines, dès le règne d'Henri III, de ce combat contre
la «sévérité» et la «rugosité» d'une prose d'ascendance stoïcienne et de tradition
«gothique» en France, voir notre étude sur «Blaise de Vigenère, théoricien de la
prose française d'après ses préfaces», dans les *Actes du colloque de Tours 1979*, Paris,
Vrin, 1980, pp. 31-51.

appelée à la rescousse de la *suavitas*, contre les tenants mal dégrossis
de la *rugositas*:

> En France, des exemples nombreux et évidents se proposent en faveur
> de notre thèse. Qui veut parler du paon, écrit *paon* et ne prononce
> cependant qu'une syllabe, *pan*; pour faon, on prononce *fan*, en élimi-
> nant la lettre o, et cet usage correspond à l'avis éclairé des doctes, qui
> remarquent que les voyelles a et o, graves et sonores, se heurtent entre
> elles et se nuisent lorsqu'on les prononce à la suite. De même pour
> l'épée que l'on écrit *espée*, mais que l'on prononce en assourdissant le
> plus possible le s, qui nuirait gravement à la douceur du mot[292].

VI. Le sublime sacerdotal

Educateur du goût, plutôt que magister tâtillon, le P. de Cressolles
a fait parcourir à son lecteur tous les instruments du corps oratoire
sans jamais lui faire perdre de vue les principes directeurs qui garan-
tissent que chacun jouera à l'unisson dans l'orchestre. Pour conclure,
il le fait méditer sur l'effet d'ensemble, le seul qui sera vraiment perçu
par le public, et qui est la véritable fin de la rhétorique. Il intitule cette
suite de chapitres *De concilianda benevolentia*:

> Ce qui concilie la bienveillance, c'est l'impression d'ingénuité donnée
> par l'orateur, une action libre, sans rien de forcé, d'abject ni de rustique,
> mais brillante d'une sorte de couleur d'humanité et de retenue, où se
> manifeste avec évidence l'honnêteté d'une âme bien formée. Il convient
> que deux taches infamantes soient évitées dans le discours, [...] une cer-
> taine paralysie faite de timidité provinciale, et une impudence déchaî-
> née, sourcilleuse, effrontée qui révèle une âme arrogante, impérieuse et
> gonflée de superbe: dans les deux cas, il est étonnant de constater
> qu'immanquablement le public se tient pour offensé[293].

Cet effet d'ensemble, qui sous-tend et soutient tous les effets successifs et de détail, le P. de Cressolles le nomme *nobilitas*. Telle est sa
puissance qu'à elle seule, et sans le secours même de la parole, elle
appelle l'adhésion et le consentement du public:

> Longin appelle cet ornement μεγαλοφροσύνης ἀπήχημα (la résonance
> d'une grande âme) dont il dit qu'il est d'un tel poids chez l'orateur que,
> serait-il privé d'une prononciation magnifique et pleine, et d'un rythme
> accompli, il ferait naître l'admiration dans l'auditoire, pour cette seule
> grandeur d'âme et générosité de nature qui brille sur son visage, de la
> même façon, ajoute-t-il, que le silence d'Ajax dans la *Nékuya* de

---

[292]   *Vacationes*, p. 559.
[293]   *Ibid.*, p. 584.

l'*Odyssée* est plus sublime et plus magnifique que n'importe quel discours. Cela me fait souvenir de Drusus, fils de l'empereur Tibère, qui, envoyé pour apaiser une sédition militaire, fit des miracles par le seul don de sa nature. Tacite écrit à ce sujet: «Au lever du jour, ayant fait rassembler les troupes, Drusus quoique peu doué pour la parole, par l'effet de sa seule noblesse native...»[294]

Est-ce, chez le docte jésuite, une version de cette éloquence spontanée, sans rhétorique apprise, dont parlait Montaigne dans l'*Apologie de Raimond de Sebonde*? Tout au contraire: cette foudroyante éloquence du silence est le privilège des héros, entendus non plus comme héritiers d'un Age d'or profane et laïc, mais comme détenteurs des grâces du Logos divin. Elle n'est pas non plus la négation de la rhétorique: antérieure à celle-ci, fondée sur une élection et un privilège réservés aux magnanimes, elle lui est également postérieure, parce que dégagée par elle de sa gangue naturelle, éduquée, portée à la suprême conscience de soi et à la perfection de sa forme. En se déployant dans le discours, la *nobilitas* native — et qui n'est pas nécessairement liée à la naissance noble[295] — ne perd rien de son efficace. Nuancée et individualisée par des tempéraments différents, qui recourent à des styles différents, elle représente le divin sous la forme humaine, attirant à elle l'amour du public, suscitant les plus grandes et vives passions, colère, haine, hostilité, crainte, terreur, autant d'ailes portant l'âme à reconnaître la vérité et à s'éloigner de l'erreur. Au fur et à mesure que le P. de Cressolles avance dans la péroraison de son dialogue, l'idée du *sublime genus dicendi*, dont le parfait orateur est capable, se précise, confirmée par les citations plus nombreuses du *Traité du sublime*. L'éloquence portée au sublime, soutenue par les «affections enthousiastes et véhémentes», est la suprême expression, dans le discours et dans son interprète, d'une grandeur d'âme à qui la rhétorique a permis de trouver la forme digne de sa vocation héroïque et divine.

---

[294]   *Vacationes*, p. 592.

[295]   *Ibid.*, pp. 590-591. Ce lieu commun des «traités de noblesse», repris par le père du *Dom Juan* de Molière dans une scène célèbre, apparaît ici sous la lumière particulière de l'idéologie sacerdotale. La consécration par l'Eglise peut faire d'un roturier, doué d'une grande âme, un porte-parole de Dieu rayonnant de *nobilitas*. Une version laïcisée de celle-ci apparaît chez Corneille, où la naissance noble n'est pas indispensable à l'élection héroïque (voir *Sertorius*).

Dans cette vaste utopie pédagogique, la culture rhétorique des collèges jésuites apparaît ainsi comme une sorte de pari sur la nature humaine, sur les sémences héroïques qu'elle porte en elle, sur la capacité de la pédagogie à porter ces semences à leur pleine actualité. Le collège se veut une pépinière de héros, mais de héros de la parole, destinés à devenir les médiateurs entre le Logos divin et le monde profane. Leur éloquence incarnée, qui fera entendre à une époque rebelle l'appel du divin, sera à la fois le fruit d'une magnanimité naturelle et d'une culture de l'esprit, transmuant leur corps et leur voix en instruments bien accordés à leur fonction providentielle. Il y a quelque chose de démesuré, d'épique, dans la vision du P. de Cressolles dans ses *Vacationes*, en dépit du sens exquis de la mesure, de l'élégance, et de l'harmonie dont ce Frescobaldi du corps bien tempéré témoigne à chaque page. Cette démesure enthousiaste semble faire frémir la toge de l'antique statue de l'*Arringatore* au vent d'une sainte épopée, comme les voiles des saints et des saintes qui commencent alors à peupler le ciel de la Rome pontificale, et comme l'écharpe du superbe buste de Louis XIV par le Bernin. Il faut chercher le secret de cet enthousiasme[296] dans le caractère religieux du P. de Cressolles et dans l'idée proprement grandiose qu'il s'en fait. Celle-ci n'apparaît qu'en filigrane dans ses *Vacationes*, rédigés en France, et destinés en grande partie aux orateurs laïcs des parlements de la monarchie. Pour la voir se déployer sans réserve, il faut donc lire son *Mystagogus*, rédigé à Rome, sous le pontificat d'Urbain VIII Barberini[297]. Là, le sommet de l'éloquence, dont la *nobilitas* héroïque n'est que le reflet profane, est ouvertement, et avec quelle ivresse, attribué à la *théomimésis* du sacerdoce. Amplifiant les thèses bérulliennes, le P. de Cressolles place les prêtres au-dessus des Anges antérieurs à l'Incarnation et qui ne sont donc pas *homogènes* du Christ. Il accorde à la parole du prêtre cette puissance *cathartique* qu'Aristote réservait au discours tragique. Et pourtant cette idée du sacerdoce portée à l'absolu en la personne

---

[296]   Sur l'«enthousiasme», si apparenté à la doctrine du sublime dont le P. de Cressolles fait la clef de voûte de sa rhétorique, voir notre étude: «Crépuscule de l'enthousiasme au XVIIe siècle», *Actes du colloque de la Société internationale d'études néo-latines*, Paris, Nizet, 1980, pp. 1279-1305 reproduite ci-dessus.

[297]   Sur la culture de la cour romaine sous Urbain VIII Barberini, votre notre étude «*Cicero pontifex maximus*: la tradition rhétorique du collège romain et les principes inspirateurs du mécénat des Barberini», dans *M.E.F.R.M.*, t. 90, 1978, n° 2, pp. 797-835.

du souverain pontife, il lui reconnaît une propriété d'illumination, une évidence intérieure (*in pectore* δηλώσις) qui confère à ses arrêts un caractère oraculaire. La chrétienté, affirme-t-il, vit sous le régime de la monarchie sacerdotale (*Regnum sacerdotale*). Cela implique que la société civile et ses professions profanes sont englobées dans ce royaume sacerdotal et archétypal, à commencer par les rois. Cela n'est pas sans conséquence pour l'éloquence: s'il est admis que les rois de la terre sont assistés *ex officio* par Calliope, muse de l'éloquence, à plus forte raison les pontifes et la hiérarchie sacerdotale dont ils sont les chefs. Le P. de Cressolles fait de Moïse (dont, rappelons-le, le Pseudo-Longin cite le *Fiat lux* comme un exemple accompli du sublime) le modèle de ce magistère du Verbe. Et il en trace un portrait qui fait songer autant à la statue surhumaine de Michel-Ange, placée symboliquement à Rome dans l'église de Saint-Pierre-aux-Liens, qu'à sa figure biblique:

> De ce magistère divin, écrit-il, le plus pieux des Pères éloquents et le plus éloquent des Pères pieux, Grégoire de Nysse, cite le plus glorieux et le plus saint exemple, celui de Moïse, que l'on peut appeler le chef et l'empereur non pas tant du peuple hébreu, que de toutes les vertus. Méprisant, dit ce Père, d'une grandeur d'âme sublime les honneurs humains et la vaine pompe de la majesté royale, que l'Egypte lui offrait, il jugea magnifique et royal, au lieu de satellites et d'ornements royaux, de se confier à la garde des plus brillantes vertus, et de se réjouir en lui-même (*gloriari*) non moins de leur protection que de leur beauté[298].

Et à partir de cet exemple qui marque toute l'infinie distance qui sépare les rois profanes, chefs de la société civile, des hiérarques sacrés, chefs de la société religieuse, le docte jésuite réserve la plénitude de la *dignitas hominis*, et de la *potestas* qui lui est attachée, au seul sacerdoce:

> Et comme le remarque ailleurs le même évêque de Nysse, Dieu a introduit l'homme en ce monde en le dotant par nature de puissantes garanties qui le rendent tout à fait propre à assumer la dignité royale, lorsqu'il a imprimé en lui sa propre image, et, avec celle-ci, lui a communiqué la dignité et le nom d'archétype. Et, ajoute-t-il, cette image n'est pas ornée de la pourpre, ni du sceptre, ni du diadème, insignes des princes les plus illustres, mais elle est revêtue, au lieu de pourpre, de la vertu, dont la beauté est suprêmement royale; au lieu de sceptre, elle est soutenue de la béatitude immortelle; au lieu de gemmes et de riches bandeaux, elle est décorée, de façon plus admirable, de la couronne de justice[299].

---

[298] *Mystagogus*, ouvr. cit., éd. cit., L. I, ch. 3.

[299] *Ibid.*, p. 28.

Le corps éloquent dont les *Vacationes* dessinaient la surhumaine image est donc une épiphanie de l'*Imago Dei*, de l'archétype, que seul le sacerdoce peut prendre entièrement sur lui, sans même recourir aux vains ornements de la royauté profane. Il est vrai que les rois, dans leur ordre, sont aussi des épiphanies du Logos :

> Les rois, comme on le voit sur la scène et au théâtre, peuvent être des personnages muets, il n'en demeure pas moins que, lois vivantes, ce qu'ils ordonnent sagement de faire a lieu cependant. Recourant à ce trait de l'âme royale et à la résonance de leur majesté, ils contiennent les sujets dans leur devoir, ils les enflamment à l'honneur et leur font recevoir les justes freins de l'empire[300].

Mais ce rayonnement impérieux du *Numen* royal, qui électrise et à la limite rend invisible l'art rhétorique, combien plus intense se révèle-t-il chez les sacrés pontifes, chefs de la hiérarchie sacerdotale !

> Cet ornement revient si bien aux princes de l'Eglise, qui agissent au nom de Dieu pour répandre la sainteté, qu'on pourrait les appeler comme Grégoire de Nazianze le fait de Thémistius, les rois de la parole, les princes de la persuasion, les empereurs du langage. La raison de ces titres, on la trouve chez saint Ambroise qui paraphrase ainsi la fameuse sentence du poète : « On parle de tes témoignages en présence des rois. » Il entend par rois ce que saint Pierre nommait *monarchie du sacerdoce* : ce sont des rois, en effet, dit-il, à Jérusalem ceux qui font offrande des dons de leur sagesse, ceux à qui a été faite la grâce de dire le Verbe, de faire plier les peuples d'un pouvoir vraiment royal, et de toucher l'âme des saints. Et il ne fait pas de doute que cette éloquence royale, nos pontifes en possèdent la vigueur et la faculté à un degré de beaucoup supérieur à celui de tous les rois. Car l'éloquence des rois ne pénètre pas au fond des cœurs. D'où, selon le mot d'Epictète, un discours mort. Aux pontifes en revanche, le saint Apôtre accorde un discours qui porte témoignage et qui, selon un mot que le faux prophère Apollonius de Thyane s'appliquait en vain à lui-même, répand les sentences et les oracles de Dieu. Bref, ils parlent en administrateurs du Verbe divin, et il ne peut rien y avoir de plus royal. *Le Verbe divin*, dit saint Ambroise, *est royal, est judiciaire, et rempli de la justice sacerdotale*. Ce que l'on peut dire de la félicité des rois, de leur immortalité, de leur pouvoir de droit divin, s'applique à plus forte raison aux rois des choses sacrées, aux Mystes couronnés, à qui est accordé un tel pouvoir que nul esprit bienheureux n'en a reçu d'équivalent. Saint Jean Chrysostome, illuminant par son éloquence cette pensée de David : *Gloire et richesse dans sa demeure*, la rapporte aux Apôtres, théophantes suprêmes, qui, dit-il, furent plus grands que ceux qui portaient diadème. Quel roi s'est présenté avec tant de splendeur et de gloire, avec tant d'admiration de

[300] *Mystagogus*, ouvr. cit., éd. cit., L. I, ch. 3, p. 29.

toutes parts que saint Paul lorsqu'il parlait, libérant les âmes de la mort? Il fit de la terre un ciel[301].

Le parallèle entre rois et pontifes, monarchie profane et monarchie sacerdotale, empire de l'éloquence laïque et empire de l'éloquence sacrée, tourne donc au triomphe des *théophantes*. Pour le jésuite Cressolles, les religieux de son ordre sont autant *logophores* que les évêques: ils tiennent du pape leur inspiration. On découvre donc, au cœur de cette rhétorique savante, l'importance centrale d'un élément proprement *numineux* totalement étranger à un Montaigne et à la tradition des moralistes et anthropologues. Cet élément explique la place que tiennent dans les *Vacationes autumnales* l'éloquence du silence et son irrésistible ascendant, par le seul aspect héroïque d'un visage ou d'un port. Même atténué pour se mettre au service des professions civiles et profanes, le corps éloquent du P. de Cressolles est un corps inspiré que l'art rend persuasif. Sur un registre plus élevé, au service du pontificat et du sacerdoce, cette version jésuite et rhétoricisée du bérullisme, transportée de Paris à Rome, convenait admirablement à la cour ecclésiastique et latine de l'ancien nonce à Paris devenu pape, Maffeo Barberini. Mais au royaume de France? Il est à peine besoin de rappeler tout ce que ce paradigme sacerdotal, laïcisé en héroïsme profane, a laissé de traces dans le théâtre tragique de Corneille ou dans les *Mémoires* du cardinal de Retz[303], pour ne rien dire des toiles romaines de Nicolas Poussin[304]. Mais il est vrai aussi qu'en France, où une monarchie et une aristocratie laïques cherchaient à dégager leur propre légitimité, leur propre style, de l'ascendant de l'archétype sacerdotal, la *nobilitas* éloquente du P. de Cressolles, corrigée par la leçon de Montaigne, fut très vite ramenée de plusieurs degrés dans l'échelle des styles, vers la simplicité du «naturel» et de l'«honnêteté» classiques. Le *numineux* laïcisé finit par se réduire au «je-ne-sais-quoi». Mais le grand fantôme de l'orateur héroïque si puissamment évoqué par le P. de Cressolles, qui habita longtemps,

---

[301]   *Mystagogus*, ouvr. cit., éd. cit., L. I, ch. 3, p. 30.

[302]   *Ibid.*, p. 31. Comparer avec *Vacationes*, p. 481, où est glorifiée la parole sacrée.

[303]   Voir notre article dans la revue *Versants* (n° 1, automne 1981, pp. 27-56): «Apprends, ma confidente, apprends à me connaître: les *Mémoires* de Retz et le *Traité du sublime.*»

[304]   Voir notre article: «*Muta eloquentia*: la représentation de l'éloquence dans l'œuvre de Nicolas Poussin», dans le *B.S.H.A.F.* (année 1982), 1984, pp. 30-48.

dans le vaste réseau des collèges de sa Société, l'imagination enflam-
mée des régents, ne s'y évanouit pas pour autant. Identifiée par l'imaginaire collectif à l'exercice du pouvoir et à son prestige, il survit sur
le théâtre, voire à l'opéra. Et le personnage de roi joué toute sa vie par
Louis XIV lui doit bien des traits, destinés à faire contrepoids à la
numinosité du grand rival romain. Les traités du jésuite espagnol Balthazar Gracian, *Le Héros, L'Homme de cour*, qu'Amelot de la Hous-
saye rendra à une seconde jeunesse à la fin du siècle, laïcisent, mais
sans réduire l'échelle, le sublime sacerdotal et éloquent du P. de Cressolles. Ce qui est vrai en France, où cependant le prestige des femmes
à la cour et le souci de leur plaire, inhérent à la courtoisie nobiliaire,
corrodent particulièrement le mythe cressollien, *d'où la femme est
totalement absente*, l'est bien davantage dans le reste de l'Europe
catholique, où la parole profane ne cherche pas aussi vivement qu'en
France à se dissocier de la parole sacrée. Même lorsque cette dissociation sera entièrement acquise, la littérature française conservera çà et
là la mémoire et la nostalgie de la hiérophanie des orateurs jésuites.

La rhétorique du geste et de la voix, telle que l'a conçue le P. de
Cressolles, est bien plus qu'une «rhétorique». Remontée vers
l'archétype, elle fait de l'orateur, image de Dieu, l'incarnation sur la
terre du Verbe; réconciliant l'art le plus savant et l'inspiration divine,
le geste et l'hiéroglyhe, la parole et l'oracle, elle rivalise en plein
XVIIe siècle avec la poésie profane des mages et des voyants du
XIXe siècle.

8.

SACERDOS SIVE RHETOR, ORATOR SIVE HISTRIO:
RHÉTORIQUE, THÉOLOGIE, ET «MORALITÉ
DU THÉÂTRE» EN FRANCE DE CORNEILLE À MOLIÈRE*

A Henri Gouhier, philosophe du
théâtre, historien de l'humanisme
et de l'antihumanisme catholiques.

I.

La chrétienté n'a cessé de débattre, depuis la fin de l'Antiquité, sur
la légitimité et le statut des images, peintes ou sculptées[305]. Elle n'en
a pas moins été divisée sur le statut et la légitimité de cette autre forme
de *mimésis* qu'est le théâtre, et sur le médiateur vivant de cette *mimésis*, le comédien. Mais alors que l'histoire de l'art, s'alliant à celle de
l'Eglise et de la philosophie, a conféré à la querelle des images, dans
la très longue durée, une dignité épique, l'histoire du théâtre, plus provinciale, n'a donné à la querelle de la moralité du théâtre qu'un intérêt
mineur, restreint au surplus à la période postérieure au concile de
Trente. Or le théâtre, comme les arts plastiques, a eu ses «iconoclastes» de la *res scaenica*, et ceux-ci ont compté dans leurs rangs tant de
Pères et de Docteurs, et d'une façon à ce point ininterrompue, que
leurs héritiers au XVIIᵉ siècle ont pu se réclamer d'une tradition
immuable de l'Eglise. En revanche, il faut attendre le XVIIᵉ siècle
pour trouver des «iconodules» résolus ou modérés. Cela n'est pas
surprenant: si les images plastiques, tout immobiles qu'elle sont, ont
pu être tenues par Platon et toute une tradition théologique pour l'un
des plus graves périls de l'âme, les «idoles» théâtrales, douées de
mouvement, de voix, animées par le corps vivant des acteurs, ont une
emprise bien plus immédiate et puissante sur le sens. Les «iconodules» de la querelle des images ont pu faire triompher la distinction
entre icône symbolique, médiatrice entre le croyant et les archétypes

* Paru dans *Mélanges à R. Garapon*, P.U.F., Paris, 1991, pp. 311-348.
[305] Sur la Querelle des Images, voir les articles et le volume *Nicée II, douze siècles d'images religieuses*, actes du colloque international Nicée II, tenu au Collège
de France, Paris, les 2, 3, 4 octobre 1986, édités par F. Boesplung et N. Lossky, Paris,
Cerf, 1987.

divins, et image mimétique, qui expose l'âme au «divertissement» sensuel. Cette distinction a sans doute aussi joué en faveur d'un théâtre liturgique et sacerdotal. Mais il a été beaucoup plus difficile de dissocier, dans le théâtre mimétique, ce qui relève du plaisir innocent, et même fertile, de ce qui relève de la corruption. Car le théâtre mimétique fait appel au comédien, et celui-ci, grossier ou raffiné, n'a cessé d'être considéré comme un masque charnel de Satan, qui, tel l'Antéchrist de Signorelli dans les fresques d'Orvieto, recourt à des apparences trompeuses et à des manœuvres séductrices pour s'emparer des âmes et les livrer à la voirie des sens. La théologie chrétienne a tenu ces histrions pour si dangereux que, pendant dix siècles, et pas seulement en Orient, l'«iconoclasme» antithéâtral a supprimé tout théâtre mimétique. La notion même de théâtre, et la métaphore si profonde, si fertile, que la philosophie et la littérature antiques avaient fondée sur elle, *vita tanquam scaena est*, a été effacée de la mémoire chrétienne. La citation de Pétrone au XIIe siècle par Jean de Salisbury (*totus mundus exercet histrionem*) est une exception solitaire[306]. Il faut attendre le XVe siècle, la Renaissance italienne, et Marsile Ficin, pour que le «lieu commun» antique reprenne toute sa vitalité. Si la «querelle de la moralité du théâtre» a moins d'éclat historique que la «querelle des images», c'est que, dans le premier cas, les «iconoclastes» ont fait très longtemps l'unanimité dans l'Eglise, et que cet «iconoclasme»-là y a triomphé beaucoup plus radicalement et durablement que l'autre.

Cette disparition complète, pendant dix siècles, d'un des arts majeurs de la civilisation nous est masquée rétrospectivement par un mythe historiographique: le théâtre moderne serait né du théâtre liturgique, voire de la messe elle-même. Cette théorie, qui fait de l'Eglise la mère de cela même qu'elle a *si efficacement* combattu, repose à mon sens sur une confusion conceptuelle élémentaire, qui investit le mot «théâtre» de deux sens complètement contradictoires. Il n'y a pas de commune mesure *en principe* (même si les «Mystères» des confraternités laïques du XVe et du XVIe siècle sont des hybrides d'un registre à l'autre) entre la gestuelle symbolique de la liturgie, ou du «théâtre» qui dérive de celle-ci, et la gestuelle mimétique du théâtre profane, renouvelé de l'antique, qui réapparaît dans l'Europe

---

[306] Voir Lynda G. Christian, *Theatrum mundi, the History of an Idea*, Garland, New York and London, 1987, pp. 62-72.

chrétienne au XVe siècle. L'une rend visible, mais sans prétendre la «représenter», une histoire sacrée, transcendante au temps et à l'espace profanes, une histoire trop vraie pour être compromise par la fiction, le jeu, la *mimésis* de la vie éphémère et profane; l'autre se veut un jeu qui imite la vie profane, soit pour la divertir, soit pour la doter d'une conscience morale, de toute façon pour lui donner consistance et confiance en elle-même. Dans le premier cas, on a affaire à des actes sacerdotaux, par lesquels des acteurs-médiateurs initient les profanes aux mystères d'une histoire sainte et de desseins divins; dans l'autre on a affaire à des représentations de la vie profane, interprétées par des comédiens «mercenaires»: cela suppose un contrat mercantile entre ceux-ci et le public, qui en échange d'un paiement obtient du plaisir mimétique; cela suppose aussi au moins l'amorce d'un *espace public laïc*, libéré de la médiation sacerdotale, et où la représentation théâtrale n'est qu'une facette de la représentation généralisée d'un «monde comme théâtre», où les fictions juridiques et politiques laïques font concurrence à la hiérarchie sacrale. A la foi que nourrit le théâtre liturgique, il faut donc opposer le «faire croire» qu'alimente le théâtre mimétique, et qui est au fond la pierre angulaire assez fuyante de l'édifice des représentations laïques. Comment la foi survit-elle à la concurrence du «faire croire», tel est le drame de la culture chrétienne postérieure à la Renaissance, et il est surprenant que l'histoire du théâtre n'ait pas tiré parti du point de vue central dont elle dispose sur cette dérive de la parole.

Quelles que soient les formes transitionnelles qui ont en Europe voilé l'émergence d'un théâtre profane, mimant pour un public laïc la vie laïque elle-même, cette émergence a rompu un interdit millénaire imposé avec succès par l'Eglise. C'est alors, mais alors seulement, qu'il y eut lieu de nouveau, comme aux cinq premiers siècles, place pour une «querelle de la moralité du théâtre»; sauf que, cette fois, il y avait des chrétiens pour prendre la défense des comédiens et de la scène profane. Dans l'intervalle, les chrétiens laïcs étaient à ce point subordonnés à l'autorité sacrée de l'Eglise qu'ils n'avaient pas les moyens de se donner cet espace public de jeu réflexif et mimétique qu'est en définitive le théâtre profane, et qui fait de lui le *modèle* et la meilleure garantie de l'espace public laïc tout entier. La Réforme protestante, tout en abolissant l'écart catholique entre le sacerdoce et le laïcat, a plutôt cherché à sacerdotaliser les laïcs qu'à les laïciser. Aussi s'est-elle montrée beaucoup plus radicale, dans sa condamnation du théâtre profane, que le clergé catholique. C'est un puritain anglais du XVIIᵉ siècle, William Prynne, qui a rassemblé le plus formidable argumentaire contre le théâtre profane des temps modernes, dans son *Histrio-Mastix, the Players Scourge or Actors Tragaedie* (1631)[307]. Mais il y rassemble les mêmes autorités scripturaires et patristiques dont se réclamaient depuis le XVIᵉ siècle les théologiens catholiques qu'il cite abondamment. A cette différence près que son réquisitoire a vraiment porté : en 1642, le Parlement anglais, agissant en «concile ecclésiastique», supprime les théâtres, à l'exemple de ce qu'avaient décidé Calvin et la Cité-Eglise de Genève un siècle plus tôt. Alors que, en dépit de toute l'autorité ecclésiastique dont il jouissait à tant de titres, le cardinal Charles Borromée ne parvint pas à extirper les comédiens et le théâtre de son diocèse de Milan : il avait trouvé en face de lui un pouvoir civil et laïque, le gouverneur du Milanais au nom du roi d'Espagne, qui prenait fait et cause pour les comédiens et pour le public laïc qui les souhaitait[308]. On voit sur cet exemple fameux combien la hiérarchie sacerdotale catholique, qui élève si haut

---

[307] «Histrio-Mastix, the Players Scourge or Actors Tragaedie, divided in Two Parts, wherein it is largely evidenced by diverse Arguments, by the concurring Authorities and Resolutions of sundry texts of Scripture, of the Whole Primitive Church, both under Law and Gospel, of 55 Synods and Councils, of 71 Fathers and Christian Writers, before the year of Our Lord 1200 of above 150 foreign and domestic Protestant and Popish Authors, of 40 Heathen Philosophers, Historians, Poets of many Heathen and Christian Nations,... and of our owne English Statutes, Magistrates, Universities Writers, Teachers, that popular Stage-Playes (the very Pompe of the Devil which we renounce in Baptism, if we believe the Fathers) are sinful, heathenish, lewde, ungodly spectacles, and most pernicious corruptions... And that the Profession of Play-Poets, of Stage-Players together with the penning, acting and frequentation of Stage-Players, are unlawful, infamous, and misbeseeming Christians», Londres, 1631. La matière est ironiquement arrangée par Prynne en actes et scènes de tragédie. Dans la préface *To the Christian Reader*, l'auteur se justifie d'avoir confondu étroitement la matière proprement théâtrale avec celle des mœurs mondaines et païennes : «Dancing, Musicke, Apparrell, Effeminacy, Lascivious Songs, Laughter, Adultery, Obscene Pictures, Bonefires, New Years gifts, Grand Christmasses, Health drinking, Long hair, Lords days dicing, with sundry pagan customs». Pour Prynne, comme plus tard pour Molière en sens inverse : «You shall find in them all materially pertinent to the theme in question, they being either the incomitants of the Stage-Players, or having such near affinities with them, that the lawfullness of the one are necessary mediums to evince the sinfullness of the others.» L'espace laïc et païen se définit très exactement pour Prynne, comme pour Molière, par une théâtralité mimétique générale, déduite «dans la vie» du modèle contagieux que lui propose la *mimesis* comique.

[308] Voir, outre l'abondante littérature consacrée à cet épisode dans la bibliographie de saint Charles, Ferdinando Taviani, *La Commedia dell'arte e la Societa barocca, I. La fascinazione del teatro*, Roma, Bulzoni, 1970, pp. 3 et suiv.

le prêtre au-dessus du laïc, servit les laïcs après les avoir si longtemps tenus en lisière: la bipolarité qu'elle suppose, dans la cité chrétienne, entre sacré et profane, autorité ecclésiastique et autorité civile, protège en quelque sorte les laïcs sitôt que ceux-ci osent affirmer leur identité propre, leur propre public. La Réforme, en abolissant cette bipolarité, a créé les conditions d'une théocratie homogène là où l'Eglise catholique n'avait plus les moyens d'affirmer la sienne *sur* un laïcat et *sur* des pouvoirs civils dotés par l'humanisme, par ses modèles païens, d'un sens aigu de leur autonomie. C'est le choix des laïcs, citadins ou gens de cour, qui, en terre catholique, fait dresser des tréteaux de théâtre, et qui fait fête aux comédiens. C'est la protection des princes et des magistrats laïcs, animés par un souci de simple police et par des souvenirs antiques, qui garantit les spectacles profanes contre les foudres épiscopales. Mais, sur le fond, William Prynne voyait clair: dans l'histoire de l'Eglise, la norme, c'est l'exclusion du théâtre profane de la *Respublica christiana*. La Réforme, comme l'a bien vu le citoyen de Genève jugeant au XVIIIe siècle la société catholique de son temps, avait rendu à l'Eglise chrétienne les moyens de faire admettre par tous cette interdiction du théâtre profane. En réalité, du point de vue des autorités ecclésiastiques catholiques, le *fait* du théâtre profane qui leur était imposé sous la pression du laïcat et de ses représentations civiles, était un fait *toléré*, et non un droit: l'unanimité des statuts synodaux publiés par les évêques après le concile de Trente réaffirme, avec un succès variable selon les lieux, la norme chrétienne: le théâtre mimétique est un crime contre la foi, et les histrions qui se livrent à cette *mimésis* sont excommuniés. Les prédicateurs non moins unanimes tonnent en chaire contre les comédiens et les spectateurs, les théologiens publient des traités rappelant la doctrine de l'Eglise sur les spectacles. Tout ceci est loin de rester sans effet. Mais enfin le théâtre profane n'en persiste pas moins, il prospère même, surtout là où une puissante cour laïque est à même de tenir en respect l'autorité sacerdotale. Rien de commun avec ce qui s'est passé à Genève, et ce qui se passe au XVIIe siècle dans l'Angleterre de Cromwell, dans la Nouvelle-Angleterre puritaine, dans la Hollande gomariste.

La situation du théâtre profane dans l'Europe catholique est donc infiniment plus ouverte que dans l'Europe réformée. D'abord parce que, construite sur les fondations romaines, la société catholique, comme l'en accuse la Réforme, porte en elle les germes d'un «paganisme» toujours prêt à renaître, et entre autres ces troupes de *saltatores et mimi* errantes, marginales, qui attendent encore leur historien, et dont la présence a dû laisser des traces très tôt dans les archives des juridictions ecclésiastiques. Et puis, à la faveur de l'humanisme italien et de la réhabilitation du théâtre antique, la société catholique a vu apparaître ce nouveau type d'histrion dont parle le grand canoniste De Luca, *qui mediantibus fabulis ac fictis argumentis, humanae vitae similitudinem veluti in speculo repraesentant potius, comici noncupandi ac reputandi*[309]. Ces comédiens, que certains auteurs tiennent pour exempts des vices dont les *saltatores et mimi* sont affligés, doivent-ils être exceptés de l'interdiction canonique des sacrements et de l'incapacité juridique qui frappent leurs collègues inférieurs? Le cardinal De Luca laisse la question en suspens, tout en faisant remarquer qu'à Rome même ils sont autorisés et tolérés. Ce scrupule de juriste a suffi pour favoriser l'essor d'un théâtre profane relativement respectable en Italie, à faire des comédiens italiens, pendant trois siècles, des propagateurs de l'humanisme de la Renaissance dans toute l'Europe, et à faire accuser l'Eglise romaine par les théologiens réformés de favoriser la corruption des chrétiens par le théâtre... Au fond, la «querelle de la moralité du théâtre» n'avait de sens et de lieu qu'en terre catholique, du fait même que le droit canonique, tenant compte de la réalité nouvelle (l'espace public laïc), est préparé à nuancer les interdits et incapacités traditionnels frappant sans discrimination les gens de théâtre. Mais c'est un fait avant tout italien. A Paris même, les comédiens italiens jouissent, de la part du clergé italien dans la capitale, d'une compréhension qui est refusée aux comédiens français par le clergé gallican. Dans la querelle de *Tartuffe*, Molière fera remarquer à quel point ses collègues italiens peuvent se permettre plus de liberté, même dans la satire anticléricale, que lui-même[310]. Plus

---

[309] Cardinal De Luca, *Theatrum Veritatis*, Rome, 1669-1678, t. V, p. 156, art. *De donatione*, disc. 42, n°s 3 et 7. Pour le cardinal De Luca, le droit, canonique et civil, ne peut reconnaître la valeur d'un acte judiciaire quelconque quand la fiabilité d'un des contractants est publiquement nulle. C'est le cas par excellence des histrions. Il tient compte cependant des travaux du P. Ottonelli quand il admet que certains histrions (c'est la définition que je cite) peuvent passer pour plus fiables que d'autres. Parmi les actes dont les histrions, incapables de bonne foi, sont exclus, figurent entre autres les contrats de mariage. Une étude d'histoire du droit canon sur le statut du comédien au XVIIe et au XVIIIe siècle éclairerait profondément l'histoire du théâtre et la biographie des comédiens à cette époque.

[310] Voir la fin de la préface de Molière à la première édition de *Tartuffe* en 1669 (éd. Pléiade, t. I, p. 888): c'est l'anecdote de la conversation entre Louis XIV et le prince de Condé où les deux hommes comparent l'accueil différent réservé à une pièce italienne, *Scaramouche ermite* et à *Tartuffe*, en dépit de sujets analogues.

tard, c'est un Italien, le P. Caffaro, qui s'attirera les foudres de Bossuet pour avoir répété en français la distinction juridique faite par le cardinal De Luca, et qu'avait longuement justifiée le jésuite Ottonelli, dès 1646, dans son traité *Della moderazione cristiana del teatro*[311]. Et au XVIIIᵉ siècle encore, l'acteur Lekain, pour pouvoir faire ses Pâques, devait se rendre en Avignon, ville pontificale, la sainte Table lui restant interdite par les curés de Paris[312].

L'historien de la rhétorique n'a pas moins son mot à dire dans cette situation complexe que l'historien du droit et de la théologie. Le sort du théâtre profane, né dans l'Italie de la Renaissance, est en effet doublement lié à l'art de persuader réhabilité par les humanistes. C'est la rhétorique de Cicéron et de Quintilien qui restaure l'antique parenté entre l'orateur et le comédien, entre les rostres et la scène. La restauration de l'idéal antique d'*eloquentia* prête au comédien, comme au peintre, une dignité nouvelle, et le *Pro Roscio* de Cicéron peut désormais devenir un argument d'autorité laïque qui fait contrepoids à ceux que fournissent les Pères de l'Eglise aux théologiens et aux prédicateurs. Dans la mesure où les gens d'Eglise eux-mêmes adoptent l'idéal humaniste de l'*orateur*, il leur devient plus difficile de refuser la distinction entre *saltator* et *comoedus, histrio* et *scaenicus*. Il n'en demeure pas moins que cet idéal *antique* est en son principe un idéal *laïc*, et que les gens d'Eglise ne peuvent l'accepter au point d'oublier la distance infinie qui doit séparer l'*orator profanus* de l'*orator divinus*, et à plus forte raison le comédien profane du prédicateur.

Par ailleurs, la réhabilitation humaniste du *modus rhetoricus*, par opposition à la *disputatio* scolastique, ouvre, en marge du dogme, un vaste champ de *disputationes in utramque partem*, de débats entre hypothèses contradictoires, de compromis et de conciliations : le théâtre profane et les comédiens y ont trouvé un climat plus respirable, où leur cause a pu être défendue. Là où la théologie règne sans partage, le théâtre et les comédiens profanes sont hors jeu. Là en revanche où la rhétorique a conquis ses droits, le débat à leur sujet est ouvert, et il s'introduit jusque chez les canonistes. L'empire rhétorique dans l'Europe catholique s'est étendu du même pas que progressait l'espace public laïc, il a été favorisé par les Etats laïcs gagnant en autorité et en puissance. Le même mouvement a porté l'essor du théâtre

---

[311]   Voir Taviani, 1970, pp. 313 et suiv.
[312]   Voir *Enciclopedia dello spettacolo, sub voce* « Morale e teatro ».

profane, la légitimation croissante des compagnies de comédiens, la faveur que leur accordèrent les princes, les éloges que leur décernèrent les humanistes des académies et des cours.

Lorsque l'Eglise, après le concile de Trente, entreprit de reconquérir l'espace public laïc, de le soumettre à une norme dévote, elle n'avait plus le choix qu'entre le combat de front, perdu d'avance, contre le théâtre et les comédiens (miroir et symbole de l'espace laïc) ou une «tolérance» qui, en échange, obtiendrait du théâtre et des comédiens qu'ils feignissent de respecter la norme dévote commune. La première stratégie fut tentée par saint Charles Borromée, et elle demeura un exemple pour tous les hommes d'Eglise sévères. La seconde, plus réaliste, trouva son théoricien au XVIIe siècle chez le jésuite italien Ottonelli, qui entérinait la pratique générale de l'Eglise en Italie et même à Rome. La «modération chrétienne» du théâtre supposait qu'une *doxa* cléricale et tridentine fût assez répandue et stable parmi les laïcs pour que le théâtre et les comédiens, tenus en respect et en haleine, ne pussent que contribuer à sa consolidation. Cette «modération» ne gagna pas la France. L'Eglise gallicane, entrée en retard dans la tridentinité, et exposée à la polémique calviniste, peu disposée par ailleurs à imiter l'Italie, préfère au XVIIe siècle la sévérité borroméenne à la «tolérance» romaine. L'Etat royal dut prendre sur lui d'imposer la distinction entre «comédiens» à la Roscius et «histrions» corrupteurs, répondant ainsi au vœu de la cour et du public laïcs. Mais les prélats, les prédicateurs, le clergé français dans son ensemble, ne renoncèrent pas à la lutte, et les comédiens français eurent beau être réhabilités «au civil», ils restèrent exclus des sacrements et même de la sépulture chrétienne, à moins de renoncer publiquement à leur profession immonde: le clergé français ne céda qu'à contrecœur, et sous des pressions expresses, à la volonté royale.

II.

Dans cette querelle dont les facettes sont nombreuses, les jésuites ont joué une partie particulièrement difficile. Aux avant-postes de la reconquête de l'espace laïc par l'Eglise tridentine, la Société de Jésus s'est très tôt préoccupée de la place que les laïcs accordaient au théâtre, «criminel» ou «modéré», dans leurs loisirs. L'invention par les jésuites du *Carnevale santificato*, des pompes des *Quarantt'ore*, tend à faire contrepoids à la «fascination» des spectacles profanes, que favorise la licence traditionnelle, dans le temps qui suit la fête de l'Epiphanie. Les congrégations mariales, dont ils sont aussi les inventeurs, visent à faire coïncider l'année liturgique, les œuvres de piété, avec le temps laïc, sans intervalle oisif où la tentation des spectacles pourrait se glisser. Théologiens et prédicateurs jésuites, en Italie comme en France, tiennent un rang très honorable dans le combat du clergé contre le théâtre profane et les comédiens. Est-ce contradictoire avec la rhétorique et l'*actio oratoria* qu'ils enseignent dans leurs collèges, et qui trouvent une consécration publique dans la représentation de tragédies latines? Cette éducation a avant tout pour but de former des prédicateurs éloquents, et de donner à une élite laïque les moyens de servir éloquemment la foi et l'Eglise sur le nouveau Forum ouvert par l'humanisme laïc. Le fait que de nombreux dramaturges profanes, et même des comédiens, soient sortis des rangs de leurs collèges, ne contredit nullement la réserve ou l'hostilité de principe que la Société de Jésus porte au théâtre profane. Tous les dramaturges et les comédiens qui étaient passés par les mains des jésuites ont largement contribué à cette «modération chrétienne» du théâtre qu'appelait de ses vœux le jésuite Ottonelli. Cette transformation par l'intérieur du théâtre profane, grâce à l'éducation des dramaturges et des spectateurs, voire des comédiens, n'a de sens que dans une stratégie d'ensemble qui, par ailleurs, s'emploie à contenir et contrecarrer la «fascination» du théâtre, à augmenter l'attrait des fêtes liturgiques et de la prédication. Il est difficile de nier le succès de cette stratégie: la comparaison entre les comédies antiques ou italiennes et celles de Molière suffit à démontrer à quel «adoucissement» le comédien-dramaturge, qui passe pourtant pour «libertin», a dû se livrer: la violence sexuelle directe, qui fuse chez les Latins et les Italiens, est entièrement voilée chez Molière par les jeux de langage et les formes civiles de la galanterie.

Il est vrai que les seuls jésuites n'auraient peut-être pas suffi à tenir en respect la verve de Molière. En France, la sévérité gallicane est telle que les jésuites eux-mêmes y sont tenus à plus de sévérité qu'ailleurs, car ils sont exposés eux-mêmes à passer pour des comédiens et des sophistes complices des comédiens. Bossuet, dans ses *Maximes et réflexions sur la comédie,* leur rappellera avec une noire ironie les restrictions que leurs constitutions et leur *Ratio studiorum* imposaient à leurs dramaturges et à leur scène pédagogique, et dont ils se sont départis pour rivaliser avec la scène profane[313]. Et Bossuet

---

[313]   Voir Ch. Urbain et E. Levesque, *L'Eglise et le Théâtre*, Paris, Grasset, 1930, pp. 266-267.

est l'interprète retenu d'une tradition beaucoup plus violente. Professionnels d'un théâtre *ad majorem Dei gloriam*, les jésuites ont été décrits en France, par leurs ennemis gallicans, un peu à la façon de l'Eglise romaine elle-même par ses ennemis réformés, comme des adeptes corrupteurs du théâtre profane. En ceci la polémique antijésuite, comme les théoriciens modernes d'un «théâtre» liturgique «ancêtre» du théâtre profane, joue sur les mots. Le théâtre de collège est en réalité *paraliturgique*: c'est une synthèse de rhétorique et de poétique humanistes avec le symbolisme religieux. Il prend son sens, comme le «théâtre médiéval», dans une communauté religieuse, il s'inscrit dans un ensemble de festivités dévotionnelles dont la liturgie de la messe, la prédication, la prière, les exercices spirituels sont le foyer central[314]. Il faut beaucoup de naïveté ou de mauvaise foi pour l'assimiler au théâtre profane, interprété par des comédiens «mercenaires», hors du temps liturgique et à des fins de divertissement tout profane. Si forte que l'on veuille la «dérive» du théâtre de collège en direction de la récréation profane, dans son principe et dans ses intentions il était dirigé contre celle-ci, il visait à sauver les âmes de sa «fascination» démoniaque et libertine.

Naïveté ou mauvaise foi, il reste que le théâtre des jésuites, et en général leur humanisme rhétorique et poétique *ad majorem Dei gloriam*, passa en France pour un mimétisme pervers des «voies du monde», détesté par les humanistes laïcs qui y voyaient un empiétement, détesté par les dévots gallicans qui y voyaient des concessions criminelles à l'humanisme laïc. Il est loin d'être certain que Molière ait en vue les seuls jésuites dans son *Tartuffe*: d'autres familles religieuses, à commencer par Port-Royal, lui offraient le modèle de cet hybride de laïc et de clerc qui réunit en lui des traits que la société catholique, traditionnellement, juridiquement, sépare avec un soin jaloux. En réalité, l'ambiguïté dont joue l'hypocrite de Molière était très répandue: elle est inévitable dans une société comme la française où la rivalité entre laïcat et clergé, entre pouvoir civil et puissance ecclésiastique, est d'autant plus vive que les deux «parties» sont aiguillonnées par leurs «doubles» menaçants et compromettants, les

---

[314]   On se reportera à la meilleure étude consacrée jusqu'ici au théâtre des jésuites, Jean-Marie Valentin, *Le Théâtre des jésuites dans les pays de langue allemande (1554-1680)*, Francfort, Peter Lang, 1978, t. II, ch. 3, pp. 259-322, et la description des fêtes à Munich et à Vienne, t. III, ch. 2 et 10.

«libertins» pour les laïcs, les «hérétiques» pour le clergé. Le pendant français de Tartuffe, laïc au fond «libertin», mais simulant le clerc prosélyte pour duper des laïcs de bonne foi, c'est l'abbé de Choisy, clerc «libertin» se travestissant en femme coquette pour coucher plus commodément avec des filles. Le passage des frontières est d'autant plus tentant que les frontières sont fortement tracées et gardées. La traversée des miroirs est d'autant plus attirante que les miroirs sont nombreux et profonds.

Les jésuites, hybrides de réguliers et de séculiers, étaient dans la société cléricale une famille équivoque et âprement dénoncée comme telle par leur adversaires gallicans[315]; en revanche, ils étaient et se voulaient bien distincts de la société laïque par leur vêtement, leur style de vie, leur mode de comportement. Ils se rattrapaient toutefois par le biais de leurs congrégations mariales, viviers de la Compagnie du Saint-Sacrement: là, ils faisaient des laïcs congréganistes leurs substituts se répandant dans les divers milieux laïcs, selon une tactique de contagion aujourd'hui résumée par la formule «comme un poisson dans l'eau»[316]. Mais il faut bien avouer que ce double jeu n'était pas et ne pouvait pas être leur privilège. Leur adversaires jansénistes, pour leur faire pièce, comptèrent beaucoup d'espions mi-laïcs, mi-clercs, répandus dans la société mondaine et s'y livrant à une tactique de contagion au service de Port-Royal. Robert Arnauld d'Andilly, Pascal et les «pascalins», et même une demi-abbesse comme Mme de Sablé, étaient de ce nombre.

Cela n'empêche pas les jansénistes de dénoncer chez leurs ennemis l'impur mélange du sacré et du profane. C'est bien à ses allégeances jésuites, à ses efforts pour opérer une synthèse entre théâtre «chrétien» de collège et théâtre profane, que Corneille dut les attaques violentes et répétées dont le poursuivit Port-Royal. Pour un Nicole, pour un Varet, il fait figure de «Tartuffe» de la dramaturgie dévote,

---

[315] Estienne Pasquier semble avoir été le premier à inscrire ce thème dans la légende noire des jésuites. Voir notre *Age de l'éloquence*, ouvr. cit., p. 236.

[316] Voir Louis Chatelier, *L'Europe des dévots*, Paris, Flammarion, 1987, en particulier pp. 51-54: «Le corps contrôlé». Victime de la légende noire des jésuites, cet auteur s'imagine qu'il n'y a eu de «dévots» laïcs et prosélytes que dans la mouvance des jésuites. La prodigieuse emprise janséniste sur les laïcs jusqu'à la Révolution, et le type social de dévot qu'elle a fait perdurer, souvent hors de l'Eglise romaine, jusqu'à nos jours, reste invisible à cet auteur.

cachant sous des masques saints et héroïques, qu'il fait interpréter par d'impurs histrions, son intention d'attirer les spectateurs chrétiens dans le piège libertin et érotique du théâtre profane. Il est impossible d'admettre que Molière, qui joua si souvent du Corneille, ait partagé ces vues encore plus insultantes pour les «histrions» (réduits au rang de prostitués publics) que pour le poète de *Polyeucte* et ses inspirateurs jésuites. La «dévotion aisée» des adversaires de Tartuffe, Elmire et Cléante, dans la comédie de Molière, est beaucoup plus proche de celle de François de Sales et du P. Le Moyne que de celle d'Arnauld, de Nicole, de Pascal, des «Solitaires». Elle est aussi beaucoup plus indulgente que ne l'était Port-Royal au moindre mal de ce théâtre profane «modéré», à l'usage de laïcs chrétiens, dont pouvaient se réclamer aussi bien Molière que Corneille, l'un dans le genre comique, l'autre dans le genre tragique. En dépit des dissentiments qu'on prête aux deux dramaturges, ils partageaient ce terrain commun, et ils collaborèrent pour *Psyché*. L'«hypocrisie» de Tartuffe, dénoncée par le comédien (*hypocritès*) Molière à la société laïque de son temps comme une menace pour l'autonomie qu'elle a conquise, et pour ses deux garants, le théâtre profane et l'Etat, vise bien au-delà des jésuites ou des dévots formés par eux: il pose le problème, propre à la société catholique, depuis la Renaissance et le concile de Trente, du respect des frontières entre sacerdoce et laïcat, entre morale cléricale et morale civile, entre espace sacré et espace public laïc. En ne respectant pas ces frontières, et en se jouant d'elle, Tartuffe trompe tout le monde et rompt l'équilibre entre les deux pôles. Pour Molière, la comédie et le comédien apparaissent en revanche, par leur *mimésis* réflexive, capables de révéler le péril et de contribuer à la clarification des rôles respectifs des uns et des autres.

Corneille, sous le règne personnel de Louis XIV, peut se réclamer de ses anciens maîtres jésuites pour défendre contre Port-Royal le théâtre «modéré chrétiennement» dont il se veut le chef de file. Molière peut s'appuyer sur l'autorité du roi lui-même pour défendre, contre les dévots en général, la légitimité de sa profession et celle du genre comique, «miroir» de la société laïque dont le roi est la tête. L'un et l'autre pouvaient s'appuyer sur la déclaration qu'en 1641 Richelieu avait fait publier par Louis XIII, et qui érigeait en France à la hauteur de doctrine d'Etat la distinction entre «acteurs» et «histrions» que proposaient un théologien tel qu'Ottonelli, un canoniste tel que De Luca:

> En cas que lesdits comédiens règlent tellement les actions du théâtre qu'elles soient du tout exemptes d'impuretés, nous voulons que leur exercice, qui peut innocemment divertir nos peuples de diverses occupations mauvaises, ne puisse leur être imputé à blâme, ni préjudice à leur réputation dans le commerce public[317].

Cela faisait du roi, et de sa justice, le protecteur naturel et déclaré d'une profession que les mandements des évêques, les statuts synodaux, les prêches des curés, s'obstinaient à confondre avec celle des saltimbanques et des mimes de carrefour. Les conséquences pratiques de cette déclaration royale étaient importantes. Les comédiens connus pour tels recevaient de cet acte royal une personnalité juridique que le droit canon et le droit civil refusaient aux *saltatores*. Comment en effet des actes juridiques impliquant la bonne foi entre les parties pouvaient-ils être passés avec des pécheurs publics, faisant métier d'iniquité? Ils ne pouvaient logiquement ni faire ni recevoir donation. Leur parole était aussi sujette à caution que leur personne morale. Si la donation d'Orgon à Tartuffe, dans la comédie de Molière, joue un aussi grand rôle, c'est afin de retourner contre les «faux dévots» l'incapacité juridique dont les histrions, sans la protection et l'attestation royales, étaient victimes. Dans *Tartuffe*, c'est au tour du «faux dévot», dénué de bonne foi, de se révéler indigne de recevoir une donation, et de voir celle-ci cassée par la justice du roi. La bonne foi est passée du côté du comédien-dramaturge, et des sujets laïcs du roi dont il prend la défense contre la sophistique cléricale. De même, comment les comédiens, identifiés aux *saltatores*, auraient-ils pu contracter mariage? Ils n'étaient dignes de recevoir aucun sacrement, à plus forte raison celui-là, qui suppose un contrat entre parties fiables, un serment réciproque et engageant définitivement, scellé par la présence d'un prêtre et des deux familles. Aussi voit-on dans *Tartuffe* la question du mariage entre la fille d'Orgon et le «faux dévot» tenir une place importante dans l'intrigue. Mais cette fois, le *saltator* indigne de contracter mariage, et privé de la bonne foi indispensable à cet acte religieux et juridique, c'est l'hypocrite qui se pare de religion sévère; le protecteur des bonnes mœurs et de la famille contre ce saltimbanque dévot, c'est le comédien-dramaturge Molière, et c'est le roi.

---

[317] Cité par Urbain et Levesque, ouvr. cit., p. 10.

Dans *L'Illusion comique*, trente ans plus tôt, Corneille avait pris
la défense des comédiens, et plaidé pour que leur cas soit dissocié de
celui des vulgaires mimes. Son combat, parachevant celui des comédiens italiens à Paris, avait préparé le terrain à la déclaration royale
de 1641. Mais en définitive, le héros de *L'Illusion comique* était Alcandre, le dramaturge, plus encore que Clindor, le comédien. C'était en
définitive Alcandre, le dramaturge, qui créait les conditions favorables à l'ascension d'un *saltator* au rang de comédien : c'est lui qui, faisant d'un mal un bien, savait se servir des défauts même de Clindor
pour le rendre capable de les représenter et de les faire haïr par les
spectateurs, tout en le rachetant par cette voie paradoxale. Dans cette
pièce de jeunesse, toute l'audace de Corneille ne sort pas toutefois des
limites qu'un laïc catholique de son temps se devait de respecter : il
prend appui sur ceux des hommes d'Eglise qui, dès lors, surtout en
Italie, optaient pour une solution «modérée» du problème posé par
les comédiens, et cette solution lui agréait d'autant mieux qu'elle
reconnaissait au poète-dramaturge la responsabilité de «réformer» le
théâtre et de retenir les comédiens sur leur propre pente. Il est vrai
que, dans *L'Illusion comique*, comme plus tard dans *Tartuffe*, on
trouve un appel aux autorités laïques (en l'occurrence à Louis XIII et
Richelieu) pour appuyer cette conception «modérée» et morale du
théâtre profane. Mais Alcandre ne demande au roi et au cardinal
qu'un témoignage. Molière demandera à Louis XIV une intervention
autrement tranchante, un *Fiat lux* qui écarte du théâtre, des comédiens, de la vie mondaine, de l'Etat, les menaces que font peser sur
tout l'espace laïc les manœuvres envahissantes des dévots.

Même si, dans *L'Illusion comique*, Pridamant, le père de Clindor,
est un peu un proto-Orgon, Corneille se garde bien d'insister sur l'origine cléricale du préjugé hostile au théâtre que nourrit ce personnage.
La comédie est une remontrance polie d'ancien élève des jésuites
adressée à ceux de ses anciens maîtres qui partageaient l'intransi-
geance «borroméenne» et condamnaient sans distinction les comédiens. Corneille ne pouvait manquer d'avoir lu, en 1631, au seuil de
sa carrière de poète, les quatre *Orationes* que le P. Louis Cellot avait
publiées chez Sébastien Cramoisy[318], et qui reprenaient avec virulence

---

[318] *Ludovici Cellotii parisiensis S.J. Panegyrici et Orationes*, Parisiis, apud
Sebastien Cramoisy, 1631 (privilège et autorisation du provincial, sept. et juillet
1629).

tous les arguments accumulés par la tradition théologique contre le théâtre profane et les histrions. Mais alors, comme en 1636, il savait que cette véhémence n'était pas à prendre au pied de la lettre, et qu'il y avait plusieurs demeures dans la maison de saint Ignace. Même chez le terrible Juan Mariana, un autre jésuite acharné contre les spectacles, on pouvait, dès 1606, entrevoir une amorce des thèses «modérées» du P. Ottonelli qui ne seront formulées qu'en 1646[319]. Le P. Cellot lui-même, dans son éloquence vengeresse, et qui peut sembler impitoyable, ne s'attaque pas au principe même du théâtre mimétique, mais aux seuls comédiens. Il sépare soigneusement le cas des dramaturges, dont l'invention poétique peut s'accorder avec la morale chrétienne, de celui des comédiens, leurs interprètes, qui corrompent tout ce qu'ils touchent. Il pensait sans doute aux régents de collège, auteurs de tragédies néo-latines, comme lui-même: mais le Corneille de *L'Illusion comique* n'est pas insensible à cette distinction qui met sa conscience de dramaturge à l'abri, au moment même où il prend la défense des comédiens que son théâtre soustrait à l'enfer des histrions. Son point de vue, même lorsqu'il entreprend de relever une contradiction dans la thèse du P. Cellot (s'il est des dramaturges «moraux», comment leurs interprètes pourraient-ils continuer à être tenus pour infâmes?), est très différent de celui qui poussera Molière à écrire *Tartuffe*: comédien-dramaturge, Molière échappe complètement à la problématique cléricale. La métaphore du «monde comme théâtre» n'est plus pour lui le principe d'une vision religieuse du monde, mais la définition d'un espace laïc autonome, dont les représentants publics, se soutenant les uns les autres, sont les comédiens et les hommes d'Etat.

---

[319] *Joannes Marianae S.J. Tractatus VII*, Cologne, 1609, *Tractatus III, De Spectaculis, liber singularis*, pp. 127-167, résumé dans notre article: «La querelle de la moralité du théâtre avant Nicole et Bossuet», *Revue d'histoire littéraire de la France*, sept.-déc. 1970, nos 5-6, 1007-1030, p. 1023. Prynne cite longuement, comme un argument *a fortiori*, le traité du P. Mariana, sans voir les nuances enveloppées dans la véhémence oratoire du jésuite (ouvr. cit., pp. 996-997): celui-ci admet en passant que la délectation théâtrale, pourvu qu'elle soit contenue dans les règles de la licence, puisse être autorisée; mais il doute fortement que les comédiens, pervers par profession, puissent jamais être contenus dans ces règles: *Tametsi nullis legibus putabam furorem hunc satis frenari*. Il recommande par ailleurs que l'on interdise aux comédiens de jamais représenter des pièces dont les sujets seraient tirés de l'histoire sainte, ce qui suppose qu'il admette le fait théâtral, et le caractère inévitable de l'activité des comédiens.

Corneille, qui resta toujours attaché à ses premiers maîtres, put connaître à Rouen le P. Cellot, où celui-ci fut recteur de 1637 à 1640, et où il eut d'âpres démêlés avec l'archevêque François de Harlay, redoutable prélat gallican. Devenu recteur du collège de La Flèche en 1640, le P. Cellot fit reparaître l'année suivante (celle-là même où fut promulguée la déclaration royale en faveur des comédiens) ses *Orationes* de 1631, inchangées. Il n'était pas fâché sans doute d'apparaître ainsi comme l'interprète éloquent de la doctrine de toute l'Eglise, gallicane ou non.

La responsabilité exceptionnelle du P. Louis Cellot, l'éclat littéraire de ces *Orationes* deux fois publiées, font de cette œuvre un texte clef de la querelle de la moralité du théâtre en France. Il est probable que Corneille l'avait à l'esprit en composant *L'Illusion comique*. Il est difficile de croire que Molière n'y ait pas songé pour imaginer la stratégie de *Tartuffe*. D'autant que les *Orationes* du P. Cellot, chef-d'œuvre dans leur genre, touchaient à tous les points sensibles de la querelle du théâtre, et en révélaient, *nolentes volentes*, l'extrême complexité, perçue par un jésuite intelligent et sensible à la position difficile de sa Société, dans cette affaire comme dans beaucoup d'autres, dans la France gallicane. Rhéteur lui-même et dramaturge de collège, le P. Cellot était aussi théologien, à la pointe du combat contre le gallicanisme. L'analyse de son œuvre, et de ses circonstances, peut donc nous aider à pénétrer plus avant dans les arcanes d'une bataille qui est loin de se résumer à l'antithèse romantique entre deux camps, celui des gens d'Eglise obscurantistes, et celui des amis du théâtre et des Lumières.

III.

Quand le P. Cellot fait rééditer en 1641 son recueil d'*Orationes*, qui culminent sur quatre discours intitulés *Actio in histriones*, il est doublement engagé dans la lutte contre Richelieu. Cette réédition proteste indirectement contre la déclaration inspirée par le cardinal en faveur des comédiens. Et au commencement de l'année, le savant jésuite avait publié, avec une dédicace au pape Urbain VIII, un traité

monumental intitulé *De Hierarchia et hierarchis*[320], où il prenait la
défense de sa Société et des ordres religieux en général contre les attaques de Petrus Aurelius, *alias* Saint-Cyran. A première vue, Richelieu,
qui venait d'embastiller Saint-Cyran, aurait dû se réjouir de le voir
réfuté. Mais le traité du P. Cellot utilisait des arguments qui heur-
taient de front le gallicanisme politique propre au cardinal, et faisaient la part trop belle à l'autorité pontificale, dont le jésuite se récla-
mait contre les prétentions de l'épiscopat. Aussi, censuré par l'assemblée du clergé du 12 avril 1641, menacé d'une censure de la Sorbonne
que Richelieu voulut bien retarder, le P. Cellot fut contraint de publier
le 22 mai une rétractation, et deux ans plus tard, sous la pression française, Urbain VIII fut lui-même contraint de censurer l'ouvrage et de
le faire inscrire sur la liste de l'Index, *donec corrigetur*. Là encore, à
première vue, les deux ouvrages publiés par le P. Cellot en 1641 n'ont
aucun rapport entre eux, et s'inscrivent dans deux séries d'événements parfaitement étanches. Quoi de commun entre la «querelle des
réguliers», qui, depuis les *Vindiciae* de Petrus Aurelius en 1632, faisait
rage entre théologiens français et flamands, jésuites et gallicans, et
cette «querelle de la moralité du théâtre» dont l'enjeu semble relativement mineur, et donner lieu à une polémique bien différente? C'est
vrai peut-être pour Saint-Cyran, qui n'eût pas condescendu à querel-
ler des histrions, et pour les historiens modernes, enfermés dans leurs
spécialités respectives. Ce n'est pas vrai pour le P. Cellot, à la fois avocat des réguliers et procureur des comédiens: en grand jésuite, futur
provincial de l'Assistance de Paris, il combat sur plusieurs fronts à la
fois, mais toujours au nom des intérêts de son ordre, engagé sur le

---

[320] *De Hierarchia et hierarchis libri IX, in quibus pulcherrima dispositione
omnes Hierarchii gradus et ordines, Episcopalis principatus, clericalis dignitas. Reli-
giosa sanctitas, secundum Patrum doctrinam, Decreta Conciliorum, Ecclesiae ritu
omnes; sine justa cujusquam offensione explicantur, Urbano VIII, Hierarcharum
principi, a Patre L.C., S.J. Theologo*, Rouen, Jacques Boullenger, 1641 (approbation
nov. 1633; autorisation du provincial, déc. 1638; licence d'imprimer, 4 février 1638).
Cet ouvrage est à rapprocher de celui du P. Louis de Cressolles, *Mystagogus de sacrorum hominum disciplina, opus varium*, dédié au cardinal de Bérulle, et publié à Paris
chez Sébastien Cramoisy en 1629. Voir plus haut notre étude «Le corps éloquent»,
où la théorie du P. de Cressolles dans les *Vacationes* (1620) est éclairée par sa doctrine
du sacerdoce telle qu'elle est développée dans le *Mystagogus*. Nous sommes amenés
plus loin à rapprocher les deux auteurs jésuites, dont l'anthropologie et l'ecclésiologie, d'une cohérence et d'une profondeur indéniables, se déploient parallèlement. Le
P. de Cressolles est plus irénique, le P. Cellot, qui aime à se qualifier de «parisien»,
plus polémique.

terrain théologique aussi bien que sur celui de la culture. Commençons par le *De Hierarchia*. Quel en est l'enjeu? Rien de moins que la stratégie de l'Eglise romaine vis-à-vis de la société moderne et laïque telle que l'a faite la Renaissance. Le P. Cellot doit défendre la légitimité de son ordre et de sa méthode contre la thèse de Petrus Aurelius (*alias* Saint-Cyran), qui voit, avec Bérulle, dans les évêques la force de l'Eglise, son axe de résistance et son principe d'action, et qui reproche aux ordres religieux, surtout aux jésuites, qui prétendent agir sur mandat exclusivement pontifical, de n'être au fond que des communautés de «laïcs ayant prononcé des vœux», *privés* de l'autorité apostolique et du pouvoir juridictionnel dont seuls disposent les évêques. En mimant l'autorité épiscopale, les jésuites ébranlent l'architecture de l'Eglise, dépositaire de la vérité divine face au laïcat, et lui substituent un «ensemble flou» qui, tout en prétendant gagner la société laïque, est gagné par elle. A cette analyse, le P. Cellot oppose une autre ecclésiologie: la force de l'Eglise repose sans doute sur la juridiction des évêques, mais tout aussi bien sur l'ordre et la mission confiés par le pape aux religieux, dont le pouvoir de contagion sur les laïcs est seul à savoir maintenir et rattacher ceux-ci dans l'édifice de l'Eglise. A l'arrière-plan de ce débat s'opposent deux types de sacerdoce, et deux conceptions de la parole: chez Saint-Cyran, disciple de Bérulle, l'évêque, héritier des apôtres, des Pères, des conciles, investi d'un majesté divine, édicte la parole de vérité et l'impose au respect des laïcs; chez le P. Cellot, le religieux, et surtout le jésuite, relais de la suprême autorité apostolique, celle du pape, est à même de faire entendre aux laïcs la vérité de l'Eglise sous des formes moins impérieuses, mais mieux adaptées à la culture qu'ils se sont donnée depuis la Renaissance. A chacun son rôle: celui des jésuites, montrant la voie aux autres familles religieuses, est une «mission» à l'intérieur de la société laïque, et le but de cette mission est d'extraire, des «poisons» que cette société a sécrétés, les «antidotes» et les «remèdes» qui la guérissent de ses erreurs et la restaurent dans l'université catholique. Ce sont les jésuites, et non les seuls évêques selon Saint-Cyran et Bérulle, qui continuent l'éloquence des Pères, et poursuivent l'œuvre de saint Jean Chrysostome contre Julien l'Apostat. Ces «lettres humaines», cet art de persuader, cette psychagogie et cette pédagogie, que Saint-Cyran leur tient à crime, sont justement les seules réponses modernes au défi moderne de la Renaissance, reprenant, en les adaptant aux circonstances nouvelles, la stratégie rhétorique des premiers siècles chrétiens contre le paganisme. Saint-Cyran accusait les jésuites de jouer l'avenir de la foi sur des méthodes dont ils se croient les maîtres, mais où les laïcs sont plus forts qu'eux, parce que ce sont des méthodes laïques et profanes biaisant avec la vérité. A quoi le P. Cellot répond: «Ce sont eux [les jésuites] qui, retournant contre l'adversaire ses propres armes, ont ôté aux âmes des catholiques cette stupeur quasi barbare où elles gisaient, et leur ont communiqué le zèle pour les Lettres qui, auparavant, leur restaient ignorées, pour éviter qu'elles ne l'admirent comme un mystère chez les autres, et qu'elles persistent comme par le passé à les négliger et à passer pour méprisables et dépourvues de savoir: et ainsi les arts de l'ennemi devaient être empêchés de nuire à l'aide de ces mêmes Lettres qui étaient brandies contre l'Eglise.»[321] Et le P. Cellot de réfuter l'accusation de Petrus Aurelius selon laquelle les prédicateurs jésuites, au lieu de faire entendre la parole de Dieu en chaire dans toute sa majesté sacrée (comme peuvent le faire les évêques), y apportent, tout frais émoulus de leurs écoles de rhétorique, la vanité profane d'un art de persuader. Le théâtre, même dans ce De Hierarchia où l'Eglise est comparée tour à tour à un temple, à une cité, à une armée, n'est donc pas si loin de la pensée du P. Cellot, ni de celle des théologiens qu'il combat. Le théâtre est là dès lors qu'il est question de la meilleure voie pour «retenir» les laïcs, parmi tous ces «poisons» qu'ils ont sécrétés, avec les Lettres humaines, avec la rhétorique: faut-il mépriser superbement ces poisons, leur opposer la seule majesté du sacerdoce, ou bien se livrer à une subtile chimie médicinale et homéopathique? Le problème du style de l'éloquence sacrée touche de très près ici à celui du théâtre, poison en soi, mais dont les jésuites font grand usage en qualité de contrepoison ecclésiastique administré aux laïcs. A la distance infranchissable que Petrus Aurelius veut dresser à nouveau entre la vérité de la théologie et les illusions de la culture laïque, le P. Cellot

---

[321]   De Hierarchia, ouvr. cit., p. 737. L'ouvrage du P. Cellot anticipe à bien des égards sur les thèses du P. Congar sur la place des laïcs dans l'Eglise. Il reproche à Saint-Cyran et à ses amis gallicans de réduire les laïcs à un rang si vil et si abject qu'ils sont, en tant que tels, hors de la hiérarchie ecclésiastique. Prendre au sérieux la culture des laïcs et la «convertir», avec ceux-ci, à la foi catholique, cela suppose donc un dialogue avec eux, et une place pour eux dans l'université ecclésiale. C'est là un aspect de la «générosité» jésuite qui mériterait d'être mieux mis en lumière, mais que la «légende noire», obstacle épistémologique pour les historiens encore aujourd'hui, continue d'obscurcir. Sur le débat Saint-Cyran - Cellot, on se reportera à Jean Orcibal, Les Origines du jansénisme, t. II, Jean Duvergier de Hauranne, abbé de Saint-Cyran, et son temps, Paris-Louvain, 1947, pp. 334 et suiv.

veut substituer, non sans grandeur d'âme, un champ de bataille plus
dangereux, plus ambigu, plus ingénieux, où la foi, moins hautaine,
reprendrait à son compte, pas à pas, les inventions des laïcs et les
inféoderait à son empire reconquis. En somme une stratégie «centriste» contre une stratégie de «droite». Mais, nous allons le voir, le
P. Cellot est le premier à savoir les périls que comporte le choix politique de sa Société. Face à Petrus Aurelius, il ne cède rien ni de la légitimité théologique, ni de l'efficacité historique de ce choix. Mais dans
son *Actio in histriones*, face aux représentants les plus dangereux de
la culture laïque, les comédiens, il se débat avec la difficulté que
Petrus Aurelius lui impute à crime: à vouloir combattre avec les
mêmes armes l'ennemi laïc, on s'installe dans une situation *mimétique* vertigineuse, non pas du point de vue des combattants eux-
mêmes, qui, comme dans la *Méditation des deux étendards*, savent au
fond d'eux-mêmes sous quelle bannière ils s'affrontent, mais du point
de vue des spectateurs du combat, qui, neutres ou partisans, peuvent
croire ou feindre de croire que les champions de Dieu sont aussi profanes, ou même plus profanes que les champions de Satan. Une *ressemblance* guette, qui peut jouer en faveur de l'adversaire laïc. On
peut donc comprendre la réédition des *Orationes* contre les comédiens, en 1641, aussi bien comme une protestation à l'adresse de
Richelieu, évêque, cardinal, et cependant avocat du théâtre profane,
que comme un chapitre ajouté au *De Hierarchia et hierarchis*, son
complément apologétique: les jésuites sont les meilleurs adversaires
du théâtre profane et des comédiens, non seulement parce qu'ils leur
opposent eux aussi, et plus éloquemment que personne, la doctrine
de l'Eglise qui les condamne, mais parce qu'ils font eux-mêmes un
théâtre chrétien, contrepoison exactement calculé pour diminuer les
effets de l'autre. Le P. Cellot était d'autant plus autorisé à rendre
publics une seconde fois ces discours d'ennemi intelligent et habile du
théâtre, qu'il comptait parmi les plus grands dramaturges néo-latins
de son temps. Publiées en 1630[322], honneur déjà exceptionnel, ses tragédies avaient été choisies pour figurer dans le recueil international
de *Selectae tragoediae* publié en 1634 par les jésuites d'Anvers[323], au

---

[322]   *Ludovici Cellotii S.J. Opera poetica*, Paris, Cramoisy, 1630 (dédiées à Henri
de Schomberg)

[323]   *Selectae PP. Societatis Jesu tragoediae*, Antwerpiae, 1634, 2 vol. in-16°.
Trois tragédies du P. Cellot, dont le *Sanctus Adrianus Martyr* (dont H. Chardon,
dans sa *Vie de Rotrou*, Paris, 1884, pp. 174-175, a montré qu'il était la source de la

côté d'œuvres des Italiens Stefonio et Donati, du Flamand Malapert, du Français Denis Petau. Cette collection de chefs-d'œuvre était sans doute destinée à offrir des textes et des modèles aux régents de collège chargés d'écrire et de faire représenter des tragédies latines. Elle n'était pas seulement à usage interne: maîtres de la poésie néo-latine européenne, les jésuites tenaient aussi à apparaître comme les meilleurs poètes du théâtre chrétien. Cela supposait que le réseau de leurs collèges portât très haut au-dessus de la multiplicité des langues vulgaires l'universalité du latin humaniste, et maintînt cette langue savante au rang de clef de la haute culture, imposant ses règles, ses modèles, son inspiration dévotionnelle aux littératures laïques et nationales. On a là un autre exemple de cette stratégie «persuasive» adoptée par les jésuites, et qui tendait à investir, de l'extérieur comme de l'intérieur, par des «contrepoisons» qu'elle lui empruntait, l'univers de la culture profane. Le moment culminant de cette offensive coïncide justement avec les années 1623-1644: ce sont les dates du pontificat d'Urbain VIII, c'est aussi la période la plus «productive» du P. Cellot.

IV.

Les quatre *Orationes* qui composent l'*Actio in histriones* sont donc un pamphlet visant à convaincre le lecteur qu'il faut exterminer le théâtre profane et interdire aux comédiens d'exercer leur profession. Mais au lieu d'adopter, comme les autres théologiens qui avant lui avaient travaillé à cette fin, la forme du traité qui, *more scolastico*, énonce la doctrine de l'Eglise sur cette question, le P. Cellot a pris un parti plus élégant, plus littéraire, sinon plus loyal envers les accusés. Il a organisé un procès fictif, un tournoi d'éloquence, où prennent tour à tour la parole un avocat de la défense, et trois procureurs de

---

pièce antérieure du *Saint Genest* de Rotrou, ce qui fait de cette pièce une autre réplique aux *Orationes* du même P. Cellot dirigées contre les comédiens), y figurent: les *Opera poetica* comportent quatre pièces de théâtre, dont une tragi-comédie, *Reviviscentes*. La dédicace du *Sanctus Adrianus* à Henri de Schomberg révèle à quel point le P. Cellot considère même la scène de collège (en l'occurrence celle du collège de Clermont) comme une concession, et tient le texte lu de sa pièce comme d'un profit spirituel plus humble et plus pur: *Adit ad te tuus olim Adrianus*, écrit-il, *alio sane habitu, quam pro regia in scena tuis auspiciis spectatus est... Nunc, deposita persona, derelictus ab oculorum lenociniis, ab aurium blandamentis, nudus, infirmus, ut a parente prodit...*

l'accusation. Cette mise en scène vivante, plaisante même pour le lecteur, n'a rien de réconfortant au fond pour les accusés. Ce procès, cette *disputatio in utramque partem*, sont évidemment truqués. Et on a ici un bon exemple de la rhétorique jésuite: elle «colore», en empruntant ses «couleurs» à la rhétorique humaniste, ce qu'a d'abrupt le droit canonique relatif aux *saltatores*: mais c'est un adoucissement de surface, qui voile la hauteur toute sacerdotale du propos et n'accorde qu'en apparence le droit de se défendre aux accusés. On a dans cette *Actio in histriones* un bon exemple de ce qui a irrité les adversaires des jésuites, tant laïcs que dévots: une volonté de puissance sacerdotale qui, au lieu de se présenter à découvert, adopte les apparences de la persuasion «humaine» pour l'emporter. Les laïcs pouvaient y déceler la secrète arrogance des «agents de Dieu dans le monde», et les chrétiens «platoniciens-augustiniens» une forme de séduction déshonorante pour Dieu, et qui n'inspire ni respect ni émotion sincère. A cet égard, l'*Actio in histriones* mériterait à double titre l'intérêt des commentateurs des *Lettres à un provincial* de Pascal: elles tombent sous la critique que fait celui-ci de la «rhétorique» dévote des jésuites; mais aussi, la méthode même par laquelle Pascal croit pouvoir retourner contre les jésuites leur propre tactique pour s'adresser au même public laïc, place ses *Lettres* dans un rapport d'analogie avec cette *Actio*: comme le P. Cellot, Pascal scinde en plusieurs tronçons, répartit en plusieurs voix, la rigueur logique d'un réquisitoire dont il veut dissimuler les arêtes proprement théologiques; comme le P. Cellot, il a recours, pour éviter d'emblée le sérieux direct, à la figure de pensée piquante qu'est l'ironie, la *dissimulatio*; et comme le P. Cellot encore, il ne laisse apparaître la véhémence pathétique (autre voile de l'argumentation) qu'en second lieu, quand il a conquis, en les amusant d'abord, la confiance de ses lecteurs. On peut discuter le talent respectif des deux auteurs, à vingt-cinq ans de distance, et dans des langues différentes. Force est de constater que, pour traiter de «vérités» chrétiennes avec un public laïc, Pascal est amené à se servir des mêmes techniques que ce jésuite. L'éclat littéraire des *Provinciales* est à lui seul un hommage implicite rendu aux adversaires de Port-Royal: il est impossible désormais, même aux chrétiens les plus sévères, de faire comme si les laïcs, et l'humanisme laïc, n'avaient pas lieu.

Dans les *Orationes*, série de discours judiciaires prononcés dans un prétoire fictif, devant des juges fictifs, la complicité ironique que le P. Cellot veut d'abord créer avec ses lecteurs est obtenue par le choix du pseudonyme attribué au premier orateur (comédien plaidant pour ses camarades): Panurgus. Emprunté à Rabelais, ce nom suffit (depuis la *Doctrine curieuse* du P. Garasse, en 1622) à évoquer la «secte des athées et libertins» dont l'auteur du *Pantagruel* est le maître à penser. Il invite le lecteur à reconnaître sous tous les propos que lui prêtera le P. Cellot les sophismes dangereux d'un avocat du Diable. Respectueux cependant de la vraisemblance, le P. Cellot met dans la bouche de son personnage des arguments qui ressemblent à ceux que les apologistes du théâtre, de Cecchini à Andreini, ont déjà développés, en France et en Italie, en sa faveur. Mais cette ressemblance est grossie jusqu'à la caricature, et la caricature est poussée de telle sorte que le lecteur ait sous les yeux les arrière-pensées inavouées et inavouables que les avocats véritables du théâtre savent dissimuler.

Ceux-ci ont défendu la thèse selon laquelle la comédie «réformée» et les comédiens qui la servent peuvent concourir sur la scène à l'édification morale et même religieuse des spectateurs[324]. Mais dans la mimésis ironique à laquelle le P. Cellot se livre sous le nom de Panurgus, celui-ci va jusqu'à soutenir que les comédiens en scène «prêchent l'honnêteté de la vie chrétienne plus efficacement que les orateurs sacrés en chaire» (*majore cum efficientia quam sacrae conciones vitae honestatem persuadent*). Jamais aucun avocat du théâtre n'avait eu l'audace d'attaquer de front un des *officia* les plus augustes du clergé, ni de poser le théâtre en rival de l'Eglise. C'eût été le meilleur moyen de faire contre les comédiens l'unanimité chrétienne. C'est justement celle-ci que veut reconstituer le P. Cellot en faisant faire parade à un comédien de cette «arrière-pensée», et en lui prêtant une ardeur véhémente à la développer:

> Que peuvent prétendre de plus efficace, de plus saint, de plus adapté à la vie humaine ces Catons dans leurs chaires? Ils peuvent bien exhorter à la vertu: c'est nous qui y conduisons. Ils peuvent bien évoquer les récompenses des honnêtes gens, les tourments des méchants, et les proposer à la méditation pour cette vie et pour la vie éternelle: c'est nous qui les donnons à voir en les exposant sur la scène; ils font l'éloge des saints, ils disent que le ciel les a reçus: nous montrons les marches qu'ils ont gravies dans leur ascension; ils font savoir l'urgence de songer à la mort qui nous guette, et nous, nous la faisons sentir. La seule différence entre eux et nous, c'est que, avec le même dessein de ramener les hommes dans le droit chemin, eux le font dans les églises, nous dans

---

[324] Voir Ferdinando Taviani, ouvr. cit., *passim*, et du même auteur, l'édition de Niccolo Barbieri, *La Supplica, discorso famigliare a quelli che trattano de' comici*, [Venise, 1634], à Milan, Il Polifilo, 1971. Voir, sur les prédécesseurs de Barbieri, de Cecchini à Andreini, notre article de la *R.H.L.F.*, cit.

les salles de théâtre, eux le font parmi d'autres offices religieux, nous
dans le temps de repos, eux par le sérieux, nous par le jeu[325].

Ce que suggère ici le P. Cellot, de cette façon ingénieusement indirecte, c'est ce que les comédiens et les théologiens, dans le débat qui
avait commencé à Milan, s'étaient bien gardés de mettre en évidence,
les premiers par une prudence élémentaire, les seconds par horreur de
s'avouer à eux-mêmes un fait si déplaisant pour l'autorité sacerdotale.
Désormais, le clergé trouve dans les comédiens, et surtout les comédiens «modérés» et en voie de devenir respectables, des rivaux professionnels, des orateurs laïcs disputant aux orateurs sacrés le même
public chrétien avec les mêmes techniques, tirées du même arsenal
rhétorique, et avec une séduction qui leur est propre, dont le clergé ne
peut se servir. Ils font rire et ils font aimer l'amour charnel. Une telle
idée, même placée dans la bouche d'un comédien, ne pouvait venir
à l'esprit que d'un jésuite, et sous sa plume. Pour un Saint-Cyran,
pour un Bérulle, même sous cette forme indirecte, elle est impie. Quel
rapport entre le *mos theologicus*, qui dit la vérité de Dieu et de
l'Eglise, et la mimique des saltimbanques, au dernier rang des laïcs?
Mais pour un jésuite, qui prend au sérieux le défi du Forum oratoire
ouvert par l'humanisme, et donc le défi du théâtre profane, il y a là
un péril réel quil ne suffit pas de dédaigner pour le faire disparaître.
Il est bien vrai qu'une fois mis à jour, un tel péril est coûteux pour
ceux qui le révèlent, et qui passent pour ses auteurs. C'est le rôle de
bouc émissaire que jouèrent les jésuites dans l'Eglise romaine post-
tridentine, et le prix qu'ils avaient à payer pour leur lucidité n'était
encore, au temps du P. Cellot, qu'une modeste provision. Déjà Saint-
Cyran s'employait à les rendre responsables du fait créé par la Renaissance humaniste: l'abîme que les «premiers siècles» de l'Eglise
avaient réussi à creuser entre la parole théologique et la parole profane, à plus forte raison avec la parole histrionique, était en train
d'être comblé, et sur le terrain nouveau qui s'était établi, dans l'espace
public laïc, le débat rhétorique qui lui convient mettait à égalité
l'autorité des orateurs, qu'ils fussent d'Eglise ou du «monde». Engagés au cœur de ce combat douteux, les jésuites pouvaient passer pour
en avoir eu l'initiative, alors qu'ils se contentaient d'en avoir saisi la

---

[325] *Orationes*, éd. Cologne, 1707 (avec un frontispice où Louis Cellot désigne
un portrait de Louis XIV, soutenu par Minerve et un ange), pp. 300-301.

nature et l'enjeu, et de s'y être engagés sans crainte pour y faire gagner Dieu et l'Eglise. Et plus le P. Cellot cherche à faire entendre la pensée cachée de son comédien Panurgus, plus il fait comprendre la sienne propre, plus il révèle à quel point l'Eglise est désormais exposée, face à des adversaires qui ont l'oreille du public chrétien. La situation fictive qu'il a choisie pour exposer la «question des comédiens», un procès, est en elle-même assez révélatrice de sa conception de la bataille pour la foi: celle-ci doit maintenant passer par le faire croire, ici judiciaire, ailleurs épidictique ou délibératif, pour l'emporter sur le Forum. Elle doit courir le risque de lutter à armes égales. Et ce n'est pas la seule autorité apostolique et juridictionnelle des «hiérarques» selon Petrus Aurelius qui l'en dispensera.

Pour comprendre la pensée du P. Cellot, il faut se souvenir que la «querelle de la moralité du théâtre» avait commencé à Milan, par la bataille menée par saint Charles pour délivrer son diocèse des comédiens. Mais il faut aussi rappeler que, dans le même temps, saint Charles avait déployé d'immenses efforts, par sa prédication personnelle en chaire, et par les traités de rhétorique ecclésiastique qu'il avait fait rédiger à l'usage des séminaristes, pour doter la hiérarchie sacerdotale d'instruments de persuasion à la hauteur de sa tâche pastorale. Ces deux aspects de son apostolat étaient inséparables: il fallait à la fois écarter les sophistes-histrions, et faire régner dans l'espace public laïc l'autorité sacrale et morale de l'Eglise. Saint Charles avait voulu que la rhétorique ecclésiastique respectât des normes de gravité et de pathétique qui l'établissent très au-dessus de la rhétorique profane, et évitassent toute confusion avec celle-ci. Et il faut bien constater qu'un jésuite comme le P. Cellot n'est pas moins fidèle à saint Charles que les Saint-Cyran et les Bérulle qui se réclamaient si exclusivement de lui. Sauf que ces austères apologistes de l'épiscopat préféraient nier tout recours à la rhétorique, et se réclamer d'une parole de pure autorité. Alors que les jésuites et le P. Cellot, non contents de s'affirmer rhétoriciens, sont même prêts à ouvrir la gamme des styles licites à l'éloquence ecclésiastique, et à poursuivre les ennemis de l'Eglise partout, même dans l'ironie, dont le P. Cellot donne ici un bon exemple, même dans la satire, dont le P. Garasse avait osé se servir à la grande indignation de puristes gallicans. On pourrait dire que, dans ce débat entre clercs autour de l'héritage borroméen, les jésuites sont décidés à faire *plus* de rhétorique, et de la meilleure que les ennemis de l'Eglise, alors que saint Charles voulait en faire moins, et Saint-Cyran s'en passer complètement. Mais ni saint Charles, ni Saint-Cyran,

ni plus tard Bossuet ni Pascal, qui cherchaient dans un sublime chrétien une échappatoire à la rhétorique profane, n'ont pu échapper à la
rhétorique dont le sublime est justement l'un des chapitres les plus
caractéristiques. En définitive, ce qui les sépare des jésuites, c'est une
nuance littéraire, c'est une question de style et de goût oratoires. Mais
cette nuance elle-même suppose deux analyses différentes du sacerdoce: l'une veut l'arracher au Forum pour qu'il ne s'y compromette
pas et le foudroie d'en haut, l'autre n'hésite pas à le jeter dans le
Forum pour y faire triompher une foi sans crainte ni nostalgie, face
à face avec la diversité et la réalité des périls. Et sous couleur de faire
parler un comédien, le P. Cellot plaide pour l'audace et la science persuasive des siens lorsqu'il fait décrire à Panurgus ce qui se passe
quand le public laïc, exposé à la persuasion histrionique, ne trouve
pas en face une éloquence ecclésiastique plus attrayante encore:

> Vous avez vu quelquefois, Juges, tel ou tel de ces prédicateurs trembler
> de froid dans leur chaire, devant un troupeau clairsemé de vieilles dévo-
> tes, un groupe de fidèles ensommeillés, une poignée de mendiants, tous
> ravis de se trouver à l'église pour oublier qu'à la maison, il n'y a rien
> à manger. Ou encore vous en avez vus d'autres, protégés par une réputa-
> tion plus brillante, se lancer dans des discours plus véhéments, se frap-
> per la tête, donner du poing sur leur pupitre, s'exclamer, se lamenter,
> suer des pieds à la tête, enfin recourir à tous les artifices de l'intimida-
> tion tragique pour secouer leur auditoire indifférent: en vain. Qui est
> sorti meilleur d'une prédication de ce genre? [326]

Ce morceau de bravoure sacrilège, que le P. Cellot prête à un
comédien qui oserait s'ériger en critique de l'*actio rhetorica* des sermonnaires, il l'emprunte lui-même, en le résumant, non pas à un vrai
comédien, qui n'eût jamais couru le risque d'un tel blasphème, mais
au grand traité jésuite d'*actio rhetorica*, les *Vacationes autumnales* du
P. Louis de Cressolles (1620). Dans cet ouvrage, le savant rhéteur
jésuite s'était employé à établir les normes «nobles» du geste, des
expressions du visage, et de la voix pour les orateurs sacrés et les
magistrats du Parlement, et n'avait pas manqué, en bon grammairien
de la «communication non verbale» d'opposer aux bons modèles les
solécismes et barbarismes dont se rendent coupables les prédicateurs
«gothiques, ignorant Quintilien et compromettant par ignorance
l'efficace de la Parole divine. C'était là évidemment une critique «dra-

_____

[326]   *Orationes, op. cit.*, p. 301.

matique» de clerc éclairé par l'humanisme, adressée à des clercs maladroits, une polémique entre professionnels de la parole divine, et dont
l'intention profonde était de rétablir la distance entre la «gravité»,
modernisée par le recours à la rhétorique, du geste ecclésiastique, et
l'éloquence des ignorants. En mettant dans la bouche d'un comédien
les critiques que le P. de Cressolles adressait aux clercs qui prêchent
en mauvais comédiens, le P. Cellot veut faire apparaître l'audace intolérable de cet histrion qui ose s'ériger en censeur des ministres de
Dieu. Ce qui était licite sous la plume d'un jésuite devient odieux dans
la bouche d'un saltimbanque. Mais cette permutation des masques
oratoires est elle-même assez audacieuse et invite le lecteur à poser
une question que le P. Cellot préfère garder pour lui-même: dès lors
que les comédiens se rendent maîtres de la «noblesse» du geste telle
que l'enseignent Quintilien et le P. de Cressolles, et c'est ce qui est en
train de se passer dans les années trente du XVIIe siècle en France,
qu'est-ce qui sépare l'homme de théâtre du prédicateur éloquent? La
contiguïté des deux univers oratoires est d'autant plus troublante que
les méthodes pédagogiques jésuites, leur théologie morale, et même
leur conception propre de l'éloquence sacrée, telle qu'elle s'énonce
entre autres chez un Cressolles, rejettent la «sévérité», la «dureté»
trop revêches, chères à saint Charles, ou à Bérulle, pour recommander
la «douceur», certes en garde contre toute «mollesse», mais plus
contagieuse et persuasive que la rigueur abrupte. Cette esthétique oratoire refusait de séparer le *docere* du *delectare*, l'*utile* du *dulce*, le
«sérieux» de l'«agréable», et recommandait d'atténuer les aspérités
choquantes, même dans les mouvements de véhémence. Le P. Cellot
se conforme à cette doctrine lorsqu'il donne la forme d'un jeu judiciaire à son sermon en quatre points contre les comédiens. L'art de
persuader jésuite est un «chemin de velours» qui ressemble à s'y
méprendre à cette persuasion de théâtre que le Panurgus du P. Cellot
célèbre avec enthousiasme, en l'opposant à l'«âpreté» d'orateurs
sacrés qui rebutent leur public:

> Au théâtre, qui s'aperçoit que le temps passe? qui ne voit pas arriver
> à regret le dénouement de la pièce, que l'on attendait cependant impa-
> tiemment? Les corps s'éloignent de la salle, mais l'esprit reste arrêté sur
> la scène, et ce qui en subsiste, la joie délicieuse du spectacle, on la
> savoure encore par le souvenir. Voilà, Juges, qui est traiter humaine-
> ment les hommes, voilà ce qui s'appelle enseigner la vertu, non par la
> crainte que l'on inspire en revêtant un habit noir et sévère, mais en la
> faisant désirer pour sa propre douceur! Vous voulez, Juges, pourfendre

et assassiner les criminels et les méchants à la pointe de leurs propres
crimes? Poussez-les à aller voir des tragédies[127].

Un tel texte prend le lecteur non prévenu dans un hallucinant jeu
de miroirs. Le «comédien criminel» que le P. Cellot veut faire parler
en criminel est tellement persuasif que sa *persona* fictive ne se distingue plus de la personne de l'auteur jésuite qui le fait parler, et qui,
croyant le perdre, se compromet lui-même. Les arguments que l'histrion met en œuvre en faveur de son métier sont si proches de ceux
de la rhétorique jésuite, de leur pédagogie par la *jocositas*, de leur
théologie moliniste, que tout décalage tend à disparaître entre le masque doucereux de l'avocat du Diable et le visage caché du sévère interprète du dogme romain. Louis de Montalte a-t-il lu les *Orationes* du
P. Cellot? On est tenté de le croire, tant l'ironie des premières *Lettres
à un provincial* retournent celle du jésuite contre lui-même, et démas-
quent le comédien sous le jésuite, le rhétoricien de théâtre sous le
théologien de la «dévotion aisée» et de la «grâce suffisante». A ceci
près, pour être juste: la comédie à laquelle se livre Pascal, l'ironie au
second degré dont il use en virtuose, la fiction de la «lettre», bref son
recours à la rhétorique pour démasquer une autre rhétorique, jouent
leur va-tout sur un terrain proprement *littéraire*, et gagnent par là le
lecteur; en reprenant aux jésuites, quoique plus habilement, leur propres armes, Pascal accepte de descendre sur le même terrain qu'eux,
et de faire de la vérité théologique l'enjeu d'une rivalité de rhéteurs;
quand il s'en aperçoit, à partir de la VIIe lettre, il a beau adopter la
gravité de l'indignation et la véhémence de la sincérité de cœur, il est
trop tard: ces grondements d'un «sublime sans rhétorique» apparaissent comme un tour de plus de sa rhétorique, et d'autant plus inquiétant que le laïc qui parle n'a aucun titre à adopter ainsi, pour le personnage littéraire qu'il joue, cette altitude apostolique d'orateur
sacré. Il y a fort à parier que, dans *Tartuffe*, Molière renvoie dos à dos
le P. Cellot et Pascal, et veut démontrer la supériorité du théâtre sur
tous les rhéteurs sacrés qui s'acharnent contre lui. Il y parvient en éta-
blissant la scène théâtrale comme le miroir de *bonne foi* d'un monde
devenu lui-même tout entier un théâtre où tout le monde cherche à
persuader tout le monde, et où l'empire rhétorique n'a pas pour

---

[127] *Orationes, op. cit.,* p. 302.

frein le clergé, qui feint d'être supérieur à la rhétorique universelle, mais la sanction du rire comique et l'autorité, armée de la force, d'un prince laïc.

La suite du discours prêté à Panurgus court sur le même fil du rasoir. Selon le même procédé de grossissement ironique, le P. Cellot fait développer par son Panurgus un autre argument familier aux apologistes des comédiens : la distinction entre les «histrions» et «saltimbanques» de bas étage qui, pour retenir sans art leur public, violent sur la scène la morale chrétienne, et les acteurs vraiment professionnels pour qui la décence est de règle. Là encore, aucun de ces apologistes n'avait songé à mettre en parallèle ces deux étages de la profession comique, et leur éventuel pendant du côté du clergé. Croyant aggraver un peu plus le nombre des blasphèmes prononcés par Panurgus, le P. Cellot révèle lui-même un peu plus à quel point l'obsède la *ressemblance* moderne entre le monde comique et le monde ecclésiastique, secret qu'il s'agit justement pour lui de travestir en sacrilège dont les comédiens sont seuls coupables :

> N'as-tu donc rien [déclame Panurgus à l'adresse d'un prédicateur imaginaire qu'il tutoie], n'as-tu donc rien qui dans tes doctrines religieuses, dans tes cérémonies ecclésiastiques, dans tes sacrements, qui soit totalement pur et indemne de fraude, de superstition, d'abus, de sacrilège ? N'y a-t-il aucun prêtre qui ne pollue les mystères qui font cependant trembler le ciel et les anges ?

A cette interrogation oratoire qui prête à un comédien le défi de Luther à l'Eglise romaine, Panurgus est censé répondre lui-même, plus prudemment en apparence, qu'il serait absurde d'abattre l'Eglise entière pour quelques abus et qu'il serait plus sage de se contenter de corriger ou supprimer ceux-ci. Mais cet adoucissement n'en maintient pas moins le parallélisme et la symétrie entre la Réforme de l'Eglise, tridentine ou hérétique, et une Réforme du théâtre qui aurait le choix entre sa suppression inique et sa «modération» Dans la mesure où l'«athée» Panurgus prêche pour sa «modération», cela incite tout bon chrétien à souhaiter sa suppression. Mais sur ce fond trouble et douloureux de division irrémédiable de la *Respublica christiana*, l'ascension insolente des comédiens, à l'intérieur de la société demeurée orthodoxe, est ressentie par le P. Cellot comme un phénomène analogue à la stabilisation, face à l'Eglise romaine, d'Eglises réformées ; la «modération» même du théâtre en terre catholique consolide, face à l'autorité menacée du clergé, la puissance des comédiens, véritables «tribuns du peuple laïcs», masqués en humbles et décents serviteurs de la morale chrétienne. Entre le jésuite Ottonelli et le jésuite Cellot, la différence d'analyse est considérable: pour le théoricien italien de la «moderazione cristiana», l'intégration des comédiens dans la norme civile de la société catholique italienne est une victoire du clergé «éclairé» et de son emprise bénigne, mais complète, sur l'ensemble de cette société. Il est clair au contraire que pour le P. Cellot, les concessions et la tolérance de l'Etat laïc français, vis-à-vis de comédiens qui jouent le jeu de la décence et de la morale moyenne, ne font à long terme que renforcer une puissance fondamentalement rivale du clergé, hostile à celui-ci, et travaillant par sa propre éloquence démoniaque à détacher les laïcs, qui n'y sont que trop portés, de l'obéissance et de la foi. Les prémisses cachées de l'ironie du P. Cellot révèlent sa pensée, en filigrane de celle qu'il prête à son odieux «personnage». Et la pensée du P. Cellot est celle d'un «politique» de l'Eglise romaine dont les analyses et la stratégie «centriste de droite» en France s'opposent point par point à celles, très «centriste de gauche» en Italie, du P. Ottonelli.

L'on s'aventure sur un terrain plus brûlant encore avec l'argument suivant prêté à Panurgus. Cette fois on aborde le dernier rempart qui garantit une hiérarchie «ontologique» entre le clergé humaniste, de type jésuite, et les comédiens «modérés» que la société civile est en train de réhabiliter. Nous avons vu qu'en ce qui regarde l'*actio et pronuntiatio rhetorica*, une très dangereuse ressemblance peut faire des comédiens des interprètes de la parole plus «efficaces» auprès du public chrétien que les prédicateurs formés à la *même* école quintilianiste. Le P. Cellot se retourne donc vers le segment le plus noble de l'*ars rhetorica*, le premier par le rang et par l'importance, celui qui met en œuvre l'*ingenium* humain et fait de l'*homo loquens* l'image et ressemblance du Verbe divin: l'*inventio.* A supposer que le comédien puisse exceller dans l'ordre de l'*actio*, l'ordre supérieur de l'*inventio* lui échappe totalement: c'est le privilège propre au poète, au dramaturge, au prédicateur. Le P. Cellot prête à son Panurgus une conscience aiguë de cette barrière, que les Comédiens de l'Art italiens avaient en effet audacieusement franchie, en publiant d'abord des *scenarii*, puis, et c'était surtout le cas de Giambattista Andreini, des tragédies, des comédies, des pastorales, des drames sacrés entièrement écrits, en vulgaire il est vrai. C'est à leur exemple que Molière réunira en sa personne l'invention du poète et l'action du comédien. On voit donc Panurgus énumérer toutes les raisons qui, à ses yeux, rendent vaine et fictive cette barrière à laquelle le P. Cellot tient par-dessus

tout. Et selon sa méthode ordinaire, pour rendre odieuse cette usurpation du pouvoir poétique, il la fait justifier par son Panurgus dans des
termes offensants pour toute oreille chrétienne. Panurgus fait appel
en effet aux origines païennes du théâtre: aux Dionysies athéniennes,
affirme-t-il, la palme allait sans distinction à l'auteur de la trilogie
triomphante et aux acteurs qui en avaient assuré le succès. L'égalité
entre auteurs et acteurs était d'une évidence telle que nul Caton n'a
jamais songé alors à établir entre eux une hiérarchie, ni, à plus forte
raison, à chasser des villes les acteurs indispensables aux concours
dramatiques. Bien au contraire, Aristote leur a reconnu une dignité
philosophique, et Socrate allait les écouter quand ils interprétaient
Euripide. Et voilà qu'aujourd'hui cette union indissociable du dramaturge et du comédien, de la poésie et de ses interprètes, se voit nier
l'utilité morale et sociale que la Grèce lui reconnaissait unanine-
ment[328]!

Grâce à cet artifice, qui fait du comédien moderne l'héritier direct
de l'histrion antique, le P. Cellot a fait d'une pierre deux coups. Il
rejette les comédiens dans un ordre de survivance païenne incompatible avec la société chrétienne, et il évite de citer la fusion de l'*inventio*
et de l'*actio*, de la poésie et de son interprétation, chez les grands
comédiens modernes. Le recours aux origines attribué à Panurgus
garantit au contraire le caractère structurel et permanent de la distinction entre dramaturgie et métier d'acteur. Panurgus, sous la dictée du
P. Cellot, «oublie» donc l'argument majeur en faveur de la dignité
comique, et se contente de plaider une «égalité» entre les deux «spécialistes» qui se partagent la scène, le poète et l'histrion. Sur ce chemin sans péril pour le P. Cellot, Panurgus peut bien oser citer à
l'appui de sa thèse l'exemple du théâtre de collège jésuite, et y faire
voir, comme dans les Dionysies païennes, une synthèse où dramaturges et acteurs sont honorés à égalité: l'essentiel pour le P. Cellot est
de lui faire dire que, là aussi, la part des acteurs est l'*ars histrionica*,
et non l'*inventio*. Et à partir de là, il a beau jeu de laisser Panurgus
s'enfoncer dans une apologie de l'*actio* et le faire parler comme si celle
des acteurs de collège était la même que celle des comédiens du théâtre profane, et pouvait donc être invoquée pour légitimer leur art.
Cette identité, lui fait dire le P. Cellot, était déjà une évidence dans

[328] *Orationes, op. cit.*, p. 305.

la Grèce païenne, où le comédien était tout naturellement devenu orateur, où Desmosthène plaçait l'*actio*, que Cicéron nommera l'«éloquence du corps», au tout premier rang de l'art oratoire. Cicéron
n'hésita pas à se mettre à l'école des comédiens, et Quintilien, le précepteur par excellence, l'ancêtre direct des modernes précepteurs de
collège, ordonne à ses élèves d'apprendre les techniques de l'*actio*
auprès des maîtres en cette spécialité indispensable à l'orateur: les histrions. La Renaissance moderne de l'*ars rhetorica* des Anciens, dont
les collèges jésuites sont les héritiers fidèles, a aujourd'hui pour
témoins et pour garants non moins indispensables les acteurs sur la
scène des théâtres profanes. Et l'on voudrait, s'indigne Panurgus, que
les magistrats fassent disparaître de la société moderne les professeurs
d'*actio* et fassent fermer les théâtres où ils enseignent? Il faudrait bien
plutôt les rappeler d'urgence de chez les barbares, s'ils avaient été
contraints de s'y exiler[329]!

Les comédiens sont donc cantonnés, par leur apologiste fictif,
dans l'ordre du geste, des expressions du visage, de la voix, bref de la
persuasion par le corps et s'adressant aux corps. Ils n'ont pas accès
à l'*ingenium*, qui regarde Dieu, ni à l'âme dont l'*ingenium* est l'œil
vivant. Le P. Cellot croit donc les avoir ainsi, par leur propre bouche,
réduits à leur condition de masques vides, mais séducteurs, dont
Satan fait usage pour pervertir les spectateurs. Et plus le P. Cellot
prête d'enthousiasme à son Panurgus pour célébrer les pouvoirs dont
se pare le comédien en vue de délecter les sens, plus il croit *faire voir*
le Démon à l'œuvre, plus il révèle sa propre fascination angoissée
devant un ennemi qui sait si bien persuader, et son souci de ne pas
laisser les interprètes de Dieu moins armés *dans la concurrence*:

> Quoi de plus admirable [fait-il dire à Panurgus en paraphasant Quinti-
> lien], que d'être instruit à se métamorphoser en toutes sortes de formes,
> et à devenir, au lieu d'un seul homme, capable de jouer tant de rôles dif-
> férents et si nombreux, que l'on puisse passer pour plusieurs personnes
> à la fois[330]?

---

[329]   *Orationes, op. cit.*, p. 306. L'allusion directe aux collèges jésuites, prêtée par
un jésuite à un comédien présenté comme un habile «athée», est d'une audace littéraire rare. On n'imagine pas Pascal prêtant à ses jésuites un portrait dangereusement
flatteur des solitaires! Voici le passage: *Aliud adjungo in eorum Adolescentium gra-
tiam, qui per Collegia, id est Seminaria Rei publicae liberalibus artibus instituuntur?
Quas sine histrionia perfici non posse, constans est Rhetorum omnium sententia, et
eloquentissimorum virorum usus atque experientia.*

[330]   *Ibid.*, p. 313.

V.

L'*actio* comique multiplie les masques, fidèle en cela à la multiplicité satanique, et trahissant par là sa finalité d'adversaire de l'Un, et de ses apôtres unifiés par lui, simplifiés par lui. Et c'est sur cet aveu involontaire que s'achève la péroraison de Panurgus. Comment oublier cependant que, pour tout un secteur de l'opinion française gallicane, les jésuites sont les premiers à avoir rompu avec la simplicité chrétienne, et à avoir rattaché la parole de Dieu à cette multiplicité histrionique et oratoire qui est le signe par où se reconnaît la sophistique démoniaque? Boîte de Pandore, la rhétorique humaniste, en répandant partout et uniformément l'art de persuader, a créé un théâtre universel où le Démon trouve son compte et où Dieu a désormais du mal à reconnaître le siens. Pour le P. Cellot, les injures des gallicans adressées aux jésuites sont le prix à payer pour les serviteurs de Dieu qui osent s'aventurer là où Dieu est le plus gravement menacé, et luttent à armes égales contre les séductions que l'humanisme a offertes aux agents de Satan. Le Multiple au service de l'Un sait, en dépit des soupçons dont il est accablé par «ceux qui ne savent pas», qu'il affronte au plus fort du péril le Multiple au service du Multiple. Les deux autres *Orationes* du P. Cellot vont s'employer à trancher ce nœud gordien, et à faire reconnaître par des signes indubitables la différence d'autorité des combattants qui se ressemblent désormais si périlleusement, pour la plus grande confusion des ignorants et le plus grand profit du libertinage.

Le premier procureur introduit par le P. Cellot, Modestinus, va donc s'attacher à réfuter point par point les arguments par lesquels Panurgus avait mis sur le même pied de respectabilité le sacerdoce éloquent et le théâtre profane, «réformé» et «modéré» par la rhétorique humaniste. Le but de ce réquisitoire, comme du suivant, est de convaincre un parquet de juges fictifs (les lecteurs, mais aussi indirectement les magistrats du Parlement) que les comédiens, loin d'être réhabilités socialement comme ils le demandent et comme Richelieu vient de le leur accorder, doivent être bannis de la cité chrétienne. Sans s'attacher à l'ordre suivi par un accusé qu'il méprise, Modestinus commence par se livrer à une histoire critique du théâtre en Grèce. Il s'agit pour lui de rompre le fil continu que Panurgus avait cru pouvoir établir entre les Dionysies et le théâtre des collèges, et de prouver en revanche que le théâtre profane et les troupes comiques modernes sont les héritiers directs des stupres de la scène païenne. Né dans la gangue paysanne, le théâtre grec tint de sa naissance impure une licence obscène et un cynisme insolent dont les comédies d'Aristophane et même celles de Ménandre attestent la virulence, qui ne saurait être évoquée, serait-ce à mots couverts, sans scandaliser le tribunal[331]. Et de même que Panurgus avait fait silence sur les comédiens-dramaturges modernes qui eussent ébranlé la hiérarchie entre poètes et comédiens, Modestinus ne fait aucune mention des tragiques grecs, qui gêneraient sa caractérisation tout érotique et libertine du théâtre antique. Celui-ci a reparu tel quel dans le théâtre profane moderne, et cette fois, non plus comme objet de lecture, mais dans toute la force première de la représentation, forçant les yeux et les oreilles, «fenêtres de l'âme», à s'imprégner d'exemples vivants de tous les vices, et à s'y laisser gagner par le rire, «ce rire qui nous accoutume à goûter ce que nous devrions détester, et qui imprime en nous des modèles bravant l'honnêteté, nous délivrant de tout frein, et nous acclimatant à l'impudence». Le rire que font naître les comédiens modernes est bien l'héritier direct de la frénésie dionysiaque et de sa contagion sexuelle, et le P. Cellot, par la bouche de son Modestinus, préfigurant avec vingt ans d'avance les analyses des jansénistes Varet et Nicole, et avec un siècle d'avance celles de Rousseau dans la *Lettre à d'Alembert sur les spectacles*, stigmatise la mauvaise foi morale des spectateurs de théâtre, qui stimulent les comédiens à les pervertir davantage :

> Car si l'histrion s'est trompé d'une syllabe, on le siffle, on le conspue ; mais s'il persévère dans l'indécence, s'il a fait un geste impudique de ses doigts, s'il a pâli à l'aspect d'une courtisane, des acclamations lui font un triomphe[332].

L'exigence esthétique du spectateur n'est donc qu'un alibi du plaisir qu'il y cherche à se sentir libéré du frein moral. Et lorsqu'il a goûté, une fois encouragé par le rire, la vue du vice dans sa mimésis théâtrale, il ne lui reste plus, pour satisfaire le désir qu'il en a pris, qu'à passer à l'acte et à se précipiter au lupanar. Cet effet est particulièrement immédiat et violent chez les adolescents, dont l'imagination est encore plus inflammable que celle des adultes. La psychologie du spectateur n'est pas moins augustinienne chez le P. Cellot que chez les auteurs de Port-Royal et chez Bossuet, à qui on attribue généralement

---

[331]   *Orationes, ibid.*, pp. 327-328.
[332]   *Ibid.*, p. 328.

tout le mérite d'avoir été «freudiens» avant Freud. En fait le jésuite, comme ses successeurs ecclésiastiques, puise aux sources des Pères de l'Eglise, et il a autant qu'eux le sentiment d'avoir à recommencer le combat de Tertullien et d'Augustin contre l'érotisme des mœurs païennes, et contre le miroir grossissant et stimulant que leur offrait le théâtre antique. Pour Modestinus, porte-parole sans masque du P. Cellot, le comédien moderne est, comme le comédien païen, un éveilleur professionnel du désir sexuel; le théâtre profane, comme le théâtre antique, est une antichambre du lupanar. Il est donc l'ennemi par excellence du prêtre et du pédagogue chrétien, qui voient dans le désir sexuel la racine du mal, et qui travaillent à le dompter.

Modestinus s'attaque alors à la thèse des comédiens selon laquelle ils ont droit au même respect et au même prestige que les poètes. L'*inventio* dramaturgique doit-elle été traitée comme aussi coupable que l'*actio* histrionique? L'une et l'autre ont eu partie liée, il est vrai, aux origines du théâtre, lors de la naissance impure, en Grèce, de la comédie. Mais des âges moralement plus robustes ont coupé ce lien originel: il est apparu des poètes chrétiens dont l'œuvre est aussi innocente qu'utile aux bonnes mœurs. Mais si ces œuvres, bonnes en elles-mêmes, sont confiées à des comédiens, lorsqu'à leurs mots innocents viennent s'ajouter des gestes, des mimiques, des tons de voix qui n'ont pas été châtiés, dans cette lutte inégale entre le poète et l'histrion, c'est la pudeur du spectateur qui est la victime immanquable[333]. Le dramaturge dévot, s'il n'est pas jésuite comme ses maîtres, en est donc réduit, soit à se damner en faisait jouer ses œuvres par des démons, soit à publier du «théâtre dans un fauteuil». C'est à ce dilemme que Corneille répondra en 1637, dans *L'Illusion comique* en suggérant que le poète-dramaturge est lui-même appelé à «réformer» les comédiens et le théâtre profane.

---

[333] *Orationes*, p. 330: *Histrionis recitatio facultate poetica penitus sejuncta est*. Et Modestinus d'accuser les comédiens de *constuprare Minervam*, de *prostituere et foedari Parnassum*. Le P. Cellot touche ici à un point capital du débat littéraire du XVIIe siècle, qui est également traité dans la grande querelle entre marinistes et antimarinistes: l'inspiration «vénusienne» et l'inspiration «minervienne» de la poésie, Bacchus et Apollon. Les comédiens, instruments de Vénus, sont du côté de Bacchus et de l'*Adone* de Marino; les dramaturges jésuites (et leurs disciples) sont du côté de Minerve, d'Apollon, et des *Poemata* du pape Urbain VIII. D'un côté l'âme qui se libère du corps, de l'autre le corps qui corrompt l'âme. D'un côté l'*inventio* tournée vers les idées célestes, de l'autre l'*actio* que la noblesse d'âme ne règle pas, et qui devient séduction érotique, convocation aux vices.

Cette *refutatio* menée à bien, le P. Cellot procède alors, sous le nom de Philologus et de Gratianus, à une double *confirmatio* par les autorités patristiques et théologiques, et c'est à Gratianus que reviendra enfin, après un feu d'artifice de citations écrasantes, de conclure dans la péroraison au bannissement de tous les comédiens[334].

VI.

Il est trop clair que le P. Cellot ne s'imagine pas obtenir, par cette *Actio*, si brillante qu'elle soit, un résultat que Charles Borromée, avec toute son autorité épiscopale, n'avait pu imposer complètement. Du moins peut-il espérer avoir persuadé ses lecteurs que, selon la thèse d'une autre de ses *Orationes*, «seuls les orateurs chrétiens [*alias* les jésuites] sont justiciables du vieux mot de Caton selon lequel l'orateur est l'homme de bien qui parle éloquemment». Les aura-t-il persuadés que les orateurs de théâtre sont des démons qui n'ont pas d'adversaires plus efficaces que les Jésuites? En 1705 encore, on rééditait à Cologne les *Orationes* du P. Cellot, mais c'était manifestement à usage interne des collèges jésuites de l'Allemagne catholique. En France, on peut se demander si la polémique du jésuite contre les comédiens n'aura pas eu des effets imprévus par son auteur. Nous ne reviendrons pas sur les *Provinciales*, qui retournent l'argumentation du P. Cellot contre sa propre Société, selon la tradition inaugurée par Saint-Cyran qui tenait l'humanisme rhétorique des jésuites pour une véritable hérésie menaçant la foi catholique. Mais il arriva aux *Provinciales* ce qui était arrivé aux *Orationes* du P. Cellot : les effets de l'ironie sont incontrôlables, quand l'ironie se met au service de la foi. Le personnage que joue Pascal dans les *Petites Lettres* (logique avec celui qu'il avait joué dans l'affaire Saint-Ange), témoignait de l'immixtion croissante de l'éloquence laïque dans les questions doctrinales jusque-là traitées entre théologiens : il se mêlait de tourner en dérision des religieux et de les sermonner, et il prenait à témoin, en invoquant leur jugement en dernier ressort, le tribunal des «honnêtes gens», qui n'étaient rien d'autre que des laïcs mondains. Dans ses *Mémoires*, le P. Rapin pourra à bon droit faire remarquer combien les «jansénistes», par cet appel aux laïcs, avaient un peu plus compromis

---

[334]   *Orationes*, p. 350.

la transcendance du dogme et du sacerdoce qu'ils accusaient les jésuites d'avoir «humanisés». Les jansénistes avaient leurs «pascalins», laïcs «en mission» dans le «monde» pour soustraire celui-ci à l'influence jésuite et au libertinage. Les jésuites avaient leurs congrégations mariales qui, plus ou moins liées à la Compagnie du Saint-Sacrement, confiaient aux laïcs des missions de «relais persuasif» tout aussi insidieux.

Plutôt que de voir dans *Tartuffe* un pamphlet antijésuite, où même antijanséniste, je voudrais insister pour conclure sur l'hypothèse que j'ai déjà suggérée au cours de mon analyse des *Orationes* du P. Cellot. C'est la revanche d'un comédien-dramaturge, s'appuyant sur le pouvoir royal inquiet de voir ses sujets manœuvrés par des moines et des moniales de toutes robes, contre la rhétorique cléricale et le rôle de bouc émissaire que celle-ci, jésuite ou janséniste, faisait jouer au théâtre profane et aux comédiens. Mais quelle revanche! Même l'archevêque de Paris, avec toute cette autorité apostolique que Petrus Aurelius avait si fort exaltée, dut se résigner, en 1669, à voir la pièce librement représentée et imprimée, avec l'approbation du roi. Même l'évêque janséniste d'Aleth, qui avait converti le prince de Conti et fait de lui un ennemi acharné de Molière, dut souffrir de voir à Paris, fêté par la cour, ce que son rituel condamnait dans son lointain diocèse avec une rigueur digne des premiers siècles de l'Eglise. Et les Nicole, les Varet, qui avaient voulu faire voir dans le dévot Corneille un corrupteur des âmes, devaient assister de loin à un scandale dont Bossuet, plus de vingt ans plus tard, ressentait encore vivement l'affront. On comprend dès lors que des jésuites aussi subtils que le P. Bouhours et le P. Vavasseur[335] aient voulu voir dans *Tartuffe* un coup porté à leurs ennemis dans le camp dévot, et feint d'oublier, en beaux joueurs, les pointes que Molière décoche à la casuistique; celle-ci, d'ailleurs, n'était pas dans l'Eglise, contrairement à ce que l'on croit communément aujourd'hui, la spécialité exclusive de leur Société. *Tartuffe*, en réalité, donne à Molière l'occasion de placer sa propre autorité morale et littéraire *au-dessus* des factions cléricales rivales, dans le même espace laïc triomphant dont le roi est l'origine, le garant, le point de fuite. La pièce peut se permettre de hausser le débat, et d'honorer par là le théâtre comme la chaire laïque par excellence, car elle porte le débat là où aucun des interlocuteurs dévots ne

---

[335] Fr. Vavasseur, *Multiplex et varia poesis*, Paris, 1684, p. 121, Epigramme XXVI: *Dulce decus scaenae, Molieri, et scriptor et actor...*

pouvait le porter: sur le terrain, abordé franchement, de l'art de persuader et de faire *croire*. Molière ose ce que le P. Cellot, dans sa haine
des comédiens, n'avait pu imaginer: faire s'interroger les spectateurs
sur ce qui fait *foi*. A lui seul, le vocabulaire de la pièce atteste que
Molière n'a pas manqué l'occasion d'aller au fond des choses, plus
loin peut-être que ne l'a vu et que ne pouvait le voir le roi, qui, en politique avisé, s'est contenté d'utiliser *Tartuffe* pour inspirer le respect à
une agitation cléricale souterraine dans les rangs de ses sujets. *Croire*
et *faire croire, foi* et *bonne foi, se fier* et *se laisser tromper, consentir*
et *se laisser conduire, douter* et *voir pour croire, témoignage* et *imposture*, tous ces mots et expressions qui constellent le dialogue de cette
comédie attestent assez que l'enjeu de celle-ci est la force de la parole,
et sa capacité d'agir sur la conviction et sur la volonté d'autrui. L'éloquence du corps y joue sa partie, et la «grimace» de Tartuffe rivalise
avec les jeux de scène d'Elmire à l'acte IV pour emporter la conviction
d'Orgon. La critique par Mme Pernelle du «ménage» dont Elmire
donne l'exemple, celle à laquelle se livrent Dorine et Cléante des gestes
et des tons de Tartuffe, tout en plongeant le spectateur dans un vertige
de «théâtre sur le théâtre» généralisé, initient d'emblée le public à la
lutte entre deux rhétoriques qui est à la foi le sujet de la pièce et l'enjeu
du débat dans la famille d'Orgon[336]. Celle-ci est un véritable microcosme de la société laïque, où il ne suffit plus, comme le voudrait
Mme Pernelle (I, 1, 76) de «dire la vérité» pour que chacun y adhère
aveuglément et y conforme ses actes. Il faut la faire croire pour qu'on
y consente. Et comme la troupe de comédiens de *L'Impromptu*, les
membres de cette famille ne s'en laissent pas accroire facilement.
Nouveau Panurgus, Molière a sur ce point bien retenu la leçon des
jésuites: il partage leur diagnostic du monde moderne, fils de l'humanisme rhétorique, et il est bien éloigné de chercher, avec Port-Royal,
à nier ou à condamner l'évidence. Mais il est tout aussi éloigné de
l'ironie missionnaire des jésuites et de leur théorie cléricale du «contrepoison». Homme de théâtre, il porte sur la scène à la fois l'apologie du théâtre et d'une société profane qui se reconnaît non seulement
dans l'art des comédiens, mais dans la haine même qu'on leur porte:

---

[336]   Il n'est pas question de discuter ici les innombrables études récentes consacrées à *Tartuffe*, un des textes clefs de la France moderne. Citons, outre les belles éditions de G. Couton, de Gaston Hall, de J.-P. Collinet, les études rassemblées dans
les *Mélanges pour Jacques Schérer*, Nizet, 1986, de G. Hall, d'A. Niderst, et de
R. Tobin.

> Ces visites, ces bals, ces conversations,
> Sont du malin esprit toutes inventions. (*Le Tartuffe*, I, 1, vv. 151-152)

La vie mondaine d'Elmire et des enfants d'Orgon est du même ordre que le théâtre qui le représente, leur sort est lié. Et la liberté d'«être du monde» est revendiquée par tous les personnages sympathiques de la comédie, chacun selon son tempérament, avec autant de zèle que les comédiens peuvent le faire d'«être du théâtre». Et cette liberté de Dorine, de Damis, d'Elmire et de Cléante est avant tout celle de laïcs épris de bonheur, et peu disposés à le sacrifier sur l'autel de la «vérité» selon Orgon, Mme Pernelle et Tartuffe. Tous sont prévenus contre la foi sur parole, tous se veulent libres de douter. Seuls Orgon et sa mère représentent dans cette famille moderne le type médiéval du laïc, soumis aveuglément à une autorité transcendante. Faute de la rencontrer telle qu'elle fut, ils ont adopté d'enthousiasme, et même suscité, un faux semblant qui en tienne lieu. Il est difficile de mieux laisser entendre que la «hiérarchie» à l'antique dont rêvait Saint-Cyran, et qui aurait dû rendre au sacerdoce son empire absolu sur les laïcs, n'est plus possible que sous cette forme imaginaire et forcée. Il faut désormais des hybrides de clerc et de laïc, jouant à la fois de l'ombre d'un grand fantôme (la *potestas* sacerdotale) et des techniques modernes de persuasion, pour réussir encore à «noyauter» les familles et tenter d'y restaurer l'ancienne «terreur». La peinture porte aussi cruellement contre les laïcs œuvrant selon l'esprit de Port-Royal que contre les membres de la Compagnie du Saint-Sacrement d'inspiration jésuitique. Le mythe cyranien et bérullien de l'évêque-apôtre pour lequel «dire, c'est faire», parce qu'il parle d'autorité, n'a par ailleurs aucune chance dans cette famille moderne, même si ses membres les plus dévots ne se résignent pourtant pas à s'en passer. De là ce personnage de Tartuffe, fruit de leur nostalgie autant que de sa rouerie propre: il résume, en le caricaturant pour que l'effet soit plus lisible pour les spectateurs, cet «espionnage» que le clergé, dépouillé d'autorité sacrale indiscutable, est réduit à exercer, par laïcs cléricaux interposés, s'il veut encore conserver un empire sur une société laïque qui ne s'en laisse plus conter. Envahie, la famille d'Orgon va se comporter en «corps» menacé et investi de l'intérieur, et s'employer à expulser loin d'elle cet intrus insinuant et insatiable. L'emprise conquise par Tartuffe sur le *Pater familias*, Orgon, et sur sa mère dévote est cependant un obstacle difficile à surmonter. Dès les premiers actes, on voit à l'œuvre la «terreur» exercée par Tartuffe. A la faveur des

maladresses du jeune Damis, ses progrès sont foudroyants. L'Hypocrite est à même de reconstituer à modeste échelle la domination
médiévale de l'Eglise sur un laïcat désarmé: il dépouille une famille
de son patrimoine, il traite ses femmes en proies, il tient Orgon par
la grimace cléricale, en attendant de le tenir à sa merci par le chantage.
Cet espion clérical, ce fanfaron de vertu chrétienne, est un spectre
surgi d'un autre temps, un vampire. Sans la bonne humeur et
l'humour populaires de Dorine, la comédie tournerait aisément au
gothic drama. Tartuffe n'a pu parvenir à ses fins qu'en usurpant à son
profit l'idée, elle-même archaïque, que se fait Orgon de sa *potestas
paternalis*: ce vestige d'un autre âge, quasi sacerdotal, l'autorise à
exercer sur les siens une tyrannie d'autant plus odieuse qu'elle est dictée par Tartuffe, qui joue sur l'amour-propre d'Orgon et fait taire son
bon naturel. La famille est ainsi empêchée de régler ses propres affaires en «république» joignant des volontés libres, et délibérant entre
ses membres le sort de chacun et son bien commun. Elle ne peut plus
être le «sénat» avisant Orgon. Pour briser cette alliance archaïque
entre une *potestas sacerdotalis* usurpée par un laïc sans mandat et une
potestas paternalis despotique, l'instinct vital du «corps» familial le
guide vers deux recours: le théâtre, la fiction comique, que va mettre
en jeu Elmire pour désabuser Orgon; c'est l'arme intelligente des faibles, mais elle ne suffira pas à détruire l'empire de Tartuffe. L'autre
recours, le plus décisif, c'est la justice du roi, détentrice de cette parole
éclairée et tranchante que Saint-Cyran attendait des évêques pour
sauver l'Eglise, mais qui, chez Molière, est là pour sauver la société
laïque de ses envahisseurs.

Le recours à la mimésis comique fait d'Elmire une des plus sédui-
santes créations féminines de Molière, une Muse du théâtre, une allégorie du génie comique, et même un tenant-lieu de Molière lui-même
(Elmire-Elomire), dans une pièce dont il est à la fois l'auteur et
l'acteur. Entre elle et Tartuffe, c'est à qui imposera sa vérité à Orgon.
Qui est, de lui ou d'elle, l'imposteur?

> Et c'est trop condamner ma bouche d'imposture (1350).

Or c'est elle qui est, à sa place naturelle d'épouse, dans les conseils
d'Orgon, et Tartuffe, entre autres usurpations, l'en a entièrement spo-
liée. Pour «faire lever le masque à cette âme hypocrite», elle va donc
mettre en œuvre l'ironie théâtrale, placer Orgon dans la situation de
spectateur, et prendre elle-même le double office de dramaturge et
d'actrice pour faire voir la «rhétorique» de Tartuffe (1001) à qui n'a

voulu y reconnaître jusqu'ici que langage sacré inspiré du ciel. Ainsi, tandis que Tartuffe peut se vanter d'avoir mis Orgon au point de «tout voir sans rien croire» (1526), Elmire, par la vertu vérifiante du théâtre sur le théâtre, va l'obliger à voir et à entendre pour croire ce qu'il se refusait à croire jusque-là: l'homme prédateur sous le saint homme, le sophiste sous l'oracle de divine vérité. Le désabusement d'Orgon témoigne du pouvoir dont dispose la comédie: «Du faux avec le vrai faire la différence» (354). Le théâtre de bonne foi démasque le théâtre de la mauvaise foi. La mondaine-comédienne prend au piège l'hypocrite dévot. Le jeu théâtral, qui s'avoue pour tel et qui, dans cette franchise, trouve et sert la vérité, l'emporte sur le théâtre «dans la vie», qui se dissimule comme théâtre et trouve un alibi dans la gravité transcendante du ciel.

Mais ce succès d'Elmire à l'acte IV, tout à la gloire de la mimésis comique (*Illusion comique* en miniature), arrive trop tard. La fortune d'Orgon, son honneur, sa liberté, sont entre les mains du rapace Tartuffe. La Muse du théâtre a pu «convertir» Orgon à la vérité: elle ne peut annuler le mal que son aveuglement antérieur a déjà commis. On a donc touché, avec Elmire, les limites de la persuasion dramatique et de la parole privée: Orgon est déniaisé, l'unité de la famille est refaite; mais Tartuffe a gagné, Orgon est ruiné et contraint à la fuite. Seule l'intervention de la puissance publique, apparemment très improbable, peut restaurer les droits de la comédie sur la tragédie bourgeoise (que Molière invente ici, en passant). Loin d'être une pièce rapportée par pure flatterie ou pour obéir à la convention de la «fin heureuse», le Vᵉ acte de *Tartuffe* nous révèle à quel point la pensée de Molière dépasse dans cette pièce le seul souci de faire l'apologie du théâtre contre les dévots. Après avoir montré la fertilité du théâtre comme mimésis libératrice de la société laïque, Molière va en faire l'épiphanie de la puissance royale, émanation de cette société et garant public de son bien commun. La polarité sacré-profane, qui régit la pensée dévote, fait place ici à la polarité public-privé, interne à la pensée laïque[337]. Le rôle salvateur qu'Elmire a joué pour soustraire la sphère privée à l'empire du sacré, il revient maintenant au roi de le jouer pour soustraire l'ordre public à la perturbation qu'y introduit Tartuffe. Mais ici, comme dans *L'Impromptu de Versailles*, le roi

---

[337] Je renvoie ici aux analyses de Jürgen Habermas, *L'Espace public*, Paris, Payot, 1978, (1ʳᵉ éd. allemande, 1962), en particulier à l'introduction, pp. 13-37.

n'apparaît pas, il reste invisible, hors théâtre, trop réel pour être mêlé aux fictions de la scène, et il ne se manifeste que par les ordres transmis par un serviteur. Il est «hors jeu», parce que maître du jeu. Pour autant, c'est bien le théâtre qui le révèle ainsi, et qui s'honore en l'honorant: la fin de *Tartuffe* élève la scène comique au rang d'une liturgie laïque où la parole mimétique tend à se confondre avec la parole d'autorité réelle du roi, et qui en échange reçoit d'elle la majesté souveraine de magistère laïc, rival victorieux du magistère ecclésiastique, *libérant le roi* de son emprise. Quel coup de maître! Et l'envoyé du roi, l'exempt, comme pour souligner cette alliance de la comédie et de la royauté laïques, recourt à un artifice de théâtre pour délivrer avec plus d'efficacité et d'effet de surprise le message sans réplique du souverain. Avec l'absence grandiose du roi, avec le «suspens» ménagé par l'exempt avant d'énoncer la sentence du juge suprême, le grand théâtre de l'Etat laïc a fait son entrée sur la scène comique. Et avec lui, un autre langage se fait entendre: «Il veut» (v. 1934), «D'un souverain pouvoir» (v. 1935), «Il brise» (*ibid.*), «Et vous pardonne» (v. 1937). Le dramaturge laïc, pour se hausser à la hauteur de la puissance publique, imite le dramaturge dévot de *Cinna* et de *Polyeucte* lorsque celui-ci a fait du théâtre, par la bouche d'un empereur romain et d'un saint, l'épiphanie du Verbe divin: dans la bouche de l'exempt, la parole se fait acte, dire c'est faire, ordonner c'est exécuter. La rhétorique persuasive fait place à la rhétorique pragmatique, les comédiens et les rhéteurs font place à l'acteur qui les protège et qui les départage, en disant le droit.

Et en ce sens, le dénouement si souvent méconnu de *Tartuffe* suppose, dans la pensée de Molière, mais au seul bénéfice de la société et de l'Etat laïcs, de leur théâtre, le même souci qui hantait Saint-Cyran au service de l'Eglise. Pour Petrus Aurelius, la persuasion profane n'est pas à sa place dans l'ordre religieux, dont elle serait la désécration et la ruine. Pour Molière, la persuasion est l'enjeu de la vie profane, et le ressort de la comédie qui représente celle-ci à elle-même; mais lorsque la persuasion elle-même est menacée dans son libre jeu par la terreur religieuse, elle révèle ses limites, et le relais doit être pris par une autorité publique indiscutée qui soit capable de répondre à la terreur par la foudre de sa parole royale. Ce qu'est l'évêque dans l'ecclésiologie cyranienne et bérullienne, le roi l'est dans la politique de Molière: l'autorité juridictionnelle qui sait et qui peut se faire obéir. Cette modestie apparente du comédien-dramaturge devant son roi cache la certitude que le roi est son double dans la sphère transcendantale de l'Etat, et qu'une fois le sacré et sa terreur tenus en respect par leurs pouvoirs conjugués ils sont indispensables l'un à l'autre. Cette pensée, qui eût fait horreur à Saint-Cyran, n'est pas moins que la sienne, dans son ordre propre, d'esprit essentiellement gallican. L'un à l'autre, le roi et le comédien ont partie liée dans la mesure où ils sont tous deux, chacun dans son ordre, des représentants publics de la société laïque et de son bien commun *privé*. Et dans le texte de *Tartuffe*, sur la scène de *Tartuffe*, le roi, tout protégé qu'il est par son absence, mais en vertu même de cet artifice de théâtre, n'est pas plus que Molière le représentant d'un ordre transcendant et sacré. C'est même là, s'il voyait assez clair, qu'il pourrait apprendre que, pour relever encore apparemment de cet ordre religieux, son personnage royal doit désormais recourir au talent de Molière, à celui de Colbert, de Le Brun, de Lully et de leurs académies. Il est fort probable en revanche que Molière voyait plus clair que son roi. A célébrer, par sa représentation fictive sur la scène, avec une exagération qui n'exclut pas l'ironie secrète, la justice infaillible et toute puissante de Louis, le comédien-dramaturge contribue notablement à y faire croire, et il le sait. Il sait donc aussi que cette parole n'est tout à fait infaillible et irrésistible que par la vertu de la sienne propre, au moins autant que la sienne propre doit à la parole royale d'avoir pu se faire entendre et défier victorieusement l'éloquence sacrée de l'Eglise gallicane. En la personne de Molière, homme public, l'homme de lettres est encore, en 1669, tenu à un échange de bons et loyaux offices avec son roi. Il n'en sera pas toujours de même. Et cela, chacun à sa manière, selon sa méthode propre, Saint-Cyran et le P. Cellot, le gallican et l'ultra-montain, l'avaient redouté et combattu de longue main.

De Pierre Corneille à Jean Racine

DE *MÉDÉE* À *PHÈDRE*: NAISSANCE ET MISE À MORT DE LA TRAGÉDIE «CORNÉLIENNE» *

A la mémoire de R. Picard

Une œuvre d'art peut-elle *réfléchir sur elle-même* au point de se donner, en dernière analyse, sa propre possibilité comme son sujet véritable? La réponse va de soi, lorsqu'il s'agit de l'art romanesque, depuis les pages fameuses du *Journal* de Gide: «J'aime assez qu'en une œuvre d'art on retrouve ainsi transposé, à l'échelle des personnages, le sujet de cette œuvre.» Ce qui suit, et que Lucien Dällenbach a commenté abondamment dans son livre *Le Récit spéculaire*[1], indique nettement que, pour Gide, la «mise en abîme» du sujet de l'œuvre dans l'œuvre même est une «inscription», une image réduite de l'œuvre dans un réflecteur suspendu dans l'œuvre même, un tour de force technique dont on sait à quel point il a été exploité par les romanciers modernes. C'est ce type de tour de force que l'on observe dans *Les Arnolfini* de Van Eyck, où, grâce au miroir sorcière suspendu au fond de la pièce, le couple est montré, à une échelle réduite, de dos, en même temps que nous le voyons de face, à l'échelle cette fois de cet autre miroir qu'est la toile peinte. Effet d'optique, redoublant l'effet propre à la perspective, et destiné à extorquer de la surface plane du tableau une illusion d'espace qui rende les personnages peints contournables par le regard. Mais ce jeu de miroirs dans le

---

* Cette étude a d'abord paru dans *Saggi e ricerche di litteratura francese*, XIX, 1980, pp. 176-205.

[1] L. Dällenbach, *Le Récit spéculaire, essai sur la mise en abîme*, Paris, 1977.

miroir n'est-il pas autre chose? La dimension réflexive qu'il introduit
dans l'espace du tableau ne fait-il pas passer celui-ci du registre de
l'effet d'optique à celui de piège de la conscience, amenant le spectateur à s'interroger sourdement, comme s'il était en face non plus tant
d'une représentation d'objets, si virtuose soit-elle, que d'une autre
conscience aussi mystérieuse que celle dont l'œil humain nous décèle
la présence? L'hypothèse — qui explicite en fait cette fascination et
ce malaise — s'impose à nous: la véritable sujet du tableau est moins
le couple Arnolfini que la conscience qui l'a peint, et qui se signifie
à nous, à la première personne, dans la signature bien en évidence du
tableau, et plus encore dans la palpitation silencieuse de l'espace
réflexif dont vibre l'icône. Le sujet apparent pourra devenir le visage
du peintre lui-même en train de se peindre, comme dans l'*Autoportrait*
du Parmesan où l'autre main, la gauche, démesurément grossie par
le rebord du miroir convexe où le peintre se regarde, semble protéger
un secret, une altérité en tous cas, qui au même moment donne l'illusion de se livrer. Ou encore, dans *Les Menines*, le sujet apparent
pourra devenir le peintre en train de se peindre dans l'acte de peindre
ses souvenirs, bien que le sujet réel soit, en définitive, la conscience
de soi d'un peintre de cour, dont le tour de force dissimule et révèle
la royale puissance de fixer à jamais l'éphémère puissance royale. La
psychanalyse[2] a cru pouvoir désigner dans ce qu'elle appelle «le stade
du miroir» le principe de la révélation de soi-même, en somme la poétique du *Je*, de la première personne accédant à la conscience de soi,
dans l'acte de reconnaître son visage et son corps réfléchis par leur
double dans le miroir. Il n'y a aucune raison de refuser au *Je* poétique
ce que l'on accorde au *Je* psychologique. La «mise en abîme»
gidienne n'est probablement qu'une recette rhétorique dérivée d'un
des replis constitutifs du chef-d'œuvre inspiré, repli qui était là avant
d'être nommé, décrit, exploité, et qui devient après coup perceptible:
la faculté pour la conscience poétique de réfléchir sur soi, de se

---

[2]   Voir J. Lacan, «Le stade du miroir comme formateur de la fonction du Je»,
dans *Ecrits*, Paris, 1966, pp. 93-100. L'auteur fait remarquer que «l'assomption jubi-
latoire de son image spéculaire par l'être encore plongé dans l'impuissance motrice»
(p. 94) «est grosse encore des correspondances qui unissent le Je à la statue où
l'homme se projette, comme aux fantômes qui le dominent, à l'automate enfin où
dans un rapport ambigu tend à s'achever le monde de sa fabrication» (p. 95). Voir
aussi, du même auteur, *Le Séminaire* (*Les quatre concepts fondamentaux de la
psychanalyse*), Paris, 1973, pp. 75-109.

résumer, dans l'œuvre qu'elle élabore et dont on peut dire alors, avec R. Jakobson, qu'elle «raconte sa propre naissance»[3]. Cela suppose la possibilité pour l'œuvre de se dédoubler, afin que, dans l'espace réflexif qui s'ouvre au-dedans d'elle-même, la conscience poétique dont elle procède ait pu fixer silencieusement son drame, dont le drame apparent (le «sujet» de l'œuvre) n'est plus que le double vicaire, l'ombre portée. Une des clefs qui se proposent à l'exploration de cet «espace du dedans» propre au chef-d'œuvre, c'est évidemment l'allégorisme. J'ai montré ailleurs[4] comment, dans la critique littéraire de l'humanisme, la conscience du style s'exprimait et se résumait volontiers par le biais de la personnification: le cas le plus classique étant l'allégorisation des trois styles de la classification cicéronienne — simple, moyen, grand — dans les trois héros homériques: Nestor, Ménélas et Ulysse[5]. Tout nous poussait déjà à supposer que ce mode allégorique de la conscience critique était à l'œuvre non seulement dans les textes se donnant pour «critiques», mais également dans ceux qui, se refermant sur eux-mêmes, s'offraient à la critique comme des «objets» d'art traitant un «sujet», une «fable». Le personnage en ce cas aurait deux fonctions, l'une au premier degré, au titre d'acteur de la fable qui se donne pour le sujet de l'œuvre, l'autre au second degré, au titre de *figure* réflexive dans le drame poétique dont l'œuvre elle-même est l'enjeu et le sujet, et dont elle narre, après coup, sous la protection de la fable, les dilemmes et l'issue. Comme le personnage, l'œuvre aurait ainsi un avers, tourné vers le public et la critique, et un revers, tourné vers la conscience poétique dont elle procède et dont elle porte l'empreinte secrète.

*

C'est à déchiffrer, à la lumière de cette hypothèse, la *Médée* de Corneille et la *Phèdre* de Racine, que je voudrais m'employer ici. Mais avant de m'engager dans cette voie, je voudrais prendre un exemple

---

[3]   «Les véritables œuvres d'art, quoi qu'elles disent, ne font que raconter leur naissance» (R. Jakobson, *Questions de poétique*, Paris, 1973).

[4]   Voir notre étude «Rhétorique, dramaturgie et critique littéraire: le recours à l'allégorie dans les querelles littéraires», dans *Critique et création littéraire au XVIIe siècle*, Paris, C.N.R.S., 1977, pp. 453-472.

[5]   Voir la citation du jésuite Famiano Strada dans notre étude «La tradition rhétorique du collège romain...», dans *M.E.F.R.M.*, 2, 1978, p. 826.

préliminaire, qui leur est à peu près contemporain. Il s'agit du *Couronnement de Poppée* de Monteverdi. Celui-ci avait soixante-quinze ans lorsqu'il fit représenter, en 1642, au Teatro San Giovanni e Paolo de Venise, cet opéra dont le livret s'inspire du L. XIV des *Annales* de Tacite. C'est à la fois la dernière œuvre en ce genre de Monteverdi, qui ne composera plus, avant sa mort en 1643, qu'une messe à quatre voix *a cappella*, et le premier opéra moderne, fruit de toute une vie d'expérience du *dramma per musica*, commencée à Mantoue en 1607, avec l'*Orfeo*. Dans *Le Couronnement de Poppée*, un genre nouveau en Europe parvient à la pleine conscience de soi, et il y parvient sans que nul théoricien n'ait fait son apologie ni défini sa poétique: c'est l'œuvre qui s'en charge. Cela, dès le titre, qui confère au triomphe et au personnage de Poppée un double sens, celui de «sujet» de l'œuvre, et celui d'allégorie du genre spécifique dont cette œuvre est chargée de souligner les traits propres. Que ce personnage soit celui d'une courtisane séduisante et irrésistible par sa captieuse sophistique, que son triomphe soit celui du vice sur la vertu, il y aurait là de quoi surprendre, tant le choix d'un tel sujet va à contre-courant de tout l'effort du théâtre, en Italie comme en France, pour se réhabiliter et se légitimer aux yeux de la morale cléricale; le paradoxe est moindre si l'on reconnaît, dans le choix du «sujet» et du titre, l'aveu de la différence et le défi, au nom même de cette différence, qui fait de l'opéra un genre théâtral à part dans le paysage de l'art dramatique catholique. Le prologue fait dialoguer fortune, vertu et amour, qui disputent de leur valeur respective, et la palme revient finalement à l'amour. L'écart entre l'esprit de ce prologue et celui du texte vénérable de l'Antiquité romaine dont a pris texte le librettiste Francesco Busenello a quelque chose d'effrayant: alors que le stoïcien Tacite, solidaire de Sénèque — dont la tradition faisait un «compagnon de route» du christianisme — décrit avec ses plus sombres couleurs les amours de Néron et de Poppée, exemple de la dégénérescence d'un jeune empereur philosophe en tyran esclave de ses passions, ici c'est l'amour, allié à la fortune, qui triomphe insolemment de la vertu, comme si, ayant partie liée avec le genre de l'opéra, il ne pouvait qu'y trouver, au défi de la «fin morale» que se donnent la tragédie, la pastorale et la comédie «réformée» par le catholicisme tridentin, l'espace de sa célébration. L'alexandrinisme épicurien d'Ovide, qui partout ailleurs doit rendre hommage à la morale chrétienne, s'affirme ici à découvert, et ose le faire sur un thème emprunté à Tacite. On ne saurait oublier, à ce propos, de rappeler que le jeune Monteverdi avait rencontré à la cour de Mantoue le Tasse, qu'il admirait, et dont l'*Aminte*, créée à Ferrare en 1573, avait fondé le genre de la pastorale dramatique, ancêtre direct des livrets d'opéra. Or cette œuvre fondatrice — dont la poétique implicite sera réformée par Guarino[6] pour s'accorder à la morale tridentine — était tout entière dédiée à la célébration de la volupté amoureuse, jusque dans la liquidité mélodieuse et sensuelle de son langage. Avec l'*Incoronazione di Poppea*, Monteverdi revient aux sources de l'opéra, par-delà la réforme guarinienne de la pastorale, et le choix d'un sujet historique dans les *Annales*, loin de masquer cette audace, en accroît la pointe polémique. La manière dont l'intrigue est conduite dans le livret de l'opéra soutient cette analyse. Néron et Poppée s'y taillent la part du lion, à la fois pour le temps de leur présence en scène et pour les développements musicaux exceptionnellement brillants auxquels celle-ci se prête. Tout réussit aux deux monstres: la séduction et le bonheur dans le crime dont ils irradient vont croissant jusqu'au sublime duo final. Face à eux, Octavie, l'épouse légitime dont la jalousie ne recule pas devant un projet d'assassinat, et surtout le philosophe Sénèque, le sévère barbon qui joue ici le rôle de Carême, s'efforçant vainement de faire obstacle au carnaval érotique des deux amants, font l'un et l'autre pâle figure.

Pourtant, ni le librettiste ni le musicien n'ont esquivé l'antithèse entre l'enchanteresse Poppée et le grave moraliste quasi chrétien. Mais celle-ci, qui dans tout autre genre dramatique de l'époque aurait tourné à la gloire du vaincu, et à l'exécration pour la pécheresse victorieuse, rend celle-ci plus attrayante et séduisante encore. Pourquoi cet étrange retournement du sens moral que le théâtre alors met tant de soin à respecter? C'est que Poppée est aussi la Muse de l'opéra, et que son personnage est éminemment propre à faire valoir toutes les facettes de l'éloquence asiatique de ses arias. Sénèque en revanche allégorise sous son nom non seulement la sévérité morale du Portique et du christianisme, mais encore la gravité du genre le plus hostile à celui de l'opéra, la tragédie «à l'antique», dont son propre théâtre avait été et demeurait le modèle. La scène fameuse de suicide philosophique de Sénèque est traitée par Monteverdi en un style de motets qui évoque à la fois la tradition musicale du nord gothique de l'Europe, et la

---

[6] Sur la poétique de Guarino, source directe de celle de Corneille, voir les analyses de B. Weinberg, *History of Literary Criticism in Italy*, Chicago, 1961, t. II, pp. 1074-1111 et ci-dessus p. 210 et pp. 216-217 notamment.

sévérité de sa propre musique sacrée. Avec Sénèque, on sort de l'opéra pour entrer à l'église. Avec la mort de Sénèque, bientôt suivie du couronnement triomphal de Pompée, c'est l'opéra lui-même qui donne le spectacle de sa propre délivrance, au sens obstétrique du terme, des derniers liens moraux et religieux qui le retenaient de suivre sa pente sensualiste. Erato s'affirme, dans l'horreur et l'ivresse de sa propre culpabilité victorieuse, comme la prêtresse moderne du culte païen de la Vénus terrestre. On ne sait, il est vrai, dans cette œuvre où un genre prend conscience de soi, ce qui l'emporte de la mauvaise conscience ou de l'ivresse d'oser être soi. La musique dit l'ivresse, mais le choix du sujet, historique et non mythologique, propre à la tragédie plus qu'à l'opéra, en même temps qu'il souligne la violence de la transgression, en accentue l'horreur. Il est fort possible que Monteverdi ait composé sa dernière *Missa a quattro voci a cappella*, proche du plainchant à travers l'expérience des Flamands et de Palestrina, comme un acte d'expiation compensant, s'il se pouvait, *Le Couronnement de Poppée*. La frontière interdite que cette œuvre se sait franchir n'a pas été abordée à la légère: elle ne l'a pas été non plus de gaieté de cœur, avec un cynisme libertin. Porté par la logique du développement d'un art où il était passé maître, porté aussi par le vœu profond d'un public vénitien rejetant ses bandelettes ecclésiastiques, et conquérant son propre espace de jeu, une scène de l'imaginaire où l'Eros censuré puisse se repaître, Monteverdi a été au-delà des limites que l'humanisme érudit avait fixées à la Renaissance des Lettres et des Arts païens. Cette sollicitation était d'autant plus vive à Venise que la société civile y était particulièrement soucieuse de marquer son indépendance vis-à-vis de la société religieuse, plus soucieuse encore que les sociétés de cour qu'avait auparavant servies Monteverdi, et qui constituaient pourtant la pointe avancée du laïcisme et de l'hédonisme profane au sein des masses européennes contrôlées par le clergé et imprégnées par sa prédication d'un christianisme augustinien.

Il y a un évident décalage entre l'évolution des arts en Italie, au XVIIe siècle, et leur contrepartie en France. La France reste encore, au XVIIe, à la fois par la puissance politique de ses magistrats gallicans et par l'ampleur de sa Réforme catholique, une terre de chrétienté où l'on se méfie de l'Italie comme corrompue et corruptrice, et où les arts liés au luxe de la cour sont entourés, dans l'opinion gouvernée par le clergé de toutes robes, d'une méfiance hostile. Etienne Durand, avant Théophile, en avait fait l'épreuve. En 1642, le plus grand peintre français, après un bref séjour à Paris, se hâte de rentrer à Rome où il se sent moins bridé qu'en France, plus libre d'être un artiste à la première personne, et reconnu comme tel. En 1642 toujours, un Corneille en est encore à tenter de désarmer le puissant préjugé dévot contre le théâtre en enveloppant à l'espagnole, sous une édifiante tragédie chrétienne, les amours pourtant bien innocentes de Pauline et de Sévère. Ces concessions, nous le verrons, ne tromperont pas ses tenaces censeurs. Les temps sont loin où la cour d'Henri III, au milieu de la réprobation générale de la bourgeoisie dévote de Paris et d'une populace fanatisée par les moines ligueurs, faisait représenter *Le Ballet comique de la Royne* de Balthazar de Beaujoyeulx où les recherches dramatiques, musicales, chorégraphiques et philosophiques des académies des Valois, à l'avant-garde des cours d'Europe, cherchaient à se résumer. Lorsque Mazarin, dont le goût s'était formé à la cour des Barberini, Florentins épris de *drammi musicali*, fit représenter à Paris en 1646-1647, des opéras vénitiens, la *Finta Pazza*, l'*Orfeo* de Rossi et l'*Egisto* de Cavalli, l'impression faite sur le public de cour fut compensée par de violentes réactions chauvines et puritaines dont l'écho retentira dans les *Mazarinades*, durant la Fronde. Ici encore, conciliateur-né, Corneille tentera avec *Andromède* de trouver un moyen terme entre sa conception de la tragédie française, réformée chrétiennement, et les blandices de l'opéra italien: un «contentement», mais «raisonnable».

*

Dans ces conditions, la frontière de transgression était à Paris très en retrait sur ce qu'elle était à Venise ou même à Rome. Si, en 1644, l'opéra italien, qui a acquis droit de cité à Venise, reste anathème en France, en 1630, lorsque Richelieu après la Journée de Dupes devient le maître absolu du Louvre, c'est encore le théâtre tout court qui reste à légitimer. Les comédiens italiens dont la cour de France, depuis Catherine de Médicis, s'était coiffée, se voient, en dépit des hautes protections dont ils disposent, traités hors de la cour en parias. Ils publient dans les années 1625 plusieurs apologies du théâtre à Paris, arguant de la haute finalité morale et sociale de leur art, cherchant à établir qu'il est compatible avec la foi et les mœurs réformées par

---

[7]   Voir notre étude «La querelle de la moralité du théâtre avant Nicole et Bossuet», dans *Revue d'histoire littéraire de la France*, n° 5-6, sept.-déc. 1970, pp. 1007-1030, et l'ouvrage de F. Taviani, *La Fascinazione del teatro*, Roma, 1969,

Trente. A leur suite, comédiens et dramaturges français s'enhardissent, soutenus par un grand seigneur tel que Montmorency, puis par l'autorité du cardinal de Richelieu. Cette hardiesse nouvelle s'appuie évidemment sur la formule de compromis proposée par les Italiens, sur le modèle de celle dont Guarino avait exposé les attendus dans ses deux *Verrato*: la délectation théâtrale est légitime, elle est même souverainement utile à la société chrétienne pour peu qu'elle se donne une fin morale, et qu'elle soit conclue par la représentation du bien récompensé, et du mal puni. Sous l'égide de ce compromis, la faveur croissante de la cour, suivie par le public parisien, donne au *Théâtre françois*, longtemps humilié, une nouvelle conscience de soi: il ne se contente plus de faire son apologie, il se célèbre, il s'admire, il se contemple avec jubilation dans son propre miroir, comme enivré d'être sorti des limbes où il végétait depuis Robert Garnier. C'est le temps du théâtre sur le théâtre, qui après Gougenot et Scudéry trouve chez le Corneille de *L'Illusion comique*, en 1636, son expression la plus achevée. Mais c'est probablement dans la *Médée* du même Corneille, jouée un an avant *L'Illusion*, que cette poétique du théâtre qui a enfin trouvé, sinon une légitimité unanimement reconnue, du moins le droit d'exister, s'exprime, sous le couvert de la fable, avec le plus de violence et de défi. La pièce ne sera publiée qu'en 1639, avec une dédicace à un anonyme qui en réaffirme le sens polémique, et fait d'elle, après coup, la flèche du Parthe de la «querelle du *Cid*» finissante: «Je vous donne Médée, écrit Corneille, toute méchante qu'elle est, et ne vous dirai rien pour sa justification.»

«Médée» est employé ici, à dessein, à double sens: c'est le personnage, et c'est la pièce de théâtre. C'est plus encore peut-être le personnage dans la fonction d'allégorie du théâtre, comme Poppée chez Monteverdi était l'allégorie de l'opéra. Tel qu'il s'applique à «Médée», l'adjectif «méchante» insiste non seulement sur la désinvolture de l'œuvre vis-à-vis des modèles de l'Antiquité, et surtout Sénèque, mais aussi sur l'immoralité d'un personnage et d'une tragédie à fin heureuse qui voit triompher insolemment la sorcière, petite-fille du Soleil. Sur la «méchanceté» de la pièce, propre à heurter de front les tenants de l'orthodoxie «aristotélicienne», Corneille s'explique en ces termes:

---

ainsi que son édition de N. Barbieri, *La Supplica, discorso familiare a quelli che trattano de' comici*, Milan, 1971.

> [Le but] que la poésie dramatique [se propose] est de plaire, et les règles... ne sont pas des raisons qui puissent persuader aux spectateurs qu'une chose soit agréable quand elle leur déplaît. (*Dédicace*)

On ne saurait affirmer plus brutalement la complicité du théâtre avec le principe de plaisir, et son éloignement pour une poétique de l'utilité. Sur l'autre « méchanceté » de la pièce, propre cette fois à indigner les tenants de la morale ecclésiastique, Corneille n'est pas moins net :

> [...] Vous trouverez le crime en son char de triomphe, et peu de personnages sur la scène dont les mœurs ne soient plus mauvaises que bonnes ;

Et il ajoute, comme pour répondre par avance au « Quelle vanité que la peinture... » de Pascal :

> ... mais la peinture et la poésie ont cela de commun, entre beaucoup d'autres choses, que l'une fait souvent de beaux portraits d'une femme laide, et l'autre de belles imitations d'une action qu'il ne faut pas imiter (*Ibid.*).

Alors que dans *L'Illusion comique*, et dans ses apologies du *Cid*, Corneille se place toujours sur le terrain du compromis entre plaisir théâtral et morale, ici, comme si cette pièce antérieure à *L'Illusion* et au *Cid* le contraignait à revenir à ses sources, Corneille avoue, dans la dédicace tardive de *Médée*, sa tentation la plus profonde, celle de faire admettre une autonomie de l'art par rapport à la morale, d'une vérité du plaisir par rapport à la vérité utile au salut. La sanction de cette vérité théâtrale, c'est le plaisir tout profane du spectateur, et c'est lui encore qui justifie l'écart de la pièce vis-à-vis de la norme poétique telle que les doctes la conçoivent dans leurs bibliothèques. Dans les deux cas, il y a de la part du dramaturge référence implicite au public de cour, qui a soutenu son œuvre contre les censeurs, et qui lui est reconnaissant de ne pas se voir traiter par lui en enfant à qui l'on fait la leçon, mais en adulte, participant d'une société civile construite à partir de l'homme tel qu'il est, et non de l'homme racheté par la grâce ou remodelé sur le moule antique. La représentation des « actions qu'il ne faut pas imiter », voire du « crime en son char triomphe », est un des miroirs collectifs où la société civile se reconnaît, et prend conscience d'elle-même comme poursuivant le bonheur profane, et non le salut religieux.

La dédicace de la pièce autorise la lecture de la pièce elle-même, sous la fable dramatique au premier degré, comme un manifeste allégorique décrivant le théâtre en train de rompre les bandelettes savantes, morales et religieuses qui le nient ou l'humilient. Jason, au début de la pièce, a fait son choix entre deux femmes: Médée, la «vieille maîtresse», et Créuse, la future épouse. Médée, compagne illégitime de Jason, est une sorcière: c'est aussi une artiste. Elle est passée virtuose en deux arts sophistiques, celui de faire croire un mensonge pour vérité, ce qui lui a permis de duper cruellement les filles de Pélie, ce qui lui permettra d'en faire autant pour Créuse; celui de mettre en œuvre des tragédies comiques et des comédies tragiques selon la cruelle et ironique ambiguïté qui marque le déchiquètement de Pélie par ses propres filles, la résurrection du vieil Aeson, les trahisons et les «miracles» qui ont soutenu, pour ne pas dire forgé de toutes pièces, l'héroïsme de Jason et bientôt, après la mort atroce de Créuse et de son père, l'assassinat des enfants de Jason sous les yeux de celui-ci, spectacle d'horreur qui condamne le malheureux au suicide. L'éloquence captieuse de Médée se déploie volontiers en manœuvres magiques et en mises en scène dramatiques qui achèvent de lui conférer un pouvoir souverain sur les âmes communes. Il y a une complicité évidente entre Corneille dramaturge et ce personnage sur lequel il peut projeter sa volonté de puissance de poète agissant sur les âmes par le leurre des mots. Cela n'est pas incompatible avec son souci de montrer en Médée l'héroïne de la foi jurée, la vengeresse du serment non tenu par Jason.

Autre point commun entre la conscience de soi du poète et son personnage principal: ils sont tous deux, l'un comme auteur de la tragédie, l'autre à l'intérieur de celle-ci, comme auteur des hauts faits dont Jason n'a été que l'acteur docile, les père et mère du héros de la pièce. L'invention de Jason par Médée est payée par elle de l'exil et de la malédiction universelle, où l'envie entre pour une bonne part: cela la touche peu. Mais cette sorcière-dramaturge ne peut tolérer que *son* personnage lui échappe, que le prestige et la visibilité mêmes dont elle l'a pourvu par ses charmes lui servent à trahir leur condition commune de bannis, de maudits, pour rejoindre, dans un mariage avec Créuse, la légitimité, la morale, la respectabilité. Créuse, fille du roi Créon, représente en effet pour Jason une chance de faire oublier dans le mariage et la royauté les origines inquiétantes de son personnage héroïque:

> Je vois mon crime en l'une, en l'autre mon excuse; (I, 2, v. 170)

Tout se passe comme si la fable s'était prêtée à une mise en œuvre mytho-poétique des thèmes énoncés plus tard dans la dédicace de 1639. Jason est l'enjeu d'une psychomachie allégorique du théâtre, déchiré entre la légitimation morale qu'il faut payer du sacrifice de

la liberté et des ressources «démoniaques» dont il se nourrit, et l'illé-
gitimité d'une grandeur affranchie de toutes limites, de toute concession à ce qui n'est pas elle, mais vouée à la perdition.

Rien de surprenant si Créuse éprouve pour sa rivale Médée une
véritable fascination envieuse et prédatrice: elle veut son prestigieux
amant, elle veut ses enfants, elle veut enfin sa robe de soleil, comme
une honnête femme peut rêver avidement et sottement de revêtir ce
dont elle est à jamais dépourvue, l'inaccessible *glamour* de l'actrice
et de la femme damnée. Face à cette enfant gâtée de bonne maison,
fade et capricieuse, la grandeur de Médée enracine son génie dans
d'inaccessibles profondeurs démoniaques, y puisant une énergie
inventive qui se célèbre dans des termes où le poète, sous le masque,
se reconnaît sans peine:

> Il faut faire un chef-d'œuvre, et qu'un dernier ouvrage
> Surpasse de bien loin ce foible apprentissage. (I, 4, vv. 253-254)

C'est par avance le langage de Dolmancé. Et Corneille n'hésite pas
à faire parler la langue de l'orgueil infernal à celle dont il fait manifestement l'allégorie du théâtre, et de sa propre conscience de soi de
poète. De quoi d'autre que du théâtre, double fallacieux de l'univers,
parle donc Médée-Melpomène dans les vers célèbres adressés à sa suivante Nérine?

> Oui, tu vois en moi seule et le fer et la flamme,
> Et la terre, et la mer, et l'enfer, et les cieux,
> Et le sceptre des rois, et la foudre des dieux. (I, 5, vv. 322-324)

Qu'est-ce encore que cette robe de soleil, tant convoitée par
Créuse, étole de la sorcière, et bientôt tunique de Nessus pour la fille
du roi et pour le roi son père, sinon une robe de théâtre, qui éblouit
d'abord sur fond de nuit, pour faire surgir bientôt de sa lumière le feu
et l'horreur sanglante de la tragédie?

> Qu'elle a fait un beau choix! Jamais éclat pareil
> Ne sema dans la nuit les clartés du soleil;
> Les perles avec l'or confusément mêlées,
> Mille pierres de prix sur ses bords étalées,
> D'un mélange divin éblouissent les yeux;
> Jamais rien d'approchant ne se fit en ces lieux.
> Pour moi, tout aussitôt que je l'en vis parée,
> Je ne fis plus d'état de la Toison dorée; ... (II, 4, vv. 579-586)

Dans la scène 2 de l'acte II, l'affrontement Créon-Médée résume
le conflit entre la royauté de la morale et l'héroïsme de l'art, qui refuse

de s'effacer en léguant à la morale ingrate un soutien qui doit tout à l'art ; avec une terrible lucidité, Médée dénonce l'hypocrisie pharisaïque de Créon, qui s'empare de Jason et rejette celle qui a fait Jason :

> Est-ce user comme il faut d'un pouvoir légitime,
> Que me faire coupable et jouir de mon crime ?...
> [...]
> Peignez mes actions plus noires que la nuit ;   (II, 2, vv. 449-450 ;
>   Je n'en ai que la honte, il en a tout le fruit : ...   471-472)

Infortune de la vertu et bonheur dans le crime, les cris de fée de Médée triomphante à la fin de la pièce accompagnent la victoire du génie théâtral sur la lâcheté, l'hypocrisie, le pharisaïsme, la lymphe sotte et au fond méchante des tenants de la légitimité. Le poète ne tiendra pas longtemps ce langage insolent. L'année suivante, dans *L'Illusion comique*, la magie théâtrale sera allégorisée dans la sagesse pédagogique du vieil Alcandre[8], et tout sera prêt pour le mariage de l'art et de la morale tridentine dans les œuvres suivantes. La tentation adultère n'en subsistera pas moins, et réapparaît sur la scène, avec *Rodogune*, dans le personnage de Cléopâtre. A la faveur toutefois de l'aveu de *Médée*, remarquons au passage que, pour le poète français, ce n'est pas Vénus qui est, comme chez Monteverdi, la Muse coupable et fascinante du théâtre, mais, comme chez Sade, une sorte d'Hermès sophistique, qui suscite l'illusion et le plaisir, qui exerce son pouvoir moins par la séduction sensuelle que par l'artifice captieux et l'intelligence perverse. Une des sources les moins avouables de la résistance française à l'opéra italien, dont l'érotisme est au fond ingénu, vient de là.

*

Mais le Corneille auteur de *Médée* apparaît lui-même bien ingénu lorsque l'on se tourne vers le Racine de *Phèdre*, génie dramatique nourri par les plus redoutables dévots, qui au surplus étaient des doctes. Représentée en 1677, *Phèdre* apparaît dans la phase de l'histoire de la tragédie française où celle-ci, légitimée depuis longtemps par le compromis cornélien, typiquement jésuitique, ne voit plus contester que par Port-Royal cette «utilité morale» sur laquelle repose sa bonne conscience. Corneille, en 1668, dans la préface de son édition d'*Attila*, avait répliqué avec hauteur à ce qu'il croyait être un dernier quarteron

---

[8]   Voir notre étude «Rhétorique et dramaturgie dans *L'«Illusion comique»* de Corneille», dans *XVIIe siècle*, n° 80-81, 1968, pp. 107-132, reproduite ci-dessus.

de puritains. En revanche, et sur sa gauche pour ainsi dire, la tragédie subit une concurrence de plus en plus irrésistible de la part de l'opéra, transposé à la française par les soins de Quinault et de Lully. Le goût croissant de la cour et de la ville a été consacré officiellement en 1671 par la création de l'Académie royale de musique, et le public, lassé de la vieille épouse légitime qu'est devenue la tragédie gourmée de Corneille, se tourne vers cette nouvelle maîtresse. Racine, dont la «tendresse» un temps avait retenu ce public blasé, se voyait contraint en 1674 d'incliner davantage la tragédie vers le théâtre musical en faisant jouer *Iphigénie*, à sujet mythologique, dans des décors d'opéra. En fait, la frontière de transgression est là, désormais: entre la tragédie telle que l'a conçue Corneille, reconnue par les doctes, admise par les jésuites, réglée par une poétique savante, fidèle à la vraisemblance historique, unissant le plaisir à l'instruction morale, et d'autre part l'opéra, dont les invraisemblables sujets mythologiques, prétexte à d'éblouissants effets d'optique, l'indifférence relative à la poétique savante, le charme enfin de sa musique, offrent aux sens profanes un leurre moins rétif. Racine, rival de Corneille, se tient sur cette frontière, et s'il avait, avec *Mithridate*, fait un pas vers Corneille pour l'affronter sur son propre terrain, la tentation était forte pour lui de faire un pas en sens inverse pour battre Quinault sur le sien. Il fait peu de doute qu'il songea, après *Iphigénie*, à écrire pour l'opéra. Mais une autre possibilité, plus inattendue, plus glorieuse, s'offrait à lui: celle de quitter le champ de bataille, non sans avoir vidé auparavant la vieille querelle qui l'opposait à Corneille, et présenté une tragédie qui, tout en étant en quelque sorte l'envers de l'opéra, lui permît de se présenter lui-même, accusé par les «cornéliens» de célébrer «les tendresses de l'amour content», comme plus radicalement fidèle que Corneille aux leçons conjuguées de la morale chrétienne et de la poétique des Anciens. Coup de génie stratégique, et adieux de vainqueur, la préface de *Phèdre* oriente en ce sens la lecture de la pièce. Elle souligne la fidélité observée envers le modèle antique, Euripide, la conformité des personnages à la règle de la *Poétique* d'Aristote: «Ni tout à fait coupables, ni tout à fait innocents.» Par un prodige de sophistique, Racine va jusqu'à soutenir qu'il a été plus loin que les Anciens dans la fidélité à la règle antique lorsqu'il a déchargé Phèdre du poids le moins noble de ses crimes et reversé celui-ci sur la «servilité» de la nourrice Oenone, et lorsqu'il a ôté à Hippolyte, dont il fait un amoureux éperdu d'Aricie, une partie de cette «perfection» fautive que lui avaient prêtée Euripide et Sénèque! L'invention d'Aricie, qui complète le couple pastoral introduit dans le mythe antique, est justifiée par l'autorité de Virgile et, pour faire bonne mesure, par celle de Plutarque. Enfin, adoptant ce style de Père noble qui rendra si ennuyeuse sa correspondance d'homme rangé, Racine affirme la haute inspiration morale de *Phèdre*, et implicitement sa propre supériorité sur ce terrain, vis-à-vis de Corneille:

> [...] Je n'en ai point fait [de tragédie] où la vertu soit plus mise en jour que dans celle-ci. Les moindres fautes y sont sévèrement punies [...]. Les faiblesses de l'amour y passent pour de vraies faiblesses. Les passions n'y sont représentées que pour montrer tout le désordre dont elles sont cause. Et le vice y est peint partout avec des couleurs qui en font connaître et haïr la difformité. C'est là proprement le but que tout homme qui travaille pour le public doit se proposer...

J'ai parlé de stratégie: c'est évidemment, et d'abord, à la carrière que l'on pense, à l'intérêt que le poète pouvait avoir à rompre avec son passé fuligineux d'homme de théâtre, et à se présenter, quitte à risquer une réconciliation avec ses anciens maîtres de Port-Royal, pour un tenant d'une morale d'autant plus sévère qu'elle avait beaucoup à se faire pardonner. Mais Racine avait assez d'esprit pour faire d'une *Phèdre* deux coups. L'intelligence stratégique du «carriériste» a bien pu se conjuguer avec la réflexion du poète sur l'impasse tragique où était engagée la tragédie française, et c'est, à mon sens, cette réflexion qui se déploie, sur le mode mytho-poétique, dans *Phèdre*, où est signifiée l'impossibilité même du genre de la tragédie chrétienne[9].

---

[9] Voir, sur les raisons proprement «artistiques» du silence de Racine après *Phèdre*, l'article de J. Dubu: «Artistic reasons for Racine's silence after *Phèdre*», dans *Racine, selection of critical essays*, éd. R.C. Knight, Londres, 1969, pp. 218-230, version nouvelle d'un article publié dans *XVIIe siècle*, 1953. Quoique sur deux registres différents, nos analyses se rencontrent. Voir en particulier, p. 222, la pénétrante mise en évidence de la méditation de Racine sur la mort et le surnaturel; pp. 222-223, la remarque très pertinente selon laquelle *Phèdre* est avant tout un soliloque de Phèdre avec elle-même, rendu acceptable pour la scène du XVIIe siècle par un jeu de miroirs que, pour notre part, nous croyons avoir ci-après correctement «démontré»: Phèdre est la psychomachie allégorique de l'âme de Phèdre, et l'âme de Phèdre est celle de l'art tragique. Voir encore, p. 224, le rapprochement entre Hippolyte, *thin* sinon *hollow character*, comme d'ailleurs les autres personnages, Phèdre à part, et l'Adonis de La Fontaine, personnage typiquement pastoral. Le mot *compromise*, qui apparaît p. 227, n'est toutefois pas employé par J. Dubu dans notre sens: il indique chez lui le mélange d'expérience chrétienne de la faute, au sens augustinien, et d'artifices dramatiques tirés de la fable et du théâtre païens; nous employons le mot en le réservant à la dramaturgie cornélienne, car s'il y a «compromis» chez Racine, c'est

Ici encore, il faut admettre que le personnage de Phèdre, comme la Poppée de Monteverdi ou la Médée de Corneille, signifie sur deux registres qui se réfléchissent l'un l'autre : actrice dans la fable dramatique, elle est l'« héroïne » de la tragédie ; instance allégorique résumant et réfléchissant la conscience que le poète prend et donne de son art, elle est la Muse tragique en action ou, si l'on préfère, la tragédie elle-même comme héroïne d'un drame dont l'enjeu n'est autre, sur ce registre, que sa propre légitimité et possibilité. Sur ces deux registres, Phèdre, aux prises avec la plus violente des tentations, ne voulant ou ne pouvant y céder sans se renier, n'a d'autre issue que de se manifester une dernière fois avec horreur et ivresse, avant de s'effacer dans le silence de la mort. Personnage « en abîme » d'une tragédie où se joue, parallèlement à son destin, celui du genre tragique, voire celui du théâtre auquel il sert de caution, Phèdre consommerait à la fois l'échec de ses illusions d'amante inassouvissable, et celui du compromis élaboré par Corneille pour légitimer le théâtre par la tragédie « modérée chrétiennement ». Apocalypse de la fille de Minos, *Phèdre* serait aussi celle de la tragédie classique.

La manière dont Racine allégorise le personnage de Phèdre pour en faire, au second degré, la voix même du théâtre sur le théâtre[10] est sans doute plus délicate et insinuante que le jeu métaphorique de Corneille sur la « sorcellerie » et la « robe de soleil » de Médée : elle repose en définitive sur le même réseau d'images. Dès son apparition sur la

---

justement, dans *Phèdre*, pour proclamer solennellement qu'il est criminel, dans un sens très analogue a celui de Boileau dans ses vers fameux :

De la foi des chrétiens les mystères terribles
D'ornements égayés ne sont pas susceptibles.

[10]   On rapprochera notre analyse de celle de Serge Doubrovsky (« L'arrivée de Junie dans *Britannicus* : la tragédie d'une scène à l'autre », *Littérature*, n° 32, déc. 1976, pp. 27-54). A propos de *Britannicus*, et en suivant une ligne de réflexion très différente de la mienne ici, Serge Doubrovsky me rencontre sur un point capital : « *Britannicus*, écrit-il, est sans doute, dans l'œuvre racinien, la pièce miroir, celle où le théâtre cherche à capter son essence, en se mettant très précisément en abîme, du seul fait que le personnage principal soit un *acteur* [...]. En fin de compte *Britannicus* est une admirable *autodéfinition de la tragedie dans la tragédie*, réflexion sans rivale et qui lui donne son statut particulier au sein de l'œuvre racinienne » (pp. 39 et 43).

L'enthousiasme pour son sujet limite ici la pensée du pénétrant critique : je crois que cette *réflexivité sur soi* du texte dramatique est un trait structurel de tous les chefs-d'œuvre du théâtre du XVIIᵉ siècle : c'est probablement à la présence de ce trait que se reconnaît le chef-d'œuvre, par opposition à l'œuvre « plate ». Les autres tragédies de Racine, les tragédies de Corneille, et même les grandes comédies de Molière relèvent du type d'analyse dont je propose une version, et Serge Doubrovsky une autre.

scène à l'acte I, celle-ci est orchestrée par une série de métaphores du jour, de la lumière sur fond nocturne :

> Elle veut voir le jour... dit Œnone ; et aussitôt Phèdre s'écrie :
> Mes yeux sont éblouis du jour que je revois. [...] Œnone continue :
> Vous vouliez vous montrer et revoir la lumière...
> Et Phèdre répond : Noble et brillant auteur d'une triste famille [...].
> Soleil...   (I, 2, 3-5, vv. 149 ; 155 ; 166 ; 169 ; 172)

Autant d'images classiques[11], renvoyant au théâtre comme dévoilement dans la lumière, et l'identifiant au passage solennel du personnage, de la nuit et de l'absence à son éclatante apparition sur la scène illuminée. Avec Phèdre qui s'avance sur la scène, c'est le théâtre même qui dans ce mouvement se résume et se réfléchit. Une seconde série de métaphores, celle de l'aveu sur fond de rétraction et de silence, complète la définition métaphorique du théâtre : il est genèse non seulement du visible, mais du verbe :

> ... Rougissez d'un silence... (*Ibid.*, v. 185)
> Un silence éternel cache ce souvenir, (v. 252)
> Tu frémiras d'horreur si je romps le silence. (v. 238)
> Parlez, je vous écoute. (v. 246)
> Ciel, que lui vais-je dire ? Et par où commencer ? (v. 247)

Au prix d'un glissement insensible du sens, ces formules parfaitement en situation rendent le spectateur sourdement conscient du «miracle», autrement banalisé par l'évidence de l'habitude, le passage du mutisme à la parole, du silence au discours. Le refus longtemps opposé par Phèdre à Oenone, le suspens que crée ce refus, solennise et sacralise l'éclosion finale de l'aveu et fait de celui-ci la magnification d'une prosopopée dramaturgique.

Ces deux séries de métaphores ont une fonction célébrante, comme l'avaient dans *Médée* la sorcellerie et la robe de soleil. Mais ici elles se recoupent pour dénoncer le théâtre comme parole criminelle, exposant publiquement et au grand jour sa source cachée, les appétits avides du corps, cachot de l'âme. Cette parole, qui rompt les ténèbres et le silence, jaillit de l'enfer du désir inassouvi («Une flamme si noire»). Flamme qui dévore Phèdre mais dont le spectateur n'est pas indemne, puisque c'est sa *libido videndi et audiendi* qui l'a

---

[11]   Voir les sonnets à la gloire du théâtre de Giambattista Andreini, dans *Il Teatro celeste* (Paris, 1624), entre autres les traductions citées dans l'article cité à la note 7, pp. 1015-1016.

conduit là, et c'est pour lui répondre que le spectacle a été conçu, que
Phèdre lui est livrée en victime. Médée était certes une criminelle, mais
Corneille nous invitait à admirer dans ses crimes «la source dont ils
partent», la grandeur d'âme vengeant la foi jurée. La «flamme si
noire» de Phèdre ne bénéficie pas de cet éclairage anoblissant, auquel
Corneille ajoutera dans ses pièces suivantes un éclairage édifiant.
C'est le principe de cette bonne conscience qui est soumis à la question chez Racine, après que Nicole et Varet en ont dénoncé l'hypocrisie, l'un dans son *Traité de la comédie*, l'autre dans son *Traité de l'éducation des enfants*[12]. Rappelons leur argumentation: comment peut-
on prétendre «modérer chrétiennement» l'intérêt d'amour qui est le
ressort essentiel de la tragédie cornélienne, même lorsque celle-ci
prend saints et martyrs pour héros? Cet intérêt d'amour, qui rend évidentes la complicité de concupiscence entre public et spectacle,
l'attraction criminelle sur laquelle repose tout le plaisir dramatique,
colore en fait toute l'œuvre, et même les ornements rapportés qui s'y
réclament de la morale, voire de la foi. Celles-ci, en fait, sont compro-
mises dans un mauvais lieu où elles ne servent que d'alibi. Tout se
passe donc comme si, pour Varet et Nicole, la veine ovidienne et «pastorale» que la tragédie cornélienne prétend contenir dans les limites
esthétiques et morales était en réalité la trace irrécusable des origines
démoniaques et de l'essence coupable de tout spectacle dramatique.

L'«aveu» de Phèdre n'atteindra la plénitude de la contrition qu'à
l'instant de son suicide. Jusque-là, elle n'est pas indemne de la tentation du compromis sophistique et mensonger. Cette tentation, c'est
Oenone qui la représente et l'allégorise à ses côtés. Dès l'acte I, 3, elle
a recours, pour arracher Phèdre à l'apathie du désespoir, au langage
cornélien de la grandeur d'âme:

> Hé bien! votre colère éclate avec raison:
> J'aime à vous voir frémir à ce funeste nom.
> Vivez donc. Que l'amour, le devoir vous excite. (I, 3-5, vv. 207-209)

Elle parle comme si sa maîtresse ne pouvait être animée par un
autre amour que l'amour maternel, par une autre passion que la juste

---

[12]   Voir l'édition par G. Couton du *Traité de la comédie* de Nicole (Paris, 1961),
où l'on trouvera dans l'introduction une analyse des thèses de Varet, dans son traité
De l'éducation chrétienne des enfants, Paris, 1666. Nicole et Varet se sont surtout
acharnés sur la *Théodore, vierge et martyre* de Corneille, mais leurs analyses portent,
a fortiori, sur les tragédies à sujet profane de cet auteur.

colère contre un ennemi, par une autre obsession que le devoir d'une reine et d'une mère. Quand ce masque conventionnel se déchire sous les coups de l'aveu de Phèdre, l'épouvante d'Oenone n'échappe au comique que par l'accord apparent de son emphase avec la pompe tragique qui l'enveloppe et le dissout. Mais dès que la nouvelle de la mort de Thésée parvient sur la scène, elle se ressaisit, et par une volte-face qui donne la mesure de son laxisme, elle absout chez la veuve ce qui lui faisait horreur chez l'épouse («Votre flamme devient une flamme ordinaire»), et reprend avec une conviction renouvelée son appel à une magnanimité de fiction, dessinant pour Phèdre le projet héroïque de s'unir à Hippolyte contre Aricie, pour sauver les droits de son fils. Et Phèdre cède à la tentation: elle s'empare de l'alibi grandiloquent que lui tend sa confidente pour retrouver l'espoir, et parer sa passion des couleurs du devoir. La faiblesse de l'alibi éclatera très vite au cours de l'entrevue Phèdre-Hippolyte de l'acte II, 5, lorsque le langage de Phèdre, oscillant entre le rôle de composition que lui souffle Oenone, et l'impérieuse poussée du désir qui la porte vers Hippolyte, la trahira aux yeux de celui-ci. La seule réaction de la confidente devant le scandale est de tenter de le dissimuler:

> Mais on vient. Evitez des témoins odieux;
> Venez, rentrez, fuyez une honte certaine. (II, 5, vv. 712-713)

Et inlassable, à l'acte III, 1, elle s'efforce à nouveau de ranimer son actrice chancelante, de lui faire enfin revêtir le rôle cornélien qu'elle a, dans l'acte précédent, laissé si vite retomber:

> Régner, et de l'Etat embrasser la conduite? (III, 1, v. 758)

Phèdre se sait incapable de cet effort. Eveillée à l'espoir par Oenone, qui croyait la convertir à l'action héroïque, elle n'en veut connaître que l'avenir possible ouvert à sa passion. Elle donne l'ordre à Oenone de servir celle-ci en lui achetant Hippolyte. Comme Oenone, Phèdre ne peut encore imaginer son héros qu'à travers les conventions cornéliennes, animé de passions «plus nobles et plus mâles que l'amour»: c'est par l'«ambition» prêtée par elle à Hippolyte qu'elle croit pouvoir le «fléchir».

Le retour de Thésée dispense Oenone de cette mission qui a tout pour lui déplaire. Il lui fournit le prétexte à reprendre sa trame. Pour sauver le rôle héroïque qu'elle tient à prêter à Phèdre, elle prend sur elle le stratagème qui, au nom de l'honneur, perdra l'innocent Hippolyte et lavera Phèdre dans son sang:

> Mais le sang innocent dût-il être versé,
> Que ne demande point votre honneur menacé?
> C'est un trésor trop cher pour oser le commettre.
> Quelque loi qu'il vous dicte, il faut vous y soumettre, (III, 3, vv. 903-906)

Il est difficile d'aller plus loin dans l'humour noir qui pulvérise l'éthique cornélienne de la gloire: à la lecture de ces vers atroces, on a le droit de voir dans *Phèdre* l'équivalent, pour la tragédie cornélienne, de ce que les *Provinciales* de Pascal avaient été pour le molinisme et la casuistique des jésuites. Infatigable, Oenone dresse aux côtés de Phèdre le fantôme de l'héroïne cornélienne qu'elle pourrait devenir, si Oenone était capable de la refaçonner à son moule. Mais la lumière du théâtre racinien agit sur ce fantôme et sur ce spectre comme un révélateur; sous leur grandeur d'âme, sous leur ambition, sous leur honneur et leur gloire, autant d'alibis pompeux, couvent la sophistique, et la violence du désir. Au nom de l'image idéale qu'elle se fait de Phèdre, et qu'elle surimpose de force à sa vérité, Oenone n'hésite pas à forcer les intentions de sa maîtresse, à fomenter contre Hippolyte la colère meurtrière de son père, à se servir pour le dénoncer de cette même «équivoque» dénoncée par Pascal avant de l'être par Boileau:

> J'ai vu lever le bras...
> Un amour criminel causa toute sa haine[13]. (IV, 1, vv. 1019 et 1030)

---

[13]   «J'ai vu lever le bras», pris à la lettre, est une description irréprochable de ce qui s'est passé, mais l'omission des circonstances, et du fait que le bras d'Hippolyte était désarmé, alors que Phèdre arrachait l'épée du fourreau, suggère indirectement un geste d'intention meurtrière. «Un amour criminel causa toute sa haine» est au sens strict exact, sauf que le tour de phrase imprécis, et le contexte, laissent suggérer que cet amour est celui d'Hippolyte pour Phèdre, alors que la restriction mentale d'Oenone entend, par-devers elle, l'amour de Phèdre pour Hippolyte. Voir Pascal, *Provinciales*, VII (sur la direction d'intention) et sur la question de la pénitence, de l'attrition, et de la contrition, qui est au cœur de la problématique tragique de *Phèdre*, la lettre X. Voir aussi Boileau, Satire XII, *Sur l'équivoque*, en particulier vv. 125-140, et v. 295: «L'art de mentir tout haut en disant vrai tout bas.» On peut même suggérer que le mouvement oratoire des vv. 5-7 («Sors d'ici fourbe insigne / Mâle aussi dangereux que femelle maligne, / Qui croit rendre innocents les discours imposteurs») se souvient d'un mouvement analogue prêté à Phèdre, chassant Oenone («Va-t-en monstre exécrable / [...] Puisse le juste ciel dignement te payer / Et puisse ton supplice à jamais effrayer / Tous ceux qui comme toi, par de lâches adresses / Des princes malheureux nourrissent les faiblesses / [...] Détestables flatteurs, présent le plus funeste / Que puisse faire aux rois la colère céleste»).

Dès la scène 4 de l'acte IV, Phèdre, amoureuse, mais dont le sens
moral n'est pas pour autant perverti, serait prête à démentir sa confidente, si Thésée soudain ne lui révélait l'amour d'Hippolyte et d'Aricie. Elle se tait, sans mesurer les conséquences de ce silence sur le sort
d'Hippolyte. Du moins en a-t-elle fini avec l'espoir. A Oenone qui
tente une dernière fois de le lui rendre, elle signifie alors son congé :

Tes prières m'ont fait oublier mon devoir, (IV, 6, v. 1311)

Quel devoir? Non celui de la reine, de la mère, de la politique
héroïne invoqué jusque-là par Oenone, mais le devoir de vérité vis-à-
vis d'elle-même, le devoir de se savoir criminelle et de le proclamer
publiquement. C'est à ce prix d'ailleurs, mieux qu'en entrant dans le
rôle grandiloquent que veut lui fabriquer Oenone, qu'elle préservera
sa «flamme» de déchoir en «flamme ordinaire», en «faiblesse aux
humains... trop naturelle», selon les termes d'Oenone qui oscillent
entre l'idéalisme extravagant et le plus plat conformisme. L'héroïsme
de Phèdre[14], comme le romanesque de la princesse de Clèves, ne peut
devenir suprême que dans le suprême dépouillement. C'est à ce
«devoir» d'un autre ordre qu'elle va désormais obéir, dans sa solitude
enfin conquise. C'est au nom de ce «devoir» qu'elle prononcera, dans
la scène finale, l'aveu de son crime en même temps que la sentence de
mort qu'elle a rendue, en reine authentique, contre elle-même. Le
devoir de vérité rend Phèdre au silence et à l'absence définitifs, et avec
elle, Racine et la tragédie. Ce suicide aura pour instrument :

Un poison que Médée apporta dans Athènes, (V, 7, v. 1638)

---

[14]   Voir, sur l'héroïsme au sens de Port-Royal, l'admirable mise au point de
R. Taveneaux, «Port-Royal, ou l'héroïsme de la sainteté», dans *Héroïsme et création
littéraire au XVIIe siècle*, Paris, 1974, pp. 99-109, qui redresse un préjugé bien enraciné sur Port-Royal, prétendu fossoyeur de l'héroïsme. La distance qui sépare
l'héroïsme cornélien de celui dont Phèdre finit par se montrer capable illustre parfaitement le débat entre «magnanimité» antique, teintée de christianisme, et magnanimité chrétienne, tout intérieure. C'est moins, dans le cas de Phèdre, l'héroïsme de la
sainteté, que l'héroïsme de l'incapacité à la sainteté au sens où La Rochefoucauld
écrit : «Il faut aller jusqu'à l'horreur quand on se connaît.» Toute notre analyse doit
beaucoup au livre de P. Butler, *Classicisme et baroque dans l'œuvre de Racine*, Paris,
1959, qui analyse avec profondeur le drame intérieur qu'a été pour Racine son passage à l'art de cour et au théâtre, et qui voit dans *Phèdre* (p. 267), non une œuvre
janséniste (la forme dramatique l'exclut), mais une «étape vers le jansénisme», avec
lequel il avait dû rompre durement pour s'adonner au théâtre. Plus que Philip Butler,
nous penchons cependant pour l'interprétation de Louis Racine. Car si Racine a pris
peur de *sa* poésie, c'est justement parce qu'elle était à ses yeux *la* poésie, de préférence
aux formules de compromis pratiquées par Corneille et son frère.

Ainsi la boucle est bouclée. Née dans une sorte de jubilation victo-rieuse, suivie d'un prudent armistice, qui préserva la paix, en dépit d'escarmouches, pendant quarante ans, la tragédie classique pro-nonce calmement, avec *Phèdre*, sa propre abdication devant la morale chrétienne. Mais elle la prononce de son plein gré, par une pure néces-sité intérieure qui sauve et même exalte sa dignité. Ce n'est pas sans revenir à *Médée*, dont elle retrouve la féroce lucidité inaugurale, non pas sur le mode de la revendication luciférienne, mais sur celui du *desengaño* et du libre renoncement. N'aura-t-elle donc été, entre le mystère chrétien de l'âge gothique et l'opéra des Lumières, qu'un sim-ple épisode? Au moment où Racine organise, avec celui de Phèdre, son suicide symbolique et public, il en révèle le secret qu'elle s'était efforcée de dissimuler, et dont l'opéra, ce «mystère d'alcôve», va «répandre au dehors», mélodieusement, les «fureurs»: philtre de concupiscence empruntant, à force de composition sophistique, les dehors de la grandeur d'âme, des passions nobles, de la gloire et de l'honneur.

*

Nous avons vu Phèdre — et avec elle la tragédie qui porte son nom — repousser en définitive la tentation de la tragédie cornélienne, et démasquer l'hypocrisie perverse dont sa bonne conscience est pétrie. Il nous reste à découvrir, dans cette étonnante psychomachie poétique, la présence dans *Phèdre* d'une autre tentation repoussée, celle de l'opéra. Si nous avons réussi à saisir sous son juste biais la conscience que Racine a de son œuvre, il va de soi que le péril de ce côté est relativement moins grave: l'opéra, pas plus que la pastorale dramatique d'où il est né, ne dissimule son principe, la passion amou-reuse, dont il imite les inflexions et les promesses de bonheur, pour la plus grande délectation profane des spectateurs. La tentation vite dissipée de la tragédie cornélienne n'est introduite dans *Phèdre* que par une confidente, dont Racine souligne dans sa préface la «servi-lité». Par un raffinement d'ironie, l'éthique dramatique de la gloire est confiée à une âme d'esclave, dont Phèdre finit par percer les res-sorts: elle naît à l'héroïsme véritable, celui justement de la vérité, lorsqu'elle se résout à chasser ignominieusement Oenone, la condam-nant au suicide. Tout autre est le sort réservé dans *Phèdre* à la tenta-tion de la pastorale et de l'opéra: une véritable «pièce dans la pièce» lui est consacrée, dont les héros sont Hippolyte et Aricie. Dès la pre-mière scène de l'acte I, en l'absence de Phèdre dont nous apprenons seulement la mystérieuse maladie, le dialogue Hippolyte-Théramène insinue, avec son décor mythologique, et surtout sa référence insistante à l'*Aminte*, la séduction propre au théâtre pastoral et musical. Dans la première scène de l'*Aminte*, Daphné tentait de persuader Silvia de renoncer à sa virginité farouche, et de s'abandonner à l'universelle loi d'amour. La traduction de l'abbé Torche, publiée l'année précédente, avait remis dans toutes les mémoires cette scène célèbre, où semblait se résumer aussi l'esprit du théâtre musical:

> Ne t'aperçois-tu point que tout aime ici-bas?
> Que l'Amour seulement règne dans la nature?...
> Et toi, plus fière qu'eux, à l'amour plus rebelle,
> Tu ne conçois pour luy qu'une haine immortelle...

Les vers de Théramène sont un écho direct à l'argumentation de Daphné, transfigurée pour convenir à la majesté du genre tragique:

> Quels courages Vénus n'a-t-elle point domptés!
> Vous-même où seriez-vous, vous qui la combattez... (I, 1, vv. 123-124)

Mais ici, et Théramène le pressent, cet effort de persuasion est déjà inutile: l'Hippolyte de Racine, sous le prétexte aristotélicien énoncé dans la préface, est déjà amoureux. Seuls le retiennent encore de l'avouer à son gouverneur sa virginale pudeur et l'attachement à l'image de chaste chasseur dévoué à Diane qu'il s'était longtemps forgée de lui-même. Mais très vite, le couple Hippolyte-Aricie se forme, introduisant plus décidément encore dans la tragédie les douceurs du lyrisme pastoral, jusque dans les inflexions mélodieuses de l'alexandrin:

> Présente, je vous fuis; absente, je vous trouve;
> Dans le fond des forêts votre image me suit;
> La lumière du jour, les ombres de la nuit,
> Tout retrace à mes yeux les charmes que j'évite,
> Tout vous livre à l'envi le rebelle Hippolyte. (II, 2, vv. 542-546)

On imagine aisément ce qu'aurait pu devenir le génie de Racine appliqué à des livrets d'opéra. Introduites au cœur d'une tragédie dont le sujet a été emprunté à Euripide et à Sénèque, ces «tendresses de l'amour content», quoique traversé, restent longtemps ignorées de Phèdre, qui croit Hippolyte, conformément à sa légende, rebelle à tout amour, et pas seulement au sien. Mais lorsque Thésée lui apprend cet amour réciproque, et au surplus innocent, sauf au point de vue tout politique de Thésée, le supplice de l'amour non payé de retour, tourmenté de remords, est redoublé par la torture de la jalousie qui imagine, du fond de son enfer, le paradis de l'amour partagé:

> Ils s'aimeront toujours!
> Au moment que je parle, ah! mortelle pensée!
> Ils bravent la fureur d'une amante insensée.
> Malgré ce même exil qui va les écarter,
> Ils font mille serments de ne se point quitter... (IV, 6, vv. 1252-1256)

Et c'est justement alors que résonne à nouveau dans la tragédie l'écho venu de l'*Aminte*, Oenone adressant à Phèdre la même apologie du bonheur que Daphné à Silvia, que Théramène à Hippolyte à l'acte I, 1:

> L'amour n'a-t-il encor triomphé que de vous?
> La faiblesse aux humains n'est que trop naturelle.
> Mortelle, subissez le sort d'une mortelle. (*Ibid.*, vv. 1300-1302)

Argument «démocratique» qui a le pouvoir paradoxal de redoubler l'horreur de Phèdre pour la passion qu'elle éprouve, au moment oú la fascination pour l'amour innocent d'Hippolyte et Aricie est à son comble. Introduit sur le théâtre, le remords, allant jusqu'à l'extrême de la contrition, a un effet destructeur. Cette lumière terrible dissout l'illusion dramatique, traquant partout, ouverte ou cachée, la concupiscence de la chair qui la soutient. Se sachant à l'intérieur d'un espace maudit («De l'austère pudeur les bornes sont passées»), Phèdre, éclairée par le remords, discerne partout sur la scène les reflets accusateurs de la «flamme si noire» qui la fait exister comme personnage de théâtre:

> Il me semble déjà que ces murs, que ces voûtes
> Vont prendre la parole, et prêts à m'accuser, ... (III, 3, vv. 854-855)
> ....
> Misérable! et je vis? et je soutiens la vue
> De ce sacré soleil dont je suis descendue? (IV, 6, vv. 1273-1274)

Phèdre, c'est le théâtre même, et le genre tragique qui passe pour justifier par excellence cet art; avec elle, ils se sentent saisis par un si violent tremblement de remords qu'ils s'anéantissent eux-mêmes, tel le palais d'Armide sitôt que Renaud s'éveille à la vérité de ses faux et coupables prestiges.

Quoique traité avec plus de pitié indulgente qu'Oenone, le couple Hippolyte-Aricie n'échappe pas à cette apocalypse de l'illusion théâtrale. Leur «innocence» est le leurre suprême, et vis-à-vis des ruses relativement grossières mises en œuvre par Oenone, il n'y a pas de vers dans Phèdre plus monstrueux, en même temps que plus mélodieux, que celui d'Hippolyte:

> Le jour n'est pas plus pur que le fond de mon cœur. (IV, 2, v. 1112)

Mais cette monstruosité, invisible à force d'être cachée sous la grâce de la jeunesse et de l'atticisme, a pour supériorité sur celle d'Oenone son invisibilité même: elle emblématise le suprême degré de la réussite esthétique, dangereusement coupable aux yeux de la vérité, mais qui, dans son ordre, s'élève à cent coudées au-dessus des accommodements tortueux et voyants de l'art cornélien. Oenone est coupable, deux fois, aux yeux de la vérité morale et aux yeux de l'art. Hippolyte n'est coupable qu'au titre de l'humanité pécheresse, en son sens le plus général: la grâce, la simplicité, la fraîcheur naturelle sauvent son amour, au moins dans l'ordre tout humain de la beauté:

> Charmant, jeune, traînant tous les cœurs après soi,
> Tel qu'on dépeint nos Dieux, et tel que je vous voi.
>
> Cette noble pudeur colorait son visage, ...   (II, 5, vv. 639-641)

Il n'en demeure pas moins que, en dépit de la fascination exercée par cette grâce profane sur Phèdre, et sur la conscience d'artiste du poète, elle doit elle aussi, avec Oenone, avec Phèdre, être emportée par l'orage de vérité qui souffle sur la tragédie. Avec le récit de Théramène, dont l'oraison funèbre d'Hippolyte est un admirable tableau d'opéra à machines, dans un décor de mythologie somptueuse, le monde d'Hippolyte et d'Aricie se dissipe comme un songe, et ce songe merveilleux est celui-là même de la pastorale dramatique et de son héritier, le théâtre musical: leur vanité se révèle enfin dans le deuil, l'absence, la mort. Que la cause occasionnelle de cette disparition douloureuse soit la colère de Thésée, ce père noble cornélien trop naïvement attentif aux captieuses équivoques d'Oenone, donne la mesure de la supériorité, dans l'ordre relatif de l'art, du genre pastoral et musical sur la tragédie gourmée, «modérée chrétiennement» qu'illustrent aux yeux de Racine Corneille et son frère Thomas. Il ne faut rien de moins que la vérité toute pure, celle de la morale conjurée avec celle, immorale, de la poésie, pour les réduire, l'un comme l'autre, à une égale nullité.

*

Au moment même où la conscience d'artiste de Racine s'incline devant la sommation de la conscience morale, son art n'a jamais été si grand ni si virtuose. Il organise dans *Phèdre*, autour de Phèdre qui en est l'enjeu, la rencontre entre les options majeures qui s'offraient au théâtre de son temps; sa propre conception de la tragédie, allégorisée par Phèdre, et qu'il n'hésite pas à soumettre publiquement à la

question; la conception cornélienne de la tragédie modérée chrétiennement; enfin la conception pastorale et opératique du théâtre noble, que
la tragédie cornélienne avait cru absorber et rendre inutile, et qui
connaît dans les années soixante-dix du XVIIᵉ siècle une irrésistible
résurgence. Nous avons vu à quelle critique impitoyable de l'«impur
mélange» cornélien l'action de *Phèdre* se livre sous le voile de la fable;
nous avons vu à quelle admirable et nostalgique évocation de l'univers
pastoral et opératique cette même action englobe, pour mieux l'écarter
comme un mirage privé de substance dans la mort d'Hippolyte; nous
avons vu enfin et surtout comment l'héroïne racinienne par excellence,
héritière d'Hermione, de Bérénice, de Roxane, d'Eriphile, autant que
fille de Minos et de Pasiphaé, était investie de la responsabilité d'évoquer une dernière fois les suprêmes prestiges dont son génie de poète
dramatique est capable, pour les abîmer enfin, au même titre que les
autres options de l'art, dans l'aveu héroïque de sa source criminelle,
suivi du silence et de la nuit. La Médée de Corneille s'envolait triomphalement au-dessus de Corinthe transformée par elle en théâtre sanglant de sa vengeance héroïque. Phèdre a transformé involontairement
Trézène en scène de tragédie, mais loin de triompher, elle s'ensevelit
elle-même dans et avec la tragédie qu'elle a suscitée. Chez Racine,
comme d'ailleurs chez Corneille, la conscience critique épouse indissolublement la démarche de l'invention dramatique; la fable que celle-ci
élabore reflète exactement le drame et les options du jugement critique
qui n'a cessé d'accompagner le travail de l'invention. Mais le jour vint
où la conscience critique du poète rencontra la conscience morale du
chrétien que Phèdre résume et allégorise. Jugement dernier du théâtre
sur le théâtre, cette tragédie est en fait celle du genre tragique en régime
de chrétienté, pris au piège entre l'hypocrisie et le suicide. Racine a
choisi symboliquement le suicide.

Il vaudrait la peine de montrer comment Corneille, dans *Suréna*
(1674), l'avait précédé dans cette voie, mais pour des raisons exactement inverses, après avoir revendiqué une dernière fois, avec l'audace
retrouvée de sa jeunesse, l'autonomie de l'art par rapport à la morale,
et son enracinement dans le désir tout terrestre de bonheur amoureux:

> Quand nous avons perdu le jour qui nous éclaire,
> Cette sorte de vie est bien imaginaire,
> Et le moindre moment d'un bonheur souhaité,
> Vaut mieux qu'une si froide et vaine éternité.   (I, 3, vv. 309-312)

Un tel aveu, qui jette rétrospectivement sur l'œuvre et sur la poétique de la maturité de Corneille la lumière dépitée des concessions

inutiles, n'a pas été perdu pour le Racine de *Phèdre*. A l'attrition toute lucrétienne et ovidienne de Corneille renonçant à sa façade morale, il oppose la contrition, par la voix vicaire de Phèdre, d'un poète qui ne s'est jamais menti, même et surtout lorsqu'il brûle symboliquement, sur le bûcher d'un chef-d'œuvre, l'art dont il n'a jamais cessé de savoir qu'il était, pour le christianisme, criminel.

Index

Table des matières

(Certains de ces articles ont paru sous des titres différents)

532

Imprimé en Suisse